NomosPraxis

Tobias Schlaeger | Myra Linder | Anna-Maria Bruno

Unfallversicherung für Kinder in Tagesbetreuung, Schüler und Studierende

2. Auflage

Nomos

Zitiervorschlag: *Bearbeiter* in Schlaeger/Linder/Bruno UV Kinder § … Rn. …

Die Deutsche Nationalbibliothek verzeichnet diese Publikation in der Deutschen Nationalbibliografie; detaillierte bibliografische Daten sind im Internet über http://dnb.d-nb.de abrufbar.

ISBN 978-3-8487-6093-0

2. Auflage 2020

Vorwort

Die 1. Auflage ist von der Praxis (insbesondere Unfallversicherungsträger, Gerichte, Rechtsberatung) gut angenommen worden. Ferner findet es in der einschlägigen Literatur eine breite und auch kritische Berücksichtigung, was uns sehr freut.

Mittlerweile sind rund acht Jahre seit dem Erscheinen der 1. Auflage vergangen. In dieser Zeit hat sich einiges getan: Das BSG hat in mehreren Entscheidungen zu zentralen Fragen der Schülerunfallversicherung Stellung genommen, zum Teil auch zum ersten Mal (Kindertagespflege, Studierendenbegriff). Ferner war auch der Gesetzgeber nicht untätig und hat Kinder, die eine vorschulische Sprachförderung in Anspruch nehmen, in das SGB VII einbezogen..

Neben der Befassung mit diesen mitunter grundlegenden Änderungen ist das Anliegen der 2. Auflage eine stärkere Fokussierung auf die spezifischen Themen der versicherten Personen der sog. Schülerunfallversicherung und ihrer Versicherungsfälle. Daher ist noch mehr Rechtsprechung aller Instanzen eingearbeitet worden, die diesen Teil der Sozialversicherung sehr stark prägt. Wir haben bewusst auf bestimmte „abrundende“ Aspekte wie die Zuständigkeit der Träger, die Grundzüge zum Gerichtsverfahren oder die Ansätze der Unfallverhütung verzichtet.

Neu aufgenommen wurde dafür ein Kapitel, welches sich den immer stärker ins Bewusstsein drängenden Auswirkungen des europäischen Sozialrechts widmet; insoweit fehlt bislang eine geschlossene spezifische Darstellung der sich stellenden Probleme. Dieses Thema, welches hier auf der Basis der Beschlüsse der DGUV dargestellt wird, wird noch weitreichende Änderungen der an sich sehr beständigen gesetzlichen Unfallversicherung mit sich bringen.

Wir danken zunächst der Geschäftsführung der Unfallkasse Nordrhein-Westfalen, die auch das Zustandekommen der 2. Auflage tatkräftig unterstützt, gleichzeitig aber den Autoren vollkommen freie Hand hinsichtlich des Inhalts und der wissenschaftlichen Arbeit gelassen hat. Es handelt sich damit nicht um eine Veröffentlichung eines Unfallversicherungsträgers.

Ferner danken wir den Kolleginnen und Kollegen, die uns mit Rat und Tat unterstützt und einzelne Kapitel einer kritischen Würdigung unterzogen haben. Ganz besonderer Dank gilt unseren Familien für die Unterstützung, die Rücksicht und das gezeigte Verständnis für die in die Erstellung dieses Buches gesteckte Zeit und Energie.

Sofern in den Ausführungen nur die männliche bzw. nur die weibliche Form verwandt wird, so dient dies allein der sprachlichen Vereinfachung.

Rechtsprechung und Literatur konnten zum Teil bis September 2019 berücksichtigt werden.

Essen und Düsseldorf im Oktober 2019

Tobias Schlaeger, *Myra Linder* und *Anna-Maria Bruno*

Inhaltsverzeichnis

Abkürzungsverzeichnis

aA	anderer Auffassung
aF	alte Fassung
Abs.	Absatz
AEUV	Vertrag über die Arbeitsweise der Europäischen Union
Anm.	Anmerkung
BAG	Bundesarbeitsgericht
BAGUV	Bundesverband der Unfallversicherungsträger der öffentlichen Hand (später BUK)
BeckOK	Beck'scher Onlinekommentar
BeckRS	Beck-Rechtsprechung
BG	Die Berufsgenossenschaft (Zeitschrift)
BGB	Bürgerliches Gesetzbuch
BGBl.	Bundesgesetzblatt
BGH	Bundesgerichtshof
BMFSFJ	Bundesministerium für Familie, Senioren, Frauen und Jugend
Breith.	Breithaupt (Zeitschrift)
BRJ	Bonner Rechtsjournal (Zeitschrift)
BSG	Bundessozialgericht
BSGE	Amtliche Entscheidungssammlung des BSG
BT-Drs.	Bundestags-Drucksachen
BUK	Bundesverband der Unfallkassen eV (nunmehr DGUV)
BVG	Bundesversorgungsgesetz
BVerfG	Bundesverfassungsgericht
BVerfGE	Amtliche Entscheidungssammlung des Bundesverfassungsgerichts
BVerwG	Bundesverwaltungsgericht
ders.	derselbe
DDR	Deutsche Demokratische Republik
DGUV	Deutsche Gesetzliche Unfallversicherung eV.
DÖV	Die öffentliche Verwaltung (Zeitschrift)
DSGVO	Datenschutz-Grundverordnung
DVKA	Deutsche Verbindungsstelle Krankenversicherung – Ausland
DVO	Durchführungsverordnung (VO EG Nr. 987/2009)
DVUA	Deutsche Verbindungsstelle Unfallversicherung – Ausland
etc	et cetera
f.	folgende Seite
ff.	folgenden Seiten
gem.	gemäß
GG	Grundgesetz
ggf	gegebenenfalls
GVBl.	Gesetz- und Verordnungsblatt

GVG	Gerichtsverfassungsgesetz
GVO	Grundverordnung (VO EG Nr. 883/2004)
HG	Hochschulgesetz
HVBG	Hauptverband der gewerblichen Berufsgenossenschaften (nunmehr DGUV)
iVm	in Verbindung mit
iSd	im Sinne des/der
iSv	im Sinne von
iVm	in Verbindung mit
jurisPK	juris Praxiskommentar
jurisPR-SozR	juris Praxisreport Sozialrecht (Zeitschrift)
JWG	Jugendwohlfahrtsgesetz
JZ	Juristenzeitung (Zeitschrift)
KICK	Kinder- und Jugendhilfeweiterentwicklungsgesetz
KiTa Recht	KinderTageseinrichtung aktuell Recht (Zeitschrift)
KJHG	Kinder- und Jugendhilfegesetz
KMK	Kultusministerkonferenz
LAG	Landesarbeitsgericht
lit.	Buchstabe
LKV	Landes- und Kommunalverwaltung (Zeitschrift)
Ls.	Leitsatz
LSG	Landessozialgericht
LV Schl.-H.	Landesverfassung Schleswig-Holstein
MDR	Monatsschrift für Deutsches Rechts (Zeitschrift)
mwN	mit weiteren Nachweisen
NJW	Neue Juristische Wochenschrift (Zeitschrift)
n.rk.	nicht rechtskräftig
NRW	Nordrhein-Westfalen
NVwZ	Neue Zeitschrift für Verwaltungsrecht (Zeitschrift)
NVwZ-RR	NVwZ-Rechtsprechungs-Report Verwaltungsrecht (Zeitschrift)
nv	nicht veröffentlicht
NWVBl.	Nordrhein-Westfälische Verwaltungsblätter (Zeitschrift)
NZA	Neue Zeitschrift für Arbeitsrecht (Zeitschrift)
NZFam	Neue Zeitschrift für Familienrecht (Zeitschrift)
NZS	Neue Zeitschrift für Sozialrecht (Zeitschrift)
PflVG	Pflichtversicherungsgesetz
RdJB	Recht der Jugend und des Bildungswesens (Zeitschrift)
RGBl.	Reichsgesetzblatt
RJWG	Reichsjugendwohlfahrtsgesetzes
rk.	rechtskräftig
Rn.	Randnummer

RVO	Reichsversicherungsordnung
r+s	Recht und Schaden (Zeitschrift)
S.	Seite bzw. Satz
SDSRV	Schriftenreihe des Deutschen Sozialrechtsverbandes
SF	Sozialer Fortschritt (Zeitschrift)
SG	Sozialgericht
SGb	Die Sozialgerichtsbarkeit (Zeitschrift)
SGB I	Erstes Buch Sozialgesetzbuch
SGB III	Drittes Buch Sozialgesetzbuch
SGB IV	Viertes Buch Sozialgesetzbuch
SGB V	Fünftes Buch Sozialgesetzbuch
SGB VI	Sechstes Buch Sozialgesetzbuch
SGB VII	Siebtes Buch Sozialgesetzbuch
SGB VIII	Achtes Buch Sozialgesetzbuch
SGB IX	Neuntes Buch Sozialgesetzbuch
SGB X	Zehntes Buch Sozialgesetzbuch
SGG	Sozialgerichtsgesetz
SozR	Sozialrecht bzw. Entscheidungssammlung des Bundessozialgerichts
SozSich	Soziale Sicherung (Zeitschrift)
SozVers	Die Sozialversicherung (Zeitschrift)
SRa	Sozialrecht Aktuell (Zeitschrift)
StVollzG	Strafvollzugsgesetz
TAG	Tagesbetreuungsausbaugesetz
uÄ	und Ähnliches
u.a.	unter anderem
USK	Urteilssammlung für die gesetzliche Krankenversicherung (Zeitschrift)
UVG	Unfallversicherungsgesetz
UVEG	Unfallversicherungseinordnungsgesetz
UVR	UV-Recht Aktuell (Zeitschrift)
Vgl.	vergleiche
VO	Verordnung
VSSR	Vierteljahresschrift für Sozialrecht (Zeitschrift)
VVG	Versicherungsvertragsgesetz
WzS	Wege zur Sozialversicherung (Zeitschrift)
zB	zum Beispiel
ZESAR	Zeitschrift für europäisches Sozial- und Arbeitsrecht (Zeitschrift)
ZFSH/SGB	Sozialrecht in Deutschland und Europa (Zeitschrift)
zT	zum Teil

§ 1 Einführendes zur gesetzlichen Unfallversicherung

Die gesetzliche Unfallversicherung ist Teil des deutschen Sozialversicherungssystems. 1
Das Sozialversicherungsrecht umfasst das Recht der gesetzlichen Krankenversicherung (SGB V), der gesetzlichen Rentenversicherung (SGB VI), der gesetzlichen Unfallversicherung (SGB VII), der gesetzlichen Pflegeversicherung (SGB XI) und auch der Arbeitsförderung (SGB III).[1]

Im Unterschied zu den anderen Bereichen der Sozialversicherung ist die gesetzliche Unfallversicherung eine sog. **tätigkeitsbezogene Personenversicherung**, dh, es sind nur Personen bei bestimmten Tätigkeiten versichert und nicht Personen an sich (sog. statusbezogene Personenversicherung).[2] Dies ist im Gesetz auch ausdrücklich angelegt, denn gemäß § 8 Abs. 1 Satz 1 SGB VII **begründet eine Tätigkeit** nach §§ 2, 3, 6 SGB VII den **Versicherungsschutz.** Dieser besteht immer nur, „wenn, solange und soweit" eine Verrichtung ausgeübt wird, die den Tatbestand einer versicherten Tätigkeit erfüllt.[3]

I. Wesenselemente der Sozialversicherung

Wesenselemente des weit gefassten Begriffes[4] **„Sozialversicherung"** sind 2

1. das soziale Bedürfnis nach Ausgleich besonderer Lasten prinzipiell unter den Mitgliedern und Versicherungspflichtigen, was zu einer Zwangsmitgliedschaft führt;
2. die Finanzierung mittels Beiträge durch die Betroffenen und/oder Beteiligten und
3. die organisatorische Durchführung durch selbstständige öffentlich-rechtliche Verwaltungsorganisationen (Anstalten bzw. Körperschaften des öffentlichen Rechts).[5]

---

1 Vgl. Art. 74 Abs. 1 Nr. 12 GG, § 4 Abs. 2 SGB I, §§ 1, 19 SGB IV.
2 Vgl. Becker BG 2011, 224, 228; Preis in: Fuchs/Preis, Sozialversicherungsrecht, S. 510.
3 Vgl. zB BSG 18.9.2012 – B 2 U 20/11 R, NZS 2013, 271 (273).
4 BVerfG 7.7.1992 – 1 BvL 51/86, BVerfGE 87, 1 (34).
5 BVerfG 22.5.2018 – 1 BvR 1728/12, NVwZ 2018, 1630 (1631); BVerfG 10.5.1960 – 1 BvR 190/58, BVerfGE 11, 105 (112 ff.); Pieroth in: Jarass/Pieroth, Art. 74 Rn. 35; Preis in: Fuchs/Preis, Sozialversicherungsrecht, S. 935; Bieback VSSR 2003, 1 (44); Gitter/Nunius in: Schulin, Unfallversicherungsrecht, § 5 Rn. 9 ff.

II. Versicherungsträger

3 Die Versicherungsträger der gesetzlichen Unfallversicherung sind einerseits die Berufsgenossenschaften für den **sog. gewerblichen Bereich** (vgl. Anlage 1 zu § 114 Abs. 1 Nr. 1 SGB VII) und andererseits Unfallkassen, Landesunfallkassen sowie Gemeindeunfallversicherungsverbände (Unfallversicherungsträger der öffentlichen Hand) für den **sog. öffentlichen Bereich** (vgl. § 114 Abs. 1 Nr. 2–7 SGB VII). Ihrer Rechtsnatur nach sind die Unfallversicherungsträger Körperschaften des öffentlichen Rechts mit Selbstverwaltung (§ 29 Abs. 1 SGB IV), also mitgliedschaftlich verfasste Verwaltungsträger, die staatliche Aufgaben mit hoheitlichen Mitteln wahrnehmen.[6] Die Selbstverwaltung wird gemäß § 29 Abs. 2 SGB IV paritätisch durch die Versicherten und die Arbeitgeber ausgeübt.

III. Aufgaben der Unfallversicherung

4 Aufgabe der Unfallversicherung ist es, nach Maßgabe der Vorschriften des SGB VII **mit allen geeigneten Mitteln** Arbeitsunfälle und Berufskrankheiten sowie arbeitsbedingte Gesundheitsgefahren zu verhüten bzw. nach Eintritt von Arbeitsunfällen oder Berufskrankheiten die Gesundheit und die Leistungsfähigkeit der Versicherten mit allen geeigneten Mitteln wiederherzustellen und sie oder ihre Hinterbliebenen durch Geldleistungen zu entschädigen (vgl. § 1 SGB VII). Die Unfallversicherungsträger haben ferner für eine wirksame Erste Hilfe zu sorgen und sollen dabei auch den Ursachen von arbeitsbedingten Gefahren für Leben und Gesundheit nachgehen (§ 14 Abs. 1 SGB VII). Das SGB VII ist mithin darauf angelegt, dass es gar nicht erst zu einer Realisierung der versicherten Risiken des Arbeitsunfalls bzw. der Berufskrankheit (§ 7 Abs. 1 SGB VII) kommt. Der amtlichen Überschrift zu § 1 SGB VII lassen sich im Übrigen anschaulich die **Aufgaben der Unfallversicherung und deren Wertigkeit** entnehmen: Prävention, Rehabilitation, Entschädigung.

IV. Entstehung der Schülerunfallversicherung

5 Der Kreis der gesetzlich unfallversicherten Personen ist seit dem Bestehen der gesetzlichen Unfallversicherung (1.10.1885)[7] stetig ausgedehnt worden.[8] Eine auch zahlenmäßig bedeutsame Erweiterung des § 539 RVO aF bewirkte das zum 1.4.1971 in Kraft getretene „Gesetz über die Unfallversicherung für Schüler und Studenten sowie Kinder in Kindergärten“ vom 18.3.1971[9] (§ 539 Abs. 1 Nr. 14 a, b, d RVO), mit welchem seinerzeit rund 12 Millionen Menschen in die gesetzliche Unfallversicherung einbezogen wurden.[10]

6 Vgl. Schlaeger SGb 2009, 19 (20) mwN.
7 Unfallversicherungsgesetzes (UVG) vom 6.7.1884, RGBl. I 1884, 69; vgl. zur historischen Entwicklung zB Schlaeger VSSR 2016, 257 (258 ff.).
8 Vgl. zB Becker VSSR 2010, 247 (255 ff.); Molkentin BG 2006, 17 ff.
9 BGBl. I 1971, 237.
10 Vgl. Vollmar in: BAGUV, Unfallversicherung für Schüler, Studenten sowie für Kinder in Kindergärten, S. 4.

Die **Motive**, die zur Schaffung dieser sog. Schülerunfallversicherung geführt haben, waren folgende:

- uneinheitliche Regelungen und Handhabungen im Bundesgebiet bei Schulunfällen;
- mangelnder Schutz bei schweren Unfällen aufgrund unzureichender Entschädigungsleistungen, zB durch private Versicherungsunternehmen;
- fließender Übergang zwischen Schul- und Berufsausbildung;
- Gleichbehandlung einerseits der nach damaligem Recht versicherten Studierenden an Fachschulen mit unversicherten Studierenden an Hochschulen und andererseits der versicherten Berufs- und Fachschüler mit unversicherten Schülern allgemeinbildender Schulen (Beseitigung der Rechtszersplitterung);
- Verbesserung der Unfallverhütung durch darin erfahrene Unfallversicherungsträger;
- Kindergarten ist wichtige Vorstufe der schulischen Bildung.[11]

Letztendlich **ausgelöst** wurde dieser gesetzgeberische Schritt **durch** ein **Urteil des BGH,**[12] welcher im Jahre 1967 einen Schadenersatzsanspruch für eine beim Turnunterricht schwer verletzte Schülerin verneint hatte. Ein Anspruch auf Ersatz des Personenschadens könne – so der BGH – nur zuerkannt werden, wenn entweder dem Lehrer, der Schulverwaltung usw eine schuldhafte Amtspflichtverletzung (§ 839 BGB) vorwerfbar oder aber ein Mitschüler nach allgemeinem Deliktsrecht (§§ 823 ff. BGB) einstandspflichtig sei. Die Schule mit ihrem Schulzwang bedeute jedoch lediglich ein „allgemeines Lebensrisiko“. Das für einen Ersatzanspruch aus dem Gedanken der Aufopferung erforderliche „Sonderopfer“, welches etwa dann vorliege, wenn die schadenbringende Tätigkeit über die Anforderungen des gewöhnlichen Unterrichts hinausgehe, liege bei Schulunfällen regelmäßig nicht vor.[13] Dem sozialen Rechtsstaat, so der BGH in diesem Urteil weiter, stehe es freilich an, dem ihm anvertrauten Schüler in geeigneter Weise Fürsorge zuteil werden zu lassen und Vorsorge dafür zu treffen, dass einem Kind bei schweren Körperschäden, die es durch einen Schulunfall erleidet, eine angemessene öffentlich-rechtliche Entschädigung gewährt werde. Eine solche Regelung zu treffen sei jedoch **Aufgabe des Gesetzgebers,**[14] was dann auch zeitnah geschah: Am 17.1.1968 stellten mehrere Abgeordnete der CDU/CSU-Fraktion eine Große Anfrage[15] und die SPD-Fraktion einen Antrag im Bundestag, welche die versicherungsrechtliche Situation der Kinder in der BRD betrafen, die Studierenden an wissenschaftlichen Hochschulen jedoch außen vor ließ (→ § 5 Rn. 3). Daraufhin beschloss der Ausschuss für Sozialpolitik des Bundestages am 17.10.1968, von der 6

11 Vgl. BT-Drs. 6/1333, 3.
12 BGH 16.1.1967 – III ZR 100/65, NJW 1967, 621 (622).
13 Vgl. BGH 16.1.1967 – III ZR 100/65, NJW 1967, 621 (622); ausführlich dazu Stecher, Unfallversicherung für Schüler, S. 12 ff. mwN.
14 BGH 16.1.1967 – III ZR 100/65, NJW 1967, 621 (622).
15 BT-Drs. 5/1198.

Bundesregierung die Vorlage eines Gesetzesentwurfes für die Einbeziehung der Schüler in die gesetzliche Unfallversicherung zu verlangen.[16]

7 Da die Folgen von Schülerunfällen zT schon seit Jahrzehnten durch private Versicherungsverträge (rudimentär)[17] abgesichert waren,[18] teils sogar mit einer Beitragspflicht der Eltern,[19] sah § 3 des „Gesetzes über die Unfallversicherung für Schüler und Studenten sowie Kinder in Kindergärten" vom 18.3.1971 insoweit ein Sonderkündigungsrecht für Verträge mit Versicherungsunternehmen vor, soweit sie Unfälle betrafen, die fortan als Arbeitsunfälle im Sinne des neuen § 539 Abs. 1 Nr. 14 a–d RVO galten.

8 Im Hoheitsgebiet der **Deutschen Demokratischen Republik** (DDR) wurde im Übrigen mit Wirkung vom 1.7.1973 der Schulbesuch und die Teilnahme der Schüler an der Tageserziehung (zB in Horten) erstmals durch die „Verordnung über die Erweiterung des Versicherungsschutzes bei Unfällen in Ausübung gesellschaftlicher, kultureller und sportlicher Tätigkeiten"[20] dem Schutz der gesetzlichen Unfallversicherung unterstellt.[21] § 2 dieser Verordnung sah vor, dass Bürger, die bei organisierten gesellschaftlichen, kulturellen oder sportlichen Tätigkeiten einen Unfall erleiden, Leistungen aus der Sozialversicherung und betriebliche Lohnausgleichszahlungen wie bei einem Arbeitsunfall (§ 1 Abs. 1 der Verordnung) erhalten. In § 2 e der Verordnung war der Besuch der zehnklassigen bzw. erweiterten allgemeinbildenden polytechnischen Oberschule, einer Spezialschule, Spezialklasse oder Sonderschule und die Teilnahme der Schüler an der Tageserziehung, an außerschulischen Veranstaltungen sowie an organisierter Ferienveranstaltung den in § 1 genannten organisierten gesellschaftlichen Tätigkeiten gleichgestellt.[22]

V. (Struktur-)Prinzipien der Unfallversicherung

9 Die beiden wichtigsten Strukturprinzipien der gesetzlichen Unfallversicherung waren und sind das **soziale Schutzprinzip** sowie das **Prinzip der Haftungsersetzung** durch Freistellung der Unternehmen von der Unternehmenshaftpflicht bei gleichzeitiger Übernahme der Kosten für die Unfallversicherung durch die Unternehmen.[23]

1. Soziales Schutzprinzip

10 Der soziale Schutz des Arbeitnehmers und seiner Familie soll zum einen durch Einräumung eines vom Verschulden unabhängigen Entschädigungsanspruchs gegen eine leistungsfähige und insolvenzfeste Genossenschaft der Unternehmer sichergestellt

---

16 Vgl. BT-Drs. 5/5383; ferner dazu Stecher, Unfallversicherung für Schüler, S. 18.
17 Vgl. Vollmar in: BAGUV, Unfallversicherung, S. 4, der die Gebiete der Heilbehandlung, Berufshilfe, Unfallverhütung sowie der nachgehenden sozialen Betreuung als unzureichend bezeichnet.
18 Vgl. BT-Drs. 6/1333, 5; ferner Wester, Die Geschichte der Unfallversicherung der Stadt Hamburg, S. 133, die darauf hinweist, dass die Stadt Hamburg schon seit 1949 die Finanzlasten einer privatrechtlichen Absicherung trug.
19 Vgl. Holler BG 1970, 385.
20 Verordnung vom 11.4.1973, GBl. Teil I Nr. 22/1973.
21 Vgl. LSG Berlin-Brandenburg 29.10.2001 – L 7 U 80/00, BeckRS 2001, 85020.
22 Vgl. allgemein zu den Auswirkungen der Wiedervereinigung: Imo pluspunkt 3/1991, 8 ff.
23 Vgl. auch zB die Aufzählung bei Becker in: SGB VII-Komm, Einleitung Rn. 5, 28 ff.

werden (soziales Schutzprinzip). Demnach erhält ein Versicherter, der einen Unfall erlitten hat, auch dann Leistungen, wenn er sich bei einem Verstoß gegen Gesetze (zB Geschwindigkeitsüberschreitung) oder etwa Unfallverhütungsvorschriften verletzt und sich insofern **verbotswidrig verhalten** hat (vgl. § 7 Abs. 2 SGB VII). Auch ein selbstverschuldeter Unfall ist somit in der Regel zu entschädigen. Ein Leistungsausschluss kommt erst dann in Betracht, wenn der Versicherte im Nachhinein rechtskräftig wegen eines Verbrechens oder eines vorsätzlichen Vergehens verurteilt wird (§ 101 Abs. 2 SGB VII). In diesem Fall können trotz vorliegenden Arbeitsunfalls Leistungen aus der gesetzlichen Unfallversicherung versagt werden, der Arbeitsunfall als solcher bleibt aber anerkannt.[24] Dem sozialen Schutzprinzip dient zB auch die Vorschrift des § 105 SGB VII, die bei von Versicherten verursachten Arbeitsunfällen den Schadenersatzanspruch des Geschädigten sperrt und ihn allein auf die Leistungen der gesetzlichen Unfallversicherung verweist.

2. Prinzip der Haftungsersetzung durch Versicherungsschutz

Zum anderen soll die zivilrechtliche Haftung des Unternehmers gegenüber seinen Arbeitnehmern abgelöst werden, um eine betriebliche Konfliktsituation zu vermeiden; die privatrechtliche Haftpflicht des Unternehmers wurde durch die Gesamthaftung der in dem Unfallversicherungsträger zusammengeschlossenen Unternehmer ersetzt (Prinzip der Haftungsersetzung durch Versicherungsschutz). An die Stelle des Unternehmers bzw. der Arbeitskollegen tritt ein finanzstarker Versicherungsträger als Anspruchsgegner. Die Ablösung der Haftpflicht des Unternehmers, dem die alleinige Beitragspflicht zukommt, soll den **Betriebsfrieden wahren**, indem Streitigkeiten unter Arbeitskollegen oder zwischen dem Arbeitgeber und Arbeitnehmer etc möglichst vermieden werden und zu einem harmonischen Ablauf beitragen.[25] Der Betriebsfrieden würde bei persönlicher Inanspruchnahme erheblich gestört, weil die Verantwortung personifiziert wäre.[26] Zudem müsste der Unternehmer ohne die Regelung des § 105 SGB VII entsprechend dem arbeitsrechtlichen innerbetrieblichen Freistellungsanspruch zumindest anteilig individuell für Fremdverschulden haften.[27] Jedoch besteht der Sinn und Zweck der §§ 104 ff. SGB VII nicht nur in der Sicherung des Betriebsfriedens, sondern auch dem Ausschluss eines die Haftungsprivilegierung des Unternehmers iSd § 104 SGB VII entwertenden Freistellungsanspruchs seiner Arbeitnehmer.[28] 11

3. Tendenz zu einer sozialen Haftpflichtversicherung

Beide Prinzipien sind auch heute noch für das Unfallversicherungsrecht maßgebend, wenn auch inzwischen teilweise Veränderungen eingetreten sind. Mit Rücksicht auf 12

24 Vgl. dazu BSG 18.3.2008 – B 2 U 1/07 R, SGb 2009, 428 (429 f.); BSG 4.6.2002 – B 2 U 11/01 R, SGb 2002, 745 (746 f.).
25 Vgl. zB BGH 2.4.1992 – III ZR 103/91, NJW 1992, 2031 (2032) (zur Kita); BGH 8.3.2012 – III ZR 191/11, NZS 2012, 546 (547) (zur Schule).
26 Gitter/Nunius in: Schulin, Unfallversicherungsrecht, § 5 Rn. 53; vgl. dazu auch Rolfs SGb 2018, 523 (525 f.).
27 Vgl. Becker VSSR 2010, 247 (277).
28 Vgl. BGH 26.11.2002 – VI ZR 449/01, NJW 2003, 1121 (1123) mwN.

das soziale Schutzprinzip knüpft das Unfallversicherungsrecht an den Versicherungsfall an; ob eine bürgerlich-rechtliche Haftung des Arbeitgebers gegeben ist, spielt dabei keine Rolle. Die Gewährung von Leistungen hängt deshalb nicht davon ab, ob den Unternehmer ein Verschulden oder den Verletzten ein Mitverschulden trifft.[29] Da die Freistellung von der privatrechtlichen Schadenersatzhaftung inzwischen über die reine Haftungsersetzung hinaus fortentwickelt worden ist, wird insoweit teilweise von einer sozialen Haftpflichtversicherung gesprochen.[30]

4. Weitere tragende Leitlinien

13 Weitere tragende Leitlinien der Unfallversicherung bestehen darin, dass der **Versicherungsschutz** in der Regel[31] **unabhängig von** der **formalen Begründung eines Versicherungsverhältnisses** ist, die Gliederung der Berufsgenossenschaften nach Branchen, die Unternehmen mit vergleichbaren Risiken zusammenfasst und der **Präventionsauftrag** der Unfallversicherungsträger zur Verhütung von Versicherungsfällen.[32]

5. Bedeutung der Strukturprinzipien für die Rechtserkenntnis und -anwendung

14 Die hier aufgezeigten Strukturprinzipien dienen lediglich **dem besseren Verständnis des SGB VII**, um bestimmte, vom übrigen Sozialversicherungsrecht teilweise grundlegend abweichende Ausgestaltungen der Unfallversicherung nachzuvollziehen. Ferner ist der Rückgriff auf die Strukturprinzipien einer systemgerechten Auslegung des SGB VII dienlich und sie können womöglich als Optimierungsgebote verstanden werden.[33] Prinzipien stellen jedoch kein dem Gesetz vorgehendes, sog. überpositives Recht, dar,[34] so dass der Gesetzgeber im Rahmen der verfassungsrechtlichen Vorgaben (zB Art. 20, 14, 12 GG) ohne Weiteres von bisher anerkannten Strukturprinzipien abweichen kann.[35] Erst recht vermögen etwaige Struktur- oder Rechtsprinzipien keine positiv geregelten Entscheidungen des Gesetz- oder Verordnungsgebers auszuhebeln.[36]

VI. Schülerunfallversicherung als (un)echte Versicherung?

15 Aus der geschichtlichen Entwicklung ergeben sich als generelle Rechtfechtfertigungs- und Anknüpfungsgründe für die Einbeziehung in den unfallversicherten Personenkreis alternativ:

- das (abhängige) Beschäftigungsverhältnis oder die arbeitnehmerähnliche Tätigkeit bzw. dessen Näheverhältnisse (zB § 2 Abs. 1 Nr. 1, 4, 14, Abs. 2 S. 2 SGB VII),

29 BVerfG 7.11.1972 – 1 BvL 4/71, SGb 1973, 351 (354); vgl. ausführlich dazu Gitter/Nunius in: Schulin, Unfallversicherungsrecht, § 5 Rn. 43 ff., 51 ff.; Waltermann VSSR 2005, 103 (105 ff.).
30 Vgl. Waltermann VSSR 2005, 103 (105); Molkentin in: LPK-SGB VII, § 1 Rn. 4; vgl. auch Krasney VSSR 1993, 81 (97).
31 Vgl. zB die Ausnahmen in § 6 SGB VII.
32 BT-Drs. 13/2204, 72.
33 Ähnlich Gitter/Nunius in: Schulin, Unfallversicherungsrecht, § 5 Rn. 4; Keller in: Hauck/Noftz, SGB VII, K § 8 Rn. 3.
34 Vgl. zum Ganzen auch Rüthers/Fischer/Birk, Rechtstheorie, Rn. 491 c, 756 ff.
35 Vgl. auch BSG 30.9.2009 – B 9 V 1/08 R, BSGE 104, 227 (239).
36 Vgl. BSG 23.7.2015 – B 2 U 9/14 R, BSGE 119, 210 (215).

- die der Berufstätigkeit vorgelagerte vorschulische und schulische Ausbildung, Hochschulausbildung bzw. der berufsbegleitenden Bildung (zB § 2 Abs. 1 Nr. 2, 8 a bis 8 c SGB VII),
- sozialpolitisch und gesamtgesellschaftlich erwünschte Tätigkeiten für die Allgemeinheit (zB § 2 Abs. 1 Nr. 10, 12, 13, 17, Abs. 1 a SGB VII) oder
- Tätigkeiten unter öffentlicher Verantwortung (zB § 2 Abs. 1 Nr. 11 SGB VII).[37]

Üblicherweise wird hinsichtlich des insgesamt unfallversicherten Personenkreises zwischen der **sog. echten und unechten Unfallversicherung** unterschieden. Unter letzterer werden überwiegend diejenigen versicherten Personen zusammengefasst, die (alternativ) 16

- in keinem abhängigen Beschäftigungsverhältnis stehen,
- außerhalb der Arbeitswelt stehen bzw. im Allgemeininteresse handeln,
- deren Beiträge durch Steuern finanziert werden bzw.
- die eine soziale Schutzbedürftigkeit aufweisen.[38]

Die **Schülerunfallversicherung** wird teilweise (eher) der echten Unfallversicherung zugeordnet.[39] Weitere Stimmen differenzieren innerhalb der drei erfassten Personengruppen des § 2 Abs. 1 Nr. 8 SGB VII: Zumindest Schüler und Studierende (§ 2 Abs. 1 Nr. 8 b, c SGB VII) gehörten danach zur echten Unfallversicherung, weil sie einen Bezug zum Arbeitsleben aufwiesen.[40] Diese Ansicht berücksichtigt im Ergebnis, dass die allgemeine Schulpflicht ua dadurch legitimiert ist, dass der Staat damit seiner Verpflichtung zum Schutz des Grundrechts auf Berufsfreiheit (Art. 12 GG) nachkommt.[41] Nach überwiegender Auffassung sei dieser Versicherungsschutz jedoch zur sog. unechten Unfallversicherung zu rechnen, die eigentlich ein „systemwidriger Fremdkörper in der Unfallversicherung" darstelle und rechtsdogmatisch an sich zum sozialen Entschädigungsrecht (zB BVG) gehöre.[42] Nur vereinzelt wurde hieraus jedoch die Forderung erhoben, diese Bereiche auch tatsächlich in das soziale Entschädigungsrecht zu überführen.[43] Konkret folgt aus diesen Forderungen jedoch nichts. Die Gründe für den Einbezug dieser Personen beruht auf sozialpolitischen Erwägungen, die auf das Sozialstaatsprinzip (Art. 20 Abs. 1 GG) zurückgehen. Dessen Konkretisie-

---

37 Vgl. zB Krasney in: Schulin, Unfallversicherungsrecht, § 8 Rn. 18; Niemeyer/Freund NZS 1996, 497 (498); Schlaeger WzS 2011, 297 (299).

38 Vgl. Bieresborn in: jurisPK-SGB VII § 2 Rn. 9; Fuchs in: Fuchs/Preis, Sozialversicherungsrecht, S. 534; Ricke in: KassKomm, SGB VII § 1 Rn. 3 b.

39 ZB Preis in: Fuchs/Preis, Sozialversicherungsrecht, S. 534; Krasney NZS 1993, 89 (90); von Koppenfels-Spies, Sozialrecht, Rn. 404.

40 Vgl. LSG Schleswig-Holstein 24.11.2008 – L 8 U 69/07, UVR 2009, 712 (716); Ricke in: KassKomm, SGB VII § 1 Rn. 3 b; Bereiter-Hahn/Mehrtens, SGB VII § 2 Rn. 4; i. Erg. Bieresborn in: jurisPK-SGB VII, § 2 Rn. 9; **aA** zB Fries, Haftungsbeschränkung, S. 91 ff., die Nr. 8a-c komplett als „unecht" ansieht; Mutschler in: Jahn/Jung, SGB VII, § 2 Rn. 73, 88 sieht „am ehesten" noch die Studierenden als eine berufliche Vorstufe an.

41 Vgl. Rux, Schulrecht, Rn. 244, 148 ff.

42 ZB Wannagat NJW 1960, 1597 (1601); Gitter SGb 1981, 387 (388); Schnapp VSSR 1995, 101 (109); kritisch auch Ricke in: KassKomm, SGB VII § 1 Rn. 3 b; von Koppenfels-Spies, Sozialrecht, Rn. 396; Spellbrink in: Ruland/Becker/Axer, SRH, § 16 Rn. 4; **aA** zB Meyer RV 2014, Beilage Heft 5, S. 5 (15).

43 So zB Stecher, Unfallversicherung für Schüler, S. 78 ff., insbesondere S. 98; Sieg SGb 1980, 129; Leube SGb 2012, 746; **aA** zB BGH 3.2.1982 – VI ZR 178/79, VersR 1981, 428 (429).

rung ist Aufgabe des Gesetzgebers, dem dabei ein sehr weiter Gestaltungsspielraum zusteht.[44]

17 Letztlich wird der Begriff der unechten Unfallversicherung – auch weil dessen Verwendung durch das BSG eher eine Rarität darstellt – nicht einheitlich definiert und angewandt.[45] Es fehlt schlicht an einem einheitlichen Konzept und an grundlegenden, sie systemprägenden Prinzipien.[46] Zudem stellt weder der Gesetzgeber noch irgendein gesetzlicher Tatbestand darauf ab, keine Rechtsfolge hängt davon ab, ob sich der Arbeitsunfall in der angeblich „echten Unfallversicherung" infolge der Verrichtung zB einer Beschäftigung oder in der scheinbar „unechten Unfallversicherung" ereignete.[47] Es kommt einheitlich für alle Tatbestände der §§ 2, 3, 6 SGB VII allein darauf an, ob die Verrichtung einer versicherten Tätigkeit die rechtlich wesentliche Ursache des Unfalls war. Im Übrigen liegt auch der Aufzählung in § 2 SGB VII keine Systematik, Wertigkeit oder ein besonderer Plan zugrunde.[48]

18 **In der Praxis** spielt diese Unterscheidung jedenfalls keine Rolle. Da die Personen der unechten Unfallversicherung **genauso „echt" versichert** sind, wie die übrigen Personengruppen, sie in gleichem Umfang Anspruch auf die gesetzlichen und satzungsmäßigen Leistungen[49] haben, sollte zur Vermeidung des Anscheins eines vermeintlichen Versicherungsschutzes zweiter Klasse gänzlich **auf diese akademische Unterscheidung** zwischen der echten und unechten Unfallversicherung **verzichtet** werden, weil sie für die praktische Rechtsanwendung des SGB VII ohne Bedeutung, irreführend und darüber hinaus ihre genaue Definition, wie gezeigt, stark umstritten ist.[50] Sie verdeutlicht damit lediglich, dass die gesetzliche Unfallversicherung ursprünglich als Beschäftigtenversicherung angelegt war[51] und der Beschäftigte nach wie vor das Leitbild des SGB VII, quasi den „Urtyp", darstellt.[52]

Über Juris lassen sich mit den Suchworten „unechte", „BSG" und „B 2 U" bzw. „2 RU" bzw. „8 RU" nur vereinzelte Entscheidungen der Unfallsenate des BSG finden, die nur deskriptiv und ohne jegliche (Rechts)Folgen die „unechte Unfallversicherung" erwähnen.[53] Obwohl bei Schülern nicht von einem umfassenden Versicherungsschutz ohne Rücksicht auf den organisatorischen Verantwortungsbereich der Schule ausgegangen werden kann, hat jedenfalls der Unfallsenat des BSG immer auch beachtet, dass die Unfallversicherung der Schüler ein Teil der allgemeinen Unfallversi-

---

44 Vgl. BVerfG 8.7.1997 – 1 BvR 1243/95, BVerfGE 96, 169 (204); Jarass in: Jarass/Pieroth, Art. 20 Rn. 112, 125.
45 Vgl. auch die Nachweise bei Seewald BG 1996, 149 ff.
46 So auch Gitter BB Beilage 1998, Nr. 6, S. 1 (3).
47 Vgl. Meyer RV 2014, Beilage Heft 5, S. 5 (8 f.).
48 Ähnlich zB Mutschler in: Jahn/Jung, SGB VII, § 2 Rn. 2; für § 539 RVO: Ilgenfritz BG 1963, 281.
49 Diese können für die in §§ 13, 94 Abs. 1 SGB VII genannten Personen sogar höher bzw. weitreichender ausfallen.
50 Ähnlich Becker, FS 50 Jahre saarländische Sozialgerichtsbarkeit, S. 105 (108); Keller in: Hauck/Noftz, SGB VII, E 010, S. 4.
51 Vgl. Wietfeld in: BeckOK-SozR, SGB VII § 2 Rn. 2.
52 Vgl. Becker BG 2011, 224, 227; Schlaeger SGb 2016, 80; Meyer RV 2014, Beilage Heft 5, S. 5 (8).
53 Vgl. zB BSG 13.9.2005 – B 2 U 6/05 R, SozR 4-2700 § 2 Nr. 7, BSG 30.6.2009 – B 2 U 25/08 R, UVR 2009, 1111 (1118) und BSG 19.6.2018 – B 2 U 2/17 R, NJW 2019, 1020 (1023); BSG 27.11.2018 – B 2 U 15/17 R, BeckRS 2018, 40942 (Stand der Suche: 1.6.2019); vgl. auch die Nachweise zur Rechtsprechung bei Fries, Haftungsbeschränkung, S. 31.

cherung ist.[54] Demnach sollte es genügen, dass der Gesetzgeber die Personen in den näher bezeichneten Bildungseinrichtungen dem System der gesetzlichen Unfallversicherung unterstellt hat.[55]

VII. Gemeinsamkeiten, Unterschiede und Besonderheiten der nach § 2 Abs. 1 Nr. 8 SGB VII versicherten Personen

Neben der Besonderheit, dass sich die versicherte Tätigkeit stets im organisatorischen Verantwortungsbereich der jeweiligen Bildungseinrichtung bewegen muss, hat das BSG zu Recht eine weitere Gemeinsamkeit herausgearbeitet: die **Institutionalisierung.** Alle Versicherungstatbestände des § 2 Abs. 1 Nr. 8 a–c SGB VII, der die Unfallversicherung für Studierende, Schüler und Kinder in Kindertageseinrichtungen regelt, werden systematisch durch eine Kontaktaufnahme zu und die Einbindung von staatlichen Stellen geprägt. Den Tatbeständen des § 2 Abs. 1 Nr. 8 SGB VII ist gemeinsam, dass sie Kinder und Jugendliche in den Schutzbereich des SGB VII einbeziehen, weil sie sich im **Bildungs- und Erziehungsbereich in einer staatlich verantworteten Vorstufe zu einer späteren Berufstätigkeit** befinden. Dabei liegt jeweils eine gewisse Institutionalisierung vor, die bei Studierenden durch die Immatrikulation, bei Schülern durch die Aufnahme in eine bestimmte Schule und bei Kleinkindern durch den Abschluss eines Betreuungsvertrags mit einer erlaubnispflichtigen Kindertageseinrichtung in öffentlicher oder privater Trägerschaft zum Ausdruck kommt.[56] 19

Insgesamt besteht die besondere Zielsetzung des § 2 Abs. 1 Nr. 8 SGB VII darin, den Aufenthalt in Institutionen, die sich typisierend auf Betreuung, Bildung und Erziehung im Sinne aller (staatlich) organisierten Vorstufen späterer Erwerbstätigkeit konzentrieren, unter Versicherungsschutz zu stellen.[57]

Grundsätzlich muss beachtet werden, dass das **Schutzniveau innerhalb der Schülerunfallversicherung abnehmend** ist: Während Kinder in Tagesbetreuung (Nr. 8 a) umfassend geschützt sind, kommen bei Schülern (Nr. 8 b) bereits eigenwirtschaftliche, den Versicherungsschutz ausschließende Tätigkeiten vor. Vielfach schützen die Schüler jedoch das in der Regel jugendliche Alter und der Spieltrieb vor dem Verdikt des Unversicherten. Mit der Einschulung kommt es in zunehmendem Maße auf die hinzutretende Voraussetzung des sachlichen Zusammenhangs der sog. unfallbringenden mit der versicherten Tätigkeit an, wobei auch das Alter (ua die geistige Reife) eine immer wichtigere Rolle spielt.[58] Bei Studierenden (Nr. 8 c) handelt es sich in aller Regel um volljährige Personen, so dass es insoweit zwar – kennzeichnend für die Schülerunfallversicherung – auf den organisatorischen Verantwortungsbereich der Hochschule ankommt, allerdings die **allgemeinen Grundsätze der gewerblichen Unfallversicherung** 20

54 Vgl. BSG 19.5.1983 – 2 RU 44/82, BSGE 55, 139 (140).
55 So auch Mutschler in: Jahn/Jung, SGB VII, § 2 Rn. 73.
56 So BSG 19.6.2018 – B 2 U 2/17 R, NJW 2019, 1020 (1023 f.).
57 Vgl. Hedermann in: LPK-SGB VII, § 2 Rn. 50; Bieresborn in: jurisPK-SGB VII, § 2 Rn. 153; ähnlich auch Siefert in: Hassel/Gurgel/Otto, Sozialrecht, 10. Kap. Rn. 21; abweichend zB Mutschler in: Jahn/Jung, SGB VII, § 2 Rn. 72 f., der den Zweck nur darin sieht, Kinder, Schüler und Studierende während des Besuchs von staatlichen und staatlich erlaubten Einrichtungen zu versichern.
58 Ähnlich Linder WzS 2017, 35 (36).

(idR entwickelt zu § 2 Abs. 1 Nr. 1 SGB VII) im Vergleich zu den Kindern und (noch nicht volljährigen) Schülern viel stärker zu berücksichtigen sind. Die Studierenden sind insgesamt weniger schutzbedürftig.[59] Das äußert sich ua darin, dass bei Kindern auf einen sachlichen Zusammenhang zwischen der unfallbringenden Verrichtung und der Kindertagesbetreuung verzichtet wird, bei Schülern der sachliche Zusammenhang überwiegend bestehen muss, zT aber auch entfallen kann (vgl. zB → § 5 Rn. 62, 116). Demgegenüber muss bei Studierenden der sachliche Zusammenhang stets gegeben sein (→ § 6 Rn. 58).

21 Die Tatbestände des § 2 Abs. 1 Nr. 8 SGB VII und ihre **Beziehung zum jeweiligen Fachrecht** (SGB VIII und dem jeweiligen Landesrecht) sind vor dem Hintergrund der **besonderen Funktion des SGB VII** zu sehen. Das SGB VII schafft iaR keine Lebenswirklichkeiten bzw. rechtlichen Beziehungen, sondern stellt vorhandene und bereits anderweitig rechtlich geprägte Beziehungen, Tätigkeiten oder (neudeutsch) Settings unter Versicherungsschutz. Das SGB VII begründet nicht den Status zB als Kind, Schüler, Studierender, Pflegeperson, Beschäftigter etc, sondern setzt diese Eigenschaften/Realitäten gerade prinzipiell voraus und es erfolgt auch keine gesonderte bundeseinheitliche unfallversicherungsrechtliche Definition. Daher wird das tatsächlich bzw. rechtlich schon Vorhandene „nur" in den Schutzbereich des SGB VII einbezogen. Zuerst schafft demnach die Wirklichkeit bzw. das Fachrecht die Voraussetzungen für eine unter Versicherungsschutz gestellte Tätigkeit bzw. Eigenschaft. So macht zB erst die Aufnahme eines schulpflichtigen Kindes in eine konkrete allgemein- oder berufsbildende Schule seitens der Schulleitung die Person zum „diese Schule besuchenden Schüler" (→ § 5 Rn. 32). Diese Realität soll das SGB VII absichern, wobei sich die Reichweite des Versicherungsschutzes nicht aus dem Fachrecht ergeben kann, sondern allein aus dem SGB VII, weil es um dessen spezifischen Schutzbereich geht.

59 So auch Wagner in: jurisPK-SGB VII, § 8 Rn. 72; ähnlich Becker in: SGB VII-Komm, § 2 Rn. 520.

§ 2 Kinder in Tageseinrichtungen (§ 2 Abs. 1 Nr. 8 a Alt. 1 SGB VII)

Gemäß § 2 Abs. 1 Nr. 8 a Alt. 1 SGB VII sind Kinder während des Besuchs von Tageseinrichtungen, deren Träger für den Betrieb der Einrichtungen der Erlaubnis nach § 45 des Achten Buches (SGB VIII) oder einer Erlaubnis aufgrund einer entsprechenden landesrechtlichen Regelung bedürfen, gesetzlich unfallversichert. Eingeführt wurde dieser Versicherungsschutz mit dem „Gesetz über die Unfallversicherung für Schüler und Studenten sowie Kinder in Kindergärten“[1] zum 1.4.1971 (→ Rn. 3). 1

I. Entstehungsgeschichte

Die allgemeine Motivlage, die zur Schaffung der Schülerunfallversicherung geführt hat, ist bereits eingangs (→ § 1 Rn. 5 ff.) dargestellt worden. Die Absicherung des Personenkreises der Kinder in Kindergärten fand im Rahmen der Beratung des Entwurfes zu diesem Gesetz erst auf Vorschlag des Bundesrates Eingang in die parlamen- 2

1 Gesetz vom 18.3.1971, BGBl. I 1971, 237.

tarische Debatte. Die frühkindliche Förderung bzw. Betreuung war bis zu diesem Zeitpunkt nicht unfallversichert.

1. Gesetzesbegründung (1971)

3 Die entsprechende Begründung des Änderungsvorschlages des Bundesrates[2] lautet:

„Die Änderung hat den Zweck, nicht nur die Schüler und Studenten, sondern auch die Kinder, die Kindergärten besuchen, in den Schutz der gesetzlichen Unfallversicherung einzubeziehen. Im Bericht der Bundesregierung zur Bildungspolitik (BR-Drucksache 364/70) wird die Bedeutung der vorschulischen Erziehung für die Förderung der individuellen Begabung und die Überwindung sozialbedingter Milieusperren ausdrücklich hervorgehoben und die Reform und der Ausbau der Vorschulerziehung als erste Stufe des Bildungswesens als vordringliche bildungspolitische Aufgabe bezeichnet. Die Kindergartenstufe soll danach als Elementarbereich in das Bildungssystem einbezogen und in der Weise ausgestaltet werden, daß alle Kinder im Kindergartenalter, deren Eltern es wünschen, eine Einrichtung im Elementarbereich besuchen können. Damit ergibt sich die Notwendigkeit, aus Gründen der Gleichbehandlung mit den Schülern auch diejenigen Kinder, die einen Kindergarten besuchen, in den Schutz der gesetzlichen Unfallversicherung einzubeziehen. Das gilt umso mehr, als nach dem vorliegenden Entwurf ohnehin schon Kinder, die einen Schulkindergarten besuchen, künftig versichert sein sollen, auch wenn sie noch nicht schulpflichtig sind."

4 Nach einer Prüfung durch die Bundesregierung wurde der versicherte Personenkreis der Kinder während des Besuchs von Kindergärten als **§ 539 Abs. 1 Nr. 14 a RVO** in das Gesetz vom 18.3.1971 aufgenommen. Damit war jedoch nur der Besuch von Kindergärten (von Kindern ab drei Jahren) versichert, nicht hingegen die Betreuung im Hort oder in Einrichtungen für Säuglinge oder Kleinkinder.[3]

2. Unfallversicherungs-Einordnungsgesetz (1996)

5 Im Zuge der Einordnung des Unfallversicherungsrechts in das Sozialgesetzbuch als Siebtes Buch (SGB VII) durch das UVEG[4] zum 1.1.1997 schlug die Bundesregierung ursprünglich die Neufassung des entsprechenden Versicherungsschutzes „Kinder während des Besuchs von Tageseinrichtungen im Sinne des § 22 des Achten Buches" vor und begründete dies wie folgt:[5]

„Seit dem Inkrafttreten des Gesetzes über die Unfallversicherung für Schüler und Studenten sowie Kinder in Kindergärten vom 18. März 1971 (BGBl. I S. 237) hat sich die Funktion von Kindertageseinrichtungen erheblich geändert (vgl. insbesondere die Aussagen des 8. Jugendberichts 1990 und die seit 1991 geltenden Regelungen des SGB VIII):

- Die Aufgabe aller Tageseinrichtungen umfaßt nach § 22 Abs. 2 SGB VIII die Betreuung, Bildung und Erziehung des Kindes.

---

2 BT-Drs. 6/1333, 7; vgl. auch die ausführliche Darstellung bei Becker in: SGB VII-Komm, § 2 Rn. 472 ff.
3 Vgl. BSG 28.7.1977 – 2 RU 5/77, BSGE 44, 203 (206); vgl. auch Marschner SozVers 1994, 17.
4 Unfallversicherungs-Einordnungsgesetz (UVEG) vom 7.8.1996, BGBl. I 1996, 1254.
5 BT-Drs. 13/2204, 74; vgl. ferner BSG 18.1.2011 – B 2 U 15/10 R, SGb 2012, 178 (179).

- Der Hort hat inzwischen einen eigenständigen Erziehungs- und Bildungsauftrag und arbeitet häufig eng mit der Schule zusammen.
- Die landesrechtlichen Regelungen zum SGB VIII sehen die Möglichkeit von altersgemischten Gruppen und damit eine organisatorische Einheit von Krippe, Kindergarten und Hort vor; dies läßt eine eindeutige Abgrenzung der genannten Einrichtungen nicht mehr zu.

Der Unfallversicherungsschutz wird auf alle Tageseinrichtungen (Krippen, Horte, altersgemischte Gruppen, kindergartenähnliche Einrichtungen) iSd § 22 SGB VIII erstreckt. Wie bei den Kindergärten werden auch bei diesen Einrichtungen zur Abgrenzung die zum SGB VIII erlassenen landesgesetzlichen Regelungen zugrunde zu legen sein."

Zu dieser Neufassung, die der Bundesrat Anfang 1995 mit der Vorlage des Entwurfes 6
zu einem Kita-Unfallversicherungsergänzungsgesetzes[6] zur Einbeziehung auch von Kindern in Tagesheimen, Kinderkrippen, Krabbelstuben etc selbst vorgeschlagen hatte, nahm derselbe im Rahmen der Beratung des UVEG Stellung. Er empfahl in Abweichung seines eigenen Vorschlages nunmehr, „in Artikel 1 § 2 Abs. 1 Nr. 8 Buchstabe a die Wörter ‚im Sinne des § 22 des Achten Buches' durch die Wörter ‚deren Träger für den Betrieb der Einrichtungen der Erlaubnis nach § 45 des Achten Buches oder einer Erlaubnis aufgrund einer entsprechenden landesrechtlichen Regelung bedürfen' zu ersetzen."[7] Zur Begründung, der sich die Bundesregierung anschloss,[8] wurde ausgeführt, dass die Änderung eine Abgrenzung der erfassten Einrichtungen sicherstelle. Damit erhielt die Vorschrift die noch heute gültige Gesetzesfassung hinsichtlich der ersten Alternative von § 2 Abs. 1 Nr. 8 a SGB VII und führte eine konsequente Erweiterung[9] des versicherten Personenkreises auf alle Kinder in Tageseinrichtungen herbei, da sich die Aufgabenstellungen in den einzelnen Tageseinrichtungen immer weiter annäherten.

Während demnach ursprünglich vorrangig auf die vorschulische Bildung abgestellt wurde, so traten im Laufe der Zeit weitere rechtfertigende Aspekte hinzu: die Einbindung der Kinder in eine fremde, staatlich regulierte bzw. kontrollierte Verantwortungsorganisation, die in allen Altersstufen der altersangemessenen Bildung, Erziehung und der Betreuung dient (vgl. auch → § 1 Rn. 19).[10]

II. Kinder- und jugendhilferechtliche Hintergründe (SGB VIII)

Im Folgenden werden für das Verständnis dieses Teils der Schülerunfallversicherung 7
bedeutsame Vorgaben des im SGB VIII normierten Kinder- und Jugendhilferechts dar-

6 Entwurf eines Gesetzes zur Ergänzung der Unfallversicherung für Kinder in Horten und Krippen und den übrigen Tageseinrichtungen für Kinder (Kita-UVErgG) vom 2.2.1995, BT-Drs. 13/373, 4 ff.; dieser Entwurf ist identisch mit BR-Drs. 248/94 (vgl. dazu Kunze/Molkentin SozVers 1994, 284 (285)) und BT-Drs. 12/8426, die wegen des Ablaufs der 12. Wahlperiode nicht mehr beraten worden sind, vgl. BR-Drs. 1124/94.
7 BT-Drs. 13/2333, 4.
8 BT-Drs. 13/2333, 18.
9 So zu Recht Niemeyer/Freund NZS 1996, 497 (498).
10 Vgl. Wietfeld in: BeckOK-SozR, SGB VII § 2 Rn. 81.

gestellt, weil diese auch für die Auslegung des Unfallversicherungsrechts bedeutsam sind (vgl. auch → Rn. 22).

1. Begriff der Tageseinrichtung

8 Der Begriff der Tageseinrichtung ist in § 22 Abs. 1 S. 1 SGB VIII legaldefiniert. Danach sind Tageseinrichtungen Einrichtungen, in denen sich Kinder für einen Teil des Tages oder ganztägig aufhalten. Die dortige Betreuung weist im Gegensatz zur Kindertagespflege (→ § 3 Rn. 5) keinen familienähnlichen Charakter auf, sondern stellt eine **institutionalisierte Organisationsform der Fremderziehung** als Tagesbetreuung dar, bei der die Förderung „in Gruppen" erfolgt. Das Nähere regelt das jeweilige Landesrecht, welches das Bundesrecht in Teilen konkretisiert (vgl. § 22 Abs. 1 S. 3, § 26 SGB VIII), etwa im Hinblick auf die Finanzierung, die Zusammenarbeit mit Tageseinrichtungen, Tagespflegepersonen und Grundschulen sowie die Grundsätze der Bildungs- und Erziehungsarbeit.

a) Einrichtungsarten

9 Der in § 22 SGB VIII definierte Terminus der Tageseinrichtung stellt nur einen Oberbegriff dar (vgl. auch → Rn. 26 f.), ohne verschiedene Formen zu unterscheiden. Der **Einrichtungsbegriff** ist **grundsätzlich offen**, so dass nicht nur Kindergärten und Kindertagesstätten davon erfasst sind, sondern grundsätzlich auch Kinderkrippen, Krabbelstuben, Kinderhorte, Einrichtungen mit altersgemischten Gruppen bzw. integrativen Gruppen von behinderten und nicht behinderten Kindern und Sonderkindergärten (vgl. ua § 22 a Abs. 4 S. 1, § 35 a Abs. 4 S. 2 SGB VIII).[11] **Kinderkrippen** und **Krabbelstuben** sind Einrichtungen für Kinder bis zu drei Jahren. **Kindergärten** richten sich als sozialpädagogische Einrichtungen gewöhnlich an Kinder ab drei Jahren bis zu deren Schuleintritt.[12] **Kinderhorte** sind Tageseinrichtungen für schulpflichtige Kinder im Altersbereich von sechs bis 14 Jahren. Die Betreuung erfolgt häufig in separaten Räumlichkeiten in der Schule oder angegliedert an einen Kindergarten.[13] Zum Kinderhort zählt auch der sog. **Schülerladen**, der von einem privaten Trägerverein getragen wird.[14] Die Grenzen sind insgesamt fließend, so dass es auf die Art der Bezeichnung der Einrichtung, die in den einzelnen Bundesländern mitunter variieren, insoweit nicht ankommen kann (zum Schulkindergarten → § 5 Rn. 3, 43). Komplizierter mit Blick auf die unfallversicherungsrechtliche Beurteilung sind Fortentwicklungen wie zB bei Familienzentren, Eltern-Kind-Zentren etc (dazu → Rn. 70 ff.).

10 Tageseinrichtungen sind ein wesentlicher Gegenstand der Jugendhilfeplanung nach § 80 SGB VIII. Sie werden von Trägern der freien und öffentlichen Jugendhilfe betrieben (vgl. auch § 3 Abs. 2 S. 1 SGB VIII). Daneben existieren von **Elterninitiativen** getragene und organisierte Einrichtungen, die das Gesetz in § 25 SGB VIII zur Kenntnis

---

11 Vgl. BT-Drs. 13/2204, 74; Grube in: Hauck/Noftz, SGB VIII, K § 22 Rn. 53; Lakies/Beckmann in: FK-SGB VIII, Vor §§ 22–26 Rn. 5; Zitzen in: Jung, SGB VIII, § 22 Rn. 11 ff.

12 Lakies/Beckmann in: FK-SGB VIII, Vor §§ 22–26 Rn. 5; Guckelberger SGb 2010, 1.

13 Zitzen in: Jung, SGB VIII, § 22 Rn. 13; LSG Berlin-Brandenburg 29.10.2001 – L 7 U 80/00, BeckRS 2001, 85020.

14 Vgl. LSG Niedersachsen-Bremen 24.2.2009 – L 9 U 41/06, NZS 2010, 50 (51).

nimmt. Ferner werden Tageseinrichtungen zB von Wirtschaftsunternehmen vorgehalten.[15]

Gemeinsame Merkmale aller Arten von Tageseinrichtungen sind, dass sich in ihnen Kinder für einen Teil des Tages bzw. ganztags (→ Rn. 15 f.) aufhalten sowie dass die Einrichtungen weitgehend vom Wechsel der betreuten Personen unabhängig sein müssen.[16] 11

b) Sonderformen/mobile Betreuungsmaßnahmen

Der **Einrichtungsbegriff des § 22 SGB VIII** ist identisch mit dem des § 45 SGB VIII, in welchem die Betriebserlaubnis geregelt ist.[17] Eine Einrichtung ist eine auf eine gewisse Dauer angelegte Verbindung von Personen und Sachen unter der Verantwortung eines Trägers; sie muss mit einer Baulichkeit verbunden sein.[18] Die Einrichtung ist demnach orts- und gebäudeabhängig; es muss ein Bezug zu einem Gebäude bzw. zu Gebäudeteilen bestehen. Dafür genügt, wenn die bauliche Anlage durch eigene Schwere auf dem Boden ruht (zB Bauwagen) oder auf ortsfesten Bahnen (zB ausrangierter Bahnwaggon) begrenzt beweglich ist. 12

Dies ist vor allem relevant für **Waldkindergärten.** Bei diesen ist erforderlich, dass eine Hütte bzw. ein Bau- oder Wohnwagen, der jederzeit aufgesucht werden kann, als Räumlichkeit zur Verfügung steht, jeweils einer Gruppe zugeordnet ist und im Rahmen der Gruppenarbeit benutzt wird.[19]

Das von dem Einrichtungsbegriff geforderte Merkmal des Orts- und Gebäudebezugs ist auch erfüllt, wenn die Einrichtung, deren Betrieb zur Genehmigung gestellt wird, nach der Konzeption des Einrichtungsträgers aus zwei oder mehr Einrichtungsteilen an unterschiedlichen Standorten besteht. Die genutzten Räumlichkeiten müssen sich also nicht alle an einem Ort bzw. „unter einem Dach" befinden.[20]

Sog. **Großtagespflegestellen**, bei denen sich mehrere Tagespflegepersonen in einem Verbund zusammenschließen können (dazu → § 3 Rn. 43) können (unbeabsichtigt) zu einer Tageseinrichtung nach § 22 SGB VIII mutieren mit der Folge, dass eine Erlaubnis nach § 45 SGB VIII erforderlich wird (→ Rn. 20 f.).[21]

Keine Tageseinrichtung sind lose organisierte **Eltern-Kind-Gruppen**, die als Mischform der elterlichen Eigenerziehung außerhalb der Familie nicht vom Einrichtungsbegriff erfasst werden. Im Gegensatz zu den Tageseinrichtungen und zur Kindertagespflege gemäß § 22 Abs. 1 SGB VIII handelt es sich hierbei nicht um eine Form der reinen Fremdbetreuung, sondern in der Regel um eine Verbindung von Fremd- und Eigenbetreuung. Anders liegt der Fall jedoch, wenn Dritte (auch aus dem Kreis der Eltern) eingestellt werden und diese die Betreuung im Wesentlichen verantwortlich übernehmen. Daher werden von Eltern initiierte Tageseinrichtungen mit selbstständi- 13

15 Vgl. Grube in: Hauck/Noftz, SGB VIII, K § 22 Rn. 12.
16 Vgl. BT-Drs. 11/5948, 83.
17 Vgl. Lakies/Beckmann in: FK-SGB VIII, § 22 Rn. 4; Grube in: Hauck/Noftz, SGB VIII, K § 22 Rn. 55.
18 Vgl. BT-Drs. 11/5948, 83.
19 Stähr in: Hauck/Noftz, SGB VIII, K § 45 Rn. 7; Struck in: Wiesner, SGB VIII, § 22 Rn. 4.
20 BVerwG 24.8.2017 – 5 C 1/16, NVwZ-RR 2018, 190 (191).
21 Vgl. dazu VGH Baden-Württemberg 12.7.2017 – 12 S 102/15, SRa 2018, 79 (80 ff.).

ger Trägerschaft (zB eingetragener Verein) und angestellten Betreuungspersonen als erlaubnispflichtig angesehen.[22]

Ambulante bzw. **mobile Maßnahmen** wie zB die Betreuung auf einem Spiel- oder Bolzplatz oder die Kinderbetreuung bei Spaziergängen fallen mangels Gebäudebezuges nicht unter § 22 SGB VIII. Hinsichtlich letzterer bedarf es keiner präventiven Kontrolle durch die Jugendhilfeträger, weil kein Schutzbedürfnis der Kinder besteht und eine entsprechende fachliche Aufsicht (zB örtliche Prüfung nach § 46 SGB VIII) praktisch nicht durchführbar wäre.[23] Gleiches gilt für Einrichtungen, die nur für **Kurzzeitbetreuungen** von Kindern gedacht sind (Betreuungen in Ferienorten, Kaufhäusern, bei Großveranstaltungen). Auch „Spielräume mit Betreuung" in Gerichtsgebäuden – für Kinder, die als Zeugen aussagen sollen[24] – sind nicht der Erlaubnispflicht des § 45 SGB VIII unterstellt.[25]

14 Bei **Einrichtungen in Justizvollzugsanstalten** für Frauen, in denen Mütter mit ihren Kindern untergebracht werden können (§ 142 StVollzG), handelt es sich um Einrichtungen der Jugendhilfe innerhalb der Justizvollzugsanstalt, die nach § 45 Abs. 1 S. 1 SGB VIII erlaubnispflichtig sind. Eine solche Mutter-Kind-Einrichtung, die zur Betreuung der Kinder innerhalb der Strafvollzugsanstalt betrieben wird, muss dabei so gestaltet sein, dass die Rechte der Kinder aus § 1 SGB VIII erfüllt werden können.[26]

c) Größe, Öffnungszeiten etc.

15 Auf die **Größe der Einrichtung** sowie die vorhandene Platzzahl kommt es nicht an, so dass auch Kleinsteinrichtungen erfasst sein können.[27] Aus dem Begriff „Einrichtung" folgt aber, dass von einer Tageseinrichtung nur gesprochen werden kann, wenn eine gewisse Mindestplatzzahl und eine Organisationsstruktur vorhanden ist; eine Einzelbetreuung ist nicht möglich (vgl. auch → Rn. 32).[28] **Ganztags** ist nach mittlerweile überwiegender Auffassung im Sinne von „Tag und Nacht" zu verstehen; der Begriff „Teil des Tages" meint jede Zeiteinheit, die weniger als 24 Stunden beträgt.[29] Der Zweck der gruppenbezogenen Förderung besteht ungeachtet dessen typischerweise tagsüber; rein faktisch sind die Tageseinrichtungen daher in aller Regel halbtags, vormittags und nachmittags mit Mittagschließung oder ganztags (von morgens bis abends) geöffnet.[30] Dennoch zählen auch Einrichtungen dazu, die im Hinblick auf „flexible" Arbeitszeitmodelle neuerdings eine **Betreuung in den Nachtstunden** anbie-

22 Stähr in: Hauck/Noftz, SGB VIII, K § 45 Rn. 14; Smessaert/Lakies in: FK-SGB VIII, § 45 Rn. 17; Bereiter-Hahn/Mehrtens, SGB VII § 2 Rn. 17.4; Schwerdtfeger in: Lauterbach, SGB VII, § 2 Rn. 269.
23 Vgl. Zitzen in: Jung, SGB VIII, § 22 Rn. 7; Schröder in: Jung, SGB VIII, § 45 Rn. 4.
24 Insoweit besteht für die Zeugen ein Versicherungsschutz nach § 2 Abs. 1 Nr. 11 b SGB VII.
25 Vgl. VG Köln 7.10.2003 – 26 K 8973/00 (rk., nv).
26 Vgl. Stähr in: Hauck/Noftz, SGB VIII, K § 45 Rn. 22; Leube in: Kater/Leube, § 2 Rn. 177.
27 BT-Drs. 11/5948, 84.
28 Struck in: Wiesner, SGB VIII, § 22 Rn. 4; Grube in: Hauck/Noftz, SGB VIII, K § 22 Rn. 55.
29 Vgl. Rixen in: jurisPK-SGB VIII, § 22 Rn. 13; Lakies/Beckmann in: FK-SGB VIII, § 22 Rn. 6; Struck in: Wiesner, SGB VIII, § 22 Rn. 6 f.; Tillmanns in: MüKo-BGB, SGB VIII § 22 Rn. 3.
30 Vgl. Kaiser in: LPK-SGB VIII, § 22 Rn. 4; Struck in: Wiesner, SGB VIII, § 22 Rn. 6; Riebel in: Hauck/Noftz, SGB VII, K § 2 Rn. 90.

ten, solange sich die Kinder dort nicht „rund um die Uhr“, sondern während der arbeitszeitbedingten Abwesenheit der Eltern (bzw. eines Elternteils) aufhalten.[31]

Im Fall einer **Übernachtbetreuung** ist zur Erfüllung des Förderauftrags nach § 22 SGB VII zu fordern, dass die Betreuung über eine Beaufsichtigung des Schlafs hinausgeht und auch Stunden mit Förderung vor und/oder nach dem Schlafen umfasst sind (→ Rn. 62).[32] Dabei ist den spezifischen Bedürfnissen der Kinder im Rahmen der Betriebserlaubnis Rechnung zu tragen. Einrichtungen, in denen Kinder über **Tag und Nacht** betreut werden, also nicht täglich ins Elternhaus zurückkehren, sind keine Tageseinrichtungen mehr, sondern Heime (§ 34 S. 1 SGB VIII).

Verlangt wird zudem – als untere Grenze – eine ausreichende regelmäßige **Mindestöffnungszeit**, die drei Stunden täglich betragen soll.[33] Nur so könne die gesetzlich zugewiesene Aufgabe der Bildung, Erziehung und Betreuung nach einem pädagogischen Konzept gewährleistet werden.

Kinder in diesem Sinne sind alle natürlichen Personen, die noch nicht 14 Jahre alt 16
sind (§ 7 Abs. 1 Nr. 1 SGB VIII). Wer 14, aber noch nicht 18 Jahre und damit volljährig ist, gilt als Jugendlicher (§ 7 Abs. 1 Nr. 2 SGB VIII), für den eine vergleichbare Betreuung – vorbehaltlich anderweitigen Landesrechts – nicht vorgesehen ist (vgl. insgesamt dazu → Rn. 23 f.).

2. Entwicklung der Tageseinrichtungen

Das „Gesetz zur Neuordnung des Kinder- und Jugendhilferechts“ (KJHG) vom 17
26.6.1990[34] enthielt als Kernstück in dessen Art. 1 das neu geschaffene SGB VIII, welches nach langen Diskussionen in Kraft trat.

Das KJHG brachte einen Perspektivenwechsel von der Eingriffsorientierung hin zu stärker präventiv und angebotsorientierten Leistungen. Dem Bereich der Kindertageseinrichtungen wird im KJHG erstmals ein eigener Abschnitt zuerkannt. Während der Begriff der Tageseinrichtung für Kinder zunächst dahin gehend legaldefiniert war, dass darunter „Kindergärten, Horte und andere Einrichtungen, in denen sich Kinder für einen Teil des Tages oder ganztags aufhalten“[35] zu verstehen sind (→ Rn. 5), verwendet das SGB VIII seit den Änderungen durch das Tagesbetreuungsausbaugesetz (TAG) zum 1.1.2005[36] **nur noch** den **Sammelbegriff der Tageseinrichtung.** Ferner ist der Förderungsauftrag in § 22 Abs. 2, 3 SGB VIII umfassender definiert worden und die Erziehung ist an die erste Stelle der Trias Erziehung, Bildung und Betreuung gerückt (→ Rn. 19).

Im Laufe der Jahrzehnte hat sich die Sichtweise der Jugendhilfepraxis erweitert und bezieht neben dem Kind und dem Jugendlichen immer stärker die Familie und das so-

31 Struck in: Wiesner, SGB VIII, § 22 Rn. 7; Kaiser in: LPK-SGB VIII, § 22 Rn. 4; vgl. auch Winkler in: BeckOK-SozR, SGB VIII § 22 Rn. 7; Lakies/Beckmann in: FK-SGB VIII, § 22 Rn. 6.
32 Lakies/Beckmann in: FK-SGB VIII, § 24 Rn. 44 mwN.
33 So zu Recht Grube in: Hauck/Noftz, SGB VIII, K § 22 Rn. 54; aA Zitzen in: Jung, SGB VIII, § 22 Rn. 5.
34 BGBl. I 1990, 1163.
35 Vgl. BT-Drs. 11/5948, 64.
36 Gesetz zum qualitätsorientierten und bedarfsgerechten Ausbau der Tagesbetreuung für Kinder vom 27.12.2004, BGBl. I 2004, 3852.

ziale Umfeld in ihre pädagogische Arbeit ein (vgl. auch → Rn. 79).[37] Mit weiteren gesetzlichen Änderungen erfolgte eine stetige qualitative Verbesserung der Tagesbetreuung.[38]

3. Förderauftrag der Kindertageseinrichtung

18 Wie der Entstehungsgeschichte (→ Rn. 3) zu entnehmen ist, ist die Betreuung in Tageseinrichtungen als „**Elementarstufe im Bildungssystem**“[39] anzusehen Der Förderungsauftrag ist für beide Formen der Tagesbetreuung (Tageseinrichtung, Kindertagespflege) einheitlich in § 22 Abs. 2 SGB VIII formuliert. Danach sollen Tageseinrichtungen für Kinder und Kindertagespflege die Entwicklung des Kindes zu einer eigenverantwortlichen und gemeinschaftsfähigen Persönlichkeit fördern (vgl. auch § 1 Abs. 1 SGB VIII), die Erziehung und Bildung in der Familie unterstützen und ergänzen sowie den Eltern dabei helfen, Erwerbstätigkeit und Kindererziehung besser miteinander vereinbaren zu können (→ § 3 Rn. 13). Der Förderungsauftrag umfasst nach § 22 Abs. 3 SGB VIII die Erziehung, Bildung und Betreuung des Kindes und bezieht sich auf die soziale, emotionale, körperliche und geistige Entwicklung des Kindes (→ Rn. 19).

19 **Erziehung** steht besonders für die Förderung von verantwortlicher Selbststeuerung und sozialem Lernen sowie für Wertevermittlung. **Bildung** ist die umfassende Förderung der kindlichen Kompetenzentwicklung, einschließlich der Sprachentwicklung, und die Befähigung zur tätigen Auseinandersetzung mit der materialen, sozialen und kulturellen Umwelt sowie zur Auseinandersetzung mit der eigenen Person. **Betreuung** umfasst die emotionale Unterstützung, sowie die Sorge um das körperliche und seelische Wohl des Kindes und stellt einen Beitrag zur Entwicklung des Kindes zu einer eigenverantwortlichen und gemeinschaftsfähigen Persönlichkeit dar.[40] Diese **Förderungstrias** „Erziehung, Bildung und Betreuung“ beschreibt die Wertigkeit der Aufgaben; der Erziehungs- und Bildungsauftrag ist vorrangig und soll eine stärkere Gewichtung erfahren.[41] Eine **bloße Beaufsichtigung** eines Kindes ist nicht geeignet, den Förderungsauftrag der Tagesbetreuung zu erfüllen. Daher kann eine nur stundenweise Betreuung, zB in Kauf-oder Möbelhäusern, in „Spielräumen mit Betreuung“ in Gerichtsgebäuden oder an sonstigen Orten (am Sommerferienort, im „Skikindergarten“, bei Kinderfesten, in Sportstudios), mit der über die reine Betreuung hinaus keine weiteren Ziele verfolgt werden, keine Einrichtung der Kinder- und Jugendhilfe sein (vgl. auch → Rn. 13), da eine solche bloße Verwahrung unvereinbar mit dem in § 22 Abs. 2, 3 SGB VIII formulierten Förderungsauftrag ist.[42] Die Zweckbestimmung der

37 Vgl. BT-Drs. 11/5948, 41.
38 Vgl. die Nachweise bei Münder/Meysen/Trenczek in: FK-SGB VIII, Einl. Rn. 38.
39 Vgl. BT-Drs. 6/1333, 7; BSG 27.1.1994 – 2 RU 17/93, SGb 1994, 574 (576); BVerfG 10.3.1998 – 1 BvR 178/97, NJW 1998, 2128 (2129); vgl. dazu auch Rixen NVwZ 2019, 432 (436).
40 Vgl. Kaiser in: LPK-SGB VIII, § 22 Rn. 12; Mörsberger in: Wiesner, SGB VIII, § 43 Rn. 8.
41 Vgl. BT-Drs. 15/3676, 31 f.
42 Vgl. BT-Drs. 11/5948, 83; Lakies/Beckmann in: FK-SGB VIII, § 22 Rn. 15; Zitzen in: Jung, SGB VIII, § 22 Rn. 7; von Koppenfels-Spies in: Eichenhofer/von Koppenfels-Spies/Wenner, SGB VII, § 2 Rn. 59.

Einrichtung muss im Sinne einer zusätzlichen Voraussetzung auf eine stetige Wiederholung ihres Angebots angelegt sein; eine **einmalige Betreuung reicht also nicht.**[43]

4. Erlaubnispflichtigkeit (§ 45 SGB VIII)

Der Träger einer Einrichtung, in der Kinder oder Jugendliche ganztägig oder für einen Teil des Tages betreut werden oder Unterkunft erhalten, bedarf für den Betrieb der Einrichtung der Erlaubnis (§ 45 Abs. 1 S. 1 SGB VIII). Die Statuierung eines generellen Erlaubnisvorbehaltes soll bereits zu Beginn der Inbetriebnahme möglichen Gefahren für das Wohl der betreuten Minderjährigen begegnen.[44] § 45 SGB VIII ist damit die **zentrale Schutzvorschrift** für den Schutz von Minderjährigen in Einrichtungen.[45] Die Erlaubnis muss vom Träger vor der Betriebsaufnahme eingeholt werden (sog. präventives Verbot mit Erlaubnisvorbehalt). 20

§ 45 Abs. 2 SGB VIII ist als **Voraussetzung einer Erlaubniserteilung** das Vorhandensein geeigneter Kräfte, die Gewährleistung des Kindeswohls sowie die Vorlage einer pädagogischen Konzeption zu entnehmen. Von dem zuständigen überörtlichen Träger[46] werden in diesem Zusammenhang ua der Nachweis über Eignung als Träger, der Lageplan des Gebäudes sowie der Freifläche, die maßstabsgerechten Grundrisse der Räume und Schnitte des Gebäudes, Personalunterlagen der Leitung sowie der pädagogischen Kräfte (persönliche und fachliche Eignung), der Wirtschafts-/Finanzierungsplan, die Genehmigung der örtlichen Bauaufsicht zur geänderten Nutzung der Räume einschließlich Brandschutzgutachten geprüft und eine Stellungnahme des Gesundheitsamtes eingeholt.[47] Auf die Erlaubniserteilung, die in der Form des Verwaltungsaktes ergeht (§ 31 SGB X), besteht bei Vorliegen der gesetzlichen Voraussetzungen des § 45 SGB VIII ein Rechtsanspruch (vgl. zur Aufhebung → Rn. 36). 21

III. Versicherter Personenkreis nach dem SGB VII

Für den Versicherungsschutz nach § 2 Abs. 1 Nr. 8 a Alt. 1 SGB VII ist erforderlich, dass es sich um Kinder während des Besuchs von Tageseinrichtungen handelt, deren Träger für den Betrieb der Einrichtung der Erlaubnis nach § 45 SGB VIII oder einer Erlaubnis kraft Landesrecht bedarf. 22

Bereits aus dem Wortlaut und den darin enthaltenen Bezugnahmen auf das Fachrecht (SGB VIII, Landesrecht) wird für den **Zusammenhang der Normen** deutlich, dass im Rahmen der Auslegung des SGB VII die Bestimmungen des SGB VIII bzw. des Landesrechts eine wichtige Rolle spielen. Da es zB für den Begriff der Tageseinrichtung keine eigene Definition im Unfallversicherungsrecht gibt, ist mit Blick auf die **personen- bzw. sachbezogenen Tatbestandsmerkmale auf das Fachrecht abzustellen**; die

43 Vgl. Stähr in: Hauck/Noftz, SGB VIII, K § 45 Rn. 10; Happe/Saurbier in: JHSM, § 45 Rn. 51; ferner Mutschler in: Jahn/Jung, SGB VII, § 2 Rn. 76.
44 Stähr in: Hauck/Noftz, SGB VIII, K § 45 Rn. 2.
45 Schröder in: Jung, SGB VIII, § 45 Rn. 2.
46 Vgl. § 85 Abs. 2 Nr. 6, § 87 a Abs. 2, § 69 Abs. 3 SGB VIII.
47 Vgl. Stähr in: Hauck/Noftz, SGB VIII, K § 45 Rn. 24 ff.; Nonninger/Dexheimer/Kepert in: LPK-SGB VIII, § 45 Rn. 23 ff.

versicherten Tätigkeiten („während des Besuchs") werden hingegen rein unfallversicherungsrechtlich zu bestimmen sein (→ Rn. 46 ff.).

1. Kindeseigenschaft

23 Zur Beurteilung der Kindeseigenschaft ist nach allgemeiner Ansicht[48] auf die **Legaldefinition** des **§ 7 Abs. 1 Nr. 1 SGB VIII** abzustellen (→ Rn. 16), da es vorliegend um den Versicherungsschutz von Personen geht, die in einer Tageseinrichtung im Sinne des SGB VIII betreut werden. Das SGB VII enthält keine abweichende Legaldefinition des Kindesbegriffes und knüpft demnach an die einschlägigen kinder- und jugendhilferechtlichen Begrifflichkeiten und Definitionen an bzw. setzt diese voraus. § 2 Abs. 1 Nr. 8 a SGB VII erfasst nach seinem Wortlaut[49] gerade nicht Kinder und Jugendliche, sondern – trotz des Verweises auf § 45 SGB VIII – lediglich Kinder.[50] Es wäre auch sinnwidrig, Personen in den Versicherungsschutz einzubeziehen, die gerade nicht zum Adressatenkreis des § 22 SGB VIII gehören.[51] Im Übrigen ist der Anregung des Bundesrates[52] im Rahmen der Beratungen des KJHG, die Definition des Kindes dahin zu ändern, dass als Kind bezeichnet wird, „wer noch nicht 18 Jahre alt ist", nach Prüfung durch die Bundesregierung[53] nicht gefolgt worden.

Schließlich zeigen auch die zwischenzeitlich mit Wirkung zum 22.4.2015 in Kraft getretenen **§ 2 Abs. 1 Nr. 8 a Alt. 3 und § 3 Abs. 1 Nr. 5 SGB VII** (dazu → § 4 Rn. 8, 19), dass der Gesetzgeber auch beim nach dem SGB VII versicherten Personenkreis deutlich zwischen **Kindern und Jugendlichen** unterscheidet.

24 Danach besteht Versicherungsschutz für Kinder **ohne untere Altersgrenze bis zum Alter von 13 Jahren** (§ 7 Abs. 1 Nr. 1 SGB VIII).[54] Wer 14, aber noch nicht 18 Jahre alt ist, gilt als Jugendlicher (§ 7 Abs. 1 Nr. 2 SGB VIII). Jugendliche werden von § 2 Abs. 1 Nr. 8 a SGB VII nicht erfasst. Die **Berechnung des Alters** richtet sich gemäß § 26 SGB X nach den allgemeinen Vorschriften des BGB. Nach §§ 187 Abs. 2 S. 2, 188 Abs. 2 BGB wird bei der Berechnung der Tag der Geburt nicht mitgezählt. So ist etwa das 13. Lebensjahr mit dem Ablauf des letzten Tages des 13. Lebensjahres vollendet, also am Vortag des Geburtstages um 24.00 Uhr. Der Geburtstag selbst ist bereits der 1. Tag des 14. Lebensjahres. Das gesetzlich vorgesehene Alter ist damit am Tag des jeweiligen Geburtstages erreicht.

25 Es kommt für den Versicherungsschutz allein auf das **tatsächliche Alter** einer Person an; ihre Reife bzw. geistige Entwicklung ist irrelevant. Andernfalls ließe sich in einer

48 Vgl. statt vieler: BSG 18.1.2011 – B 2 U 15/10 R, SGb 2012, 178 (179 ff.); LSG NRW 17.5.2017 – L 10 U 762/15, BeckRS 2017, 115649; Riebel in: Hauck/Noftz, SGB VII, K § 2 Rn. 85 b; Bereiter-Hahn/Mehrtens, SGB VII § 2 Rn. 17.2; Reyels in: Brall/Kerschbaumer/Scheer/Westermann, SGB VII § 2 Rn. 17.

49 Insoweit kommt dem § 2 Abs. 1 Nr. 8 a SGB VII iVm den Vorschriften des SGB VIII eine Funktion zu, die über die reine familienrechtliche Abstammung hinausgeht, so dass der Kindesbegriff ein anderer ist, als zB der in § 8 Abs. 2 Nr. 2 a, 3, § 64 SGB VII iVm § 56 Abs. 2 SGB I verwendete.

50 Vgl. zB Niedermeyer SGb 2010, 471 (472).

51 Vgl. BSG 18.1.2011 – B 2 U 15/10 R, SGb 2012, 178 (180).

52 BT-Drs. 11/5948, 125.

53 Vgl. BT-Drs. 11/6002, 2.

54 So auch BSG 18.1.2011 – B 2 U 15/10 R, SGb 2012, 178 (179); ebenso zB Wietfeld in: BeckOK-SozR, SGB VII § 2 Rn. 82; Lilienfeld in: KassKomm, SGB VII § 2 Rn. 33; Bieresborn in: jurisPK-SGB VII, § 2 Rn. 159.

Vielzahl von Fällen keine eindeutige Grenze ziehen. Daher hat das BSG zu Recht entschieden, dass ein zum Unfallzeitpunkt 19 Jahre alter behinderter Mensch nicht „Kind" sein kann, wenn er sich im Rahmen seiner Teilnahme an einer von einer Tagesstätte veranstalteten Ferienfreizeit verletzt; auch dann nicht, wenn er noch der Schulpflicht unterliegt und die Tagesstätte und die Schule eng zusammen arbeiten.[55]

2. Tageseinrichtungen

Nach einhelliger Auffassung ist auch der in § 2 Abs. 1 Nr. 8 a SGB VII verwendete Begriff der **Tageseinrichtung im Sinne des § 22 Abs. 1 S. 1 SGB VIII zu definieren** (→ Rn. 9 ff.). Neben gesetzessystematischen Gründen (Verwenden von Legaldefinitionen) sprechen die Regelungsabsichten des Gesetzgebers (→ Rn. 6) dafür. Auch Teile der Rechtsprechung gehen davon aus, dass die Voraussetzungen des § 22 SGB VII erfüllt sein müssen, damit Kinder nach Nr. 8 a versichert sind.[56] Das BSG hat jedoch Anfang 2011 darauf hingewiesen, dass die oben erwähnte Umstellung des Verweises von § 22 SGB VIII auf § 45 SGB VIII auch vor dem Hintergrund erfolgte, den Besuch zB von Sonderkindergärten oder Tageseinrichtungen iSv § 35 a Abs. 2 SGB VIII ebenfalls unter Versicherungsschutz zu stellen.[57] Denn diese Einrichtungen entsprachen zwar den Anforderungen des § 22 SGB VIII, waren aber nicht von dieser Norm umfasst. 26

Es muss eine Tageseinrichtung besucht werden, in der Kinder „ganztätig oder für einen Teil des Tages" (→ Rn. 15) betreut werden oder Unterkunft erhalten. Der in § 22 SGB VIII definierte Terminus der Tageseinrichtung ist grundsätzlich offen, so dass nicht nur Kindergärten und Kindertageseinrichtungen davon erfasst werden, sondern grundsätzlich auch Kinderkrippen, Krabbelstuben, Kinderhorte, Einrichtungen mit altersgemischten Gruppen bzw. integrativen Gruppen von behinderten und nicht behinderten Kindern und Sonderkindergärten. Insofern kann auf die obigen Ausführungen zum Begriff der Tageseinrichtung (→ Rn. 9 ff.) verwiesen werden. Eine **Abgrenzung zwischen den einzelnen Formen der Tageseinrichtungen** ist anders als nach früherer Rechtslage entbehrlich, da der Besuch aller gemäß § 45 Abs. 1 S. 1 SGB VIII erlaubnispflichtigen Einrichtungen in den Versicherungsschutz einbezogen ist. 27

Allerdings reicht es nicht aus, wenn sich die besuchte Einrichtung selbst als Kindertageseinrichtung, Kindergarten oÄ bezeichnet. Entscheidend ist, dass es sich tatsächlich um eine Tageseinrichtung im Sinne von § 22 SGB VIII handelt.[58] 28

In der Praxis ergibt sich der Einrichtungscharakter aus der von dem zuständigen überörtlichen Träger (§ 85 Abs. 2 Nr. 6, § 87 a Abs. 2, § 69 Abs. 3 SGB VIII) bzw. der

55 Vgl. BSG 18.1.2011 – B 2 U 15/10 R, SGb 2012, 178 (180); ferner Schwerdtfeger in: Lauterbach, SGB VII, § 2 Rn. 263 f.
56 Vgl. LSG Niedersachsen-Bremen 24.2.2009 – L 9 U 41/06, NZS 2010, 50 (51); ferner Graeff SGb 1996, 297 (298).
57 Vgl. BSG 18.1.2011 – B 2 U 15/10 R, SGb 2012, 178 (180); BSG 14.12.1978 – 2 RU 75/78, BSGE 47, 281, 284; Becker in: SGB VII-Komm, § 2 Rn. 483.
58 Vgl. dazu BSG 8.9.1977 – 2 RU 115/75, USK 77212; BSG 12.5.1981 – 2 RU 49/79, USK 8171; vgl. auch LSG Niedersachsen-Bremen 24.2.2009 – L 9 U 41/06, NZS 2010, 50 (51).

nach Landesrecht bestimmten Behörde erteilten **Betriebserlaubnis** im Sinne von § 45 SGB VIII bzw. entsprechend einschlägigem Landesrecht. Nur in seltenen Fällen muss der Unfallversicherungsträger in eine eigene Prüfung einsteigen (→ Rn. 34 f.).

29 **Merksatz:**

Da § 22 und § 45 SGB VIII vom gleichen Einrichtungsbegriff ausgehen (→ Rn. 12), kann das Zusammenspiel der beiden Normen wie folgt beschrieben werden: Alles, was Tageseinrichtung iSv § 22 SGB VIII ist und einer Erlaubnis nach § 45 SGB VIII bedarf, unterfällt § 2 Abs. 1 Nr. 8 a SGB VII (→ Rn. 26). Aber: Nicht alles, was einer Erlaubnis nach § 45 bedarf, ist eine Tageseinrichtung nach § 22 SGB VIII.[59] Fehlt es an einer Erlaubnispflicht (§ 45 SGB VIII), so ist in dieser Einrichtung kein unfallversicherter Besuch nach § 2 Abs. 1 Nr. 8 a SGB VII möglich (→ Rn. 33).

30 Nach Ansicht des LSG Nordrhein-Westfalen bedarf auch eine Kinderbetreuungseinrichtung, die neben Therapiekindern (vgl. § 24 SGB V) **Begleitkinder** betreut, die keinerlei medizinische Behandlung oder therapeutische Maßnahmen zur Rehabilitation erhalten, und bei der Betreuung nicht zwischen Begleit- und Therapiekindern differenziert, einer Erlaubnis gemäß § 45 SGB VIII.[60] Überzeugend ist dies deshalb nicht, weil die zuständige Genehmigungsbehörde eine Erlaubnisbedürftigkeit ablehnte (vgl. zu den formalen Anforderungen der Einschätzung → Rn. 33 f.).

31 **Nicht unter § 2 Abs. 1 Nr. 8 a SGB VII fallen** neben den schon genannten Einrichtungen (→ Rn. 13 f.) zB sozialpädiatrische Zentren bzw. Abteilungen in Kliniken sowie Frühförderstellen im Sinne von §§ 46, 48 SGB IX iVm §§ 2 ff. FrühV, Förderstätten in enger räumlicher und/oder organisatorischer Beziehungen zu Werkstätten für behinderte Menschen (§§ 219 ff. SGB IX), Wohnpflegeplätze in Wohnpflegeheimen, stationäre Einrichtungen mit sozial- und heilpädagogischer Zielsetzung, Jugendbüchereien, Werk- und Bastelräume, stationäre Einrichtungen der Jugendhilfe (vgl. §§ 27, 34 SGB VIII) sowie Jugendausbildungseinrichtungen.[61] Ferner wird nicht die gesonderte Betreuung eines „gestörten" Kindes außerhalb der gemeinschaftlichen vorschulischen Erziehung im Kindergarten erfasst.[62]

Einer Erlaubnis bedarf nicht, wer beispielsweise eine Jugendfreizeiteinrichtung, eine Jugendbildungseinrichtung, eine Jugendherberge oder ein Schullandheim betreibt (§ 45 Abs. 1 S. 2 Nr. 1 SGB VIII). Damit kann aber der (private) Besuch solcher Einrichtungen nicht gesetzlich unfallversichert sein.[63] Gleiches gilt für flexible bedarfsorientierte Betreuungsangebote, die beispielsweise Studierenden ermöglichen soll, kurzfristig eine Betreuung ihrer Kinder sicherzustellen, um auf diese Weise das Studieren zu erleichtern. Sollte insoweit feststehen, dass derartige Betreuungseinrichtun-

---

59 Im Ergebnis ähnlich: Wietfeld in: BeckOK-SozR, SGB VII § 2 Rn. 89.
60 LSG NRW 17.5.2017 – L 10 U 762/15, BeckRS 2017, 115649; zustimmend Schwede NZFam 2017, 727.
61 Vgl. zB Erstkommentierung des UVEG, S. 48; Bereiter-Hahn/Mehrtens, SGB VII § 2 Rn. 17.6.
62 BSG 14.12.1978 – 2 RU 75/78, BSGE 47, 281, 284; Bieresborn in: jurisPK-SGB VII § 2 Rn. 156.
63 Sollte jedoch beispielsweise eine Schulklasse im Rahmen eines Schulausfluges in einer Jugendherberge übernachten, so besteht Versicherungsschutz unter den in → § 5 Rn. 96 genannten Voraussetzungen.

gen etwa von Studentenwerken nicht erlaubnispflichtig sind, so scheidet ein gesetzlicher Unfallversicherungsschutz aus.[64]

Die Förderung von schulpflichtigen Kindern in Tageseinrichtungen oder Kindertagespflege als Leistung der des SGB VIII ist im Übrigen von Betreuungsangeboten der Schule abzugrenzen. Dies betrifft insbesondere Angebote im offenen Ganztag.[65] Die Kinder- und Jugendhilfe kann Angebote auch im schulischen Raum unterbreiten (vgl. § 10 Abs. 1 SGB VIII). **Betreuungsangebote an der Schule** sind nicht nach § 45 SGB VIII erlaubnispflichtig, sofern sie als Teil der „Schule" der Schulaufsicht unterliegen,[66] dann scheidet auch ein Versicherungsschutz nach § 2 Abs. 1 Nr. 8 a SGB VII aus. Sollte eine solche Betreuung unter der Verantwortung eines eigenständigen Trägers erfolgen,[67] so ist erforderlich, dass auch eine „Tageseinrichtung" in diesem Sinne vorliegt. Dies ist zB nicht der Fall, wenn Schüler an einer von der Schule angebotenen und beaufsichtigten **Hausaufgaben- bzw. Lernbetreuung** etc teilnehmen. Eine derartige Betreuung, die rein an schulischen und schulergänzenden Zwecken orientiert ist, wird dem eine Tageseinrichtung kennzeichnenden, sehr umfassenden Förderbegriff nach § 22 Abs. 2, Abs. 3 SGB VIII nicht gerecht.[68] Insofern kommt jedoch ein Versicherungsschutz nach § 2 Abs. 1 Nr. 8 b Alt. 2 SGB VII in Betracht (→ § 5 Rn. 83, 85).

Mit der Anknüpfung an die Definition der Tageseinrichtung in § 22 Abs. 1 S. 1 SGB VIII kommt es auch auf das Merkmal der **Förderung in Gruppen** an (vgl. auch → Rn. 15). Dieses Kriterium dient dazu, einen wesentlichen Unterschied zu Eltern-Kind-Gruppen bzw. zur Kindertagespflege zu betonen, da zB bei letzterer grundsätzlich auch eine Einzelförderung möglich ist. Daher grenzt dieses Merkmal die Gruppenbetreuung in einer Tageseinrichtung von der eines Kindes oder einiger weniger Kinder im privaten bzw. familiären Rahmen ab. Entscheidend ist nur die (beabsichtigte) Betreuung im Rahmen einer gruppenmäßigen Organisationsstruktur. Auf die Art und Weise der Zusammensetzung der Gruppen und möglicher Interaktionen etc kann es für den Unfallversicherungsschutz nicht ankommen, so dass eine weiter gehende Bedeutung dieses Kriteriums für den Unfallversicherungsschutz zu verneinen ist. 32

3. Erlaubnisbedürftigkeit nach § 45 SGB VIII, Träger der Einrichtung

a) Erlaubnisbedürftigkeit

Die **Erlaubnisklausel** soll, wie die Entstehungsgeschichte zeigt, die Abgrenzung der erfassten Einrichtungen von anderen sicherstellen und zielt damit auf Einrichtungen mit Bezug zur öffentlichen Bildungs- und Erziehungsbeteiligung und ihren institutio- 33

64 Es besteht indes die Möglichkeit einer Aufenthaltsversicherung gemäß § 3 Abs. 1 Nr. 2 SGB VII kraft Satzung des zuständigen Trägers.

65 Lakies/Beckmann in: FK-SGB VIII, Vor §§ 22–26 Rn. 10.

66 Vgl. Busse in: jurisPK-SGB VIII, § 45 Rn. 42; Smessaert/Lakies in: FK-SGB VIII, § 45 Rn. 20; siehe aber auch DIJuF-Rechtsgutachten 10.9.2018 – SN_2018_0437 Bn, JAmt 2018, 451 (452 f.), welches eine Erlaubnispflicht unabhängig davon bejaht, ob es sich zugleich um eine Tageseinrichtung (§ 22 SGB VIII) handelt.

67 Solche Möglichkeiten sind zT landesrechtlich ausdrücklich vorgesehen, vgl. zB § 5 KiBiz NRW.

68 Vgl. VGH München 15.2.2017 – 12 BV 16.1855, BeckRS 2017, 105277; OVG Niedersachsen 30.5.2018 – 9 KN 125/17, BeckRS 2018, 12109; Zitzen in: Jung, SGB VIII, § 22 Rn. 8.

nalisierten Formen ab.[69] Für die Zugehörigkeit zum Kreis der versicherten Personen kommt es nur auf die **Erlaubnisbedürftigkeit** nach § 45 SGB VIII bzw. den entsprechenden landesrechtlichen Regelungen[70] an; eine tatsächliche Erlaubniserteilung durch den zuständigen überörtlichen Träger (→ Rn. 21) ist nicht verlangt.[71] Eine bereits erteilte Betriebserlaubnis stellt dennoch den Regelfall in der Praxis dar, die für die Unfallversicherungsträger verbindlich die Erlaubnisbedürftigkeit feststellt, so dass diese keine Kompetenz haben, zu einer abweichenden Beurteilung zu gelangen.[72] Insofern kommt der allgemeine Grundsatz zum Tragen, dass ein Unfallversicherungsträger an die Entscheidungen der Fachbehörden auf einem anderen Verwaltungsgebiet gebunden ist.[73] Geprüft werden können jedoch zB die Echtheit der Betriebserlaubnis oder etwa deren Gültigkeit, gegebenenfalls durch Nachfragen bei der Erlaubnisbehörde, mithin alle formalen, äußeren Aspekte.

b) Fehlende Erlaubnis

34 Ist keine Erlaubnis erteilt, so hat der zuständige Unfallversicherungsträger (vgl. § 128 Abs. 1 Nr. 1, 2 SGB VII) die Erlaubnisbedürftigkeit nach herrschender Ansicht **nur bezüglich der Art der Einrichtung** zu prüfen, nicht aber, ob die qualitativen Erlaubnisvoraussetzungen vorliegen.[74] Dies kann allerdings nur dann gelten, wenn zugleich keine negative (ablehnende) Entscheidung der zuständigen Erlaubnisbehörde vorliegt, denn auch insoweit besteht eine Bindungswirkung der fachbehördlichen Entscheidung für die Unfallversicherungsträger.[75] Das Gesetz verlangt eine förmliche Entscheidung nur hinsichtlich der Erlaubniserteilung (§ 45 Abs. 2 S. 1 SGB VIII); die Frage der Erlaubnisfreiheit ist nicht zwingend förmlich zu entscheiden. Daher kann nicht überzeugen, dass das LSG NRW stets eine förmliche Entscheidung verlangt und trotz der eindeutigen, schriftlichen Auskunft der zuständigen Genehmigungsbehörde, die wegen einer Erlaubnisfreiheit kein Verwaltungsverfahren durchgeführt hatte, selbst die Kriterien des § 45 SGB VIII prüft und bejaht (dazu auch → Rn. 30, 45).[76] Denn es besteht ein Unterschied zwischen der Ablehnung einer Erlaubniserteilung (zB weil die wirtschaftlichen Voraussetzungen nach § 45 Abs. 2 S. 2 Nr. 1 SGB VIII nicht vorliegen) und der Bejahung einer Erlaubnisfreiheit. In jedem Fall eine förmliche Entscheidung zu verlangen, ist demnach zu weitgehend, so dass beispielsweise **auch Auskünfte gegenüber dem zuständigen Unfallversicherungsträger** oder im Rahmen eines Gerichtsverfahrens **ausreichend** sein können.

35 Zu prüfen sind damit die Voraussetzungen des § 45 Abs. 1 S. 1 SGB VIII bzw. der entsprechenden landesrechtlichen Bestimmungen, mithin ob es sich um eine Tagesein-

---

69 Vgl. BT-Drs. 13/2333, 4; Niemeyer/Freund NZS 1996, 497 (498).
70 Vgl. die Auflistungen bei Busse in: jurisPK-SGB VIII, § 45 Rn. 11; Stähr in: Hauck/Noftz, K § 49 Rn. 3 sowie die dort unter C105 bis C180 abgedruckten Landesregelungen.
71 Vgl. Lilienfeld in: KassKomm, SGB VII § 2 Rn. 33; Becker in: SGB VII-Komm, § 2 Rn. 481; Schmitt, SGB VII, § 2 Rn. 50; Potthoff KiTa Recht 3/2008, 24.
72 Vgl. Lilienfeld in: KassKomm, SGB VII § 2 Rn. 33; Schlaeger ZFSH/SGB 2008, 527 (531).
73 Vgl. BSG 6.10.1981 – 9 RVs 3/81, BSGE 52, 168, 174; BSG 20.4.1993 – 2 RU 9/92, SozR 3-2200 § 539 Nr. 23; Krasney WzS 2013, 67 (69).
74 So ua auch Wietfeld in: BeckOK-SozR, SGB VII § 2 Rn. 90; Lilienfeld in: KassKomm, SGB VII § 2 Rn. 33; ähnlich Bereiter-Hahn/Mehrtens, SGB VII § 2 Rn. 17.8.
75 Ebenso zB LSG NRW 17.5.2017 – L 10 U 762/15, BeckRS 2017, 115649.
76 So LSG NRW 17.5.2017 – L 10 U 762/15, BeckRS 2017, 115649.

richtung (→ Rn. 26) eines Trägers handelt, in der Kinder ganztägig oder für einen Teil des Tages betreut werden. Entscheidend sind dabei das sich darbietende **Gesamtbild und** die **Zweckbestimmung der Einrichtung** zu berücksichtigen.[77] Liegt nach alledem jedoch keine Erlaubnisbedürftigkeit vor, besteht auch kein Versicherungsschutz (→ Rn. 29).[78]

Relevant kann eine solche Prüfung werden, wenn sich das Erlaubniserteilungsverfahren bei einer Neueröffnung einer Tageseinrichtung verzögern sollte oder eine Einrichtung der Meinung ist, erlaubnisfrei zu sein und sich in dieser Zeit ein Unfall ereignet. Dies kann auch der Fall sein, wenn eine **Großtagespflegestelle** tatsächlich zu einer Tageseinrichtung geworden ist und ohne eine erforderliche Erlaubnis nach § 45 SGB VIII betrieben wird (→ Rn. 11). Immerhin soll auch während eines laufenden Genehmigungsverfahrens die Genehmigungsbehörde unter bestimmten Voraussetzungen signalisieren dürfen, dass sie keine Einwände gegen eine vorzeitige Eröffnung der Einrichtung hat.[79] In der Praxis dürfte dennoch eine enge Abstimmung (§ 86 SGB X, § 12 SGB I) mit dem zuständigen überörtlichen Jugendhilfeträger die Regel sein, auch um divergierende Entscheidungen zu vermeiden.[80] Ferner kann eine eigene Prüfung in **Fällen mit grenzüberschreitendem Sachverhalt** nach der sog. Grundverordnung (EG VO 883/2004) erforderlich werden (ausführlich → § 11 Rn. 16 ff., 33, 38).

c) Auswirkung von Widerruf bzw. Rücknahme der Erlaubnis

Die Erlaubnis ist nach § 45 Abs. 7 S. 1 SGB VIII zurückzunehmen oder zu widerru- 36
fen, wenn das Wohl der Kinder oder der Jugendlichen in der Einrichtung gefährdet und der Träger der Einrichtung nicht bereit oder in der Lage ist, die Gefährdung abzuwenden. Hierbei handelt es sich um eine Spezialregelung, die die allgemeinen Vorschriften der §§ 44 ff. SGB X verdrängt, da letztere nach Auffassung des Gesetzgebers der allgemeinen Interessenlage der Erlaubniserteilung für Einrichtungen der Jugendhilfe nicht gerecht werden.[81] Die Entscheidung der zuständigen Behörde entfaltet unmittelbare Rechtswirkung, da Widerspruch und Klage keine aufschiebende Wirkung zukommen. Dies bedeutet, dass in der Einrichtung bis auf Weiteres keine Minderjährigen betreut oder untergebracht werden dürfen. Aufgrund dessen muss auch der **Unfallversicherungsschutz mit Wirksamwerden des Rücknahme- bzw. Widerrufsbescheides** gegenüber dem Träger der Einrichtung **entfallen**. Gründe dafür, insoweit einen Vertrauensschutz oÄ anzunehmen, bestehen nicht.

d) Träger der Einrichtung

Träger der Einrichtung können anerkannte Träger der freien Jugendhilfe, örtliche 37
Träger, Gemeinden, sonstige juristische Personen mit gemeinnütziger Zielsetzung, pri-

---

77 Vgl. zB BSG 28.7.1977 – 2 RU 5/77, BSGE 44, 203 (207); BSG 14.12.1978 – 2 RU 75/78, BSGE 47, 281 (284); Becker in: SGB VII-Komm, § 2 Rn. 481.

78 Ebenso zB Bieresborn in: jurisPK-SGB VII, § 2 Rn. 158; Bereiter-Hahn/Mehrtens, SGB VII § 2 Rn. 17.9; Hedermann in: LPK-SGB VII, § 2 Rn. 46.

79 So Mörsberger in: Wiesner, SGB VIII, § 45 Rn. 102; **aA** Stähr in: Hauck/Noftz, SGB VIII, K § 45 Rn. 40; vgl. insg. dazu auch Kepert JAmt 2014, 186 ff.

80 Vgl. den Rechtsgedanken des § 45 Abs. 5 SGB VIII, s. dazu Smessaert/Lakies in: FK-SGB VIII, § 45 Rn. 63.

81 So BT-Drs. 11/5948, 84.

vate Unternehmen (als Träger von Betriebskindergärten) oder privatrechtliche eingetragene Vereine (insbesondere im Fall von Elterninitiativen, → Rn. 13) sein.[82]

4. Besuch der Einrichtung, Gastkinder

38 Versichert ist der **Besuch** einer erlaubnisbedürftigen Tageseinrichtung (→ Rn. 33). Eine Tageseinrichtung besuchen vor allem die Kinder, deren Erziehungsberechtigte einen **Betreuungsvertrag** mit dem Träger der Einrichtung geschlossen haben und die einen der eingeplanten Betreuungsplätze[83] erhalten; die Erziehungsberechtigten sind dann nach § 90 SGB VIII in Verbindung mit dem jeweiligen Landesrecht und den örtlichen Beitragssatzungen zur Zahlung von nach Einkommen gestaffelten Beiträgen verpflichtet, die idR bereits durch die tatsächliche Inanspruchnahme der Leistung entstehen.[84]

39 Des Weiteren werden in der Praxis auch diejenigen Kinder als versicherte Personen nach § 2 Abs. 1 Nr. 8 a SGB VII angesehen, die sich gast- oder probeweise in der Einrichtung aufhalten.

Damit sind zum einen Konstellationen gemeint, in denen Kinder zB kurzzeitig oder in zeitlichem Abstand von gegebenenfalls mehreren Monaten vor der regelmäßigen Aufnahme in die Kindertagesstätte testweise zur Überprüfung ihrer Eignung vorübergehend in die Kindertagesstätte aufgenommen werden (**Schnupperkinder**). Dies kann zB bei einem Einrichtungswechsel zB infolge eines Umzugs der Fall sein und erfolgt in der Regel mit dem Ziel der späteren Aufnahme in die Einrichtung. Zum anderen sind Kinder gemeint, die vorübergehend zB während einer Verhinderung der Mutter oder einer sonstigen Betreuungsperson stunden- oder tageweise zusammen mit den „regulären" Kindergartenkindern betreut werden (**Gast- oder Besuchskinder**). Letztere können uU auch bereits schulpflichtig sein (→ Rn. 42).[85]

Ein weiterer Anwendungsbereich kann im Zusammenhang mit der Verpflichtung des Jugendamtes aus § 23 Abs. 4 S. 2 SGB VIII entstehen, wonach die Betreuung eines Kindertagespflegekindes auch in Ausfallzeiten zu gewährleisten ist. Insofern kommen ua auch **Notplätze** oder sonstige Betreuungen in Tageseinrichtungen in Betracht (→ § 3 Rn. 37, 67), so dass diese Kinder in der Regel als Besuchskinder aufzufassen sind.

40 Nach der **mittlerweile herrschenden Auffassung** sind diese Kinder gesetzlich unfallversichert, wenn sie in einer Kindertageseinrichtung betreut und beaufsichtigt werden.[86] **Voraussetzung** hierfür ist eine bewusste und gewollte Aufnahme des Kindes in das (pädagogische) Betreuungskonzept der Tageseinrichtung.[87] Die zeitliche Dauer ei-

82 Vgl. Wietfeld in: BeckOK-SozR, SGB VII § 2 Rn. 85.
83 Vgl. § 47 S. 1 Nr. 1, § 99 Abs. 7 Nr. 1 b SGB VIII.
84 Vgl. OVG Berlin-Brandenburg 27.8.2013 – OVG 6 N 38.12, BeckRS 2015, 43059.
85 Ebenso zB Schwerdtfeger in: Lauterbach, SGB VII, § 2 Rn. 267 a.
86 ZB Bereiter-Hahn/Mehrtens, SGB VII § 2 Rn. 17.3; Schwerdtfeger in: Lauterbach, SGB VII, § 2 Rn. 267 a; Wietfeld in: BeckOK-SozR, SGB VII § 2 Rn. 91; Lilienfeld in: KassKomm, SGB VII § 2 Rn. 33 b; Plagemann in: Plagemann/Radtke-Schwenzer, Kap. 1 Rn. 139; Leopold SozSich 2011, 230.
87 BUK-Rundschreiben 319/2001 vom 27.8.2001.

nes derartigen Aufenthalts ist grundsätzlich unerheblich.[88] Vereinzelt wird nach überwiegend älteren Literaturstimmen demgegenüber unter Hinweis auf ein Urteil des LSG Baden-Württemberg aus dem Jahre 1993[89] ein solcher Versicherungsschutz abgelehnt.[90] Diese eher förmliche Beurteilung ist jedoch mit Blick auf die BSG-Rechtsprechung nicht (mehr) vertretbar.[91]

Der Einschluss dieser Kinder rechtfertigt sich unter dem Aspekt, dass diese Kinder in gleicher Weise wie die (regulären) Kinder mit Betreuungsvertrag in die alleinige Aufsicht und Obhut der Einrichtung gegeben werden. Das BSG hat betont, dass durch die tatsächliche und gewollte Betreuung durch die Einrichtung zumindest ein konkludenter Betreuungsvertrag zustande kommt[92] und anerkannt, dass Betreuungsverträge auch „nur" mündlich geschlossen werden können.[93] Demnach kommt auch bei nur einem tageweisen Besuch regelmäßig zumindest ein mündlicher, jedenfalls ein konkludenter Betreuungsvertrag (§§ 311, 241 Abs. 2 BGB) zustande, mit dem eine Übertragung der Personensorge und Obhut (→ Rn. 54) verbunden ist. Dadurch können auch vertragliche Schadenersatzansprüche begründet werden, die neben eine deliktische Haftung nach §§ 823 ff. BGB treten können. Daher spricht auch das Prinzip der Haftungsersetzung (→ § 1 Rn. 11, → § 9 Rn. 2) für den Versicherungsschutz. 41

Ist somit die bewusste und gewollte Aufnahme in das Betreuungskonzept entscheidend, so muss das Alter des Kindes (vor allem bei Besuchs- oder Gastkindern) zum pädagogischen Konzept der jeweiligen Einrichtung passen, also die Altersgruppe der betreffenden Gastkinder ungefähr umfassen.[94] Gerade **bei schulpflichtigen Kindern** kann es zu einer **Diskrepanz** kommen. So kann es einen Unterschied machen, ob ein 9jähriges Kind einen Hort (→ Rn. 9) oder eine Tageseinrichtung für Kinder bis zum Beginn der Schulpflicht (idR 6. Lebensjahr) gastweise besucht. In diesen seltenen Ausnahmefällen wäre eine vertiefte Prüfung erforderlich. Zudem ist darauf zu achten, dass durch die Aufnahme von Schnupper- oder Gastkindern nicht dauerhaft die zulässige Gruppenstärke überschritten wird.[95] 42

Kein Versicherungsschutz besteht bei Aufenthalten in einer Tageseinrichtung zum bloßen Kennenlernen der Räumlichkeiten oder des Betreuungspersonals (→ Rn. 49, 73).[96] Die reine Duldung der Anwesenheit ist nicht mit einer Einbindung in das Betreuungskonzept der Tageseinrichtung gleichzusetzen. Daher sind beispielsweise Kinder, die die Mutter lediglich bei der Abholung des die Einrichtung besuchenden Geschwisterkindes begleiten (müssen), nicht versichert, wenn sie den kurzzeitigen Aufenthalt zum Spielen im Außenbereich nutzen (→ Rn. 66). 43

88 Ebenso zB Lilienfeld in: KassKomm, SGB VII § 2 Rn. 33 b.
89 Urteil 31.3.1993 – L 2 U 1551/91, Breith. 1994, 12.
90 Vgl. zB Leube in: Kater/Leube, SGB VII, § 2 Rn. 182; ferner Holtstraeter in: Knickrehm/Kreikebohm/Waltermann, SGB VII § 2 Rn. 23.
91 Ähnlich Schwerdtfeger in: Lauterbach, SGB VII, § 2 Rn. 267 a; Wietfeld in: BeckOK-SozR, SGB VII § 2 Rn. 91.
92 BSG 30.6.1998 – B 2 U 20/97 R, NZS 1999, 42.
93 BSG 19.6.2018 – B 2 U 2/17 R, NJW 2019, 1020 (1022).
94 Ähnlich Potthoff/Wetzel, Fragen und Antworten zur Schüler-Unfallversicherung, S. 68.
95 Vgl. Pielsticker KiTa aktuell Recht 1/2012, 9, die auch weiteren Hinweise zur Beaufsichtigung von Gastkindern gibt.
96 Vgl. Hedermann in: LPK-SGB VII, § 2 Rn. 50; Riebel in: Hauck/Noftz, SGB VII, K § 2 Rn. 95.

44 Zu Recht werden derartige **Eingewöhnungsbesuche** etc jedoch **nicht** als **von § 2 Abs. 1 Nr. 3 SGB VII erfasst** angesehen, da dieser nur Untersuchungen, Prüfungen oder ähnliche Maßnahmen meint, die aufgrund von Rechtsvorschriften ua zur Aufnahme einer versicherten Tätigkeit erforderlich sind.[97] Insoweit fehlt es bereits an einer entsprechenden Rechtsvorschrift.

45 Nach Ansicht des LSG Nordrhein-Westfalen steht ein **Begleitkind,** das während einer medizinischen Vorsorgeleistung der Mutter gem. § 24 SGB V eine Kinderbetreuungseinrichtung (→ Rn. 30, 34) besucht, gemäß § 2 Abs. 1 Nr. 8 a SGB VII unter dem Schutz der gesetzlichen Unfallversicherung.[98]

IV. Versicherte Tätigkeiten

46 Wie einleitend bereits verdeutlicht (→ § 1 Rn. 1), handelt es sich bei der gesetzlichen Unfallversicherung um eine tätigkeitsbezogene Personenversicherung. Nicht jede Handlung einer grundsätzlich nach §§ 2, 3, 6 SGB VII versicherten Person ist in ihren Schutzbereich einbezogen. Es bedarf daher stets einer wertenden Entscheidung, ob die unfallbringende Verrichtung (noch) in dem Rahmen liegt, der von der gesetzlichen Unfallversicherung erfasst wird (vertiefend hierzu → § 7 Rn. 16 ff.). In Bezug auf die Kinder ist daher zu bewerten, was von der versicherten Tätigkeit des „Besuchs" erfasst ist (→ Rn. 49, 61 ff.).

47 Bei den in der sog. gewerblichen Unfallversicherung versicherten Beschäftigten (§ 2 Abs. 1 Nr. 1 SGB VII) ist nach ständiger Rechtsprechung maßgebend, ob der Versicherte eine dem Beschäftigungsunternehmen dienende Tätigkeit ausüben wollte und ob diese Handlungstendenz durch die objektiven Umstände des Einzelfalls bestätigt wird.[99] Das BSG fordert allgemein, dass die Verrichtung darauf gerichtet sein muss, eine objektiv bzw. vermeintlich bestehende Haupt- oder Nebenpflicht aus dem Beschäftigungsverhältnis zu erfüllen.[100] Diese Grundsätze der Beschäftigtenversicherung erweisen sich für die Schülerunfallversicherung (§ 2 Abs. 1 Nr. 8 a–c SGB VII) als ungeeignet. Denn anders als der im überwiegenden Interesse des Arbeitgebers tätig werdende Beschäftigte, besuchen die Kinder die Tageseinrichtung im eigenen Interesse bzw. im Interesse der Eltern. Deshalb wird im Rahmen der Schülerunfallversicherung maßgeblich darauf abgestellt, ob die unfallbringende Tätigkeit innerhalb des sog. organisatorischen Verantwortungsbereichs der Tageseinrichtung (→ Rn. 50 ff.) ausgeübt wird. Damit ist der **Schutzbereich** dieses Teils der Schülerunfallversicherung einerseits enger als der Versicherungsschutz in der gewerblichen Unfallversicherung, weil er auf den **organisatorischen Verantwortungsbereich** der Tageseinrichtung be-

97 So zB auch Schmitt, SGB VII, § 2 Rn. 25; vgl. ferner LSG Baden-Württemberg 31.3.1993 – L 2 U 1551/91, Breith. 1994, 12.
98 LSG NRW 17.5.2017 – L 10 U 762/15, BeckRS 2017, 115649.
99 BSG 30.6.2009 – B 2 U 22/08 R, UVR 2009, 1040 (1044); BSG 22.9.2009 – B 2 U 27/08 R, UVR 2010, 275 (277).
100 Vgl. BSG 14.11.2013 – B 2 U 15/12 R, SozR 4-2700 § 2 Nr. 27; BSG 15.1.2016 – B 2 U 12/15 R, SozR 4-2700 § 2 Nr. 37; ferner Schlaeger jurisPR-SozR 9/2015 Anm. 4.

schränkt ist, wie sich sowohl aus dem Wortlaut der Vorschrift („während“) als auch ihrer Entstehungsgeschichte ergibt.[101]

Andererseits genießen die Kinder innerhalb dieses organisatorischen Verantwortungsbereichs, also während des Aufenthaltes in der Tageseinrichtung bzw. während der Teilnahme an ihren Veranstaltungen einen **sehr weitgehenden Versicherungsschutz.** Dieser nimmt mE **Dimensionen eines** sonst nur in der Schifffahrt anzutreffenden **Betriebsbannes** (vgl. § 10 SGB VII) an, weil insoweit auch Tätigkeiten versichert sind, die in der gewerblichen Unfallversicherung aufgrund ihres privaten (eigenwirtschaftlichen) Charakters[102] nicht geschützt sind, wie zB die Verrichtung der Notdurft.[103] Grund dafür ist maßgeblich, dass es nur auf den organisatorischen Verantwortungsbereich ankommt und nicht zusätzlich auch auf den sachlichen Zusammenhang zwischen der unfallbringenden Tätigkeit und dem Besuch der Einrichtung (→ § 1 Rn. 19). **Versicherungsschutz** besteht damit nach § 2 Abs. 1 Nr. 8 a SGB VII auch dann, wenn Tätigkeiten verrichtet werden, die sonst nach dem SGB VII nicht versichert sind.[104] Das BSG hat insoweit zu Recht ausgeführt, dass während des Besuchs der Tageseinrichtung ein eigenwirtschaftlicher, **unversicherter Bereich kaum denkbar** (vgl. aber → Rn. 64 f.) ist.[105] Keine Rolle spielt dabei, ob das Kind sich über ein mögliches Verbot hinwegsetzt: Sollte es zB entgegen der Weisung, nicht auf ein bestimmtes, reparaturbedürftiges Spielgerät zu klettern, sich auf eben diesem verletzen so bleibt der Versicherungsschutz erhalten, denn nach § 7 Abs. 2 SGB VII schließt ein **verbotswidriges Handeln** einen Versicherungsfall nicht aus (→ § 1 Rn. 10). 48

Versichert ist der **Besuch einer erlaubnisbedürftigen Tageseinrichtung** (vgl. auch → Rn. 26, 33). Damit ist nicht die bloße Anwesenheit in den Räumen oder auf dem Gelände einer solchen gemeint, was sich bereits aus dem Sinn und Zweck der Norm ergibt, die den Elementarbereich (erste Bildungsstufe) absichern soll, sondern es muss sich um einen **dem Zweck der Einrichtung entsprechenden Aufenthalt** handeln (→ Rn. 43). 49

Die Reichweite des Versicherungsschutzes folgt daher grundsätzlich dem Kreis der Aufgaben der Tageseinrichtungen gemäß § 22 Abs. 2, 3 SGB VIII, ohne inhaltlich davon abzuhängen. Deshalb unterfallen nach Sinn und Zweck des § 2 Abs. 1 Nr. 8 a SGB VII alle Tätigkeiten dem versicherten Bereich, die Bestandteil der erzieherischen, pädagogischen Betreuung sind. Im Gegensatz zu den personen- bzw. sachbezogegen Tatbestandsmerkmalen (→ Rn. 22) wird die **Reichweite des Unfallversicherungsschutzes allein nach** den Grundsätzen und Wertungen des **SGB VII** bestimmt (→ Rn. 46).

101 Vgl. BSG 26.10.2004 – B 2 U 41/03 R, NZS 2005, 383 (384); BSG 5.10.1995 – 2 RU 44/94, SozR 3-2200 § 539 Nr. 34.
102 Vgl. dazu Keller in: Hauck/Noftz, SGB VII, K § 8 Rn. 16 a.
103 Dem zustimmend: Keller in: Hauck/Noftz, SGB VII, K § 8 Rn. 171; Wietfeld in: BeckOK-SozR, SGB VII § 8 Rn. 85.
104 LSG Niedersachsen-Bremen 24.2.2009 – L 9 U 41/06, NZS 2010, 50 (51).
105 Vgl. BSG 30.6.1998 – B 2 U 20/97 R, NZS 1999, 42; so auch die hM; vgl. statt vieler: LSG NRW 17.5.2017 – L 10 U 762/15, BeckRS 2017, 115649; Becker in: SGB VII, § 2 Rn. 486 a f.; Schlegel in: Schulin, Unfallversicherungsrecht, § 18 Rn. 62.

1. Organisatorischer Verantwortungsbereich, Obhutspflicht

50 Wie bereits ausgeführt (→ Rn. 47) stellt der **organisatorische Verantwortungsbereich** den **Kernbegriff** der Schülerunfallversicherung dar. Dieser erfordert nach der Rechtsprechung grundsätzlich einen unmittelbaren zeitlichen und räumlichen Zusammenhang zur Tageseinrichtung und besteht immer dann, wenn die **Aufsichtspflicht (Obhutspflicht)** der Tageseinrichtung gegeben ist.[106] Aus den in → § 5 Rn. 56 ff. dargestellten Gründen sollte statt auf zeitlich-räumliche Aspekte besser auf **inhaltlich-organisatorische Zusammenhänge** abgestellt werden. Entscheidend ist vielmehr, wer die betreffende Veranstaltung plant, ankündigt und verantwortlich durchführt. Der organisatorische Verantwortungsbereich besteht aus verschiedenen Elementen,[107] die im Rahmen einer **Gesamtbewertung** auch unter Einbezug der zeitlichen und räumlichen Zusammenhänge und weiterer Fragen (zB Kostentragung, Betreuungsverantwortung, Ankündigung etc) zu würdigen sind. Je mehr Einfluss seitens der Einrichtung tatsächlich ausgeübt wird, desto mehr spricht für einen den Versicherungsschutz begründenden Verantwortungsbereich und umgekehrt.

51 Ist eine Veranstaltung eine solche der Tageseinrichtung, dann wird sie deren Verantwortungsbereich zugeordnet.[108] Wer die Kosten der konkreten Veranstaltung trägt, etwa bei Ausflugsfahrten, für deren Kosten die Eltern ganz oder teilweise aufkommen, ist nicht allein entscheidend; dies ist aber im Rahmen der Gesamtbewertung (→ Rn. 50) zu würdigen.

Dabei ist nicht erforderlich, dass die Tageseinrichtung die überwiegende oder gar alleinige Verantwortung für die inhaltliche und/oder organisatorische Ausgestaltung innehaben muss, auch wenn dies zumeist der Fall sein wird. Ausreichend ist insoweit eine **wesentliche Einflussmöglichkeit** im Sinne einer Mitverantwortung (→ § 5 Rn. 57). Andernfalls müsste zwingend geprüft werden, ob nicht die Voraussetzungen eines Rechtsscheins des organisatorischen Verantwortungsbereiches (→ Rn. 67) gegeben sind.

52 Nach einhelliger Auffassung **folgt** der Unfallversicherungsschutz damit (vorrangig) **der Obhutspflicht** der Tageseinrichtung und besteht so lange und in dem Umfang, wie sich diese zeitlich, räumlich und organisatorisch erstreckt.[109] Ob der Obhutspflicht tatsächlich nachgekommen wird, ist für den Versicherungsschutz unerheblich.[110] Daher ist ein Kind unabhängig davon versichert, ob es bewusst (zB als Bestandteil der pädagogischen Arbeit) oder unbewusst (zB „entzieht" sich das Kind während einer Teambesprechung des Kita-Personals) zum Unfallzeitpunkt unbeaufsichtigt ist. Demnach wird der Versicherungsschutz nicht zugleich durch die Aufsichtspflicht begrenzt (→ Rn. 57, 60).

---

106 Vgl. zB BSG 30.6.2009 – B 2 U 19/08 R, SGb 2010, 483 (486) mwN.
107 Der Begriff stammt von Wietfeld in: BeckOK-SozR, SGB VII § 8 Rn. 83.
108 So das BSG 4.12.1991 – 2 RU 79/90, NJW 1992, 1525 (1526) mit Blick auf schulische Veranstaltungen.
109 Vgl. BSG 30.6.1998 – B 2 U 20/97 R, NZS 1999, 42; vgl. auch LSG Niedersachsen-Bremen 24.2.2009 – L 9 U 41/06, NZS 2010, 50 (52); Bereiter-Hahn/Mehrtens, SGB VII § 2 Rn. 17.11.
110 So zu Recht Krasney WzS 2013, 67 (69); ähnlich Schwerdtfeger in: Lauterbach, SGB VII, § 2 Rn. 271.

a) Beginn und Ende des Versicherungsschutzes (Aufsichtspflicht)

Wegen des engen Zusammenhangs von Obhut und Versicherungsschutz, sind die Aufsichtsübertragung auf die Tageseinrichtung und ihr Inhalt näher zu betrachten. 53

aa) Übergang der Aufsichtspflicht und ihre Grundlagen

Die Eltern haben gemäß § 1626 Abs. 1 BGB grundsätzlich die Pflicht und das Recht 54 zur sog. **elterlichen Sorge.** Diese umfasst die Sorge für die Person (Personensorge) und das Vermögen des Kindes (Vermögenssorge). Die Personensorge beinhaltet insbesondere die Pflicht und das Recht, das Kind zu pflegen, zu erziehen und zu beaufsichtigen (§ 1631 Abs. 1 BGB) und schließt die Fürsorge für die Gesundheit des Kindes ein. Die elterliche Sorge kann als höchstpersönliches Recht nicht vollständig übertragen werden. Möglich ist aber, die Wahrnehmung der Aufsichtspflicht vorübergehend faktisch oder vertraglich an Dritte zu übertragen.[111] Insbesondere die Elemente „Pflege, Erziehung und Aufsicht" werden häufig von den Eltern zur Ausübung auf Dritte übertragen: zB auf die „Kinderfrau", auf Lehrer, bei der Tagesbetreuung (Krippe, Kindergarten, Hort, Tagespflege etc).[112] Mit Aufnahme der Kinder in eine Kindertageseinrichtung wird also die Ausübung von Teilen der Personensorge für diese Zeit auf die betreffende Leitung der Einrichtung und von dieser den Fachkräften übertragen.

Der in der Regel schriftlich geschlossene **Betreuungsvertrag**[113]regelt dabei den Umfang 55 der zu übertragenden Personensorge (zB Medikamentengabe, → Rn. 74 ff.) sowie der Übertragung der Aufsichtspflicht dem Grunde nach. Für den Unfallversicherungsschutz ist es in diesem Zusammenhang irrelevant, ob der entsprechende Betreuungsvertrag (überhaupt bzw. noch) wirksam ist oder ob beispielsweise die fälligen Elternbeiträge (→ Rn. 38) schon entrichtet sind, da es insoweit auf die konkrete, tatsächliche Übernahme der Aufsicht ankommt. **Aufsicht** in diesem Zusammenhang bedeutet die Beobachtung und Überwachung des Aufsichtsbedürftigen sowie dessen Belehrung und Aufklärung und die eventuell erforderliche Verhaltenssteuerung[114] und ist damit teilidentisch mit dem Betreuungsbegriff des § 22 Abs. 2 SGB VIII (→ Rn. 19).

In der Regel besuchen Kinder bis zum Eintritt der Schulpflicht (idR bis zum 6. Le- 56 bensjahr) eine Tageseinrichtung. Kinder vor dieser Altersgruppe bedürfen ständig **besonderer persönlicher Fürsorge und Obhut.**[115] Denn aufgrund ihrer fehlenden Einsichtsfähigkeit vermögen sie typischerweise regelmäßig ihnen von der Umwelt drohende Gefahren nicht ausreichend zu erkennen, einzuschätzen und sich dagegen zu schützen. Dies gilt umso mehr, je jünger die zu betreuenden Kinder sind. Deshalb gehört die **Gewährleistung einer lückenlosen Obhut** für das Kind, die im Zusammen-

111 Vgl. Huber in: MüKo-BGB, § 1626 Rn. 14; Peschel-Gutzeit in: Staudinger, BGB, § 1626 Rn. 28 f.; ferner BSG 19.6.2018 – B 2 U 2/17 R, NJW 2019, 1020 (1021).

112 Salgo in: Staudinger, BGB, § 1631 Rn. 15, 19; Götz in: Palandt, BGB § 1626 Rn. 3; LSG Niedersachsen-Bremen 24.2.2009 – L 9 U 41/06, NZS 2010, 50 (51).

113 Dabei handelt es sich um einen Dienstvertrag nach § 611 BGB, vgl. BGH 18.2.2016 – III ZR 126/15, NJW 2016, 1578 (1580); vgl. auch Woitkewitsch MDR 2018, 314 (315).

114 Vgl. Sprau in: Palandt, BGB § 832 Rn. 9.

115 BSG 30.6.1998 – B 2 U 20/97 R, NZS 1999, 42; vgl. auch BGH 2.12.1975 – VI ZR 79/74, NJW 1976, 1145 (1146).

wirken mit den Sorgeberechtigten herbeizuführen ist, zum Betreuungsauftrag der Einrichtung.[116]

Dass aufgrund der Gesetzeskonstruktion auch Kinder bis zum 14. Lebensjahr beim Hortbesuch (§ 2 Abs. 1 Nr. 8 a SGB VII) umfassender versichert sind als zB 6-jährige Grundschulkinder (§ 2 Abs. 1 Nr. 8 b SGB VII), ist angesichts der gesetzlichen Ausgestaltung zu akzeptieren, auch wenn ein gewisses Unbehagen verbleibt.[117]

bb) Anforderungen an die tatsächliche Übergabe

57 An die tägliche, **tatsächliche Übergabe des Kindes in die Obhut der Einrichtung** dürfen vor dem Hintergrund der Lebenswirklichkeit in den Tageseinrichtungen keine strengen Anforderungen gestellt werden. Ebenso wie bei der Aufsichtspflicht nach § 832 BGB ist eine ausdrückliche Übertragung zwar wünschenswert, jedoch nicht erforderlich, sondern es reicht ein **non-verbaler Übergang** aus.[118] Im Regelfall wird (zumindest) eine Erzieherin der Einrichtung die Ankunft des jeweiligen Kindes sowie dessen Zurücklassen durch die das Kind bringende Person tatsächlich zur Kenntnis nehmen. In Einzelfällen gehen Kinder erlaubterweise sogar alleine in die Einrichtung (und sei es nur, wenn es von den Eltern dort mit dem Auto abgesetzt worden ist), so dass auch eine Art „Selbstübergabe" des Kindes denkbar ist mit der Folge, dass auch in diesen Fällen Versicherungsschutz besteht.

cc) Ankunft in der Einrichtung als Grenze

58 Wenn vor allem von der Rechtsprechung betont wird, dass der Versicherungsschutz der Obhutspflicht der Tageseinrichtung folgt (→ Rn. 47 f.), so darf daraus nicht der Schluss gezogen werden, dass der Versicherungsschutz erst mit der Übergabe entsteht. Der **versicherte Besuch beginnt** vielmehr nach allgemeinen Grundsätzen[119] **mit der Ankunft** in der Einrichtung und endet mit dem erlaubten Verlassen (→ Rn. 59),[120] weil nicht einzusehen ist, dass für die ansonsten umfassend versicherten Kinder ein kurzzeitiges unversichertes Risiko im Nahbereich der Einrichtung bestehen soll.

Die Anforderungen an die Übergabe des Kindes an die Eltern bei der **Abholung** bzw. beim erlaubten Verlassen sind spiegelbildlich zu den Anforderungen an die Aufnahme.

dd) Abgrenzung: Weg zur Einrichtung, Weg in der Einrichtung (Betriebsweg)

59 Da im Rahmen der Schülerunfallversicherung diese allgemeinen Grundsätze für den Versicherungsschutz auf Wegen – mit gewissen Besonderheiten – grundsätzlich gleichfalls gelten,[121] beginnt bzw. endet der **geschützte Weg** eines nach § 2 Abs. 1 Nr. 8 a Alt. 1 SGB VII versicherten Kindes mit dem Durchschreiten des die Einrich-

116 BSG 30.6.1998 – B 2 U 20/97 R, NZS 1999, 42; LSG Niedersachsen-Bremen 24.2.2009 – L 9 U 41/06, NZS 2010, 50 (51).
117 Soweit ersichtlich ist diese Frage bislang nicht unter dem Aspekt der Gleichbehandlung (Art. 3 GG) beleuchtet worden.
118 Vgl. auch Sprau in: Palandt, BGB § 832 Rn. 6.
119 Vgl. statt vieler: Keller in: Hauck/Noftz, SGB VII, K § 8 Rn. 192.
120 So auch Mutschler in: Jahn/Jung, SGB VII, § 2 Rn. 74 a; Keller in: Hauck/Noftz, SGB VII, K § 8 Rn. 171.
121 Vgl. BSG 25.11.1977 – 2 RU 70/77, USK 77228; BSG 19.10.1982 – 2 RU 21/81, NJW 1983, 957 (958); Keller in: Hauck/Noftz, SGB VII, K § 8 Rn. 178; Ziegler in: LPK-SGB VII, § 8 Rn. 140 ff.

tung umfriedenden Zaunes bzw. beim Fehlen einer (durchgängigen) Umzäunung der Außentür des Einrichtungsgebäudes. Dies bedeutet, dass **mit dem Durchschreiten des Zauntores bzw. der Außentür der Einrichtung** der versicherte Weg nach § 8 Abs. 2 Nr. 1 SGB VII des Kindes endet; die Wege innerhalb der Einrichtung sind versicherte Betriebswege (§ 8 Abs. 1 SGB VII). Für den Versicherungsschutz auf den Wegen nach § 8 Abs. 2 SGB VII gilt, dass die Handlungstendenz des einzelnen Kindes (bei kleineren bzw. begleiteten Kindern mittels **Zurechnung der Handlungstendenz der Begleitperson**)[122] auf die Zurücklegung des unmittelbaren Weges gerichtet sein muss (→ § 7 Rn. 28 ff.). Auf diese Weise wird auch ein etwaiges „Versicherungsvakuum" verhindert, das entstehen würde, wenn der Versicherungsschutz erst mit der tatsächlichen, bewussten Entgegennahme des Kindes beginnen würde (→ Rn. 57).

ee) Erlaubtes und unerlaubtes Verlassen der Einrichtung

Erlaubt verlässt das Kind die Einrichtung regelmäßig nur dann, wenn es entweder unmittelbar wieder in die Obhut des Sorgeberechtigten wechselt, dh von diesem oder einer beauftragten Person in Empfang genommen wird, oder wenn es die Einrichtung mit Einverständnis des Sorgeberechtigten ohne Begleitung verlässt, weil es etwa bei seinem individuellen Entwicklungsstand bereits in der Lage ist, den konkreten Heimweg allein zu bewältigen.[123] Solange ein Kind also nicht wieder in die Obhut des Sorgeberechtigten gewechselt ist, unterliegt es dem umfassenden unfallversicherungsrechtlichen Schutz (→ Rn. 63). Dann gilt zB nicht die Grenze der Außenhaustür (bzw. des Zauntores).[124] 60

ff) Zusammenfassung

Der „Besuch" der Tageseinrichtung und damit der **Versicherungsschutz** des Kindes **beginnt** – wie bei den Beschäftigten nach § 2 Abs. 1 Nr. 1 SGB VII – **mit der Ankunft in der Einrichtung** (mit Beendigung des versicherten Weges zum Ort der Tageseinrichtung) und dauert bis zu deren erlaubtem Verlassen an. Daher folgt der Versicherungsschutz zwar der Aufsichtspflicht der Tageseinrichtung, kann aber im Einzelfall auch davon abgekoppelt sein. Dies bedeutet jedoch keine Fiktion der Aufsichtspflicht bereits mit Erreichen der Einrichtung.[125] 61

b) Umfang des Versicherungsschutzes

Versichert ist der **Besuch einer erlaubnisbedürftigen Tageseinrichtung.** Dieser **umfasst** dem Grundsatz nach alle Tätigkeiten der Kinder im zeitlichen Verlauf der zum Zwecke der Aufgabenwahrnehmung gemäß § 22 Abs. 2, 3 SGB VIII (ggf. iVm Landesrecht) übertragenen Aufsichtspflicht der Tageseinrichtung. Der pädagogischen Arbeit (gemäß dem pädagogischen Betreuungskonzept der jeweiligen Einrichtung) und der 62

---

122 Vgl. BSG 23.4.1987 – 2 RU 19/85, HVBG-INFO 1987, 1170 (1173 f.); BSG 5.5.1994 – 2 RU 28/93, SGb 1995, 74 (76); LSG Bayern 19.5.1982 – L 4/Kr 57/80, HVBG-Info 5/1985, 29 (31 f.); Krasney in: SGB VII, § 8 Rn. 153; vgl. auch Keller in: Hauck/Noftz, SGB VII, K § 8 Rn. 171; Wietfeld in: BeckOK-SozR, SGB VII § 8 Rn. 85; Wolber SGb 1995, 77.

123 BSG 30.6.1998 – B 2 U 20/97 R, NZS 1999, 42.

124 Vgl. BSG 30.6.1998 – B 2 U 20/97 R, NZS 1999, 42 (42 f.); Ziegler in: LPK-SGB VII, § 8 Rn. 143.

125 Anders Dahm KiTa aktuell Recht 2/2013, 15, die davon ausgeht, dass die Aufsichtspflicht bereits mit dem Eintreffen des begleiteten Kindes in der Einrichtung beginnt.

altersgemäß nur geringen Einsichtsfähigkeit der Kinder (insbesondere bei noch nicht schulpflichtigen Kindern) entsprechend sind vor allem auch das Spielen und Herumtollen, Streitereien unter Kindern, die Nahrungszubereitung und -aufnahme, das Wickeln, das Kleiderwechseln, der Toilettengang etc versichert. Versichert sind insbesondere alle Tätigkeiten, die der erzieherischen Betreuung unterfallen, was bereits aus den gesetzlichen Aufgaben der Einrichtung (→ Rn. 19, 49) resultiert. Aber auch Aufgaben/Tätigkeiten ohne konkret erkennbare erzieherische Zielsetzung können der Aufsicht unterliegen bzw. während der Obhut vorkommen und damit versichert sein (zB Mittagsschlaf).[126]

Hierzu gehören auch die von der Tageseinrichtung organisierten **Ausflüge und Veranstaltungen**, auch wenn insofern der räumliche und ggfls sogar der zeitliche Zusammenhang (dazu → Rn. 50) zur Tageseinrichtung gelockert ist (Beispiel: Ausflug an einem Wochenende). Bei von der Tageseinrichtung organisierten Tagen der offenen Tür oder Kindergartenfesten besteht auch dann für die regulär angemeldeten Kinder Versicherungsschutz, wenn die Eltern oder Großeltern anwesend sein sollten, da für die Tageseinrichtung zumindest teilweise eine Verpflichtung zur Aufsichtsausübung besteht (dazu ausführlicher → Rn. 73). Das gilt indes nicht für Gastkinder (→ Rn. 39).

63 Fremdsprachenförderung zB in Form von erstem Englischunterricht in der Tageseinrichtung ist versichert, wenn er (ggf. gemäß dem Betreuungskonzept) in den Alltag integriert ist, unabhängig davon, ob dieser von einem Grundschullehrer abgehalten und ggf. von einem Förderverein der Tageseinrichtung finanziert[127] wird. Auch die wohl allgemein übliche **Übernachtung in der Tageseinrichtung**, die in der Regel zum Ende des letzten Kindergartenjahres veranstaltet wird, ist vom Versicherungsschutz erfasst. Des Weiteren sind auch sog. **Unfälle des täglichen Lebens**, dh Unfälle durch Gefahren, wie sie in gleicher Weise auch außerhalb derartiger Tätigkeiten herrschen (wie zB Insektenstiche)[128] versichert.

Versichert sind auch eher ungewöhnliche Vorgänge wie zB eine Verletzung des Kindes durch von der Dachrinne der Einrichtung herabfallende Gegenstände (Dachpfannen, Eiszapfen etc), Brandverletzungen durch Wunderkerzen bei einer Geburtstagsfeier oder ein versehentliches Zurücklassen des Kindes: Sollte ein Kind zB während eines Ausflugs der Tageseinrichtung versehentlich in den Räumlichkeiten eingeschlossen werden, so steht es in dieser Zeit trotz der Abwesenheit der Erzieherinnen ebenfalls unter Versicherungsschutz mit der Folge, dass (kausale) körperliche wie psychische Verletzungen anzuerkennen sind. Grund dafür ist, dass die Obhutsverpflichtung der Einrichtung fortbesteht.

126 Vgl. Holtstraeter in: Knickrehm/Kreikebohm/Waltermann, SGB VII § 2 Rn. 23; im Ergebnis gleich: Wietfeld in: BeckOK-SozR, SGB VII § 8 Rn. 84.

127 Vgl. zum Finanzierungsaspekt BSG 4.12.1991 – 2 RU 79/90, NJW 1992, 1525 (1526).

128 BSG 22.8.1990 – 8 RKn 5/90, SozR 2200 § 548 Nr. 75; LSG Berlin-Brandenburg 26.1.2012 – L 3 U 329/09, BeckRS 2012, 67122; SG Leipzig 25.3.2003 – S 9 U 100/02, NJW-RR 2003, 1251 (1253); Keller in: Hauck/Noftz, SGB VII, K § 8 Rn. 271 a; Ziegler in: LPK-SGB VII, § 8 Rn. 156; ausführlich Köhler VSSR 2012, 183 ff.; dazu gehören auch Zeckenstiche und mögliche Folgen der dadurch übertragenen Krankheiten, nicht jedoch sog. allgemein (unbegrenzt) wirkende Gefahren, wie regionale Unwetter oder Überschwemmungen, da insoweit kein dem versicherten Besuch zuzurechnendes Risiko verwirklicht wird.

Ferner erfüllen **objektiv unvernünftige** (aber kindgerechte) **Verhaltensweisen** wie das Verschlucken von Spielzeug etc, selbst wenn diese Gegenstände von zu Hause mitgebracht worden sind, den Tatbestand des Arbeitsunfalls (§ 8 Abs. 1 SGB VII); die Rechtsprechung zur sog. eingebrachten Gefahr findet bei Nr. 8 a keine Beachtung. Vom Versicherungsschutz erfasst sind darüber hinaus auch etwaige Misshandlungen oder körperliche sowie sexuelle Übergriffe auf ein betreutes Kind, die in die Betreuungszeit fallen bzw. dort ihren unmittelbaren Ursprung haben (zB Mitnahme eines Kindes; auch eine Entführung auf den Wegen wird in aller Regel versichert sein).

Unerheblich ist, ob sich ein Unfall trotz konkreter Beaufsichtigung ereignet hat oder ob sich ein Kind der Aufsicht entzogen hat bzw. diese nur unvollständig ausgeübt worden ist (→ Rn. 55 ff.). Demgemäß ist das Kind nach der Rechtsprechung des BSG sogar dann versichert, wenn es sich während des Kindergartenbesuchs **unerlaubt entfernt** (→ Rn. 59) und im häuslichen Bereich (Treppenhaus des Wohngebäudes) verunglückt, solange es nicht in die Obhut seiner Personensorgeberechtigten gelangt ist.[129] Dies bedeutet, dass alles, was dieses Kind außerhalb der Tageseinrichtung bis zur tatsächlichen Übernahme der Aufsicht durch dazu berechtigte Personen (im konkreten Fall des BSG: die Großmutter) macht, versicherte Tätigkeit nach § 8 Abs. 1 SGB VII ist und die Grundsätze des Wegeunfalls (die Außenhaustür als Grenze für den Versicherungsschutz) keine Anwendung finden (→ Rn. 59). 64

c) Grenzen des Versicherungsschutzes

Insofern hat es seine volle Berechtigung, wenn das BSG ausführt, dass während des Besuchs der Tageseinrichtung ein eigenwirtschaftlicher, **unversicherter Bereich kaum denkbar** ist (→ Rn. 48). 65

Dies enthebt jedoch selbstverständlich nicht von der Prüfung der übrigen Tatbestandsvoraussetzungen des Versicherungsfalles und erlaubt nicht die Außerachtlassung jeglicher Kausalitätserwägungen (→ § 7 Rn. 8 ff.). Demnach hat auch der Versicherungsschutz der Kinder in Tageseinrichtungen **Grenzen**, so zB auf den Wegen von und zur Tageseinrichtung (vgl. zB → Rn. 58; → § 7 Rn. 39 ff.; vgl. auch das Stichwort Medikamentengabe unter → Rn. 74 ff.).

Beispiel: Sollte etwa ein Kind in einer Tageseinrichtung auf das rechte Knie fallen und ca. 1 Stunde später über starkes Fieber und Schüttelfrost infolge einer (später diagnostizierten) eitrigen Schleimbeutelentzündung im rechten Knie (septische Bursitis) klagen, so muss auf der Kausalitätsebene nach den wesentlichen Ursachen geforscht werden. Im Ergebnis ist im Beispiel ein Arbeitsunfall abzulehnen, da die Gesundheitsstörung (Schleimbeutelentzündung) weder im Sinne einer Entstehung noch einer Verschlimmerung mit der notwendigen Wahrscheinlichkeit ursächlich wesentlich auf den Sturz zurückzuführen ist.[130] 66

Nicht versichert sind zB Vorbereitungen auf den Kindergartenbesuch oder sonstige einrichtungsbezogene Verrichtungen außerhalb der Einrichtung und ihres Verantwortungsbereichs, wie zB die Fortsetzung im Kindergarten begonnener Bastelarbeiten zu Hause, selbst wenn diese bei einer versicherten Unternehmung des Kindergarten ver- 67

129 BSG 30.6.1998 – B 2 U 20/97 R, NZS 1999, 42 (42 f.).
130 Vgl. SG Gelsenkirchen 24.9.2013 – S 37 U 377/11 (rk., nv).

wendet werden sollen,[131] das Besorgen von Sportkleidung für das Turnen in der Tageseinrichtung oder etwa eines Laternenstabes für einen St.-Martins-Umzug der Einrichtung. Wie bereits im Zusammenhang mit den Gastkindern (→ Rn. 39 ff.) erläutert, ist die **bloße Anwesenheit in den Räumlichkeiten der Tageseinrichtung nicht ausreichend**, so dass etwa das Aufsuchen der Tageseinrichtung beim Abholen eines Geschwisterkindes nicht versichert sein kann; es mangelt an der Übergabe der Aufsichtspflicht zum Zwecke der Betreuung (→ Rn. 43).

2. Rechtsschein des organisatorischen Verantwortungsbereiches

68 Zur Begründung des Versicherungsschutzes kann es in seltenen Fällen im Übrigen ausreichen, wenn die Eltern zur Zeit der Durchführung einer Veranstaltung nach dem **Gesamtbild der objektiven Umstände** zu der für alle nachvollziehbaren Auffassung gelangen konnten, dass es sich um eine organisatorisch von der Tageseinrichtung beherrschte Veranstaltung handelt. Denn dabei ist auf **objektive**, dem Organisations- und Verantwortungsbereich der Tageseinrichtung **zurechenbare Faktoren** abzustellen.[132] Derartige objektive Umstände können zB ein Aushang am Schwarzen Brett, die maßgebliche Steuerung des zeitlichen Ablaufes einer Veranstaltung durch die Leitung der Einrichtung oder die finanzielle Beteiligung der Tageseinrichtung an den Kosten einer Veranstaltung sein. Allerdings vermag eine nur subjektive Annahme der Eltern noch nicht die Annahme einer versicherten Veranstaltung im weitesten Sinn zu rechtfertigen. Entscheidend ist das – im Einzelfall oft schwierig abzugrenzende – Gesamtbild der Veranstaltung unter Berücksichtigung ihrer Planung, Ankündigung und Durchführung.[133] Hingegen kann es nicht erheblich sein, ob diese Umstände allen beteiligten Eltern (gegebenenfalls Kindern) insgesamt bekannt waren und welche Schlüsse einzelne Eltern aus ihnen bekannten Umständen gezogen haben, denn der Versicherungsschutz kann **nur einheitlich für alle** (betroffenen) **Kinder** der Tageseinrichtung bestehen.[134] Die bloße Förderung der Teilnahme durch „Rat und Tat“, Hinweise auf die „Möglichkeit“ einer Teilnahme oder ihre „Empfehlung“ reichen hingegen noch nicht aus (vgl. auch → § 5 Rn. 78).[135]

69 **Beispiel:** So hat das LSG Bayern im Fall der **Teilnahme an einem Ski-Kurs** einer privaten Ski-Schule als nicht ausreichend angesehen, dass der Elternbeirat der Einrichtung den Skikurs organisiert hat. Ein entsprechender Informationsabend in den Räumen der Tageseinrichtung war von dem Inhaber der Ski-Schule durchgeführt worden. Zwar hatte der Elternbeirat der Tageseinrichtung auf die Möglichkeit der Teilnahme hingewiesen und entsprechend Plätze vermittelt und auch freiwillig die Betreuung vor Ort übernommen. Dies vermag aber keinen Versicherungsschutz zu begründen, da dabei noch nicht davon ausgegangen werden könne, dass hierdurch eine Bezugnahme auf den Kindergarten als organisatorische Einheit oder Institution stattgefunden habe.[136] In dem zu entscheidenden Fall

131 Vgl. Ricke in: KassKomm, SGB VII § 8 Rn. 148.
132 Vgl. LSG Bayern 31.7.2001 – L 3 U 47/01, HVBG-INFO 2002, 40 (42).
133 Vgl. BSG 4.12.1991 – 2 RU 79/90, NJW 1992, 1525.
134 Vgl. BSG 25.1.1979 – 8 a RU 54/78, BSGE 48, 1 (2).
135 Vgl. BSG 25.1.1979 – 8 a RU 54/78, BSGE 48, 1 (2); LSG Hessen 15.2.1984 – L 3/U 430/79, HVBG-Info 1/1985, 28 (29); ferner Leube SGb 2012, 181 (183).
136 LSG Bayern 31.7.2001 – L 3 U 47/01, HVBG-INFO 2002, 40 (42).

war die Obhutspflicht während der Dauer der Ski-Freizeit nicht auf die Tageseinrichtung übergegangen. Der Rechtsschein aufgrund der Tätigkeiten des Elternbeirates war ungeeignet, diesen Mangel aus objektiver Sicht zu kompensieren.

Insgesamt scheint für eine Prüfung des Versicherungsschutzes unter dem Aspekt des organisatorischen Rechtsscheins mit Blick auf Tageseinrichtungen nur dann Raum zu sein, wenn die Aufsichtspflicht für ein Kind tatsächlich nicht auf die Tageseinrichtung übergegangen ist. Irrelevant ist auch, ob die Ausgestaltung einer Veranstaltung den für die Einrichtung geltenden Vorschriften entspricht (→ § 5 Rn. 76). 70

V. Besondere Fallgestaltungen und Einzelfälle aus der Praxis

1. Familienzentren (Eltern-Kind-Zentren, Kind-Eltern-Zentren, Nachbarschaftszentren etc)

In den letzten Jahren fand eine Weiterentwicklung der Tageseinrichtung hin zu einer Einrichtung statt, die sich mit ihrem intergenerativen Angebot an die gesamte Familie richtet.[137] Vor dem Hintergrund der zunehmenden **Sozialraumorientierung** sollen Familienzentren, Eltern-Kind-Zentren etc Bildung, Erziehung und Betreuung mit einem niederschwelligen Angebot zur Förderung und Unterstützung von Kindern und Familien des lokalen Milieus (zB Stadtteil) in unterschiedlichen Lebenslagen und mit unterschiedlichen Bedürfnissen verbinden.[138] Die Breite der Angebote umfasst auch Fragen der Integration, Bündelung und Vernetzung weiterer Angebote der Jugendhilfe, der Erziehungshilfen und der Gesundheitsförderung.[139] Die Angebote an die „Familie als Ganzes" bewegen sich in der Regel an der Schnittstelle von Kindertagesbetreuung, Familienbildung und Familienhilfe.[140] 71

Die **unfallversicherungsrechtliche Beurteilung** der Familienzentren, Eltern-Kind-Zentren etc bereitet insofern Schwierigkeiten, als diese nach wie vor Kindertageseinrichtungen sind, die neben der regelmäßigen Kinderbetreuung zusätzliche Angebote für Eltern, Kinder und Familien bereithalten, sich mit ihren vielfältigen Angeboten zur Förderung und Unterstützung an die Familie als Ganzes richten. Das Profil eines Familienzentrums übersteigt das einer Tageseinrichtung nach § 22 SGB VIII.

Soweit Kinder die **Tageseinrichtung** (innerhalb des Familienzentrums etc) besuchen, sind sie nach allgemeinen Grundsätzen während des Besuchs und auf den unmittelbaren Wegen ebenso versichert, wie bei Ausflügen oder sonstigen Veranstaltungen der Tageseinrichtung. Einzelne Kinder, die nicht in der Tageseinrichtung angemeldet sind, sind nur dann gesetzlich unfallversichert, wenn sie bewusst und gewollt in das Betreuungskonzept der Einrichtung eingegliedert werden (sog. Gastkinder → Rn. 39 ff.).

Die Teilnahme an darüber hinaus gehenden **Angeboten des Familienzentrums oder ähnlichen Einrichtungen**, die sich auch an die Eltern und/oder Geschwister richten, ist nicht gesetzlich unfallversichert, auch wenn diese zeitgleich während der Öff- 72

137 Vgl. zB § 16 SGB VIII; § 16 KiBiz NRW; § 24 a AGKJHGBerl.
138 Vgl. Stöbe-Blossey SF 2010, 113; ferner Struck in: Wiesner, SGB VIII, Vorb zu § 22 Rn. 18.
139 So zB Moskal/Foerster/Strätz, KiBiz NRW, § 16 Erl. III. 4.
140 Vgl. BT-Drs. 17/12200, S. 299 f.

nungszeit der Tageseinrichtung stattfinden sollten.[141] Bei solchen Angeboten handelt es sich zB um die Förderung der Erziehungspartnerschaft, die Beratung von Eltern und Familie, ein Familiencafé, Bastel- oder Kochkurse, einen Babyclub, der dem Erfahrungsaustausch von Eltern dient, oder um Angebote wie Musikkurse für Kinder bzw. Eltern und Kind oder Erziehungskurse. Die Teilnahme berührt allein den **Freizeitbereich** eines jeden Teilnehmers, der grundsätzlich **nicht unfallversichert** ist. Dafür spricht auch, dass für bestimmte Sprachfördermaßnahmen der Familienzentren ein Unfallversicherungsschutz über eine neue Alternative 3 (→ § 4 Rn. 1 ff.) geschaffen wurde, um eine Versicherungslücke zu schließen. Wenn die Teilnahme an allen Angeboten der Familienzentren etc bestehen würde, hätte es dafür keinen Anlass gegeben.

Auch eine eventuelle Betreuung der Kinder während einer Veranstaltung für die Eltern ist keine Bildung, Erziehung und Betreuung im Sinne des § 22 SGB VIII und daher unversichert. In weiten Teilen unterscheidet sich die Ausrichtung des Angebots nicht grundlegend von den Familienbildungsstätten, bei deren Besuch allenfalls ein Versicherungsschutz nach § 2 Abs. 1 Nr. 2 SGB VII in Betracht kommt, keinesfalls aber einer nach § 2 Abs. 1 Nr. 8 a SGB VII.

2. Gesundheitsuntersuchung

73 Die jeweiligen landesrechtlichen Bestimmungen über die Tageseinrichtungen sehen vor, dass bei der Aufnahme eines Kindes in die Tageseinrichtung idR eine ärztliche Bescheinigung über die altersentsprechend durchgeführte Gesundheitsvorsorgeuntersuchung beizubringen ist. Die derart angeordnete Untersuchung steht unter Versicherungsschutz nach § 2 Abs. 1 Nr. 3 SGB VII, sofern sie wesentlicher Zweck des Arztbesuchs war (→ § 5 Rn. 34). Wird diese Untersuchung zB nur bei der Gelegenheit einer anderweitigen, dringend behandlungsbedürftigen Erkrankung vorgenommen, so scheidet ein Versicherungsschutz hingegen aus.

3. Kindergartenfeste, Feiern

74 Bei von der Tageseinrichtung organisierten Tagen der offenen Tür oder Kindergartenfesten besteht auch dann für die regulär angemeldeten Kinder Versicherungsschutz, wenn die Eltern oder Großeltern anwesend sein sollten, da für die Tageseinrichtung zumindest teilweise eine Verpflichtung zur Aufsichtsausübung besteht (dazu ausführlicher → Rn. 53 ff.).[142] Zudem erlernen die Kinder die Bedeutung von Festen und die Freude am sozialen Miteinander, bereiten in der Regel das Fest mit vor und führen etwas Einstudiertes auf, so dass es sich insoweit um eine versicherte Gemeinschaftsveranstaltung[143] handelt. Nicht in der Einrichtung angemeldete Kinder sind während

141 Dem zustimmend Schwerdtfeger in: Lauterbach, SGB VII, § 2 Rn. 267 b; ebenso SG Düsseldorf 30.8.2019 – S 16 U 554/18 (n.rk. – nv).

142 Im Ergebnis hM: vgl. zB Wietfeld in: BeckOK-SozR, SGB VII § 8 Rn. 84.1; Schwerdtfeger in: Lauterbach, SGB VII, § 2 Rn. 271; Mutschler in: Jahn/Jung, SGB VII, § 2 Rn. 74 a; Becker in: SGB VII-Komm, § 2 Rn. 486 a; Riebel in: Hauck/Noftz, SGB VII, K § 2 Rn. 95; Spellbrink in: Ruland/Becker/Axer, SRH, § 16 Rn. 33.

143 Nicht gemeint im Sinne einer betrieblichen Gemeinschaftsveranstaltung, vgl. dazu BSG 15.11.2016 – B 2 U 12/15 R, NJW 2017, 1421 (1422 ff.).

der Feier unversichert; sie können mangels Integration in das Betreuungskonzept an einem solchen Tag kein Gastkind im oben genanntem Sinne sein (→ Rn. 39).

Über eine **spezielle Konstellation** hatte das SG Leipzig zu entscheiden: Ein reguläres Kindergartenkind nahm an einer von seiner Tageseinrichtung veranstalteten Feier teil. In dem Betreuungsvertrag (iVm mit der Satzung des Trägers) war festgehalten, dass „die Eltern während Veranstaltungen mit Elternbeteiligung die Aufsicht innehaben" und dass „das Hausrecht zu achten ist". Bei von diesem Fest (in der Zeit von 16 bis ca. 18 Uhr) verletzte sich das Kind gegen 18:15 Uhr infolge eines Sturzes vom Klettergerüst. Die Mutter hatte das Kind um 16 Uhr „abholen" müssen, hat die Einrichtung durch den Vordereingang verlassen (müssen), um dann – wie von der Einrichtung vorgegeben – durch das Gartentor zum Fest zu gelangen. Nicht „abgeholte" Kinder wurden gesondert innerhalb der Einrichtung betreut und durften nicht zum Fest. Das SG Leipzig verneinte einen Versicherungsschutz für das Kind, weil es „abgeholt" war und die Mutter damit die alleinige Aufsicht gehabt habe.[144] Insoweit ist vor allem die Organisation seitens der Einrichtung zu kritisieren. Die vermutliche Angst vor einer (geteilten) Aufsicht führte dazu, dass das Kind im konkreten Fall unversichert war. Damit ist der Träger der Einrichtung aber zugleich einem potenziellen Haftungsrisiko (ua § 823 BGB) ausgesetzt, da die §§ 104, 106 Abs. 2 SGB VII nicht eingreifen (vgl. dazu § 9 Rn. 14). Die Grenzen sind fließend: wenn das Kind während einer kleinen Aufführung im Rahmen des Kita-Festes gestürzt wäre, dann wäre die Übernahme einer Aufsichtspflicht seitens der Einrichtung für diese Zeit naheliegend. Insofern sollte ein Träger von einer Veranstaltung mit einer explizit ausgeschlossenen Aufsicht durch das Kita-Personal Abstand nehmen.[145]

4. Medikamentengabe

Es ist bereits betont worden, dass es einen unversicherten Raum für Kinder in Tages- 75
einrichtungen kaum geben kann (→ Rn. 48, 64). Besteht die Notwendigkeit der Verabreichung von Medikamenten während der Betreuungszeit, dann kann die Gabe der Medikamente durch die Erzieherinnen der Einrichtung nicht als private und daher unversicherte Tätigkeit der Kinder angesehen werden. Anknüpfungspunkt für den Versicherungsschutz auch bei einer Medikamentengabe ist dabei die Übertragung der Personensorge von den Eltern auf die Einrichtung (dazu → Rn. 54). Auch die Verabreichung von Medikamenten ist grundsätzlich vom Versorgungsauftrag von Tageseinrichtungen umfasst und zudem erforderlich, um den Förderungsgrundsätzen der §§ 22, 22 a SGB VIII gerecht zu werden.[146]

Dieser Grundannahme folgend stellt sich dann die Frage, welche Unfälle mit welchen Unfallfolgen vom Unfallversicherungsträger zu entschädigen sind.

144 SG Leipzig 27.2.2018 – S 23 U 168/17 (rk., nv); ein Wegeunfall schied wohl wegen der 2-Stunden-Grenze aus.

145 Anders Obermeier KiTa Recht 2/2008, 19 (23), der für einen Ausschluss von Aufsichtspflichten plädiert, dabei aber die § 2 Abs. 1 Nr. 8 a, §§ 104 ff., SGB VII übersieht und daher zu falschen Schlüssen kommt.

146 Vgl. DIJuF-Rechtsgutachten 26.3.2013 – J 5.100 Bm/Gz, JAmt 2013, 249 (251).

76 **Unproblematisch** sind dabei die (seltenen) Fälle, in denen es bei der Gabe der Medikamente zu einem Fehler kommt, der zu einem Gesundheitsschaden des Kindes führt. Zu denken ist dabei an eine **falsche Dosierung des Medikaments** oder eine Infektion bei einer erforderlichen Injektion zB bei Diabetes. Insoweit liegt ein äußeres Ereignis, damit auch dann letztendlich ein Unfall, vor. Auch sonstige äußere Verletzungen im Zusammenhang mit der Medikamentengabe sind versichert.[147]

77 Sollte es zu einem Gesundheitsschaden bei einem Kind kommen, weil die **gebotene Medikamentengabe unterlassen** wird, so liegt kein zeitlich begrenztes, von außen auf den Körper einwirkendes Ereignis (vgl. § 8 Abs. 1 S. 2 SGB VII) vor, so dass die Anerkennung eines Arbeitsunfalls ausscheiden muss. Auch ein Unterlassen von geeigneten und zeitnahen Erste-Hilfe-Maßnahmen seitens der Erzieher kann einem Unfall im Sinne von § 8 Abs. 1 S. 2 SGB VII nicht gleichgestellt werden.[148]

78 Liegt eine korrekte Medikamentengabe vor, kann trotzdem im Zusammenhang mit dieser ein Gesundheitsschaden „provoziert" werden, zB durch eine **Wechselwirkung mit anderen Medikamenten** oder mit Nahrungsmitteln. Ebenso ist möglich, dass sich das Kind eine andere Erkrankung, vielleicht sogar unbemerkt, zugezogen hat oder mit einem Mal allergisch auf das verabreichte Medikament reagiert. Hier kann es im Rahmen der Unfallkausalität (→ § 7 Rn. 22) dann zur Ablehnung kommen, wenn der eingetretene Gesundheitsschaden nicht wesentlich auf die normale Medikamentengabe zurückzuführen ist, sondern die überragende Bedeutung für den Gesundheitsschaden außerhalb des versicherten Bereiches liegt. Dies könnte zB dann der Fall sein, wenn die Eltern dem Kind zu Hause noch ein anderes Medikament verabreichen wegen einer neuen Erkrankung und dieses dann bei der korrekten Gabe der Dauermedikation aufgrund der Wechselwirkung zu einem Gesundheitsschaden führt.[149] Praktische Fälle dazu sind aber bislang nicht bekannt.

79 Aus Präventionsgesichtspunkten sollten **eindeutige Absprachen**, möglichst schriftlich, zwischen den Erziehungsberechtigten und der Einrichtung getroffen werden, die auch die Angaben zu Medikation (Art des Medikaments, Dosierung, Uhrzeit usw) enthalten. Derlei Absprachen sollen auch die Gefahr bannen, durch den Unfallversicherungsträger gemäß § 110 SGB VII in Regress genommen zu werden. In diesen Vereinbarungen kann für den Fall, dass kein Versicherungsschutz bestehen sollte, eine sich an § 309 Nr. 7 BGB orientierende **Haftungsfreistellung** getroffen werden.

80 Daneben kann iÜ ein Anspruch gegen den jeweiligen Krankenversicherungsträger auf Gewährung häuslicher Krankenpflege auch in einer Kindertageseinrichtung bestehen (vgl. § 37 Abs. 2 S. 1 SGB V), so dass zB Blutzuckermessungen und Insulinabgaben

147 Ausführlich dazu Schlaeger KiTa Recht 2/2009, 53 ff.

148 Vgl. SG Dortmund 26.3.2001 – S 23 U 121/99, HVBG-INFO 2002, 3035 (3037); LSG Bayern 6.11.2007 – L 3 U 205/07, BeckRS 2009, 51019; ebenso Keller in: Hauck/Noftz, SGB VII, K § 8 Rn. 11 d; vgl. auch BSG 27.4.2010 – B 2 U 13/09 R, SozR 4-2700 § 9 Nr. 18; LSG Baden-Württemberg 14.12.2018 – L 8 U 4654/17, BeckRS 2018, 33754; anders wohl Mühlheims SGb 2019, 258 (262), der ein Unterlassen zumindest für ein „mögliches Ereignis" hält.

149 Vgl. DGUV-Rundschreiben 0320/2010 vom 15.6.2010.

von entsprechendem Fachpersonal übernommen werden können.[150] Insoweit besteht indes kein Versicherungsschutz nach § 2 Abs. 1 Nr. 8 a SGB VII.

5. Sprachstandsfeststellung, Sprachförderung

Bei Kindern im Vorschulalter erfolgt im Rahmen einer schulrechtlich vorgegebenen **Sprachstandsfeststellung** eine Prüfung dahin gehend, ob die Sprachentwicklung der Kinder altersgemäß ist und sie die deutsche Sprache hinreichend beherrschen. Für die entsprechende Prüfung besteht Versicherungsschutz nach § 2 Abs. 1 Nr. 3 SGB VII (vgl. auch → § 4 Rn. 9). Resultiert aus dieser Sprachstandsfeststellung das Erfordernis an **Sprachfördermaßnahmen** teilzunehmen, können diese jedoch nicht unter § 2 Abs. 1 Nr. 3 SGB VII gefasst werden. Es kommt insoweit ein Versicherungsschutz nach § 2 Abs. 1 Nr. 8 a Alt. 3 SGB VII in Betracht (dazu ausführlich → § 4 Rn. 7 ff.). 81

6. Streik und Notgruppen

Sofern ein Streik des Personals der Tageseinrichtung zu der Notwendigkeit der Kinds- 82
betreuung in Notgruppen führt, so besteht Versicherungsschutz für die Kinder, sofern sie in einer erlaubnisbedürftigen Tageseinrichtung gemäß § 45 SGB VIII betreut werden. Ein loser Zusammenschluss einiger Eltern, die eine private Betreuung durch Elternteile sicherstellen, ist jedoch ungeeignet, einen Versicherungsschutz der Kinder herzustellen (für die Wege der Eltern gilt uU § 8 Abs. 2 Nr. 2 a SGB VII, dazu → § 7 Rn. 28 ff.). Die streikenden Erzieherinnen sind im Übrigen während des Streiks unversichert, weil die Streikhandlungen nicht die erforderliche objektive Betriebsdienlichkeit (→ Rn. 47) aufweisen.

7. Tiere in der Einrichtung

Der pädagogische Einsatz von Tieren (zB Hunden) lässt den Versicherungsschutz der 83
Kinder nicht entfallen. Sollte es in diesem Zusammenhang zu einem Versicherungsfall eines Kindes kommen, so prüft der zuständige Unfallversicherungsträger allerdings im Anschluss an die Leistungsgewährung (vor allem Heilbehandlung), ob Regressansprüche (→ § 10 Rn. 1 ff.) gegen den Hundehalter geltend gemacht werden könnten. Diese kommen grundsätzlich nach § 833 BGB in Betracht. Im Hinblick auf eine mögliche schadenersatzrechtliche Inanspruchnahme sollte der Hundehalter eine Hundehaftpflichtversicherung abgeschlossen haben. Sofern sich das Tier verletzten sollte, können insoweit keine Leistungen der gesetzlichen Unfallversicherung erbracht werden.

150 Vgl. dazu zB SG Reutlingen 8.11.2018 – S 1 KR 2376/18 ER, BeckRS 2018, 28686.

§ 3 Kinder in Tagespflege (§ 2 Abs. 1 Nr. 8 a Alt. 2 SGB VII)

Gemäß § 2 Abs. 1 Nr. 8 a Alt. 2 SGB VII sind Kinder während der Betreuung durch geeignete Tagespflegepersonen im Sinne von § 23 des Achten Buches (SGB VIII) gesetzlich unfallversichert. Eingeführt wurde dieser Schutz mit Wirkung zum 1.10.2005 (→ Rn. 2). 1

I. Entstehungsgeschichte

Die allgemeine Motivlage, die zur Schaffung der Schülerunfallversicherung geführt hat, ist bereits eingangs (→§ 1 Rn. 5 ff.) dargestellt worden. 2

§ 2 Abs. 1 Nr. 8 a SGB VII wurde durch das „Gesetz zur Weiterentwicklung der Kinder- und Jugendhilfe“ (KICK)[1] mit Wirkung **zum 1.10.2005** um diese zweite Alternative **erweitert**, nachdem vorhergehende Anläufe, Kinder in Tagespflege unter gesetzlichen Unfallversicherungsschutz zu stellen, gescheitert waren. Während der Beratungen über die Einordnung des Unfallversicherungsrechts (§§ 537 ff. RVO aF) in das neue SGB VII[2] im Jahr 1996 regte der Bundesrat die Prüfung an, inwieweit Kinder in Tagespflege in den Unfallversicherungsschutz systemkonform einbezogen werden könnten.[3] Die Bundesregierung sagte eine Prüfung zu, konnte aber offensichtlich zunächst keinen **geeigneten kausalen Zurechnungsgrund**[4] finden. Sie kam zu dem Ergebnis, dass diese zusätzliche Ausweitung nicht vorgenommen sollte, da die Förderung der Entwicklung des Kindes allein kein ausreichender Grund sein könne, um den Versicherungsschutz zu begründen. Eine Tagespflegeperson betreue häufig gleichzeitig eigene Kinder (die nicht versichert seien); ein qualitativer Unterschied zwischen der gleichzeitigen Betreuung eigener und fremder Kinder und damit ein sachliches Differenzierungskriterium bestehe jedoch nicht.[5]

3 Ein geeigneter kausaler Zurechnungsgrund wurde jedoch im Zuge des Tagesbetreuungsausbaugesetzes (TAG) **im Jahr 2004** (→ Rn. 9) in der Betreuung durch eine geeignete Tagespflegeperson im Sinne des § 23 SGB VIII erblickt. Die entsprechende Gesetzesbegründung[6] lautet:

„Durch die Änderung werden Kinder in Tagespflegestellen in den Kreis der versicherten Personen der gesetzlichen Unfallversicherung einbezogen, die vom örtlichen Träger der öffentlichen Jugendhilfe vermittelt wurden. Sie werden damit den bereits nach geltendem Recht versicherten Kindern in Tageseinrichtungen gleichgestellt.

Durch die Bezugnahme auf § 23 SGB VIII wird sichergestellt, dass nur die Kinder zum versicherten Personenkreis gehören, deren Tagespflegepersonen beim Träger der Jugendhilfe oder durch diesen beauftragten Stellen registriert sind und sich durch ihre Persönlichkeit, Sachkompetenz, die ihnen zur Verfügung stehenden Räumlichkeiten sowie ihre Kooperationsbereitschaft mit Eltern und anderen Tagespflegepersonen als geeignet erweisen.

Bislang sind nur Kinder in Tageseinrichtungen gesetzlich unfallversichert. Durch die Änderung werden Kinder in Tagespflegestellen, die vom örtlichen Träger der öffentlichen Jugendhilfe vermittelt wurden, in den Kreis der versicherten Personen in der gesetzlichen Unfallversicherung aufgenommen und damit den Kindern in Tageseinrichtungen gleichgestellt.“

---

1 Gesetz vom 8.9.2005, BGBl. I 2005, 2729 (2740).
2 Unfallversicherungs-Einordnungsgesetz (UVEG) vom 7.8.1996, BGBl. I 1996, 1254.
3 Vgl. BT-Drs. 13/2333, 4.
4 Vgl. BT-Drs. 13/2333, 19.
5 Vgl. Graeff SGb 1996, 297 (298); Goeke/Graeff BArbBl. 10/1996, 9 (10).
6 BT-Drs. 15/5616, 2 iVm BT-Drs. 15/3676, 44.

II. Kinder- und jugendhilferechtliche Hintergründe (SGB VIII)

Im Folgenden werden für das Verständnis dieses Teils der Schülerunfallversicherung bedeutsame Regelungen des im SGB VIII normierten Kinder- und Jugendhilferechts dargestellt, weil diese zum Teil für die Auslegung des § 2 Abs. 1 Nr. 8 a SGB VII relevant sind (→ Rn. 46 ff.). 4

1. Begriff der Kindertagespflege

Der Begriff der Kindertagespflege ist in § 22 Abs. 1 S. 2 SGB VIII **legaldefiniert.** Diese wird danach „von einer geeigneten Tagespflegeperson in ihrem Haushalt oder im Haushalt des Personensorgeberechtigten“ (vgl. § 7 Abs. 1 Nr. 5 SGB VIII, §§ 1626 ff. BGB) geleistet. Die Kindertagespflege unterscheidet sich von der Betreuung in Tageseinrichtungen dadurch, dass sie grundsätzlich einen **familienähnlichen,**[7] **eher privaten Charakter** aufweist. Eine institutionalisierte Organisationsform bleibt damit der Tageseinrichtung vorbehalten (→ Rn. 43). Dies greift das SGB VIII dadurch auf, dass die Kindertagespflege in der Regel in einem privaten Haushalt durchgeführt wird, wobei die Betreuung jedoch auch in anderen geeigneten Räumen stattfinden kann (§ 22 Abs. 1 S. 4 SGB VIII). Die Familienähnlichkeit kommt auch dadurch zum Ausdruck, dass ein zu betreuendes Kind der Tagespflegeperson individuell zugeordnet ist.[8] 5

Kindertagespflege ist ein Angebot, mit dem flexibel auf den Betreuungsbedarf des einzelnen Kindes eingegangen werden kann, denn die Betreuungszeiten sind variabler als die von Tageseinrichtungen. Da die Tagespflege von Kindern in der Praxis auch zur Kompensation ungenügender Betreuungszeiten in Tagesstätten genutzt wird, kann sie auch zu Tageszeiten stattfinden, die außerhalb der üblichen Öffnungszeiten von Einrichtungen liegen.[9] Zudem bietet sie gerade in ländlichen Gebieten mit geringer Bevölkerungsdichte ein öffentliches Angebot an Kindertagesbetreuung an, in denen sonst ein effizienter Betrieb von Tageseinrichtungen nur schwer möglich ist. Sie ist ferner aus Sicht der Träger der Jugendhilfe eine **kostengünstige Alternative zur Tageseinrichtung,** allerdings auch schwerer steuer- und planbar.[10] 6

Für die Kindertagespflege ist die **räumliche Abwesenheit** des Personensorgeberechtigten nicht konstitutiv. Denkbar ist vielmehr beispielsweise, dass die Kindertagespflege dem Erziehungsberechtigten ermöglicht, im eigenen Haushalt einer beruflichen Tätigkeit nachzugehen, zB in Telearbeit. Auch bei Mehrlingsgeburten oder einer längerfristigen Erkrankung eines Erziehungsberechtigten kommt eine Kindertagespflege in Betracht.[11] Wegen des familienergänzenden und -unterstützenden Charakters der Kindertagespflege ist sie besonders, aber nicht ausschließlich für Kinder unter drei Jahren geeignet.[12] 7

7 Vgl. auch BT-Drs. 15/3676, 24.
8 Vgl. statt vieler: Kaiser in: LPK-SGB VIII, § 23 Rn. 1; Wendt in: Möller, SGB VIII, § 22 Rn. 28.
9 Weiß, Kindertagespflege, S. 99 f.
10 Vgl. dazu Weiß, Kindertagespflege, S. 22.
11 Vgl. Zitzen in: Jung, SGB VIII, § 22 Rn. 21; Wendt in: Möller, SGB VIII, § 22 Rn. 20.
12 So auch Grube in: Hauck/Noftz, SGB VIII, K § 22 Rn. 62.

8 Das „Nähere" regelt **das jeweilige Landesrecht** (zB § 22 Abs. 1 S. 3, Abs. 4 S. 2, §§ 26, 43 Abs. 3 S. 3, Abs. 5, § 49 SGB VIII) etwa auch im Hinblick auf die Höchstzahl der gleichzeitig zu betreuenden Kinder, der Zulässigkeit von Großtagespflegestellen (→ Rn. 43) oder den Betreuungsort. Da sich die jeweiligen landesrechtlichen Bestimmungen zum Teil sehr unterscheiden, orientiert sich die **folgende Darstellung am SGB VIII.** Dieses gibt einen Rahmen[13] vor, den die Länder jedoch weiter mit eigenen, weitergehenden oder einschränkenden Regelungen ausfüllen können. Das bedeutet, dass das Landesrecht „Näheres" regeln kann,[14] aber nicht muss.

2. Entwicklung der Kindertagespflege

9 Das „Gesetz zur Neuordnung des Kinder- und Jugendhilferechts" (**KJHG**) vom 26.6.1990[15] enthielt als Kernstück in dessen Art. 1 das neu geschaffene SGB VIII. Die Tradition der Kindertagespflege war lange Zeit vorwiegend auf den Aspekt der Betreuung ausgerichtet, während etwa der Bildungsanspruch in den Erwartungen an die Kindertagespflege bis dahin nicht oder kaum enthalten war. Seit den Änderungen durch das Tagesbetreuungsausbaugesetz (TAG) zum 1.1.2005[16] heißt es im SGB VIII **Kindertagespflege,** während zuvor noch von „Tagespflege" (§ 23 SGB VIII aF) die Rede war. Dies soll die Kindertagespflege deutlicher von anderen Tagespflegeverhältnissen, etwa in der Altenpflege (vgl. § 41 SGB XI), abgrenzen. Der Begriff der Tagespflegeperson ist jedoch geblieben.

Wichtig ist auch, dass zwischen der sog. öffentlichen Kindertagespflege (als Leistung nach § 23 SGB VIII) und der sog. privaten Kindertagespflege als „andere Aufgabe" nach § 43 SGB VIII unterschieden wird (dazu → Rn. 39).

10 Mit den Änderungen ua durch das TAG und das KICK (→ Rn. 2 f.) bezweckte der Gesetzgeber im Jahr 2005, die Förderung von Kindern in Tageseinrichtungen und in Kindertagespflege qualitätsorientiert und bedarfsgerecht auszubauen. Diese Form der Kinderbetreuung sollte aufgewertet und gegenüber derjenigen in Tageseinrichtungen zu einem **gleichrangigen Angebot** (vgl. aber → Rn. 13) mit den Vorzügen der Familienähnlichkeit und Flexibilität gemacht werden.[17] Über die Vermittlung von qualifizierten Tagespflegepersonen (→ Rn. 17 ff.) sollte auch im bislang weitgehend unkontrollierten privaten Sektor der Kinderbetreuung stärker als bisher qualifizierte Kindertagespflege Einzug erhalten, womit dem **Prinzip der öffentlichen Verantwortung** für die Bildung, Betreuung und Erziehung von Kindern mehr als bisher Rechnung ge-

13 Vgl. BT-Drs. 11/5948, 66.

14 Überblick über die wichtigsten Parallelregelungen in den Bundesländern: *Baden-Württemberg:* § 1 Abs. 7 KiTaGBW, *Bayern:* Art. 42 AGSG, Art. 2 Abs. 4, Art. 9 Abs. 2 BayKiBiG, *Berlin:* § 32 Abs. 1 Satz 2 ff. AGKJHGBerl, §§ 17, 18 KitaFöGBerl, *Brandenburg:* § 18 KiTaGBra, *Bremen:* § 15 BremKTG, *Hamburg:* § 1 Abs. 2, § 28 KiBeGHH; §§ 1 ff. KTagPflVO; *Hessen:* § 29 HKJGB, *Mecklenburg-Vorpommern:* § 2 Abs. 7, § 15 Abs. 2 KiföGMV, *Niedersachsen:* § 15 AGKJHGNds, *Nordrhein-Westfalen:* §§ 4, 17 KiBiz NRW; *Rheinland-Pfalz:* § 1 Abs. 5 KindertagesstättenG; *Saarland:* § 5 SKBBG, *Sachsen:* §§ 23–25 LJHG Sa, *Sachsen-Anhalt:* § 6 KiFöGLSA, *Schleswig Holstein:* § 37 JuFöGSH, § 27–30 KiTaGSH, *Thüringen:* § 1 Abs. 2, §§ 8, 9 ThürKitaG.

15 BGBl. I 1990, 1163.

16 Gesetz zum qualitätsorientierten und bedarfsgerechten Ausbau der Tagesbetreuung für Kinder vom 27.12.2004, BGBl. I 2004, 3852.

17 BT-Drs. 15/5616, 2 iVm BT-Drs. 15/3676, 1 f., 23 f., 31.

tragen worden ist.[18] Eine weitere Maßnahme zur Gleichstellung ist in der Pflicht des Jugendamtes, die Betreuung des Kindes auch während Ausfallzeiten der vermittelten Tagespflegeperson sicherzustellen (→ Rn. 37, 67), zu sehen.[19]

Die qualitative und quantitative Aufwertung der Kindertagespflege wurde auch durch das Kinderförderungsgesetz[20] vom 10.12.2008 fortgesetzt.[21] Mit diesem wird ua die qualitative Verbesserung der Kindertagespflege durch angemessene, der Qualifikation entsprechende Honorierung/Entlohnung der Tagespflegepersonen und Öffnung für landesrechtliche Regelungen für professionelle Formen der Großtagespflege ebenso verfolgt wie die Mobilisierung des Beschäftigungspotentials von Frauen.[22] 11

3. Förderung von Kindern in Tagespflege nach §§ 22–24 SGB VIII

Die Förderung in Kindertagespflege nach §§ 22–24 SGB VIII ist eine Leistung der Jugendhilfe (→ Rn. 13 f.). § 23 SGB VIII meint daher nur die **Kindertagespflegeverhältnisse, die als Leistung der Jugendhilfe anzusehen sind** und durch Mitwirkung des Trägers der öffentlichen Jugendhilfe zustande kommen.[23] Die Förderung in Kindertagespflege ist in § 23 Abs. 1 SGB VIII dahin gehend beschrieben, dass nach Maßgabe von § 24 SGB VIII die Vermittlung (→ Rn. 18) des Kindes zu einer geeigneten Tagespflegeperson (→ Rn. 22) umfasst ist, soweit diese nicht von der erziehungsberechtigten Person nachgewiesen (→ Rn. 28) wird. Sie umfasst ferner deren fachliche Beratung, Begleitung und weitere Qualifizierung sowie die Gewährung einer laufenden Geldleistung an die Tagespflegeperson (→ Rn. 34 ff.). 12

a) Allgemeine Zusammenhänge

Der Förderungsauftrag ist für beide Formen der Tagesbetreuung einheitlich in § 22 Abs. 2 SGB VIII formuliert (→ § 2 Rn. 18 f.). Aufgrund der Gleichstellung der Betreuungsformen Tageseinrichtung und Kindertagespflege ist die Kindertagespflege gleichfalls als **„Elementarstufe im Bildungssystem“** anzusehen.[24] Ihr Schwerpunkt liegt nach der Intention des Gesetzgebers in den ersten Lebensjahren (vgl. die Staffelung in § 24 Abs. 1–3 SGB VIII). Hierin liegt auch die Bedeutung des Hinweises, dass die Förderung in Kindertagespflege **„nach Maßgabe des § 24 SGB VIII“** erbracht wird. § 24 SGB VIII bestimmt, ob (durchsetzbare) Ansprüche und Leistungsverpflichtungen bestehen. § 23 SGB VIII regelt hingegen die Inhalte der Kindertagespflege als Jugendhilfeleistung und Ansprüche der Tagespflegepersonen etc. Inzwischen wird der Kindertagespflege für die Altersgruppe bis zum 3. Lebensjahr eine mit der Kindertagesstätte gleichwertige (§ 24 Abs. 1, 2 SGB VIII), ab dem 3. Lebensjahr bis zum Schuleintritt (§ 24 Abs. 3 und 4 SGB VIII) eine eher ergänzende Bedeutung zugewiesen, woraus 13

18 Vgl. Schlaeger ZFSH/SGB 2008, 527 (533) mwN.
19 Vgl. Weiß, Kindertagespflege, S. 117.
20 Gesetz zur Förderung von Kindern unter drei Jahren in Tageseinrichtungen und in Kindertagespflege (KiföG), BGBl. I 2008, 2403.
21 Vgl. insgesamt zu allen relevanten Gesetzesänderungen: Münder/Meysen/Trenczek in: FK-SGB VIII, Einl. Rn. 38.
22 Vgl. BT-Drs. 16/10173, 2; BT-Drs. 16/9299, 10–14.
23 Vgl. Grube in: Hauck/Noftz, SGB VIII, K § 23 Rn. 7; ähnlich Etzold in: BeckOGK, SGB VIII § 23 Rn. 9.
24 Ebenso zB Lakies/Beckmann in: FK-SGB VIII, Vor §§ 22–26 Rn. 8.

unterschiedliche Verpflichtungen und Ansprüche resultieren.[25] Die Kindertagespflege kann daher mit einer Förderung desgleichen Kindes in einer Tageseinrichtung kombiniert werden (vgl. § 24 Abs. 3 S. 2 SGB VIII).

b) Betreuungsrahmen, Mindestbetreuungszeiten

14 Im Gegensatz zur Betreuung in Tageseinrichtungen treffen § 22 Abs. 1 S. 2, § 23 SGB VIII keine Aussage hinsichtlich des zeitlichen Umfangs der Kindertagespflege; eine solche ist nur in § 43 SGB VIII vorgesehen (→ Rn. 40). Überwiegend wird angenommen, dass sich die Kindertagespflege in zeitlicher Hinsicht zumindest **an einem Teil des Tages** vollziehen kann. Sie wird primär als Förderung während des „hellen" Tages in Betracht kommen, kann aber im Einzelfall (zB Schicht- oder Nachtarbeit der Eltern bzw. eines Elternteils) auch während der Abend- oder Nachtstunden zum Einsatz kommen.[26] Eine regelhafte Betreuung über Tag und Nacht ist jedoch nicht möglich, denn es würde sich dabei um eine Vollzeitpflege (§ 33 SGB VIII) handeln.[27]

15 Zum Teil wird auch eine **Mindestbetreuungszeit** von ca 8 Wochenstunden gefordert, um die Kindertagespflege von anderen niedrigschwelligen Betreuungen abzugrenzen,[28] zum Teil sieht das Landesrecht entsprechendes sogar vor.[29] Dies wird damit begründet, dass es einer geeigneten und vor allem auch zeitlich ausreichenden Ausgestaltung der Beziehung zwischen Kind und Betreuungspersonen bedarf, um (auch) Erziehung und Bildung im Sinne des Förderungsauftrags zur Entfaltung und Wirkung bringen zu können. Wird das Kind beispielsweise nur einmal in der Woche für zwei Stunden von der Nachbarin beaufsichtigt oder engagieren die Eltern gelegentlich einen sog. Babysitter (→ Rn. 65), so erfüllen diese Betreuungsformen nicht den Förderauftrag nach § 22 Abs. 3 SGB VIII (Erziehung, Bildung und Betreuung des Kindes, → § 2 Rn. 19).[30]

c) Die Förderleistungen des § 23 SGB VIII im Einzelnen

16 Die Sozialleistung „Förderung in Kindertagespflege" (§ 23 SGB VII) hat folgende Inhalte:

- Vermittlung einer geeigneten Tagespflegeperson (→ Rn. 17 ff.), sofern kein Nachweis (→ Rn. 28 ff.) durch die Eltern erfolgt,
- fachliche Beratung, Begleitung und weitere Qualifizierung der Tagespflegepersonen (→ Rn. 34 f.),
- Gewährung einer laufenden Geldleistung an die Tagespflegeperson (→ Rn. 36),

---

25 Vgl. Struck in: Wiesner, SGB VIII, § 23 Rn. 13; Grube in: Hauck/Noftz, SGB VIII, K § 23 Rn. 14.

26 Vgl. zB Struck in: Wiesner, SGB VIII, § 22 Rn. 9; Kaiser in: LPK-SGB VIII, § 22 Rn. 5; Rixen in: jurisPK-SGB VIII, § 22 Rn. 16; Lakies/Beckmann in: FK-SGB VIII, § 22 Rn. 12; Grube in: Hauck/Noftz, SGB VIII, K § 23 Rn. 8; Wendt in: Möller, SGB VIII, § 22 Rn. 18.

27 Vgl. Zitzen in: Jung, SGB VIII, § 22 Rn. 18.

28 Vgl. Lakies/Beckmann in: FK-SGB VIII, § 22 Rn. 16.

29 Vgl. zB § 2 Abs. 4 BayKiBiG, wonach das Kind durchschnittlich mindestens zehn Stunden pro Woche betreut werden muss.

30 So zu Recht: Lakies/Beckmann in: FK-SGB VIII, § 22 Rn. 16; Wendt in: Möller, SGB VIII, § 23 Rn. 46; Struck in: Wiesner, SGB VIII, § 22 Rn. 9, § 23 Rn. 21.

- allgemeine betreuungsunabhängige Beratung von Erziehungsberechtigten bzw. Tagespflegepersonen (§ 23 Abs. 4 S. 1 SGB VIII),
- Sicherstellung der Betreuung bei Ausfall der Tagespflegeperson (→ Rn. 37)
- Beratung, Unterstützung und Förderung von Zusammenschlüssen von Tagespflegepersonen (§ 23 Abs. 4 S. 3 SGB VIII).

d) Vermittlung einer geeigneten Tagespflegeperson

Ein wesentlicher Leistungsbestandteil im Rahmen von § 23 Abs. 1 SGB VIII ist die **Vermittlung des Kindes** zu einer geeigneten Tagespflegeperson im Rahmen einer öffentlichen Kindertagespflege (→ Rn. 9, 39; zu den Eignungskriterien → Rn. 22 ff.). 17

aa) Begriff der Vermittlung

Die inhaltlichen Anforderungen, die an eine Vermittlung zu stellen sind, sind weder im SGB VIII noch in den entsprechenden Landesgesetzen ausdrücklich geregelt. Es handelt sich zunächst um eine (schlicht-hoheitliche) Dienstleistung (→ Rn. 34) des Jugendamtes (vgl. § 11 SGB I), deren nähere äußere Gestaltung im pflichtgemäßen Ermessen des Jugendhilfeträgers steht. 18

Soweit ersichtlich, wird im Kinder- und Jugendhilferecht ganz überwiegend davon ausgegangen, dass die fachliche Tätigkeit der Vermittlung mehr sein muss, als das bloße Bekanntmachen[31] der Eltern mit einer Person, die zur Tagespflege bereit ist bzw. **mehr als nur die Herausgabe eines Namens.** Da die Vermittlung öffentlich verantworteter Kindertagespflege größtmögliche Sicherheit für das betreute Kind gewährleisten und den Suchprozess der Eltern durch Fachkenntnis und begleitende Beratung unterstützen muss, stellt sich diese stets als **mehrgliedriger Ablauf** dar.[32] Vermittlung meint somit die Zusammenführung der Tagespflegeperson mit dem jeweiligen Kind und seinen Erziehungsberechtigten im Rahmen eines Vermittlungsprozesses.[33] Die **Vermittlung als Leistung des Jugendhilfeträgers** im Sinne von § 23 SGB VIII **verlangt** ein **aktives Tun**; eine schriftliche Information der Eltern zur Selbstsuche oder das zur Verfügung stellen einer Adressdatei mit geeigneten Tagespflegepersonen wird als nicht ausreichend angesehen.[34] Eine Vermittlung allein auf Basis von Eigenverantwortung der Beteiligten über Adressdateien, Such-Steckbriefe, Internetbörsen etc wird sogar als fachlich unverantwortbar bezeichnet[35] und sollte nicht durch Jugendämter unterstützt werden (vgl. aber → Rn. 58).[36]

---

31 Auch der in § 22 Abs. 3 S. 2 SGB VIII verwendete Begriff der „Vermittlung orientierender Werte" weist eindeutig darauf hin, dass eine Vermittlung mehr als ein „Benennen" sein muss.

32 Vgl. Weiß, Kindertagespflege, S. 97 f.; ferner zB Wendt in: Möller, SGB VIII, § 23 Rn. 35.

33 Vgl. zB Struck in: Wiesner, SGB VIII, § 23 Rn. 17; Winkler in: BeckOK-SozR, SGB VIII § 23 Rn. 6; Rixen in: jurisPK-SGB VIII, § 23 Rn. 7; Tillmanns in: MüKo-BGB, SGB VIII § 23 Rn. 3; Etzold in: BeckOGK, SGB VIII § 23 Rn. 11; Schmidt/Wiesner ZfJ 2005, 274, 278; unklar: Grube in: Hauck/Noftz, SGB VIII, K § 23 Rn. 16, der lediglich darauf hinweist, dass Träger der öffentlichen Jugendhilfe regelmäßig über Listen geeigneter Personen verfügen.

34 Vgl. Weiß, Kindertagespflege, S. 98; ähnlich zB Wendt in: Möller, SGB VIII, § 23 Rn. 32; Lakies/Beckmann in: FK-SGB VIII, § 23 Rn. 14.

35 Weiß/Stempinski ua, DJI-Curriculum, Kap. 44 S. 18.

36 Der beschriebene Vermittlungsablauf stellt jedoch gewiss eine Art Leitvorstellung mit eher empfehlenden als bindenden Charakter dar und seine Umsetzung dürfte nicht zuletzt rein faktisch auch von der personellen

19 Das Beziehungsnetz Eltern-Kind-Tagespflegeperson bzw. -familie sollte möglichst im Rahmen der Vermittlung durch eine Fachkraft moderiert und gesteuert werden.[37] Zunächst ist die individuelle Situation der Eltern zu klären und auf dieser Basis eine oder mehrere geeignete Tagespflegepersonen – unter Berücksichtigung des Wunsch- und Wahlrechts gemäß § 5 SGB VIII (→ Rn. 28) – vom Jugendamt vorzuschlagen; dieses mündet schließlich in ein Vermittlungsgespräch ein (erste Kontaktphase). Erst wenn sich alle drei Seiten einig sind, ist die Vermittlung abgeschlossen. Es stellt sich anschließend die Frage, ob weitere Leistungen (→ Rn. 34 ff.) zu erbringen sind und ob die Eltern zu Beiträgen (§ 90 SGB VIII) heranzuziehen sind.

Der **Vermittlungsprozess** beinhaltet die Beratung der Eltern, den Vorschlag geeigneter Pflegepersonen, sofern diese nicht von den Eltern nachgewiesen ist (→ Rn. 28 ff.), sowie ein Vermittlungsgespräch zwischen Eltern und Pflegeperson.[38] Erforderlich ist eine **individuelle Klärung der konkreten Betreuungssituation**, zB im Hinblick auf die besonderen Bedürfnisse des Kindes, der Eignung der Tagesmutter, die Zusammensetzung einer möglichen Tagesgruppe, die kindgerechten Betreuungsräumlichkeiten etc. Die besprochenen Aspekte etc sollen sodann im zu schließenden **Betreuungsvertrag** der Eltern mit der Tagespflegeperson festgehalten werden (→ Rn. 57, 73).[39]

Durch die Vermittlung erfüllt das Jugendamt seine leistungsrechtliche Aufgabe zur Förderung des Kindes in sog. öffentlicher Kindertagespflege (→ Rn. 9, 39).

20 Die (persönliche und sachliche) Eignung der Person (→ Rn. 22 ff.) ist in jedem Fall, dh bei jedem neu zu betreuenden Kind, im Rahmen der Vermittlung aufs Neue kritisch zu prüfen. Dies ergibt sich ua daraus, dass die Anforderungen etwa an die Geeignetheit der Räumlichkeiten (und nicht nur dieser) mit der Zahl der zu betreuenden Kinder steigen. Ist also eine Person für ein konkretes Kind zur Tagespflege geeignet, so muss dies nicht bedeuten, dass diese auch für ein anderes Kind ebenso geeignet ist. Die erneute Prüfung der Rahmenbedingungen bei einer Vermittlung soll verhindern, dass die Eltern durch eine Erlaubniserteilung (nach § 43 SGB VIII) in einer Pseudosicherheit[40] gewogen werden, denn dieser liegt keine Bewertung der konkreten Betreuungsbeziehung zugrunde (→ Rn. 39). Die **Eignung für das spezifische Kind** bzw. die spezifische Familie ist zwar nicht explizit im Rahmen der Vermittlung nach § 23 Abs. 1 SGB VIII gesetzlich verankert, ergibt sich aber aus dem Bezug auf § 22 Abs. 2, 3 sowie § 24 Abs. 1 S. 3 SGB VIII.[41] Geeignet ist letztlich eine Tagespflegeperson nur, soweit sie den Betreuungsbedarf der Eltern und des Kindes im konkreten Fall bestmöglich abdeckt (→ Rn. 22).[42]

Ausstattung des jeweiligen Jugendhilfeträgers abhängen. Gleichwohl verfahren dem Vernehmen nach viele Jugendämter in dieser Weise.

37 Vgl. Weiß, Kindertagespflege, S. 62.

38 Vgl. Tillmanns in: MüKo-BGB SGB VIII § 23 Rn. 3.

39 Vgl. Wendt in: Möller, SGB VIII, § 23 Rn. 35; vgl. exemplarisch dazu § 18 Abs. 3 KiTaGBra (→ Rn. 8).

40 Begriff stammt von Weiß, Kindertagespflege, S. 88.

41 So zu Recht: Kaiser in: LPK-SGB VIII, § 23 Rn. 6; Wendt in: Möller, SGB VIII, § 23 Rn. 34; Etzold in: BeckOGK, SGB VIII § 23 Rn. 11; Happe/Saurbier in: JHSM, SGB VIII § 23 Rn. 14, 17.

42 Vgl. Riehle in: Krug/Riehle, SGB VIII, § 23 Rn. 43.

Für die Eignungsfeststellung ist der Jugendhilfeträger zuständig, der eine Vermittlung vornimmt bzw. dem die Person nachgewiesen wird.[43] Auch wenn die **Gesamtverantwortung** für das Angebot der Tagespflege beim Jugendamt liegt (§ 79 SGB VIII), so kann dieses die Vornahme der Vermittlung auf geeignete Organisationen und Verbände übertragen.[44] Diese zum Teil auch privatrechtlich organisierten Vermittlungsstellen (**Fachberatungsstellen**) treten dann insoweit an die Stelle des Jugendamtes. 21

bb) Eignungskriterien

Die Anforderungen an die **Geeignetheit der Tagespflegeperson** sind in § 23 Abs. 3 SGB VIII niedergelegt. Danach sind die Personen geeignet, die sich durch ihre Persönlichkeit, Sachkompetenz und Kooperationsbereitschaft mit Erziehungsberechtigten und anderen Tagespflegepersonen auszeichnen, über kindgerechte Räumlichkeiten sowie vertiefte Kenntnisse hinsichtlich der Anforderungen der Kindertagespflege verfügen. Im Rahmen dieser Prüfung ist ein **Hausbesuch** nicht nur notwendig, um die räumliche Geeignetheit festzustellen (→ Rn. 26), sondern auch sinnvoll, um etwaige andere Haushaltsmitglieder kennen zu lernen (→ Rn. 25, 30).[45] Durch den Verweis auf § 23 Abs. 1 SGB VIII („Geeignet im Sinne von Absatz 1 …") wird deutlich, dass das Jugendamt ausnahmslos nur an solchen Tagespflegeverhältnissen mitwirken soll, wenn die Person und ihr Umfeld die Eignungskriterien des Absatzes 3 erfüllt (→ Rn. 39).[46] In der Regel werden diese Betreuungspersonen über eine Erlaubnis zur Tagespflege nach § 43 SGB VIII verfügen (vgl. → Rn. 39 zur Abgrenzung der beiden Vorschriften), die aber eine individuelle Prüfung nicht entbehrlich macht. 22

Der Begriff der Eignung ist ein unbestimmter Rechtsbegriff. Die daran zu stellenden Anforderungen ergeben sich zunächst aus § 23 Abs. 3 SGB VIII. Wer eine „geeignete Tagespflegeperson" sein kann, kann ggfls das jeweilige **Landesrecht abweichend** von den bundesgesetzlichen Rahmenbedingungen festlegen. Dies geschieht vereinzelt zB dahin gehend, dass Verwandte (Eltern eines Kindes, der Ehegatte oder der eingetragene Lebenspartner etc) oder Personen, die mit dem Kind in ständiger Haushaltsgemeinschaft leben, aus dem Kreis potenzieller Tagespflegepersonen ausgeschlossen werden.[47] Dennoch kann allgemein festgestellt werden, dass eine **ungeeignete Person keine Tagespflegeperson iSv § 23 SGB VIII sein kann**, auch wenn sie tatsächlich ein Kind betreut.[48] 23

(1) Persönliche Geeignetheit

Die Geeignetheit der Tagespflegeperson richtet sich einerseits nach ihren **persönlichen Eigenschaften** und Fähigkeiten, von denen das Gesetz die Persönlichkeit, Sachkompetenz und Kooperationsbereitschaft mit Erziehungsberechtigten und anderen Tagespflegepersonen heraushebt. Zudem werden in § 23 Abs. 3 S. 2 SGB VIII vertiefte 24

43 Vgl. Kaiser in: LPK-SGB VIII, § 23 Rn. 17.
44 Vgl. BT-Drs. 15/5616, 2 iVm BT-Drs. 15/3676, 34; ferner Riehle in: Krug/Riehle, SGB VIII, § 23 Rn. 43.
45 Vgl. Weiß, Kindertagespflege, S. 78 f.
46 Vgl. BT-Drs. 15/5616, 2 iVm BT-Drs. 15/3676, 34.
47 So zB § 15 Abs. 2 BremKTG; ähnlich: § 28 Abs. 4 KibeGHH; vgl. dazu auch OVG Hamburg 15.5.2019 – 4 Bf 195/17.Z, BeckRS 2019, 9297.
48 Vgl. allein Happe/Saurbier in: JHSM, SGB VIII § 23 Rn. 6 a.

Kenntnisse in Bezug auf die Kindertagespflege gefordert, die zB in entsprechenden Kursen erworben werden können.

25 Zu den erforderlichen charakterlichen Eigenschaften einer Pflegeperson, die diese befähigt, die in § 22 Abs. 2, 3 SGB VIII normierten Ziele der Kindertagespflege (→ Rn. 13) erfüllen zu können, gehört nach der Rechtsprechung zudem eine ausreichende psychische Belastbarkeit und Zuverlässigkeit, um in der Bewältigung auch unerwarteter Situationen flexibel reagieren zu können, sowie ausreichendes Verantwortungsbewusstsein und hinreichende emotionale Stabilität, damit das Kind und seine Rechte voraussichtlich unter allen Umständen geachtet werden. Ferner muss eine geeignete Tagespflegeperson ihr Handeln begründen und reflektieren können und fähig zum konstruktiven Umgang mit Konflikten und Kritik sein.[49]

Grundvoraussetzung ist im Übrigen stets die **Unbescholtenheit nach § 72 a SGB VIII** aller Personen, die in Kontakt mit den Kindern kommen können (→ Rn. 30). Eine Person kann zB deshalb ungeeignet sein, weil ihr Lebenspartner oder andere im Betreuungshaushalt lebende Personen gewaltbereit oder einschlägig iSv § 72 a SGB VIII vorbestraft sind; dabei kann sogar schon ausreichen, wenn ein entsprechender Verdacht besteht.[50]

(2) Sachliche Geeignetheit

26 Andererseits sind **sachliche Voraussetzungen** zu erfüllen, nämlich „kindgerechte Räumlichkeiten".[51] Diese erfordern neben einem ausreichenden Raumangebot mit Rückzugsmöglichkeiten und Schlafgelegenheiten Platz für Spielmöglichkeiten, eine anregungsreiche Ausgestaltung, das Vorhandensein geeigneter Spiel- und Beschäftigungsmaterialien, gute hygienische Verhältnisse und die Einhaltung von unfallverhütenden Standards.[52] Kindgerechte Räumlichkeiten müssen darüber hinaus die Gewähr dafür bieten, dass die Kinder bei der Kindertagespflege keinen Risiken oder Gefährdungen ausgesetzt sind, die ihrer Entwicklung schaden können. Ein relevanter Faktor kann zB eine Tierhaltung sein, so dass – selbst unterhalb der Schwelle der Kindeswohlgefährdung – eine Geeignetheit entfallen kann, wenn hygienische Belastungen durch Tierhaltung (zB Keimbelastung durch Tierspeichel, herumliegende Tierhaarbüschel) bestehen oder wenn in den Räumlichkeiten gleichzeitig eine Hundezucht betrieben wird.[53] Insgesamt ist ein Hausbesuch zur Überprüfung anhand von Mindeststandards erforderlich, da andernfalls die „kindgerechten Räumlichkeiten" nicht überprüft und positiv festgestellt werden können (→ Rn. 22).[54]

---

49 Vgl. OVG NRW 2.9.2008 – 12 B 1224/08, BeckRS 2008, 27244; OVG Bremen 17.11.2010 – 2 B 256/10, BeckRS 2010, 56043; Schlaeger KiTa aktuell Recht 1/2012, 18 (19 ff.).

50 Vgl. OVG Baden-Württemberg 23.4.2019 – 12 S 675/19, NJW 2019, 2715, 2716 ff.; OVG NRW 22.6.2006 – 12 B 800/06, BeckRS 2007, 27869; vgl. dazu Schlaeger KiTa aktuell Recht 2/2012, 60 ff.

51 Vgl. auch die Hilfestellungen etc unter www.sichere-kita.de.

52 Vgl. OVG Rheinland-Pfalz 15.10.2014 – 7 D 10243/14.OVG, NJW 2015, 427 (428); ferner Struck in: Wiesner, SGB VIII, § 23 Rn. 25.

53 Vgl. dazu OVG NRW 11.9.2018 – 12 B 503/18, BeckRS 2018, 28578; OVG NRW 27.6.2011 – 12 B 507/11, BeckRS 2012, 45180.

54 Vgl. Smessaert/Lakies in: FK-SGB VIII, § 43 Rn. 18 (auch mit Hinweisen auf Art. 13 GG).

(3) Verhältnis zur Pflegeerlaubnis

Die Eignungskriterien gelten auch für Tagespflegepersonen, die keine Pflegeerlaubnis benötigen, denn die Eignung im Rahmen von § 23 SGB VIII ist unabhängig vom Vorliegen einer Pflegeerlaubnis (vgl. zur **Abgrenzung** → Rn. 38 ff.). 27

e) Nachweis einer geeigneten Tagespflegeperson

Eine Vermittlung ist nur vorzunehmen, soweit keine (geeignete) Tagespflegeperson durch die Erziehungsberechtigten (vgl. § 7 Abs. 1 Nr. 6 SGB VIII) nachgewiesen wird. Ein solcher Nachweis erfolgt **durch Benennung einer grundsätzlich zur Kindertagespflege bereiten Person** und trägt der Ausübung des Wunsch- und Wahlrechts (§ 5 SGB VIII) durch die Erziehungsberechtigten Rechnung. Das Gesetz umschreibt die Anforderungen bzw. den Inhalt des Nachweises nicht näher. Ein Nachweis sollte vor allem die Bezeichnung der Person, ihre Anschrift, Angaben zum Betreuungsort, den Betreuungsmodalitäten (Häufigkeit, Dauer) und zu etwaigen pädagogischen Fähigkeiten beinhalten. Es handelt sich der Sache nach zunächst um den **Vorschlag** einer von den Erziehungsberechtigten selbst gesuchten Person.[55] Denn eine **Betreuungsperson wird erst durch die festgestellte Eignung zur Tagespflegeperson** iSv §§ 22–24 SGB VIII (→ Rn. 64).[56] 28

aa) Anforderungen an den Nachweis, Prüfung durch das Jugendamt?

Überwiegend wird auch **in den Fällen des Nachweises** eine **Prüfung** seitens des Jugendamtes für erforderlich gehalten, **ob** diese benannte Person **geeignet** (→ Rn. 22 ff.) ist, da diese im Rahmen der Leistungserbringung durch die Jugendhilfe tätig werden soll.[57] Dies ist richtig, da das **Jugendamt als Leistungserbringer gegenüber dem Kind** auftritt und die individuelle Eignung der Tagespflegeperson objektiv und unabhängig von der elterlichen Einschätzung feststellen muss (→ Rn. 62).[58] Zum Teil wird die Auffassung vertreten, dass zwar die Auswahl der Erziehungsberechtigten zu respektieren ist, ihr Nachweis aber die Geeignetheit der von ihnen benannten Person „zumindest plausibel machen muss".[59] Generell ist zu beachten, dass nur das Jugendamt bzw. eine dazu befugte Fachberatungsstelle die Eignung feststellen kann, bindend zB auch für Unfallversicherungsträger (→ Rn. 64, → § 2 Rn. 33 ff.). 29

Teil dieser Prüfung ist auch die Feststellung die persönliche Unbescholtenheit, da **§ 72 a SGB VIII** eine zwingend zu beachtende Norm ist (→ Rn. 25). Wenn sich eine Person entsprechend strafbar gemacht hat und verurteilt wurde, steht es nicht im Ermessen des Trägers der öffentlichen Jugendhilfe, diese Person „zu beschäftigen oder zu vermitteln". § 72 a Abs. 1 SGB VIII stellt mithin die unwiderlegbare Vermutung auf, dass vorbestraften Personen die Eignung für eine entsprechende Tätigkeit in der 30

55 Ähnlich Etzold in: BeckOGK, SGB VIII § 23 Rn. 12 f.
56 Vgl. allein: Happe/Saurbier in: JHSM, SGB VIII § 23 Rn. 6 a.
57 Vgl. Wendt in: Möller, SGB VIII, § 23 Rn. 32; Happe/Saurbier in: JHSM, SGB VIII § 23 Rn. 6 a; Wersig in: Goerdeler/Wapler, § 23 Rn. 3; Winkler in: BeckOK-SozR, § 23 Rn. 8; Riehle in: Krug/Riehle, SGB VIII, § 23 Rn. 44; Weiß, Kindertagespflege, S. 84, 98.
58 So Etzold in: BeckOGK, SGB VIII § 23 Rn. 13; Happe/Saurbier in: JHSM, SGB VIII § 23 Rn. 13 f.
59 So Rixen in: jurisPK-SGB VIII, § 23 Rn. 8; ähnlich: Wendt in: Möller, SGB VIII, § 23 Rn. 32, die „keine überzogenen Forderungen stellen" will; in diese Richtung auch: Lakies/Beckmann in: FK-SGB VIII, § 23 Rn. 22, die „nur bei begründetem Anlass eine Überprüfung der Eignung" fordern.

Kinder- und Jugendhilfe fehlt.[60] Es würde einen **Wertungswiderspruch** darstellen, wenn die Betreuung durch an sich auszuschließende Personen über den Nachweis der Eltern eine Leistung der Jugendhilfe werden könnte. Denn der Prüfung der persönlichen Eignung kommt in der Kinder- und Jugendhilfe eine besondere Bedeutung zu.[61]

31 Daher kann sich ein Nachweis nicht in der Übermittlung des Namens der zur Tagespflege bereiten Person erschöpfen,[62] sondern setzt auch – je nach Einzelfall differenzierte – Prüfpflichten des Jugendamtes in Gang (zumindest auf Plausibilität). Denn spätestens bei der Frage der Geldleistungsgewährung an die Tagespflegeperson wäre eine entsprechende Prüfung vorzunehmen (→ Rn. 34, 36). Der Nachweis ist daher im Grunde nichts anderes als ein Antrag, der ein Verwaltungsverfahren (§ 8 SGB X) in Gang setzt[63] und stellt nur ein alternatives Einleitungsverfahren[64] zur Prüfung/Gewährung von Kindertagespflegeleistungen dar. Ein Nachweis lässt mit anderen Worten lediglich gewisse organisatorische Vorarbeiten seitens des Jugendamts entfallen.[65]

32 Somit ist bei von den Erziehungsberechtigten nachgewiesenen Personen eine aktive **Eignungsfeststellung** (→ Rn. 64) **erforderlich**, deren Umfang von den Kenntnissen und Fähigkeiten der Person (zB vorhandene Pflegeerlaubnis) abhängig gemacht werden kann. Auch insoweit kommt das Tagespflegeverhältnis „unter den Augen" des Jugendamtes bzw. der Fachberatungsstelle und nach deren positivem fachlichen Votum zustande. Denn in diesen Fällen gestaltet sich das Tagespflegeverhältnis ähnlich wie bei einer Vermittlung als jugendhilferechtliche Maßnahme aus; die Förderung des Kindes wird in Erfüllung der jugendhilferechtlichen Aufgaben übernommen.

Ist die von den Eltern etc benannte Person nicht geeignet, so muss das Jugendamt eine entsprechende Vermittlung vornehmen, sofern keine andere Person nachgewiesen wird.[66] Eine Leistung der öffentlichen Jugendhilfe ohne jegliche Eignungsprüfung kann es nicht geben (vgl. auch → Rn. 39).

bb) Abgrenzung Nachweis von der Selbstbeschaffung

33 Der **Nachweis** einer Kindertagespflegeperson durch die erziehungsberechtigte Person beruht zwar auf deren eigener Initiative, stellt aber **keine Selbstbeschaffung** der Kindertagespflege (§ 36 a Abs. 3 SGB VIII analog)[67] dar.[68] Denn durch den bloßen Nachweis einer Person sind die Voraussetzungen einer erlaubten Selbstbeschaffung infolge eines Systemversagens noch nicht gegeben. Dies ist nur dann der Fall, wenn der Träger der öffentlichen Jugendhilfe einen rechtzeitig gestellten Antrag auf Bewilligung von Kindertagespflege zu Unrecht abgelehnt hat bzw. es dem Leistungsberechtigten

60 Vgl. Kößler in: jurisPK-SGB VIII, § 72 a Rn. 11; VG Berlin 25.6.2013 – 3 L 378.13, BeckRS 2013, 54118; Hammel SRa 2010, 41 (42).
61 Vgl. nur BT-Drs. 15/3676, 26.
62 So aber wohl BSG 19.6.2018 – B 2 U 2/17 R, NJW 2019, 1020 (1022) = SGb 2019, 355 (358).
63 So zu Recht Ricke SGb 2019, 360 (362).
64 So zB Happe/Saurbier in: JHSM, § 23 Rn. 13.
65 Vgl. Etzold in: BeckOGK, SGB VIII § 23 Rn. 11.
66 Vgl. Wendt in: Möller, SGB VIII, § 23 Rn. 33; Winkler in: BeckOK-SozR, SGB VIII § 23 Rn. 8.
67 Vgl. BVerwG 12.9.2013 – 5 C 35/12, NJW 2014, 1256 (1257 f.); BVerwG 26.10.2017 – 5 C 19/16, NJW 2018, 1489 (1490).
68 Vgl. allein Grube in: Hauck/Noftz, SGB VIII, K § 23 Rn. 44.

unmöglich war, das Jungendamt vor der Selbstbeschaffung von dem Hilfebedarf in Kenntnis zu setzen und dies unverzüglich nachgeholt wird.[69] In diesen Fällen kann die erziehungsberechtigte Person die Kindertagespflege ohne Zutun des Trägers der öffentlichen Jugendhilfe organisieren und einen Anspruch auf Erstattung der gesetzlich vorgesehenen Aufwendungen geltend machen (zum Versicherungsschutz → Rn. 66). Die Selbstbeschaffung bleibt im Grundsatz dennoch unzulässig.[70]

f) Weitere Leistungen im Rahmen von § 23 SGB VIII

Eine hervorzuhebende Besonderheit des SGB VIII besteht darin, dass es vorrangig ein 34
Recht sozialer Dienstleistungen (durch Beratung, Förderung, Erziehung und Unterstützung) ist; Geldleistungen sind nur ein Annex.[71] Daher erschöpft sich die Förderung des Kindes in Kindertagespflege nicht in den Leistungen „Betreuung durch eine vermittelte bzw. nachgewiesene Tagespflegeperson".

aa) Beratung, Begleitung, Qualifizierung

Als weitere „Förderleistungen" nennt das Gesetz die **fachliche Beratung, Begleitung** 35
und **weitere Qualifizierung** sowie die **Gewährung einer laufenden Geldleistung** (dazu → Rn. 36) an die Tagespflegeperson. Diesen Leistungen ist gemeinsam, dass diese entweder einer Tagesbetreuung vorangehen bzw. begleitend zu ihr sind; sie **begründen** selbst jedoch **kein Tagesbetreuungsverhältnis.**

Die Beratungsverpflichtung erstreckt sich auf alle Tagespflegepersonen, die auf der Basis von § 24 SGB VIII tätig werden. **Ziel der Beratung, Begleitung und Qualifizierung** (zB im Rahmen von Erfahrungsaustauschen, Fachveranstaltungen, Supervisionen) ist die Steigerung vor allem der sozialen und pädagogischen Kompetenzen der Tagespflegepersonen.[72]

bb) Geldleistungen an die Tagespflegeperson

Die Tagespflegeperson hat zudem einen eigenen Anspruch auf eine **laufende Geldleis-** 36
tung. Stellt das Jugendamt den gesetzlich definierten Bedarf fest, so trägt es die (gesamten) Kosten der Kindertagespflege und zieht die Eltern anschließend zu einem sozial gestaffelten Elternbeitrag heran (§ 90 Abs. 1 SGB VIII).[73] Dies bedeutet, dass die Tagespflegeperson den Gesamtbetrag vom Jugendamt erhält; ob daneben Geldzahlungen von Seiten der Eltern an die Tagesmutter erbracht bzw. von dieser verlangt werden können, wird überwiegend bejaht.[74] Dies begründet jedoch kein Arbeitsverhältnis zum Jugendhilfeträger.[75]

Der Anspruch besteht unabhängig davon, ob die Tagespflegeperson vom Träger der öffentlichen Jugendhilfe vermittelt oder von den Eltern nachgewiesen wurde. Als eine gleichzeitige Komponente auch der (zumindest mittelbaren) Förderung des Kindes

69 Vgl. Grube in: Hauck/Noftz, SGB VIII, K § 23 Rn. 44; Schmid-Obkirchner in: Wiesner, SGB VIII, § 36 a Rn. 53 a f.; Schlaeger jurisPR-SozR 7/2019 Anm. 2.
70 Tillmanns in: MüKo-BGB, SGB VIII § 36 a Rn. 6.
71 Vgl. Scheiwe in: SDSRV 65 (2015), S. 129, 134.
72 Vgl. Lakies/Beckmann in: FK-SGB VIII, § 23 Rn. 23; Struck in: Wiesner, SGB VIII, § 23 Rn. 17.
73 Vgl. Struck in: Wiesner, SGB VIII, § 23 Rn. 20; Wendt in: Möller, SGB VIII, § 23 Rn. 45.
74 Vgl. zB DIJuF-Rechtsgutachten 12.3.2013 – J 5.320 Bm, JAmt 2013, 388 ff.
75 Vgl. LAG Hamm 18.1.2018 – 11 Sa 1196/17, BeckRS 2018, 2704.

selbst in der Kindertagespflege kann die Tagespflegeperson die laufende Geldleistung nur dann beanspruchen, wenn der zuständige Jugendhilfeträger dem betreffenden Kind zuvor den Zugang zur öffentlich finanzierten Kindertagespflege mit einer bestimmten Stundenzahl bewilligt.[76] Dies beinhaltet, dass der Jugendhilfeträger die Eignung (auch bei erlaubnisfreier Tagespflege) festgestellt hat.[77] Es besteht mithin ein **enger Zusammenhang zwischen** der Gewährung von **Geldleistungen** an die Tagespflegeperson **und** der Feststellung ihrer **Eignung.**

g) Vorsorge für Ausfallzeiten (Verhinderung der Tagespflegeperson)

37 Ein Schwachpunkt der Kindertagespflege besteht in dem Risiko, dass die Betreuung schwieriger durchgängig zu gewährleisten ist. Daher sieht § 23 Abs. 4 S. 2 SGB VIII eine Pflicht des örtlichen Jugendhilfeträgers vor, rechtzeitig für etwaigen Ausfallzeiten der Tagespflegeperson (zB wegen Urlaub, Krankheit, unaufschiebbare Verpflichtungen etc) vorzusorgen. Es handelt sich um eine Art „Bürgschaft für Ausfallzeiten",[78] der den Erziehungsberechtigten eine verlässliche Betreuungskontinuität bieten soll. Dafür kommen zB Bereitschaftspflegestellen, andere Tagespflegepersonen (Vertretungsringe, Großtagespflege, dazu → Rn. 43) oder (Notplätze in) Kindertageseinrichtungen (→ § 2 Rn. 39 ff.) in Betracht.[79]

4. Erlaubnispflichtigkeit (§ 43 SGB VIII)

38 § 23 SGB VIII beinhaltet die Voraussetzungen die Kindertagespflege als Leistung der Jugendhilfe, wohingegen § 43 SGB VIII die Gefahrenabwehr zum Wohl der Kinder zum Ziel hat.[80] § 43 SGB VIII bestimmt, in welchen Fällen eine Tagespflegeperson eine Erlaubnis benötigt, unter welchen Voraussetzungen diese erteilt wird und welchen Inhalt sie hat. Der **Zweck des § 43 SGB VIII** liegt entsprechend der amtlichen Überschrift des Zweiten Abschnitts (§§ 43–49 SGB VIII) darin, den Schutz von Kindern in Kindertagespflege zu gewährleisten. Es handelt sich, wie bei § 45 SGB VIII, um ein sog. präventives Verbot mit Erlaubnisvorbehalt, was bedeutet, dass eine Tätigkeit zunächst gesetzlich verboten/untersagt ist, ihre Ausübung vielmehr einer ausdrücklichen behördlichen Prüfung und Erlaubnis bedarf.

39 Die an zwei Stellen im Gesetz geregelte Kindertagespflege wird wie folgt unterschieden:

§ 23 SGB VIII legt die öffentlich verantwortete Betreuung als Jugendhilfeleistung individuell für ein bestimmtes Kind fest, so dass insoweit von einer **„öffentlichen Kindertagespflege"** gesprochen wird (→ Rn. 19, 29).

76 Vgl. OVG NRW 22.8.2014 – 12 A 591/14, BeckRS 2014, 56594; Struck in: Wiesner, SGB VIII, § 23 Rn. 27 c; Kaiser in: LPK-SGB VIII, § 23 Rn. 10, 14.
77 Vgl. VG Frankfurt aM 7.12.2018 – 11 K 9855/17.F, BeckRS 2018, 34241; Fischer in: Schellhorn/Fischer/Mann/Kern, § 23 Rn. 8, 24.
78 So Kaiser in: LPK-SGB VIII, § 23 Rn. 27.
79 Vgl. Wersig in: Goerdeler/Wapler, § 23 Rn. 9; Kaiser in: LPK-SGB VIII, § 23 Rn. 28; Moisl-Faas/Braun KiTa aktuell Recht 3/2012, 100 (102); DIJuF-Rechtsgutachten 7.4.2015 – J 5.00 Bm, JAmt 2015, 196 (197 ff.).
80 Vgl. Wendt in: Möller, SGB VIII, § 23 Rn. 125.

Demgegenüber steht die **„private Kindertagespflege“**, die nach § 43 SGB VIII unabhängig von den konkreten Kindern einer Erlaubnis bedarf.[81] Privat ist sie deshalb, weil die Erlaubnis nur abstrakt eine Eignung für eine bestimmte Anzahl von Kindern feststellt, sie aber nicht öffentlich gefördert, begleitet oder initiiert wird; sie stellt keine Leistung dar, sondern eine „andere Aufgabe“ des Jugendamtes (vgl. § 2 Abs. 2 Nr. 3, Abs. Nr. 3 SGB VIII). § 43 SGB VIII steht zwar in engem Zusammenhang mit § 23 SGB VIII, der die Leistungen der Kindertagespflege regelt, gilt aber unabhängig davon, ob Leistungen nach § 23 SGB VIII (→ Rn. 16) gewährt werden.[82] Umgekehrt hat die Erteilung einer Pflegeerlaubnis nicht zur Folge, dass Geldleistungen nach § 23 Abs. 2 SGB VIII (→ Rn. 36) bewilligt werden können.[83] § 43 SGB VIII wird ergänzt bzw. modifiziert durch Landesrecht.

§ 43 SGB VIII hat viele Voraussetzungen; er sieht vor, dass eine Person einer Erlaubnis bedarf, wenn sie (1) ein Kind oder mehrere Kinder (2) außerhalb des Haushalts des Erziehungsberechtigten (3) während eines Teils des Tages und (4) mehr als 15 Stunden wöchentlich (5) gegen Entgelt (6) länger als drei Monate (7) betreuen will. 40

Eine solche Erlaubnis ist allgemein und kinderunabhängig zu erteilen (Rechtsanspruch), wenn die Person für die Kindertagespflege geeignet ist (§ 43 Abs. 2 S. 1 SGB VIII).

a) Eignungskriterien

Die **Eignungskriterien** sind wörtlich identisch mit denen in § 23 Abs. 3 SGB VIII (dazu → Rn. 22 ff.), wobei jedoch zu beachten ist, dass diese mit zwei unterschiedlichen Regelungsgehalten in Verbindung stehen. Die **abweichenden Zweckbestimmungen** (→ Rn. 38) sind bei der Auslegung der identischen Regelungen zu berücksichtigen. Daher kann eine Tagespflegeperson im Hinblick auf die Betreuung eines bestimmten Kindes als ungeeignet gemäß § 23 SGB VIII angesehen werden (vgl. auch → Rn. 20), obwohl sie über eine Erlaubnis zur Betreuung (von bis zu fünf Kindern) nach § 43 SGB VIII verfügt.[84] 41

b) Anzahl der gleichzeitig betreuten Kinder, Großtagespflege

Die Erlaubnis befugt personen- und objektbezogen zur Betreuung von bis zu fünf gleichzeitig anwesenden, fremden Kindern, wobei die Erlaubnis in konkreten Einzelfällen für eine geringere Zahl von Kindern erteilt werden kann (§ 43 Abs. 3 S. 1, 2 SGB VIII). Es kommt nur auf „fremde“ Kinder an, so dass die Kinder der Tagesbetreuungsperson insoweit nicht mitzählen. Die Erlaubnis beschränkt ferner nur die Anzahl der „gleichzeitig anwesenden“ Kinder, so dass pro Woche/pro Tag mehr als fünf Kinder insgesamt betreut werden dürfen; insoweit können abweichende landesrechtliche Regelungen (→ Rn. 8) bestehen. 42

Darüber hinaus räumt § 43 Abs. 3 S. 3 SGB VIII den Ländern künftig ausdrücklich die Möglichkeit ein, sog. **Großtagespflegestellen** einzurichten. Darunter versteht man idR die gemeinsame Betreuung von mehr als fünf Kindern durch zwei oder mehr Kin- 43

---

81 Vgl. allein Happe/Saurbier in: JHSM, SGB VIII § 43 Rn. 3, 4 a; § 23 Rn. 1, 8.
82 Statt vieler: Mörsberger in: Wiesner, SGB VIII, § 43 Rn. 1.
83 Vgl. Winkler NZS 2019, 170 (171).
84 So zu Recht Struck in: Wiesner, SGB VIII, § 23 Rn. 24; Wendt in: Möller, SGB VIII, § 23 Rn. 125.

dertagespflegepersonen. Die konkrete Ausgestaltung ist regional zum Teil sehr unterschiedlich, in manchen Bundesländern ist die Großtagespflege zB als Form der Kindertagespflege gar nicht vorgesehen. In der Großtagespflegestelle dürfen überwiegend jedoch nicht mehr Kinder betreut werden als in einer vergleichbaren Gruppe einer Tageseinrichtung (§ 43 Abs. 3 S. 3 SGB VIII), womit verhindert werden soll, dass durch Landesrecht die Standards der Tageseinrichtungen über die Großtagespflege unterlaufen werden. Dabei darf jede einzelne Tagespflegeperson einer Pflegeerlaubnis und die persönliche Zuordnung der Kinder zu „ihrer" Tagesmutter darf für den Regelfall (also außer den öffentlich organisierten Vertretungsfällen, → Rn. 37, 67) nicht aufgelöst werden.[85] Häufig finden sich landesrechtliche Regelungen, die für den Fall, dass die vertragliche und pädagogische Zuordnung des einzelnen Kindes zu einer bestimmten Tagespflegeperson nicht gewährleistet sein sollte oder mehr als neun Kinder gleichzeitig oder insgesamt betreut werden sollen, bestimmen, dass es sich um eine Tageseinrichtung handelt.[86] Dies hat zur Folge, dass § 45 SGB VIII Anwendung findet.[87]

Sollte es keine landesrechtliche Vorschrift geben, dann verbleibt es bei der Begrenzung des § 43 Abs. 3 S. 1 SGB VIII.[88]

44 Eine **Überschreitung der gleichzeitig zu betreuenden Kinder** kann zum Entzug der Pflegeerlaubnis führen, wobei diese vom örtlichen Jugendhilfeträger durch Verwaltungsakt aufzuheben (in der Regel Widerruf nach § 48 SGB X) ist. Es besteht kein Automatismus, dass mit dem Zeitpunkt des „ersten Vergehens" auch die Erlaubnis erlischt.[89] Dementsprechend erweist sich eine Tagespflegeperson zB (erst dann) für die Betreuung als ungeeignet, wenn sie über einen längeren Zeitraum wiederholt mehr Kinder betreut als erlaubt war.[90] Vor diesem Hintergrund sollten **Erprobungsbesuche neuer Kinder**, mit deren Eltern die Tagespflegeperson noch keinen Betreuungsvertrag abgeschlossen hat (→ Rn. 73), sorgsam geplant werden. Zum Teil sieht Landesrecht vor, dass diese Kinder beispielsweise für einen Zeitraum von bis zu vier Wochen bei der Obergrenze der gleichzeitig betreuten Kinder unberücksichtigt bleiben.[91]

III. Versicherter Personenkreis nach dem SGB VII

45 Für den Versicherungsschutz nach § 2 Abs. 1 Nr. 8 a Alt. 2 SGB VII ist erforderlich, dass ein Kind von „einer geeigneten Tagespflegeperson im Sinne von § 23 SGB VIII" betreut wird. Bereits durch den Wortlaut wird deutlich, dass das kinder- und jugendhilferechtliche Verständnis der Begriffe auch auf den Unfallversicherungsschutz ausstrahlt, weil nur das SGB VIII (iVm Landesrecht) die Kindertagespflege rechtlich aus-

85 Vgl. allgemein dazu: Smessaert/Lakies in: FK-SGB VIII, § 43 Rn. 24.
86 Vgl. zB § 4 Abs. 2 S. 3 KiBiz NRW; § 15 Abs. 2 S. 3 AG KJHG Nds; § 29 Abs. 7 S. 2 HKJGB.
87 Vgl. dazu auch Kepert SRa 2018, 47 ff.
88 So wohl auch DIJuF-Rechtsgutachten 16.1.2018 – SN_2018_0023 Bm, JAmt 2018, 257 ff.
89 Anders ist dies zB bei einem Verstoß gegen § 72 a SGB VIII (→ Rn. 25, 30).
90 Vgl. OVG Rheinland-Pfalz 11.6.2018 – 7 B 10412/18, BeckRS 2018, 12101; OVG Sachsen 23.10.2017 – 4 B 173/17, BeckRS 2017, 129948; VG Lüneburg 16.4.2018 – 4 A 539/16, BeckRS 2018, 7614.
91 Vgl. § 10 Abs. 3 S. 1 Kindertagespflegeverordnung Hamburg (KTagPflVO HH).

füllt. Da es zB für den Begriff der Kindertagespflege keine eigene Definition im Unfallversicherungsrecht gibt, ist mit Blick auf die **personen- bzw. sachbezogenen Tatbestandsmerkmale auf das Fachrecht abzustellen**; die versicherten Tätigkeiten („während der Betreuung") werden hingegen rein unfallversicherungsrechtlich zu bestimmen sein (→ Rn. 70 ff.).

1. Kindeseigenschaft

Unfallversichert sind nur „Kinder". Als **Kind** in diesem Sinne gelten alle natürlichen Personen, die noch nicht 14 Jahre alt sind (**§ 7 Abs. 1 Nr. 1 SGB VIII**). Wer 14, aber noch nicht 18 Jahre und damit volljährig ist, gilt als Jugendlicher (§ 7 Abs. 1 Nr. 2 SGB VIII), für den eine vergleichbare Betreuung nicht vorgesehen ist. Damit scheidet ein Versicherungsschutz für betreute Kinder ab dem 14. Lebensjahr aus (vgl. ausführlich dazu → § 2 Rn. 23 f.). 46

2. Voraussetzungen des Unfallversicherungsschutzes

In der Praxis und im Schrifttum war die Frage **umstritten**, ob die (durch das zuständige Jugendamt zu prüfende) Geeignetheit der Tagespflegeperson alleinige Tatbestandsvoraussetzung ist oder ob eine Inanspruchnahme der Tagespflege als Leistung der Jugendhilfe (durch Vermittlung des Kindes durch das Jugendamt bzw. durch den Nachweis) zu fordern ist, ob also der Träger der örtlichen Jugendhilfe am Zustandekommen des Betreuungsvertrages zwischen den Erziehungsberechtigten und der Tagespflegeperson beteiligt sein muss.[92] Bedeutung hatte dieser Streit maßgeblich für rein privat organisierte Tagespflegeverhältnisse, also solche ohne Beteiligung des Jugendhilfeträgers (→ Rn. 39). Mittlerweile hat das BSG darüber entschieden (→ Rn. 50 ff.). 47

Das Ergebnis ist in → Rn. 68 zusammengefasst.

a) Kindertagespflege als Leistung der öffentlichen Jugendhilfe?

Nach einer **Literaturmeinung** sei davon auszugehen, dass die auf die Begründung eines Kindertagespflegeverhältnisses gerichtete Leistungsgewährung (die Vermittlung bzw. der Nachweis iSv § 23 Abs. 1 SGB VIII, vgl. → Rn. 18, 28) nach fachlicher Prüfung durch das Jugendamt bzw. durch ermächtigte Fachberatungsstellen Voraussetzung für gesetzlichen Unfallversicherungsschutz ist.[93] Begründet wird dies damit, dass bei der Bezugnahme auf geeignete Tagespflegepersonen im Sinne von § 23 SGB VII zu beachten sei, dass „im Sinne" dieser Vorschrift nur solche Pflegeverhältnisse seien, die als **Leistung der öffentlichen Jugendhilfe** anzusehen sind und durch deren Mitwirkung zustande kämen (→ Rn. 12, 39). Sei das der Fall durch Vermittlung, Nachweis oder Förderung seitens der Jugendhilfestellen, so begründe das die Versicherung, andernfalls trete sie nicht ein.[94] Für diese Sichtweise spräche auch die Gesetzesbegründung (→ Rn. 3). Die konkrete Mitwirkung der öffentlichen Ju- 48

92 Vgl. zur Streitdarstellung die ausführlichen Ausführungen in der Vorauflage, 2011, § 3 Rn. 28–53.
93 ZB Riebel in: Hauck/Noftz, SGB VII, K § 2 Rn. 94 a; Schmitt, SGB VII, § 2 Rn. 51; Becker in: SGB VII-Komm, § 2 Rn. 488 a; Plagemann in: Plagemann/Radtke-Schwenzer, Gesetzliche Unfallversicherung, 1. Kap Rn. 139; Schlaeger ZFSH/SGB 2008, 527 (528 ff.); Schlaeger KiTa Recht 1/2011, 6 (9).
94 Vgl. zB Triebel KiTa Recht 2/2006, 28 (29 f.).

gendhilfe erscheine dabei unverzichtbar, um privat organisierte Betreuungsmaßnahmen weiterhin vom Unfallversicherungsschutz auszuschließen. Zudem reiche es nicht, dass die (generelle) Eignung im Rahmen einer Pflegeerlaubniserteilung bereits bejaht werde, weil es immer um die Eignung der Tagespflegeperson für ein konkretes Kind im Rahmen der sog. öffentlichen Kindertagespflege gehe (vgl. → Rn. 20, 39). Dieser Auffassung hat sich Ende September 2019 die DGUV angeschlossen (→ Rn. 52).

b) Bloße Geeignetheit der Tagespflegeperson?

49 Nach anderer, vor allem der inzwischen aufgegebenen **Praxis der Unfallversicherungsträger**[95] entsprechenden Auffassung wurde der Verweis auf § 23 SGB VIII in dem Sinne verstanden, dass (eigentlich) **nur dessen Absatz 3** in Bezug genommen werde. Aus dem Verweis auf § 23 SGB VIII ergebe sich, dass sich die Tagespflegeperson als allgemein für die Kindertagespflege geeignet erweisen müsse.[96] Nach dieser Ansicht werde in § 2 Abs. 1 Nr. 8 a SGB VII **allein die (generelle) Eignung der Tagespflegeperson** im Sinne der § 23 Abs. 3 SGB VIII oder § 43 Abs. 2 SGB VIII vorausgesetzt. Da der Gesetzgeber weitere Regelungsinhalte der Vorschrift nicht aufgegriffen habe, sei kein Raum dafür, zusätzliche Anforderungen für die Annahme des Versicherungsschutzes zu stellen. Auch der Wortlaut des § 2 Abs. 1 Nr. 8 a SGB VII gebe ein Vermittlungserfordernis etc nicht her.[97] Der Verweis auf § 23 SGB VIII diene daher nur der Konkretisierung des Begriffs der Eignung der Tagespflegeperson im Sinne des Absatzes 3.[98] Im Ergebnis bestehe nach dieser Auffassung bereits dann Versicherungsschutz, wenn die Betreuung durch **Tagespflegepersonen mit Pflegeerlaubnis** (**§ 43 Abs. 2 SGB VIII**) erfolge, denn die Eignungskriterien des § 43 Abs. 2 SGB VIII stimmten mit denen des § 23 Abs. 3 SGB VIII überein. Damit wären aber auch rein privat organisierte Pflegeverhältnisse (→ Rn. 39) versichert, worin der maßgebliche Unterschied zur Gegenauffassung liegt.

c) Entscheidung des BSG vom 19.6.2018

50 Diese Rechtsfrage wurde vom BSG dahingehend entschieden, dass § 2 Abs. 1 Nr. 8 a Alt. 2 SGB VII mit der Verweisung auf § 23 Abs. 1 SGB VIII und der dortigen Weiterverweisung auf § 24 SGB VIII (noch) mit hinreichender Klarheit verdeutliche, dass eine **versicherte (Fremd-)Betreuung nur** vorliege, **wenn der Betreuungsvertrag** zwischen Erziehungsberechtigten und der Tagespflegeperson **unter Beteiligung des Jugendamts** oder einer von ihm beauftragten Stelle zustande gekommen sei. Diese Mitwirkung könne einerseits dadurch erfolgen, dass die Jugendämter oder die von ihnen beauftragten Stellen den Erziehungsberechtigten „geeignete Tagespflegepersonen“

---

95 Vgl. DGUV-Rundschreiben 0070/2011 vom 7.2.2011; dem folgend Mutschler in: Jahn/Jung, SGB VII, § 2 Rn. 78; Schwerdtfeger in: Lauterbach, SGB VII, § 2 Rn. 270; ferner LSG NRW 22.12.2015 – L 15 U 413/14 (nv; Vorinstanz: SG Düsseldorf 27.5.2014 – S 1 U 461/12); SG Köln 6.9.2016 – S 18 U 3/16 (rk., nv); unklar: Bereiter-Hahn/Mehrtens, SGB VII § 2 Rn. 17.10, der zwar verlangt, dass das Betreuungsverhältnis unter Beteiligung des Jugendamts zustande kommt, eine Leistung nach § 24 SGB VIII aber für nicht erforderlich hält; wieso das Jugendamt dann mitwirken soll, bleibt unklar.

96 Vgl. Schwerdtfeger in: Lauterbach, SGB VII, § 2 Rn. 270; so wohl nunmehr auch Wietfeld in: BeckOK-SozR, SGB VII § 2 Rn. 93.

97 So zB Siefert in: Hassel/Gurgel/Otto, Sozialrecht, 10. Kap. Rn. 21.

98 Vgl. Mutschler in: Jahn/Jung, SGB VII, § 2 Rn. 78.

„vermitteln“ (→ Rn. 57). Andererseits können die erziehungsberechtigten Personen die Tagespflegeperson auch „nachweisen“ (→ Rn. 60).[99]

Möchten Eltern auf Bestandteile staatlicher Förderangebote und auf damit verbundene Vorteile zurückgreifen, zu denen der gesetzliche Unfallversicherungsschutz nach § 2 Abs. 1 Nr. 8 a Alt. 2 SGB VII iVm § 23 SGB VIII zähle, müssen sie ihrer „Obliegenheit“, den **Träger der Jugendhilfe einzuschalten**, nachkommen.[100] Darauf weist das BSG zu Recht hin.

Die rein privat organisierte und nicht angezeigte Kindertagespflege (vgl. § 25 SGB VIII) stehe nicht unter hinreichender staatlicher Verantwortung, die kennzeichnend für den Unfallversicherungsschutz nach § 2 Abs. 1 Nr. 8a-c SGB VII sei (→ § 1 Rn. 19).[101] 51

Für den Unfallversicherungsschutz ist nach dem BSG hingegen **nicht relevant**, ob die Tagespflegeperson über eine **Pflegeerlaubnis nach § 43 SGB VIII** (→ Rn. 39 f.) verfüge bzw. ob ihr eine solche erteilt werden dürfe/müsste oder ob sie beim Jugendamt „angemeldet“ oder in einer Vermittlungsdatei „registriert“ sei.[102] Insoweit spiegelt sich die Unterscheidung von öffentlich-verantworteter und privater Kindertagespflege wider (→ Rn. 39). 52
Die DGUV hat sich Ende September 2019 dem Urteil des BSG vollständig angeschlossen und akzeptiert auch den – hier kritisierten – vorläufigen Versicherungsschutz. Eine Veröffentlichung eines entsprechenden Rundschreibens ist Ende 2019 zu erwarten.

d) Folgerungen für den Versicherungsschutz von Kindertagespflegekindern

Da sich das BSG im Wesentlichen der zuerst genannten und auch hier vertretenen Auffassung (→ Rn. 49) angeschlossen hat, ist dem **Urteil ist im Ergebnis zuzustimmen.**[103] Allerdings sollte der Unfallversicherungsschutz begrifflich nicht ausschließlich an das Zustandekommen des Betreuungsvertrages geknüpft werden, sondern an die **Inanspruchnahme der Kindertagespflege als Leistung der öffentlichen Jugendhilfe** (→ Rn. 12). Denn es kann Fälle geben (zB echte Selbstbeschaffung, vgl. → Rn. 66), in denen ein Betreuungsvertrag (→ Rn. 73) bereits vor der Einbindung des Jugendamtes geschlossen worden ist. Das BSG ist in dieser Hinsicht leider nicht ganz eindeutig: an einer Stelle wird auf den Betreuungsvertrag abgestellt, an anderen Stellen des Urteils ist für das BSG entscheidend, dass es sich um ein Tagespflegeverhältnis handelt, für das der Jugendhilfeträger **„eine gewisse Gewähr übernommen hat“** bzw. dass der geschlossene Betreuungsvertrag im Rahmen des Nachweises vorgelegt wird.[104] Die Übernahme einer jugendhilferechtlichen „Gewähr“ deckt sich jedenfalls mit der Leis- 53

99 Vgl. BSG 19.6.2018 – B 2 U 2/17 R, NJW 2019, 1020 (1022).
100 Vgl. BSG 19.6.2018 – B 2 U 2/17 R, NJW 2019, 1020 (1022 f.).
101 Vgl. BSG 19.6.2018 – B 2 U 2/17 R, NJW 2019, 1020 (1023).
102 Vgl. BSG 19.6.2018 – B 2 U 2/17 R, NJW 2019, 1020 (1024).
103 Dass die Gesetzessystematik, der Wille des Gesetzgebers sowie der von diesem beabsichtigte Sinn und Zweck der 2. Alternative des § 2 Abs. 1 Nr. 8 a SGB VII letztlich eindeutig auf die Inanspruchnahme der Kindertagespflege als Leistung der Jugendhilfe gerichtet ist, ist an anderer Stelle ausführlich dargelegt worden: Schlaeger ZFSH/SGB 2008, 527 (528 ff.).
104 Vgl. BSG 19.6.2018 – B 2 U 2/17 R, NJW 2019, 1020 (1022 ff) (vgl. Urteils-Rn. 15, 18, 25).

tungserbringung iSv § 23 SGB VIII (→ Rn. 18 ff.), so dass insoweit keine Unterschiede bestehen dürften.

54 Richtig ist auch, dass die Frage der Pflegeerlaubnis irrelevant für den Unfallversicherungsschutz ist (→ Rn. 27). Erstens hat § 23 SGB VIII einen anderen Zweck als § 43 SGB VIII (dazu → Rn. 39 f.). Zweitens verweist § 2 Abs. 1 Nr. 8 a SGB VII schlicht nicht auf § 43 SGB VII. Der ehemalige Spitzenverband „BUK“ (Vorgänger der DGUV) hatte den beteiligten Bundesministerien BMAS und BMFSFJ bereits früh den Vorschlag unterbreitet, den Versicherungsschutz statt an eine Vermittlung etc an die Tagespflegeerlaubnis gemäß § 43 SGB VIII anzuknüpfen.[105] Dieser Vorschlag ist jedoch nicht aufgegriffen worden. Zudem war bereits seit Anfang der 1990er-Jahre eine (kindbezogene) Erlaubnispflicht gesetzlich verankert (§ 44 SGB VIII a.F.), diese aber nicht als hinreichender Anknüpfungspunkt für Unfallversicherungsschutz betrachtet worden (→ Rn. 2). Daher kann nicht im Wege der „Auslegung“ die Verweisnorm ergänzt oder gar ausgetauscht werden (→ § 6 Rn. 37). Im Übrigen führt die Annahme eines „isolierten“ Verweises nur auf § 23 Abs. 3 SGB VII (→ Rn. 49) in die Irre, da eine im Sinne dieses Absatzes geeignete Tagespflegeperson immer eine solche ist, die ein spezifisches Kind im Rahmen einer öffentlichen Kindertagespflege betreut (→ Rn. 17, 39, 48).

e) Versicherungsschutz für welche Jugendhilfeleistungen (§ 23 SGB VIII)?

55 Im Folgenden wird untersucht, **welche Einzelleistungen** im Sinne von § 23 Abs. 1 SGB VIII (→ Rn. 16) einen Unfallversicherungsschutz begründen können.

f) Unfallversicherungsschutz bei Vermittlung

56 „**Vermittlung**“ meint die Zusammenführung der Tagespflegeperson mit dem jeweiligen Kind und seinen Erziehungsberechtigten im Rahmen eines (mehrgliedrigen) Vermittlungsprozesses (ausführlich → Rn. 17 ff.). Ziel der Vermittlung ist der Abschluss eines entsprechenden privatrechtlichen Betreuungsvertrages (→ Rn. 19, 73). In diesem Rahmen wird die Eignung der Tagespflegeperson durch das Jugendamt geprüft und festgestellt, weil von diesem nur geeignete Personen vermittelt werden dürfen (→ Rn. 29).[106] Es besteht allgemein **Übereinstimmung**, dass **Betreuungsverhältnisse, die durch** eine **Vermittlung zustande kommen, vom Versicherungsschutz** nach § 2 Abs. 1 Nr. 8 a, Alt. 2 SGB VII **erfasst** werden.

57 Allerdings versteht das BSG die fachliche Tätigkeit des Vermittelns nicht wie die einhellige Literatur zum SGB VIII als mehrgliedrigen Vermittlungsprozess (→ Rn. 19). Vielmehr scheint dem BSG eine bloße „Benennung“ zu reichen, zB dadurch, dass Eltern der Name einer Tagespflegeperson mitgeteilt wird.[107] Dies ist zu kritisieren, weil mangels abweichender unfallversicherungsrechtlicher Definition das kinder- und jugendhilferechtliche Verständnis zugrunde zu legen ist (→ Rn. 46).

105 Vgl. Schreiben des BUK vom 27.12.2005 (Az.: B1 290:311.081).
106 Statt vieler: Fischer in: Schellhorn/Fischer/Mann/Kern, § 23 Rn. 24.
107 Vgl. BSG 19.6.2018 – B 2 U 2/17 R, NJW 2019, 1020 (1022); so auch bereits BSG 17.2.1998 – B 2 U 3/97 R, NZS 1998, 487 (489).

In der Praxis lässt sich eine Vermittlung durch die Vorlage von Unterlagen des Jugendhilfeträgers (zB entsprechende Bewilligungsschreiben, Vorlage des unter Beteiligung des Jugendamtes geschlossenen Vertrages, Bescheide über Geldleistungen an die Tagespflegeperson für das konkrete Kind als Folge der Vermittlung, Nachfragen beim Jugendamt etc) überprüfen. Ferner werden die Eltern zur Entrichtung von Beiträgen (§ 90 Abs. 1 Nr. 1 SGB VIII iVm dem jeweiligen Landesrecht und den jeweiligen örtlichen Satzungen, → Rn. 36) herangezogen, den Tagespflegepersonen werden ua die Aufwendungen für eine Unfallversicherung für das konkrete Kind erstattet (vgl. § 23 Abs. 2 Nr. 3 SGB VIII). Aus derartigen Unterlagen können sich bereits die erforderlichen Angaben ergeben. 58

g) Unfallversicherungsschutz bei Nachweis bzw. Selbstbeschaffung

Das BSG führt in einem sog. obiter dictum[108] aus, dass „im Falle der Selbstbeschaffung § 23 Abs. 1 SGB VII verlange, dass die geeignete Tagespflegeperson „von der erziehungsberechtigten Person nachgewiesen“ werde. Um diese Obliegenheit zu erfüllen, genüge es, die Tagespflegeperson zu „benennen“; der erforderliche „Nachweis“ beziehe sich nur auf die Identität der Tagespflegeperson und ggf. auf die Vorlage eines (uU mündlich geschlossenen) Betreuungsvertrags. Auf eine bestätigende Antwort des Jugendamts soll es nicht ankommen, weil weder § 2 Abs. 1 Nr. 8 a SGB VII noch § 23 SGB VIII eine derartige „Manifestation des Jugendamtes“ für den Eintritt des Unfallversicherungsschutzes „kraft Gesetzes“ vorsehen würden. Gleichzeitig stellt das BSG jedoch fest, dass sich der **Nachweis „keinesfalls“ auf die Geeignetheit** der Person und die kindgerechte Einrichtung ihrer Räumlichkeiten beziehe.[109] 59

Dennoch hätten die Unfallversicherungsträger bis zum Abschluss der Prüfung des Jugendamtes die Geeignetheit vorläufig zu unterstellen (→ Rn. 52, 62). Der Unfallversicherungsschutz des betreuten Kindes beginne somit (frühestens) mit dem Zugang des Nachweises beim Jugendamt.[110]

Diese Annahmen sind **in mehrfacher Hinsicht unzutreffend.** 60

So setzt das BSG unter anderem fälschlich den Fall des Nachweises (→ Rn. 28) und den der Selbstbeschaffung (→ Rn. 66) gleich;[111] dies sind jedoch zwei alternative Wege, wie die nach § 23 SGB VIII berechtigten Personen an die Förderleistung gelangen können (→ Rn. 31).

aa) Unfallversicherungsschutz beim Nachweis

Der Nachweis einer Tagespflegeperson erfolgt **durch Benennung einer grundsätzlich zur Tagespflege bereiten Person** (→ Rn. 28). Das BSG erkennt insoweit zutreffend, dass der Nachweis keinesfalls die Geeignetheit der Person vorgibt. Allerdings ist **unklar**, warum der zu dieser Zeit völlig unbeteiligte **Unfallversicherungsträger** für die Zeit der Prüfung seitens des Jugendamtes die **Geeignetheit zu unterstellen** hätte. Da- 61

108 Lat. „nebenbei Gesagtes“; dabei handelt es sich um rechtliche Ausführungen des Gerichts, die über das Erforderliche hinausgehen, nicht entscheidungserheblich sind, auf denen das Urteil mithin nicht beruht.
109 Vgl. BSG 19.6.2018 – B 2 U 2/17 R, NJW 2019, 1020 (1022).
110 Vgl. BSG 19.6.2018 – B 2 U 2/17 R, NJW 2019, 1020 (1022).
111 Vgl. dazu auch Schlaeger jurisPR-SozR 7/2019 Anm. 2.

für gibt es keine Rechtsnorm und keinen Grund. Zudem hatte das BSG über eine solche Konstellation auch gar nicht zu entscheiden (→ Rn. 60). Das Jugendamt prüft die Leistungsbewilligung und wird bei positivem Abschluss Förderleistungen (einschließlich Geldleistungen an die Tagespflegeperson) erbringen (vgl. zB → Rn. 36). Sollten Eltern ihr Kind von einer Person betreuen lassen, die zunächst nur „nachgewiesen" ist und deren Eignung (noch) nicht positiv von der zuständigen Fachbehörde anerkannt ist, so ist kein Raum für Unfallversicherungsschutz. Nicht nur, dass dies Möglichkeiten für rechtsmissbräuchliche Gestaltungen geben kann, es **spricht nichts dafür** ggf. auch **Versicherungsschutz für Betreuungen durch ungeeignete Personen** zu gewähren.[112]Entgegen dem BSG ist die objektive Geeignetheit der Tagespflegeperson für das konkrete Kind (→ Rn. 20) zwingende, anspruchsbegründende Voraussetzung für den Versicherungsschutz. Nur dieses Verständnis stimmt mit dem kinder- und jugendhilferechtlichen Verständnis der in Bezug genommenen Vorschriften (§§ 23, 24 SGB VIII) überein (→ Rn. 28). Denn im Rahmen von §§ 23, 24 SGB VIII erfüllt das Jugendamt einen **Leistungsanspruch des Kindes**, so dass die Erfüllung seiner Ansprüche auf Bildung, Erziehung und Betreuung die objektive fachliche Eignung der Betreuungsperson erfordert; diese ist **unabhängig von einer elterlichen Einschätzung** (→ Rn. 29).[113]

62 An einer anderen Stelle des Urteils führt das BSG jedoch zutreffend und in Widerspruch zu seinen vorherigen Ausführungen (→ Rn. 60) aus: *„Erst wenn der öffentliche Träger der Jugendhilfe weiß, welche Tagespflegeperson sich die Erziehungsberechtigten selbst beschafft haben, kann er seine Gesamtverantwortung (§ 79 Abs. 1 SGB VIII) wahrnehmen (…) und im Rahmen seiner besonderen Fachkompetenz qualitätssichernd prüfen, ob die Eignung (…) vorliegt und deshalb ein beitragsfreier (…) Unfallversicherungsschutz mit entsprechender Haftungsbeschränkung gerechtfertigt ist.*"[114] Warum dann aber bereits der Nachweis einer Person mit noch unbekannter Eignung Versicherungsschutz begründen soll, bleibt offen. Unstreitig gehört die **Geeignetheit zum anspruchsbegründenden Tatbestand** sowohl von § 2 Abs. 1 Nr. 8 a SGB VII als auch von § 23 SGB VIII, so dass für eine „vorläufige" Annahme im Normalfall weder Raum noch Grund bestehen.[115]

63 In den Fällen, in denen die Eltern eine Tagespflegeperson ohne Zutun des Jugendamtes gefunden haben und diese nun dem Jugendamt nachweisen (→ Rn. 28 ff.), ist die Förderung des Kindes in Tagespflege vor der Einschaltung des Jugendamtes noch keine Leistung der Jugendhilfe. **Erst** dann, **wenn das Jugendamt die Förderung** des Kindes in Kindertagespflege in Erfüllung seiner jugendhilferechtlichen Aufgaben **übernimmt** (und zumindest die Eignung der Person für das konkrete Kind bejaht), kann Unfallversicherungsschutz bestehen. Denn der Nachweis stellt in aller Regel keine Form der Selbstbeschaffung dar (→ Rn. 66), sondern soll schlicht ein Verwaltungsverfahren zur Leistungsgewährung einleiten (→ Rn. 31).

112 Vgl. dazu auch Schlaeger jurisPR-SozR 7/2019 Anm. 2.
113 Vgl. nur Etzold in: BeckOGK, SGB VIII § 23 Rn. 13.
114 Vgl. BSG 19.6.2018 – B 2 U 2/17 R, NJW 2019, 1020 (1023).
115 Vgl. dazu auch Schlaeger jurisPR-SozR 7/2019 Anm. 2; Ricke SGb 2019, 360 (363).

Falls ein Kind von einer Person betreut wird, die zunächst „nur" nachgewiesen wurde und dabei einen Unfall erleidet, so kann eine Bejahung der Eignung durch das Jugendamt zurückwirken und damit Versicherungsschutz begründen. Dies wird jedoch nur in Frage kommen, wenn zB auch die Räumlichkeiten zum Unfallzeitpunkt kindgerecht waren. Da die Träger der gesetzlichen Unfallversicherung an die fachlichen Entscheidungen bzw. Bewertungen der (öffentlichen bzw. freien) Jugendhilfe als Fachbehörde abhängig sind, haben sie die inhaltliche Ausgestaltung der Leistungsgewährung bzw. Erlaubniserteilung seitens der dazu befugten Jugendhilfeträger bzw. Organisationen zu akzeptieren (→ Rn. 14 f.). Wird eine Vermittlung oder sonstige Leistungsgewährung bei zunächst privaten Betreuungsverhältnissen nachgeholt, besteht **mit dem Tag, ab dem** eine fachliche, **öffentliche Verantwortung** für das Pflegeverhältnis **übernommen wird, Unfallversicherungsschutz.**

Zudem muss sich die „nachgewiesene" Betreuung (auch in der Laiensphäre der Eltern) tatsächlich als Kindertagespflege nach §§ 22 ff. SGB VIII darstellen, so dass zB der Nachweis eines Babysitters folgenlos bliebe. Ausgeschlossen wären ua (regelhafte) Betreuungen über Tag und Nacht, reine Kurzzeitbetreuungen, einmalige Beaufsichtigungen etc, die ua nicht den Förderungsauftrag nach § 22 Abs. 2, 3 SGB VIII erfüllen können (→ Rn. 15). Demnach scheidet auch die Betreuung eigener Kinder als versicherte Kindertagespflege aus (→ Rn. 42). 64

bb) Unfallversicherungsschutz bei Selbstbeschaffung

Anders kann dies in den **echten Fällen der Selbstbeschaffung** (→ Rn. 33) aussehen. 65
Hierbei handelt es sich um Fälle von Systemversagen bzw. unabwendbarer Eilbedürftigkeit und ist zB anzunehmen, wenn die Jugendhilfeträger die gesetzlichen Betreuungsansprüche der Kinder nach Maßgabe des § 24 SGB VIII objektiv nicht erfüllen (können). Insoweit hat das Jugendamt seine eigene Nichtleistung zu verantworten und kann daher dazu verpflichtet werden, die Kosten (Aufwendungen) der Selbstbeschaffung zu erstatten. In diesen Fällen kann durchaus ein **Versicherungsschutz** für das Kind angenommen werden, weil durch das „Systemversagen" den Eltern keine andere Möglichkeit bleibt und die fachliche Prüfung seitens des Jugendamtes gerade nicht erfolgen konnte. Dies sollte in der Tat nicht zulasten des Kindes gehen. Voraussetzung dafür ist jedoch ua, dass die Leistungsvoraussetzungen des § 23 SGB VIII vorgelegen haben (vgl. § 36 a Abs. 3 S. 1 Nr. 2 SGB VIII analog). Insofern wird der Versicherungsschutz mit der späteren Eignungsfeststellung rückwirkend feststehen.

Aber der „Nachweis" einer betreuungswilligen Person darf weder im SGB VII noch im SGB VIII mit der (echten) „Selbstbeschaffung" (→ Rn. 33) einer Tagespflegeperson als Jugendhilfeleistung gleichgesetzt werden.[116]

h) Unfallversicherungsschutz bei sonstigen Förderleistungen?

Da es beim Unfallversicherungsschutz letztlich darum geht, dass das konkrete Tages- 66
pflegeverhältnis keinen fachlichen Bedenken seitens des Jugendhilfeträgers begegnet, scheiden die Förderleistungen der Beratung oder Begleitung oder Qualifizierung

116 Vgl. Grube in: Hauck/Noftz, SGB VIII, K § 23 Rn. 44; Schlaeger jurisPR-SozR 7/2019 Anm. 2.

(→ Rn. 35) als allein Versicherungsschutz begründende fachliche Tätigkeiten des Jugendamtes aus. Bei der Gewährung von Geldleistungen wird die Eignung der Person für das Kind bereits vorausgesetzt, so dass diese (nur) als Beleg für die positive Prüfung dienen kann.

Im Falle der anderweitigen Fremdbetreuung in Ausfallzeiten der „eigentlichen" Tagespflegeperson (→ Rn. 37) besteht Versicherungsschutz nach § 2 Abs. 1 Nr. 8 a SGB VII, zB weil diese Kinder Besuchskinder in einer Kita sind (→ § 2 Rn. 39 ff.) oder von anderen geeigneten Tagespflegepersonen betreut werden. Da die alternativen Betreuungen Bestandteil der Gesamtverantwortung der Jugendhilfe sind, ist dies unproblematisch.

i) Ergebnis

67 § 2 Abs. 1 Nr. 8 a SGB VII beinhaltet ein **Leistungsgewährungserfordernis** nach dem SGB VIII: Versicherungsschutz für das Kind besteht bei Vermittlung oder Nachweis der Tagespflegeperson, also wenn der Träger der örtlichen Jugendhilfe die Geeignetheit der Tagespflegeperson für das konkrete Kind bejaht hat. Auch im Fall der Sicherstellung einer unterbrechungsfreien Betreuung (→ Rn. 37, 67) besteht gesetzlicher Unfallversicherungsschutz. Dem BSG ist teilweise zu widersprechen, vor allem wenn es in den Fällen des Nachweises einen vorläufigen Versicherungsschutz bejaht, obwohl die Eignung der Tagespflegeperson für das konkrete Kind noch nicht feststeht (→ Rn. 62). Denn eine **Betreuungsperson wird erst durch die vom Jugendamt festgestellte Eignung zur Tagespflegeperson** iSv §§ 22–24 SGB VIII (→ Rn. 28, 64). Die DGUV akzeptiert diese Wertung des BSG jedoch (→ Rn. 62).

Wenngleich es möglich gewesen wäre, den Unfallversicherungsschutz für die Kinder, die von einer Tagespflegeperson betreut werden, ebenfalls von einer Erlaubnis (der nach § 43 SGB VIII) abhängig zu machen, so wählte der Gesetzgeber für diese Kinder einen anderen Anknüpfungspunkt: den der **Inanspruchnahme der Kindertagespflege als Leistung der Jugendhilfe.** Es ist also **nur die sog. öffentliche Kindertagespflege** (→ Rn. 39) **unfallversichert.** Insoweit ist dem BSG zuzustimmen.

Damit sind ua Kinder bei rein privat zustande gekommenen Betreuungsverhältnissen (zunächst) nicht unfallversichert.

j) Erlaubnisfreie und -pflichtige Kindertagespflege

68 Beide Arten der Kindertagespflege (erlaubnispflichtige und erlaubnisfreie) sind **von § 2 Abs. 1 Nr. 8 a Alt. 2 SGB VII erfasst,** denn den Bestimmungen zur gesetzlichen Unfallversicherung ist nicht zu entnehmen, dass eine Erlaubnis zur Kindertagespflege im Sinne von § 43 SGB VIII vorliegen muss (→ Rn. 27). Daher ist von § 2 Abs. 1 Nr. 8 a SGB VII auch die (öffentlich verantwortete) Kinderbetreuung unterhalb der Zeitgrenzen des § 43 SGB VIII erfasst sowie die, die nur innerhalb der elterlichen Wohnung stattfindet, sofern die Voraussetzungen des § 23 SGB VIII erfüllt sind (→ Rn. 12, 39).

IV. Versicherte Tätigkeiten

Wie einleitend bereits verdeutlicht (→ § 1 Rn. 1), handelt es sich bei der gesetzlichen Unfallversicherung um eine tätigkeitsbezogene Personenversicherung. Nicht jede Handlung einer grundsätzlich nach §§ 2, 3, 6 SGB VII versicherten Person ist in ihren Schutzbereich einbezogen. Es bedarf daher stets einer wertenden Entscheidung, ob die unfallbringende Verrichtung (noch) in dem Rahmen liegt, der von der gesetzlichen Unfallversicherung erfasst wird (vertiefend → § 7 Rn. 16 ff.). In Bezug auf die Kinder ist daher zu bewerten, was von der versicherten Tätigkeit der „Betreuung" erfasst ist. 69

Bei den in der sog. gewerblichen Unfallversicherung versicherten Beschäftigten (§ 2 Abs. 1 Nr. 1 SGB VII) ist nach ständiger Rechtsprechung maßgebend, ob der Versicherte eine dem Beschäftigungsunternehmen dienende Tätigkeit ausüben wollte und ob diese Handlungstendenz durch die objektiven Umstände des Einzelfalls bestätigt wird.[117] Neuerdings fordert das BSG, dass die Verrichtung darauf gerichtet sein muss, eine objektiv bzw. vermeintlich bestehende Haupt- oder Nebenpflicht aus dem Beschäftigungsverhältnis zu erfüllen.[118] Diese Grundsätze der Beschäftigtenversicherung erweisen sich für die Schülerunfallversicherung (§ 2 Abs. 1 Nr. 8 a–c SGB VII) als ungeeignet. Denn anders als der im überwiegenden Interesse des Arbeitgebers tätig werdende Beschäftigte, werden die Kinder im eigenen Interesse bzw. im Interesse der Eltern betreut. Deshalb wird im Rahmen der Schülerunfallversicherung an sich maßgeblich darauf abgestellt, ob die unfallbringende Tätigkeit innerhalb des sog. organisatorischen Verantwortungsbereichs der jeweiligen Bildungseinrichtung (Tageseinrichtung, Schule, Hochschule) ausgeübt wird. Damit ist der **Schutzbereich** dieses Teils der Schülerunfallversicherung einerseits enger als der Versicherungsschutz in der gewerblichen Unfallversicherung, weil er auf die Aufsichtspflicht der Tagespflegeperson (→ Rn. 73) beschränkt ist, wie sich sowohl aus dem Wortlaut der Vorschrift („während") als auch ihrer Entstehungsgeschichte ergibt.[119] Andererseits genießen die Kinder während der Betreuung einen **sehr weitgehenden Versicherungsschutz**, weil es nicht auf einen sachlichen Zusammenhang ankommt (→ § 1 Rn. 19, → § 2 Rn. 48).

Zwar entspräche es dem sonstigen Sprachgebrauch der Schülerunfallversicherung auch mit Blick auf die Kinder in Tagespflege vom **organisatorischen Verantwortungsbereich** der Tagespflegeperson zu sprechen. Allerdings wird dies aufgrund des Fehlens einer organisierten Einrichtung und der Ausgestaltung als familienähnliche Betreuung durch feste Bezugsperson als unpassend empfunden. Es wird sprachlich vielmehr an die **Aufsichtspflicht der Tagespflegeperson** angeknüpft, ohne das im Ergebnis etwas anderes gemeint ist. Aber auch insoweit gilt die Feststellung, dass der Versicherungsschutz der Kinder in Tagespflege **Dimensionen eines** sonst nur in der Schifffahrt an- 70

117 Vgl. zB BSG 30.6.2009 – B 2 U 22/08 R, UVR 2009, 1040 (1044).
118 Vgl. BSG 14.11.2013 – B 2 U 15/12 R, SozR 4-2700 § 2 Nr. 27; BSG 15.1.2016 – B 2 U 12/15 R, SozR 4-2700 § 2 Nr. 37; vgl. ferner Schlaeger jurisPR-SozR 9/2015 Anm. 4.
119 Vgl. BSG 26.10.2004 – B 2 U 41/03 R, NZS 2005, 383 (384); BSG 5.10.1995 – 2 RU 44/94, SozR 3-2200 § 539 Nr. 34.

zutreffenden **Betriebsbannes** (vgl. § 10 SGB VII) annimmt.[120] Ein eigenwirtschaftlicher, **unversicherter Bereich ist kaum denkbar** (→ Rn. 74 f.). Insoweit gilt das in → § 2 Rn. 48 Ausgeführte entsprechend.

71 Die in Nr. 8 a angesprochene **„Betreuung"** meint mehr als eine bloße Beaufsichtigung eines Kindes.[121] „Betreuung" ist zwar Teil der Aufgabentrias der Kindertagesbetreuung (→ Rn. 13, 15), wird in Nr. 8 a aber nicht iSv § 22 Abs. 3 S. 1 SGB VIII gemeint. Die Betreuung ist der unfallversicherungsrechtliche Anknüpfungspunkt (→ Rn. 2 f.) und meint die gesamte Tätigkeit der Tagespflegeperson. Er stellt eine Art **Oberbegriff für die Verantwortung** der Tagespflegeperson gegenüber dem Kind dar. Damit werden auch die Verrichtungen der Kinder, die den Aufgaben der Erziehung und Bildung (vgl. § 22 Abs. 3 S. 1 SGB VIII) dienen, vom Unfallversicherungsschutz erfasst, da diese zeitlich gesehen „während der Betreuung" erfolgen.

72 Der Unfallversicherungsschutz besteht demnach **während der gesamten Aufsichtspflicht der Tagespflegeperson**, unabhängig davon, wo und wann die Betreuung stattfindet (→ Rn. 14). Der Versicherungsschutz beginnt dabei mit der Übernahme der tatsächlichen Aufsicht (Obhut) durch die Tagesmutter und endet mit der Übergabe des Kindes an die Eltern. Die Obhutspflicht und damit der Versicherungsschutz enden, wenn das Kind gewollt in die tatsächliche Aufsicht der Erziehungsberechtigten bzw. zur Abholung oder Entgegennahme berechtigter Personen (zB Großeltern) übergeben wird.[122] Der in der Regel zwischen den Eltern und der Tagespflegeperson schriftlich geschlossene **Betreuungsvertrag**[123] regelt dabei den Umfang der zu übertragenden Personensorge (zB auch hinsichtlich einer etwaigen Medikamentengabe, vgl. → § 2 Rn. 74) sowie der Übertragung der Aufsichtspflicht dem Grunde nach (→ Rn. 19). Dieser Vertrag ist auch unabhängig von den Rechtsverhältnissen der Beteiligten zum Jugendhilfeträger und behält zB seine Gültigkeit, wenn das Jugendamt keine Förderleistungen (→ Rn. 34 ff.) bewilligt. Allerdings setzt das SGB VIII einen öffentlich-rechtlichen Rahmen für den privatrechtlichen Vertrag (ua durch die Geldleistungen).

Ob der Obhutspflicht tatsächlich nachgekommen wird, ist für den Versicherungsschutz unerheblich.[124] Daher ist ein **Kind** unabhängig davon **versichert**, ob es bewusst (zB als Bestandteil der pädagogischen Arbeit) oder unbewusst (zB „entzieht" sich das Kind während die Tagesmutter das Mittagessen zubereitet) zum Unfallzeitpunkt **unbeaufsichtigt** ist (→ § 2 Rn. 52). Diese Frage wird erst bei der Prüfung, ob zB ein Regress in Frage kommt, relevant (→ § 10 Rn. 1 ff.).

73 Versichert sind **alle Tätigkeiten im zeitlichen Verlauf der Betreuung**, dh alle Pflege- und Erziehungsmaßnahmen der Tagesmutter. Hierzu gehören auch die von der Tagesmutter organisierten Ausflüge und Veranstaltungen. Dem Zweck der Betreuung und

---

120 Dem zustimmend: Keller in: Hauck/Noftz, SGB VII, K § 8 Rn. 171; Wietfeld in: BeckOK-SozR, SGB VII § 8 Rn. 85.
121 Vgl. Riebel in: Hauck/Noftz, SGB VII, K § 2 R 94 c.
122 Vgl. BSG 30.6.1998 – B 2 U 20/97 R, NZS 1999, 42.
123 Dabei handelt es sich um einen Dienstvertrag nach § 611 BGB, vgl. BGH 18.2.2016 – III ZR 126/15, NJW 2016, 1578 (1580); vgl. auch Woitkewitsch MDR 2018, 314 (315).
124 So auch zB Krasney WzS 2013, 67 (69); Schwerdtfeger in: Lauterbach, SGB VII, § 2 Rn. 271.

der altersgemäß nur geringen Einsichtsfähigkeit entsprechend sind vor allem auch das Spielen und Herumtollen, Streitereien unter Kindern, die Nahrungszubereitung und -aufnahme, das Schlafen, das Wickeln, das Kleiderwechseln, der Toilettengang etc versichert.[125] **Auch objektiv unvernünftige** (aber kindgerechte) **Verhaltensweisen** wie das Verschlucken von Spielzeug, das Stecken von Malstiften in das Ohr eines anderen Kindes oder das Spielen an einem Teich im Garten erfüllen den Tatbestand des Arbeitsunfalls (§ 8 Abs. 1 SGB VII). Versichert sind die Kinder auch, wenn die Tagespflegeperson sie bei der Erledigung privater Angelegenheiten (Einkaufen, Werkstattbesuche, Behördengänge etc) mitnehmen. Vom Versicherungsschutz erfasst wären darüber hinaus auch etwaige Misshandlungen oder körperliche wie sexuelle Übergriffe auf ein betreutes Kind, die in die Betreuungszeit fallen (→ Rn. 40). Die Kinder sind mithin während der gesamten Betreuung umfassend gegen Unfälle geschützt. Die Ausführungen des BSG im Hinblick auf Kinder in Tageseinrichtungen, dass bei diesen **kaum Handlungen denkbar** sind, **die nicht unter Versicherungsschutz stehen** (→ Rn. 72), gilt gleichermaßen auch für die Kinder in Tagespflege.

Sollte eine **Eingewöhnungsphase** Bestandteil der Förderung des Kindes in Tagespflege 74
(→ Rn. 44) sein, so besteht Versicherungsschutz, wenn die Tagesmutter hier schon die Aufsicht übernimmt. Wie oben ausgeführt (→ Rn. 7) wurde, ist die **räumliche Abwesenheit** des Personensorgeberechtigten weder Voraussetzung noch Hindernis für die Kindertagespflege im Sinne von §§ 22 ff. SGB VIII. Daher kann sich zB bei Telearbeit, schwerer Erkrankung oder Mehrlingsgeburten ein Elternteil zwar im Hause aufhalten. Sofern die Aufsichtspflicht für die Kinder tatsächlich auf die Tagespflegeperson übergegangen ist, besteht Versicherungsschutz, der erst dann endet, wenn die Kinder nicht mehr der Obhutspflicht der Tagesmutter unterfallen (vgl. zu den Anforderungen an die Übergabe → § 2 Rn. 52).

Zum **Versicherungsschutz auf den Wegen** → § 7 Rn. 28 ff.; → § 2 Rn. 57 ff.

V. Besondere Fallgestaltungen und Fälle aus der Praxis

Vgl. dazu → § 2 Rn. 70 ff. 75

125 Vgl. Ziegler in: LPK-SGB VII, § 8 Rn. 59; Schmitt, SGB VII, § 2 Rn. 53.

§ 4 Kinder in Sprachförderung (§ 2 Abs. 1 Nr. 8 a Alt. 3, § 3 Abs. 1 Nr. 5 SGB VII)

1 Gemäß **§ 2 Abs. 1 Nr. 8 a Alt. 3 SGB VII** sind Kinder während der Teilnahme an vorschulischen Sprachförderungskursen unfallversichert, wenn die Teilnahme aufgrund landesrechtlicher Regelungen erfolgt. Eingeführt wurde dieser Versicherungsschutz mit Artikel 4 des „Fünften Gesetzes zur Änderung des Vierten Buches Sozialgesetzbuch und anderer Gesetze (5. SGB VII-ÄndG)“[1] mit Wirkung zum 22.4.2015 (→ Rn. 3).

Zugleich wurde eine begleitende Regelung für Kinder und Jugendliche (mit anderen Worten: Schüler) in **§ 3 Abs. 1 Nr. 5 SGB VII** geschaffen (dazu → Rn. 19).

I. Entstehungsgeschichte

2 In den Schulgesetzen der Länder sind sog. Schuleingangsuntersuchungen (→ Rn. 6, 9) vorgesehen, die dazu dienen die Schulfähigkeit der noch nicht schulpflichtigen Kinder einzuschätzen. Je nach Entwicklungsstand des jeweiligen Kindes kann aus diesen Sprachstandsfeststellungen eine freiwillige oder gar verpflichtende Sprachförderung resultieren. Während die Eignungsuntersuchung an sich gesetzlich unfallversichert ist (→ Rn. 9 ff.), war eine sich ggf. anschließende Sprachfördermaßnahme nicht vom SGB VII erfasst. Gerade in Bezug auf die verpflichtenden Maßnahmen war dies unbefriedigend.

3 Mit Wirkung zum 22.4.2015 (→ Rn. 1) wurde **§ 2 Abs. 1 Nr. 8 a SGB VII um eine dritte Alternative** erweitert.

Die diesbezügliche Gesetzesbegründung[2] lautet:

„Ausreichende Kenntnisse der deutschen Sprache sind Grundvoraussetzung für einen erfolgreichen Bildungsweg. Zur Förderung von Kindern, die über nicht ausreichende Sprachkompetenz verfügen, sind auf Länderebene vorschulische Sprachförderungskurse eingerichtet worden. Die Teilnahme an diesen Kursen kann aufgrund landesrechtlicher Regelungen verpflichtend sein oder empfohlen werden, wenn bei Kindern nicht hinreichende sprachliche Fähigkeiten festgestellt worden sind. In diesen Fällen ist es geboten, gesetzlichen Unfallversicherungsschutz während der Teilnahme an solchen Kursen vorzusehen. (...) Die vorliegende Regelung schließt diese

1 BGBl. 2015 Teil 1 Nr. 15, 583.
2 BT-Drs. 18/3699, 40.

Versicherungslücke, die bisher besteht, wenn Kinder bei festgestelltem Förderbedarf Sprachförderungskurse außerhalb der Kindertageseinrichtung besuchen."

4 **Parallel** wurde eine Möglichkeit geschaffen, Kinder und Jugendliche während der Teilnahme an Sprachförderungskursen, **kraft Satzung** zu versichern, wenn die Teilnahme aufgrund landesrechtlicher Regelungen erfolgt (**§ 3 Abs. 1 Nr. 5 SGB VII**).

Die diesbezügliche Gesetzesbegründung[3] lautet:

„Mit der Änderung des § 2 (...) wird der gesetzliche Unfallversicherungsschutz auf Kinder erweitert, die außerhalb von Kindertageseinrichtungen an vorschulischen Sprachförderungskursen teilnehmen. Aufgrund der unterschiedlichen landesrechtlichen Ausgestaltungen kann in einzelnen Ländern Bedarf bestehen, auch ältere Kinder und Jugendliche bei Teilnahme an entsprechenden Kursen in den gesetzlichen Unfallversicherungsschutz einzubeziehen. Eine Versicherungslücke besteht dann, wenn die Sprachförderung nicht in organisatorischer Verantwortung der Schule durchgeführt wird. Um der jeweiligen Situation im Land gerecht zu werden, wird daher die Voraussetzung geschaffen, Kindern und Jugendlichen auch in diesen Fällen gesetzlichen Unfallversicherungsschutz kraft Satzungsregelung zu ermöglichen. Voraussetzung ist dabei ebenso wie bei vorschulischen Sprachförderungskursen nach § 2, dass die Teilnahme aufgrund landesrechtlicher Regelungen erfolgt."

5 Diese beiden Versicherungsmöglichkeiten sind voneinander abzugrenzen (→ Rn. 19).

II. Schulrechtliche Hintergründe

6 Zahlreiche schulrechtliche Vorschriften sehen Maßnahmen zur Überprüfung und ggfls Herstellung der Schulfähigkeit vor der Einschulung vor.[4] Diese beziehen sich vor allem auf die altersgemäße Sprachentwicklung der Kinder. Wird im Rahmen der Schuleingangsuntersuchungen ein Förderbedarf festgestellt, so können die jeweiligen Kinder zum Besuch eines vorschulischen Sprachkurses verpflichtet werden. Alternativ kommt für Kinder, die bislang keine Kindertageseinrichtung besuchen, eine (freiwillige) Anmeldung und Förderung in einer Kindertagesstätte in Betracht. Eine Sprachstandsfeststellung zur Überprüfung der Schulfähigkeit weist unzweifelhaft einen inhaltlichen Bezug zur Einschulung auf, da gute Deutschkenntnisse Grundvoraussetzung für den Erfolg in der Schule sind. In zeitlicher Hinsicht kann ein solcher unmittelbarer Bezug auch noch dann bejaht werden, wenn die Einschulung nicht alsbald erfolgt, sondern der Sprachtest so frühzeitig durchgeführt wird, dass ein festgestellter Sprachförderbedarf noch rechtzeitig vor Schulbeginn ausgeglichen werden kann. Denn von der Schulfähigkeit der Kinder im Zeitpunkt der Einschulung hängt sowohl die Funktionsfähigkeit der Schule als auch das Recht des Kindes auf Bildung und die Möglichkeit seiner individuellen Förderung ab.[5]

Die entsprechende schulrechtliche Teilnahmepflicht kann mittelbar auf die (erst später eintretende) Schulpflicht zurückgeführt werden (sog. vorwirkendes Schulverhält-

3 BT-Drs. 18/3699, 41.

4 Vgl. zB § 36 Abs. 2 SchulG NRW, § 22 Abs. 2 SchulG S-H, § 55 SchulG Berlin, § 54 a SchulG Nds, § 37 Abs. 4 BayEUG, § 58 SchulG Hessen.

5 Vgl. zum Vorgenannten: Bader NVwZ 2007, 537 (542).

nis).[6] Ein Staat, der sich das Recht herausnimmt, Kinder und Jugendliche zum Schulbesuch zu verpflichten, muss auch dafür Sorge tragen, dass die Betroffenen möglichst mit Erfolg dem Unterricht folgen können.

Parallel dazu haben die Tageseinrichtungen und Tagespflegepersonen die (kinder- und jugendhilferechtliche) Aufgabe der allgemeinen (vorschulischen) Sprachförderung (vgl. § 22 Abs. 3 S. 3 SGB VIII). Zudem ist eine Untersuchung zu Sprach- und Sprechstörungen Bestandteil der ärztlichen Kinderuntersuchungen nach § 26 SGB V.[7]

III. § 2 Abs. 1 Nr. 8 a Alt. 3 SGB VII (Kinder in vorschulischen Sprachförderkursen)

Der Versicherungsschutz von Kindern nach § 2 Abs. 1 Nr. 8 a Alt. 3 SGB VII erstreckt 7
sich auf die Teilnahme an **vorschulischen** Sprachförderungskursen. Voraussetzung ist, dass die Teilnahme aufgrund einer landesrechtlichen Regelung (→ Rn. 6) erfolgt.

1. Kinder

Erfasst sind nach dem Wortlaut nur „**Kinder**". Dies sind in Übereinstimmung mit den 8
anderen beiden Alternativen des § 2 Abs. 1 Nr. 8 a SGB VII (→ § 2 Rn. 23 f., → § 3 Rn. 47) nur Personen bis zum Alter von 13 Jahren. Die schulrechtlichen Sprachstandsfeststellungen (→ Rn. 9) betreffen jedoch nur Kinder, die noch nicht schulpflichtig sind (→ § 5 Rn. 25), so dass faktisch nur jüngere Kinder in den Anwendungsbereich fallen.

2. Teilnahme an vorschulischen Sprachförderungskursen aufgrund landesrechtlicher Regelungen

Bei Kindern im Vorschulalter erfolgt im Rahmen einer schulrechtlich vorgegebenen 9
Sprachstandsfeststellung eine Prüfung ua dahin gehend, ob die (vorschulische) Sprachentwicklung der Kinder altersgemäß ist und sie die deutsche Sprache hinreichend beherrschen.

Mangels förmlicher Aufnahme steht auch ein Kind auf dem Weg zu bzw. bei einer **Schultauglichkeitsuntersuchung** (noch) nicht unter Versicherungsschutz gemäß § 2 Abs. 1 Nr. 8 b SGB VII.[8] Die Kinder sind noch nicht kraft eines Schulrechtsverhältnisses „Teil und Glied" einer konkreten Schule (→ § 5 Rn. 32).

Für die entsprechende, schulrechtlich verpflichtende **Schuleingangsuntersuchung** be- 10
steht seit dem 24.12.1988[9] Versicherungsschutz nach **§ 2 Abs. 1 Nr. 3 SGB VII** (vormals § 539 Abs. 1 Nr. 18 RVO).[10] Der Gesetzgeber hielt es für geboten, den Versicherungsschutz in Abgrenzung von dem in der Unfallversicherung grundsätzlich versicherten Anbahnungsgeschäft auf solche Maßnahmen zu beschränken, die auf Rechtsvorschriften beruhen und von bestimmten Einrichtungen und Behörden bzw. in deren

6 Vgl. Jehkul in: Arenz/Baldus/Budach, SchulG NRW, § 36 Rn. 2.2; Rux, Schulrecht, Rn. 268.
7 Vgl. BT-Drs. 17/8336, 10; Roters in: KassKomm, SGB V § 26 Rn. 2.
8 Vgl. BSG 1.2.1979 – 2 RU 63/77, SozR 2200 § 539 Nr. 53.
9 Gesetz zur Einordnung der Vorschriften über die Meldepflichten des Arbeitgebers in der Kranken- und Rentenversicherung sowie im Arbeitsförderungsrecht und über den Einzug des Gesamtsozialversicherungsbeitrags in das Vierte Buch Sozialgesetzbuch vom 20.12.1988, BGBl. I, S. 2330, 2337.
10 Vgl. BT-Drs. 11/3445, 37; vgl. auch Vollmar WzS 1994, 42 f.

Auftrag durchgeführt werden.[11] Davon erfasst ist ua die schulrechtlich vorgesehene Gesundheitsuntersuchung sowie die **Sprachstandsfeststellung** von Kindern, die demnächst schulpflichtig werden (vgl. auch → § 2 Rn. 72, → § 5 Rn. 34).[12]

11 Resultiert aus dieser Sprachstandsfeststellung das Erfordernis an **Sprachfördermaßnahmen** teilzunehmen, können diese jedoch nicht unter § 2 Abs. 1 Nr. 3 SGB VII gefasst werden. Denn eine Prüfung dient allein dazu, erlerntes Wissen abzufragen, nicht jedoch weiter gehende Fähigkeiten und Kenntnisse (unterrichtsmäßig) zu vermitteln.[13] Damit liegt auch keine versicherte Tätigkeit im Sinne einer „ähnlichen Maßnahme" vor.

12 Soweit diese Sprachfördermaßnahmen für Kindergartenkinder in Tageseinrichtungen bzw. für Tagespflegekinder in Tagespflegestellen durchgeführt werden, besteht für die daran teilnehmenden Kinder Versicherungsschutz nach § 2 Abs. 1 Nr. 8 a Alt. 1, 2 SGB VII, denn die Förderung der Sprachentwicklung ist **Bestandteil des Aufgabenspektrums von Tageseinrichtungen wie auch der Tagespflege** (→ § 2 Rn. 19, → § 3 Rn. 13). Zwar könnte der Wortlaut der 3. Alternative dahin ausgelegt werden, dass nunmehr alle vorschulischen Sprachförderungskurse von dieser erfasst sein sollen. Die besondere Zuständigkeitsregelung in § 128 Abs. 1 Nr. 2 a SGB VII spricht jedoch dafür, dass alle Verrichtungen innerhalb von Tageseinrichtungen/Kindertagespflege vorrangig durch die ersten beiden Alternativen erfasst werden.[14] Der 3. Alternative kommt demnach nur eine **Auffangfunktion** zu.

13 Dies gilt jedoch dann nicht, wenn die Kindertagesstätte nur Räumlichkeiten zur Verfügung stellt und daher keine Übergabe der Betreuung durch die Erziehungsberechtigten an die Mitarbeiter der Tageseinrichtung erfolgt. In diesem Fall wird die 3. Alternative einschlägig sein, die vorrangig für Kinder gedacht ist, die sich noch nicht in einer Tagesbetreuung (Tageseinrichtung/Kindertagespflege) befinden und sprachliche Defizite haben. In Anbetracht dessen besteht nach den Erfahrungen der Praxis **nur ein kleiner Anwendungsbereich.**

14 Der Sache nach handelt es sich bei der vorschulischen Sprachförderung um eine Aufgabe des Kinder- und Jugendhilferechts.[15] Werden bei einer Sprachstandsfeststellung im Rahmen der Schulanmeldung für einen Schulbesuch unzureichende deutsche Sprachkenntnisse festgestellt, so liegen solche (gewichtige) Anhaltspunkte für eine Kindeswohlgefährdung vor. Das Jugendamt muss dann den Eltern die zur Abwendung der Gefährdung notwendigen Hilfen anbieten (§ 8 Abs. 1 S. 3 SGB VIII). Die Herstellung der Schulfähigkeit dient dem wohlverstandenen Interesse des Kindes und damit dem Kindeswohl.[16] Damit verbunden ist auch das Erfordernis, die ggf. zwangsweise Teilnahme unfallversicherungsrechtlich abzusichern. Insoweit ist die Ergänzung des § 2 Abs. 1 Nr. 8 a SGB VII konsequent.

---

11 Vgl. BT-Drs. 11/3445, 37; vgl. auch Vollmar WzS 1994, 42 f.
12 Vgl. zB § 55 Abs. 2 S. 1 SchulG Berlin, § 36 Abs. 2 SchulG NRW.
13 Ähnlich SG Dortmund 16.11.2005 – S 36 U 78/04 (rk., nv).
14 Ähnlich zB Lilienfeld in: KassKomm, SGB VII § 2 Rn. 33 c; Hedermann in: LPK-SGB VII, § 2 Rn. 48.
15 Vgl. § 22 Abs. 3 S. 3 SGB VIII, ferner zB § 13 c Abs. 4 KiBiz NRW.
16 Vgl. Bader NVwZ 2007, 537 (542).

15 Weder das SGB VII noch – soweit ersichtliche – das jeweilige Landesrecht machen nähere Vorgaben hinsichtlich der **Anbieter der Sprachförderung.**[17] Für die betroffenen, bislang nicht iSv § 2 Abs. 1 Nr. 8 a SGB VII betreuten Kinder erfolgen Sprachfördermaßnahmen häufig in „anderen Einrichtungen", wie zB Familienzentren (→ § 2 Rn. 70 ff.), Eltern-Kind-Zentren, Familienbildungsstätten.

16 Für den Versicherungsschutz ist es nach der Gesetzesbegründung (→ Rn. 3) irrelevant, ob die Teilnahme an diesen Kursen aufgrund landesrechtlicher Regelungen **verpflichtend oder nur empfohlen**, also letztlich freiwillig, ist.

17 Sowohl der Gesetzesbegründung (→ Rn. 3) als auch den einschlägigen landesrechtlichen Vorschriften kann entnommen werden, dass es ausschließlich um die hinreichende **Beherrschung der deutschen Sprache** geht, die auch die vorherrschende Unterrichtssprache ist. „Deutsch" meint die deutsche Hoch- und Schriftsprache. Demnach ist ein etwaiger **muttersprachlicher Unterricht** (→ § 5 Rn. 57, 78) **nicht** von § 2 Abs. 1 Nr. 8 a Alt. 3 SGB VII erfasst.[18] Auch wenn das Landesrecht regionale Mundarten bzw. Minderheitensprachen schützt und fördert,[19] so beziehen sich sowohl die Sprachstandsfeststellung als auch eine etwaige Sprachförderung in aller Regel nur auf **Hochdeutsch als Unterrichtssprache.**

Erfasst ist aber nicht nur eine Förderung der Grammatik etc, sondern auch andere Sprachfördermaßnahmen, insbesondere logopädische Förderungen.[20]

3. Während der Teilnahme

18 Nach dem Gesetzeswortlaut besteht der Versicherungsschutz „während der Teilnahme". Entsprechend den allgemeinen Grundsätzen sind die Kinder bei den damit im sachlichen Zusammenhang bestehenden Verrichtungen, die im organisatorischen Verantwortungsbereich des Kursanbieters liegen, versichert (dazu → § 2 Rn. 54).[21] Dazu gehört ua der Sprachunterricht, die etwaigen Pausen, die unmittelbaren Wege zum und vom Ort des Angebots etc.

IV. § 3 Abs. 1 Nr. 5 SGB VII (Satzungsversicherung für Kinder und Jugendliche in Sprachförderkursen)

19 Diese Erweiterung des § 3 SGB VII stellt eine **Ermächtigungsnorm** dar, die es den Unfallversicherungsträgern ermöglicht, kraft ihrer Satzung den Versicherungsschutz für (ältere) Kinder und Jugendlichen während der Teilnahme an (allgemeinen) Sprachförderungskursen zu erweitern. Auch insoweit ist Voraussetzung, dass die Teilnahme aufgrund landesrechtlicher Regelungen erfolgt.

17 So auch Becker in: SGB VII-Komm, § 2 Rn. 488 b.
18 So zu Recht SG Münster 4.12.2015 – S 3 U 26/13 (rk., nv).
19 Vgl. zB § 12 Abs. 6 LV Schl.-H.: „Das Land schützt und fördert die Erteilung von Friesischunterricht und Niederdeutschunterricht in öffentlichen Schulen."
20 Die Logopädie beschäftigt sich mit der Diagnose und Behandlung von Hör-, Sprach-, Sprech-, Stimm- und Schluckstörungen.
21 Ähnlich Mutschler in: Jahn/Jung, SGB VII, § 2 Rn. 78 a.

Da § 2 Abs. 1 Nr. 8 a SGB VII die **vor**schulische Sprachförderung von noch nicht schulpflichtigen Kindern regelt, bleibt für § 3 Abs. 1 Nr. 5 SGB VII nur die **schulbegleitende Sprachförderung von schulpflichtigen Kindern und Jugendlichen.**[22] Insoweit bestehen unterschiedliche landesrechtlichen Ausgestaltungen, so dass der Bundesgesetzgeber keine Pflichtversicherung vorsah, sondern Raum für entsprechende landesrechtliche Lösungen gab. Bislang haben nur wenige Träger davon Gebrauch gemacht.[23] Es besteht dabei keine Verpflichtung des zuständigen Trägers, eine entsprechende, den Versicherungsschutz begründende Satzungsvorschrift zu erlassen, weil andernfalls eine Verortung in § 2 SGB VII angezeigt gewesen wäre.[24] Eine Einbeziehungspflicht kraft Satzung widerspräche auch dem Prinzip der Selbstverwaltung (→ § 1 Rn. 3).

Voraussetzung ist ferner, dass die Sprachförderung nicht bereits nach § 2 Abs. 1 Nr. 8 b SGB VII versichert ist, sie also nicht im organisatorischen Verantwortungsbereich der Schule (→ § 5 Rn. 56 ff.) liegt.[25]

Der Versicherungsschutz richtet sich nach den allgemeinen Grundsätzen (→ Rn. 18), ggf. iVm einer Konkretisierung in der Satzung.

22 Ähnlich Lilienfeld in: KassKomm, SGB VII § 3 Rn. 11 d.
23 Vgl. zB § 37 Abs. 2 Satzung UK BW; § 6 Abs. 3 Satzung UK Nord; § 5 Abs. 3 Satzung UK Hessen.
24 Im Ergebnis offenbar anders: Lilienfeld in: KassKomm, SGB VII § 3 Rn. 11 d.
25 Vgl. Becker in: SGB VII-Komm, § 3 Rn. 54 a.

§ 5 Schüler während des Besuchs von allgemein- oder berufsbildenden Schulen (§ 2 Abs. 1 Nr. 8 b SGB VII)

Gemäß § 2 Abs. 1 Nr. 8 b SGB VII sind „Schüler während des Besuchs von allgemein- oder berufsbildenden Schulen“ (Alt. 1) und „während der Teilnahme an unmittelbar vor oder nach dem Unterricht von der Schule oder im Zusammenwirken mit ihr durchgeführten Betreuungsmaßnahmen“ (Alt. 2) gesetzlich unfallversichert. Eingeführt wurde dieser Versicherungsschutz im Wesentlichen mit dem „Gesetz über die 1

Unfallversicherung für Schüler und Studenten sowie Kinder in Kindergärten“[1] zum 1.4.1971 (Alt. 1) bzw. hinsichtlich der Alt. 2 zum 1.1.1997 (→ Rn. 3 ff.).

I. Entstehungsgeschichte

2 Die allgemeine Motivlage, die zur Schaffung der Schülerunfallversicherung geführt hat, ist bereits eingangs (→ § 1 Rn. 5 ff.) dargestellt worden. Der Besuch von berufsbildenden Schulen als nichtbetriebliche Ausbildung war bereits zuvor nach § 537 Nr. 11 RVO aF bzw. § 539 Abs. 1 Nr. 14 RVO aF versichert. Danach war die berufsbezogene Ausbildung von Lernenden während der beruflichen Aus- und Fortbildung und ehrenamtlich Lernenden in Betriebsstätten, Lehrwerkstätten, Fachschulen, Berufsfach- und Berufsschulen, Schulungskursen und ähnlichen Einrichtungen unter Versicherungsschutz gestellt. Mit der sukzessiven Verlängerung der Schulpflicht an Hauptschulen war bereits in den Jahren vor 1971 das Ziel der Berufsfindung und -förderung sowie der Berufsausbildung verbunden, was zur Folge hatte, dass in der Praxis die Unterscheidung zwischen Schülern allgemeinbildender und berufsbildender schulischer Maßnahmen immer komplizierter wurde.[2] In diesem Zusammenhang spielten auch Gleichbehandlungsgesichtspunkte eine wesentliche Rolle (→ § 1 Rn. 5).

1. Gesetzesbegründung (1971)

3 Die zur Absicherung des Personenkreises der Schüler während des Besuchs allgemeinbildender Schulen korrespondierende Gesetzesbegründung[3] lautet:

„Allgemeinbildende Schulen sind alle, an denen die Schulpflicht erfüllt werden kann oder die darüber hinaus zur mittleren Reife oder zum Abitur führen, also zB Grund- und Hauptschulen, Mittel- oder Realschulen, Gymnasien, Sonderschulen für körperlich oder geistig Behinderte, Aufbauschulen, Abendschulen und Kollegs. Schulkindergärten, in denen schulpflichtige, aber noch nicht schulreife Kinder auf den Schuleintritt vorbereitet werden und die in manchen Ländern auch von noch nicht schulpflichtigen Kindern besucht werden, sind Teile allgemeinbildender Schulen; Kinder, die solche Schulkindergärten besuchen, sind daher zukünftig versichert.

Der Versicherungsschutz erstreckt sich auf den Unterricht (einschließlich der Pausen) und andere schulische Veranstaltungen (etwa Schulausflüge, Schulreisen oder die Tätigkeit in der Schülervertretung), sowie auf den Weg zu und von der Schule oder dem Ort, an dem eine Schulveranstaltung stattfindet. Den Umfang des Versicherungsschutzes haben Praxis und Rechtsprechung für Berufs- und Fachschüler bereits in diesem Sinne abgegrenzt.“

4 Der entsprechende Personenkreis der Schüler an allgemeinbildenden Schulen war bis zur Einordnung des Unfallversicherungsrechts in das Sozialgesetzbuch als Siebtes Buch (SGB VII) durch das **UVEG**[4] zum 1.1.1997 (→ Rn. 5) in **§ 539 Abs. 1 Nr. 14 b RVO** genannt. Der Besuch von berufsbildenden Schulen blieb bis zu diesem Zeitpunkt nach § 539 Abs. 1 Nr. 14 c RVO versichert.

1 Gesetz vom 18.3.1971, BGBl. I 1971, 237.
2 Vgl. Vollmar in: BAGUV, Unfallversicherung für Schüler, Studenten sowie für Kinder in Kindergärten, S. 4.
3 BT-Drs. 6/1333, 4.
4 Unfallversicherungs-Einordnungsgesetz (UVEG) vom 7.8.1996, BGBl. I 1996, 1254.

2. Unfallversicherungs-Einordnungsgesetz (1996)

Im Zuge des UVEG fand eine rechtssystematische Überarbeitung des Rechts der gesetzlichen Unfallversicherung[5] statt, die auch eine Neuordnung des § 2 SGB VII umfasste, wobei jedoch im Wesentlichen der bislang versicherte Personenkreis übernommen worden ist.[6] Hinsichtlich der Schüler ist der versicherte Besuch von allgemein- und berufsbildenden Schulen in § 2 Abs. 1 Nr. 8 b SGB VII zusammengefasst worden. **Erweitert** wurde der Versicherungsschutz der Schüler mit Wirkung zum 1.1.1997 **um Betreuungsmaßnahmen** („während der Teilnahme an unmittelbar vor oder nach dem Unterricht von der Schule oder im Zusammenwirken mit ihr durchgeführten Betreuungsmaßnahmen"). Dies wurde vom Gesetzgeber wie folgt begründet:[7] 5

> „Der Versicherungsschutz für Schüler wird auf die Teilnahme an Betreuungsmaßnahmen vor und nach dem Unterricht von in der Regel allgemeinbildenden Schulen ausgeweitet; eine Durchführung dieser Maßnahmen im Zusammenwirken mit der Schule soll ausreichen. Ohne diesen Zusatz würde sich der Versicherungsschutz nur auf Maßnahmen erstrecken, die im organisatorischen Verantwortungsbereich der Schule durchgeführt werden."

II. Schulrechtliche Hintergründe

Das (Schul-)Recht gibt ua die Organisation des institutionalisierten Bildungssystems vor, bestimmt die Aufgaben und Ziele der Bildungseinrichtungen und regelt die Rechte und Pflichten der Schule, Lehrer und Schüler. Dem einschlägigen Schulrecht lassen sich alle Normen zuordnen, die **unmittelbar auf die Anstalt Schule bezogen** sind und die mit dem Schulbetrieb zusammenhängenden Rechte und Pflichten von Schülern, Lehrern, Eltern sowie der Schulaufsicht und Schulträger beinhalten; dies sind allen voran die landesrechtlichen Schulgesetze, einschlägige Verordnungen, Richtlinien sowie Erlasse (Verwaltungsvorschriften). 6

Aufgrund der Kompetenzordnung des Grundgesetzes (Art. 30, 70 GG) haben allein die Länder das Recht zur das Schulwesen betreffenden Gesetzgebung (sog. Kulturhoheit der Länder). Daraus ergibt sich ua eine **weitgehend eigenständige Gestaltungsfreiheit der Länder** bei der Festlegung der Schulorganisation sowie der Erziehungsprinzipien und Unterrichtsgegenstände.[8] Da also allein die Bundesländer darüber entscheiden, welche Schulformen bzw. Schulgattungen eingeführt werden,[9] sind **die jeweiligen länderspezifischen Besonderheiten** etwa hinsichtlich der Art der Ersatzschulen zu **beachten.** Im Folgenden kann nur generalisierend versucht werden, die wesentlichen Gemeinsamkeiten und Unterschiede aufzuzeigen, die für die Anwendung des SGB VII relevant sein können (→ Rn. 31). 7

---

5 Vgl. BT-Drs. 13/2204, 1.
6 Vgl. BT-Drs. 13/2204, 74 ff.; Graeff SGb 1996, 297 (298).
7 BT-Drs. 13/2204, 75.
8 BVerfG 26.2.1980 – 1 BvR 684/78, BVerfGE 53, 185 (196); BVerfG 8.4.1987 – 1 BvL 8/84, BVerfGE 75, 40 (74 ff.).
9 Vgl. BVerfG 26.2.1980 – 1 BvR 684/78, BVerfGE 53, 185 (196).

1. Aufgaben der Schule, Zusammenarbeit mit den Eltern

8 Die **Aufgaben der Schulen** bestehen nach den einschlägigen Landesverfassungen und Landesschulgesetzen über die reine Wissens- und Bildungsvermittlung hinaus auch in der Erziehung der jugendlichen Schüler zum Sozialverhalten sowie ihre Heranbildung zu einem selbstverantwortlichen und verantwortungsvoll handelnden und denkenden Mitglied der demokratischen Gesellschaft.[10] Die Schule ist als zentraler Ort der Bildung und Erziehung von Kindern und Jugendlichen von herausragender Bedeutung für deren geistige Entwicklung, aber auch für die positive Entwicklung der auf Bildung fußenden Gesellschaft. Diese Aufgaben sind die Grundlage für die individuellen Entscheidungen, was eine (verbindliche) Schulveranstaltung sein kann (→ Rn. 68). Der **staatliche Erziehungsauftrag** in der Schule ist dem elterlichen Erziehungsrecht nicht nach-, sondern gleichgeordnet. Die Aufsicht der Eltern über ihr minderjähriges Kind und dessen Pflege sind Teil der Personensorge (§ 1626 Abs. 1 S. 2, § 1631 Abs. 1 BGB). Die sich aus ihr ergebenden Rechte und Pflichten sind höchstpersönliche Positionen, die die Eltern nicht der Substanz nach auf einen anderen übertragen können; die Ausübung der Rechte, zB die Beaufsichtigung, dagegen ist übertragbar (→ § 2 Rn. 54). Als höchstpersönliche Pflicht der Eltern bleibt die Aufsichtspflicht über ihr Kind dem Grunde nach auch dann bestehen, wenn es sich im Verantwortungsbereich der Schule befindet. Dann tritt die Aufsichtspflicht der Schule neben die fortbestehende Aufsichtspflicht der Eltern, verdrängt diese aber nicht. Während der Zeit, in der Schüler am Schulunterricht oder an einer anderen Schulveranstaltung teilnehmen, muss die Schule sie beaufsichtigen.[11] Daher gehen sowohl das Recht als auch die **Pflicht zur Erziehung** und **Wahrnehmung der Aufsicht** teilweise auf die Schule über. Es besteht mithin eine **gemeinsame Erziehungsaufgabe von Eltern und Schule.**[12]

2. Schuldefinition

9 Als **Schule im Rechtssinne** kann eine Anstalt bzw. Bildungsstätte bezeichnet werden, die auf gewisse Dauer berechnet durch gemeinschaftliche, (lehr-)planmäßige und systematische Wissensvermittlung in einer Mehrzahl von Fächern der Erziehung und Bildung von Kindern bzw. Jugendlichen dient und/oder den Erwerb weiterführender Berechtigungen ermöglicht.[13] Zu verlangen ist zudem, dass der Schüler in eine Mindestorganisation eingebunden ist, der Unterricht in regelmäßigen und festgelegten Zeiträumen auf der Basis von Lehrplänen stattfindet, regelmäßige Leistungskontrollen erfolgen, ein räumliches Zusammensein von Lehrern und Schülern für einen gewissen Zeitanteil bzw. zumindest ein gewisser Kontakt und Austausch zwischen Schülern und Lehrkräften stattfindet sowie, dass die Dauer und Intensität der Wissensvermitt-

10 Vgl. BVerfG 21.12.1977 – 1 BvL 1/75, NJW 1978, 807 (809); BVerwG 29.5.1981 – 7 B 170/80, NJW 1982, 250; siehe auch den KMK-Beschluss Nr. 824 „Zur Stellung des Schülers in der Schule" vom 25.5.1973.

11 Vgl. OVG NRW vom 30.4.2010 – 19 A 993/07, NVwZ-RR 2010, 643; Götz in: Palandt, BGB § 1626 Rn. 2.

12 Vgl. BVerfG 6.12.1972 – 1 BvR 230/70, BVerfGE 34, 165 (183).

13 Vgl. Rux, Schulrecht, Rn. 6; Jarass in: Jarass/Pieroth, GG Art. 7 Rn. 2; Jülich in: Jülich/van den Hövel, Schulrechtshandbuch NRW, K § 6 Rn. 3 ff.

lung im Wesentlichen nicht von der Selbstverantwortung des einzelnen Schülers abhängt.[14] Die Wissensvermittlung muss sich auf allgemeine bzw. spezifische Fähigkeiten für das Berufsleben beziehen. Die Schule als nichtrechtsfähige Anstalt muss vom Wechsel der Lehrkräfte und Schüler unabhängig sein und möglichst eine Ortsfestigkeit aufweisen. Die Schulen erfüllen ihre Aufgaben im Rahmen eines öffentlich-rechtlichen Rechtsverhältnisses (Schulverhältnis) zum einzelnen Kind als „Benutzer" der Anstalt (→ Rn. 28). Wenn die Schule ihrem Grundtyp nach sich als Bildungseinrichtung vorrangig an Kinder und Jugendliche richtet, so dient dieses Kriterium maßgeblich der **Abgrenzung zu** den nicht dem Schulwesen unterfallenden **Hochschulen** (→ § 6 Rn. 8).[15] Einrichtungen der Erwachsenenbildung, an denen schulrechtliche Abschlüsse erworben werden können (zB Abendschulen), unterfallen unzweifelhaft ebenfalls dem Schulbegriff. Denn weder dem Bestehen oder Nichtbestehen einer Schulpflicht noch ganz allgemein dem Lebensalter der Schüler kommt irgendeine Bedeutung für den Schulbegriff zu.[16] Irrelevant für die Schuldefinition ist ferner die Trägerschaft der Einrichtung, da auch Privatschulen Anstalten sind (→ Rn. 13 ff.).

Im allgemeinen Sprachgebrauch werden ganz unterschiedliche Einrichtungen als 10
Schule bezeichnet, die jedoch nicht unter den Schulbegriff fallen. Daher kann die **bloße Bezeichnung als Schule** nicht ausreichen, so dass zB Fahrschulen, Tanzschulen oder Musikschulen[17] ebenso wenig erfasst sein können wie das bloße Schulgebäude.[18] Volkshochschulen (→ § 6 Rn. 12) sind als Einrichtungen der Erwachsenenbildung nur ausnahmsweise Schulen, soweit sie besondere Lehrgänge einrichten, die mit einer den berufs- oder allgemeinbildenden Schulen entsprechenden Prüfung abschließen, denn grundsätzlich verleihen die Volkshochschulen keine Berechtigungen.[19] Ferner sind Vortragsreihen, Kurse oder sonstige Lehrgänge keine Schule in diesem Sinne.[20]

3. Schultypen

Es existieren nach den Vorgaben des Art. 7 GG und den jeweiligen Schulgesetzen 11
grundsätzlich zwei Grundtypen: die staatliche und die private Schule.

a) Staatliche Schulen

Damit sind diejenigen Schulen gemeint, deren gesamte Bildungs- und Erziehungsar- 12
beit vom Staat bestimmt wird und die vom Land, einer Gemeinde, einem Gemeindeverband, einem kommunalen Zweckverband, oder einer berufsständischen öffentlichen Körperschaft getragen, dh eingerichtet und unterhalten werden. Die Einordnung als staatliche (öffentliche) Schule hängt damit maßgeblich davon ab, wer Schulträger ist; dies ist landesrechtlich geregelt. Die öffentlichen Schulen sind mehrheitlich **staat-**

14 Vgl. die zum Stichwort „Schulausbildung" aufgestellten Kriterien: BSG 25.11.1976 – 11 RA 146/75, BSGE 43, 44 (47); BSG 7.9.1988 – 10 RKg 6/87, HVBG-INFO 1988, 2115 (2117 f.).
15 Vgl. BVerfG 11.6.1974 – 1 BvR 82/71, NJW 1974, 1811 (1812).
16 BVerfG 8.4.1987 – 1 BvL 8/84, BVerfGE 75, 40 (77).
17 Vgl. zB VG Cottbus 20.7.2012 – 1 K 801/10, LKV 2012, 524.
18 Vgl. Jülich in: Jülich/van den Hövel, Schulrechtshandbuch NRW, K § 6 Rn. 3.
19 Leube in: Kater/Leube, SGB VII, § 2 Rn. 190.
20 Vgl. Jarass in: Jarass/Pieroth, GG Art. 7 Rn. 2.

lich-kommunale Schulen, die vom Land und einer Kommune in der Weise gemeinsam getragen werden, dass das Land die Kosten des Lehrpersonals, die kommunale Körperschaft die übrigen personellen und sachlichen Kosten trägt. Die Kommunen, die für die Errichtung und Unterhaltung der Schulen verantwortlich sind und finanzielle Leistungen für sie erbringen, werden als Schulträger bezeichnet (zur Sachkostenträgerschaft vgl. § 136 Abs. 3 Nr. 3 SGB VII).[21]

b) Privatschulen

13 Private Schulen werden in den meisten Schulgesetzen als Schulen in freier Trägerschaft bezeichnet. Treffender wäre der Begriff „öffentliche Schule in privater Trägerschaft“.[22] In der Sekundarstufe sind zwei Kategorien von (privaten) **Schulen in freier Trägerschaft** zu unterscheiden:

14 **Ersatzschulen** sollen als Schulen in freier Trägerschaft nach dem mit ihrer Errichtung verfolgten Gesamtzweck als Ersatz für eine in dem jeweiligen Bundesland vorhandene oder grundsätzlich vorgesehene staatliche Schule dienen. Da sie also öffentliche Schulen ersetzen, müssen sie ein Mindestmaß an Verträglichkeit mit vorhandenen Schulstrukturen einschließlich der damit verfolgten pädagogischen Ziele aufweisen.[23] Ersatzschulen bedürfen nach Art. 7 Abs. 4 GG iVm dem jeweiligen Schulgesetz der Genehmigung durch die örtlich zuständige Schulbehörde. Erst die **staatliche Anerkennung verleiht** der Ersatzschule die **Befugnis**, nach den für öffentliche Schulen geltenden Vorschriften **Prüfungen abzuhalten** und Zeugnisse zu erteilen; damit werden ihr rechtliche Befugnisse der öffentlichen Schulen übertragen (→ Rn. 28).[24]

15 Mit dem Besuch einer genehmigten Ersatzschule erfüllen die Schüler die Schulpflicht (→ Rn. 24), wobei es für die Qualifizierung einer Schule als Ersatzschule jedoch nicht davon abhängt, ob sie schulpflichtige Schüler aufnimmt.[25] Teilweise ist es landesrechtlich geregelt, dass zB an **Ausbildungseinrichtungen für Heil- oder Heilhilfsberufe** oder Verwaltungsschulen die Schulpflicht nicht erfüllt wird, sondern diese lediglich ruht (→ Rn. 27, 48). Wenn das Landesrecht bestimmte Bildungseinrichtungen von der Anwendung des Schulrechts ausnimmt, folgt daraus, dass solche Schulen in freier Trägerschaft nichts ersetzen können, damit von vornherein nicht genehmigungsfähig sind und somit den Charakter einer Ergänzungsschule (→ Rn. 16, 48) aufweisen.

16 Die **Ergänzungsschule** stellt einen Schultyp dar, der anders als die Ersatzschule (→ Rn. 14 f.) grundsätzlich nicht darauf abzielt, das Bildungsangebot öffentlicher Schulen durch ein gleichartiges zu ersetzen, sondern durch ein alternatives Angebot zu ergänzen.[26] Sie ergänzen das öffentliche Bildungsangebot durch Bildungswege, die in öffentlichen Schulen in der Regel nicht bestehen, vor allem im beruflichen Bereich. Zu unterscheiden sind allgemeinbildende, berufsbildende, ausländische und interna-

21 Vgl. Eckhardt, Bildungswesen, S. 55.
22 Vgl. Rux, Schulrecht, Rn. 1180.
23 BVerwG 29.4.2019 – 6 B 141/18, NVwZ-RR 2019, 686 (687 ff.); BVerwG 28.12.1996 – 6 C 6/95, BVerwGE 104, 1 (7); Rux, Schulrecht, Rn. 1186, 1203 ff.; vgl. auch Vogel RdJB 2009, 346 ff.
24 Eckhardt, Bildungswesen, S. 35.
25 BVerfG 8.4.1987 – 1 BvL 8/84, BVerfGE 75, 40 (76).
26 Vgl. Kluth RdJB 2018, 222 (227); ferner Eckhardt, Bildungswesen, S. 34.

tionale Ergänzungsschulen. Staatlich anerkannte Abschlüsse können an Ergänzungsschulen nicht erworben werden, vielmehr ist insoweit die erfolgreiche Teilnahme an sog. Externenprüfungen vor staatlichen Prüfungskommissionen erforderlich (→ Rn. 48).[27] Bei den Ergänzungsschulen besteht nur eine Anzeigepflicht über die Aufnahme des Schulbetriebs gegenüber den Schulbehörden, die diese in die Lage versetzen soll, ihre Aufgaben (Überwachung und Gefahrenabwehr) wahrzunehmen.[28] An den **Ergänzungsschulen kann grundsätzlich keine Schulpflicht erfüllt** werden.

Vereinzelt ist es jedoch ausnahmsweise landesrechtlich geregelt, dass auch an allgemeinbildenden Ergänzungsschulen die Schulpflicht erfüllt werden kann, wenn an ihr mindestens das Bildungsziel der Hauptschule erreicht werden kann (**sog. anerkannte Ergänzungsschule**).[29]

4. Schulformen und Schulsystem

Das deutsche Schulsystem ist im Wesentlichen **dreigliedrig** und umfasst die **Primarstufe sowie die Sekundarstufen I und II.** Die Elementarstufe (Tagesbetreuung) sowie 17
die sog. Tertiärstufe (Hochschulbildung) sind zwar Bestandteil der deutschen Bildungslandschaft, nicht jedoch des Schulsystems.

Die Kinder sind in der Regel im Jahr der Vollendung des sechsten Lebensjahres schulpflichtig und treten in die für alle Schüler gemeinsame Grundschule bzw. Förderschule ein, die von Jahrgangsstufe 1 bis 4 reicht (**Primarstufe**). In Berlin und Brandenburg umfasst die Grundschule sechs Jahrgangsstufen.

Die Organisation des Schulwesens in den Ländern in der **Sekundarstufe I und II** (Jahrgangsstufen 5 bis 12 bzw. 13) ist dadurch gekennzeichnet, dass nach der idR gemeinsamen vierjährigen Grundschule die weiteren Bildungsgänge mit ihren Abschlüssen und Berechtigungen bestimmten Schularten zugeordnet sind. Die Sekundarstufe ist nahezu in jedem Bundesland anders organisiert.[30] In der Mehrzahl der Länder sind dies Hauptschule, Realschule, Gymnasium, Gesamtschule (in kooperativer bzw. integrierter Form), Gemeinschaftsschulen. Gemeinsame Grundsätze für die Gestaltung der Sekundarstufe I hat die Kultusministerkonferenz in dem Beschluss „Vereinbarung über die Schularten und Bildungsgänge im Sekundarbereich I“ vom 3.12.1993 in der Fassung vom 25.9.2014[31] festgelegt.

Nach Erfüllung der allgemeinen Schulpflicht erfolgt entsprechend den Abschlüssen und Berechtigungen, die am Ende der Sekundarstufe I erlangt werden, der Übergang in die **Sekundarstufe II.** Diese umfasst allgemeinbildende und berufliche Vollzeitschulen und die Berufsausbildung im dualen System.

27 Overbeck in: Jülich/van den Hövel, Schulrechtshandbuch NRW, K § 116 Rn. 2.
28 Overbeck in: Jülich/van den Hövel, Schulrechtshandbuch NRW, K § 116 Rn. 5; Pieroth in: Jarass/Pieroth GG Art. 7 Rn. 31 ff.
29 Vgl. zB § 118 Abs. 2, § 34 Abs. 3 SchulG NRW; kritisch dazu Rux, Schulrecht, Rn. 1289.
30 Vgl. BT-Drs. 15/6014, 275.
31 Abrufbar unter www.kmk.org.

a) Allgemeinbildende Schulen

18 Wie bereits oben (→ Rn. 6 f.) ausgeführt, haben allein die Bundesländer die Gesetzgebungskompetenz für das Schulwesen. Um eine vollständige förderale Zergliederung zu vermeiden, haben die Ministerpräsidenten der Länder am 28.10.1964 das „Abkommen zwischen den Ländern der Bundesrepublik zur Vereinheitlichung auf dem Gebiete des Schulwesens“ geschlossen (sog. **Hamburger Abkommen**).[32] Dort wurden **einheitliche Bezeichnungen im (allgemeinbildenden) Schulwesen** vereinbart: So trägt zB die für alle Schüler gemeinsame Unterstufe die Bezeichnung Grundschule. Die auf der Grundschule aufbauenden Schulen tragen die Bezeichnungen Hauptschule, Realschule oder Gymnasium, ferner existieren weiteren Typen wie die Mittel-, Gesamt-, Ober-, Regional-, Stadtteil- oder Gemeinschaftsschule. Schulen für Kinder und Jugendliche mit körperlicher, seelischer oder geistiger Behinderung tragen die Bezeichnung Förderschulen. Schulen, die am Ende der 13. Klasse (bzw. 12. Klasse) zur allgemeinen Hochschulreife oder zu einer fachgebundenen Hochschulreife führen, tragen die Bezeichnung Gymnasium. Insgesamt verfolgen allgemeinbildende Schulen kein unmittelbares Berufsziel, sondern die **Vermittlung von Allgemeinwissen.**

b) Berufsbildende Schulen

19 Im Gegensatz zu den allgemeinbildenden Schulen stellen bei berufsbildenden Schulen der Beruf und die Berufswelt insgesamt die wesentlichen Schwer- und Bezugspunkte der Berufsbildung dar, ebenso wie auch bei der Ausbildung in den Betrieben. Sie vermitteln aber auch Allgemeinwissen. Die Kultusministerkonferenz kommt in ihrem Beschluss vom 8.12.1975 („Bezeichnung zur Gliederung des beruflichen Schulwesens“)[33] überein, im beruflichen Schulwesen die Bezeichnungen Berufsschule, Berufsfachschule, Berufsaufbauschule, Fachoberschule sowie Fachschule zu verwenden.

20 **Berufsschulen** sind Schulen, die von Berufsschulpflichtigen bzw. – berechtigten besucht werden, die sich in der beruflichen Erstausbildung befinden oder in einem Arbeitsverhältnis stehen. **Berufsfachschulen** sind Schulen mit Vollzeitunterricht von mindestens einjähriger Dauer, für deren Besuch keine Berufsausbildung oder berufliche Tätigkeit vorausgesetzt wird. **Berufsaufbauschulen** sind Schulen, die neben einer Berufsschule oder nach erfüllter Berufsschulpflicht von Jugendlichen besucht werden, die in einer Berufsausbildung stehen oder eine solche abgeschlossen haben. **Fachoberschulen** sind Schulen, die – aufbauend auf einem Realschulabschluss oder einem als gleichwertig anerkannten Abschluss – allgemeine, fachtheoretische und fachpraktische Kenntnisse und Fähigkeiten vermitteln und zur Fachhochschulreife führen. **Fachschulen** sind Schulen, die grundsätzlich den Abschluss einer einschlägigen Berufsausbildung in einem anerkannten Ausbildungsberuf und eine entsprechende Berufstätigkeit voraussetzen.[34]

---

32 Hamburger Abkommen in der Fassung vom 14.10.1971, weiterentwickelt durch den KMK-Beschluss vom 10.5.2001, abrufbar unter www.kmk.org.

33 Abrufbar unter www.kmk.org.

34 Vgl. zum Vorgenannten ausführlich Pahl, Berufsbildende Schule, S. 99 ff.

c) Besondere Ausgestaltungen

Ganztagsschulen sind Schulen, bei denen im Primar- und Sekundarbereich I 21

- an mindestens drei Tagen in der Woche ein täglich mindestens sieben Zeitstunden umfassendes Angebot für die Schüler bereitgestellt wird,
- an allen Tagen des Ganztagsschulbetriebs den teilnehmenden Schülern ein Mittagessen bereit gestellt wird,
- die Ganztagsangebote unter der Aufsicht und Verantwortung der Schulleitung organisiert und in enger Kooperation mit der Schulleitung durchgeführt werden sowie in einem konzeptionellen Zusammenhang mit dem Unterricht stehen.[35]

Für Schüler mit sonderpädagogischem Förderbedarf, deren Förderung in einer allgemeinen Schule nicht ausreichend gewährleistet werden kann, gibt es im Bereich der allgemeinbildenden und beruflichen Schulen entsprechend den Behinderungsarten **unterschiedliche Typen von Förderschulen**, die in einigen Ländern auch Sonderschulen, Förderzentren oder Schulen für Behinderte genannt werden. 22

Die in Deutschland bestehenden ausländischen und internationalen Schulen sind überwiegend Ergänzungsschulen und unterstehen nur eingeschränkt der staatlichen Aufsicht. Durch den Besuch kann in der Regel nur mit einer Ausnahmegenehmigung der Schulaufsicht die Schulpflicht erfüllt werden.[36] Zum Teil sieht das Schulrecht unmittelbar vor, dass (zumindest ausländische) Schüler an Ergänzungsschulen, die internationale Abschlüsse oder solche eines EU-Mitgliedstaates vorbereiten, die Schulpflicht erfüllen können.[37] **Ausländische Privatschulen** sind Schulen, die von Ausländern oder ausländischen Staaten in Deutschland betrieben werden. Sie unterliegen hinsichtlich der Unterrichtsinhalte, Lehrpläne und Prüfungsordnungen der Schulaufsicht des Herkunftslandes.[38] In Deutschland existieren ferner **Internationale Schulen**, die Schulen in freier Trägerschaft sind und in einigen Ländern den Status von Ersatzschulen, in anderen Ländern den von Ergänzungsschulen haben.[39] 23

5. Schulpflicht

Grundsätzlich[40] besteht für **alle (bildungsfähigen) minderjährigen Kinder, die im jeweiligen Bundesland ihren Wohnsitz bzw. gewöhnlichen Aufenthalt** (vgl. § 7 BGB) oder zumindest ihre Ausbildungs- oder Arbeitsstätte haben, Schulpflicht, welche eng mit dem schulischen Bildungs-, Erziehungs- und Integrationsauftrag zusammenhängt. Nach § 11 BGB teilt ein minderjähriges Kind den Wohnsitz der Eltern so lange, bis es ihn rechtsgültig aufhebt. 24

Die **Schulpflicht beginnt** nach den Schulgesetzen der Länder allgemein im Jahr der Vollendung des sechsten Lebensjahres.[41] Sie beträgt neun bzw. zehn Vollzeitschuljah- 25

35 Vgl. BT-Drs. 15/6014, 306.
36 Avenarius/Heckel, Schulrechtskunde, Erl. 13.541.
37 Vgl. § 56 Abs. 2 S. 2 SchulG Hessen; sa § 34 Abs. 3, 5 SchulG NRW; § 11 Abs. 3 SächsFrTrSchG.
38 Vgl. van den Hövel RdJB 2007, 330 (331).
39 Vgl. weitergehend dazu Rux, Schulrecht, Rn. 272 f., 376 f.
40 Vgl. zum Folgenden auch Rux, Schulrecht, Rn. 221 ff.; Avenarius NZFam 2015, 342 (342).
41 Vgl. die Übersicht zum Landesrecht: van den Hövel RdJB 2009, 260 (260 f.).

re und ist grundsätzlich durch den Besuch einer deutschen Schule zu erfüllen, wobei die Schulgesetze Ausnahmen bei Vorliegen wichtiger Gründe[42] zulassen. **Nach Erfüllung der allgemeinen Schulpflicht** unterliegen diejenigen Jugendlichen, die in der Sekundarstufe II keine allgemein- oder berufsbildende Schule in Vollzeitform besuchen, der **Berufsschulpflicht** (Teilzeitschulpflicht). Diese beträgt in der Regel drei Berufsschuljahre, wobei sich die Berufsschulpflicht nach der Dauer des Ausbildungsverhältnisses in einem anerkannten Ausbildungsberuf richtet.[43] **Nicht der Schulpflicht** unterliegen grundsätzlich Kinder von Angehörigen der diplomatischen Vertretungen oder der Stationierungskräfte.

26 **Schulpflichtige im Jugendstrafvollzug** haben die dort eingerichteten Schulen (in der Regel berufsbildend) zu besuchen (vgl. § 90 Abs. 1 S. 2 JGG iVm Nr. 80 Abs. 3 UVollzO). Die näheren Einzelheiten sieht das jeweilige Jugendstrafvollzugsrecht des Bundeslandes in Verbindung mit den einschlägigen ministeriellen Erlassen vor.

27 Das jeweilige Schulrecht bestimmt die Voraussetzungen für eine grundsätzlich mögliche **Befreiung bzw. Beurlaubung von der Schulpflicht**, von der das nur vorübergehende **Ruhen der Schulpflicht** zu unterscheiden ist. Das Ruhen der Schulpflicht bewirkt bei unverändert fortbestehendem Schulverhältnis eine vorübergehende Aussetzung der Schüler- und Elternpflichten, die sich aus ihr ergeben, insbesondere die Teilnahmepflicht (→ Rn. 28). Ein Ruhen kommt zB bei der Ableistung von Wehr- oder Zivildienst, der Geburt oder Betreuung eines Kindes in Betracht oder beim Besuch bestimmter Ausbildungseinrichtungen (Ausbildungseinrichtungen für Heil- oder Heilhilfsberufe oder Verwaltungsschulen etc, vgl. auch → Rn. 14).

28 Zur Erfüllung der Schulpflicht gehört, dass die Schüler regelmäßig am Unterricht und den sonstigen schulischen Veranstaltungen teilnehmen. Die Schulpflicht ist damit **zugleich** eine **Schulbesuchspflicht**, so dass diese nicht durch die Teilnahme an privatem häuslichem Unterricht (**Homeschooling,** → Rn. 91) erfüllt werden kann.[44] Aber auch nicht mehr schulpflichtigen, jedoch an einer Schule angemeldeten Schülern obliegt eine Schulbesuchspflicht.[45] Dies folgt aus dem durch die Aufnahme in eine öffentliche Schule begründeten **öffentlich-rechtlichen Rechtsverhältnis (Schulverhältnis)**,[46] welches durch die Aufnahmeentscheidung seitens der jeweiligen Schulleitung zu dieser begründet wird und grundsätzlich erst mit dem Verlassen dieser Schule endet. Andernfalls wären ein kontinuierlicher Unterricht und ein Lernerfolg (Schulabschluss) nicht zu gewährleisten. Die Begründung wie auch die Beendigung des (öffentlichen) Schulverhältnisses sind Verwaltungsakte (§ 35 VwVfG). Das **Rechtsverhältnis** zwischen dem Schüler und dem Träger einer **Privatschule** (zB genehmigte Ersatzschule) ist jedoch nicht öffentlich-rechtlich, sondern privatrechtlich in der Form des Dienst-

42 ZB Besuch einer ausländischen oder internationalen Ergänzungsschule, deren Eignung zur Erfüllung der Schulpflicht festgestellt wurde.
43 Rux, Schulrecht, Rn. 245.
44 Vgl. BVerwG 15.10.2009 – 6 B 27/09, NVwZ 2010, 525 (525 f.).
45 Vgl. Rux, Schulrecht, Rn. 278.
46 Vgl. zB § 42 Abs. 1, § 46 Abs. 1 SchulG NRW, § 69 Abs. 1 SchulG Hessen; ferner Rux, Schulrecht, Rn. 80.

vertrages ausgestaltet.[47] Soweit jedoch Ersatzschulen ausnahmsweise Regelungen treffen, die sich unmittelbar auf die Erfüllung des allgemeinen Bildungsanspruchs der Schüler[48] auswirken (zB indem sie Prüfungen abnehmen), nehmen sie als Beliehene hoheitliche Aufgaben wahr und erlassen insoweit Verwaltungsakte.[49]

Die Pflicht zum Schulbesuch hängt somit nicht vom Bestand der Schulpflicht, sondern allein von der Zugehörigkeit zu einer bestimmten Schule (aufgrund eines konkreten Schulverhältnisses) ab, und zwar auch dann, wenn diese auf der autonomen Entscheidung des Schülers beruht.[50] 29

Aus dem Schulverhältnis ergeben sich weitere **Rechte und Pflichten der Schüler sowie ihrer Eltern**, etwa die, dem Unterricht nicht nur beizuwohnen, sondern auch ihm aktiv zu folgen und mitzuarbeiten bzw. ihr Kind von der Schule in ihre alleinige Obhut zurück zu übernehmen, sobald dessen Teilnahmepflicht am Unterricht oder an einer sonstigen Schulveranstaltung (zB Klassenfahrt) endet, soweit dies den Eltern nach den tatsächlichen Umständen möglich und zumutbar ist.[51]

Das **Ende der Schulpflicht** ist in den Ländern sehr differenziert ausgestaltet. Gemeinsam ist dem jeweiligen Landesrecht, dass die Schulpflicht jedenfalls unter bestimmten Voraussetzungen mit dem Erreichen des 18. Lebensjahres bzw. mit dem erfolgreichen Abschluss der Sekundarstufe II bzw. der Berufsschule endet (→ Rn. 25). 30

III. Versicherter Personenkreis (SGB VII)

Für den Versicherungsschutz nach § 2 Abs. 1 Nr. 8 b Alt. 1 SGB VII ist erforderlich, dass ein Schüler (→ Rn. 32 ff.) eine allgemein- oder berufsbildende Schule (→ Rn. 40 ff.) besucht (→ Rn. 51 ff.). 31

Bereits aus dem Wortlaut wird für den **Zusammenhang der Normen** deutlich, dass im Rahmen der Auslegung des SGB VII die Bestimmungen des jeweiligen Schulrechts (Landesrecht) eine wichtige Rolle spielen.[52] Da es zB für den Begriff der allgemein- oder berufsbildenden Schule keine eigene Definition im Unfallversicherungsrecht gibt und Fragen des schulrechtlichen Abschlusses (→ Rn. 18 ff.) oder der Möglichkeiten, durch den Besuch einer Einrichtung die Schulpflicht zu erfüllen (→ Rn. 24 ff.) sich nur unter Zuhilfenahme des jeweiligen Schulrechts beantworten lassen, ist mit Blick auf die **personen- bzw. sachbezogenen Tatbestandsmerkmale** das **Schulrecht** als Fachrecht heranzuziehen (→ § 1 Rn. 21). Die **versicherten Tätigkeiten** („während des Besuchs") sind hingegen rein **unfallversicherungsrechtlich** anhand der Wertungen des SGB VII zu bestimmen (→ Rn. 51 ff.).

---

47 Vgl. BGH 17.1.2008 – III ZR 74/07, NJW 2008, 1064; VGH Hessen 24.8.2006 – 7 TJ 1763/06, DÖV 2007, 262 (263); vgl. auch LG Coburg 6.7.2010 – 23 O 105/10, BeckRS 2010, 26338 zur Kündigung aus wichtigem Grund.

48 Dieser ist in der Regel landesverfassungsrechtlich verankert, stellt jedoch kein subjektiv-öffentliches, also durch eine Einzelperson für sich einforderbares Recht dar.

49 Vgl. BVerwG 24.6.2016 – 6 B 52/15 (nv, juris-Rn. 11); OVG Sachsen-Anhalt 14.1.2019 – 3 L 342/18 (nv, juris-Rn. 25 ff.).

50 Vgl. Rux, Schulrecht, Rn. 219, 278.

51 Vgl. OVG NRW 30.4.2010 – 19 A 993/07, NVwZ-RR 2010, 643 (644); ferner zB § 42 Abs. 3 SchulG NRW; ausführlich Rux, Schulrecht, Rn. 271 ff.

52 So zB auch Schwerdtfeger in: Lauterbach, SGB VII, § 2 Rn. 279 a.

1. Schüler

32 Der **Begriff** des Schülers iSv § 2 Abs. 1 Nr. 8 b SGB VII ist im Sozialrecht nicht definiert. Aus der Formulierung „Schüler während des Besuchs von (...) Schulen“ ist zu schließen, dass nur solche Personen versichert sind, die zur Erfüllung der Schulpflicht oder zur weiteren schulischen Ausbildung in allgemein- oder berufsbildende Schulen (→ Rn. 41 ff.) förmlich aufgenommen sind, unabhängig von Anlass (zB Schulpflicht), Alter und zeitlicher Inanspruchnahme.[53] Zwischen dem Schüler und einer konkreten Schule muss also ein **Schulrechtsverhältnis** (→ Rn. 28) entsprechend dem einschlägigen Landesrecht bestehen, denn nur in Bezug auf die Veranstaltungen dieser sog. **Stammschule** besteht Unfallversicherungsschutz (→ Rn. 56).[54] Vor diesem Hintergrund wird teilweise ausgeführt, dass eine Person grundsätzlich erst dann ein Schüler ist, wenn er „Teil und Glied der Schule“ ist.[55] Es bedarf keiner beruflichen Zweckorientierung (→ Rn. 55).

Soweit ein schulrechtlicher Abschluss erlangt bzw. zumindest angestrebt wird oder die Schüler mit dem Besuch ihre Schulpflicht erfüllen können bzw. aufgrund dieses Besuchs von ihr befreit werden, (vgl. zB → Rn. 41), kommt jede Schulform in Betracht.[56] Unerheblich ist dabei, ob der Schüler bereits einen vergleichbaren Abschluss erworben hat.

a) Austauschschüler, Gastschüler

33 In diesem Sinne nicht förmlich aufgenommen sind **Austauschschüler**, die im Zuge des Schüleraustausches mit dem Ausland nur vorübergehend an Unterrichten oder an anderen schulischen Veranstaltungen entweder einzeln oder in Gruppen teilnehmen. Daher ist ein derartiger rein **informatorischer Aufenthalt** (zB ein- bis dreiwöchiger Auslandsaufenthalt im Rahmen einer Schulpartnerschaft) unversichert. Etwas anderes gilt jedoch, wenn **Gastschüler** in den schulischen Ablauf vollständig eingebunden sind, wofür die vollständige Einbeziehung in die Notenerteilung oder die vorgesehene Vergabe eines Abschlusszeugnisses Anhaltspunkte sein können.[57] Kein Kriterium ist hingegen das Maß der vorhandenen Sprachkompetenzen. Nach dem jeweiligen Schulrecht ist es möglich, Gastschüler für einen Zeitraum von einem Monat bis zu einem Jahr vollständig in den Unterricht zu integrieren mit der Folge, dass ein Schulverhältnis entsteht und sie für diese Zeit ein Zeugnis oder sonstige Bescheinigung über den Schulaufenthalt erhalten. Derartige Austauschschüler sind unfallversichert (§ 2 Abs. 1 Nr. 8 b, Abs. 3 S. 4 SGB VII, § 4 SGB IV), jedenfalls sofern sie ihren Wohnsitz in Deutschland haben (vgl. zu den Einflüssen den europäischen Sozialrechts: → § 11 Rn. 1 ff.). Die Zuständigkeit für die Aufnahme liegt bei der Schulleitung und nicht beim Schulträger oder der Schulaufsichtsbehörde. Zwar muss die Schulleitung den ihr vom Schulträger vorgegebenen Höchstaufnahmerahmen einhalten und dafür

53 Vgl. BSG 4.7.2013 – B 2 U 2/12 R, SozR 4-2700 § 2 Nr. 25; Schmitt, SGB VII, § 2 Rn. 56; Hedermann in: LPK-SGB VII, § 2 Rn. 54.
54 Vgl. LSG Hamburg 11.10.2011 – L 3 U 39/10, BeckRS 2012, 66481; Schlaeger FD-SozVR 2012, 332425.
55 Vgl. BSG 1.2.1979 – 2 RU 63/77, SozR 2200 § 539 Nr. 53; BSG 28.6.1988 – 2 RU 14/87, USK 88116; Schwerdtfeger in: Lauterbach, SGB VII, § 2 Rn. 287.
56 Vgl. BT-Drucks 13/2204, 106.
57 Vgl. Hedermann in: LPK-SGB VII, § 2 Rn. 54; Bereiter-Hahn/Mehrtens, SGB VII § 2 Rn. 18.6.

Sorge tragen, dass die Unterrichts- und Erziehungsarbeit durch Gastschüler nicht behindert wird. Allerdings ist die (Nicht-)Einhaltung dieser schulrechtlichen Vorgaben mangels Erkennbarkeit für die Gastschüler, Eltern etc ohne Auswirkung auf den Versicherungsschutz (vgl. auch → Rn. 76 f.).

b) Schultauglichkeitsuntersuchung

Mangels förmlicher Aufnahme steht auch ein Kind auf dem Weg zu bzw. bei einer 34
Schultauglichkeitsuntersuchung (noch) nicht unter Versicherungsschutz gemäß § 2 Abs. 1 Nr. 8 b SGB VII (vgl. dazu § 4 Rn. 9 f.).[58] Allerdings besteht für diese aufgrund schulrechtlicher Vorschriften verpflichtenden Untersuchungen seit dem 24.12.1988[59] Versicherungsschutz nach **§ 2 Abs. 1 Nr. 3 SGB VII.** Davon erfasst ist ua die schulrechtlich vorgesehene Gesundheitsuntersuchung sowie die **Sprachstandsfeststellung** von Kindern, die demnächst schulpflichtig werden (→ § 4 Rn. 10 ff.). Nicht unter § 2 Abs. 1 Nr. 3, 8 a, b SGB VII fallen hingegen anschließende schulrechtlich verpflichtende **Sprachfördermaßnahmen,** sofern diese nicht in einer Tageseinrichtung für Kinder, sondern beispielsweise in einem Familienzentrum (→ § 2 Rn. 70 ff.) stattfinden. Dafür ist § 2 Abs. 1 Nr. 8 a SGB VII um eine dritte Alternative erweitert worden (ausführlich → § 4 Rn. 1 ff.)

c) Besucher

Nicht unfallversichert sind ferner Personen, die sich lediglich als **Besucher** in der 35
Schule aufhalten, zB Angehörige (Eltern, Großeltern, Geschwisterkinder etc) und Freunde eines Schülers beim Elternsprechtag oder, als Teilnehmer an einem Schulfest bzw. Ausflug, ehemalige Schüler, die nach der Entlassung oder Umschulung besuchsweise ihre ehemalige Schule aufsuchen.

d) Abgrenzung Schüler/Lernende

Nicht nach Nr. 8 b versichert ist der Besuch von Schulen oder sonstigen privaten Bil- 36
dungseinrichtungen, die weder der Vermittlung von Allgemeinwissen dienen noch auf einen Schulabschluss gerichtet sind noch berufsspezifische Kenntnisse vermitteln. Das sind Schulen, die der Aus- und Weiterbildung dienen oder die nach oder neben einer Berufsausbildung oder -ausübung besucht werden (zB Schulen für pharmazeutisch-technische Assistenten – PTA). Für die Personengruppe der berufsbegleitend Lernenden kommt ein Versicherungsschutz nach **§ 2 Abs. 1 Nr. 2 SGB VII** in Betracht (vgl. auch → § 6 Rn. 75 f.).[60] Von diesem Tatbestand können **Formen der beruflichen Aus- und Fortbildung** außerhalb der schulischen und betrieblichen Berufsbildung in den genannten Einrichtungen erfasst sein.[61]

Als **beruflich Lernende** können Personen jeglichen Alters bezeichnet werden, die nicht 37
der gesetzlichen Schulpflicht unterliegen und sich außerhalb eines Beschäftigungsverhältnisses (→ Rn. 50) in Betriebsstätten, Lehrwerkstätten, Schulungskursen und ähn-

---

58 Vgl. BSG 1.2.1979 – 2 RU 63/77, SozR 2200 § 539 Nr. 53.
59 Gesetz vom 20.12.1988, BGBl. I, S. 2330 (2337).
60 Vgl. BSG 4.7.2013 – B 2 U 2/12 R, SozR 4-2700 § 2 Nr. 25; Mutschler in: Jahn/Jung, SGB VII, § 2 Rn. 84.
61 Vgl. LSG NRW 10.3.2004 – L 17 U 214/02, BeckRS 9999, 08192; Bieresborn in: jurisPK-SGB VII, § 2 Rn. 70.

lichen Einrichtungen aufgrund persönlicher Initiative aus- oder fortbilden. Wenn die Schulpflicht nach dem einschlägigen Schulrecht nicht durch den Besuch der Einrichtung erfüllt wird, sondern lediglich ruht (→ Rn. 15, 27), dann besteht kein Versicherungsschutz als Schüler, sondern ggf. als Lernender. Eine berufliche Aus- oder Fortbildung erfordert einen sachlichen Bezug zu einer Erwerbstätigkeit oder einer anderen nach § 2 Abs. 1 SGB VII versicherten Tätigkeit.[62] Ein solcher fehlt ua, wenn die konkret durchgeführte Maßnahme privaten, eigennützigen, nicht wirtschaftlichen Interessen dient.[63]

Im Gegensatz zu den beruflich Lernenden nach Nr. 2 ist eine **berufliche Zweckorientierung** der schulischen Ausbildung (Nr. 8 b) nicht zu verlangen (→ Rn. 55). Weder der Wortlaut, der (historisch belegbare) Wille des Gesetzgebers, die Gesetzessystematik noch der Sinn und Zweck des Gesetzes legen eine berufliche Zweckorientierung des Schulbesuchs als Voraussetzung für den Versicherungsschutz nahe, so dass ein Schüler auch dann versichert wäre, wenn er später keine Berufstätigkeit ergreifen möchte.

38 **Schulungskurse** sind berufsbildende Lehrgänge unterschiedlicher Institutionen (zB von Berufsorganisationen). Sie unterscheiden sich von den berufsbildenden Schulen durch die kürzere Zeitdauer, die die jeweilige Bildungsmaßnahme in Anspruch nimmt.[64] Dazu gehören Lehrgänge, in denen Berufsförderungs- und Umschulungsmaßnahmen durchgeführt werden, ausbildungsbegleitende Maßnahmen nach dem SGB III, Unterstützungsunterricht, Meisterkurse, ferner Arbeitsgemeinschaften zur Vorbereitung einer Abschlussprüfung (vgl. auch → § 6 Rn. 75 f.). Anders als bei Schülern (→ Rn. 32) kann mit dem Besuch eines Bildungsganges kein schulrechtlichen Abschluss erlangt oder die Schulpflicht erfüllt bzw. von dieser befreit werden.

39 Sofern Personen **auf Veranlassung des Arbeitgebers** an beruflichen Aus- und Fortbildungsmaßnahmen teilnehmen, die Teilnahme an den Lehrgängen somit als Teil der betrieblichen Beschäftigung anzusehen ist und dem Unternehmen unmittelbar dient, kommt sogar ein vorrangiger Versicherungsschutz nach § 2 Abs. 1 Nr. 1 SGB VII als Beschäftigter in Betracht. Erforderlich ist insoweit, dass der Arbeitgeber die Teilnahme der Beschäftigten an einer Maßnahme veranlasst, dh den Auftrag dazu gegeben hat oder sich das betriebliche Interesse auf andere unmittelbare Weise dokumentiert, zB durch Übernahme zumindest eines Teils der entstehenden Kosten und durch bezahlte Freistellung von der Arbeit.[65]

2. Begriff der allgemein- oder berufsbildenden Schule

40 Versicherungsschutz besteht an allgemein- oder berufsbildenden Schulen. Was unter dem Begriff allgemein- bzw. berufsbildende Schule im Sinne des § 2 Abs. 1 Nr. 8 b SGB VII zu verstehen ist, wird durch ein Bundesgesetz **nicht definiert bzw. erläutert.**

---

62 Vgl. BSG 18.1.2011 – B 2 U 9/10 R, BSGE 107, 197 (200 f.); von Koppenfels-Spies in: Eichenhofer/von Koppenfels-Spies/Wenner, SGB VII, § 2 Rn. 30; Schlaeger SGb 2013, 199 (205 f.).
63 Vgl. BSG 18.1.2011 – B 2 U 9/10 R, BSGE 107, 197 (200).
64 Becker in: SGB VII-Komm, § 2 Rn. 356.
65 Vgl. LSG NRW 10.3.2004 – L 17 U 214/02, BeckRS 9999, 08192; LSG NRW 10.10.2014 – L 4 U 506/10, BeckRS 2015, 65171; Bereiter-Hahn/Mehrtens, SGB VII § 2 Rn. 6.32.

Nach der Gesetzesbegründung (→ Rn. 3) sind allgemeinbildende Schulen alle staatlichen oder privaten Schulen, an denen die Schulpflicht erfüllt werden kann oder die darüber hinaus zur mittleren Reife oder zum Abitur führen, also zB Grund- und Hauptschulen, Mittel- oder Realschulen, Gymnasien, Förderschulen für körperlich oder geistig Behinderte, Aufbauschulen, Abendschulen, Internate (→ Rn. 94 f.) und Kollegs etc (vgl. dazu → Rn. 18 ff.).[66]

a) Allgemeinbildende Schulen

Zu den allgemeinbildenden Schulen zählen nach der Rechtsprechung Schulen, die nach ihrem Schulziel den Schülern eine auf den Haupt- oder Realschulabschluss oder die Reifeprüfung vorbereitende Bildung vermitteln (→ Rn. 18) und an denen die Schulpflicht (→ Rn. 25 ff.) erfüllt werden kann.[67] Entscheidend ist nicht allein der erzielbare Schulabschluss, sondern die Vermittlung allgemeiner Bildungsinhalte, die mit den genannten Schulabschlüssen verbunden sind.[68] Für den Begriff allgemeinbildende Schulen ist es unerheblich, ob es sich um öffentliche oder private Schulen handelt, ob die entsprechenden Schüler schulpflichtig sind oder welchen Alters sie sind, da andernfalls die Schüler des zweiten Bildungsweges auf Abendgymnasien und Kollegs oder anderen Bildungseinrichtungen vom Unfallversicherungsschutz ausgenommen wären.[69] Die unter → Rn. 18 ff. dargestellten Schulen und Schulvarianten (zB Ganztagschulen) sind grundsätzlich allgemeinbildend, wobei landesrechtliche Besonderheiten zu beachten sind. 41

Auch die **Kinder- und Jugendsportschulen** (KJS) auf dem Gebiet der ehemaligen DDR können den Begriff der allgemeinbildenden Schule erfüllen, da deren Schüler nach den staatlichen Lehrplänen auf Prüfungen mit dem Ziel vorbereitet wurden, einen mit dem Realschulabschluss oder der Reifeprüfung vergleichbaren Abschluss zu erlangen. Daher fand auch eine Vermittlung allgemeiner Bildungsinhalte statt.[70] 42

Sofern **Schulkindergärten** (Vorklassen) Teil einer allgemeinbildenden Schule sind, sind die Kinder als Schüler unfallversichert, auch wenn sie noch nicht schulpflichtig sein sollten (→ Rn. 3).[71] Ohne organisatorische Anbindung an eine Schule dürfte in aller Regel Versicherungsschutz nach § 2 Abs. 1 Nr. 8 a SGB VII bestehen.[72] Ziel der Arbeit des Schulkindergartens bzw. der Vorklassen ist es, die Voraussetzungen für eine gesunde Entwicklung der Verstandes-, Gefühls- und Willenskräfte der Kinder zu schaffen und zu verbessern, sowie die Schulfähigkeit durch eine sinnvolle Lenkung des Spiel- und Beschäftigungstriebes anzustreben, ohne dass indessen ein Vorgriff auf den Lehrstoff der Schule erfolgt.[73] 43

---

66 Vgl. dazu auch allgemein: Schwerdtfeger in: Lauterbach, SGB VII, § 2 Rn. 278 ff.
67 Vgl. BT-Drs. 6/1333, 4; BSG 4.7.2013 – B 2 U 2/12 R, SozR 4-2700 § 2 Nr. 25.
68 BSG 26.1.1988 – 2 RU 2/87, BSGE 63, 14 (16); BSG 30.6.2009 – B 2 U 19/08 R, SGb 2010, 483 (485).
69 BSG 26.1.1988 – 2 RU 2/87, BSGE 63, 14 (16).
70 Vgl. BSG 30.6.2009 – B 2 U 19/08 R, SGb 2010, 483 (485 f.).
71 Vgl. BT-Drs. 6/1333, 4; Bereiter-Hahn/Mehrtens, SGB VII § 2 Rn. 18.2.
72 So auch Bereiter-Hahn/Mehrtens, SGB VII § 2 Rn. 18.2; Becker in: SGB VII-Komm, § 2 Rn. 495; vgl. zum Schulrecht: Rux, Schulrecht, Rn. 238.
73 Vgl. Eckhardt, Bildungswesen, S. 260.

b) Berufsbildende Schule

44 Berufsbildende Schulen (→ Rn. 19 f.) verfolgen das Ziel, ein bestimmtes berufliches Wissen und Können zu vermitteln und zugleich die allgemeine Bildung zu verbessern (Berufs-, Berufsfach- und Berufsaufbauschulen).[74] Die berufsbildende Schule ist als Einrichtung der beruflichen Weiterbildung ein Sammelbegriff für alle in ihr enthaltenen Schulformen. Für die Zuordnung zu den berufsbildenden Schulen ist weniger die Bezeichnung, sondern vielmehr die Intention der Bildungseinrichtung wesentlich. Diese muss das Ziel haben, den Schülern überwiegend berufsspezifische Kenntnisse und Fertigkeiten zu vermitteln.[75] Da die **berufsbildenden Schulen** in § 2 Abs. 1 Nr. 8 b SGB VII ausdrücklich aufgeführt sind, handelt es sich bei diesen Einrichtungen nicht um allgemeinbildende Schulen, und zwar auch dann nicht, wenn (auch) allgemeine Bildungsinhalte vermittelt werden.[76] Ebenso wie bei den allgemeinbildenden Schulen ist ohne Bedeutung, ob es sich um eine öffentliche oder private Schule handelt.

45 Auszubildende im sogenannten **dualen System**, also in der betrieblichen und der schulischen Ausbildung, gehören zu den nach § 2 Abs. 1 Nr. 1 SGB VII und nach § 2 Abs. 1 Nr. 8 b SGB VII gegen Arbeitsunfall versicherten Personen.[77] Die unter → Rn. 19 f. dargestellten Schulen sind grundsätzlich berufsbildend, wobei landesrechtliche Besonderheiten zu beachten sind.

c) Landesrechtliche Prägung des Schulbegriffs

46 Für den Begriff der Schule ist im Rahmen des § 2 Abs. 1 Nr. 8 b SGB VII auf die jeweiligen landesrechtlichen Bestimmungen und Ausprägungen abzustellen (→ Rn. 31). Soweit teilweise vertreten wird, dass § 2 Abs. 1 Nr. 8 b SGB VII – anders als Nr. 8 a – nicht ausdrücklich mit den landesrechtlichen Regelungen verknüpft sei und sich daher auf Schulen als eigenständigen unbestimmten Rechtsbegriff im Rahmen des SGB VII bezieht,[78] so ist dies abzulehnen (vgl. auch → Rn. 31 f.). Grundsätzlich gibt das jeweilige Landesrecht vor, ob es sich bei einer Einrichtung um eine Schule handelt, an der die Schulpflicht erfüllt werden bzw. an der ein schulrechtlicher Abschluss erzielt werden kann (→ Rn. 32). Zwar hat der Bund die Gesetzgebungskompetenz für die Unfallversicherung (Art. 74 Abs. 1 Nr. 12 GG), allerdings kommt den Bundesländern die alleinige Gesetzgebungskompetenz für das Schulwesen zu (Art. 30, 70 GG). Art. 30 GG verbietet nicht nur eine rechtliche, sondern auch eine faktische Aufhebung bzw. Aushöhlung der Landeskompetenzen.[79] Gleiches muss dann aber auch für eine Interpretation von Landesrecht gelten, jedenfalls soweit der Bundesgesetzgeber keine abweichende bzw. eigenständige Begriffsdefinition vorgibt. Auch die Gesetzesbegründung legt nahe, dass das schulische Verständnis nach dem jeweiligen Landesrecht vorausgesetzt wurde. Hiervon geht auch das BSG aus.[80]

---

74 Vgl. BSG 4.7.2013 – B 2 U 2/12 R, SozR 4-2700 § 2 Nr. 25; Bieresborn in: jurisPK-SGB VII, § 2 Rn. 167.
75 Vgl. Mutschler in: Jahn/Jung, SGB VII, § 2 Rn. 83.
76 BSG 30.10.1991 – 2 RU 73/90, HVBG-INFO 1992, 247 (251 f.).
77 Vgl. BSG 18.4.2000 – B 2 U 5/99 R, NZS 2000, 619 (620); LSG NRW 11.9.2002 – L 17 U 207/01, HVBG-INFO 2003, 409 (414).
78 So Leube in: Kater/Leube, SGB VII, § 2 Rn. 189, 192.
79 BVerfG 19.10.1982 – 2 BvF 1/81, BVerfGE 61, 149 (205).
80 Vgl. zB BSG 4.7.2013 – B 2 U 2/12 R, SozR 4-2700 § 2 Nr. 25; BSG 30.10.1991 – 2 RU 73/90, HVBG-INFO 1992, 247 (253 f.); Schwerdtfeger in: Lauterbach, SGB VII, § 2 Rn. 279 a.

d) Abgrenzung der Schulformen

47 Für die Abgrenzung zwischen **allgemein- und berufsbildenden Schulen** kommt es nach der Rechtsprechung des BSG nicht auf die äußere Form oder den Status der Schule oder Bildungseinrichtung an, vielmehr ist das **verfolgte Schul- bzw. Bildungsziel entscheidend**, wobei sich diese Zielsetzung in erster Linie aus der jeweils geltenden Schulordnung zusammen mit den Stundentafeln ergibt, und inwieweit die pädagogische Zielsetzung der Intention der gesetzlichen Regelung entspricht.[81] Aus dem Umstand, dass bestimmte Schulen auch öffentlich betrieben werden oder an der Schule die Schulpflicht erfüllt werden kann, lässt sich nichts dafür gewinnen, ob die Schule nach ihrem Schulziel allgemein- oder berufsbildenden Charakter hat. Allerdings ist durch die Zusammenfügung der allgemein- und der berufsbildenden Schulen in § 2 Abs. 1 Nr. 8 b SGB VII (zuvor: § 539 Abs. 1 Nr. 14 b, c RVO) ein **praktischer Bedarf an** einer **Abgrenzung stark gesunken,**[82] zumal auch die Zuständigkeit der Unfallversicherungsträger vereinfacht wurde (vgl. § 128 Abs. 1 Nr. 3, § 223 Abs. 1 S. 2 SGB VII).

Eine Rolle spielt die Unterscheidung aber noch in den Fällen der echten Konkurrenz, da der versicherte Besuch einer berufsbildenden Schule den grundsätzlichen Vorrang des Beschäftigungsverhältnisses (§ 2 Abs. 1 Nr. 1 SGB VII, § 7 SGB IV) durchbricht, **§ 135 Abs. 1 Nr. 3 SGB VII**, bzw. in Fällen, in denen Schüler von Lernenden gemäß § 2 Abs. 1 Nr. 2 SGB VII abzugrenzen sind, die nicht an der Beitragsfreiheit (§ 185 Abs. 2 S. 1, § 128 Abs. 1 Nr. 3 SGB VII) unterfallen.[83]

e) Unfallversicherungsrechtliche Einordnung der Ersatz- und Ergänzungsschulen

48 Die schulrechtlichen Vorschriften über die **Ersatz- und Ergänzungsschulen** (→ Rn. 14 f.) gewährleisten einerseits die Eigenständigkeit freier Schulen und andererseits den Schutz der Allgemeinheit vor unzureichenden Bildungseinrichtungen, betreffen jedoch nicht die Bildungsziele der einzelnen Schularten. Entsprechen diese denen der allgemeinbildenden öffentlichen Schulen, so kann aus der Unterschiedlichkeit von Ersatz- und Ergänzungsschulen in Bezug auf das Genehmigungs- und Anerkennungsverfahren nicht geschlossen werden, die Ergänzungsschulen seien keine allgemein- bzw. berufsbildenden Schulen iSv § 2 Abs. 1 Nr. 8 b SGB VII, wobei allgemeinbildende Ergänzungsschulen wegen des nahezu geschlossenen Kreises des allgemeinbildenden Schulwesens nur selten anzutreffen sind.[84] Der Gesetzgeber hat zu dem hier bedeutsamen Schulbegriff eine Formulierung gewählt, die sich nicht am Status, sondern am Ausbildungsziel der Schule orientiert. Bezeichnet das Gesetz keine bestimmten Schultypen mit rechtstechnischen Begriffen, so ist nach der Rechtsprechung das Tatbestandsmerkmal Schule auch dann erfüllt, wenn die in Frage stehende schulische Ausbildung der Bildungseinrichtung nicht insgesamt oder überwiegend das Gepräge gibt, sondern nur innerhalb einer

---

81 BSG 30.10.1991 – 2 RU 73/90, HVBG-INFO 1992, 247 (251 f.); BSG 26.1.1988 – 2 RU 2/87, BSGE 63, 14 (17).

82 Ähnlich Riebel in: Hauck/Noftz, SGB VII, K § 2 Rn. 101.

83 Vgl. dazu Schlaeger in: BeckOK-SozR, SGB VII § 185 Rn. 2; vgl. ferner BSG 4.7.2013 – B 2 U 2/12 R, SozR 4-2700 § 2 Nr. 25.

84 Vgl. BSG 26.1.1988 – 2 RU 2/87, BSGE 63, 14 (17).

Abteilung durchgeführt wird.[85] Grundsätzlich gilt aber, dass **Ergänzungsschulen** jedenfalls dann **keine allgemein- oder berufsbildenden Schulen** im Sinne des § 2 Abs. 1 Nr. 8 b SGB VII sein können, wenn sie nicht auf einen schulrechtlichen Abschluss hinführen, da es für sie keine Entsprechungen bei staatlichen Schulen gibt.[86] Dann handelt es sich vielmehr um eine sonstige berufliche Bildungseinrichtung im Sinne von § 2 Abs. 1 Nr. 2 SGB VII (vgl. dazu auch → Rn. 36 ff.). Dies ist zB der Fall, wenn eine Externenprüfung vor staatlichen Prüfungskommissionen zur Erlangung des schulrechtlichen Abschlusses erforderlich ist (→ Rn. 16).[87] Danach ist zB der Besuch eines privaten Nachhilfeinstituts (einer Bildungs-Mangagement GmbH) mit dem Ziel der Vorbereitung auf die Externenprüfung nicht als Schulbesuch versichert.[88]

49 Aus Art. 7 GG lassen sich zwar auch staatliche Förderpflichten gegenüber den Schulträgern ableiten, daraus ergibt sich jedoch kein Anspruch auf eine konkrete Art der **Subventionierung** einer Privatschule, etwa in Form der Gewährung der beitragsfreien Schülerunfallversicherung (vgl. § 185 Abs. 2 S. 1, § 150 Abs. 1, § 128 Abs. 1 Nr. 3 SGB VII).[89]

f) Fazit

50 **Insgesamt** sind von § 2 Abs. 1 Nr. 8 b SGB VII alle privaten oder öffentlichen Schulen erfasst, durch deren Besuch ein schulrechtlicher Abschluss angestrebt wird, mit deren Besuch die Schulpflicht erfüllt werden kann oder aufgrund deren Besuchs die Schüler von der Schulpflicht befreit werden.[90]

IV. Versicherte Tätigkeiten während des Schulbesuchs (§ 2 Abs. 1 Nr. 8 b Alt. 1 SGB VII)

51 Wie einleitend bereits verdeutlicht (→ § 1 Rn. 1), handelt es sich bei der gesetzlichen Unfallversicherung um eine tätigkeitsbezogene Personenversicherung. Nicht jede Handlung einer grundsätzlich nach §§ 2, 3, 6 SGB VII versicherten Person ist in ihren Schutzbereich einbezogen. Es bedarf daher stets einer wertenden Entscheidung, ob die unfallbringende Verrichtung (noch) in dem Rahmen liegt, der von der gesetzlichen Unfallversicherung erfasst wird (vertiefend hierzu → § 7 Rn. 16 ff.). In Bezug auf die Schüler ist daher zu bewerten, was von der versicherten Tätigkeit des „Besuchs" erfasst ist.

Bei den in der sog. gewerblichen Unfallversicherung versicherten Beschäftigten (§ 2 Abs. 1 Nr. 1 SGB VII) ist nach ständiger Rechtsprechung maßgebend, ob der Versicherte eine dem Beschäftigungsunternehmen dienende Tätigkeit ausüben wollte und ob diese Handlungstendenz durch die objektiven Umstände des Einzelfalls bestätigt wird.

85 Vgl. BSG 26.1.1988 – 2 RU 2/87, BSGE 63, 14 (, 17 f.).
86 Vgl. SG Berlin 4.10.2010 – S 25 U 177/10 WA (rk., nv).
87 Vgl. Bereiter-Hahn/Mehrtens, SGB VII § 2 Rn. 18.2.
88 Vgl. SG Köln 11.10.2018 – S 16 U 75/17 (n.rk., nv – Az. der Berufung: L 17 U 627/18).
89 Vgl. BSG 30.10.1991 – 2 RU 73/90, HVBG-INFO 1992, 247 (255); ferner BVerfG 7.7.2010 – 1 BvR 2556/09, BeckRS 2010, 50941.
90 Vgl. BT-Drs. 13/2204, 106; Bereiter-Hahn/Mehrtens, SGB VII § 2 Rn. 18.2.

Das Kriterium der objektiv betriebsdienlichen Handlungstendenz erweist sich für die Schülerunfallversicherung (§ 2 Abs. 1 Nr. 8a-c SGB VII) als ungeeignet (→ § 2 Rn. 47). Denn anders als der im überwiegenden Interesse des Arbeitgebers tätig werdende Beschäftigte, besuchen die Kinder die Schule vorwiegend im eigenen Interesse bzw. im Interesse der Eltern, auch wenn sie der staatlichen Schulpflicht unterliegen und die Allgemeinheit einen Nutzen aus der Bildung der nachkommenden Generationen zieht.[91] Deshalb wird im Rahmen der Schülerunfallversicherung maßgeblich darauf abgestellt, ob die unfallbringende Tätigkeit innerhalb des **sog. organisatorischen Verantwortungsbereichs der Schule** (dazu → Rn. 56 ff.) ausgeübt wird. Damit ist der **Schutzbereich** dieses Teils der Schülerunfallversicherung einerseits enger als der Versicherungsschutz in der gewerblichen Unfallversicherung, weil er auf den organisatorischen Verantwortungsbereich der Schule beschränkt ist, wie sich sowohl aus dem Wortlaut der Vorschrift („während") als auch ihrer Entstehungsgeschichte ergibt.[92] Bei Schülern geht der Schutzbereich grundsätzlich nur so weit, wie der organisatorische Verantwortungsbereich (→ Rn. 56) der Schule reicht (vgl. zu Ausnahmen zB → Rn. 76 ff.).[93] 52

Andererseits genießen die Kinder und Jugendliche innerhalb dieses organisatorischen Verantwortungsbereichs, also „während des Besuchs" (→ Rn. 54 ff.) bzw. während der Teilnahme an den Betreuungsmaßnahmen (→ Rn. 79 ff.) einen **weiter gezogenen Versicherungsschutz.**

Der umfassendere Schutz lässt sich damit begründen, dass die Schüler durch staatliche Schulpflicht oder andere gesetzliche Vorschriften in den schulischen Organisationsbereich einbezogen sind und damit auch dem schulischen Verantwortungsbereich unterliegen.[94] 53

1. Der versicherte Schulbesuch (Nr. 8 b Alt. 1)

Schüler sind **„während des Besuchs"** von allgemein- bzw. berufsbildenden Schulen unfallversichert. Diese Voraussetzung ist allgemein erfüllt, wenn die unfallbringende Verrichtung **im organisatorischen Verantwortungsbereich der Schule** (→ Rn. 56 ff.) geschieht **und** im **sachlichen Zusammenhang** mit dem Schulbesuch als der grundsätzlich versicherten Tätigkeit steht (→ Rn. 62).[95] 54

Eine **berufliche Zweckorientierung** der schulischen Ausbildung ist im Gegensatz zu den Lernenden im Sinne von § 2 Abs. 1 Nr. 2 SGB VII nicht zu verlangen (→ Rn. 37). 55

a) Organisatorischer Verantwortungsbereich

Der organisatorische Verantwortungsbereich erfordert nach der Rechtsprechung einen **unmittelbaren räumlichen und zeitlichen Zusammenhang** zur Schule (genauer: 56

91 Vgl. Leube SGb 2008, 398; Rolfs/Dieckmann VersR 2010, 296.
92 Vgl. BSG 26.10.2004 – B 2 U 41/03 R, NZS 2005, 383 (384); BSG 5.10.1995 – 2 RU 44/94, NZS 1996, 181 (181 f.).
93 Vgl. Ziegler in: LPK-SGB VII, § 8 Rn. 6.
94 Vgl. Mutschler in: Jahn/Jung, SGB VII, § 2 Rn. 81.
95 Vgl. nur BSG 24.1.1990 – 2 RU 22/89, USK 90134; BSG 28.6.1984 – 2 RU 27/83, USK 84123; ferner Linder WzS 2017, 35 (35); von Farkas/Richter in: DGUV, 20 Jahre Hochschule, S. 268 (271); Kunze SozSich 2018, 371 (372).

schulischen Veranstaltung, dazu → Rn. 68), der grundsätzlich entfällt, wenn schulische Aufsichtsmaßnahmen (→ Rn. 59) nicht mehr gewährleistet sind.[96] Gleichzeitig betont das BSG aber, dass auch dann Versicherungsschutz in der Schülerunfallversicherung bestehen kann, wenn der räumlich-zeitliche Zusammenhang oder wirksame schulische Aufsichtsmaßnahmen „weitgehend gelockert" sind.[97] Dem BSG ist mit gewisser Berechtigung vorgeworfen worden, das Kriterium in vereinzelten Urteilen (sog. Billigkeitsentscheidungen) derart weit verstanden bzw. ausgelegt zu haben, dass es kaum noch Kontur hat,[98] bzw. dass es unter Vernachlässigung der organisatorischen Einflussmöglichkeiten auf einen eher „moralischen Verantwortungsbereich"[99] abstellt (vgl. auch → Rn. 105 ff.).

Problematisch bei der praktischen Handhabung ist allgemein, dass nach der Rechtsprechung auf die zeitlichen und räumlichen Zusammenhänge weitgehend bzw. sogar ganz verzichtet werden kann (zB bei einer Klassenfahrt besteht eher ein organisatorisch-pädagogischer als ein „zeitlich-räumlicher Bezug" zur Schule). Versicherungsschutz kann selbstverständlich auch außerhalb des Schulgeländes bestehen (→ Rn. 64). Da zudem der angeführte zeitlich-räumliche Zusammenhang die Gestaltungs- und Einflussmöglichkeiten seitens der Schule häufig nur unzureichend wiedergibt, sollte auch sprachlich eher auf **inhaltlich-organisatorische Zusammenhänge** (→ Rn. 57 f.) abgestellt werden (vgl. auch → § 7 Rn. 18). Entscheidend ist nämlich, wer die betreffende Veranstaltung plant, ankündigt und verantwortlich durchführt,[100] sie also objektiv (mit-)gestaltet (→ Rn. 57 ff.).

57 Der Verantwortungs- und Gestaltungsbereich der Stammschule (→ Rn. 32) besteht aus verschiedenen Elementen,[101] die im Rahmen einer **Gesamtbewertung** auch unter Einbezug der zeitlichen und räumlichen Zusammenhänge und weiterer Fragen (zB Kostentragung, Betreuungsverantwortung, Ankündigung etc) zu würdigen sind. In dieses Gesamtbild einer Veranstaltung wird zB einbezogen, ob Lehrkräfte vor Ort sind bzw. ihre Anwesenheit konzeptionell vorgesehen ist und in welcher Funktion sie anwesend sind, wie die Teilnehmergruppe zusammengesetzt ist, ob die Schule eine Auswahl oder Anmeldung vorgenommen hat, wer einen etwaigen Transport zu einer außerschulischen Veranstaltung organisiert etc.[102] Ferner ist zu berücksichtigen, ob die Ausübung der Tätigkeit in die Notengebung einfließen wird, wobei allerdings die Vergabe von Schulnoten allein noch nicht die Einbeziehung einer Veranstaltung in den organisatorischen Verantwortungsbereich der Schule rechtfertigt.[103] Gleiches gilt für die Erwähnung von freiwilligen Tätigkeiten im Zeugnis; das kann zwar ein Indiz

96 BSG 23.1.2018 – B 2 U 8/16 R, NZS 2018, 734 (735 f.); BSG 30.6.2009 – B 2 U 19/08 R, SGb 2010, 483 (486).
97 Vgl. BSG 23.1.2018 – B 2 U 8/16 R, NZS 2018, 734 (735 f.); ferner BSG 27.11.2018 – B 2 U 15/17 R, UVR 2019, 252 (259 f.).
98 So zB Schulin in: Schulin, Unfallversicherungsrecht, § 30 Rn. 164 ua Bezug nehmend auf BSG 25.2.1993 – 2 RU 11/92, NJW 1993, 2006.
99 So Linder WzS 2018, 229 (231).
100 Vgl. dazu zB BSG 4.12.1991 – 2 RU 79/90, NJW 1992, 1525 (1526); LSG Rheinland-Pfalz 3.2.2015 – L 3 U 62/13, BeckRS 2015, 71397.
101 Der Begriff stammt von Wietfeld in: BeckOK-SozR, SGB VII § 8 Rn. 83.
102 Vgl. zB BSG 25.1.1979 – 8 a RU 54/78, BSGE 48, 1 (2 f.).
103 Vgl. LSG Thüringen 29.10.2015 – L 1 U 1593/14, BeckRS 2016, 68779.

für einen organisatorischen Verantwortungsbereich sein, allerdings werden auch außerschulische Aktivitäten wie ein Engagement in der Jugendfeuerwehr oder der Besuch eines muttersprachlichen Unterrichts, den ein Konsulat alleine durchführt, in Zeugnissen erwähnt (→ Rn. 78). Daher ist stets eine genaue Einzelfallwürdigung erforderlich.

Je mehr Einfluss seitens der Schule tatsächlich ausgeübt wird, desto mehr spricht für einen den Versicherungsschutz begründenden Verantwortungsbereich und umgekehrt. Ausreichend ist insoweit aber eine wesentliche Einflussmöglichkeit im Sinne einer **Mitverantwortung** (→ Rn. 58).[104] Eine überwiegende oder gar alleinige Verantwortung ist nicht zu fordern, auch wenn sie im schulischen Bereich zumeist gegeben sein wird.

Die Schule muss also Inhalt und Ablauf zumindest derart mitprägen, dass die Unter- 58
nehmung (aus Sicht der Schüler bzw. Eltern) als von der Schule organisatorisch (mit-)getragen erscheint. Für den Fall, dass mehrere Schulen kooperieren, bedarf es eines nennenswerten Einflusses jeder Schule. Bei einem Auseinanderfallen von schulischer Organisationshoheit und der Sichtweise der Schüler etc muss geprüft werden, ob nicht die Voraussetzungen eines Rechtsscheins des organisatorischen Verantwortungsbereiches (→ Rn. 77) gegeben sind. **Nicht** ausreichend sind **bloße organisatorische Unterstützungen** für fremde Veranstaltungen, in dem die Schulleitung zB nur Räumlichkeiten für Schülergruppen, Vereine, Parteien, Bürgerbündnisse etc zur Verfügung stellt (→ Rn. 78) oder Aushänge in der Schule gestattet. Ferner kann das Unterlassen einer schulischen Organisation zB eines Klassenfestes mit der Folge, dass Schüler die Durchführung alleine in die Hand nehmen, keinen Versicherungsschutz begründen, weil ein **tatsächlicher schulischer Beitrag** zur Gestaltung **unabdingbar** ist.

Ein weiteres wesentliches Kennzeichen einer schulisch organisierten Veranstaltung ist, 59
dass sie unter der **Aufsicht der Schule** stattfindet.[105] Der Schule kommt nicht nur das Recht zur Ausübung von Aufsicht zu, sondern auch eine (am Alter und Entwicklungsstand der Schüler orientierte) entsprechende Pflicht (vgl. dazu → Rn. 70 ff.).[106] Da aber auch bei einer Verletzung der Aufsichtspflicht Versicherungsschutz bestehen kann (→ Rn. 74), wäre es **präziser** zu sagen, dass eine Unternehmung dann nicht mehr als von der Schule organisatorisch (mit-)getragen erscheint, wenn wirksame **schulische Aufsichtsmaßnahmen nicht zu gewährleisten** bzw. gar nicht vorgesehen sind. Er liegt indes vor, wenn der Schüler an einer in den Lehrplan aufgenommenen Veranstaltung teilnimmt und erfasst damit in jedem Fall Verrichtungen während des Schulunterrichts.[107] Verbotswidriges Handeln steht dem nicht entgegen (vgl. § 7 Abs. 2, § 101 SGB VII, vgl. → Rn. 62). Unerheblich ist es im Übrigen für den Versicherungsschutz, ob die Schüler freiwillig der Schulpflicht bzw. Schulbesuchspflicht

104 So auch BSG 27.11.2018 – B 2 U 15/17 R, UVR 2019, 252 (260); BSG 30.6.2009 – B 2 U 19/08 R, SGb 2010, 483 (486).
105 Vgl. Jülich in: Jülich/van den Hövel, Schulrechtshandbuch NRW, R 21.
106 So von Farkas/Richter in: DGUV, 20 Jahre Hochschule, S. 268 (276).
107 BSG 30.6.2009 – B 2 U 19/08 R, SGb 2010, 483 (486); BSG 4.12.1991 – 2 RU 79/90, NJW 1992, 1525.

(→ Rn. 28) nachkommen oder ob diese zwangsweise von den Ordnungsbehörden durchgesetzt wird.

Der Aspekt der Aufsicht wird in der Rechtsprechung allerdings nicht nur im Sinne der schulischen Beaufsichtigung verstanden. Vielmehr wird in diesem Zusammenhang gelegentlich ausgeführt, dass der Versicherungsschutz nur die Tätigkeiten und Bereiche umfassen kann, für die **Unfallverhütungsmaßnahmen** durch Unternehmen (Schule) bzw. Unfallversicherungsträger ergriffen und unterhalten werden können.[108] Dies ist insbesondere bei schulischen Tätigkeiten in den Privaträumen von Schülern ua mit Blick auf Art. 13 GG kaum möglich (→ Rn. 105 ff.).

60 Somit kann festgehalten werden, dass der **organisatorische Verantwortungsbereich vorliegt, wenn** die jeweilige Schule eine Veranstaltung plant, ankündigt und inhaltlich-organisatorisch zumindest objektiv mitverantwortlich durchführt, sie als eigene Maßnahme ansieht und sie Aufsichtsmöglichkeiten hat. Relevant ist zudem, dass die organisatorische Verantwortung tatsächlich ausgeübt werden muss. Der „organisatorische Verantwortungsbereich" stellt grundsätzlich einen Markenkern der Schüler-Unfallversicherung dar, der essentiell und im Bereich der „Ausbildungsversicherung" (§ 2 Abs. 1 Nr. 2, 8 SGB VII) für eine sachgerechte Risikoverteilung unverzichtbar ist, insbesondere im Hinblick auf die der Schulpflicht unterliegenden Schüler.

61 **Außerhalb dieses Verantwortungsbereichs** besteht auch bei solchen Verrichtungen kein Versicherungsschutz, die durch den Schulbesuch bedingt sind und ihm deshalb an sich nach dem Recht der gesetzlichen Unfallversicherung zuzuordnen wären (→ Rn. 52).[109] Es geht beim organisatorischen Verantwortungsbereich **nicht** darum, **ob die Schule einen Anlass** für die Schüleraktivität (zB Hausaufgaben, gemeinsames Lernen zweier Schüler für eine Klausur) **gesetzt hat** (vgl. aber → Rn. 65).[110] Das Unfallrisiko für Schüler außerhalb des organisatorischen Verantwortungsbereiches der Schule ist deshalb nicht der Unfallversicherung zugeordnet worden, weil die Gefahr gesehen wurde, dass diese Risiken ansonsten weitgehend nicht mehr abgrenzbar wären.[111]

Fallbeispiel: Ein Schüler verunglückt nach Schulende auf dem Weg von zu Hause zu einem Schulfreund. Als Grund für seinen Fahrradunfall gibt er an, dass ein unbekannter Mitschüler die Schrauben des Vorderrades gelockert habe. Zum Beweis trägt er vor, dass einem anderen Mitschüler einen Tag später das Gleiche zugestoßen sei.

Das SG Düsseldorf hat insoweit zu Recht festgestellt, dass sich der Unfall außerhalb des organisatorischen Verantwortungsbereiches der Schule ereignet hat und auch der versicherte Heimweg des Schülers (§ 8 Abs. 2 Nr. 1 SGB VII) schon beendet war. Selbst wenn man unterstellt, dass das Fahrrad des Schülers tatsächlich „in der Schule" manipuliert

108 Vgl. zB BSG 23.6.1977 – 8 RU 86/76, BSGE 44, 100 (104); SG Detmold 8.12.2015 – S 14 U 4/14 (rk., nv); Schlegel in: Schulin, Unfallversicherungsrecht, § 18 Rn. 71; Burmann/Jahnke NZV 2017, 63 (65); vgl. iÜ auch BSG 9.5.2006 – B 2 U 34/04 R, SozR 4-2700 § 122 Nr. 1.

109 Vgl. BSG 30.6.2009 – B 2 U 19/08 R, SGb 2010, 483 (486); BSG 26.10.2004 – B 2 U 41/03 R, NZS 2005, 383 (384).

110 Vgl. Linder WzS 2017, 35 (37).

111 Vgl. Krasney VSSR 1993, 81 (101).

worden sei, kann dies nicht dazu führen, einen Unfall „während des Besuchs" anzunehmen.[112]

b) Sachlicher Zusammenhang (Schulbezogenheit)

Neben dem organisatorischen Verantwortungsbereich der konkreten besuchten Schule (sog. Stammschule, vgl. → Rn. 32) ist **weitere Voraussetzung** für den Unfallversicherungsschutz, dass die Verrichtung zur Zeit des Unfallereignisses in einem **sachlichen Zusammenhang** mit der versicherten Tätigkeit des Schulbesuches steht. Dadurch unterscheidet sich der Versicherungsschutz ua von dem der Kinder im Sinne von § 2 Abs. 1 Nr. 8 a SGB VII (dazu → § 1 Rn. 20). Dies verdeutlicht, dass der sachliche Zusammenhang einer Verrichtung mit dem Schulbesuch allein nicht maßgebend ist, so dass etwa die Hausaufgabenerledigung (→ Rn. 90),[113] privater Nachhilfeunterricht[114] oder die (ggf. freiwillige) Fortführung eines im Unterricht begonnenen Werkes[115] **im häuslichen, nicht schulischen Bereich** ebenso unversichert sind, wie vorbereitende Handlungen für den Schulbesuch (zB Kauf einer Schülermonatsfahrkarte).[116] Durch § 2 Abs. 1 Nr. 8 b SGB VII ist also kein allgemeiner Versicherungsschutz „rund um die Uhr" in dem Sinne begründet worden, dass alle Tätigkeiten, die „irgendwie" etwas mit der Schule zu tun haben oder von Schülern ausgeübt werden, unter Unfallversicherungsschutz stehen (vgl. auch das Beispiel in → Rn. 61).[117] 62

Der erforderliche sachliche Zusammenhang, der **wertend zu ermitteln** ist, wird in vielen Fällen offenkundig gegeben sein (zB Unterrichtsteilnahme eines Schülers); zu diskutieren ist er in Sonderkonstellationen wie zB bei Streitereien unter Schülern (→ Rn. 116 ff.). An einem solchen Zusammenhang fehlt es etwa dann, wenn sich ein 15-jähriger Schüler beim Diebstahl eines Klassenbuchs beobachtet fühlt, er aus Angst vor Entdeckung aus dem Fenster springt und sich dabei verletzt.[118]

Teilweise wird der Zusammenhang auch als innerer Zusammenhang oder als **Schulbezogenheit** bezeichnet, ohne dass inhaltlich etwas Anderes gemeint ist.

Nur in seltenen Fällen kann ausnahmsweise ohne den erforderlichen sachlichen Zusammenhang Versicherungsschutz bestehen. Dies ist gerechtfertigt, wenn sich eine besondere Gefahr (zB an einem auswärtigen Ort) realisiert (→ Rn. 96 ff., 103 f.).

c) Beispiele

Der **versicherte Schulbesuch erstreckt sich** somit **auf** Betätigungen während des Unterrichts, in den dazwischen liegenden Pausen und solche im Rahmen sog. Schulveranstaltungen wie zB Schulausflüge, Schulreisen (Klassenfahrten, → Rn. 96 ff.) oder 63

112 Vgl. SG Düsseldorf 21.6.2010 – S 36 U 115/08 (rk., nv).

113 Vgl. BSG 23.1.2018 – B 2 U 8/16 R, NZS 2018, 734 (736).

114 Vgl. BSG 27.1.1976 – 8 RU 114/75, BSGE 41, 149 (150 f.).

115 Vgl. BSG 1.2.1979 – 2 RU 107/77, SozR 2200 § 539 Nr. 54; SG Lüneburg 6.9.2011 – S 3 U 42/09, BeckRS 2011, 77759.

116 Vgl. BSG 29.4.1982 – 2 RU 49/80, USK 8226; LSG Schleswig-Holstein 20.4.1994 – L 8 U 53/93, HVBG-INFO 1994, 2571, 2572.

117 Vgl. BSG 27.1.1976 – 8 RU 114/75, BSGE 41, 149 (151); BSG 1.2.1979 – 2 RU 63/77, SozR 2200 § 539 Nr. 53; BSG 22.10.1975 – 8 RU 68/75, SozR 2200 § 549 Nr. 2.

118 Zwar steht ein verbotswidriges Handeln dem Versicherungsschutz nicht entgegen (§ 7 Abs. 2 SGB VII), ein solches begründet aber keinen Versicherungsschutz.

die Tätigkeit der Schülervertretung (Rn. 115).[119] Dazu sind aber auch schulischer Förderunterricht, Projektunterricht (Projektwochen), offizielle Schulfeste, Überbrückung von Freistunden in der Schule bzw. auf dem Schulgelände, Schülerbetriebspraktika (→ Rn. 88), Schülerchor bzw. -orchester, Schulgottesdienste, Schülersanitätsdienst, Schülerlotsendienste, Alarmübungen[120] oder Evakuierungen in echten Notsituationen (Amoklauf,[121] Brandfall, Chemieunfall etc) oder das Nachsitzen als pädagogische Erziehungsmaßnahme zu zählen.

Ferner ist eine von der Schule veranstaltete Rock-Party nach der Gesamtbewertung (→ Rn. 57) versichert, auch wenn der Teilnehmerkreis der Veranstaltung nicht auf Schüler der betreffenden Schule beschränkt ist.[122] Eine Altkleidersammlung von Schülern an einem Nachmittag, um eine spätere Klassenfahrt zu finanzieren, ist aufgrund der Mitorganisation durch die Lehrerin, die auch anwesend war und die Aufsicht führte, versichert.[123]

Nicht geschützt ist aber zB ein allein vom Landessportbund verantwortetes Rennrodeln für Schüler eines Sportgymnasiums[124] oder eine Volleyballgruppe von Schülern einer Schule, die einem Verein beigetreten sind und als Vereinsmitglieder in der Schulhalle trainieren.[125]

Der vom BSG angenommene Versicherungsschutz während schulischer **Gruppenprojektarbeiten** wird unter → Rn. 105 ff. gesondert dargestellt.

Der Verzehr eines Pausenbrotes ist an sich unversichert (jedoch können zB Wege, um sich in einer Freistunde ein Mittagessen zur Erhaltung der Lernfähigkeit zu besorgen, versichert sein (sog. Wege zum alsbaldigen Verzehr, → Rn. 110).[126]

Zur Beschaffung von **Schulheften, Schulbüchern als Arbeitsgerät** im Sinne von § 8 Abs. 2 Nr. 5 SGB VII vgl. → § 7 Rn. 42.

Vgl. zu Frühstudierenden und zum Besuch sog. Kinderuniversitäten → § 6 Rn. 73 f.

64 Der Besuch der Schule ist auch dann versichert, wenn der **Unterricht** oder eine andere Schulveranstaltung (→ Rn. 68) **außerhalb des Schulgebäudes** stattfindet, denn der Schulbesuch ist nicht auf das Schulgebäude bzw. -gelände beschränkt.[127] Andernfalls würde es sich um eine von § 3 Abs. 1 Nr. 2 SGB VII erfasste Aufenthaltsversicherung handeln. Dies gilt sowohl für Schulausflüge als auch beispielsweise für Schulsport in nicht schuleigenen Sporthallen oder im Wald.

65 Tätigkeiten außerhalb der Schulzeit, die **im ausdrücklichen Auftrag eines Lehrers** verrichtet werden, wie das Besorgen von Tümpelwasser für den Biologieunterricht auf Weisung des Fachlehrers, stehen unter Versicherungsschutz (als sog. Betriebsweg

119 Vgl. BT-Drs. 6/1333, 4; BSG 30.6.2009 – B 2 U 19/08 R, SGb 2010, 483 (486).
120 Vgl. dazu BSG 8.12.1983 – 2 RU 63/82, BAGUV RdSchr. 10/84.
121 Vgl. Ricke in: KassKomm, SGB VII § 8 Rn. 119.
122 LSG Rheinland-Pfalz 3.2.2015 – L 3 U 62/13, BeckRS 2015, 71397.
123 Vgl. LSG Baden-Württemberg 29.3.1985 – L 4 KR 2117/83, HVBG-INFO 1985, 26 (28 f.).
124 LSG Thüringen 29.10.2015 – L 1 U 1593/14, BeckRS 2016, 68779.
125 SG Münster 20.1.2014 – S 10 U 89/12 8 (rk., nv).
126 Vgl. BSG 19.5.1983 – 2 RU 44/82, BSGE 55, 139 (140 f.).
127 BSG 23.1.2018 – B 2 U 8/16 R, NZS 2018, 734 (736); BSG 30.6.2009 – B 2 U 19/08 R, SGb 2010, 483 (486); BSG 1.2.1979 – 2 RU 107/77, SozR 2200 § 539 Nr. 54.

nach § 8 Abs. 1 SGB VII).[128] Gleiches gilt für den vom Lehrer angeordneten Austausch von Schulbüchern am Nachmittag, da dieses ein Arbeitsgerät iSv § 8 Abs. 2 Nr. 5 SGB VII (→ § 7 Rn. 42) darstellt.[129] Insoweit begründet die eindeutige Weisung bzw. Anordnung des Lehrers (möglichst mit näheren Vorgaben zB bis zu welchem Zeitpunkt der Auftrag umzusetzen ist) den erforderlichen organisatorischen Verantwortungsbereich,[130] auch wenn ein zeitlich-räumlicher Bezug zu einer Schulveranstaltung schwer auszumachen ist (→ Rn. 56, 59).

Derartige Aufträge sind jedoch einerseits von außerschulischen Gruppenarbeiten (→ Rn. 105 ff.), andererseits von Hausaufgaben oder freiwilligen Aufgaben der Schüler zu trennen, bei denen kein Versicherungsschutz besteht (→ Rn. 61, 90). Zu letzterem hat das BSG zu Recht entschieden, dass bei einer Aufgabe im Rahmen einer schulischen Foto-AG („Fotografiere zwei zueinander gehörende Personen oder Gegenstände") bei gleichzeitiger Freistellung, wann und wo die fotografischen Aufnahmen zu machen sind, kein Versicherungsschutz besteht, da diese Hausaufgabe keinerlei **organisatorische Vorgaben und Sachzwänge** enthält (→ Rn. 105).[131] Ferner reicht es nicht aus, wenn ein Lehrer die Schüler zu einer Tätigkeit „auffordert", die schulgesetzlich ohnehin vorgesehen ist oder Zugangsvoraussetzung für die nächste Jahrgangsstufe ist. Somit begründet eine Erinnerung an schulrechtliche Obliegenheiten der Schüler keinen Versicherungsschutz.[132]

Spiegelbildlich sind demgegenüber Verrichtungen unversichert, die nach **gewollter Lösung des Schülers vom Schulbetrieb** geschehen, zB bei Verlassen der Klassengemeinschaft trotz ausdrücklichen Verbots des Lehrers (→ Rn. 99).[133]

Keinesfalls beachtlich ist, **ob** eine Tätigkeit eines Schülers im **„Interesse" der Schule** 66
steht, weil dies nach einhelliger Auffassung im Rahmen des tendenziell eigennützigen Schulbesuchs irrelevant ist (→ Rn. 52, 56).[134] Demnach ist auch die Abgabe einer Hausarbeit während der Schulferien an der Privatwohnadresse des Lehrers, die nicht explizit vom diesem angeordnet war, keine vom Schulbesuch umfasste und versicherte Tätigkeit.[135]

2. Arten von Schulveranstaltungen

Es gibt nicht „die" Schulveranstaltung. Die obigen Ausführungen haben gezeigt, dass 67
es ausreichend sein kann, wenn die Schüler bzw. deren Eltern den Gesamteindruck haben können, dass eine offizielle Schulveranstaltung vorliegt. Um das beurteilen zu können, wird zunächst dargestellt, welche Anforderungen an eine Schulveranstaltung

128 Vgl. BSG 31.3.1981 – 2 RU 29/79, BSGE 51, 257 (259).
129 BSG 13.12.1984 – 2 RU 33/83, BSGE 57, 260 (267).
130 Ähnlich Keller in: Hauck/Noftz, SGB VII, K § 8 Rn. 173 a; Wietfeld in: BeckOK-SozR, SGB VII § 8 Rn. 87.
131 Vgl. BSG 30.5.1988 – 2 RU 5/88, HVBG-INFO 1988, 1626 (1627 f.); BSG 18.4.2000 – B 2 U 5/99 R, NZS 2000, 619 (621).
132 Vgl. SG Duisburg 29.11.2012 – S 27 U 242/11 (rk., nv), wonach die Absolvierung eines Praktikums in den Ferien ohne organisatorischen Einfluss bzw. Begleitung der Schule über den Praktikumsbetrieb abgesichert war.
133 Vgl. Bieresborn in: jurisPK-SGB VII, § 2 Rn. 180; Bereiter-Hahn/Mehrtens, SGB VII § 2 Rn. 18.10.
134 Vgl. Schulin in: Schulin, Unfallversicherungsrecht, § 30 Rn. 146; anders wohl BSG 18.2.1987 – 2 RU 19/86, SozR 2200 § 539 Nr. 120.
135 SG Itzehoe 8.4.2013 – S 30 U 65/12, BeckRS 2015, 73051; dazu Schlaeger jurisPR-SozR 23/2013 Anm. 3.

gestellt werden (→ Rn. 68 ff.), um danach darauf einzugehen, wann ein sog. Rechtsschein ausreichen kann (→ Rn. 77 f.).

a) Schulrechtskonforme Veranstaltung

68 Die auf Schulrecht gründenden schulischen Veranstaltungen fallen selbstredend stets in den organisatorischen Verantwortungsbereich (→ Rn. 56 ff.) der Schule (schulrechtskonforme Veranstaltung), denn es ist insoweit von einer **Verklammerung des schulischen Verantwortungsbereichs und des unfallversicherungsrechtlichen Schutzbereichs** auszugehen.[136] Solche Veranstaltungen sind in der Regel in den Lehrplan aufgenommen. Darüber hinaus kann es jedoch im Rahmen von Projektunterricht (→ Rn. 105), Arbeitsgemeinschaften oder erweiterten Bildungsangeboten einzelne Veranstaltungen geben, die von der Schulleitung ausdrücklich **zur schulischen Veranstaltung erklärt** werden. Die Entscheidung, ob eine schulische Veranstaltung stattfinden soll, wie sie im Einzelnen ausgestaltet wird, ob sie verbindlich ist oder nicht usw, ist nach Abwägung aller Umstände nach pädagogischem Ermessen von der Schulleitung ggf. unter Berücksichtigung der einschlägigen Beschlüsse der Schulkonferenz (zB hinsichtlich der Grundsätze für die Planung von Projektwochen) zu treffen.[137] Grundvoraussetzung ist ein **Bezug zu den Aufgaben der Schule** (→ Rn. 8), also zu Erziehung und Unterricht. Es kann sich um Veranstaltungen handeln, die den Unterricht sachlich ergänzen, erweitern, unterstützen oder verdeutlichen, es können aber auch Maßnahmen sein, die vorwiegend der Erziehung dienen oder das Schulleben bereichern sollen. Nur wenn ein sachlicher bzw. pädagogischer Zusammenhang mit der Unterrichts- und Erziehungsarbeit der Schule gegeben ist, darf die Veranstaltung zu einer schulischen erklärt werden. Es ist also schulrechtlich **nicht möglich**, jegliches Ereignis, **jegliche Betätigung als Schulveranstaltung** zu deklarieren. Damit hängt die Frage, ob eine Veranstaltung noch in den organisatorischen Verantwortungsbereich der Schule fällt und damit die Teilnahme unfallversichert ist, nicht vom alleinigen Willen der Schulleitung, sondern von den tatsächlichen Gegebenheiten ab (→ Rn. 57). Der Einschätzung der Schulleitung kommt dabei ein gewichtiges Indiz zu, welches der Unfallversicherungsträger bei seiner Entscheidung stark berücksichtigen wird.[138]

69 Bei einem **Schulsportwettkampf** manifestiert sich nach einer (grenzwertigen) BSG-Entscheidung die organisatorische Verantwortung der Schule gegenüber den teilnehmenden Schülern unter anderem in der Anordnung an die Spieler, ihre Schülerausweise zur Kontrolle vor Spielbeginn bereit zu halten. Diese Anordnung umfasst sowohl die Mitnahme des Ausweises am Wettkampftag zur Schule als auch das spätere Holen eines vergessenen Ausweises während der Unterrichtsbefreiung. Für das BSG bedarf es keiner weiteren, aktualisierten Aufforderung eines Lehrers, den Ausweis nun schnellstens herbeizuschaffen. Der organisatorische Verantwortungsbereich ist insoweit nicht auf den Wettkampf beschränkt, sondern erstreckt sich auf alle erforderli-

136 So zu Recht: Schwerdtfeger in: Lauterbach, SGB VII, § 2 Rn. 303.
137 Ähnlich Jehkul in: Arenz/Baldus/Budach, SchulG NRW, § 43 Rn. 1.3; vgl. auch BSG 27.1.1976 – 8 RU 114/75, BSGE 41, 149 (150).
138 Ähnlich zB LSG Baden-Württemberg 29.3.1985 – L 4 KR 2117/83, HVBG-INFO 1985, 26 (28 f.).

chen Maßnahmen und Tätigkeiten der Schüler dieser Schule, auch zB auf Hilfsmaßnahmen durch Mitschüler der betroffenen Spieler.[139] Grenzwertig ist diese Entscheidung ua deshalb, weil das BSG entgegen der sonstigen Systematik des § 2 Abs. 1 Nr. 8 b SGB VII auch maßgeblich auf das Interesse der Schule abstellt (→ Rn. 56, 66).

aa) Wirksame schulische Aufsichtsmaßnahmen

Ein Versicherungsschutz besteht also nur, soweit wirksame schulische Aufsichtsmaß- 70 nahmen möglich sind. Es muss sich um eine Schulveranstaltung handeln, bei der sich die Schule nicht jeder Einwirkungsmöglichkeit sowie ordnungsgemäßen Aufsicht begeben hat und daher (Mit-)Verantwortung trägt; zudem muss das Verhalten des Schülers zum Unfallzeitpunkt als Teilnahme an einer solchen Veranstaltung anzusehen sein.[140] Grundsätzlich ist die Personensorge aufgrund des Schulbesuchs teilweise auf die Schule (Schulleitung) übertragen (→ Rn. 8). Die Schulleitung trägt die organisatorische Gesamtverantwortung und ist für die sachgerechte **Delegierung der Aufsichtsausübung** (mit-)verantwortlich. Mit der Aufsichtsführung dürfen verantwortlich nur Lehrkräfte betraut werden, da die Beaufsichtigung der Schüler während ihres Aufenthalts im schulischen Bereich als erzieherische, pädagogische, betreuende Aufgabe an das Lehramt gekoppelt ist. Dies schließt es aber nicht aus, zB Eltern während einer Klassenfahrt, zuverlässige ältere Schüler oder etwa den Hausmeister[141] als Hilfskräfte mit der unterstützenden Aufsichtsausübung konkret zu betrauen.[142] Eine generelle Aufsichtspflicht von Hausmeistern, Schulsekretariatskräften etc, also des nichtpädagogischen Schulpersonals, ist hingegen abzulehnen. Damit kann es dann erst recht keine alleinige Aufsichtspflicht des nicht pädagogischen Personals geben. Dies ist vor allem relevant für den möglichen Versicherungsschutz infolge Aufsichtspflichtverletzung (→ Rn. 74) sowie den sog. Rechtsschein eines organisatorischen Verantwortungsbereichs (→ Rn. 77).

Zeitlich und räumlich beschränkt sich die Aufsichtspflicht auf die schulischen Veran- 71 staltungen und die Orte, an denen sie sich abspielen. Ein zeitlicher Zusammenhang besteht beispielsweise nicht, wenn sich ein Schüler in den Ferien auf dem Schulhof aufhält und sich dabei verletzt; ein **nur örtlicher Zusammenhang reicht nicht** aus. Demgemäß steht ein Schüler, der nach stundenplanmäßigem Unterrichtsende auf dem Schulhof mehr als eine Stunde Fußball spielt, nicht unter dem Schutz der gesetzlichen Unfallversicherung.[143] In Bezug auf den regulären Schulbesuch hat das BSG ausgeführt, dass die Aufsichtspflicht der Schule **in der Regel nach Unterrichtsschluss endet**, wenn die Schüler das Schulgelände verlassen haben.[144] Für die nach § 8 Abs. 2 SGB VII versicherten Wege (vor allem Weg von zu Hause zur Schule und zurück) besteht hingegen keine Aufsichtspflicht der Schule.

---

139 Vgl. BSG 18.2.1987 – 2 RU 19/86, SozR § 539 Nr. 120.

140 Vgl. BSG 30.6.2009 – B 2 U 19/08 R, SGb 2010, 483 (486).

141 Vgl. VGH Baden-Württemberg 24.11.1987 – 9 S 592/86 (nv).

142 Vgl. LSG Hessen 27.4.1977 – L 3 U 338/76, Die Leistungen 1978, 152 (154); LSG Rheinland-Pfalz 10.10.1973 – L 3 U 27/73, Breith. 1974, 104 (107); bestätigt durch BSG 31.3.1976 – 2 RU 287/73, USK 7629; ferner Rux, Schulrecht, Rn. 1167.

143 Vgl. LSG Niedersachsen 15.2.1990 – L 6 U 166/89, Breith. 1990, 455 (456 f.).

144 BSG 20.5.1976 – 8 RU 98/75, BSGE 42, 42 (45).

Der (tägliche) Schulbesuch folgt grundsätzlich dem Ende des **versicherten Weges** zur Schule und beginnt damit je nach örtlicher Gegebenheit grundsätzlich mit dem Durchschreiten des Schultores, dem Erreichen des Schulgeländes oder dem Durchschreiten der Außentür des Schulgebäudes. Die genaue Grenzziehung hängt von der Beschaffenheit des jeweiligen Schulgeländes ab. Der Schulbesuch endet spiegelbildlich mit dem Verlassen des Schulgeländes (ggf. mit dem Durchschreiten des Schultores) oder des Schulgebäudes (→ § 7 Rn. 28 ff.).

bb) Beginn, Ende und Ziel der Aufsicht

72 Die Aufsichtspflicht setzt eine **angemessene Zeit vor Schulbeginn** ein und endet eine angemessene Zeit nach der Beendigung des Unterrichts und umfasst die gesamte Zeit, die die Schüler in der Schule verbringen. Als angemessene Zeit wird schulrechtlich für den Regelfall eine Zeit von bis zu 30 Minuten angesehen. Sie beschränkt sich auf das Schulgelände bzw. auf den Ort der schulischen Veranstaltung sowie die Unterrichtswege, also die Wege der Schüler zwischen verschiedenen Orten von Schulveranstaltungen (zB Weg von der Schule zum Sportplatz, Schwimmbad). Wird ein vorzeitiges Betreten des Schulgrundstücks gestattet, so besteht auch für diese Zeit eine umfassende, präventive und kontinuierliche Aufsichtspflicht, die grundsätzlich jedem anwesenden Lehrer zukommt und nicht auf die zur Aufsichtsführung eingeteilten Lehrkräfte beschränkt ist.[145]

73 Die Aufsichtspflicht soll die Schüler vor Schäden bewahren und von der Schadensanrichtung (Leben, Gesundheit, Eigentum, Besitz etc) abhalten. Der Lehrer muss insgesamt zeitnah Maßnahmen, Vorkehrungen und Anordnungen treffen können, die zur Schadensverhütung bzw. zur Verringerung der Schadensvertiefung geeignet sind. Unschädlich ist, wenn die Aufsicht äußerlich gar nicht oder nur abgeschwächt in Erscheinung tritt.[146] Es reicht aus, dass Schüler sich beaufsichtigt und nicht für längere Zeit völlig unbeobachtet fühlen. Je nach Alter und Reife der Schüler genügt es, wenn die Schüler wissen, dass sich der verantwortliche Lehrer jederzeit telefonisch erreichbar (in der Nähe) aufhält, um erforderlichenfalls die Aufsicht wieder selbst zu übernehmen (→ Rn. 101).

cc) Verletzung der Aufsichtspflicht

74 Führt die Verletzung der Aufsichtspflicht auch bei einer mit dem Schulbesuch nicht unmittelbar zusammenhängenden Betätigung im Schulbereich zu einem Gesundheitsschaden, so kann ein Arbeitsunfall zu bejahen sein, sofern nicht andere, besondere Ausschlusstatbestände (zB starke Alkoholisierung) vorliegen.

Das BSG hat – unter Beachtung der Umstände des Einzelfalles und ohne Anwendung einer schematischen Altersbegrenzung – in Bezug auf jugendliche Lehrlinge stets berücksichtigt, ob diese **durch unzureichende Beaufsichtigung** oder sonstige Versäumnisse der Betriebsleitung in die Lage versetzt wurden, sich bei leichtsinnigen Spielerei-

---

145 Vgl. zum Vorgenannten Avenarius/Heckel, Schulrechtskunde, Erl. 21.511, 21.541, 21.552; Jülich in: Jülich/van den Hövel, Schulrechtshandbuch NRW, R 21.

146 Vgl. BSG 31.1.1984 – 2 RU 74/82, BSGE 56, 129 (132).

en **besonderen Gefahren auszusetzen.**[147] Maßgebend war die allgemeine Erfahrung, dass in dem „Übergangsstadium vom Kind zum werdenden Mann" der noch ungebändigte Spieltrieb eine besondere Beaufsichtigung während des Aufenthalts an der Arbeitsstätte erfordert. Hieraus wurde gefolgert, dass eine Vernachlässigung der vor allem in einer Lehrlingswerkstatt durch das Zusammenfassen der Lehrlinge und das damit verbundene weitaus ungehemmtere Entfalten des Spiel- und Nachahmungstriebes gebotenen Aufsicht die Bejahung des sachlichen Zusammenhangs eines bei Spielerei entstandenen Unfalls mit der Betriebstätigkeit rechtfertigt. Entsprechendes hat nach dem BSG auch für die Unfälle der nach § 2 Abs. 1 Nr. 8 b SGB VII versicherten Schüler zu gelten.[148]

Voraussetzung ist jedoch zum einen, dass sich der Schüler **schon oder noch in der prinzipiellen Aufsicht der Schule** (pädagogisches Personal) **befindet.** Hieran fehlt es zB, wenn ein Schüler, der erst verspätet zu einer zweiten Stunde erscheint und noch nicht in die Obhut einer Lehrkraft gelangte, aus ungeklärten Gründen aus einem offen stehenden Fenster gefallen ist.[149] Zum anderen hat das BSG stets betont, dass die Erwägung, dass eine fehlende betriebliche Aufsicht ausnahmsweise die Annahme des sachlichen Zusammenhangs begründet, in der Regel jedenfalls dann nicht Platz greifen kann, wenn das Vorliegen einer normalen geistigen Entwicklung erkennbar und das 18. Lebensjahr überschritten ist.[150] Auch diese (nicht schematische) **Altersgrenze** muss bei der Übertragung auf die Schüler beachtet werden (→ Rn. 99). Der Nachweis, dass eine demgemäß an sich unversicherte, weil privaten Zwecken dienende Verrichtung wegen einer mangelhaften Aufsicht der Schule im sachlichen Zusammenhang mit einer Schulveranstaltung gestanden hat, wird in der Praxis jedoch nicht leicht nachzuweisen sein, da mit Gewissheit feststehen muss, dass aus ex-ante Sicht eine (verschärfte) Aufsichtsmaßnahme erfolgreich gewesen wäre. Die Beweislast liegt hierfür beim Versicherten (→ § 7 Rn. 7). Das BSG hat zB das unerlaubte Verlassen eines Schullandheims durch zwei Schüler trotz des täglich ausgesprochenen Verbots und deren anschließender waghalsiger Benutzung einer Sprungschanze als unversichert angesehen, weil nicht ersichtlich war, dass die Lehrer aufgrund besonderer Ereignisse gehalten gewesen wären, ihre Aufsicht über diese wiederholten ausdrücklichen Verbote hinaus, zB durch eine allgemeine Ausgangskontrolle, zu verstärken (→ Rn. 98 f.).[151] 75

Für den Regelfall wird man aber festhalten können, dass die **objektive Verletzung der gebotenen** und an sich möglichen schulischen **Aufsichtspflicht** zur Bejahung des Versicherungsschutzes führen kann.[152]

147 Vgl. BSG 30.9.1970 – 2 RU 150/68, BG 1971, 233 (234); BSG 29.8.1974 – 2 RU 65/74, USK 74112.
148 Vgl. BSG 25.1.1977 – 2 RU 50/76, USK 7711; BSG 5.10.1995 – 2 RU 44/94, NZS 1996, 181 (181 f.).
149 Vgl. LSG Hessen 27.4.1977 – L 3 U 338, 76, Die Leistungen 1978, 152 (153 f.).
150 Vgl. BSG 29.8.1974 – 2 RU 65/74, USK 74112; BSG 25.3.1964 – 2 RU 242/61, BG 1964, 374.
151 Vgl. BSG 25.1.1977 – 2 RU 50/76, USK 7711.
152 Ähnlich bereits LSG Rheinland-Pfalz 10.10.1973 – L 3 U 27/73, Breith. 1974, 104 (106).

3. Nicht schulrechtskonforme Veranstaltung

76 Der Versicherungsschutz bei der Teilnahme an einer Veranstaltung der Schule richtet sich danach, ob die Teilnahme an der Veranstaltung im ursächlichen Zusammenhang mit dem Besuch der Schule steht. Das kann auch der Fall sein, wenn die im sachlichen Zusammenhang mit der Ausbildung zur Schule stehende Veranstaltung zwar organisatorisch von der Schule getragen wird, aber nicht den schulrechtlichen Vorschriften entspricht (**nicht schulrechtskonforme Veranstaltung**). Denn der Zusammenhang entfällt nicht dadurch, dass eine Schule eine Veranstaltung faktisch durchführt, ohne dabei etwaige Vorgaben des einschlägigen Schulrechts (zB Runderlasse) zu beachten. Dem Versicherungsschutz steht bei von der Schule durchgeführten Veranstaltungen nicht entgegen, dass zB der Lehrer oder die Schulleitung die Veranstaltung nicht bei der Aufsichtsbehörde angemeldet, von dieser nicht die vorgeschriebene Genehmigung eingeholt oder die Veranstaltung in ihrer Durchführung nicht den ergangenen Rechts- und Verwaltungsvorschriften entsprochen hat.[153] Den Eltern und Schülern wäre eine Nachprüfung der schulrechtlichen Voraussetzungen iÜ nicht zumutbar.

4. Rechtsschein des organisatorischen Verantwortungsbereiches

77 Zur Begründung des Versicherungsschutzes kann es im Übrigen ausreichen, dass eine Veranstaltung als organisatorisch von der Schule getragene Unternehmung erscheint, ohne es tatsächlich zu sein (**Rechtsschein des organisatorischen Verantwortungsbereiches**). Dies ist dann der Fall, wenn die Eltern zur Zeit der Durchführung der Veranstaltung nach dem **Gesamtbild der objektiven Umstände** zu der nachvollziehbaren Auffassung gelangen können, dass es sich um eine organisatorisch von der Schule beherrschte Veranstaltung handelt; derartige objektive Umstände können zB ein Aushang am schwarzen Brett, die maßgebliche Steuerung des zeitlichen Ablaufes einer Veranstaltung durch die Schulleitung oder die finanzielle Beteiligung der Schule an den Kosten einer Veranstaltung sein. Allerdings vermag eine nur subjektive Annahme der Eltern noch nicht die Annahme einer versicherten Veranstaltung im weitesten Sinn zu rechtfertigen. Denn dabei sind auf **objektive**, dem Organisations- und Verantwortungsbereich der Schule zurechenbare **Faktoren** abzustellen.[154] Entscheidend ist das – im Einzelfall oft schwierig abzugrenzende – Gesamtbild der Veranstaltung unter Berücksichtigung ihrer Planung, Ankündigung und Durchführung.[155] Dazu kann auch die Betrachtung der aufsichtführenden Personen relevant werden (→ Rn. 57). Hingegen kann es nicht erheblich sein, ob diese Umstände allen beteiligten Eltern (gegebenenfalls Schülern) insgesamt bekannt waren, und welche Schlüsse einzelne Eltern aus den ihnen bekannten Umständen gezogen haben, denn der **Versicherungsschutz** kann **nur einheitlich für alle (betroffenen) Schüler** einer Schule bestehen.[156] Es ist jedoch auch insoweit erforderlich, dass den die Schüler begleitenden Lehrern pädagogische Aufgaben zukommen und die Veranstaltung nicht einem nicht näher bestimmten

153 Vgl. BSG 23.6.1977 – 2 RU 25/77, BSGE 44, 94 (96); BSG 25.1.1979 – 8 a RU 54/78, BSGE 48, 1 (1 f.).
154 Vgl. BSG 25.1.1979 – 8 a RU 54/78, BSGE 48, 1 (2).
155 Vgl. BSG 4.12.1991 – 2 RU 79/90, NJW 1992, 1525; BSG 24.1.1990 – 2 RU 22/89, USK 90134.
156 Vgl. BSG 25.1.1979 – 8 a RU 54/78, BSGE 48, 1 (2).

Personenkreis offen steht, sondern jedenfalls vorrangig auf die Schüler der jeweiligen Schule beschränkt ist.[157] Wenn zB der Förderverein einer Schule zu einem Volleyballturnier einlädt, an dem einzelne interessierte Lehrer und Schüler teilnehmen, so handelt es sich nicht um eine von der Schule (scheinbar) organisierte Veranstaltung.[158] Die bloße Förderung der Teilnahme durch „Rat und Tat", Hinweise auf die „Möglichkeit" einer Teilnahme oder ihre „Empfehlung" reichen hingegen noch nicht aus (→ Rn. 78).

5. Unterstützung von Freizeitveranstaltungen

Unterstützt die Schule zB durch **„Rat und Tat"** ihrer Lehrer lediglich Freizeitveranstaltungen von Gruppen ihrer Schüler, besteht für die Schüler kein Versicherungsschutz allein wegen der Teilnahme von Lehrern an ihrer Freizeitgestaltung, denn insoweit handelt es sich nicht um eine organisatorisch von der Schule getragene Veranstaltung.[159] Daher ist es nicht ausreichend, dass eine fremde Unternehmung seitens der Schule lediglich unterstützt oder ermöglicht wird (zB durch das Zurverfügungstellen von Räumen) oder zu ihr beraten worden ist (→Rn. 84). Auch die Empfehlung eines Lehrers (zB zu privater Nachhilfe, zu digitalen Lerneinheiten) reicht ebenfalls nicht (→ Rn. 90).[160] Ferner vermag ein Rechtsschein nicht durch einen Runderlass des Landesschulministeriums oder einen KMK-Beschluss, der eine bestimmte Tätigkeit „als Schulveranstaltung" bezeichnet, begründet zu werden, weil nur auf den von einer konkreten Schule gesetzten organisatorischen Schein-Verantwortungsbereich ankommen kann.[161] Der Hinweis, dass eine Aktivität im Zeugnis lobend erwähnt wird, kann ein Indiz für einen Rechtsschein sein, wobei eine genaue Würdigung erforderlich ist. Denn auch außerschulische Aktivitäten, wie ein Engagement in der Jugendfeuerwehr oder die Teilnahme an muttersprachlichem Unterricht (→ § 4 Rn. 17), den ein Konsulat eigenverantwortlich in den Räumen einer Schule durchführt, werden in Zeugnissen erwähnt, ohne dass dadurch ein objektiver Rechtsschein begründet werden kann.[162] 78

Die Aufführung eines Theaterstücks durch ein National-Theater in einer schulischen Turnhalle an einem schulfreien Nachmittag, für das ein Eintrittsgeld in Höhe von 1 Euro verlangt wurde, stellt trotz Hinweises der Schulleitung auf die Aufführung und der Anwesenheit von Lehrkräften keine versicherte Schulveranstaltung dar. Insoweit fehlt es daran, dass die Veranstaltung von der Autorität der Schule getragen worden ist, zudem war die Teilnahme freiwillig. Es würde eine Ausweitung des Versi-

157 Vgl. LSG Hessen 15.2.1984 – L 3 U 430/79, Breith. 1984, 854 (857 f.); vgl. auch LSG Rheinland-Pfalz 3.2.2015 – L 3 U 62/13, BeckRS 2015, 71397.
158 Vgl. SG Dresden 23.2.2017 – S 39 U 89/15, BeckRS 2017, 103830.
159 Vgl. BSG 24.1.1990 – 2 RU 22/89, USK 90134; BSG 23.6.1977 – 2 RU 25/77, BSGE 44, 94 (96 f.).
160 Vgl. zB BSG 27.1.1976 – 8 RU 114/75, BSGE 41, 149 (150 f.); LSG Hessen 15.2.1984 – L 3/U 430/79, HVBG-INFO 1985, 28 (29); LSG Sachsen-Anhalt 23.1.2001 – L 6 U 57/98, HVBG-INFO 2001, 1595 (1598 f.); SG Münster 20.1.2014 – S 10 U 89/12 8 (rk., nv).
161 Ähnlich SG Dresden 23.2.2017 – S 39 U 89/15, BeckRS 2017, 103830.
162 Vgl. LSG Hamburg 11.10.2011 – L 3 U 39/10, BeckRS 2012, 66481; Schlaeger FD-SozVR 2012, 332425.

cherungsschutzes bedeuten, wenn Schüler bei Tätigkeiten versichert wären, die mit der Schule und ihren Zielen nur entfernt in Zusammenhang stehen.[163]

V. Versicherte Betreuungsmaßnahmen (§ 2 Abs. 1 Nr. 8 b Alt. 2 SGB VII)

79 Seit dem 1.1.1997 sind Schüler auch während der Teilnahme an unmittelbar vor oder nach dem Unterricht von der Schule selbst oder im Zusammenwirken mit ihr durchgeführten **Betreuungsmaßnahmen** versichert (§ 2 Abs. 1 Nr. 8 b **Alt. 2** SGB VII). Daher ist nicht nur der unmittelbare Schulbesuch (Alt. 1) unter Versicherungsschutz gestellt (→ Rn. 51 ff.), sondern auch die Teilnahme an schulbezogenen Betreuungsmaßnahmen, die gegebenenfalls nicht mehr im organisatorischen Verantwortungsbereich der Schule durchgeführt werden.[164] Solche Betreuungsmaßnahmen sind vor allem für die Primar- und Sekundarstufe I wichtig (zB „verlässliche Schule“, „Schule von acht bis eins“). Als Partner kommen zB Elterninitiativen, Fördervereine, kommunale Einrichtungen, Träger der freien Jugendhilfe in Betracht.

1. Zeitlicher Zusammenhang mit Unterricht

80 Ausweislich des Gesetzeswortlautes („unmittelbar“) ist ein enger **zeitlicher Zusammenhang mit** dem **Unterricht** erforderlich (→ Rn. 82). Ferner muss es sich um eine schuleigene Betreuungsmaßnahme (→ Rn. 83) handeln oder zumindest um eine solche, die im Zusammenwirken (→ Rn. 84) mit ihr durchgeführt wird. Die Schule muss also nicht selbst Veranstalter der Betreuungsmaßnahme sein, diese muss aber immer **unmittelbar an den laufenden Unterricht anknüpfen.** Daher kann in den **Schulferien** oder an schulfreien Brückentagen keine unfallversicherte Betreuungsmaßnahme stattfinden,[165] möglich ist aber zB eine versicherte Schulveranstaltung nach der Alt. 1 in den Ferien, an Brückentagen etc (Klassenfahrt o. dgl., → Rn. 96 ff.). Das Erfordernis der **Unmittelbarkeit** bezieht sich allein auf den Beginn der Betreuung und entfällt deshalb beispielsweise nicht, wenn zwischen dem Unterricht und der Betreuung eine übliche Pause eingeschoben wird.[166] Eine solche kann in Anlehnung an die im Unfallversicherungsrecht bekannte Zwei-Stunden-Grenze (→ § 7 Rn. 34 f.) durchaus den zeitlichen Umfang von maximal zwei Zeitstunden erreichen.[167] Darauf, wann sich der einzelne Schüler der Maßnahme anschließt, kommt es nicht an, so dass ein innerhalb dieser Zeitgrenze eingelegter Heimweg (zB wegen einer Freistunde, Einnahme einer Mahlzeit) unschädlich ist.[168]

81 Aus der engen Verknüpfung mit dem Schulunterricht ergibt sich zudem, dass Teilnehmer **nur Schüler der jeweiligen besuchten Schule** (bzw. im Falle einer Kooperation: der jeweiligen besuchten Schulen) sein können, nicht jedoch fremde Schüler oder Kinder, da diese dann nicht zuvor am Unterricht teilgenommen haben. Insoweit kommt

163 Vgl. LSG Baden-Württemberg 22.5.1975 – L 10 Ua 980/73, Anlage zum BAGUV-RdSchr. Nr. 24/76 vom 21.4.1976.
164 Vgl. BT-Drs. 13/2204, 75.
165 Allg. Meinung, statt vieler: von Koppenfels-Spies in: Eichenhofer/von Koppenfels-Spies/Wenner, SGB VII, § 2 Rn. 71; Wietfeld in: BeckOK-SozR, SGB VII § 2 Rn. 102.
166 Vgl. Bereiter-Hahn/Mehrtens, SGB VII § 2 Rn. 18.14.
167 So auch Leube ZFSH/SGB 2011, 133 (135); Mutschler in: Jahn/Jung, SGB VII, § 2 Rn. 86.
168 Vgl. Hedermann in: LPK-SGB VII, § 2 Rn. 70; aA wohl Ricke in: KassKomm, SGB VII § 8 Rn. 150 a.

dem konkreten Schulrechtsverhältnis zur jeweiligen Schule (→ Rn. 32) auch bei der Alt. 2 eine entscheidende Bedeutung zu.[169]

2. Anknüpfung an Unterricht

§ 2 Abs. 1 Nr. 8 b Alt. 2 SGB VII spricht ausdrücklich **nur** vom **Unterricht**, welchem 82
die Betreuung unmittelbar vorhergehen bzw. folgen muss. Fraglich ist, ob damit eine Einengung ausschließlich auf den Unterricht, so wie er im jeweiligen Stundenplan festgelegt wurde, verbunden ist, oder ob sämtliche Schulveranstaltungen Bezugspunkt sein können. Die **sonstigen verbindlichen (außerunterrichtlichen) Veranstaltungen** sollen den eigentlichen Unterricht ergänzen und das schulische Gemeinschaftsleben fördern. Darunter fallen zB Bundesjugendspiele und andere schulische Sportveranstaltungen. Unterrichtsgänge und Unterrichtsfahrten sind dem Unterricht gleichzusetzen.[170] Die einzelnen Schulgesetze unterscheiden zwar begrifflich zwischen Unterricht und sonstigen verbindlichen Schulveranstaltungen.[171] Der einschlägigen Gesetzesbegründung[172] kann jedoch eine gewollte Beschränkung auf den stundenplanmäßigen Unterricht nicht entnommen werden. Nachvollziehbare Gründe für eine Differenzierung dahingehend, ob die Betreuungsmaßnahme sich im Einzelfall an Unterricht oder eine sonstige verbindliche außerunterrichtliche Schulveranstaltung unmittelbar anschließt bzw. dem vorausgeht, sind mE auch nicht auszumachen. Dies wäre auch im Hinblick auf den Empfängerhorizont eine diffizile Unterscheidung. Daher wird der in § 2 Abs. 1 Nr. 8 b Alt. 2 SGB VII verwendete Begriff des Unterrichts untechnisch aufzufassen sein, so dass **jegliche schulische Veranstaltung** unmittelbarer Anknüpfungspunkt für Betreuungsmaßnahmen sein kann.[173] Schließlich haben sowohl der Unterricht als auch sonstige schulische Veranstaltungen den gleichen Ursprung: den jeweils geltenden Lehrplan in Verbindung mit der pädagogischen Freiheit des einzelnen Lehrers.

3. Betreuung

Hinsichtlich der Betreuung wird ausgeführt, dass diese zwar weit zu verstehen sei, ein 83
passives Verwahren oder Dulden des Aufenthalts aber nicht ausreiche; verlangt werde vielmehr, dass die teilnehmenden Schüler zielgerichtet beschäftigt oder in irgendeiner Form versorgt werden. Erfasst werden zB die Einnahme des Mittagessens in der Schule (→ Rn. 111), die beaufsichtigte Hausaufgabenerledigung (→ Rn. 90), gemeinsamer Sport, Spielen oder Lesen. Eine Teilnahme soll danach ein aktives Tun im Sinne einer **gezielten sinnvollen Betätigung** erfordern.[174] Dem wird man letztlich zustimmen können, wobei darauf zu achten ist, die Anforderungen nicht zu hoch anzusetzen. Denn diese Betreuungsmaßnahmen werden je nach Alter der Kinder und der

169 So auch SG Münster 23.3.2015 – S 10 U 257/13 (rk., nv); Mutschler in: Jahn/Jung, SGB VII, § 2 Rn. 85; sa LSG Hamburg 11.10.2011 – L 3 U 39/10, BeckRS 2012, 66481; Schlaeger FD-SozVR 2012, 332425.
170 Jehkul in: Arenz/Baldus/Budach, SchulG NRW, § 43 Rn. 1.3.
171 Vgl. zB § 43 Abs. 1 S. 1 SchulG NRW, §§ 53 Abs. 2 Nr. 2. 64 Abs. 1 SchulG RP.
172 BT-Drs. 13/2204, 75.
173 So auch Bereiter-Hahn/Mehrtens, SGB VII § 2 Rn. 18.14.
174 Vgl. Hedermann in: LPK-SGB VII, § 2 Rn. 69; Riebel in: Hauck/Noftz, SGB VII, K § 2 Rn. 106; Leube ZFSH/SGB 2011, 133 (134).

Dauer der täglichen Anwesenheit in der Schule zu einem Teil auch dem körperlichen und geistigen Ausgleich dienen (müssen) und daher auch wenig aktive oder gar passive Tätigkeiten umfassen (zB Lesen, autogenes Training).

4. Zusammenwirken

84 Der Begriff des Zusammenwirkens liegt unterhalb der Schwelle des organisatorischen Verantwortungsbereichs (→ Rn. 5, 56 ff.) und ist **weit auszulegen.** Es reicht aus, wenn eine gewisse Einflussnahme durch die Schule erfolgt, wobei mangels gesetzlicher Vorgaben auch mündliche Absprachen über den Ablauf der Betreuung ausreichend sind. Ein Zusammenwirken ist bei einer Bereitstellung von (Lehr-)Personal ebenso gegeben wie bei der schulischen Mithilfe bei der Organisation der Maßnahme bzw. einer entsprechenden inhaltlichen Einflussnahme oder finanziellen Zuwendung seitens der Schule.[175] Dabei ist für ein Zusammenwirken mehr erforderlich, als dass die Schule ihr Einverständnis erteilt, dass die Maßnahme in ihren Räumen stattfinden darf. In diesem Fall muss sich die Schule zumindest mit dem Angebot auseinandergesetzt und es in den Kreis der schulischen Betreuungsmaßnahmen aufgenommen haben, damit Versicherungsschutz bestehen kann. Dies setzt eine – zumindest informelle – Abstimmung über Inhalte, Ort und Zeiten mit dem Anbieter voraus.[176] Ausreichend ist insoweit die Absprache mit einem Beauftragten der Schule (zB ein Lehrer) oder auch durch Organisation seitens der Klassen- oder Schulpflegschaft.[177] Wo die Betreuung letztlich stattfindet, ist gleichgültig.

85 Die BSG-Entscheidung vom Mai 1983,[178] nach welcher eine in den Schulräumen stattfindende Hausaufgabenbetreuung, die nicht durch die Schule, sondern durch ein ausländisches Konsulat durchgeführt wird, unversichert ist, dürfte wegen der Erweiterung des § 2 Abs. 1 Nr. 8 b SGB VII auf Betreuungsmaßnahmen überholt sein, da dort ua ein Zusammenwirken sowie eine Unmittelbarkeit im genannten Sinne offensichtlich vorgelegen haben.

5. Bewertungsmaßstab des Versicherungsschutzes

86 Der Versicherungsschutz bei Betreuungsmaßnahmen ist als Teil der Schülerunfallversicherung entsprechend den oben unter → Rn. 51 ff. gemachten Ausführungen eingeschränkt. **An die Stelle des organisatorischen Verantwortungsbereiches** der Schule, der gerade nicht vorliegen muss, treten Umfang und Inhalt der Betreuungsmaßnahme sowie die entsprechende Aufsicht des jeweiligen Veranstalters.[179] Eine Mittagsverpflegung bzw. ein gereichter Imbiss kann zB versichert sein (→ Rn. 111). Da die Betreuung auch freizeitliche Elemente beinhaltet (→ Rn. 83), wäre eine Differenzierung danach, ob es sich um eine organisatorische Maßnahme der Schule bzw. des Lehrers oder um Freizeitaktivitäten handelt, unzutreffend.[180]

---

175 Vgl. Groß SF 1997, 99 (100); Hedermann in: LPK-SGB VII, § 2 Rn. 72.
176 Mutschler in: Jahn/Jung, SGB VII, § 2 Rn. 87.
177 Vgl. Becker in: SGB VII-Komm, § 2 Rn. 509.
178 BSG 19.5.1983 – 2 RU 79/82, BSGE 55, 141 (142 f.).
179 Ähnlich Leube ZFSH/SGB 2011, 133 (135); Wietfeld in: BeckOK-SozR, SGB VII § 2 Rn. 103.
180 So aber Schwerdtfeger in: Lauterbach, SGB VII, § 2 Rn. 305.

VI. Besondere Fallgestaltungen und Fälle aus der Praxis

1. Berufsberatung und Berufsorientierung

Nach §§ 29, 30 SGB III hat die Agentur für Arbeit Jugendlichen und Erwachsenen, 87
die am Arbeitsleben teilnehmen oder teilnehmen wollen, **Berufsberatung** anzubieten. Daneben wird zB noch eine vertiefte Berufsorientierung (§ 48 SGB III) ermöglicht. In der Sekundarstufe I und II ist die Berufswahl- und Studienorientierung ein fester Bestandteil der schulischen Arbeit. Die Inanspruchnahme der Berufsberatung durch die örtliche Agentur für Arbeit (§§ 29 ff. SGB III) ist daher dann nach § 2 Abs. 1 Nr. 8 b SGB VII versichert, wenn sie Ausfluss der schulischen Arbeit ist und der Besuch etwa Gegenstand eines Schulausfluges ist. Wird die Berufsberatung hingegen außerhalb schulischer Organisation in den Diensträumen der Agentur für Arbeit in Anspruch genommen, so ist dies unversichert, selbst wenn es durch eine Lehrkraft empfohlen worden sein sollte (→ Rn. 77 f.). Insoweit kommt aber ein Versicherungsschutz nach § 2 Abs. 1 Nr. 14 b, § 136 Abs. 3 Nr. 3 SGB VII in Betracht,[181] der grundsätzlich als lex specialis konzipiert wurde.[182]

2. Betriebspraktikum und Ferienjob

In aller Regel liegen **Schülerbetriebspraktika** im organisatorischen Verantwortungsbe- 88
reich der Schule, die gemäß dem einschlägigen Schulrecht Einfluss auf Inhalt und Form des Praktikums nimmt, dieses im Unterricht vor- und nachbereitet und die Schüler persönlich vor Ort betreut. Gleichgültig ist insoweit, ob dem Schüler durch die Schule eine Praktikumsstelle zugewiesen wurde oder ob er sich diese selbst ausgesucht hat (vgl. zur Haftung → § 9 Rn. 13). Gleiches gilt auch für sog. **Hochschulpraktika**, bei denen Schüler (der Sekundarstufe II) für die Dauer des Praktikums an verschiedenen Hochschulveranstaltungen teilnehmen, um den Studienalltag kennen zu lernen.

Ein **freiwilliges Praktikum** (zB während der Ferien oder im Nachmittagsbereich) liegt in aller Regel nicht im organisatorischen Verantwortungsbereich der Schule. Hier kann der Praktikant jedoch nach überwiegender Auffassung als Beschäftigter bei dem für das Praktikumsunternehmen zuständigen Unfallversicherungsträger versichert sein.[183]

Die gängige Differenzierung (Vorrang von Nr. 8 b; erst wenn Nr. 8 b nicht erfüllt, dann Abs. 1 Nr. 1) lässt indes außer Acht, dass auch beim schulisch gelenkten Praktikum eine nach § 135 Abs. 1 Nr. 3 SGB VII vorrangiges Beschäftigungsverhältnis (§ 2 Abs. 1 Nr. 1 SGB VII) bestehen kann.[184] Denn ein Schülerpraktikant wird sich bei einem freiwilligen Praktikum häufig nicht intensiver in den Betrieb eingliedern als bei einem Schulpraktikum. Daher können beide Versicherungstatbestände zugleich vorliegen, es sei denn, der Wille der Parteien schließt ein Beschäftigungsverhältnis klar

181 Vgl. dazu ausführlicher Bereiter-Hahn/Mehrtens, SGB VII § 2 Rn. 28 a.6 ff.; ferner die „Leitlinie Bildungsmaßnahmen" der DGUV (dort S. 12 f.).
182 Vgl. BT-Drs. 17/6764, 24.
183 Vgl. statt vieler Schwerdtfeger in: Lauterbach, SGB VII, § 2 Rn. 300.
184 Vgl. Schlaeger in: BeckOK-SozR, SGB VII § 135 Rn. 2.

aus.[185] Relevanz hat die Annahme des jeweiligen Personenkreises auch für die Haftungsfreistellung nach §§ 104 ff. SGB VII.

Sofern ein **Praktikum im Ausland** absolviert wird, fehlt es häufig an einer tatsächlichen Einwirkungsmöglichkeit der Schule, sofern nicht eine Schulfahrt im Klassenverband stattfindet. Der organisatorische Verantwortungsbereich lässt sich jedoch durch die Einschaltung eines Kooperationspartners (zB Lehrer einer ausländischen Partnerschule, deutsche Auslandsvertretung, Industrie- und Handelskammern) vor Ort aufrecht erhalten; eine Übertragung der schulischen Aufsichtspflicht auf die mitreisenden Eltern erscheint unzureichend. Der Versicherungsschutz ist immer eine Frage des Einzelfalls bzw. ggf. des europäischen Sozialrechts (vgl. auch → § 11 Rn. 18 f., 45).

Probearbeitstage im Rahmen eines Schülerjobs, die allein dem Kennenlernen des Betriebes dienen und bei denen nicht die Arbeitsleistung, sondern die Feststellung der Eignung im Vordergrund steht, werden hingegen idR nicht unfallversichert, da es an der notwendigen Eingliederung in das Unternehmen und der notwendigen fremdnützigen Handlungstendenz für eine Tätigkeit nach § 2 Abs. 1 Nr. 1 SGB VII mangeln wird.[186] Auch § 2 Abs. 1 Nr. 8 b SGB VII scheidet aus. Etwas anderes wird in der Regel bei schulisch initiierten sog. Girls' und Boys' Days (Mädchen- bzw. Jungen-Zukunftstag) gelten, es sei denn, dass sich nur einzelne Schüler individuell daran beteiligen und für diesen Tag vom Unterricht freigestellt werden.

Die Vereinbarung eines freiwilligen Abschlussgespräches des Praktikumsbetriebes mit dem Schüler in den Ferien ohne konkreten Bezug zum schulisch veranlassten Betriebspraktikum und ohne organisatorische Mitverantwortung der Schule unterfällt nicht dem gesetzlichen Unfallversicherungsschutz (weder nach § 2 Abs. 1 Nr. 1 noch nach Nr. 8 b).[187]

3. Eingliederungshilfen/Integrationshelfer

89 Eingliederungshilfen nach § 35 a SGB VIII, allen voran die Hilfen zur angemessenen Schulbildung (iVm § 54 Abs. 1 S. Nr. 1 SGB XII), können in den organisatorischen Verantwortungsbereich der Schule einbezogen sein und damit unter Versicherungsschutz stehen. Dies sind zB Therapien wegen Legasthenie oder Dyskalkulie. Der Einsatz von Integrationshelfern einzelner Schüler erfolgt jedoch nicht innerhalb des organisatorischen Verantwortungsbereichs der Schule. Die Integrationshelfer sind nicht als Schulpersonal anzusehen und setzen nicht den Bildungs- und Erziehungsauftrag der Schule um (→ Rn. 104).[188]

185 Vgl. dazu zB LSG Sachsen 1.8.2019 – L 6 U 91/17, BeckRS 2019, 18109.
186 Vgl. SG Aachen 16.9.2009 – S 8 U 26/09, BeckRS 2009, 72552.
187 Vgl. LSG Sachsen 1.8.2019 – L 6 U 91/17, BeckRS 2019, 18109.
188 Vgl. für das Landesrecht NRW: van den Hövel in: Jülich/van den Hövel, Schulrechtshandbuch NRW, K § 58 Rn. 4; ferner zB VG Gießen 19.7.2018 – 7 L 3381/18, BeckRS 2018, 21131. Ebenso LSG Hessen 13.8.2019 - L 3 U 7/18, BeckRS 2019, 20478; vgl. auch: van den Hövel in: Jülich/van den Hövel, Schulrechtshandbuch NRW, K § 58 Rn. 4; ferner zB VG Gießen 19.7.2018 – 7 L 3381/18, BeckRS 2018, 21131.

4. Hausaufgaben, Hausaufgabenbetreuung, Nachhilfe

Die Erledigung von Hausaufgaben im häuslichen bzw. nicht schulischen Bereich ist trotz des schulbezogenen Charakters, des engen Zusammenhangs zwischen Hausaufgaben und dem vormittäglichen Unterricht und den Auswirkungen auf die Notengebung unversichert (→ Rn. 62).[189] 90

Ein Versicherungsschutz kommt jedoch dann in Betracht, wenn die Hausaufgabenbetreuung bzw. -erledigung ausnahmsweise **in den schulischen Ablauf integriert** ist, zB bei Ganztagsschulen. Ferner hat das BSG in einem Fall, in dem Schülern der Sekundarstufe II in von der Schule für sie bereitgestellten Räumen (Arbeitsraum, Bibliothek) eigenverantwortlich (schulbezogen) arbeiten konnten und sollten (ua auch Hausaufgabenerledigung, Abiturvorbereitung), Versicherungsschutz bejaht; jedenfalls solange die Schule diese Räume im Tagesablauf für die Schüler offenhält und diese dort eine mit dem Besuch der allgemeinbildenden Schule zusammenhängende Tätigkeit verrichten.[190] Dies ist insofern richtig, als die Bereitstellung eines solchen Arbeitsraumes Ausfluss der organisatorischen Verantwortung der Schule ist, die die Ausstattung und Gestaltung des Raumes bestimmt, den Raum (Lage, Zugänglichkeit, Größe etc) ausgewählt hat und ihr auch das Recht und die Pflicht zur (gelockerten) Aufsicht zufällt.[191] Gleichwohl reicht der bloße Aufenthalt nicht für den Unfallversicherungsschutz (→ Rn. 71); es bedarf auch eines sachlichen Zusammenhangs (→ Rn. 62). Falls dies gegeben ist, dann endet der versicherte Schulbesuch erst mit dem Ende der schulbezogenen Raumnutzung und nicht etwa nach der Zwei-Stunden-Grenze (vgl. dazu § 7 Rn. 34 f.) nach formalem Unterrichtsende geknüpft.[192]

In der Regel wird eine Hausaufgabenbetreuung im Rahmen der offenen Ganztagsschule oder im unmittelbaren Anschluss an den Unterricht als versicherte Betreuungsmaßnahme angeboten. Auch bei einer Hausaufgabenbetreuung, die durch einen **Förderverein** durchgeführt wird, kann Versicherungsschutz bestehen.

Beispiel: Dies hat das **BSG in folgendem Fall** zu Recht angenommen: Die Hausaufgabenhilfe wurde seit der Vereinsgründung von einer Lehrkraft wahrgenommen, die Angestellte dieses Vereins war, und von der Agentur für Arbeit im Rahmen einer Arbeitsbeschaffungsmaßnahme bezahlt wurde. Der Verein war organisatorisch für den Schulelternbeirat tätig geworden. Führt ein solches mit gesetzlichen Mitwirkungsrechten (zB Beteiligung der Eltern an der Gestaltung der Erziehungs- und Unterrichtsarbeit der Schule) ausgestattetes Gremium eine Veranstaltung durch, ist diese **jedenfalls dann als Schulveranstaltung zu werten,** wenn die Schulleitung sie nicht nur duldet, sondern ihre Organisation in wesentlichem Umfang durchführt. Gerade die Beteiligung des Schulleiters beschränkte sich hier nicht auf eine lediglich organisatorische Hilfestellung (→ Rn. 78). Die so ausgestaltete Hausaufgabenhilfe war somit eine versicherte Schulveranstaltung.[193]

---

189 Vgl. BSG 23.1.2018 – B 2 U 8/16 R, NZS 2018, 734 (736); BSG 30.5.1988 – 2 RU 5/88, HVBG-INFO 1988, 1626 (1627); BSG 31.1.1984 – 2 RU 74/82, BSGE 56, 129 (131); BSG 22.10.1975 – 8 RU 68/75, SozR 2200 § 549 Nr. 2.

190 Vgl. BSG 31.1.1984 – 2 RU 74/82, BSGE 56, 129 (131 f.); BSG 13.5.1985 – 9 a RV 36/83; HVBG-INFO 1985, 1208 (1210 ff.).

191 Ausführlich dazu von Farkas/Richter in: DGUV, 20 Jahre Hochschule, S. 268 (276 f.).

192 Vgl. Spellbrink in: Ruland/Becker/Axer, SRH, § 16 Rn. 36; BSG 13.5.1985 – 9 a RV 36/83; HVBG-INFO 1985, 1208 (1210 ff.).

193 Vgl. BSG 4.12.1991 – 2 RU 79/90, NJW 1992, 1525 (1525 f.).

Nachhilfeunterricht aufgrund privater Vereinbarung (zB durch Studierende oder Schüler der Sekundarstufe II) ist nicht unfallversichert, selbst wenn die Nachhilfe von einem Schullehrer empfohlen worden ist (→ Rn. 78).

5. Hausunterricht

91 Schüler, die wegen einer Krankheit die Schule für längere Zeit oder auf Dauer nicht besuchen können, können Hausunterricht erhalten. Dafür sollen Lehrkräfte der Schulart herangezogen werden, die der Schüler nach seiner Genesung besuchen wird. Auf diese Weise soll die Wiedereingliederung wirksam vorbereitet werden. Voraussetzung ist ihre Unterrichtsfähigkeit. Der häusliche Unterricht ist insgesamt dem außerschulischen, also unversicherten Bereich zuzuordnen, auch wenn dieser von der Schule veranlasst bzw. von der Schulaufsichtsbehörde organisiert wird.[194] Denn der organisatorische Verantwortungsbereich erstreckt sich nicht auf die Privaträume der Schüler. Daran hat auch das BSG-Urteil vom 23.1.2018 (→ Rn. 106) nichts geändert.

Davon zu trennen ist der Heimunterricht im Sinne eines **Homeschoolings** (→ Rn. 28). Das BVerfG hat das Homeschooling für unzulässig und strafbar erklärt, da dieser ausschließliche Unterricht zu Hause mit der allgemeinen Schulpflicht unvereinbar ist.[195] Da insoweit keine „Schule besucht“ wird, muss ein Versicherungsschutz ausscheiden.

6. Impfung und Medikamentengabe (Gesundheitsmaßnahmen)

92 Nach der Rechtsprechung des BSG besteht insofern Unfallversicherungsschutz bei einer **Impfung**, sofern diese einer besonderen, mit der versicherten Tätigkeit verbundenen Gefährdung entgegenwirkt, also die versicherte Tätigkeit eine Impfung über die allgemeine Gesundheitsvorsorge hinaus erforderlich macht.[196] Die Durchführung gesundheitlicher Maßnahmen, die den Einzelnen betreffen, gehört grundsätzlich zum unversicherten persönlichen Lebensbereich (vgl. aber Ausnahmen bei der Medikamentengabe → Rn. 93).[197] Daher dürfte in der Regel ein Versicherungsschutz während einer Impfung, in der Schule, ausscheiden, da es sich insoweit vorrangig um eine **Maßnahme der allgemeinen Gesunderhaltung** handelt. Ausnahmen sind zB bei Klassenfahrten denkbar, wenn entsprechende Empfehlungen für das Zielgebiet vorliegen. Das ist eine Frage des Einzelfalls. Sofern eine unter Schulaufsicht vorgenommene Hin- und Rückführung der Schüler zum Impflokal stattfindet, sind zumindest die entsprechenden Wege versichert.[198] Gegebenenfalls kommt ein Versicherungsschutz nach § 2 Abs. 1 Nr. 3 SGB VII in Betracht (→ § 4 Rn. 9).

---

194 Ebenso Ricke in: KassKomm, SGB VII § 8 Rn. 151.

195 Vgl. BVerfG 15.10.2014 – 2 BvR 920/14, NJW 2015, 44 (45 ff.); vgl. dazu Avenarius NZFam 2015, 342 ff.

196 Vgl. BSG 31.1.1974 – 2 RU 277/73, SozR 2200 § 548 Nr. 2.

197 Vgl. LSG Rheinland-Pfalz 13.10.1982 – L 3 U 214/81, Breith. 1983, 776 (777); so auch BSG 31.8.1983 – 2 BU 211/82, BAGUV-RdSchr. 67/83.

198 LSG Rheinland-Pfalz 13.10.1982 – L 3 U 214/81, Breith. 1983, 776 (777); Bereiter-Hahn/Mehrtens, SGB VII § 8 Rn. 7.23; aA BSG 31.8.1983 – 2 BU 211/82, BAGUV-RdSchr. 67/83 im Rahmen des Beschlusses über die Nichtzulassungsbeschwerde.

Die **Medikamentengabe** an einen Minderjährigen zur Abwendung weiterer Gesundheitsgefahren ist Bestandteil der elterlichen Personensorge nach § 1629 Abs. 1, § 1631 Abs. 1 BGB (→ Rn. 8, → § 2 Rn. 54). Ist eine solche Medikamentengabe während der Schulzeit erforderlich, zB um den Schulbesuch überhaupt erst zu ermöglichen, kann insoweit eine Übertragung der Personensorge erfolgen. Diese setzt voraus, dass die Personensorgeberechtigten eine solche Übertragung wollen und dies von der Schule bzw. den für sie Handelnden in ihren Pflichtenkreis und damit in den organisatorischen Verantwortungsbereich der Schule übernommen wird. Erfolgt in diesem Sinne die Übertragung der Personensorge für den besonderen Bereich der Medikamentengabe, besteht für die Schüler Versicherungsschutz (vertiefend → § 2 Rn. 74 ff.). Die Personensorge der Erziehungsberechtigten endet grundsätzlich mit dem Eintritt der Volljährigkeit des Kindes (§§ 2, 1629 Abs. 1 BGB). Ist sie weiterhin erforderlich (zB im Rahmen eines Betreuungsverhältnisses bei einem schwerbehinderten Menschen) kann auch hier der Betreuer eine ggf. erforderliche Medikation übertragen, so dass auch insoweit Versicherungsschutz besteht. 93

7. Internat (Heimschule)

Internat ist der Oberbegriff für Einrichtungen, in denen Schüler wohnen und betreut werden und bei denen idR; Schul- und Heimerziehung eine pädagogische Einheit bilden.[199] Bei einer Internatsunterbringung beschränkt sich der Versicherungsschutz auf Verrichtungen, die mit dem Besuch der (internatseigenen) Schule im sachlichen Zusammenhang stehen. Davon ist der den häuslichen Bereich ersetzende Aufenthalt im Internat abzugrenzen, der im Regelfall als private Lebenssphäre unversichert ist.[200] Die gesetzliche Unfallversicherung erstreckt sich nicht auch auf jegliche Internatserziehung, sondern vielmehr kraft Gesetzes auf den Besuch allgemeinbildender Schulen. Ein Internat ist aber insoweit nicht einer allgemeinbildenden Schule gleichzustellen, so dass etwa auch das Aufhalten in einem Klassenzimmer des Internats ohne einen schulbedingten Grund (wie zB Anweisung eines Lehrers, → Rn. 65) unversichert ist.[201] 94

Ausnahmsweise können jedoch besondere Gefahrenmomente, die der Internatsaufenthalt geschaffen hat, den Versicherungsschutz über den oben beschriebenen Umfang hinaus begründen.[202] Hierzu hat das BSG später im Hinblick auf Dienstreisen von Beschäftigten ausgeführt, dass eine am Ort der auswärtigen Beschäftigung bestehende Gefahrenquelle nur unter bestimmten Voraussetzungen ausnahmsweise der versicherten Tätigkeit zuzurechnen ist. Erforderlich ist zum einen, dass sie sich bei solchen privaten Verrichtungen des täglichen Lebens auswirkt, die auch während einer Dienst- oder Geschäftsreise zwangsläufig anfallen, mit der Folge, dass sich der Versicherte der Gefährdung nicht entziehen kann. Ein betrieblicher Bezug ist deshalb 95

199 Vgl. Avenarius/Heckel, Schulrechtskunde, Erl. 5.32.
200 BSG 24.1.1990 – 2 RU 22/89, USK 90134; Schlegel in: Schulin, Unfallversicherungsrecht, § 18 Rn. 68; Bereiter-Hahn/Mehrtens, SGB VII § 2 Rn. 18.8; vgl. auch BSG 20.1.1987 – 2 RU 12/86, SozR 2200 § 539 Nr. 118.
201 Vgl. BSG 27.11.1980 – 8 a RU 84/79, SozR 2200 § 548 Nr. 53; Becker in: SGB VII-Komm, § 2 Rn. 508.
202 BSG 24.1.1990 – 2 RU 22/89, USK 90134.

gegeben, wenn besondere gefahrbringende Umstände am Ort des Dienstgeschäfts Unfälle beispielsweise bei der Nachtruhe, der Körperreinigung oder der Nahrungsaufnahme einschließlich der damit zusammenhängenden Wege verursachen. Weitere Voraussetzung für die Annahme eines betrieblichen Zusammenhangs ist, dass es sich um eine Gefahrenquelle handelt, die in ihrer besonderen Eigenart dem Versicherten am Wohn- oder Betriebsort nicht begegnet wäre, wobei jedoch nicht auf die konkreten Wohn- und Arbeitsverhältnisse des jeweiligen Versicherten abzustellen ist. So wäre beispielsweise ein Sturz auf einer Wendeltreppe nur dann als Arbeitsunfall zu bewerten, wenn die konkrete Treppe wegen ihrer besonderen Bauart, wegen ihres baulichen Zustandes einschließlich etwaiger Baumängel, wegen der im Unfallzeitpunkt herrschenden Beleuchtungsverhältnisse oder aus anderen denkbaren Gründen als ungewöhnlich gefährlich einzustufen wäre und wenn diese speziellen Gefahrenmomente den Sturz wesentlich mit verursacht hätten.[203]

Dies gilt auch für Internatsschüler. Das LSG Baden-Württemberg hat als eine besondere Gefahrenquelle einen Topf mit heißem Wasser, der einem in einer Heimsonderschule für Sprachbehinderte internatsmäßig untergebrachten 10jährigen Schüler zur Inhalation vorgesetzt worden ist, angesehen. Die durch das versehentliche Verschütten des heißen Wassers erfolgten Verbrühungen waren damit ausnahmsweise ein versicherter Schulunfall.[204] Eine **weitere Ausnahme** wird man zB auch bei sexuellen Übergriffen im häuslichen Bereich machen müssen, da insofern die Schüler dem Täter ein Stück weit ausgeliefert sind und die Art der Unterbringung den Missbrauch etc begünstigen wird.

8. Klassenfahrt/-ausflug

96 Klassenfahrten sind ein wichtiger Bestandteil der Erziehung durch die Schulen, denn es gehört zu den Aufgaben der Schule, bei den ihr anvertrauten jugendlichen Schülern die Entwicklung zu selbstständigen, mündigen und selbstverantwortlichen Persönlichkeiten zu fördern.[205] Zu den vom organisatorischen Verantwortungsbereich der Schule erfassten Veranstaltungen gehören auch die unter schulischer Aufsicht durchgeführten Klassenfahrten. Der Versicherungsschutz besteht zB während der eigentlichen Gemeinschaftsveranstaltungen wie Stadtbesichtigungen oder -erkundungen, gemeinsamem Sport, Spielen oder sonstigen Zusammenkünften (→ Rn. 56 f.), er umfasst jedoch nicht jedwede Betätigung während der gesamten Dauer der Klassenfahrt. Vielmehr ist nach der Rechtsprechung auch bei Klassenfahrten erforderlich, dass die Verrichtung zur Zeit des Unfalls im sachlichen Zusammenhang mit der grundsätzlich versicherten Tätigkeit als Schüler steht (→ Rn. 62).[206] Der Versicherungsschutz ist zu verneinen, wenn sich die betreffende Person zur Unfallzeit rein persönlichen, von der versicherten Tätigkeit nicht mehr beeinflussten Bedürfnissen und Belangen widmet

203 Vgl. BSG 18.3.2008 – B 2 U 13/07 R, NZS 2009, 288 (289 f.).
204 Vgl. LSG Baden-Württemberg 22.10.2015 – L 10 U 2863/13, BeckRS 2016, 65686.
205 Vgl. BT-Drs. 15/1514, 60; ferner LSG Rheinland-Pfalz 10.10.1973 – L 3 U 27/73, Breith. 1974, 104 (107).
206 Vgl. BSG 26.10.2004 – B 2 U 41/03 R, NZS 2005, 383 (384).

wie Essen, Trinken, Körperhygiene, Schlafen oder einem privaten Spaziergang.[207] Ferner sind individuelle Betätigungen der Schüler außerhalb gemeinsamer Unternehmungen, also in der Freizeit, nicht versichert, weil es sich um frei einteilbare Zeit handelt, die von den Lehrern unbeeinflusst ist (zB Fußballspielen am freien Nachmittag).[208] Somit lässt sich festhalten, dass eine Klassenfahrt aus „schulischer Zeit" und Freizeit besteht, wobei bei letzterer ausnahmsweise Versicherungsschutz bestehen kann (→ Rn. 97 ff.).

Andererseits erkennt das BSG an, dass das Ziel einer Klassenfahrt nicht allein darin 97
besteht, den Schülern neue im nachfolgenden Unterricht verwertbare Eindrücke durch den Besuch einer Stadt oder einer Landschaft zu vermitteln, sondern auch in der Förderung des sozialen Verhaltens in der Gruppe und in Beherrschung und Bewältigung der auf solchen Reisen besonders zum Ausdruck kommenden Gruppendynamik.[209] Folglich sind im Rahmen der Schüler-Unfallversicherung als eine weitere Besonderheit die Gefahren zu berücksichtigen, die sich aus unzureichender Beaufsichtigung oder dem **typischen Gruppenverhalten** von Schülern oder Jugendlichen ergeben. Gründe hierfür sind ua das „Übergangsstadium vom Kind zum werdenden Mann", der noch ungebändigte jugendliche Spiel- und Nachahmungstrieb, das (zwangsweise) Zusammensein vieler Schüler und Jugendlicher.[210] Dies gilt vor allem auf Klassenfahrten, bei denen sich der natürliche und bei jugendlichen Schülern noch ungehemmte Spieltrieb während der Fahrt besonders auswirken und „hochschaukeln" kann, während gleichzeitig eine ständige Aufsicht durch begleitende Lehrer „rund um die Uhr" nicht möglich ist (→ Rn. 59).

Das Gruppenerlebnis auf Klassenfahrten führt erfahrungsgemäß vor allem dann, wenn sich die Disziplin während der Abwesenheit der Aufsichtspersonen lockert, häufig zu übermütigen und bedenkenlosen Verhaltensweisen; Neckereien und Rangeleien aus nichtigem Anlass können eine unverhältnismäßige Schärfe erhalten und plötzlich zu an sich nicht gewollten Reaktionen und in deren Folge zu Verletzungen führen (→ Rn. 116 ff.). Daher kann zB auch ein **nächtlicher Fenstersturz nach provozierter Mutprobe** eine (unfallversicherte) Folge eines gruppendynamischen Prozesses sein.[211] Wenn hingegen ein Verletzter mit einer waghalsigen Aktion (Rauchen auf dem Dach) beginnt, also nichts nachahmt, sondern einen anderen Schüler erst animiert, kann dies gegen eine **Gruppendynamik** sprechen.[212] Erst recht entfällt eine Gruppendynamik, wenn andere Schüler weder anwesend noch beteiligt sind, sondern eine individuelle, überlegte Entscheidung eines Schülers vorliegt. Denn mit diesem Begriff wird die Entstehung von Verhaltensweisen, Werten und Einstellungen, die sich ausschließlich aus der Interaktion mit anderen Personen ergeben, bezeichnet.

---

207 BSG 26.10.2004 – B 2 U 41/03 R, NZS 2005, 383 (384); BSG 5.10.1995 – 2 RU 44/94, NZS 1996, 181; vgl. auch Kunze DGUV Forum 11/2010, 38 (39).
208 Vgl. zB BSG 5.10.1995 – 2 RU 44/94, NZS 1996, 181 (181).
209 Vgl. BSG 7.11.2000 – B 2 U 40/99 R, NJW 2001, 2909 (2909).
210 Vgl. die Nachweise bei BSG 26.10.2004 – B 2 U 41/03 R, NZS 2005, 383 (384).
211 So zum Vorgenannten: BSG 7.11.2000 – B 2 U 40/99 R, NJW 2001, 2909 (2909 f.).
212 Vgl. LSG Baden-Württemberg 25.9.2014 – L 6 U 2085/14, BeckRS 2015, 65874.

98 Die unter → Rn. 74 genannten Voraussetzungen für einen **Versicherungsschutz infolge unzureichender Beaufsichtigung** haben einen wesentlichen Anwendungsbereich bei Klassenfahrten, so dass eine von der Schulaufsicht verbotene, privaten Zwecken dienende und folglich regelmäßig nicht versicherte Betätigung von Schülern während einer Klassenfahrt aufgrund unzureichender Aufsicht der Lehrer unfallversichert sein kann. Wird beispielsweise ein Schüler durch die unzureichende Aufsicht bzw. die Versäumnisse der Schulaufsicht in die Lage versetzt, sich bei bestehendem Drang nach Bewegung und frischer Luft im Anschluss an eine lange Busreise am Anreisetag bei einem nächtlichen Spaziergang den besonderen Gefahren des nächtlichen Straßenverkehrs auszusetzen, so kann Versicherungsschutz bestehen, wenn kein ausdrückliches Ausgangsverbot (→ Rn. 99) verhängt worden ist.[213]

Entsprechendes gilt im Übrigen auch für sonstige **Klassenausflüge**, zB in ein Museum, zur Berufsberatung (→ Rn. 87), ins Theater etc.

99 Eine **Grenze** ist zum einen dann erreicht, wenn der Schüler eine vom Lehrer ausdrücklich verbotene Tätigkeit ausübt (zB nächtliches Verlassen der Unterkunft), denn damit löst der Schüler einen etwaigen sachlichen Zusammenhang zum Schulbesuch.[214] Gleiches gilt zB für den Konsum von Alkohol, denn es ist kein Ziel einer Klassenfahrt, Alkoholexzesse zu fördern oder entsprechende Gelegenheiten zu schaffen. Dies tun die Schulen iaR nach außen kund und verbieten jeglichen **Alkohol- und Drogenkonsum**. Daher ist es kein Merkmal gruppenspezifischer Dynamik und alterstypischer mangelnder Einsichtsfähigkeit, dass eine zunehmende Alkoholisierung die Hemmschwellen und das Gefahrenbewusstsein absenkt und eine übersteigerte Selbsteinschätzung fördert.[215]

Zum anderen entfällt der Versicherungsschutz, wenn der konkrete Schüler an sich über die altersentsprechende Reife und Einsichtsfähigkeit verfügt, um die Gefährlichkeit oder hohe Unvernunft des Tuns zu erkennen.[216] Es gibt aber keine schematische Altersgrenze, ab der gruppendynamische Prozesse keinen Versicherungsschutz mehr begründen können (→ Rn. 75).

100 Ferner können durch die Klassenfahrt bedingte Umstände etwa bei der Befriedigung des Schlafbedürfnisses durchaus versichert sein. Dies erfordert allerdings eine über eine bloß raum-zeitliche Verursachung hinausgehende Gefährdung durch die Teilnahme an der schulischen Veranstaltung bzw. Schulausbildung. Dementsprechend widerspräche es auch einer lebensnahen Betrachtungsweise, den Schüler bei einer Klassenfahrt während der Nachtruhe schlechthin als unversichert zu erachten, auch wenn er beispielsweise durch einen nächtlichen Brand in der Jugendherberge zu Schaden

213 Vgl. LSG Hessen 21.11.2006 – L 3 U 154/05, UVR 2007, 280 (284 ff.).
214 Vgl. LSG Bremen 27.11.1986 – L 2 U 2/84, HVBG-INFO 1987, 1340 (1345 f.) (Miete eines Motorrollers); LSG Hessen 21.11.2006 – L 3 U 154/05, BeckRS 2007, 41214 (nächtlicher Ausflug zum Strand); LSG Niedersachsen-Bremen 15.12.2011 – L 3 U 219/09, BeckRS 2012, 65451 (Miete eines Mofas); LSG Baden-Württemberg 25.9.2014 – L 6 U 2085/14, BeckRS 2015, 65874 (heimlicher Alkohol- und Drogenkonsum).
215 So zu Recht: LSG Baden-Württemberg 25.9.2014 – L 6 U 2085/14, BeckRS 2015, 65874; aA Hollo jurisPR-SozR 7/2015 Anm. 3, der Alkoholkonsum für ein gruppendynamisches Verhalten hält.
216 Vgl. zB BSG 7.11.2000 – B 2 U 40/99 R, NJW 2001, 2909 (2910).

kommt oder während eines Schulausflugs im Schlaf aus dem oberen Bett eines Etagenbettes stürzt.[217] Insoweit kann es ebenso wie bei der Unterbringung in einem Internat (→ Rn. 94) auch auf **besondere Gefahren der Unterkunft** oder auf eine etwaige unzureichende Beaufsichtigung ankommen (vgl. auch → Rn. 74).

Zu den vom organisatorischen Verantwortungsbereich der Schule umfassten Veranstaltungen können zwar auch eine unter schulischer Leitung am letzten Abend des Ski- und Snowboardlehrgangs durchgeführte Nachtwanderung mit anschließendem Glühweintrinken und Abschiedsfeiern gehören, ein nächtliches „Bierbank-Rodeln" einzelner Schüler nach Sperrstunde trotz Anwesenheit des Lehrers aber nicht mehr.[218] Für die Folgen eines Sprungs in ca. 70 cm flaches Wasser während einer Segelfahrt im Rahmen einer schulischen Veranstaltung und innerhalb der Aufsichtspflicht der Schule, bei der sich ein Schüler eine Halswirbelfraktur zugezogen hat, kann gleichfalls Versicherungsschutz bestehen, auch wenn ein solcher offensichtlich unvernünftig ist.[219] Für eine versicherte Unternehmung genügt es, wenn ein zuverlässiger älterer Schüler mit der Aufsicht über Mitschüler betraut ist und die Schüler wissen, dass sich der letztlich gleichwohl verantwortliche Lehrer jederzeit erreichbar (in der Nähe) aufhält, um erforderlichenfalls die Aufsicht wieder selbst zu übernehmen (vgl. auch → Rn. 108).[220] 101

Nur der Vollständigkeit halber ist zu erwähnen, dass zB **Klassenfahrten auch im Ausland** gemäß den eben genannten Voraussetzungen versichert sind, sofern es sich um eine ausstrahlende Maßnahme (§ 2 Abs. 3 S. 4 SGB VII) oder einen sog. grenzüberschreitenden Sachverhalt gemäß EG VO 883/04 handelt (→ § 11 Rn. 9 ff.). Erforderlich ist auch insoweit, dass die Auslandsfahrt im organisatorischen Verantwortungsbereich der Schule stattfindet. 102

Hinweis: Zur kostenmäßigen Absicherung etwaiger Erkrankungen, die kein Versicherungsfall iSv § 7 Abs. 1 SGB VII oder dessen Folgen sind, wird der Abschluss einer privaten **Auslandsreisekrankenversicherung** und zur erleichterten Inanspruchnahme ärztlicher Leistungen (im europäischen Ausland) das Mitführen einer Europäischen Krankenkassenkarte (**EHIC**) empfohlen (vgl. auch die ausführlichere Darstellung in → § 11 Rn. 47 ff.).

Zum Versicherungsschutz bei einem **internationalen Schüleraustausch** → Rn. 113.

9. Notdurft (Toilettengang)

Die Verrichtung der Notdurft ist grundsätzlich ein höchstpersönliches menschliches Grundbedürfnis, welches unabhängig vom Schulbesuch entsteht. Daher ist der Aufenthalt im Toilettenraum unversichert, es sei denn, besondere Gefahrenmomente (zB besondere Eile aufgrund eines Feueralarms, Glätte infolge starker Verschmutzung, 103

217 Vgl. BSG 5.10.1995 – 2 RU 44/94, NZS 1996, 181; BSG 22.9.1966 – 2 RU 101/66, SozR Nr. 3 zu § 548 RVO.
218 Vgl. LSG Baden-Württemberg 5.12.2006 – L 9 U 781/05 (nv, vgl. juris).
219 Vgl. LSG Niedersachsen-Bremen 29.11.2006 – L 9 U 77/05, NZS 2007, 500 (502).
220 So zu Recht LSG Rheinland-Pfalz 10.10.1973 – L 3 U 27/73, Breith. 1974, 104, 107; bestätigt durch BSG 31.3.1976 – 2 RU 287/73, USK 7629.

Baufälligkeit der Toilettenräume, besondere Enge von Toilettenkabinen, lose Toilettenpapierhalterungen, die beim Abziehen des Papiers abfallen) rechtfertigen eine Ausnahme.[221] In diesem Zusammenhang kommt es nicht auf die Erkennbarkeit des Gefahrenpotentials oder das Alter der Schüler an. Der Weg zur Toilette und zurück ist jedoch versichert, da die Zurücklegung dieser Wege aufgrund des vorgegebenen Aufenthalts in der Schule erforderlich ist.[222]

104 Etwas anderes gilt nach dem SG Köln[223] aber beispielsweise dann, wenn ein zu betreuender, körperlich und geistig behinderter Schüler (Pflegestufe III) einer Förderschule eine dem Grunde nach dem privaten, unversicherten Bereich zuzuordnende Tätigkeit, wie die Verrichtung der Notdurft, nicht ohne Hilfe und Aufsicht durch das Schulpersonal bewältigen kann und auch hierfür zwingend der Betreuung bedarf. Dann handelt sich hierbei um eine aufsichtspflichtige Betreuungsmaßnahme innerhalb des organisatorischen Verantwortungsbereichs der Schule, die vom Versicherungsschutz umfasst ist. Dem ist zuzustimmen. Gleiches gilt allerdings nicht, wenn ein (schulfremder) Integrationshelfer assistiert (→ Rn. 89).

Weitere Ausnahmen vom Grundsatz sind gerechtfertigt, wenn die Toilettenräume für andere Zwecke als für menschliche Grundbedürfnisse oder in Notfällen aufgesucht werden. So wurde zB eine Zahnverletzung eines Schülers, der sich infolge von Schwindel während des Unterrichts in den Toilettenräumen mit kaltem Wasser erfrischen wollte und er dort infolge eines Ohnmachtsanfalls mit dem Mund gegen den Waschbeckenrand schlug, zu Recht als versichert angesehen, da er seine Schulfähigkeit wiederherstellen wollte.[224] Ferner ist ein Unfall eines Schülers anerkannt worden, der zwar die Toilettenräume zur Verrichtung seiner Notdurft aufgesucht hat, dort aber von einem Mitschüler angerempelt worden, wodurch er sich verletzte. Insoweit hat sich kein Risiko der eigenwirtschaftlichen Tätigkeit realisiert, sondern ein besonderes Gefahrenmoment der Schülerunfallversicherung, nämlich einem typischen Gruppenverhalten pubertierender Jungen (→ Rn. 116).[225]

Ferner wäre ein Aufsuchen der Toilettenräume, um dort zB im Rahmen eines Pausenspiels verstecken zu spielen, um sich im Winter aufzuwärmen oder um dort durch Schulsport oder Kunstunterricht verschwitzte oder verschmutzte Hände zu waschen, versichert, weil ein schulbedingter Grund zum Betreten vorliegt.

10. Projektarbeiten

105 Während einer schulischen Projektwoche besteht aufgrund der schulischen Organisation und Planung unproblematisch Unfallversicherungsschutz. Schwieriger ist hingegen die Bewertung von außerschulischen Gruppen-, Partner- oder Projektarbeiten, die in der Regel auf eine möglichst eigenständige und unbeeinflusste Durchführung ab-

221 So auch zB Schwerdtfeger in: Lauterbach, SGB VII, § 8 Rn. 218; vgl. in diesem Zusammenhang auch BSG 22.6.1976 – 8 RU 146/75, SozR 2200 § 548 Nr. 20.
222 Vgl. BSG 6.12.1989 – 2 RU 5/89, NJW 1990, 1064; Ziegler in: LPK-SGB VII, § 8 Rn. 115, 138 f.
223 SG Köln 30.9.2009 – S 16 U 126/07, BeckRS 2009, 74678.
224 Vgl. LSG Baden-Württemberg 9.6.2011 – L 10 U 1533/10, BeckRS 2011, 73908.
225 So zu Recht: SG Osnabrück 3.4.2014 – S 19 U 103/12, BeckRS 2014, 69383; Hollo jurisPR-SozR 25/2014 Anm. 4.

zielen. Versicherungsschutz bestand bislang im Wesentlichen dann, wenn es sich um eine schulisch beauftragte Maßnahme handelte, sich die Mitwirkung der Schüler an der Durchführung von Projektarbeiten als Bestandteil des Unterrichts qualifizieren ließ, die Schule verantwortliche Anordnungen treffen konnte und diese auch traf sowie die Tätigkeiten im Rahmen des Projektunterrichts sich in ihrer pädagogischen Zielsetzung usw von den schulischen Hausaufgaben (→ Rn. 90) unterscheiden ließ (→ Rn. 65, 108).[226]

Das BSG hat in diesem Zusammenhang entschieden, dass bei einer Aufgabe im Rahmen einer **schulischen Foto-AG** („Fotografiere zwei zueinander gehörende Personen oder Gegenstände") bei gleichzeitiger Freistellung, wann und wo die fotografischen Aufnahmen zu machen sind, kein Versicherungsschutz besteht. Die Erfüllung dieser Aufgabe war unmissverständlich aus dem organisatorischen Verantwortungsbereich der Schule herausgenommen und uneingeschränkt dem privaten Bereich der Schüler zugewiesen worden, der jeder Einwirkungsmöglichkeit einer ordnungsgemäßen schulischen Aufsicht entzogen ist. Das gilt sowohl in räumlicher Hinsicht als auch bezüglich der sachlichen Voraussetzungen der Aufgabe, die gerade keine organisatorischen Vorgaben und Sachzwänge enthält.[227] Dabei handelte es sich um eine Freizeitveranstaltung, die zwar schulisch veranlasst war, aber nicht den schulischen Kernbereich berührte und nicht im ausreichenden Maße schulisch beeinflusst und beaufsichtigt wurde.[228]

Ein aktuelles Urteil des **BSG zu Gruppenprojektarbeiten** von Schülern zog vor diesem Hintergrund vielfältige Kritik auf sich. Im Rahmen des Musikunterrichts wurde ua die „Wirkung von Musik" behandelt. Zunächst wurde im Unterricht die theoretische Grundlage erarbeitet, danach sollten in Kleingruppen Werbeclips hergestellt werden. Die Aufgabe bestand darin, einen Werbeclip zu einem bestimmten Produkt zu filmen, zu schneiden, zu bearbeiten und mit passender Musik zu unterlegen. Zunächst war vorgegeben, dass der Werbeclip während des Musikunterrichts auf dem Schulgelände gedreht werden sollte. Auf Bitten der Schüler erhielten diese von der Musiklehrerin die Möglichkeit, den Werbeclip auch außerhalb des Schulunterrichts im privaten Bereich zu drehen. Vorgegeben war der Abgabetermin, nicht aber Drehzeit und Drehort. Von dieser Möglichkeit machte die Hälfte der Schüler Gebrauch. Der Schulleiter war nicht darüber informiert worden. Eine Beaufsichtigung durch die Lehrerin oder eine Möglichkeit, mit ihr bei Problemen Kontakt aufnehmen zu können, bestand nicht. Die Schüler sind selbst von einer Hausaufgabe ausgegangen.[229] Das BSG ging davon aus, dass durch die Zusammenstellung der Gruppe durch die Schule und die Zuweisung einer Aufgabe quasi „Schule in die Gruppe transferiert" werde. Der Schutzbereich der gesetzlichen Unfallversicherung ende dort, wo der elterliche Verantwortungsbereich beginne. Daher werde auch ohne schulische Aufsicht in der Wohnung des gastgebenden Schülers ein außerschulischer Lernort begründet was zur 106

226 Angelehnt an Schwerdtfeger in: Lauterbach, SGB VII, § 2 Rn. 283.
227 Vgl. BSG 30.5.1988 – 2 RU 5/88, HVBG-INFO 1988, 1626 (1627 f.).
228 Ähnlich SG Lüneburg 6.9.2011 – S 3 U 42/09, BeckRS 2011, 77759.
229 Die Sachverhaltsangaben sind dem Berufungsurteil (WzS 2017, 55) entnommen (§ 162 SGG).

Folge habe, dass **alle Gruppenmitglieder mit Ausnahme des gastgebenden Schülers unfallversichert** seien.[230] Denn die Schule dürfe ihren Schülern den Versicherungsschutz und das Haftungsprivileg nicht dadurch entziehen, dass sie wirksame Aufsichtsmaßnahmen unterlasse.[231]

107 Die geäußerte Kritik setzt an vielen Punkten an, ua an dem Umstand, dass die Projektarbeit für den gastgebenden Schüler eine unversicherte Hausaufgabe ist, der gekünstelten Grenzziehung zwischen dem elterlichen und schulischen Verantwortungsbereich, dem (soweit ersichtlich erstmaligen) Verzicht auf Aufsichts- und Einwirkungsmöglichkeiten seitens der Schule.[232] Viele Kritikpunkte sind berechtigt. Es ist zB nicht überzeugend, dass einerseits „Schule an einem außerschulischen Lernort" (konkret in der Wohnung eines Schülers) stattfinden soll, aber der gastgebende Schüler unversichert bleibt und die Schulaufgabe für ihn „nur" eine Hausaufgabe ist.[233] **Neu an der Entscheidung ist zudem,** dass sich das BSG zur Abgrenzung erstmalig an der Reichweite des elterlichen Verantwortungsbereichs orientiert.[234] Ausgehend von der Prämisse, dass es für minderjährige Schüler keinen „verantwortungslosen" Raum geben könne, müsse auch vor dem Hintergrund der zivilrechtlichen Haftung der schulische Verantwortungsbereich im Zweifel so weit reichen, bis der elterliche Verantwortungsbereich einsetze. Dies stellt die Verhältnisse jedoch auf den Kopf. Logischerweise müssten dann im umgekehrten Fall Tätigkeiten im organisatorischen Verantwortungsbereich unversichert sein, nur weil die Eltern die Verantwortung übernommen haben, was kein überzeugendes Ergebnis darstellt.[235] Zudem müsste Eltern davon abgeraten werden, eine schulische Exkursion helfend zu begleiten, weil dies den Versicherungsschutz für ihr Kind gefährdet bzw. wären Schüler, die von ihren Eltern zu einem Disziplinargespräch mit der Schulleitung oder die ihre Eltern zum Elternsprechtag begleiten, unversichert, nur weil die Eltern anwesend sind.[236] Zudem versagt eine Bestimmung der unfallversicherungsrechtlichen Reichweite über die elterlichen und schulischen Verantwortungsbereiche bei volljährigen Schülern.[237]

Die zu vermeidende Schutzlücke zwischen der gesetzlichen Unfallversicherung und der Haftung wird vielmehr treffender dergestalt beschrieben, dass „dort, wo der Unfallversicherungsschutz endet, die zivilrechtliche Haftung beginnt".[238] Zudem ist es gerade umgekehrt so, dass im Zweifel die Erziehungs- und Aufsichtspflichten der Erziehungsberechtigten die Aufsichtspflichten der Schule begrenzen.[239] Undogmatisch ist ferner, dass das BSG auf jegliche schulische Aufsichtserfordernisse (→ Rn. 70 f.) verzichtet, die bislang immer als zentrales Kriterium galten (→ Rn. 59). Im Übrigen

230 Vgl. BSG 23.1.2018 – B 2 U 8/16 R, NZS 2018, 734 (736).
231 Vgl. BSG 23.1.2018 – B 2 U 8/16 R, NZS 2018, 734 (737).
232 Ausführlich dazu Linder WzS 2018, 229 ff.; Ziegler NZS 2018, 738 ff.
233 Dazu ebenfalls kritisch Westermann jurisPR-SozR 14/2018 Anm. 5.
234 So auch Pfriender jM 2018, 327 (328).
235 So zu Recht Linder WzS 2018, 229 (231), die das Beispiel nennt, dass Schüler mit Erlaubnis ihrer Eltern bei Klassenfahrten in Kleingruppen unterwegs sein dürfen.
236 Nach der Ansicht des BSG müssten in den genannten Beispielen aber volljährige Schüler versichert sein.
237 So zB auch Ziegler NZS 2018, 738 (739).
238 Vgl. Rolfs SGb 2018, 523 (524).
239 Vgl. Rademacher RdJB 2012, 278 (280 f.); ferner zB OLG Frankfurt aM 18.1.2010 – 1 U 185/08, NVwZ-RR 2010, 479 (480).

ist die haftungsrechtliche Situation der gastgebenden Eltern und etwaiger Geschwister des unversicherten gastgebenden Schülers unklar; § 105 Abs. 2, § 106 SGB VII dürften im Ergebnis weder direkt noch analog einschlägig sein.

Unabhängig von den genannten Ungereimtheiten stellt sich die **Frage, wie schulische Gruppenarbeiten möglichst ausgestaltet werden sollten**, damit der Versicherungsschutz nicht in Frage steht. Bei Gruppenarbeiten sollte die verantwortliche Lehrkraft die konkreten Gruppen zusammenstellen und möglichst genaue Vorgaben zur Organisation der Aufgabenerledigung macht. Dies kann zum Beispiel auch dergestalt erfolgen, dass die Schüler auflisten, welche Jugendlichen eine Gruppe bilden, welches Thema konkret bearbeitet wird, wann und wo die Bearbeitung erfolgt etc Wenn die Gruppenarbeit als schulische Projektarbeit angesehen wird, wäre das eine Art einfacher Projektplan, der schnell mit der zuständigen Lehrkraft abgestimmt und in die Tat umgesetzt werden kann. Da zudem für das BSG bei einer solchen Gruppenarbeit „Schule" stattfindet, sollten die Lehrkräfte im Wege einer gelockerten Aufsicht während dieser Zeit zumindest telefonisch zur Verfügung stehen (→ Rn. 101). Ferner sollte eine thematische Einbindung in den Unterricht erfolgen. Sollten sich Schüler sogar entsprechendes Equipment (Kameras, spezielle Software) von der Schule leihen können, so wäre dies ein weiteres Argument für Versicherungsschutz.[240] 108

11. Schulessen, Nahrungsaufnahme, Genussmittel

Die versicherungsrechtliche Bewertung der Aufnahme von Nahrungsmitteln etc ist von einem Regel-Ausnahme-Verhältnis gekennzeichnet: zunächst besteht aufgrund des höchstpersönlichen Charakters kein Versicherungsschutz, es sei denn, dass hinreichende schulbedingte Gründe eine Einbeziehung rechtfertigen. 109

a) Einzelmahlzeiten

Der Versicherungsschutz ist zu verneinen, wenn sich die betreffende Person zur Unfallzeit rein persönlichen, von der versicherten Tätigkeit nicht mehr beeinflussten Bedürfnissen und Belangen widmet wie Essen, Trinken, Schlafen, dem Verrichten der Notdurft oder einem privaten Spaziergang. Essen und Trinken sind daher grundsätzlich auch während der Arbeit bzw. des Schulbesuchs private, eigenwirtschaftliche Handlungen, so dass kein Versicherungsschutz für Unfälle infolge des Essens oder Trinkens selbst, beispielsweise durch Verschlucken, Abbrechen eines Zahnes oder der Biss auf die eigene Zunge, besteht. **Unversichert** ist daher der Verzehr von in einer Pause besorgten Fast-Foods oder eines (mitgebrachten) **Pausenbrotes,**[241] wobei allerdings die entsprechenden unmittelbaren **Wege** zur Beschaffung von Nahrungsmitteln **zum alsbaldigen Verzehr**[242] (zB in der Mittagszeit) **versichert** sind und das selbst 110

240 Vgl. dazu zB SG Lüneburg 6.9.2011 – S 3 U 42/09, BeckRS 2011, 77759.

241 Vgl. zB LSG Hessen vom 13.10.2004 – L 3 U 320/03, BeckRS 2009, 75022; SG Osnabrück 3.4.2014 – S 19 U 103/12, BeckRS 2014, 69383; SG Köln 30.9.2009 – S 16 U 126/07, BeckRS 2009, 74678; ferner BSG 25.2.1992 – 2 RU 11/92, NJW 1993, 2006.

242 Vgl. dazu BSG 19.5.1983 – 2 RU 44/82, BSGE 55, 139 (140 f.); LSG NRW 11.9.2001 – L 17 U 2017/01, BeckRS 9999, 02324 (kein Versicherungsschutz für den Kauf eines Frühstücks, da keine Erhaltung der Arbeitsfähigkeit); ferner BSG 2.12.2008 – B 2 U 17/07 R, SozR 4-2700 § 8 Nr. 28 (kein Versicherungsschutz beim Einkaufen gelegentlich der Wege zur Arbeit/Schule etc bzw. von dieser vor der Aufnahme der eigentlichen versicherten Tätigkeit).

dann, wenn die Schüler dafür unerlaubt das Schulgelände verlassen. Etwas anderes gilt jedoch dann, wenn das Essen nicht zum Zwecke der Nahrungsaufnahme, sondern im Rahmen eines Spieltriebes erfolgt.

Beispiel: Ein Schüler einer 6. Klasse verschluckte sich zum Ende der Schulpause an einem Schoko-Croissant, so dass er einen wegen eines zwischenzeitlichen Sauerstoffmangels irreparablen Hirnschaden erlitt. Zum Verschlucken kam es, als er sich im Rahmen eines Herumalberns das ganze Croissant in den Mund steckte. Das LSG Hessen stellte hier zu Recht klar, dass insoweit ein Versicherungsschutz bestand, denn das kindlich-jugendliche Imponiergehabe (→ Rn. 117) sowie der Spieldrang standen im Vordergrund und nicht das Stillen eines Hungergefühls. Zwar sind spielerische Aktivitäten von Schülern, auch wenn diese sich in der Schule abspielen, nicht grenzenlos unfallversichert. Versicherungsschutz ist in der Regel zu bejahen, wenn sich die spielerische Betätigung eines Schülers noch im Rahmen dessen gehalten hat, was nach den Umständen des Falles nicht als völlig unverständlich oder vernunftwidrig zu erachten ist, mag es vielleicht auch unbefangen oder leichtsinnig gewesen sein. Hier hat sich jedoch ein **„pausentypisches Gefahrenmoment"** (→ Rn. 116) verwirklicht.[243]

Weitere Ausnahmen sind anerkannt, wenn Umstände aus dem versicherten Risikobereich wesentlich zum Unfall beitragen. Stößt sich zB ein Schüler eine Glasflasche beim Trinken versehentlich gegen den Schneidezahn, so ist dies ein unversichertes Risiko. Wenn jedoch andere Kinder in der Pause Fangen spielen und dabei einem aus einer Flasche trinkenden Kind diese gegen den Mund stoßen, so wäre ein schulbedingtes Risiko gegeben und auch der Unfallbegriff (→ § 7 Rn. 20 f.) erfüllt.

b) Gemeinschaftsverpflegung

111 Im Unterschied zu der sonstigen (gewerblichen) Unfallversicherung (→ Rn. 51) kann der Versicherungsschutz für Schüler in der Mittagspause **nicht an der Außentür der Kantine enden.** Während des gemeinsamen Mittagessens in der Schule, welches ein schulisches Angebot ist, besteht Versicherungsschutz zB für Unfälle infolge Stolperns, Ausrutschens auf nassem Boden etc[244] Auch Unfälle, die unmittelbar mit der **Einnahme der Speisen** zusammenhängen (Verschlucken, der Biss auf die Zunge etc) können **versichert** sein, wenn es sich um ein von der Schule (mit-)organisiertes Mittagessen (zB im Rahmen der Offenen Ganztagsschule) handelt und Umstände des gemeinsamen Speisens in einer Zwangsgruppe bzw. alterstypisches und gruppendynamisches Verhalten von Kindern und Jugendlichen Einfluss hatten (vgl. auch → Rn. 110).[245] Hierfür streitet auch die zunehmende Ausweitung des Ganztagsbetriebes und des damit einhergehenden (faktischen) Zwanges in schulischen Räumen oder denen eines Kooperationspartners ein Mittagessen einzunehmen (→ Rn. 21). Zudem hat die Schule selbstverständlich einen **Erziehungsauftrag**, der sich auch auf das Tischverhalten beziehen dürfte. Im Übrigen ist es auch der gewerblichen Unfallversicherung nicht fremd, dass die Nahrungsaufnahme selbst ausnahmsweise versichert ist, nämlich

243 LSG Hessen 13.10.2004 – L 3 U 320/03, BeckRS 2009, 75022.
244 So auch Krasney in: SGB VII-Komm, § 8 Rn. 161; Kunze SozSich 2018, 371, 374; Leube SGb 2008, 398 (399 f.).
245 Ähnlich Keller in: Hauck/Noftz, SGB VII, K § 8 Rn. 174 a; Krasney in: SGB VII-Komm, § 8 Rn. 161; so wohl auch LSG Niedersachsen-Bremen 24.2.2009 – L 9 U 41/06, NZS 2010, 50 (52); SG Köln 30.9.2009 – S 16 U 126/07, BeckRS 2009, 74678.

dann, wenn betriebliche Interessen bzw. Umstände die Nahrungsaufnahme wesentlich beeinflussen.[246]

Für den Versicherungsschutz der Schüler ist es ohne Belang, ob **das Schulessen als Schulveranstaltung oder als Betreuungsmaßnahme** (→ Rn. 79 ff.) zu werten ist. In beiden Fällen sind Art und Umfang des Versicherungsschutzes identisch. Das Angebot eines Mittagessens durch die Schule genügt, um deren Verantwortung hierfür zu begründen. Irrelevant ist, ob eine Verpflichtung der Schüler, an dem Essen teilzunehmen, besteht.[247]

c) Genussmittel (Rauchen), Süßigkeiten

Der Verzehr bzw. die Einnahme von **Genussmitteln** und insbesondere das Rauchen[248] 112
gehören nach allgemeiner Sichtweise zum privaten und damit unversicherten Bereich.[249] Unklar ist jedoch, was unter einem Genussmittel genau zu verstehen ist. Nach teilweiser Ansicht gehören dazu neben Tabakwaren und Alkohol beispielsweise auch Süßigkeiten aus einem in der Schule aufgestellten Automaten[250] oder Speiseeis.[251] Diese Gleichstellung von Süßigkeiten im weitesten Sinn mit Genussmitteln wie Alkohol oder Tabakerzeugnissen überzeugt nicht. Unter einem **Genussmittel** werden sowohl in der Wissenschaft als auch im alltäglichen Sprachgebrauch Stoffe verstanden, die (abgesehen vom Brennwert des Alkohols) zwar keinen ins Gewicht fallenden kalorischen Nährwert haben, vom Menschen aber doch seit alters her wegen bestimmter Wirkungen auf die Geruchs- und Geschmacksnerven bzw. auch auf das zentrale Nervensystem verzehrt werden.[252] Welche Erzeugnisse im Einzelnen als Genussmittel anzusehen sind, bestimmt sich nach der allgemeinen Verkehrsauffassung, wobei hier die Vorstellungen der Verbraucher maßgebend sind. Danach zählen zu den Genussmitteln zB alkoholische Getränke (Wein, Spirituosen), aber auch Kaffee und Tee.[253]

Die sich in Teilen überschneidenden Definitionen verdeutlichen, dass sich Genussmittel einerseits in Lebens- bzw. Nahrungsmittel und andererseits in Sucht- oder Rauschmittel aufteilen lassen. Da dem **Verzehr von Süßigkeiten**, vor allem im Hinblick auf die Ernährungsweisen von Kindern und Jugendlichen ein Ernährungszweck und Sättigungseffekt nicht abgesprochen werden kann und kaum zu bewältigende Abgren-

---

246 Vgl. BSG 30.1.2007 – B 2 U 8/06 R, UVR 2007, 860 (862 ff.); BSG 10.10.2002 – B 2 U 6/02 R, NZS 2003, 268 (269).

247 So auch Leube SGb 2008, 398 (399).

248 Vgl. SG Dortmund 31.7.2015 – S 36 U 986/14 (rk., nv); ferner BSG 19.5.1983 – 2 RU 44/82, BSGE 55, 139 (140 f.); BSG 20.2.2001 – B 2 U 6/00 R, BeckRS 2001, 40650.

249 Statt vieler: Krasney in: SGB VII-Komm, § 8 Rn. 80; Keller in: Hauck/Noftz, SGB VII, K § 8 Rn. 110.

250 So Leube SGb 2008, 398 (399); ähnlich Margies/Rieger RdJB 2001, 64 (82).

251 So Potthoff/Wetzel, Fragen und Antworten zur Schüler-Unfallversicherung, S. 36 (Stichwort: Einkauf von Lebensmitteln).

252 Rathke in: Zipfel/Rathke, Lebensmittelrecht, § 2 LFGB Rn. 76.

253 Nach Art. 2 der Verordnung (EG) Nr. 178/2002 sind „Lebensmittel alle Stoffe oder Erzeugnisse, die dazu bestimmt sind oder von denen nach vernünftigem Ermessen erwartet werden kann, dass sie in verarbeitetem, teilweise verarbeitetem oder unverarbeitetem Zustand von Menschen aufgenommen werden. Zu Lebensmitteln zählen danach auch Getränke, Kaugummi sowie alle Stoffe einschließlich Wasser, die dem Lebensmittel bei seiner Herstellung oder Ver- oder Bearbeitung absichtlich zugesetzt werden." Tabak und Tabakerzeugnisse gehören beispielweise nicht dazu.

zungsprobleme[254] bestünden, sind Schokoriegel, Eis und sonstige nach allgemeiner Anschauung als Süßigkeiten anzusehende Produkte jedenfalls im Bereich der Schüler-Unfallversicherung als Lebensmittel aufzufassen.[255] Gesundheitliche bzw. ernährungswissenschaftliche Aspekte haben außer Betracht zu bleiben. Damit ist aber auch geklärt, dass der Verzehr von Sucht- oder Rauschmitteln (Alkohol, Tabak etc) an sich einschließlich der zurückgelegten Wege etwa zum eigens ausgewiesenen Raucherbereich unversichert sind. Wege, die der Besorgung von alsbald zu verzehrenden Lebensmitteln (einschließlich Süßigkeiten) dienen, können hingegen versichert sein, nicht jedoch der Aufenthalt im Restaurant etc oder der Verzehr an sich (→ Rn. 110); damit besteht ein Gleichklang mit den Wegen zur Notdurft (versichert) und der Notdurftverrichtung an sich (unversichert, → Rn. 103 f.).

12. Schüleraustausch

113 Nach Auffassung des BSG ist es mit Blick auf internationale Schüleraustausche wohl **nicht erforderlich**, dass die Schule eine **unmittelbare Einflussmöglichkeit** auf die konkrete Gestaltung einer jeden Unternehmung hat, denn die Verantwortung der Schule entfällt nicht deshalb, weil sie die konkrete Durchführung ihrer eigenen Veranstaltung nicht im Einzelnen bestimmen kann.[256] Dies hat es jedenfalls im Falle einer Unternehmung eines Schülers mit seiner Gastfamilie während eines von der Schule organisierten Schüleraustauschs in England so gesehen, als sich dieser während eines Ausflugs zu einer Sommerrodelbahn an einem schulfreien Wochenende verletzte. Dient nämlich ein von der Schule organisierter **internationaler Schüleraustausch** der Förderung des direkten Kontaktes des Schülers mit seiner Gastfamilie, so lässt sich wegen des pädagogischen Zwecks der Familienunterbringung der Auslandsaufenthalt nicht in einen versicherten schulischen und einen unversicherten privaten Teil aufspalten, insbesondere nicht bezüglich der Freizeitaktivitäten am schulfreien Wochenende.[257] Ausgenommen bleiben aber typische eigenwirtschaftliche Verrichtungen sowie solche, die in keinem wesentlichen sachlichen Zusammenhang mit dem Austauschprogramm stehen.[258]

Dieses unsystematische Urteil überzeugt nicht (vgl. auch → Rn. 56). Auch wenn zutreffend ist, dass die Schule **nicht jegliche Einzelheit im Vorhinein bestimmen kann**, so gilt doch der Grundsatz, dass der organisatorische Verantwortungsbereich der Schule verlassen ist, wenn wirksame schulische Aufsichtsmaßnahmen nicht mehr zu gewährleisten sind (→ Rn. 52, 59).[259] Die vom BSG vorgenommene Ausweitung des Versicherungsschutzes auf Freizeittätigkeiten an schulfreien Wochenenden, die der individuellen Gestaltung vorbehalten sind, erscheint mir als zu weitgehend und sachlich nicht begründet.[260] Versicherungsschutz sollte bei einer Unterbringung bei Gastfamilien entsprechend den Grundsätzen zur internatsmäßigen Unterbringung bestehen

254 ZB Schokokussbrötchen, Nuss-Nugat-Creme, Gebäck (Puddingteilchen).
255 Ebenso Keller in: Hauck/Noftz, SGB VII, K § 8 Rn. 110.
256 Vgl. BSG 25.2.1993 – 2 RU 11/92, NJW 1993, 2006.
257 Vgl. BSG 25.2.1993 – 2 RU 11/92, NJW 1993, 2006.
258 Vgl. Bereiter-Hahn/Mehrtens, SGB VII § 2 Rn. 18.9.
259 Vgl. BSG 30.6.2009 – B 2 U 19/08 R, SGb 2010, 483 (486).
260 Ähnlich zB Seewald SGb 1997, 273 (274); Schulin in: Schulin, Unfallversicherungsrecht, § 30 Rn. 9.

(→ Rn. 94) und Freizeitaktivitäten mit Gastfamilien dem privaten Bereich zugerechnet werden. Zudem ist vom Ergebnis her nicht zu erklären, warum Freizeitaktivitäten bei einem internationalen Schüleraustausch versichert sein sollen, nicht aber vergleichbare Freizeitaktivitäten bei schulischen Klassenfahrten (→ Rn. 96).

13. Schülerdemonstrationen

Die Schule hat zwar ua die globale Aufgabe, die Schüler zu einem denkenden Mitglied der demokratischen Gesellschaft zu erziehen (→ Rn. 8). Das ändert aber nichts daran, dass eine Demonstration von Schülern zB für eine verbesserte Klima- und Umweltpolitik („Fridays for Future") oder für eine Änderung der Schulpolitik (in aller Regel) außerhalb der erforderlichen organisatorischen Verantwortung liegt und die Demonstration nicht den erforderlichen sachlichen Schulzusammenhang aufweist (→ Rn. 53). Unabhängig von der Frage, ob die Schüler zusätzlich unerlaubterweise dem Unterricht fernbleiben, besteht insoweit kein Versicherungsschutz, auch wenn eine Lehrkraft die Teilnahme gutheißen sollte (→ Rn. 78). 114

14. Schülervertretung

Die Schülervertretung ist Teil der Schule und unterliegt damit den für die Schule geltenden Vorschriften. Die Organe der Schülervertretung sind Organe der Schule, so dass deren Veranstaltungen Schulveranstaltungen sind und grundsätzlich der Verantwortung der Schule unterstehen.[261] Sie vertritt im Rahmen des Bildungs- und Erziehungsauftrags der Schule die Rechte der Schüler, nimmt deren Interessen wahr und wirkt dadurch bei der Gestaltung des schulischen Lebens mit. Ihr Wirkungsbereich ergibt sich aus dem Auftrag der Schule (→ Rn. 8). 115

Der **Schwerpunkt** der Arbeit der Schülervertretung **liegt bei der einzelnen Schule**, die jedoch durch die Mitarbeit in örtlichen und überörtlichen Zusammenschlüssen ergänzt werden kann. Die Schülervertretung kann im Rahmen des Auftrags der Schule schulpolitische Belange wahrnehmen, dh solche, die die Schüler in ihrer durch den Besuch einer Schule und die Ausbildung gekennzeichneten spezifischen Situation unter Berücksichtigung des bildungspolitischen Gesamtzusammenhangs betreffen. Auf dieser Grundlage sind zunächst die Wahrnehmung aller in den jeweiligen Schulgesetzen übertragenen Aufgaben einschließlich der unmittelbaren Wege gesetzlich unfallversichert (§ 2 Abs. 1 Nr. 8 b SGB VII). Davon umfasst ist auch die Teilnahme an Delegiertenkonferenzen auf regionaler oder überregionaler Ebene. Zu beachten ist, dass die Teilnehmer in der Regel nach den jeweiligen schulrechtlichen Vorschriften beurlaubt werden müssen, worüber zumeist die Schulleitung entscheidet. Zudem sollten schwerpunktmäßig bildungs- bzw. schulpolitische Themen beraten werden, da die Schülervertretung kein allgemeinpolitisches Mandat innehat.

15. Streitereien, Mobbing, Selbstmord

Streit und Raufereien sind unter Schülern keine Seltenheit. Aufgrund des Umfangs und der Intention des Versicherungsschutzes (→ Rn. 54 ff.) ist es daher folgerichtig, 116

261 Avenarius/Heckel, Schulrechtskunde, Erl. 8.131, 21.57.

dass auch bei den in der Schule stattfindenden Raufereien etc in der Regel Versicherungsschutz besteht. Das BSG hat bereits im Jahr 1979 klargestellt, dass bei tätlichen Streitigkeiten zwischen Schülern während der Pause jedenfalls dann grundsätzlich Versicherungsschutz besteht, wenn der Streit unmittelbar aus dem Schulbesuch erwachsen ist.[262] Dies ist zB der Fall, wenn eine Gruppe von Schülern die Schultaschen von Mitschülern ungefragt durchsucht bzw. in diese hinein schaut und es in der Folge zu tätlichen Auseinandersetzungen kommt. Denn bereits das Hineinschauen in eine fremde Schultasche und die für Schüler typische unmittelbare Reaktion hierauf, begründen den ursächlichen (sachlichen) Zusammenhang zwischen einem daraus entstehenden Streit und dem Schulbesuch.[263] Versichert sind auch nicht am Streit beteiligte Kinder, die im Eifer des Gefechts in Mitleidenschaft gezogen werden. Insofern realisiert sich ein „pausentypisches Gefahrenmoment".[264]

Körperschäden oder auch psychische Schäden infolge eines Streits, einer Tätlichkeit, eines Überfalls während der versicherten Tätigkeit oder auf einem versicherten Weg sind demnach dann versichert, wenn sie in einem rechtlich wesentlichen – nicht allein zeitlichen – Zusammenhang mit der versicherten Tätigkeit stehen. Die Rechtsprechung trägt insofern mit Blick auf § 2 Abs. 1 Nr. 8 b SGB VII stets der altersentsprechenden Entwicklung und den durch die Zugehörigkeit zu einem Schul- oder Klassenverband beeinflussten Verhaltensweisen insofern Rechnung, als dass Aktivitäten, die dem natürlichen Spiel- und Nachahmungstrieb oder dem **Gruppenverhalten von Schulkindern** (→ Rn. 97) entspringen, vom Unfallversicherungsschutz erfasst werden, wenn sie in der jeweiligen Situation den üblichen Verhaltensweisen von Schülern des betreffenden Alters entsprechen.[265] Insofern ist auch zu beachten, ob dem Schulbesuch zuzurechnende Gründe für die Fortsetzung eines (ggf. privat begonnenen) Streits in Form einer tätlichen Auseinandersetzung eine rechtlich wesentliche Bedeutung haben (zB durch ein anstachelndes Gruppenverhalten unbeteiligter Schüler).[266] Letztlich sind alle Umstände im Rahmen einer Gesamtbewertung zu würdigen, wobei auch stets zu beachten ist, dass § 2 Abs. 1 Nr. 8 b SGB VII nicht vor Risiken des Teenageralters an sich schützt (→ Rn. 110).[267]

117 In der Praxis bereitet die **Abgrenzung von schulisch bedingten Streitauslösern** bzw. Umständen **und schulfremden Gründen** für eine Auseinandersetzung einige Probleme, die auch damit zusammenhängen, dass die Schüler nicht immer zuverlässig beschreiben können, worum es in dem Streit ging. Generell muss dabei berücksichtigt werden, dass die Schüler eine Art Zwangsgemeinschaft bilden und sich idR ohne Ausweichmöglichkeit täglich begegnen (müssen). Daher sind alterstypische Verhaltensweisen und gruppendynamische Prozesse, die aus einem „falschen Blick/Wort" nicht selten eine handfeste Auseinandersetzung werden lassen, genauso zu berücksichti-

262 Vgl. BSG 30.10.1979 – 2 RU 60/79, SozR 2200 § 548 Nr. 48.
263 Vgl. BSG 30.10.1979 – 2 RU 60/79, SozR 2200 § 548 Nr. 48.
264 Vgl. LSG Hessen 13.10.2004 – L 3 U 320/03, BeckRS 2009, 75022.
265 Vgl. BSG 30.10.2007 – B 2 U 29/06 R, SGb 2008, 730 (731) mwN.
266 Vgl. BSG 28.6.1984 – 2 RU 27/83, USK 84123.
267 So zu Recht Linder WzS 2017, 35 (37).

gen[268] wie das Alter der Kontrahenten, die Umstände der (ggf. fehlenden) Beaufsichtigung, die Furcht vor einer „Niederlage“ in Anwesenheit von Mitschülern oder der Zeitpunkt des Streits (vgl. auch → Rn. 97 ff.). **Schulbezogen** und damit versichert können zB Verletzungen sein, die aus Spielerei oder in Ernst umschlagende „Spaß-Raufereien“ hervorgehen, ebenso Verletzungen, die ihre Erklärung in Neugier, Sensationslust oder Imponiergehabe (→ Rn. 110) finden. Auch schulisches Fehlverhalten (zB ein Schüler fordert einen Mitschüler auf, seinen Drogenkonsum in der Nähe des Schultors zu unterlassen) wäre ausreichend. Gleiches gilt für grundlose, einseitige Übergriffe eines „starken“ Schülers auf Mitschüler, mit der dieser seine körperliche Überlegenheit demonstrieren will.

Nicht schulbedingt wäre hingegen zB ein Streit aus Eifersucht oder ein tätlicher Denkzettel für eine außerschulisch geäußerte Beleidigung eines Mitschülers (zB über sog. sozialen Medien). Auch einem Streit zweier Schüler um Ketchup während ihres selbstorganisierten Mittagessens in einem Restaurant (→ Rn. 110), der sich beim gemeinsamen Weg fortsetzt, fehlt der nötige Schulbezug.[269] Insoweit wäre eine Auseinandersetzung nur „gelegentlich“ des Schulbesuchs erfolgt und nicht wenigstens **durch die Schulsituation bedingt, intensiviert oder erheblich begünstigt.** Gleiches gilt, wenn sich zB zwei Schüler unterschiedlicher Schulen streiten. Allgemein geht eine Nichterweislichkeit der Schulbedingtheit als anspruchsbegründende Tatsache zulasten des Schülers als Anspruchssteller (→ § 7 Rn. 7).

Hinweis: Ferner ist auf folgende **Unterscheidung** aufmerksam zu machen: für den Versicherungsschutz nach § 2 Abs. 1 Nr. 8 b, § 8 Abs. 1 SGB VII (einschließlich der sog. Betriebswege) hat eine Gruppendynamik (schulbezogene Rauferei etc) Relevanz für die Frage des sachlichen Zusammenhangs (→ Rn. 62); es bedarf unverändert eines gleichzeitigen organisatorischen Verantwortungsbereichs der Schule (→ Rn. 56 ff.).

Wenn sich Schüler auf einem nach § 8 Abs. 2 SGB VII versicherten Weg streiten etc, so kann dieses schulbedingtes Risiko eine sog. spezifische Wegegefahr sein,[270] ohne dass es auf eine organisatorische Mitverantwortung der Schule für den Weg ankommt, die bei den Wegen nach § 8 Abs. 2 SGB VII grundsätzlich fehlt.

Mobbing unter Schülern wird zwar in aller Regel wie die schülertypischen Streitigkeiten unmittelbar aus dem Schulbesuch erwachsen. Allerdings bereitet es Probleme, das sich in aller Regel über einen längeren Zeitraum erstreckende Mobbing unter die gesetzlich definierten Begriffe der Berufskrankheit bzw. des Arbeitsunfalls zu subsumieren. Eine Listen-Berufskrankheit, die Mobbing umfasst, gibt es in der Anlage 1 zur BKV nicht. Eine Anerkennung als **„Wie-Berufskrankheit“** (§ 9 Abs. 2 SGB VII) scheidet deshalb aus, weil die Schüler an allgemein- oder berufsbildenden Schulen nicht in 118

268 Vgl. zB BSG 26.5.1982 – 2 RU 1/81, USK 8271; ferner Keller in: Hauck/Noftz, SGB VII, K § 8 Rn. 152, 175.
269 Vgl. BSG 28.6.1984 – 2 RU 27/83, USK 84123.
270 Vgl. zB BSG 23.1.2018 – B 2 U 8/16 R, NZS 2018, 734 (739); BSG 19.10.1982 – 2 RU 21/81, SozR 2200 § 550 Nr. 52.

erheblich höherem Grade als die übrige Bevölkerung (→ § 7 Rn. 2) dieser besonderen Einwirkung ausgesetzt sind.[271]

Die **zeitliche Einschränkung des Unfallbegriffes** (§ 8 Abs. 1 SGB VII) auf eine Arbeitsschichtlänge bzw. einen Schultag (→ § 7 Rn. 1, 21) widerspricht dem Wesen des Mobbings, welches über eine längere Zeit andauert bzw. andauern muss. Insofern besteht nur dann die Möglichkeit das Mobbing als Arbeitsunfall anzuerkennen, wenn sich bei diesen über mehrere Schultagen verteilende Gewalteinwirkungen (physisch wie psychisch) **eine einzelne Einwirkung aus der Gesamtheit derart hervorhebt**, dass sie nicht nur als die letzte von einer Vielzahl erscheint.[272] Hier bedarf es demnach einer einzelnen, besonderen Gewalteinwirkung oder zB einer besonders demütigenden oder bedrohlichen Situation, die als die rechtlich wesentliche Ursache (→ § 7 Rn. 12) der danach aufgetretenen Gesundheitsstörung angesehen werden kann. Dabei ist die Eigenart der individuellen Persönlichkeit zu beurteilen und nicht darauf abzustellen, wie ein normaler, durchschnittlicher Verletzter reagiert hätte.[273] Dies setzt selbstverständlich eine dementsprechend gezielte Sachverhaltsermittlung voraus, die von Amts wegen zu erfolgen hat (§ 20 Abs. 1, 2 SGB X, vgl. dazu auch → § 10 Rn. 2).

Anders ist die Situation beim sog. **Cybermobbing** bzw. Cyberbullying, welches in aller Regel räumlich außerhalb des Schulgeländes und zeitlich außerhalb der Unterrichtszeit stattfindet, und damit außerhalb des organisatorischen Verantwortungsbereichs der Schule.

119 Das BSG hat bei einem Schüler einer 5. Klasse, der aus dem Fenster springt, nachdem er während der vorangegangenen Unterrichtsstunde von den Schülern ausgelacht und von der Lehrerin in dieser Situation allein ohne Schutz gelassen wurde, einen Arbeitsunfall trotz versuchter **Selbsttötung** bejaht.[274] In einem anderen Fall, in dem ein Schüler während einer Lateinarbeit im Schulheft vermerkte, dass er sich „wegen seines ständigen Versagens für den Tod entschieden habe“ und danach aus dem Fenster sprang, hat das BSG die Selbsttötung jedoch als unversichert angesehen.[275] Denn zu Recht hat das Gericht hervorgehoben, dass die Lateinarbeit „allenfalls das letzte Glied in einer Kette zahlreicher einander etwa gleichwertiger Einwirkungen auf die Psyche“ des Schüler war und somit keine sich hervorhebende, besondere Einwirkung des schulischen Bereichs ursächlich für den Sprung aus dem Fenster war.

---

271 Vgl. dazu BSG 27.4.2010 – B 2 U 13/09 R, UVR 2010, 980 (985); ferner LSG Hamburg 23.7.1997 – III UBf 16/96, BeckRS 1997, 30769702.

272 Vgl. BSG 8.12.1998 – B 2 U 1/98 R, USK 98172; BSG 30.5.1985 – 2 RU 17/84, SozR 2200 § 548 Nr. 71; LSG Hessen 23.10.2012 – L 3 U 199/11, BeckRS 2012, 76289; Köhler ZFSH/SGB 2012, 138 (145 f.).

273 Vgl. BSG 18.12.1962 – 2 RU 74/57, BSGE 18, 163 (Ls.); BSG 30.10.2007 – B 2 U 29/06 R, SGb 2008, 730 (731); LSG Baden-Württemberg 16.8.2001 – L 7 U 18/01, HVBG-INFO 2001, 3261 (3268).

274 Vgl. BSG 18.12.1979 – 2 RU 77/77, USK 79208.

275 Vgl. BSG 30.5.1985 – 2 RU 17/84, SozR 2200 § 548 Nr. 71; vgl. allgemein dazu Keller in: Hauck/Noftz, SGB VII, K § 8 Rn. 328.

§ 6 Studierende während der Aus- und Fortbildung an Hochschulen (§ 2 Abs. 1 Nr. 8 c SGB VII)

Gemäß § 2 Abs. 1 Nr. 8 c SGB VII sind „Studierende während der Aus- und Fortbildung an Hochschulen“ gesetzlich unfallversichert. Eingeführt wurde dieser Versicherungsschutz mit dem „Gesetz über die Unfallversicherung für Schüler und Studenten sowie Kinder in Kindergärten“[1] zum 1.4.1971 (→ Rn. 3). 1

I. Entstehungsgeschichte

Die allgemeine Motivlage, die zur Schaffung der Schülerunfallversicherung geführt hat, ist bereits eingangs (→ § 1 Rn. 5 ff.) dargestellt worden. Bis zur Einführung der Schülerunfallversicherung zum 1.4.1971 waren die Studierenden an Staatlichen Ingenieurschulen und Höheren Wirtschaftsschulen, die als Fachschulen anzusehen waren, nach § 539 Abs. 1 Nr. 14 RVO aF versichert. Alle anderen Studierenden, insbesondere die der sog. wissenschaftlichen Hochschulen (Universitäten), waren unversichert.[2] Da im Zuge der gleichzeitig stattfindenden Hochschulreformen geplant war, die ge- 2

1 Gesetz vom 18.3.1971, BGBl. I 1971, 237.
2 Vgl. dazu zB Haase BG 1956, 163 ff.; Franke BG 1957, 117 ff.

nannten Schultypen zu Fachhochschulen aufzuwerten, hätte die Fortgeltung des alten Rechts zur Folge gehabt, dass die Studierenden dieser Fachschulen ihren Versicherungsschutz verloren hätten.[3]

1. Gesetzesbegründung (1971)

3 Im „Entwurf des Gesetzes über die Unfallversicherung von Schülern und Studenten" war der Versicherungsschutz für Studierende während der Aus- und Fortbildung an Hochschulen, soweit sie nicht bereits zu den nach Nummern 1 bis 3 und 5 bis 8 Versicherten gehören, als neuer **§ 539 Abs. 1 Nr. 14 c RVO** vorgesehen. Die entsprechende Gesetzesbegründung[4] lautet:

„Über den Beschluß des Bundestages vom 27. November 1968 hinaus soll der Versicherungsschutz auch auf die Studierenden wissenschaftlicher Hochschulen ausgedehnt werden. Es wäre mit Rücksicht auf den Gleichheitssatz des Art. 3 des Grundgesetzes nicht zu vertreten, wenn man den Studierenden wissenschaftlicher Hochschulen weiterhin den Schutz der gesetzlichen Unfallversicherung versagen würde.

Zwar ist nicht zu verkennen, daß die Feststellung, ob ein Arbeitsunfall vorliegt, gerade bei ihnen im Einzelfall schwierig sein mag, weil sie eine größere Freiheit beim Besuch von Unterrichtsveranstaltungen haben. Dieser Umstand dürfte es aber nicht rechtfertigen, sie von einem Versicherungsschutz auszuschließen, den alle anderen Personen während ihrer beruflichen Aus- und Fortbildung genießen. Das wird besonders deutlich beim Vergleich mit den Studierenden an Fachhochschulen. Die Fachhochschulen sind aus den höheren Fachschulen hervorgegangen, deren Studierende schon jetzt zum Kreis der versicherten Personen gehören und diesen Schutz durch die Umwandlung in Fachhochschulen nicht verlieren sollen. (...)"

4 Aufgrund der im weiteren Gesetzgebungsverfahren erfolgten Ergänzung des § 539 Abs. 1 Nr. 14 RVO um die Kinder in Kindergärten (als Buchstabe a) ist die Erweiterung um diesen Personenkreis als **§ 539 Abs. 1 Nr. 14 d RVO** beschlossen worden. Sie blieb bis zur Einordnung des Unfallversicherungsrechts in das Sozialgesetzbuch als SGB VII (→ Rn. 5) in Kraft.

2. Unfallversicherungs-Einordnungsgesetz (1996)

5 Im Zuge der Einordnung des Unfallversicherungsrechts in das Sozialgesetzbuch als Siebtes Buch (SGB VII) durch das UVEG[5] zum 1.1.1997 fand eine rechtssystematische Überarbeitung des Rechts der gesetzlichen Unfallversicherung[6] statt, die eine Neuordnung des § 2 SGB VII umfasste, jedoch im Wesentlichen den bislang versicherten Personenkreis übernahm.[7] Der Versicherungsschutz der Studierenden ist in **§ 2 Abs. 1 Nr. 8 c SGB VII** eingefügt worden, wobei die noch in § 539 Abs. 1 Nr. 14 d

3 Vgl. Vollmar in: BAGUV, Unfallversicherung für Schüler, Studenten sowie für Kinder in Kindergärten, S. 5.
4 BT-Drs. 6/1333, 4.
5 Unfallversicherungs-Einordnungsgesetz (UVEG) vom 7.8.1996, BGBl. I 1996, 1254.
6 Vgl. BT-Drs. 13/2204, 1.
7 Vgl. BT-Drs. 13/2204, 74 ff.; Graeff SGb 1996, 297 (298).

RVO ausdrücklich formulierte **Subsidiarität** ohne weiter gehende Begründung **entfiel** (vgl. aber auch § 135 Abs. 1 Nr. 3 SGB VII).

II. Hochschulrechtliche Hintergründe

Bis zur Föderalismusreform im Jahr 2006[8] bestand eine Rahmengesetzgebungskompetenz des Bundes gemäß Art. 75 Abs. 1 S. 1 Nr. 1 a GG, wonach der Bund Rahmenvorschriften über die allgemeinen Grundsätze des Hochschulwesens erlassen konnte. Auf dieser Grundlage beruht das **Hochschulrahmengesetz** (HRG) des Bundes. Das Hochschulwesen ist seit dem 1.9.2006 wie auch das Schulwesen grundsätzlich Sache der Länder (Art. 30, 70, 74 Abs. 1 Nr. 33 GG). Für die Hochschulen der Bundeswehr ist jedoch die ausschließliche Bundesgesetzgebungskompetenz für die Verteidigung (Art. 73 Abs. 1 Nr. 1 GG) vorrangig.[9] 6

Die maßgeblichen hochschulrechtlichen Regelungen finden sich damit in den **Hochschulgesetzen der Länder.** Diese ähneln sich in den Grundstrukturen nicht zuletzt aufgrund des immer noch vorhandenen Einflusses des Hochschulrahmengesetzes, unterscheiden sich aber in wesentlichen Elementen, wie beispielsweise den organisatorischen Strukturen der Hochschulen deutlich. Die folgende Darstellung orientiert sich, wenn möglich, an dem bundesgesetzlichen Rahmen, den das HRG setzt. 7

1. Hochschularten und -aufgaben

Der Hochschulbegriff umfasst nicht den Gesamtbereich der tertiären Bildungsstufe (→ § 5 Rn. 17), sondern muss sich bei aller Offenheit für neue Entwicklungen an den herkömmlichen Vorstellungen orientieren, dass Hochschulen Einrichtungen qualifizierten Lernens sind.[10] Nach **§ 1 S. 1 HRG** sind Hochschulen die Universitäten, die Pädagogischen Hochschulen, die Kunsthochschulen, die Fachhochschulen und die sonstigen Einrichtungen des Bildungswesens, die nach Landesrecht staatliche Hochschulen sind. Hochschulen dienen der Pflege und der Entwicklung der Wissenschaften und der Künste durch Forschung, Lehre und Studium und bereiten auf berufliche Tätigkeiten vor, die die Anwendung wissenschaftlicher Erkenntnisse und Methoden oder die Fähigkeit zur künstlerischen Gestaltung erfordern. 8

Universitäten (auch wissenschaftliche Hochschulen genannt, → Rn. 2) dienen insbesondere der Forschung und Lehre, die sie zu einer überwiegend wissenschaftsbezogenen Ausbildung verbinden. Zu den Universitäten zählen die Technischen Universitäten und andere gleichrangige wissenschaftliche Hochschulen. Die Qualifizierung des wissenschaftlichen Nachwuchses durch Ausbildung und Förderung von Doktoranden und Postdoktoranden ist Bestandteil oder zumindest Annex der Forschung als universitäre Aufgabe. Zum universitären Bereich zählen im weitesten Sinne auch die **Universitätskliniken.** Diese sind integraler Bestandteil der Hochschulmedizin, die somit in organisatorisch getrennten, aber rechtlich und tatsächlich eng verzahnten Institu- 9

8 Das Gesetz zur Änderung des Grundgesetzes vom 28.8.2006 (BGBl. I, 2034) ist zum 1.9.2006 in Kraft getreten.
9 Vgl. Pieroth in: Jarass/Pieroth, Art. 74 Rn. 83.
10 Vgl. bereits Lüthje DÖV 1973, 545 (547).

tionen betrieben wird.[11] Die Universitätsklinik dient unabhängig von ihrer Trägerschaft der Erfüllung des Auftrages „Forschung und Lehre“ und nimmt überwiegend Aufgaben der Maximalversorgung wahr.

10 Charakteristisch für die Gestaltung der Studiengänge und die Organisation von Lehre und Studium an den **Fachhochschulen** sind die besondere Anwendungsorientierung und die stärkere Ausrichtung auf die Anforderungen der beruflichen Praxis.[12] Besondere Bedeutung haben insoweit die Praxissemester, die außerhalb der Hochschule verbracht werden (→ Rn. 66). Zu beachten ist die von Bundes- und Landesgesetzgebern in den vergangenen Jahren vollzogene **Annäherung von Universität und Fachhochschule.**[13]

11 **Pädagogische Hochschulen** sind überwiegend wissenschaftliche Hochschulen mit Promotionsrecht, die sich vornehmlich der Lehrerausbildung annehmen.[14] Sie bestehen derzeit nur noch in Baden-Württemberg als selbstständige Einrichtungen; in den übrigen Bundesländern sind sie in Universitäten einbezogen. **Kunsthochschulen** sind Hochschulen für bildende Künste, Gestaltung, Musik, Schauspielkunst, Medien, Film und Fernsehen. Die Aufnahmebedingungen sind unterschiedlich; die Aufnahme kann aufgrund von Begabungsnachweisen oder Eignungsprüfungen erfolgen. Ferner existieren zB noch **Theologische Hochschulen**, die kirchliche sowie staatliche philosophisch-theologische und theologische Hochschulen sind (von denen jedoch die theologischen Fakultäten/Fachbereiche der Universitäten abzugrenzen sind) sowie **einzelne Spezialhochschulen** wie die Deutsche Sporthochschule in Köln, die Universitäten der Bundeswehr oder die vom Bund und den Ländern getragene Deutsche Hochschule für Verwaltungswissenschaften in Speyer.

12 **Keine Hochschulen sind** ua Akademien, also Fortbildungsstätten, bei der die berufliche oder künstlerische Förderung der Besucher oder Mitglieder Selbstzweck und nicht Mittel zur Gewinnerzielung ist[15] (zB Akademien der Wissenschaften) oder die gemeinnützigen Volkshochschulen, die der Erwachsenenbildung dienen. Wie das Beispiel der Volkshochschule zeigt, kann nicht allein aufgrund der Bezeichnung einer Einrichtung etwa als Hochschule oder die sprachliche Nähe zur akademischen Ausbildung auf den rechtlichen Status als Hochschule geschlossen werden.

13 Die **Aufgaben der Hochschulen** sind in § 2 Abs. 1 HRG aufgeführt, die, wie § 2 Abs. 9 S. 2 HRG zeigt, durch die Absätze 2–9 ergänzt werden. Danach dienen die Hochschulen entsprechend ihrer Aufgabenstellung der Pflege und der Entwicklung der Wissenschaften und der Künste durch Forschung, Lehre, Studium und Weiterbildung in einem freiheitlichen, demokratischen und sozialen Rechtsstaat. Ferner bereiten sie auf berufliche Tätigkeiten vor, die die Anwendung wissenschaftlicher Erkenntnisse und wissenschaftlicher Methoden oder die Fähigkeit zu künstlerischer Gestal-

11 Vgl. dazu Quaas MedR 2010, 149 (149 f.); ausführlicher: Sandberger in: Hartmer/Detmer, Kap. IX Rn. 72 ff.
12 Vgl. Eckhard, Bildungswesen, S. 153.
13 Vgl. zB BVerfG 13.4.2010 – 1 BvR 216/07, NVwZ 2010, 1285 (1286) mwN zum jew. Landesrecht.
14 Vgl. Reich, HRG, § 1 Rn. 3.
15 Vgl. OLG Bremen 8.9.1971 – 2 W 82/71, NJW 1972, 164 (165).

tung erfordern und fördern den wissenschaftlichen und künstlerischen Nachwuchs sowie die Weiterbildung ihres Personals. Des Weiteren wirken die Hochschulen ua an der sozialen Förderung der Studierenden mit, berücksichtigen die besonderen Bedürfnisse von Studierenden mit Kindern und fördern in ihrem Bereich den Sport. Landesrechtliche Bestimmungen sehen darüber hinaus vielfältige Förderbereiche vor.

Eine **weitere wesentliche Aufgabe** bestimmt § 7 HRG für alle Hochschularten: Lehre und Studium sollen die **Studierenden auf ein berufliches Tätigkeitsfeld vorbereiten** und ihnen die dafür erforderlichen fachlichen Kenntnisse, Fähigkeiten und Methoden dem jeweiligen Studiengang entsprechend so vermitteln, dass sie zu wissenschaftlicher oder künstlerischer Arbeit und zu verantwortlichem Handeln in einem freiheitlichen, demokratischen und sozialen Rechtsstaat befähigt werden (→ Rn. 42). 14

2. Rechtsnatur und Verfassung der Hochschulen

Gemäß § 58 HRG sind Hochschulen **in der Regel Körperschaften des öffentlichen Rechts** und zugleich staatliche Einrichtungen. Dieses klassische Organisationsmodell der Hochschulen führt zu einer differenzierten Organisationsform: Der akademische Bereich ist in der Regel in Form einer teilrechtsfähigen Körperschaft des öffentlichen Rechts (vgl. Definition in → § 1 Rn. 3) organisiert, der sich aus den ebenfalls teilrechtsfähigen Fakultäten und der zentralen Ebene konstituiert, die durch Rektorat bzw. Präsidium sowie meist einem Kanzler und ferner dem Senat als zentralen Organen in Erscheinung treten. An diesen Bereich knüpft die durch den Kanzler geleitete Verwaltung an, die zum Teil (unmittelbare) Landesverwaltung ist (zB Zulassung zum Studium) und insoweit in die Weisungshierarchie eingebunden ist (staatliche Einrichtung). Der Sinn dieser **Doppelkonstruktion der Hochschule** besteht darin, die Akademiker und akademischen Gremien von der „Last der Verwaltung" freizustellen und ihnen eine Konzentration auf die originär akademischen Fragen zu ermöglichen.[16] Soweit ersichtlich hat bislang nur in Nordrhein-Westfalen eine weitergehende Verselbstständigung der Hochschulen stattgefunden; dort sind diese reine Körperschaften des öffentlichen Rechts (vgl. § 2 Abs. 1 S. 1 HG NRW).[17] 15

Bei **Instituten** handelt es sich um Untergliederungen an deutschen Hochschulen. Einem Institut sind ein oder mehrere Lehrstühle zugeordnet. Von den Instituten sind die **An-Institute** zu unterscheiden. Diese sind organisatorisch sowie rechtlich eigenständige Forschungseinrichtung, die lediglich einer deutschen Hochschule angegliedert ist. Es bestehen dabei idR personelle Verknüpfungen mit Hochschulinstituten. 16

Für den **Hochschulcharakter einer Institution** sprechen in Anlehnung an die überlieferte deutsche Hochschultradition ua eine selbstständige Rechtspersönlichkeit mit körperschaftlicher Autonomie und akademischer Selbstverwaltung unter staatlicher Rechtsaufsicht, selbstverantwortlicher Lehrbetrieb mit dem Anspruch der Einheit von Forschung und Lehre, Verleihung akademischer Grade (insbesondere Promotions- und Habilitationsrecht) sowie der Hochschulreife als Zulassungsvoraussetzung.[18] 17

16 Vgl. Geis in: Geis, Hochschulrecht, § 58 HRG Rn. 8 ff.; Lynen in: Hartmer/Detmer, Kap. III Rn. 8 ff.
17 Vgl. Haase in: Leuze/Epping, HG NRW, Vorbem. §§ 9–13 Rn. 4.
18 Vgl. BVerfG 11.6.1974 – 1 BvR 82/71, NJW 1974, 1811 (1812).

18 Nach § 58 Abs. 2 HRG geben sich die Hochschulen als Bestandteil ihrer Selbstverwaltung eine **Grundordnung.** Die als Satzung erlassene Grundordnung soll insbesondere die innere Ordnung einer Hochschule festlegen, also Regelungen über die Organisation, die Tätigkeit der Hochschulorgane und ihrer Einrichtungen treffen. Hierbei ist zu unterscheiden zwischen Regelungen, die die Grundordnung zur Ergänzung des Hochschulrechts treffen muss, und solchen, zu denen in der Grundordnung hochschulspezifische Regelungen getroffen werden können (zB Erweiterung des Kreises der Mitglieder und Angehörigen). Weiteres satzungsrechtliches Binnenrecht wird zB in Einschreibungs- oder Prüfungsordnungen geregelt.

3. Immatrikulation/Einschreibung

19 Im Hochschulrecht haben die Begründung, Änderung und Beendigung der Zugehörigkeit zur Hochschule (Immatrikulation, Exmatrikulation), die Zulassung zu Prüfungen sowie die Entscheidung über die Prüfung selbst **Verwaltungsakt-Qualität** (§ 35 VwVfG). Die Immatrikulation ist Voraussetzung für die Aufnahme des Hochschulstudiums.

Immatrikulation (= Einschreibung) bedeutet „Aufnahme des Studienbewerbers in die Universitätsmatrikel (Verzeichnis der Mitglieder) und darauf folgend die Zuteilung einer Matrikelnummer".[19] Erst und nur die Immatrikulation macht den Studienbewerber zum Studierenden (Mitglied der Hochschule → Rn. 22) und begründet ein öffentlich-rechtliches Verhältnis (→ Rn. 53) zur Hochschule (Einschreibungshochschule).[20] In einem vorherigen Schritt wird die Zulassung des Studienbewerbers geprüft, die an subjektive Fähigkeiten (Hochschulzugangsvoraussetzungen) anknüpft. Bei Vorliegen der individuellen Hochschulzugangsberechtigung, dem Fehlen von Immatrikulationshindernissen und bei ausreichenden objektiven Studienplatzkapazitäten besteht ein Anspruch auf Immatrikulation.[21] Die Einschreibung erfolgt idR für einen oder mehrere Studiengänge an einer Hochschule (vgl. auch → Rn. 26). Private Hochschulen regeln Fragen der Mitgliedschaft mittels privatrechtlichem Studienvertrag.[22]

4. Studentische Selbstverwaltung

20 Die (eingeschriebenen) Studierenden bilden zwangsweise Studierendenschaften ua zur Wahrnehmung hochschulpolitischer, sozialer und kultureller Belange der Studierenden. Insoweit besteht überwiegend eine Aufgabenkonkurrenz bzw. -überschneidung mit den Aufgaben der Hochschule.[23] Die Studierendenschaft verwaltet als rechtsfähige Gliedkörperschaft der Hochschule ihre Angelegenheiten selbst (→ Rn. 97), steht jedoch unter der Rechtsaufsicht der Hochschulleitung.[24] Sie werden an den meisten Hochschulen durch das **Studierendenparlament** und den **Allgemeinen Studierenden-**

19 Vgl. Morgenroth, Rn. 172; Lindner in: Hartmer/Detmer, Kap. XI Rn. 152 (dort Fn. 315).
20 Vgl. statt vieler Lindner in: Hartmer/Detmer, Kap. XI Rn. 152.
21 Vgl. zum Vorgenannten Morgenroth, Rn. 168 ff.; Bode in: Geis, Hochschulrecht, § 27 HRG Rn. 27 f.; Leiher in: BeckOK HochschulR Bayern, Art. 42 Rn. 11 f.
22 Vgl. Morgenroth, Rn. 19 f., 284.
23 Vgl. zB Merschmeier in: Leuze/Epping, HG NRW, § 53 Rn. 13.
24 Vgl. ausführlich dazu Leuze in: Geis, Hochschulrecht, § 41 HRG Rn. 6 ff.; ferner BSG 4.12.2014 – B 2 U 14/13 R, SozR 4-2700 § 2 Nr. 30; Schlaeger SGb 2016, 80 (85 f.).

ausschuss (AStA) repräsentiert, die jeweils von den Studierenden gewählt werden. Das Studierendenparlament ist das oberste beschlussfassende Organ der Studierendenschaft. Der AStA ist das vollziehende Organ der studentischen Selbstverwaltung, führt die Geschäfte der laufenden Verwaltung und vertritt die Studierendenschaft nach außen.[25] Die Studierenden eines Fachbereichs bilden **Fachschaften**, die jedoch unselbständige, nichtrechtsfähige Teile der Gliedkörperschaft „Studierendenschaft" sind.[26]

III. Personen an Hochschulen

Das Gesetz unterscheidet bei den an Hochschulen tätigen Personen zwei Arten von 21
Zugehörigkeit zur Hochschule. Das Nähere regeln die jeweiligen Grundordnungen der Hochschulen.

1. Mitglieder der Hochschule

Eine mitgliedschaftliche Rechtsstellung haben sowohl die an einer Hochschule nicht 22
nur vorübergehend oder gastweise hauptberuflich Tätigen als die auch **eingeschriebenen Studierenden** (vgl. § 58 Abs. 1 S. 1 HRG). Studierende erwerben den Mitgliedschaftsstatus durch die Einschreibung (→ Rn. 19) und bleiben Mitglieder bis zu ihrer Exmatrikulation.[27] Landesrechtlich werden weiter gehende Personengruppen als Mitglieder benannt (zB Dekane, Professorenvertreter). Zu den Mitgliedschaftsrechten gehört ua das aktive und passive Wahlrecht zu den jeweiligen Hochschulgremien; das Mitgliedschaftsverhältnis ist öffentlich-rechtlich ausgestaltet. Durch das Mitgliedschaftsverhältnis werden die Mitglieder während der Dauer seines Bestehens der Disziplinargewalt der Hochschulen unterworfen.

2. Angehörige der Hochschule

Für die Angehörigen ist kennzeichnend, dass sie in einer besonderen Beziehung zu 23
ihrer Hochschule stehen, die jedoch schwächer ausgeprägt ist als die der Mitglieder (→ Rn. 22). Im Regelfall wird der Angehörigenstatus nicht durch einen Rechtsakt der Hochschule (zB Einschreibung) erworben, sondern unmittelbar kraft Gesetzes verliehen.[28] **Gasthörer** sind keine Mitglieder der Hochschule, sondern Angehörige, da diese nicht eingeschrieben, sondern nur zugelassen werden.[29]

Bei **Zweithörern** ist zu unterscheiden: sog. „große" Zweithörer können landesrechtlich bzw. in der Grundordnung (→ Rn. 17) die Befugnis zur Einschreibung haben und damit Zweit-Studierende mit Prüfungsberechtigung sein. Dagegen sind sog. „kleine" Zweithörer nur berechtigt, einzelne Veranstaltungen an einer anderen Hochschule zu besuchen, aber nicht voll prüfungsberechtigt. Daher sind sie idR nur zugelassen, also keine Studierenden einer zweiten Hochschule.

---

25 Vgl. zB Penz BRJ 2013, 124 (126).
26 Vgl. Merschmeier in: Leuze/Epping, HG NRW, § 53 Rn. 7; Schlaeger SGb 2016, 80 (86).
27 Vgl. Haase in: Leuze/Epping, HG NRW, § 9 Rn. 13.
28 Vgl. Haase in: Leuze/Epping, HG NRW, § 9 Rn. 25.
29 Vgl. Haase in: Leuze/Epping, HG NRW, § 9 Rn. 16.

Zu den Angehörigen, die ua kein passives Wahlrecht besitzen, zählen ferner beispielsweise Privatdozenten, Ehrenbürger, Ehrensenatoren und ehemalige Studierende.

IV. Versicherter Personenkreis (SGB VII)

24 Studierende sind nach § 2 Abs. 1 Nr. 8 c SGB VII „während der Aus- und Fortbildung an Hochschulen“ gesetzlich unfallversichert. In systematischer Hinsicht fällt im Vergleich zur übrigen Schülerunfallversicherung (§ 2 Abs. 1 Nr. 8 a, 8 b SGB VII) auf, dass Kinder und Schüler „während des Besuchs“ einer genannten Bildungseinrichtung versichert sind. Der Versicherungsschutz der Studierenden beschränkt sich hingegen nicht auf den „Besuch“ einer Bildungseinrichtung, sondern auf die „Aus- und Fortbildung an Hochschulen“. Nach allgemeinem Sprachverständnis ist „Aus- und Fortbildung“ bei typisierender Betrachtung berufsorientierter Natur (→ Rn. 42).

Der Versicherungsschutz besteht generell bei studienbezogenen Tätigkeiten (→ Rn. 58 ff.) von immatrikulierten Studierenden (→ Rn. 26, 44) im organisatorischen Verantwortungsbereich ihrer Einschreibungshochschule (→ Rn. 47 ff.).

25 Das Gesetz bezeichnet die „Studierenden“ als den versicherten Personenkreis nach § 2 Abs. 1 Nr. 8 c SGB VII. Der Studierendenbegriff ist im SGB VII oder in anderen Büchern des SGB nicht definiert. Zudem fehlt es an einer eindeutigen Klarstellung durch die Rechtsprechung, so dass auch knapp 50 Jahre nach Einführung des Versicherungsschutzes viele Streitfragen rund um diese Definition bestehen. Im Wesentlichen geht es um die Frage, ob ausschließlich eine Immatrikulation den Studierendenstatus begründet (dazu → Rn. 26 ff.). Ein Teil der Fragen, insbesondere die, ob es zusätzlich einer beruflichen Zweckorientierung der an einer Hochschule „Lernenden“ bedarf (→ Rn. 41 f.), stellt sich jedoch nur, wenn der Studierendenbegriff zu weit ausgelegt wird (→ Rn. 27, 39 f.).

1. Immatrikulierte Studierende

26 Als Studierende werden hochschulrechtlich **üblicherweise nur eingeschriebene Personen** bezeichnet, die einen gesamten Studiengang oder ein sonstiges umfassendes Studium belegen.[30] Das entsprechende Studienrechtsverhältnis zwischen dem Studierenden und der Hochschule entsteht nicht bereits durch einen Antrag oder das Vorliegen der Zugangs- und Zulassungsvoraussetzungen, sondern erst durch die Immatrikulation.[31] Hochschulrechtlich ist somit klar, dass nur für einen Studiengang bzw. ein Studium eingeschriebene Personen zu „Studierenden“ werden (→ Rn. 19).

Wie einleitend angedeutet, ist trotz dieses Befundes und des engen Zusammenhangs der Materien (→ Rn. 36) die unfallversicherungsrechtliche Bedeutung des Wortes „Studierenden“ umstritten.

30 Vgl. zB Leiher in: BeckOK HochschulR Bayern, Art. 42 Rn. 12.
31 Vgl. Lindner in: Hartmer/Detmer, Kap. XI Rn. 152.

Ungeteilte Einigkeit herrscht dabei zu Recht insoweit, dass die ordentlichen, an einer deutschen Hochschule **immatrikulierten Studierenden** (vgl. zur Wortwahl → Rn. 32 ff.) unter Nr. 8 c fallen.[32]

Eingeschriebene Promotionsstudierende sowie Teilnehmer an postgradualen Studiengängen (vgl. § 12 HRG) sind ebenfalls Studierende in diesem Sinne, denn anders als beispielsweise in § 5 Abs. 1 Nr. 9 SGB V (→ Rn. 34 ff.) besteht keine Beschränkung auf Fachsemester oder auf die Fachstudienzeit.[33] Sofern ein Studium erst mit der Promotion (→ Rn. 71) abschließt, ist der entsprechende Unfallversicherungsschutz ebenfalls unbestritten gegeben.[34]

Ferner sind sog. große Zweithörer (→ Rn. 23) erfasst, sofern das jeweilige Hochschulrecht für letztere eine Einschreibung vorsieht. In Sachsen existiert zudem die Besonderheit, dass sich Schüler als Jungstudierende förmlich einschreiben können und damit sowohl hochschul- als auch unfallversicherungsrechtlich als Studierende anzusehen sind (→ Rn. 73 f.).

2. Sonstige Personen

Darüber hinaus ist umstritten, ob weitere Personen (zB **Gasthörer**) gleichfalls Unfall- 27
versicherungsschutz nach § 2 Abs. 1 Nr. 8 c SGB VII genießen. Dazu werden im Wesentlichen zwei Meinungen vertreten.

a) Weite Auffassung

Von mehreren Autoren wird ausgeführt, dass der Begriff des „Studierenden" an 28
Hochschulen weiter zu fassen sei als der des „Studenten". Versichert seien alle Personen, die sich an der Hochschule aus- oder fortbilden, einschließlich Gasthörer, Teilnehmer an Ferienkursen, Teilnehmer eines Aufbau- und Kontaktstudiums, Doktoranden, die im Zusammenhang mit der Anfertigung ihrer Doktorarbeit an Hochschulveranstaltungen teilnehmen, unabhängig davon, ob sie bereits eine akademische oder andere Abschlussprüfung absolviert haben, sowie „Senioren-Studenten".[35] Da der Gesetzestext im Gegensatz zur Überschrift des Gesetzes (→ § 1 Rn. 5) vom 18.3.1971 von „Studierenden" spreche, werde deutlich, dass für den Versicherungsschutz **keine gültige „Immatrikulation als Student" erforderlich** sei, sondern die „tatsächliche Inanspruchnahme einer Hochschule"[36] bzw. die „Teilnahme an Lehrveranstaltungen einer Hochschule als Lernende"[37] genügen soll. Dafür spreche auch ein Vergleich zu anderen Vorschriften des SGB, die ausdrücklich die „ordentlichen Studierenden" nennen (zB § 5 SGB V, § 6 SGB VI); durch den Verzicht auf das Wort „ordentlich" im SGB VII werde deutlich, dass eine Einschreibung nicht zwingend erforderlich sei.

---

32 Vgl. statt vieler Ricke SGb 2006, 460 (464); Becker in: SGB VII-Komm, § 2 Rn. 516.

33 Vgl. BSG 23.3.1993 – 12 RK 45/92, SozR 3-2500 § 5 Nr. 10; Bress WzS 1994, 298 (302).

34 Vgl. allein Ricke SGb 2006, 460 (463).

35 ZB SG Lübeck 9.8.2001 – S 3 U 306/99, NZS 2002, 270 (271); Becker in: SGB VII-Komm, § 2 Rn. 516; Bereiter-Hahn/Mehrtens, § 2 SGB VII Rn. 19.2; Mutschler in: Jahn/Jung, SGB VII, § 2 Rn. 91; Keller jurisPR-SozR 19/2015 Anm. 5; Leube NZS 2007, 468 (471); unklar: Bieresborn in: jurisPK-SGB VII, § 2 Rn. 191 f., der zwar Gasthörer als versichert ansieht, den Schutzzweck auf nur auf „ordentliche Studierende" begrenzt.

36 So zB Stecher, Unfallversicherung für Schüler, S. 37 f.

37 So zB Riebel in: Hauck/Noftz, SGB VII, K § 2 Rn. 108.

29 Vereinzelt werden sogar Habilitanden (Zugangsvoraussetzung zum Professorenberuf, die dem Nachweis der Lehrbefähigung dient) als Studierende angesehen, zumindest sofern sie eingeschrieben oder sonst durch die Hochschule zugelassen seien (im Ergebnis zu weitgehend).[38]

b) Enge Auffassung (der Unfallversicherungsträger)

30 Nach der inzwischen (wohl) **herrschenden Auffassung**, die sich auch in der Anwendungspraxis der Unfallversicherungsträger[39] widerspiegelt, sind nur an einer deutschen Hochschule immatrikulierte Studierende (→ Rn. 26) unfallversichert.[40] Die Gründe werden in → Rn. 32 ff. dargestellt.

31 Das **BSG** konnte die aufgeworfene Frage in seinem Urteil vom 13.2.2013 noch offen lassen, da die Verletzte im konkreten Verfahren in keiner Weise formal eingeschrieben oder sonst zugelassen (→ Rn. 39) war.[41] Im Sinne der herrschenden Auffassung hat sich das BSG aber im Urteil vom 19.6.2018 positioniert und ausgeführt, dass die Nr. 8 c zugrunde liegende Institutionalisierung (→ § 1 Rn. 19) bei den Studierenden „durch die Immatrikulation" zum Ausdruck kommt.[42] Im Urteil vom 27.11.2018 hat das BSG dies beiläufig bekräftigt, da ausweislich der Urteils-Rn. 13 die **Immatrikulation als „zwingende Voraussetzung"** bezeichnet wird.[43]

c) Argumente (Gesetzesauslegung)

aa) Wortlaut

32 Bei dem Wort „Studierende" handelt es sich um die geschlechtsneutrale Form des generischen Maskulinum[44] „Student", so dass eine Bedeutungsabweichung nicht feststellbar ist. Die beiden Begriffe sind daher Synonyme.[45] Als Studierende werden hochschulrechtlich **üblicherweise nur eingeschriebene Personen** bezeichnet, die einen gesamten Studiengang oder ein sonstiges umfassendes Studium belegen.[46] Die **allgemeine Sprachbedeutung des Wortes Student**[47] steht in gleicher Weise für die „Bezeichnung des zum Zweck des Studiums immatrikulierte Mitglied einer Hochschule, auch Fachhochschule".[48] Daher spricht die Wortlautauslegung von § 2 Abs. 1 Nr. 8 c SGB VII für die engere Auffassung (→ Rn. 26).

---

38 So Schwerdtfeger in: Lauterbach, SGB VII, § 2 Rn. 312 c.
39 Vgl. BUK-Rundschreiben Reha 237/2007 vom 10.5.2007.
40 ZB Schwerdtfeger in: Lauterbach, SGB VII, § 2 Rn. 312; Holtstraeter in: Knickrehm/Kreikebohm/Waltermann, § 2 SGB VII Rn. 27; von Koppenfels-Spies in: Eichenhofer/von Koppenfels-Spies/Wenner, SGB VII, § 2 Rn. 74; Lilienfeld in KassKomm, § 2 SGB VII Rn. 37; Ziegler SGb 2019, 563 (563); Triebel Jura 2007, 521 (526); ähnlich, aber in Teilen noch enger: Ricke SGb 2006, 460 ff., dazu → Rn. 41.
41 Vgl. BSG 13.2.2013 – B 2 U 24/11 R, SozR 4-2200 § 539 Nr. 2.
42 Vgl. BSG 19.6.2018 – B 2 U 2/17 R, NJW 2019, 1020 (1024).
43 Vgl. BSG 27.11.2018 – B 2 U 15/17 R, UVR 2019, 252 (256); so auch Spellbrink in: Ruland/Becker/Axer, SRH, § 16 Rn. 37.
44 Dh die verallgemeinernde männliche Form eines Wortes.
45 Ricke SGb 2006, 460 (463); so ua auch Leube NZS 2007, 468 (469); dies ergibt sich bereits klar aus dem Gesetz vom 18.3.1971 (Rn. 3) sowie aus der entsprechenden Gesetzesbegründung (BT-Drs. 6/1333, 2 ff.).
46 Ähnlich zB Leiher in: BeckOK HochschulR Bayern, Art. 42 Rn. 12; Wietfeld in: BeckOK-SozR, § 2 SGB VII Rn. 105.
47 Lat: „studere" (sich wissenschaftlich betätigen, eifrig lernen).
48 Brockhaus online, Stichwort „Student" (aufgerufen am 6.6.2019).

bb) Wille des Gesetzgebers

Da dem gesetzten Recht zunächst immer die Gestaltungsabsichten desjenigen zugrunde liegen, der es gesetzt hat, ist der Wille des historischen Gesetzgebers (→ Rn. 3) zu würdigen.[49] Aus den Gesetzgebungsmaterialien aus der Zeit der Schaffung des Unfallversicherungsschutzes für Studierende ergibt sich keinerlei Hinweis auf ein erweitertes Verständnis. Wenn der Gesetzgeber auch Gasthörer und andere nicht für ein Studium eingeschriebene Personen hätte versichern wollen, wäre ein klarstellender Hinweis zumindest in der Gesetzesbegründung zu erwarten gewesen. Ein solcher findet sich auch nicht in späteren Dokumenten, zB aus der Zeit der Schaffung des SGB VII (→ Rn. 5). Zudem ist aus der in der Gesetzesbegründung angegebenen Zahl der (künftig zu versichernden) Studierenden (1971 = ca. 430.000)[50] offenkundig zu schließen, dass nur die ordentlichen Studierenden gemeint waren. Daher spricht auch der Wille des Gesetzgebers gegen ein weites Verständnis des Studierendenbegriffes. Dass das HRG erst ca. fünf Jahre nach Schaffung der Studierendenunfallversicherung (→ Rn. 3) in Kraft trat, steht dem nicht entgegen,[51] da der Referentenentwurf zum HRG bereits am 18.12.1970 vorgelegt wurde und Teil einer breit angelegten Reform des Bildungswesens war, die ausführlich im „Bericht zur Bildungspolitik" vom 8.6.1970 beschrieben ist.[52] Insofern kann ein gemeinsamer Sprachklang der verschiedenen Gesetzesreformen nicht in Abrede gestellt werden (→ Rn. 35). 33

cc) Systematik

Ebenso wenig wie das Wortpaar „Studierende/Student" etwas Unterschiedliches meint (→ Rn. 32), so wenig überzeugt der von der weiten Auffassung angestrengte systematische Vergleich. Zwar werden in anderen Vorschriften des SGB zB „Studierende, die an staatlichen oder staatlich anerkannten Hochschulen eingeschrieben sind" aufgeführt (§ 5 Abs. 1 Nr. 9 SGB V, § 20 Abs. 1 Nr. 9 SGB XI), bzw. als „ordentlich" Studierende (§ 27 Abs. 4 Nr. 2 SGB III, § 5 Abs. 3 SGB VI) bezeichnet. Daraus folgt jedoch letztlich nichts. Zum einen ist der dortige Sprachgebrauch in sich nicht konsistent.[53] Anders als suggeriert gibt es zwischen einem „ordentlichen Studierendem" und einem „Studierendem" schlicht keinen Unterschied. Beides meint das Gleiche, da es weder hochschulrechtlich noch nach dem allgemeinen Sprachgebrauch einen sozusagen „unordentlichen Studierenden" an Hochschulen gibt. Es existiert auch keine für das SGB gültige eigenständige, abweichende Definition des Studierendenbegriffs. 34

Im Übrigen ist zB die studentische Krankenversicherung erst durch Gesetz vom 24.6.1975[54] eingeführt worden und umfasste zunächst nur „die eingeschriebenen Studenten der staatlichen und der staatlich anerkannten Hochschulen" als versicherte Personen. Der entsprechenden Gesetzesbegründung ist zu entnehmen, dass die ge- 35

49 Vgl. zB BVerfG 26.11.2018 – 1 BvR 318/17, NJW 2019, 351 (352 f.); ferner BSG 29.1.2019 – B 2 U 21/17 R, UVR 2019, 299 (307).
50 Vgl. BT-Drs. 6/1333, 3 (6).
51 So aber offenbar Hedermann in: LPK-SGB VII, § 2 Rn. 76.
52 Vgl. BT-Drs. 6/925, 1 ff.
53 So führt zB § 139 Abs. 2 SGB III „Studentinnen und Studenten einer Hochschule" ohne weiteren Zusatz auf.
54 Gesetz über die Krankenversicherung der Studenten (KVSG), BGBl. I 1975, 1536.

wählte Formulierung eine Übereinstimmung mit dem vom Hochschulrahmengesetz genannten Studierenden gewährleistet werden sollte.[55] Ausdrücklich wurde betont, dass Gasthörer nicht zum versicherten Personenkreis gehören. Eine Auseinandersetzung mit dem gesetzlichen Unfallversicherungsrecht erfolgte (erwartungsgemäß) nicht. Zudem unterwirft § 5 Abs. 1 Nr. 9 SGB V seit dem 1.1.1989[56] ua die eingeschriebenen Studenten bis zum Abschluss des 14. Fachsemesters, längstens bis zur Vollendung des 30. Lebensjahres der Versicherungspflicht. Als Grund dafür nennt der Gesetzgeber die Abwehr von Missbrauch durch eine festgestellte Tendenz, das Studium zu verlängern, um günstig krankenversichert zu bleiben.[57] Im SGB V geht es mithin darum, dem typischen Studierenden während seines Studiums im Anschluss an die Schullaufbahn (daher die typisierende Beschränkung nach Semester bzw. Alter) einen kostengünstigen Krankenversicherungsschutz zu ermöglichen. Ein Studierender, der sich zB erst nach einer Lehre und Berufstätigkeit im Alter von 38 Jahren zu einem regulären Erststudium entschließt, würde davon nicht erfasst,[58] gleichwohl ist er unfallversichert, weil das Alter keine Rolle spielt (→ Rn. 42, 77). Hierin kommen die unterschiedlichen Schutzzwecke (→ § 1 Rn. 1) zum Ausdruck. Daher schränken das SGB V, VI und XI im Vergleich zum SGB VII nur innerhalb der gleichen Gruppe der (eingeschriebenen) Studierenden ein und setzen Grenzen nur in Bezug auf die Dauer des Studiums bzw. das Alter.[59]

36 Das SGB VII sieht hinsichtlich der Studiendauer, des Alters oder des Erscheinungsbildes keine Einschränkungen vor, so dass allein die (hochschulrechtliche) Immatrikulation (→ Rn. 19, 26) entscheidend sein kann. Der Begriff des Studierenden des SGB VII ist daher **nicht losgelöst vom Hochschulrecht** zu bestimmen, sondern grundsätzlich in Übereinstimmung damit.[60] Ebenso wie die Bestimmung der von § 2 Abs. 1 Nr. 8 a SGB VII erfassten Kinder in Tagesbetreuung auf die Vorschriften des SGB VIII mangels anderweitiger Vorgaben des Gesetzgebers abzustellen ist (→ § 2 Rn. 23) und für die Bestimmung, wer „Schüler" im Sinne von § 2 Abs. 1 Nr. 8 b SGB VII ist, auf das Schulrecht (→ § 5 Rn. 32 ff.), so bestimmt mangels abweichender unfallversicherungsrechtlicher Definition (allein) das Hochschulrecht, wer Studierender nach § 2 Abs. 1 Nr. 8 c SGB VII ist. Dies gilt im Übrigen gleichermaßen auch für andere Sozialgesetzbücher (vgl. § 27 Abs. 3 Nr. 4 SGB III)[61] und auch die Frage, welche Einrichtung als Hochschule gilt, bestimmt sich nach jeweiligen Hochschulrecht.[62] Regelungsabsichten des Gesetzgebers, die von der Schülerunfallversicherung erfassten Personengruppen unabhängig vom jeweiligen Fachrecht festzulegen, sind nicht ersicht-

55 Vgl. BT-Drs. 7/2993, 8; ferner statt vieler: Ulmer in: BeckOK-SozR, § 5 SGB V Rn. 26.
56 Eingeführt durch das Gesundheits-Reformgesetz (GRG) vom 20.12.1988, BGBl. I 1988, 2477; ua als verfassungsgemäß bestätigt durch BSG 30.9.1992 – 12 RK 40/91; SozR 3-2500 § 5 Nr. 4.
57 Vgl. BT-Drs. 11/2237, 159; dazu Bress WzS 1994, 65 ff.; Reinert NZS 2016, 609 (609 ff.); vgl. zu weiteren Aspekten BSG 7.6.2018 – B 12 KR 1/17 R, SozR 4-2500 § 240 Nr. 35.
58 Vgl. zB BSG 15.10.2014 – B 12 KR 17/12 R, SGb 2015, 696 (697 ff.).
59 Der Nachweis der Krankenkasse hins. der studentischen Krankenversicherung gehört iaR auch zu den Einschreibungsvoraussetzungen an Hochschulen, die ua in den Immatrikulationsordnungen niederlegt sind; vgl. ferner § 200 Abs. 2 SGB V iVm § 2 Studentenkrankenversicherungs-Meldeverordnung.
60 Vgl. Ricke SGb 2006, 460 (464); ähnlich Bress WzS 1994, 298; aA Leube NZS 2007, 468 (469); Hedermann in: LPK-SGB VII, § 2 Rn. 76.
61 Vgl. BSG 27.1.2010 – B 12 KR 3/09 R, NZS 2011, 28 (29).
62 Statt vieler: Peters in: KassKomm, § 5 SGB V Rn. 93.

lich.Gasthörer, Besucher von Ringvorlesungen etc sind jedoch gerade keine Studierenden im Sinne des § 7 HRG bzw. des jeweiligen Landeshochschulrechts. Nur mit der erfolgreichen Einschreibung wird ein Studienplatzbewerber zugleich Studierender im Sinne des § 2 Abs. 1 Nr. 8 c SGB VII, so dass der Studienplatzbewerber unmittelbar Teil und Glied der Hochschule (→ Rn. 19, 26) wird.[63]

dd) Sinn und Zweck, weitere Aspekte

Die Gesetzesauslegung mündet in der Beantwortung der Frage nach dem Sinn und Zweck einer Regelung, um eine möglichst effektive Verwirklichung der mit dem erlassenen Recht verbundenen Ziele zu gewährleisten.[64] Unzulässig ist es, wenn der Normanwender seine eigenen materiellen Gerechtigkeitsvorstellungen an die Stelle derjenigen des Gesetzgebers setzt.[65] Der Gesetzgeber bezweckte die verbesserte Absicherung von Studierenden an wissenschaftlichen Hochschulen und ihre (verfassungsgemäße) Gleichstellung mit Studierenden an Fachhochschulen, die seinerzeit bereits unfallversichert waren (→ Rn. 2 f.). Es ging um einen vergleichbaren Versicherungsschutz „aller Hochschulstudenten“[66] und damit typisierend um die Versicherung der beruflichen Aus- und Fortbildung im Hochschulbereich. 37

Zu beachten ist auch, dass für Personen wie Gasthörer, die anders als Studierende keinerlei Hochschulzulassungsvoraussetzungen erfüllen müssen, keine der bislang anerkannten Rechtfertigungs- und Anknüpfungsgründe für einen Einbezug in den unfallversicherten Personenkreis (→ § 1 Rn. 15, 19) gelten.[67] 38

Die Auslegung der weiten Auffassung (→ Rn. 28) übersieht im Übrigen weitere Konsequenzen aus der BSG-Rechtsprechung zum Hochschulsport (→ Rn. 84). Für das BSG ist der allgemeine Hochschulsport nicht – wie Betriebssport – im Wege einer richterrechtlichen Erweiterung des Gesetzes versichert, sondern ergibt sich als Teil der „Aus- und Fortbildung“ unmittelbar aus dem Gesetz. Zwar hat das BSG noch nicht abschließend entscheiden müssen, ob jegliche „Zulassung“ ausreicht (→ Rn. 31). Wenn man dies jedoch annähme, würde das letztlich absurde Ergebnis entstehen, dass auch alle (externen) Kursteilnehmer als „Studierende“ versichert wären, denn sie werden nach der Anmeldung und Bezahlung etwaiger Kursgebühren zum Sportangebot „zugelassen“. Dies dürfte offenkundig auf keinem gesetzgeberischen Willen fußen und käme einer Sinnentleerung des Studierendenbegriffs gleich. 39

Schließlich würde die Auffassung, dass Nr. 8 c „alle Personen, die sich an einer Hochschule aus- oder fortbilden, erfasse“,[68] zu einer Einebnung der Personenkreise der Lernenden (Nr. 2) und Studierenden (Nr. 8 c) führen und sich die Personenkreise letztlich nur noch über die Art der Bildungseinrichtung (dazu → Rn. 76) unterscheiden. Dass derartiges gewollt war, ist auch nicht belegt. 40

---

63 So zB auch SG Braunschweig 27.2.2004 – S 14 U 211/00, BeckRS 2004, 30801423.
64 Vgl. Rüthers/Fischer/Birk, Rechtstheorie, Rn. 718, 725 ff.; Schlaeger ZFSH/SGB 2008, 527 (528 f., 532 f).
65 Vgl. BVerfG 26.11.2018 – 1 BvR 318/17, NJW 2019, 351 (352); ferner zB BSG 29.1.2019 – B 2 U 21/17 R, UVR 2019, 299 (307).
66 Vgl. BT-Drs. 6/1333, 3 f.
67 So bereits Schlaeger WzS 2011, 297 (299); ebenso Schwerdtfeger in: Lauterbach, SGB VII, § 2 Rn. 312 b.
68 So zB Riebel in: Hauck/Noftz, SGB VII, K § 2 Rn. 108.

Insofern ist die sog. weite Auffassung (→ Rn. 28) abzulehnen. Demnach liegt allein in der Einschreibung (→ Rn. 19, 26) die den Versicherungsschutz begründende Beziehung (vgl. § 133 Abs. 1 SGB VII) zu der konkreten Hochschule. Dies hat zur Folge, dass andere Personen wie zB Gasthörer oder Teilnehmer an Ferienkursen nicht versichert sind (vgl. auch → Rn. 73 ff.).[69]

ee) Beruflicher Studienzweck

41 Wie in → Rn. 25 angedeutet, ist neben der (zu bejahenden) Frage, ob allein die Einschreibung den Studierendenstatus begründet, **umstritten, ob** die Studierenden **auch konkret berufsorientiert studieren** müssen. Dies geht maßgeblich auf einen Aufsatz von Ricke zurück. Nach ihm sei nur der immatrikulierte Studierende erfasst, der sein Studium auf berufliche oder auf sonstige von der Unfallversicherung erfasste Tätigkeiten (zB § 2 Abs. 1 Nr. 1, 9 SGB VII) ausrichte.[70] Ob das der Fall sei, müsse anhand biographischer Daten (ua Alter, bisherige und aktuelle oder vorberufliche Situation) beurteilt werden; unversichert wäre daher ein Studium vornehmlich aus persönlichen Interessen zur privaten Lebensgestaltung (Hobby, Freizeit- und allgemeines Bildungsinteresse, Liebhaberei), wie zB in der Regel bei Senioren. Aus systematischen Gründen sei die Notwendigkeit des beruflichen Bezuges des Studiums erforderlich, da es nicht Aufgabe der Sozialversicherung sein könne, eine möglicherweise sinnvolle Lebensgestaltung im Alter oder in der Freizeit in die steuerfinanzierte Haftungsersetzung einzubeziehen.

Teilweise wird das Kriterium der Berufsorientierung bzw. der Berufsbezogenheit des Studiums von anderen Autoren herangezogen, um die von ihnen bevorzugte weite Auslegung (→ Rn. 28) nicht ausufern zu lassen.[71]

42 Das Erfordernis einer **beruflichen Zweckorientierung** des ordentlichen Studiums ist im Ergebnis abzulehnen, da eine entsprechende Ausrichtung des Studiums für Studierende vom Gesetz typisierend angenommen wird (→ Rn. 14).[72] Der weit überwiegende Teil der Studierenden wird aufgrund des Alters, im Anschluss an die Schule oder eine andere berufliche Ausbildung oder sonstiger biographischer Indizien ein berufsbezogenes Studium betreiben, welches den Studierenden den Einstieg in das Berufsleben bzw. zumindest die berufliche Weiterbildung ermöglichen oder erleichtern soll. Zwar ist zuzugeben, dass die Gesetzesbegründung geeignet ist den Eindruck zu erwecken, dass nur tatsächlich berufsbezogen Studierende versichert sein sollen, da es nach Auffassung des Gesetzgebers nicht zu rechtfertigen sei, die Studierenden „von einem Versicherungsschutz auszuschließen, den alle anderen während ihrer beruflichen Aus- und Fortbildung genießen".[73] Auch § 2 Abs. 1 S. 2, §§ 7, 14 S. 5 HRG ord-

---

69 So zB auch Spellbrink in: Ruland/Becker/Axer, SRH, § 16 Rn. 37; Lilienfeld in: KassKomm, § 2 SGB VII Rn. 37; von Koppenfels-Spies in: Eichenhofer/von Koppenfels-Spies/Wenner, SGB VII, § 2 Rn. 74.

70 Ricke SGb 2006, 460 (462 ff.); dem folgend zB Siefert in: Hassel/Gurgel/Otto, Sozialrecht, 10. Kap. Rn. 22; Lilienfeld in: KassKomm, § 2 SGB VII Rn. 38.

71 So zB Hedermann in: LPK-SGB VII, § 2 Rn. 77; Leube NZS 2007, 468 (471 f.) (ua zum Ausschluss von Hochschulbesuchen aus „Liebhaberei").

72 So zB auch Mutschler in: Jahn/Jung, SGB VII, § 2 Rn. 91; ähnlich zB Wietfeld in: BeckOK-SozR, § 2 SGB VII Rn. 105 f.; Becker in: SGB VII-Komm, § 2 Rn. 516.

73 Vgl. BT-Drs. 6/1333, 4.

nen die Vorbereitung auf ein berufliches Tätigkeitsfeld durch Lehre und Studium sowie ein Zusammenwirken von Studienberatung mit der Berufsberatung (§ 33 SGB III) an. Dies ist jedoch nur Ausdruck des eben erwähnten und auch vom Gesetzgeber angenommenen Regelfalles im Sinne einer „chonologischen Typik", nach der in aller Regel die berufliche Ausbildung auf die Schulausbildung folgt.[74] Belastbare Anhaltspunkte, dass sich § 2 Abs. 1 Nr. 8 c SGB VII bzw. dessen Vorläufernorm nur auf konkret berufsorientiert Studierende beziehen soll, sind jedoch nicht erkennbar, zumal insoweit auch für ältere Studierende grundsätzlich ein aus der Berufsfreiheit des Art. 12 Abs. 1 GG resultierendes Zulassungsrecht bei Erfüllen der subjektiven Zulassungsvoraussetzungen besteht.[75] Sie haben lediglich uU keinen Anspruch auf ein kostenloses Studium.[76] Damit übereinstimmend liegt auch § 2 Abs. 1 Nr. 8 c SGB VII eine gewisse Einschränkungen hinsichtlich des Studienzwecks zugrunde, die im Tatbestandsmerkmal der „Aus- und Fortbildung" zum Ausdruck kommt,[77] aber auch dies nur typisierend ohne stete Einzelfallprüfung, die sowohl die Studierenden, die Hochschulen und die Unfallversicherungsträger überfordern würde. **Mit der Immatrikulation steht** daher auch vor dem Hintergrund des § 7 HRG der **Studierendenstatus fest**, ohne dass die Studierenden eine konkrete Berufsorientierung nachweisen müssen.

Davon gibt es (an sich) keine Ausnahmen. Sogar ein **Studierender im 57. Semester**, 43
der sich auf dem Rückweg von der Hochschule verletzt, nachdem er in der Bibliothek nach Literatur für eine von ihm zu schreibende Seminararbeit (→ Rn. 52, 60) gesucht habe,[78] wäre nach Nr. 8 c versichert.

Einzig für nur formal eingeschriebene Studierende, die zu keiner Zeit die Absicht zur Durchführung des Studiums haben, sondern nur die studentischen Vergünstigungen (zB ein kostengünstiges Semesterticket für den öffentlichen Nahverkehr) nutzen wollen, müsste überlegt werden, ob nicht eine Grenze einzuziehen ist. Diese Personen nehmen die Hochschule nicht zu einer Aus- und Fortbildung in Anspruch (kein Besuch von Vorlesungen, keine Anmeldung zu Prüfungen). Ein Aufsuchen der Hochschule kommt nur selten vor, zB bei einem Austausch eines defekten Studierendenausweises (Chipkarte), ggfls. aber beim Hochschulsport. Auch wenn die Erlangung einer solchen Position hochschulrechtlich möglich und zulässig ist, muss bezweifelt werden, dass dieses Verhalten schutzbedürftig ist.

d) Ergebnis

Geschützt sind die für einen oder mehrere Studiengänge (vgl. §§ 7, 10 Abs. 1 HRG) 44
eingeschriebenen Studierenden unabhängig von ihrem Alter oder einer konkreten beruflichen Orientierung; dazu gehören auch eingeschriebene Promotionsstudierende,

74 Vgl. zu diesem Gedanken: BSG 7.5.2019 – B 2 U 27/17 R, BeckRS 2019, 18764 (zu § 67 SGB VII).
75 Vgl. Jarass in: Jarass/Pieroth, Art. 12 Rn. 95 f., 99, 109 mwN.
76 Vgl. BVerwG 25.7.2001 – 6 C 8/00, NVwZ 2002, 206 (207); VG Gelsenkirchen 29.11.2006 – 4 K 2911/06, NVwZ 2007, 612 (613) (zur Zulässigkeit von Studiengebühren für über 60-jährige Studenten).
77 So zu Recht Wietfeld in: BeckOK-SozR, § 2 SGB VII Rn. 106; ähnlich Ricke SGb 2006, 460 (462 f.).
78 Fall nach LSG Rheinland-Pfalz 25.2.2014 – L 4 U 155/11 (rk., nv), das im Ergebnis einen Versicherungsfall wegen Beweislosigkeit ablehnte.

postgradual Studierende oder zB sog. immatrikulierte Frühstudierende (→ Rn. 73), soweit deren Einschreibung nach dem Landesrecht[79] zulässig ist.

Andere Personen, die sich an der Hochschule aufhalten oder diese bzw. ihre Einrichtungen nutzen, sind nicht versichert.[80] Insbesondere **Gasthörer** sind trotz hochschulrechtlicher Zulassung nicht als Studierende anzusehen und insgesamt keine versicherten Personen nach § 2 SGB VII, denn auch der Tatbestand der Lernenden nach § 2 Abs. 1 Nr. 2 SGB VII ist nicht einschlägig (→ Rn. 75 f.). Ein berufsorientiertes Studium ist zwar der Regelfall, jedoch keine Voraussetzung für die Zugehörigkeit zum versicherten Personenkreis.

e) Relevanz des Semesterbeitrags bzw. von Stipendien?

45 Die **Entrichtung des Semesterbeitrages** ist im Übrigen ohne jegliche Relevanz für den Unfallversicherungsschutz als Studierender. Dies gilt sowohl für die Nichtbezahlung (bis zur entsprechenden zwangsweise Exmatrikulation) als auch für die Entrichtung selbst, da der Semesterbeitrag keinen irgendwie gearteten Versicherungsbeitrag darstellt. Anders als bei der bereits unter Versicherungsschutz stehenden Einschreibung (→ Rn. 53, 45) wird der Studienplatzbewerber mit der (ersten) **Überweisung des Semesterbeitrages** noch nicht unmittelbar Studierender der Hochschule (→ Rn. 19). Wenn auch die Zahlung eines Geldbetrages für die Immatrikulation zwingende Voraussetzung ist, so ist mit der eigentlichen Einschreibung noch ein wesentlicher weiterer Schritt erforderlich, bis der Studienplatzbewerber zu dem organisatorischen Verantwortungsbereich der Hochschule zählt.[81]

Gleiches gilt für **Stipendiaten**, da der Umstand, dass jemand Stipendienmittel beantragt bzw. erhält, ohne Relevanz für die sozialversicherungsrechtliche Bewertung von Tätigkeiten ist.[82]

V. Unfallversicherte Tätigkeiten (SGB VII)

46 Wie einleitend bereits verdeutlicht (§ 1 Rn. 1), handelt es sich bei der gesetzlichen Unfallversicherung um eine tätigkeitsbezogene Personenversicherung. Nicht jede Handlung einer grundsätzlich nach §§ 2, 3, 6 SGB VII versicherten Person ist in ihren Schutzbereich einbezogen. Es bedarf daher stets einer wertenden Entscheidung, ob die unfallbringende Verrichtung (noch) in dem Rahmen liegt, der von der gesetzlichen Unfallversicherung erfasst wird (vertiefend hierzu → § 7 Rn. 16 ff.).

Bei den in der sog. gewerblichen Unfallversicherung versicherten Beschäftigten (§ 2 Abs. 1 Nr. 1 SGB VII) ist nach ständiger Rechtsprechung maßgebend, ob der Versicherte eine dem Beschäftigungsunternehmen dienende Tätigkeit ausüben wollte und ob diese Handlungstendenz durch die objektiven Umstände des Einzelfalls bestätigt wird (→ § 2 Rn. 47).

---

79 Dies ist derzeit soweit ersichtlich nur in Sachsen der Fall, vgl. § 19 Abs. 2 S. 1, 2 HG Sachsen.
80 So auch Mutschler in: Jahn/Jung, SGB VII, § 2 Rn. 91; Schwerdtfeger in: Lauterbach, SGB VII, § 2 Rn. 312.
81 So zu Recht: SG Braunschweig 27.2.2004 – S 14 U 211/00, BeckRS 2004, 30801423.
82 Vgl. BSG 28.6.2018 – B 5 AL 1/17 R, NZS 2019, 303 (306); ferner von Koppenfels-Spies in: Eichenhofer/von Koppenfels-Spies/Wenner, SGB VII, § 2 Rn. 26.

Dieses Kriterium der objektiv betriebsdienlichen Handlungstendenz erweist sich für die Schülerunfallversicherung (§ 2 Abs. 1 Nr. 8 a–c SGB VII) als ungeeignet. Denn anders als der im überwiegenden Interesse des Arbeitgebers tätig werdende Beschäftigte, wird die Hochschule vorwiegend im eigenen Interesse besucht, auch wenn die Allgemeinheit einen volkswirtschaftlichen Nutzen aus der universitären Bildung hat. Deshalb wird im Rahmen der Schülerunfallversicherung maßgeblich darauf abgestellt, ob die unfallbringende Tätigkeit innerhalb des sog. organisatorischen Verantwortungsbereichs der Hochschule (dazu → Rn. 48 ff.) ausgeübt wird. Damit ist der **Schutzbereich** dieses Teils der Schülerunfallversicherung einerseits enger als der Versicherungsschutz in der gewerblichen Unfallversicherung, weil er auf den organisatorischen Verantwortungsbereich der Hochschule beschränkt ist, wie sich sowohl aus dem Wortlaut der Vorschrift („während“) als auch ihrer Entstehungsgeschichte ergibt.[83] Andererseits genießen die Studierenden innerhalb dieses organisatorischen Verantwortungsbereichs, also während der universitären Aus- und Fortbildung einen **weiter gezogenen Versicherungsschutz.** In Bezug auf die Studierenden kommt es jedoch zu einer teilweisen Angleichung an den Versicherungsschutz der Beschäftigten (→ Rn. 47, 59). Dies hängt ua mit einer geringeren Schutzbedürftigkeit zusammen, was zur Folge hat, dass bei Studierenden in viel stärkerem Maße **zusätzlich** auf einen **sachlichen Zusammenhang** zwischen der unfallbringenden Verrichtung und dem Studium abzustellen ist (→ Rn. 61; → § 1 Rn. 20). Versicherungsschutz besteht daher **nur bei studienbezogenen Tätigkeiten im organisatorischen Verantwortungsbereich der Hochschule.**[84] 47

Ebenso wie der Versicherungsschutz während des Besuchs allgemeinbildender Schulen ist auch der Versicherungsschutz während der Aus- und Fortbildung an Hochschulen zur **Abgrenzung vom eigenwirtschaftlichen Bereich** des Studierenden auf Tätigkeiten innerhalb des organisatorischen Verantwortungsbereichs der Hochschule beschränkt, wobei die gegenüber dem Besuch der allgemeinbildenden Schulen besonderen Verhältnisse einer Aus- und Fortbildung an Hochschulen zu beachten sind. Nicht nur der unmittelbare Besuch von Unterrichtsveranstaltungen an der Hochschule soll versichert sein, da sich das Studium an der Hochschule hierin nicht erschöpft und oftmals – je nach der persönlichen Ausrichtung des Studiums des einzelnen Studierenden – die Teilnahme an solchen Veranstaltungen nicht einmal den wesentlichen Teil des Aufenthalts an der Hochschule ausmacht.[85] Studierende sind deshalb in der Regel auch versichert, wenn sie anstelle von Unterrichtsveranstaltungen oder daneben andere Hochschuleinrichtungen wie Seminare und Institute zu Studienzwecken aufsuchen (→ Rn. 58). Der Versicherungsschutz soll aber nicht bisher unversicherte Bereiche wie diejenigen, die nach hergebrachten Grundsätzen der gesetzlichen Unfallversicherung an sich der Privatsphäre des Verletzten zuzurechnen sind, umfassen.[86] 48

83 Vgl. BSG 26.10.2004 – B 2 U 41/03 R, NZS 2005, 383 (384); BSG 5.10.1995 – 2 RU 44/94, SozR 3-2200 § 539 Nr. 34.
84 Vgl. statt vieler: BSG 4.12.2014 – B 2 U 13/13 R, SozR 4-2700 § 2 Nr. 31; BSG 23.6.1977 – 8 RU 86/76, BSGE 44, 100 (101).
85 Vgl. BSG 28.2.1990 – 2 RU 34/89, SozR 3-2200 § 539 Nr. 1.
86 Vgl. BSG 28.2.1990 – 2 RU 34/89, SozR 3-2200 § 539 Nr. 1.

Daher sind Studierende nicht schlechthin bei allen studienbezogenen Verrichtungen (zB zu Hause, → Rn. 55) versichert.

1. Organisatorischer Verantwortungsbereich

49 Der **organisatorische Verantwortungsbereich der Hochschule** erfordert nach der Rechtsprechung einen unmittelbaren räumlichen und zeitlichen Zusammenhang zur Hochschule, der verlassen ist, wenn eine Einwirkung durch Aufsichtsmaßnahmen der Hochschule nicht mehr gewährleistet ist.[87] Diese Definition bereitet hinsichtlich der praktischen Umsetzung einige Probleme, da zum einen ein zeitlich-räumlicher Zusammenhang allein nicht ausreichend ist und dieser sogar entfallen kann, ohne dass auch der Versicherungsschutz entfällt (→ Rn. 49, 87, ferner → § 5 Rn. 56 ff.).[88] Gleiches wird für die Aufsichtspflicht angenommen.[89] Zudem ist insbesondere im Hinblick darauf, dass es sich bei Studierender nahezu ausschließlich um volljährige Personen handelt, missverständlich, von „Aufsichtsmaßnahmen" zu sprechen. Die Hochschulen haben anders als Kindertageseinrichtungen oder Schulen keine Aufsichtspflicht. Daher kann die Forderung nach „Aufsicht" im Hinblick auf Studierende nicht im Sinne von Beaufsichtigung (→ § 2 Rn. 55, → § 5 Rn. 59) verstanden werden, sondern nur dahingehend, dass die Möglichkeit zum Ergreifen und zur Unterhaltung von Unfallverhütungsmaßnahmen durch die Hochschulen (und Unfallversicherungsträger) besteht.[90]

50 Letztlich geht es – wie auch bei den Schülern – um die Prüfung, ob die Hochschule, an der die Studierenden eingeschrieben sind, eine **inhaltlich-organisatorische Mitverantwortung** tragen. Denn die zu prüfende organisatorische Mitverantwortung besteht aus verschiedenen Elementen (dazu → § 5 Rn. 57), die im Rahmen einer **Gesamtbewertung** auch unter Einbezug der zeitlichen und räumlichen Zusammenhänge und weiterer Fragen (zB Kostentragung, Ankündigung, Teilnehmerkreis etc) zu würdigen sind. Die Hochschule muss die Möglichkeit haben, etwa auf die zeitliche und/oder örtliche Durchführung bzw. inhaltliche Ausgestaltung von studentischen Tätigkeiten Einfluss zu nehmen, zB durch inhaltliche Vorgaben oder durch eine Begleitung der Studierenden während einer Exkursion. Grundsätzlich kann der Versicherungsschutz nur die Tätigkeiten und Bereiche umfassen, für die Unfallverhütungsmaßnahmen durch die Hochschulen und Unfallversicherungsträger ergriffen und unterhalten werden können (→ Rn. 49). Entscheidend ist, wer die betreffende Veranstaltung plant, ankündigt und verantwortlich durchführt,[91] sie also objektiv (mit-)gestaltet. Der organisatorische Verantwortungsbereich ist auch dann noch gegeben, wenn die Hochschule zumindest organisatorische Mitverantwortung im Sinne einer Einflussmöglichkeit auf Zeit, Ort, Art oder Dauer der Tätigkeit trägt, die **Studierenden in der Ausgestaltung der Verrichtung nicht völlig frei sind** und sich die Tätigkeit der Hochschule nicht auf eine reine Unterstützungsleistung einer ansonsten in der Organisationsho-

87 Vgl. zB BSG 27.11.2018 – B 2 U 15/17 R, UVR 2019, 252 (259 f.).
88 Vgl. zB zB BSG 27.11.2018 – B 2 U 15/17 R, UVR 2019, 252 (260).
89 Vgl. zB LSG Niedersachsen-Bremen 27.7.2016 – L 3 U 56/15, BeckRS 2016, 71718.
90 Vgl. zB BSG 23.6.1977 – 8 RU 86/76, BSGE 44, 100 (104); SG Detmold 8.12.2015 – S 14 U 4/14 (rk., nv).
91 Vgl. dazu zB BSG 4.12.1991 – 2 RU 79/90, NJW 1992, 1525 (1526).

heit der Studierenden liegenden Verrichtung beschränkt.[92] Insofern reicht es nicht alleine aus, dass zB ein Betriebspraktikum (→ Rn. 94), ein Praxissemester (→ Rn. 66) oder Auslandsaufenthalt (→ Rn. 70) von der Hochschule als sachgerecht oder unerlässlich angesehen wird, von dieser empfohlen oder gar vorgeschrieben wird.[93] Es bedarf stets einer organisatorischen Mitverantwortung für die konkrete Maßnahme, die mehr verlangt, als einen äußeren Rahmen oder Anlass zu setzen (→ Rn. 51, 57).

Dabei ist immer auf die Hochschule abzustellen, an der die Studierenden eingeschrie- 51
ben sind (**Einschreibungshochschule,** → Rn. 19); das gilt auch bei Kooperationen mehrerer Hochschulen.[94] Falls eine Hochschule Mitglied im privatrechtlichen Verein „Allgemeiner Deutscher Hochschulsport" (adh) ist, so rechnet das BSG die Veranstaltungen des adh den einzelnen Mitgliedshochschulen organisatorisch zu, so dass Versicherungsschutz für die Studierenden besteht (→ Rn. 90).[95] Insgesamt gilt, dass je mehr Einfluss seitens der Hochschule tatsächlich ausgeübt wird, desto mehr spricht für einen den Versicherungsschutz begründenden Verantwortungsbereich und umgekehrt.

Zur Klarstellung wird betont, dass die organisatorische **Mitverantwortung positiv ausgeübt** werden muss, so dass ein bloßes Unterlassen seitens der Hochschule keinen ihr zuzurechnenden organisatorischen Verantwortungsbereich eröffnen kann (→ Rn. 90).[96]

Ohne tatsächliche Mitverantwortung der Hochschule kann es mit anderen Worten **keinen Versicherungsschutz** für die Studierenden geben.

Im von der Hochschule verantworteten Organisationsbereich liegt nicht nur der **Be-** 52
such von Vorlesungen, Seminaren, Übungen oder hochschulische Prüfungen, sondern auch die Teilnahme am (vorrangig breitensportlich ausgerichteten) offiziellen **Hochschulsport** (→ Rn. 85 ff.), das Aufsuchen der Universitätsbibliothek oder von Instituten der Hochschule zu Studienzwecken, Exkursionen eines Lehrstuhls (auch wenn zB „nur" durch einen Privatdozenten organisiert) sowie zB experimentelle Arbeiten im Universitätslabor während der Semesterferien (weitere Beispiele ab → Rn. 63).[97]

Bereits die Einschreibung als Studierender (→ Rn. 19) zur anschließenden Aus- und 53
Fortbildung an der Hochschule gehört zu deren organisatorischen Verantwortungsbereich, so dass der Studierende sowohl während der **Immatrikulation** als auch auf den damit zusammenhängenden unmittelbaren Wegen unter Versicherungsschutz steht.[98] Mit der erfolgreichen Einschreibung wird ein Studienplatzbewerber zugleich

---

92 Vgl. BSG 27.11.2018 – B 2 U 15/17 R, UVR 2019, 252 (260); BSG 28.2.1990 – 2 RU 34/89, SozR 3-2200 § 539 Nr. 1; ferner LSG Thüringen 10.12.2015 – L 1 U 1264/14, BeckRS 2016, 73053.

93 Vgl. zB BSG 26.9.1996 – 2 RU 12/96, SGb 1997, 270 (272 f.); BSG 30.6.1992 – 2 RU 13/92, HVBG-INFO 1993, 2207, 2210; LSG Sachsen 12.3.2014 – L 6 U 220/11, BeckRS 2014, 68063; Schlaeger jurisPR-SozR 16/2014 Anm. 3.

94 Vgl. zB LSG Bayern 30.6.2015 – L 2 U 108/14, BeckRS 2015, 70544.

95 Vgl. BSG 4.12.2014 – B 2 U 10/13 R, SGb 2016, 110 (113); vgl. dazu auch Schlaeger SGb 2016, 80 (85 f.).

96 So zu Recht: LSG NRW 30.4.2019 – L 15 U 609/17, BeckRS 2019, 9724.

97 Vgl. BSG 30.6.1993 – 2 RU 43/92, BSGE 73, 5 (6); BSG 4.7.1995 – 2 RU 45/94, NJW 1996, 949 (950); Riebel in: Hauck/Noftz, SGB VII, K § 2 Rn. 110; Seewald SGb 1997, 273 (274).

98 Vgl. BSG 26.9.1996 – 2 RU 12/96, SGb 1997, 270 (272); BSG 26.5.1987 – 2 RU 35/86, NJW 1988, 934 (935); SG Braunschweig 27.2.2004 – S 14 U 211/00, BeckRS 2004, 30801423.

Studierender im Sinne des § 2 Abs. 1 Nr. 8 c SGB VII, so dass er unmittelbar „Teil und Glied" der Hochschule wird (→ Rn. 26). Auch die **Teilnahme an** verpflichtenden, nicht lediglich empfohlenen **Eignungsprüfungen**, deren Bestehen Voraussetzung für eine Annahme als Studierender (Immatrikulation) ist, ist unfallversicherungsrechtlich abgesichert, wobei diese Personen mangels Einschreibung jedoch nicht nach § 2 Abs. 1 Nr. 8 c SGB VII, sondern nach § 2 Abs. 1 Nr. 3 SGB VII versichert sind.[99] Ausreichend dafür ist, wenn das jeweilige Hochschulgesetz nur abstrakt das Vorsehen von Eignungsfeststellungen regelt und die nähere Ausgestaltung nur in einer (Prüfungs-)Ordnung der Hochschule (→ Rn. 18) erfolgt.[100]

54 Bei Exkursionen kommt es für den Versicherungsschutz nicht auf das Erfüllen von **hochschulinternen Richtlinien,** etwa über die Auswahl von externen Orten für Lehrveranstaltungen oder auf die vorherige Genehmigung einer Exkursion durch die Hochschulverwaltung, an. Denn ebenso wie bei den Kindern (→ § 2 Rn. 56) und Schülern (→ § 4 Rn. 63) ist es für die an einer solchen externen Veranstaltung (zB Vorlesung in einem Museum unter Einbezug der Exponate) teilnehmenden Studierenden in aller Regel nicht erkennbar, dass uU ein hochschulinterner Antrag zu stellen war oder ob ein solcher zu Recht genehmigt wurde. Derartige Umstände können allenfalls als Indizien für die Bewertung des organisatorischen Verantwortungsbereiches der Hochschule herangezogen werden.

55 **Nicht versichert** sind hingegen private Studienfahrten oder das Nachbereiten einer Vorlesung in der eigenen Wohnung, die Anfertigung einer Diplom- oder Hausarbeit im häuslichen Bereich oder das Lernen in privaten Arbeitsgemeinschaften.[101] Insgesamt ist das **Arbeiten in der privaten Sphäre** – sei es der des Studierenden, sei es der eines Dritten – nicht versichert, auch wenn es sich um studienbezogene Tätigkeiten (→ Rn. 58) handelt, denn es mangelt am organisatorischen Verantwortungsbereich der Hochschule.[102] Den Gesetzesmaterialien sind keine Anhaltspunkte dafür zu entnehmen, dass für die Studierenden an Hochschulen eine Ausdehnung des Unfallversicherungsschutzes etwa in den privaten Bereich hinein erfolgen sollte, sofern deren Tätigkeiten wenigstens mit dem Studium in sachlichem Zusammenhang stehen.[103] Das BSG hat in diesem Zusammenhang auch zu Recht daraufhin gewiesen, dass die gesetzliche Formulierung „Studierende während der Aus- und Fortbildung an Hochschulen" **keine** lediglich **an den Status gebundene Interpretation** bedingt.[104] In diesem Zusammenhang ist daran zu erinnern, dass es sich bei der gesetzlichen Unfallversicherung im Unterschied zu den anderen Sozialversicherungszweigen um eine sog. tätigkeitsbezogene Personenversicherung handelt (→ § 1 Rn. 1).

---

99 So im Ergebnis zB auch Bereiter-Hahn/Mehrtens, § 2 SGB VII Rn. 8.6.
100 So auch Lilienfeld in: KassKomm, § 2 SGB VII Rn. 13 a.
101 Vgl. BSG 30.6.1993 – 2 RU 43/92, BSGE 73, 5 (6); Schmitt, SGB VII, § 2 Rn. 66.
102 Vgl. BSG 23.6.1977 – 8 RU 86/76, BSGE 44, 100 (101).
103 Vgl. BSG 28.2.1990 – 2 RU 34/89, SozR 3-2200 § 539 Nr. 1.
104 Vgl. BSG 26.9.1996 – 2 RU 12/96, SGb 1997, 270 (272); BSG 28.2.1990 – 2 RU 34/89, SozR 3-2200 § 539 Nr. 1.

Ferner ist – entgegen zahlreicher Literaturstimmen – die Beteiligung an **studentischer Selbstverwaltung** (Studierendenparlament, AStA) **nicht nach Nr. 8 c versichert,** da es an der erforderlichen Einflussmöglichkeit der Hochschule fehlt (→ Rn. 97). 56

Außerhalb des so verstandenen Verantwortungsbereichs besteht auch bei solchen Verrichtungen kein Versicherungsschutz, die durch den Hochschulbesuch bedingt sind und ihm deshalb an sich nach dem Recht der gesetzlichen Unfallversicherung zuzuordnen wären (→ Rn. 46 f.). Es geht beim organisatorischen Verantwortungsbereich **nicht** darum, **ob die Hochschule einen Anlass** für die Aktivität der Studierenden (zB gemeinsames Lernen zweier Studierenden für eine Klausur) **gesetzt hat.** Auch vermag ein nur räumlicher Bezug zur Hochschule für sich genommen keinen Versicherungsschutz zu begründen (→ Rn. 49, 69, 96). 57

2. Sachlicher Zusammenhang

Neben dem organisatorischen Verantwortungsbereich der konkreten besuchten Hochschule (sog. Einschreibungshochschule, → Rn. 19) ist **weitere Voraussetzung** für den Unfallversicherungsschutz, dass die Verrichtung zur Zeit des Unfallereignisses in einem **sachlichen Zusammenhang** mit der versicherten Tätigkeit des Hochschulbesuches steht. Dies verdeutlicht, dass der Versicherungsschutz das **Zusammenspiel** von organisatorischem Verantwortungsbereich und einem hinreichenden Studienbezug der konkreten Tätigkeit erfordert. Für den sachlichen Zusammenhang, der zT auch als **Studienbezug** bezeichnet wird, reicht nicht bereits eine irgendwie geartete Sachnähe zum Studium.[105] Der sachliche Zusammenhang zwischen der versicherten Tätigkeit und der Schaden stiftenden Verrichtung ist wertend zu ermitteln, indem untersucht wird, ob die jeweilige Verrichtung innerhalb der Grenze liegt, bis zu welcher der Versicherungsschutz reicht; dabei ist auch maßgeblich auf die objektivierte Handlungstendenz abzustellen (dazu → § 7 Rn. 18). 58

Grundsätzlich muss in diesem Zusammenhang beachtet werden, dass das **Schutzniveau innerhalb der Schülerunfallversicherung abnehmend** ist (→ § 1 Rn. 20): Bei Studierenden (Nr. 8 c) handelt es sich um in aller Regel volljährige Personen, so dass es die **allgemeinen Grundsätze der gewerblichen Unfallversicherung** (§ 2 Abs. 1 Nr. 1 SGB VII, vgl. → Rn. 46 f., 59) im Vergleich zu den Kindern und Schülern viel stärker zu berücksichtigen sind. Die Studierenden sind insgesamt weniger schutzbedürftig.[106] 59

Aufgrund der hochschulrechtlichen vorgesehenen Freiheit des Studiums (vgl. § 4 S. 1, 2 HRG), welche ua die **freie Wahl der Lehrveranstaltungen** sowie das Recht zur Schwerpunktsetzung beinhaltet, ist der Versicherungsschutz nicht auf die Veranstaltungen (Studiengang) beschränkt, für die der Studierende eingeschrieben ist.[107] Da dem Studierenden das Recht zugestanden wird, zur Ergänzung seines Studiums **Lehr-** 60

105 So wären zB etwaige Folgen eines Medikamentenmissbrauchs (zB Beruhigungsmittel, Psychostimulanzien) nicht unfallversichert, selbst wenn der einzelne Studierende die Einnahme auf den mit dem Studium einhergehenden Zeit- und Prüfungsdruck zurückführen sollte.

106 So zB auch Wagner in: jurisPK-SGB VII, § 8 Rn. 72; ähnlich Becker in: SGB VII-Komm, § 2 Rn. 520.

107 So zu Recht auch BSG 27.11.2018 – B 2 U 15/17 R, UVR 2019, 252 (257); ähnlich BSG 31.1.1974 – 2 RU 48/73, BSGE 37, 98 (101).

veranstaltungen außerhalb des von ihm **belegten Studienganges** zu besuchen,[108] wird man Derartiges noch als Aus- und Fortbildung an Hochschulen im Sinne des § 2 Abs. 1 Nr. 8 c SGB VII anzusehen haben, denn bei einem Studiengang handelt es sich lediglich um einen von der Hochschule vorgeschlagenen Weg zur Erreichung des jeweiligen Studienziels in der Regelstudienzeit.[109]

Nach der Rechtsprechung steht es zB im sachlichen Zusammenhang mit der Aus- und Fortbildung an Hochschulen, wenn eine Studierende eine **Bibliothek** (im organisatorischen Verantwortungsbereich der Hochschule, → Rn. 72) aufsucht, um zu erforschen, ob überhaupt ein geeignetes Buch für seine Studienzwecke vorhanden ist. Unbeachtlich ist insoweit, ob die Recherche erfolgreich war.[110]

61 Die Rechtsprechung hinsichtlich der typischerweise **höchstpersönlichen Verrichtungen** (Nahrungsaufnahme, Verrichtung der Notdurft etc) ist uneingeschränkt zu übertragen (→ Rn. 59), ebenso wie etwa der als privat zu beurteilende Charakter des Rauchens oder der Nahrungs- oder Genussmitteleinnahme (dazu → Rn. 69, → § 5 Rn. 109 ff.). Es gibt keinen Grund, derartige studentische Verrichtungen zur Zeit des Unfallereignisses dem Versicherungsschutz zu unterstellen. Dies gilt etwa auch für Raufereien oder Streitigkeiten unter Studierenden.[111] Diese sind entsprechend den Grundsätzen zu § 2 Abs. 1 Nr. 1 SGB VII nur dann versichert, wenn die Zwistigkeit unmittelbar aus der Studientätigkeit (Betriebsarbeit) entstanden ist, zB anlässlich der unterschiedlichen Arbeitsweise bei der gemeinsamen Nutzung eines Laborarbeitsplatzes.[112] Nicht ausreichend wäre etwa das Entladen von rein privaten Spannungen zwischen Studierenden, etwa als Nachbarn eines Studentenwohnheims oder Mitglieder einer Studentenwohngemeinschaft.[113] Auch zur Beurteilung von **Überfällen bzw. Angriffen** auf Studierende orientiert sich die Rechtsprechung am Leitbild des Beschäftigten. Ein vorsätzlicher Angriff auf einen Studierenden innerhalb des Hochschulgebäudes durch einen Mitstudierenden ist nur dann versichert, wenn das Tatmotiv nicht dem persönlichen Bereich von Täter und Opfer entstammt und die Tat nicht durch besondere Verhältnisse des Tatorts (zB Dunkelheit, einsame Gegend, keine Fluchtmöglichkeiten) entscheidend begünstigt wurde.[114]

62 Der Versicherungsschutz besteht grundsätzlich in der Zeit, in der eine **gültige Immatrikulation** vorliegt, die unter Umständen taggenau zu prüfen sein kann (→ Rn. 91). Durch die **vorlesungsfreie Zeit** (Semesterferien) tritt keine Unterbrechung des Versicherungsschutzes ein, da auch in dieser Zeit studienbezogene Tätigkeiten im organisatorischen Verantwortungsbereich ihrer Hochschule erledigt werden können (zB Bibliotheksbesuch zur Prüfungsvorbereitung).[115] Daher bleiben Studierende für bestimmte studienbezogene Tätigkeiten nach Nr. 8 c versichert (→ Rn. 99).

108 Vgl. Reich, HRG, § 4 Rn. 30 mwN.
109 Vgl. Reich, HRG, § 10 Rn. 1.
110 Vgl. BSG 4.7.1995 – 2 RU 45/94, NJW 1996, 949 (950).
111 So auch Keller in: Hauck/Noftz, SGB VII, K § 8 Rn. 177; Wagner in: jurisPK-SGB VII, § 8 Rn. 77.
112 Vgl. Keller in: Hauck/Noftz, SGB VII, § 8 Rn. 152, 177.
113 Vgl. BSG 19.6.1975 – 8 RU 70/74, USK 7596.
114 Vgl. LSG Bayern 4.4.2011 – L 18 U 353/07 (rk., nv); ferner BSG 19.3.1996 – 2 RU 19/99, BSGE 78, 65 (67); BSG 18.6.2013 – B 2 U 10/12 R, SozR 4-2700 § 8 Nr. 47.
115 Vgl. BSG 31.1.1974 – 2 RU 48/73, BSGE 37, 98 (100 f.).

3. Beispiele

Das Abholen eines **Übungsscheines** an der Ausgabestelle eines universitären Instituts ist dann versichert, wenn es nach der Organisation der Universität erforderlich ist, den Übungsschein dort abzuholen, um ihn zB bei der studienplanmäßigen Anmeldung zum Vordiplom vorzulegen. Wann ein Studierender den Übungsschein abholen will, ist in dessen freie Entscheidung gestellt, ohne dass es dem gesetzlichen Unfallversicherungsschutz Abbruch tun könnte.[116] 63

Vor diesem Hintergrund hat das LSG NRW sogar die Abgabe einer Semesterferien-Hausarbeit als versichert angesehen, die ein Jurastudent zur Fristwahrung bei der Post einreichte.[117] Trotz der Vorgabe einer Abgabefrist durch die Universität erscheint es jedoch wenig überzeugend, auch insoweit einen Versicherungsschutz anzunehmen, denn das Postamt befindet sich – anders als das Uni-Institut – unstreitig außerhalb der Organisationshoheit der Hochschule. Zudem handelte es sich dabei nur um eine von mehreren Möglichkeiten zur fristgemäßen **Abgabe der Hausarbeit**, für die die Hochschule nur einen Anlass gesetzt hat (→ Rn. 57, → § 5 Rn. 61). Dass die persönliche Abgabe am Lehrstuhl versichert wäre, spricht nicht für eine derartige Ausdehnung des Versicherungsschutzes. In Betracht käme allenfalls § 8 Abs. 2 Nr. 5 SGB VII, da die fertig gestellte und unterschriebene Hausarbeit als Arbeitsgerät aufgefasst werden kann (→ § 7 Rn. 42).

Die Grundsätze über den **Betriebssport** gelten nicht für den Versicherungsschutz während des Studiums (→ Rn. 80).[118] 64

Gleiches gilt für **betriebliche Gemeinschaftsveranstaltungen.**[119] Zwar hat das BSG dies bislang offen lassen können, im Ergebnis kann aber insbesondere mit Blick auf die vom BSG angenommenen Unterschiede der Personenkreise (→ Rn. 80) nichts anderes gelten als für Betriebssport.

Die Teilnahme von Studierenden an einem von ihnen selbst maßgeblich gestaltetem **Ritual** („**Kittelverbrennung**“) steht nicht unter dem Schutz von Nr. 8 c, da allein das Erbringen bestimmter Unterstützungsleistungen durch die Hochschule nicht die Annahme ihrer Mitverantwortung für eine solche Traditionsveranstaltung rechtfertigt.[120] Gegen die Annahme einer offiziellen Veranstaltung der Universität sprach maßgeblich der konkrete Ablauf der Veranstaltung: Weder hatte es eine offizielle Eröffnung durch den Institutsdirektor oder eine von ihm beauftragte Person gegeben, noch war die Anwesenheit von Vertretern des Institutes auf der Feier sichergestellt. Ein offizieller Teil, wie bei Abschlussfeiern üblich, fehlte gänzlich. Daher ergaben die gesamten Umstände der Planung, Ankündigung und Durchführung der Veranstaltung 65

116 Vgl. BSG 4.7.1995 – 2 RU 45/94, NJW 1996, 949 (950).

117 Vgl. LSG NRW 10.12.1996 – L 15 U 241/96, HVBG-INFO 1997, 800 (802 f.); die dagegen gerichtete zugelassene Revision wurde durch das BSG als unzulässig verworfen: BSG 26.11.1997 – 2 RU 8/97, HVBG-INFO 1998, 1175 (1176 f.) (zu Unrecht daher der Hinweis von Schwerdtfeger in: Lauterbach, SGB VII, § 2 Rn. 318 auf diese BSG-Entscheidung).

118 So zB BSG 4.12.2014 – B 2 U 10/13 R, SGb 2016, 110 (112).

119 So zu Recht zB LSG Baden-Württemberg 21.8.2006 – L 1 U 602/06, UVR 2006, 479 (484 f.); Keller in: Hauck/Noftz, SGB VII, K § 8 Rn. 109 b.

120 Vgl. LSG Thüringen 10.12.2015 – L 1 U 1264/14, BeckRS 2016, 73053; Schlaeger jurisPR-SozR 6/2016 Anm. 4.

das Bild eines privat organisierten geselligen Beisammenseins von Studierenden, das von der Universität lediglich geduldet und geringfügig durch Räumlichkeiten unterstützt wurde.

Aber selbst wenn die Hochschule eine solche Ritualveranstaltung organisieren sollte, so würde nach dem BSG ein Versicherungsschutz ausscheiden, weil es sich um eine **nicht versicherte reine Spaßveranstaltung** handeln würde (vgl. auch → Rn. 91).[121]

66 Für ein **Praxissemester**, welches zwar von der Studienordnung vorgeschrieben ist, aber von den Studierenden frei und eigenverantwortlich auszuwählen ist, besteht kein Versicherungsschutz in nach Nr. 8 c.[122] Dass ggfls. nach der Praxissemesterordnung die von einer Studierenden vorgeschlagene Stelle von den für die praktischen Studiensemester zuständigen Dozenten zu genehmigen ist, soll nur sicherstellen, dass die von den jeweiligen Studierenden ausgewählte Praktikumsstelle den Vorgaben der Prüfungsordnung entspricht. Die erforderliche organisatorische und rechtliche Verantwortung der Hochschule kann nicht dadurch ersetzt werden, dass eine von dem Studierenden selbst durchgeführte Tätigkeit für das angestrebte Ziel (Studienabschluss, Promotion etc) sachgerecht, dienlich oder sogar unerlässlich ist (→ Rn. 50, 94), denn dieser Umstand vermag die erforderliche inhaltliche und organisatorische Verantwortung der Hochschule nicht zu ersetzen.[123]

67 **Studentische Praktika** sind ebenfalls unabhängig davon, ob sie in der Studienordnung vorgesehen sind oder nicht, nach § 2 Abs. 1 Nr. 1, § 135 Abs. 1 Nr. 3 SGB VII abgesichert (→ Rn. 94). Zuständig ist der für den Praktikumsbetrieb zuständige Unfallversicherungsträger.

§ 2 Abs. 1 Nr. 1 SGB VII gilt iÜ auch für die Tätigkeit als **studentische Hilfskraft.**

68 Es ist weit verbreitet, bei Staatsexamensprüfungen probeweise zuzuhören. Diese Tätigkeiten sind jedoch als reine Vorbereitungshandlungen unversichert und dürften sich zudem auch stets außerhalb des Organisationsbereiches der Hochschule abspielen. Das **Probehören** bei universitätsinternen Prüfungen ist hingegen Versicherungsschutz gegeben, da der organisatorische Verantwortungsbereich der Hochschule gewahrt ist.

Nicht versichert sind etwaige Bemühungen um Stipendien (→ Rn. 45) oder Wege zur Bank, um BaföG-Leistungen abzuheben[124] (vgl. allgemein zum Wegeunfallrisiko der Studierenden → § 7 Rn. 28 ff.).

Der Aufenthalt in der **Mensa** ist ebenfalls nicht versichert, weil Essen und Trinken ein Grundbedürfnis ist und nicht den erforderlichen Studienbezug aufweist (vgl. auch → Rn. 61); Wege zur Mensa sind aber als Weg zur Nahrungsbeschaffung zum alsbaldigen Verzehr versichert (vgl. auch → § 5 Rn. 110).

121 Vgl. BSG 27.11.2018 – B 2 U 15/17 R, UVR 2019, 252 (259) unter explizitem Hinweis auf die Entscheidung zur Kittelverbrennung.
122 Vgl. LSG Thüringen 22.12.2016 – L 1 U 319/16, BeckRS 2016, 121013; dazu Schlaeger jurisPR-SozR 14/2017 Anm. 3.
123 Vgl. zB BSG 26.9.1996 – 2 RU 12/96, SGb 1997, 270 (272 f.); SG Detmold 10.3.2015 – S 14 U 162/12, BeckRS 2015, 67499.
124 Vgl. Ricke in: KassKomm, § 8 SGB VII Rn. 155.

Bei Studierenden an **Fernuniversitäten** ist die Teilnahme an studienplanmäßigen Zusammenkünften (zB Seminare, Klausurenkurse, Prüfungen) ebenso versichert wie das Aufsuchen der Universitätsbibliothek oder der einzelnen Institute,[125] nicht hingegen das Lernen etc im häuslichen Bereich (→ Rn. 53). Auch der Konsum von Vorlesungen oder Lerneinheiten über das Internet (via Livestream, Podcast, Video etc) im häuslichen oder sonstigen außeruniversitären Bereich (→ Rn. 57) ist unversichert.

Die Teilnahme an einer **offiziellen Abschlussfeier** (Diplomfeier etc), in deren Rahmen Abschlusszeugnisse verteilt werden und ggf. besondere Studienleistungen gewürdigt werden, ist versichert, jedenfalls sofern zu diesem Zeitpunkt noch eine gültige Immatrikulation vorliegt.

Auch wenn der **Aufenthalt in den Räumlichkeiten** der Hochschule zu Studienzwecken 69
versichert ist, gibt es auch insoweit – nur zT durch den Studienbezug gesetzte – **Grenzen:** Wenn zB eine Kunststudierende am Vorabend einer Prüfung ihr Exponat in einem Hochschulatelier aufbauen darf, so besteht Versicherungsschutz. Sollte sie jedoch in einer Pause nach Mitternacht auf nicht der Öffentlichkeit gewidmeten Bereichen auf dem Dach der Hochschule klettern, um dort die Aussicht zu genießen, so wäre dieser Ausflug nicht versichert, obwohl er im räumlichen Zusammenhang mit der Hochschule erfolgt. Insoweit fehlt es bereits am Studienbezug.[126] Aber auch der organisatorische Verantwortungsbereich wäre fraglich, da es sich bei dem Dach gerade nicht um eine Bildungszwecken dienende Einrichtung der Hochschule handelt, sondern (trotz § 7 Abs. 2 SGB VII) um eine Zweckentfremdung, die keinen Versicherungsschutz begründen dürfte.

VI. Besondere Fallgestaltungen und Fälle aus der Praxis

1. Auslandsaufenthalte

Studierende, die einen Teil des Studiums im Ausland verbringen, können nach deut- 70
schem Recht auch im Ausland gesetzlich unfallversichert sein, sofern es sich um eine sog. ausstrahlende (§ 2 Abs. 3 S. 4 SGB VII, § 4 SGB IV) Maßnahme oder Veranstaltung der jeweiligen deutschen Hochschule bzw. es sich um einen grenzüberschreitenden Sachverhalt gemäß der EG VO 883/04 handelt (**ausführlich dazu → § 11 Rn. 1 ff.**).

2. Diplomarbeiten etc.

Ebenso wie für Schüler kein Versicherungsschutz besteht bei der Erledigung ihrer von 71
der Schule angeordneten Hausaufgaben (→ § 5 Rn. 62), ist der Versicherungsschutz beim Anfertigen einer Diplom- oder Masterarbeit nicht schon deshalb gegeben, weil die damit verbundenen Verrichtungen im Zusammenhang mit dem Abschluss des Studiums stehen. Entscheidend ist, ob der organisatorische Verantwortungsbereich der Universität auch die Durchführung dieser dem Studium dienenden Verrichtungen

125 Anders für Lernende, die eine Universitätsbibliothek aufsuchen, zu Recht BSG 22.2.1973 – 2 RU 150/70, BSGE 35, 207 (210).

126 Fall nach SG Berlin S 25 U 274/16 (Klagerücknahme); vgl. zum Geschehen auch Schnell/Hermsen Brandschutz 2016, 451 ff.

erfasst.[127] So steht zB die Anfertigung einer für das Schlussexamen notwendigen Diplomarbeit (Reinschrift) – wie alle anderen Arbeiten im häuslichen Bereich auch (→ Rn. 55) – nicht unter Versicherungsschutz.[128]

Grundsätzlich hat der Diplomand etc und erst recht der Promovend eine eigenständige und unabhängige Leistung ohne Weisungen zu erbringen.[129] Daher hat das BSG beispielsweise einem Studierenden, der sich für Arbeiten an seiner Diplomarbeit nach Brasilien begeben hat, den Versicherungsschutz versagt, weil die dortigen Felduntersuchungen wesentliches Kernstück seiner Diplomarbeit waren und damit die Handlungstendenz des Versicherten auf eigene Belange gerichtet war. Nebensächlich war dabei, dass das Thema der Diplomarbeit Teil eines universitären Forschungsprojektes war, denn diese Einbindung war ein rechtlich unwesentlicher Nebenzweck der Individualreise.[130] Unerheblich ist auch, ob das Thema der Diplomarbeit von der Hochschule vorgegeben wurde oder nicht.[131] Gleiches gilt auch für übrige Abschlussarbeiten (zB in Bachelorstudiengängen).

72 Literaturrecherchen in der Universitätsbibliothek (→ Rn. 60) oder die Nutzung sonstiger Hochschuleinrichtungen im Zusammenhang mit der Erstellung der Diplomarbeit sind hingegen versichert. Gleiches dürfte auch für eine eventuell notwendige Impfung, die durch den betriebsärztlichen Dienst vorgenommen wird, gelten, sofern diese notwendig oder zumindest empfohlen ist (zB bei Arbeiten in einem Forschungslabor).

Zwar besteht insbesondere für Promovenden die Möglichkeit, dass diese zB in einem Lehrstuhl beschäftigt (§ 2 Abs. 1 Nr. 1 SGB VII) und darüber prinzipiell unfallversichert sind. Dieser Versicherungsschutz kann in aller Regel aber nicht die eigentlichen Promotionstätigkeiten erfassen, da diese wissenschaftlich eigenständig zu erarbeiten sind und somit ein entsprechendes (arbeitsrechtliches) Weisungsrecht ausgeschlossen ist.

Überwiegend besteht nur die Möglichkeit über eine **Aufenthaltsversicherung** (§ 3 Abs. 1 Nr. 2 SGB VII iVm der Satzung des zuständigen Unfallversicherungsträgers) abgesichert zu sein.[132]

3. Frühstudierende und Kinderuniversität, Schnupperstudium

73 Bei Frühstudierenden (sog. **Schüler- oder Jungstudierenden**) handelt es sich in aller Regel um Schüler, die vor der Erlangung der Allgemeinen Hochschulreife aufgrund einer besonderen Begabung einzelne universitäre Lehrveranstaltungen besuchen. Die entsprechenden an der Hochschule erbrachten Leistungen können nach dem jeweili-

127 Vgl. BSG 30.6.1993 – 2 RU 43/92, BSGE 73, 5 (6 f.).
128 Vgl. BSG 23.6.1977 – 8 RU 86/76, BSGE 44, 100 (101).
129 Vgl. zB LSG Sachsen 12.3.2014 – L 6 U 220/11, BeckRS 2014, 68063; Schlaeger jurisPR-SozR 16/2014 Anm. 3.
130 Vgl. BSG 30.6.1993 – 2 RU 43/92, BSGE 73, 5 (6 ff.); vgl. aber auch LSG Niedersachsen 16.12.1997 – L 3 U 247/97, HVBG-INFO 1998, 2341 (2348 ff.).
131 Vgl. LSG Baden-Württemberg 29.8.2002 – L 1 U 1903/01, HVBG-INFO 2002, 2613 (2620 f.); SG Detmold 10.3.2015 – S 14 U 162/12, BeckRS 2015, 67499.
132 Vgl. dazu auch BT-Drs. 19/3665, 2 ff.

gen Landesrecht bei einem späteren ordentlichen Studium angerechnet werden. Eine solche Teilnahme kann im organisatorischen Verantwortungsbereich der jeweiligen Schule liegen, wofür jedoch die schulrechtlich für den Besuch der Vorlesungen etc erforderliche Befreiung vom Schulunterricht allein nicht ausreichend ist. Sofern der organisatorische Verantwortungsbereich der Schule (→ § 5 Rn. 50 ff.) nicht gegeben ist, was in der Praxis der Regelfall ist, so ist das Frühstudium unversichert, da die Schülerstudierenden in der Regel nicht immatrikuliert sind.[133] Dies hat auch haftungsrechtliche Auswirkungen (→ § 9 Rn. 11).

Der Besuch sog. **Kinderuniversitäten** ist unversichert. Dabei handelt es sich um Workshops oder Vorlesungen für Kinder (überwiegend bis zum Alter von 12 Jahren), die einen Zeitraum von einem Tag oder wenigen Wochen umfassen und in aller Regel in den Schulferien stattfinden (auch Summer School genannt). Hierbei handelt es sich weder um schulische Veranstaltungen, noch sind die Kinder Studierende (mangels Immatrikulation), auch ein Versicherungsschutz als Lernende (§ 2 Abs. 1 Nr. 2 SGB VII) scheitert ua an dem Erfordernis der beruflichen Ausbildung (→ Rn. 76, → § 5 Rn. 36 ff.). Die Teilnahme berührt demnach allein den unversicherten Freizeitbereich der Teilnehmer. 74

Das Angebot des **Schnupperstudiums** richtet sich an Schüler der Sekundarstufe II. Teilweise wird die Teilnahme an ausgewählten Veranstaltungen aus dem regulären universitären Lehrbetrieb angeboten, teilweise werden gesonderte Wochenendveranstaltungen zur Verfügung gestellt. Den Schülern soll ein Einblick in die Inhalte des jeweiligen Studienfachs ermöglicht werden. Das Schnupperstudium, für das überwiegend keine Anmeldung erforderlich ist, ergänzt dabei das Beratungs- und Informationsangebot der Zentralen Studienberatung. Die Teilnehmer dieser Informationsveranstaltungen sind nicht unfallversichert, da sie weder Studierende (§ 2 Abs. 1 Nr. 8 c SGB VII) noch Lernende (§ 2 Abs. 1 Nr. 2 SGB VII) sind. Ein Versicherungsschutz ließe sich allenfalls über § 2 Abs. 1 Nr. 8 b SGB VII herstellen, wenn die Teilnahme eine Schulveranstaltung darstellt bzw. eine Aufenthaltsversicherung (→ Rn. 73).

4. Gasthörer, „Senioren-Studenten"

Wie unter → Rn. 26 ff., 44 gezeigt, erfasst der Studierendenbegriff nur eingeschriebene Studierende jeglichen Alters und nicht andere Personen (zB Gasthörer), die hochschulische Angebote wahrnehmen und zwar auch dann nicht, wenn diese durch die Hochschule irgendwie zugelassen wurden. **Gasthörer** sind **insgesamt keine versicherten Personen nach § 2 SGB VII,**[134] denn auch der Tatbestand der Lernenden nach § 2 Abs. 1 Nr. 2 SGB VII ist nicht einschlägig. Zum vorgenannten Personenkreis zählen Personen, die sich in Betriebsstätten, Lehrwerkstätten, Schulungskursen und ähnlichen Einrichtungen einer beruflichen Aus- und Fortbildung unterziehen. Diese Einrichtungen müssen den Zweck haben, einer **Mehrzahl von Lernenden** zur beruflichen 75

133 Anders ist dies derzeit (Stand: 1.6.2019) nur in Sachsen, vgl. § 19 Abs. 2 HG Sachsen.
134 Möglich wäre nach diesseitiger Auffassung allein eine Versicherung kraft Satzung gemäß § 3 Abs. 1 Nr. 2 SGB VII.

Aus- und Fortbildung zu dienen.[135] Betriebsstätten sind Arbeitsstätten jeder Art; zu Lehrwerkstätten zählt jede Art von Werkstatt, deren wesentliche Bedeutung darin besteht, Lernende beruflich für einen angestrebten Beruf aus- oder für einen bereits ausgeübten Beruf fortzubilden. Schulungskurse stellen berufsbildende Lehrgänge jeder Art dar. Dazu gehören zB Berufsförderungs- und Umschulungsmaßnahmen, ausbildungsbegleitende Maßnahmen nach dem SGB III oder Meisterkurse. Ähnliche Einrichtungen sind solche, die den anderen in Nr. 2 genannten in ihrem wesentlichen Bildungszweck vergleichbar sind. Der Vergleich muss im Sinnzusammenhang mit Betriebsstätten, Lehrwerkstätten und Schulungskursen vorgenommen werden, in denen eine Mehrzahl von Lernenden außerhalb der schulischen Berufsbildung – und erst recht außerhalb der allgemeinen Schulbildung oder der Aus- und Fortbildung an Hochschulen – zu beruflichen Zwecken aus- und fortgebildet werden.[136] Eine ähnliche Einrichtung sind zB Fahrschulen, Volkshochschulen, Sprachschulen, Bildungseinrichtungen, die von der Bundesagentur für Arbeit gefördert werden.[137]

76 Da die **Hochschulen** jedoch vorrangig der Bildung der eingeschriebenen Studierenden zur Verfügung stehen, sind diese mangels Vergleichbarkeit mit den genannten Bildungseinrichtungen **keine ähnlichen Einrichtungen** im Sinne von § 2 Abs. 1 Nr. 2 SGB VII. Das BSG hat dies zu § 537 Nr. 11 RVO, der Vorläufernorm zu § 539 Abs. 1 Nr. 14 c, § 2 Abs. 1 Nr. 2 SGB VII bereits entschieden und ausgeführt, dass Hochschulen sowie ihre Institute und Laboratorien unter den in § 537 Nr. 11 RVO aufgezählten Ausbildungsstätten nicht genannt sind. Sie als ähnliche Einrichtungen iS dieser Vorschrift anzusehen begegnet deshalb von vornherein erheblichen Bedenken, weil ein so markanter und umfassender Teil des allgemeinen Bildungswesens wie die Hochschulen keinesfalls im Wege der bloß entsprechenden Anwendung einer auf andere Bildungsbereiche ausgerichteten Vorschrift dem Schutz der Unfallversicherung unterstellt werden kann. Vielmehr ist nach der zustimmungswürdigen Auffassung des BSG gerade umgekehrt aus der Art der in § 537 Nr. 11 RVO aF aufgeführten Ausbildungseinrichtungen zu folgern, dass unter einer beruflichen Ausbildung im Sinne dieser Vorschrift nicht die Ausbildung für akademische Berufe zu verstehen ist.[138] Gleiches gilt im Übrigen für ein Fernstudium.[139] Allein deshalb ist ein Versicherungsschutz der Gasthörer und sonstiger Besucher nicht gemäß § 2 Abs. 1 Nr. 2 SGB VII gegeben.

Eine **Ausnahme** wäre nur **denkbar**, wenn eine Hochschule eine gesonderte Weiterbildungseinheit (zB „Akademie für Wissenschaftliche Weiterbildung“) für nicht immatrikulierte Erwachsene einrichtet und dieses Angebot organisatorisch vom regulären Hochschulangebot für Studierende trennt.

135 Vgl. statt vieler nur: Becker in: SGB VII-Komm, § 2 Rn. 357.

136 Vgl. BSG 28.6.1988 – 2 RU 14/87, USK 88116; Becker in: SGB VII-Komm, § 2 Rn. 357; Bereiter-Hahn/Mehrtens, § 2 SGB VII Rn. 7.10.

137 Vgl. BSG 9.12.1976 – 2 RU 5/76, BSGE 43, 60 (63 f.); Riebel in: Hauck/Noftz, SGB VII, K § 2 Rn. 30 mwN.

138 BSG 16.12.1958 – 2 RU 266/56, BSGE 9, 30 (33); im Ergebnis ebenso zB Lilienfeld in: KassKomm, § 2 SGB VII Rn. 10; von Koppenfels-Spies in: Eichenhofer/von Koppenfels-Spies/Wenner, SGB VII, § 2 Rn. 31; Becker in: SGB VII-Komm, § 2 Rn. 357, 513; so iÜ schon Haase BG 1956, 163 ff.

139 Vgl. SG Berlin 9.7.2012 – S 25 U 231/11, BeckRS 2012, 71263.

Da das Alter keine Rolle spielt (→ Rn. 42), sind sog. **Seniorenstudierende** versichert, sofern sie regulär für einen Studiengang eingeschrieben (→ Rn. 19, 26) sind. 77

5. Hochschulsport

a) Aufgaben und Bedeutung des Hochschulsports

Die Hochschulen haben nach § 2 Abs. 4 S. 3 HRG sowie den Landeshochschulgesetzen den Auftrag, „in ihrem Bereich" den Sport zu fördern. Ausweislich der Gesetzesbegründung zum HRG sollen die Hochschulen den Hochschulmitgliedern Gelegenheit zu sportlicher Betätigung geben, wodurch sie sowohl eine soziale als auch eine Funktion der gesundheitlichen Vorsorge erfüllen.[140] Weitergehende Aufgaben des Hochschulsports, die über die amtliche Begründung (gesundheitliche Für- und Vorsorge) hinausgehen,[141] hat die Kultusministerkonferenz in ihrem Beschluss vom 9.11.1990[142] beschrieben. Angesichts der Studien- und Arbeitsbedingungen an den Hochschulen (meist sitzende Tätigkeit bei hoher geistiger Belastung) und der sozialen Umstände der Studierenden (wohnortfremde Hochschulorte, oft beengte Wohnverhältnisse, Einsamkeit in der Anonymität des Hochschulbetriebes) hat der allgemeine Hochschulsport wichtige **gesundheitliche, soziale und persönlichkeitsbildende Aufgaben** zu erfüllen. Eine sinnvolle Freizeitgestaltung und Erholung, die Geselligkeit, das gegenseitige Kennenlernen aber auch die Identifikation der Studierenden mit ihrer Hochschule sollen nach Auffassung der KMK gleichrangig neben dem gesundheitlichen Ausgleich zu den Studienbelastungen stehen. Auch dem Aspekt der Identifikation mit der eigenen Hochschule wird Bedeutung beigemessen.[143] 78

b) Herleitung des Versicherungsschutzes und Reichweite

Eine Zeitlang war eine **Tendenz zur Übertagung der anerkannten Betriebssportkriterien** auf den Hochschulsport auszumachen,[144] zumal diese bereits auf die Lernenden (§ 2 Abs. 1 Nr. 2 SGB VII, § 539 Abs. 1 Nr. 14 c RVO) übertragen worden sind.[145] Dies resultierte ua daraus, dass einerseits gesetzliche Kriterien sowie BSG-Rechtsprechung fehlten, andererseits der Schutzbereich der Beschäftigten- und Studierendenversicherung weitgehend angeglichen ist (→ Rn. 59). 79

Dem hat das BSG jedoch eine deutliche Absage erteilt und die Grundsätze des Betriebssports als nicht übertragbar angesehen.[146] Der Versicherungsschutz von Beschäftigten beim Betriebssport beruhe (nur) auf einer richterrechtlichen Erweiterung des gesetzlichen Unfallversicherungsschutzes, da die Tatbestandsvoraussetzungen des § 2 Abs. 1 Nr. 1 SGB VII, § 7 SGB IV die Ausübung von betriebsbezogenem Sport zu Ausgleichszwecken nicht erfasse. Dennoch rechtfertige der Umstand, dass die Ge- 80

140 Vgl. BT-Drs. 7/1328, 31.
141 So auch Nolte in: Erichsen/Schäferbarthold/Staschen/Zöllner, S. 255 (259).
142 Erklärung der Ständigen Konferenz der Kultusminister der Länder zum Allgemeinen Hochschulsport.
143 Sich darauf stützend BSG 27.11.2018 – B 2 U 15/17 R, UVR 2019, 252 (257 f.), → Rn. 81.
144 Vgl. SG Dortmund 21.4.2009 – S 36 U 277/07 (rk., nv); LSG Rheinland-Pfalz 26.11.2009 – L 2 U 296/09 B (rk., nv); SG Münster 18.8.2010 – S 13 U 326/08 (n.rk.); SG Detmold 21.10.2010 – S 14 U 152/08 (n.rk.); vgl. auch LSG Schleswig-Holstein 17.5.1995 – L 8 U 97/94, HVBG-INFO 1995, 2286 (2288).
145 Vgl. zB BSG 20.1.1987 – 2 RU 12/86, SozR 2200 § 539 Nr. 118; BSG 5.10.1995 – 2 RU 36/94, SozR 3-2200 § 539 Nr. 33.
146 Vgl. BSG 4.12.2014 – B 2 U 10/13 R, SGb 2016, 110 (112 f.).

sunderhaltung des Arbeitnehmers letztlich auch dem Unternehmerinteresse diene, diese Ausdehnung des Versicherungsschutzes. Demgegenüber müsse nach dem BSG im Hinblick auf Studierende keine Erweiterung eines gesetzlichen Tatbestands (§ 2 Abs. 1 Nr. 8 c SGB VII) konstruiert werden, weil der Hochschulsport Bestandteil der „Aus- und Fortbildung" und damit von Nr. 8 c unmittelbar erfasst sei.[147] Dabei überrascht insbesondere die zentrale Begründung des BSG:

81 *„Erschließt sich der Mensch die Welt im Wesentlichen durch Bewegung (vgl. Hildebrandt-Stramann, Mit Bewegung die Welt erschließen, in Bewegungspädagogik 2010, 233 f.), so hat (Bewegungs-)Sport a priori einen grundlegenden Bildungsbezug und gehört als "Sportwissenschaft" auch zu den akademischen Disziplinen. Der für den Versicherungstatbestand des § 2 Abs. 1 Nr. 8 c SGB VII erforderliche Bildungsbezug besteht beim Hochschulsport ua darin, das "bewegungsaktive Weltverstehen" (Hildebrandt-Stramann, aaO) zu fördern, Sportarten zu erlernen und Anreize zum selbstständigen (postuniversitären) Sporttreiben zu schaffen, für einen körperlichen Belastungsausgleich zu sorgen und das gegenseitige fachübergreifende (§ 58 Abs. 1 Hochschulgesetz NW aF) Kennenlernen der Studierenden untereinander zu ermöglichen, um so das gegenseitige Verständnis füreinander und die Identifikation mit der eigenen Hochschule zu fördern. Diese Bildungsziele rechtfertigen es, die sportliche Betätigung Studierender unter den Schutz der gesetzlichen Unfallversicherung zu stellen.“*[148]

82 Die Überzeugungskraft der BSG-Argumentation darf mit Blick auf § 2 Abs. 1 Nr. 8 c SGB VII bezweifelt werden, was hier nur kurz anzudeuten ist.[149] Diese Zweifel betreffen die Feststellung, dass sich der Versicherungsschutz direkt aus dem Gesetz ergeben soll und die Art der Begründung für den Einbezug von Sport, die zudem kaum geeignet sein dürfte, Grenzen zu setzen.[150]

Den Gesetzesbegründungen zu § 539 Abs. 1 Nr. 14 d RVO bzw. § 2 Abs. 1 Nr. 8 c SGB VII ist kein Wort zum Hochschulsport oder sonstige Aufgaben der Hochschulen außerhalb von Wissenschaft und Lehre zu entnehmen. Die Aufgaben der Hochschulen sind nach §§ 2, 7 HRG (und den jeweiligen Landeshochschulgesetzen) primär darauf gerichtet, der Pflege und der Entwicklung der Wissenschaften und der Künste durch Forschung, Lehre, Studium und Weiterbildung zu dienen und den Studierenden in Lehre und Studium fachliche Kenntnisse, Fähigkeiten und Methoden so vermitteln, dass sie zu wissenschaftlicher oder künstlerischer Arbeit und zu verantwortlichem Handeln in einem freiheitlichen, demokratischen und sozialen Rechtsstaat befähigt werden. Flankiert wird diese vorrangige Aufgabe durch sog. hochschulrechtliche Annex- bzw. Sekundäraufgaben[151] wie der sozialen Förderung von Studierenden. Diese begründen keine subjektiven Rechte, können also nicht aktiv von einzelnen Studierenden eingefordert werden. Insofern darf bezweifelt werden, dass der Bundesgesetz-

147 Vgl. BSG 4.12.2014 – B 2 U 10/13 R, SGb 2016, 110 (112).
148 BSG 27.11.2018 – B 2 U 15/17 R, UVR 2019, 252 (257); vgl. zum Urteil auch Ziegler SGb 2019, 563 ff.
149 Ebenfalls zweifelnd zB Siefert in: Hassel/Gurgel/Otto, Sozialrecht, 10. Kap. Rn. 23.
150 Vgl. Eichenhofer SGb 2019, 381 (383), der zu Recht betont, dass „Sozialleistungen im Recht ihren Grund und Grenzen finden", so dass die Klärung von Grenzen notwendig ist.
151 Vgl. Nolte in: Erichsen/Schäferbarthold/Staschen/Zöllner, S. 255 (256); Schlaeger SGb 2016, 80 (80).

geber jegliche Aufgaben, die das Hochschulrecht den Hochschulen auferlegt, als Teil der „Aus- und Fortbildung" unfallversicherungsrechtlich flankieren wollte, wozu das BSG wohl tendiert. Bestärkt werden diese Zweifel dadurch, dass im HRG nur der Sport als Annexaufgabe genannt wird und dieser Umstand aus der Zeit der Schaffung der Studierendenunfallversicherung (→ Rn. 33) durchaus geeignet erscheint, den bundesgesetzlichen Schutzzweck der Norm zu bestimmen. Man könnte das Schweigen des HRG bzgl. anderer Förderbereiche auch als bewusste Beschränkung verstehen (beredtes Schweigen des Bundesgesetzgebers), zumal das HRG zB die Förderung kultureller Belange der Studierendenschaft zuweist (§ 41 Abs. 1 HRG).[152] Damit läge insgesamt eine Rechtsfortbildung näher als eine unmittelbare Herleitung aus dem Wortlaut der Nr. 8 c.

Das BSG stellt in seinen Entscheidungen jedoch mal auf das HRG, mal auf das Landeshochschulrecht ab.[153] Plagemann hinterfragt in ähnlicher Weise, ob es insgesamt tatsächlich auf die (differierenden) Formulierungen im jeweiligen Landeshochschulgesetz ankommen soll, oder ob man § 2 Abs. 1 Nr. 8 c SGB VII nicht bereits bundesgesetzlich (HRG) dahin gehend zu verstehen hat, dass die Teilnahme am Hochschulsport zum Tatbestand der „Aus- und Fortbildung an Hochschulen" gehört.[154]

Soweit das BSG den Versicherungsschutz für Hochschulsport auf ein bewegungspädagogisches Fundament stellt (→ Rn. 81), überrascht zunächst die dahinter stehende Methodik.[155] Es handelt sich weder um Aspekte, die zB der Gesetzgeber angeführt hat noch überhaupt um juristische Aspekte. Üblicherweise hat sich ein Gericht sog. außerjuristisches Wissen durch Sachverständige (auf der Basis des aktuellen wissenschaftlichen Erkenntnisstandes der jeweiligen Fachrichtung) erläutern zu lassen. Dies gilt jedenfalls, soweit ein nicht allgemeinkundiges oder gerichtsbekanntes Erfahrungswissen Gegenstand einer staatlich anerkannten Wissenschaft ist, und das Gericht keine nachweisbare eigene Fachkompetenz oder Gerichtskenntnis auf diesem Gebiet hat.[156] Somit hätte das BSG die bewegungspädagogischen Erkenntnisse und diese Literaturquelle nicht ohne Weiteres würdigen und seiner Entscheidung zugrunde legen dürfen. Zudem ist die Art der Begründung bedenklich, weil pädagogische Ansätze kaum rechtlich subsumierbar sind und letztlich auf diese Weise (nahezu) jegliche Verrichtung (auch solche der Freizeitgestaltung) einen Bildungsanstrich erhalten kann (→ Rn. 84). 83

Ferner impliziert die Herleitung durch das BSG ein Problem, das aus dem unbeschränkten Begründungsansatz des BSG folgen kann. Wenn nun jede im Hochschul- 84

152 Vgl. Schlaeger SGb 2016, 80 (85).
153 Vgl. BSG 4.12.2014 – B 2 U 10/13 R, SGb 2016, 110 (111 ff.); BSG 27.11.2018 – B 2 U 15/17 R, UVR 2019, 252 (257 ff.).
154 Vgl. Plagemann FD-SozVR 2019, 417249.
155 Die Rechtsmethodik fasst das geltende Recht, also die Summe aus Rechtssätzen des Gesetzgebers und der Rechtsprechung, in Prinzipien, Grundregeln und Lehrsätze zusammen, versucht aber auch, solche Rechtssätze fortzubilden und zu ergänzen. Sie hat eine konfirmative, innovative und zugleich kritische Funktion und dient letztlich der Gleichheit und Transparenz; vgl. zB Stürner JZ 2012, 10 (10 f.).
156 Vgl. zB BSG 24.7.2012 – B 2 U 9/11 R, SozR 4-2700 § 8 Nr. 44; BSG 5.2.2008 – B 2 U 6/07 R, NZS 2009, 347 (349); dazu ferner Schlaeger MedSach 3/2016, 108 (108) mwN; vgl. auch BGH 6.3.2019 – VII ZR 303/16, BeckRS 2019, 4584.

recht genannte Förderaufgabe der Hochschulen zur „Aus- und Fortbildung" im Sinne von Nr. 8 c gehörte, dann wären zT absurde Konstellationen denkbar: so könnte eine Hochschule die Pflicht zur Förderung von Studierenden mit Kind (vgl. zB § 2 Abs. 4 S. 1 HRG) durch die Zurverfügungstellung eines Eltern-Kind-Zimmers, durch Babyschwimmen oder Still- und Wickelkurse oder Krabbelgruppen umsetzen. Wären dann diese höchstpersönlichen und ausschließlich eigenwirtschaftlichen Tätigkeiten mit bzw. für das eigene Kind plötzlich unfallversichert? Dass ein derart weitreichender Versicherungsschutz intendiert (Schutzzweck der Norm) war, ist und bleibt fraglich und wäre auch schwerlich unter eine wegen § 7 HRG typisierend beruflich ausgerichteten „Aus- und Fortbildung" zu subsumieren.

Daher spricht – unabhängig von der Frage, ob sich der Versicherungsschutz unmittelbar aus dem Gesetz oder erst aus einer Rechtsfortbildung ergibt (→ Rn. 82) – viel dafür, dass zwar der Hochschulsport versichert ist, aber auch nur der Sport.

c) Voraussetzungen für den Unfallversicherungsschutz

85 In Umsetzung der BSG-Urteile zum Hochschulsport lassen sich – trotz der Kritik – für die Praxis folgende Leitlinien[157] aufstellen.

Hochschulsport ist versichert, wenn neben der Immatrikulation (→ Rn. 19, 26, 91) die folgenden Hauptkriterien erfüllt sind:

aa) Studienbezogenheit der unfallbringenden Verrichtung

86 Die Aus- und Fortbildung an einer Hochschule beschränkt sich nicht nur auf die Teilnahme an rein studienfachbezogenen Veranstaltungen (→ Rn. 61), sondern umfasst **auch die Teilnahme an sportlichen Veranstaltungen** der Hochschule (umfassender Bildungsauftrag der Hochschule).[158] Der Hochschulsport und die damit verbundene sportliche Tätigkeit muss der gesundheitlichen Ausgleichsfunktion, sozialen Integration, Identifikation mit der eigenen Hochschule sowie der Persönlichkeitsentwicklung der eingeschriebenen Studierenden dienen. Andere Personen (zB Gasthörer) sind beim Hochschulsport nicht versichert (→ Rn. 44, 76).

In jedem Fall wird der Breitensport erfasst. Eine breitensportliche Ausrichtung bedeutet, dass die Veranstaltung mehr oder weniger für alle Studierenden offenstehen muss. Insbesondere darf es keine Normen geben, die Interessenten erfüllen müssen, um teilnehmen zu können. Das einschlägige (Landes-)Hochschulrecht kann auch eine Förderung von Leistungs- und Spitzensport vorsehen und somit eine Studienbezogenheit begründen.[159]

87 Auch der **sportliche Wettkampf** kann unter Versicherungsschutz stehen, zumindest wenn er als Fortsetzung des Hochschulsports zu sehen ist. Nach der Rechtsprechung spricht zB für einen Studienbezug, wenn die Hochschule die Spieler gezielt anspricht (auswählt), die An- und Abfahrt zu einem bundesweiten Turnier sowie die Unter-

---

157 Vgl. dazu auch DGUV-Rundschreiben 0008/2016 vom 11.1.2016.

158 Vgl. zB BSG 27.11.2018 – B 2 U 15/17 R, UVR 2019, 252 (257 f.); BSG 4.12.2014 – B 2 U 10/13 R, SGb 2016, 110 (111).

159 Vgl. BSG 4.12.2014 – B 2 U 10/13 R, SGb 2016, 110 (111).

kunft und Verpflegung vor Ort organisiert (am Beispiel der Deutschen Hochschulsportmeisterschaften).[160]

Ferner können auch einmalige Veranstaltungen ohne vorherige regelmäßige Teilnahme am Hochschulsport (zB Sylvester-Skireise, Nikolausturnier) ebenso erfasst sein wie universitäre **Liga-Wettbewerbe** (zB eine Campus-Liga).[161] Dies gilt jedoch nicht, wenn zB eine Rugby-Liga, die von einem Universitätssportverein organisiert wird, allen Rugby-Mannschaften der Region offen steht und nicht nur bzw. vorrangig Studierendenteams.[162]

Die Studienbezogenheit der Teilnahme am Hochschulsport wird nach der Rechtsprechung auch durch das Vorhandensein einer für den Hochschulsport zuständigen gesonderten Einheit der Hochschule (nicht der Studierendenschaft), deren Aufgaben die Organisation und Durchführung der Sportangebote sind, belegt.[163] Denn dies zeigt, dass der Hochschulsport in die Aus- und Fortbildung organisatorisch eingegliedert ist. 88

Das Angebot muss sich von vornherein **im Wesentlichen an Studierende** und Hochschulangehörige (zB Hochschulbeschäftigte) richten und die Plätze vorrangig an Studierende vergeben werden. Wenn das Angebot zur Teilnahme an einer Sportveranstaltung nicht nur im Wesentlichen auf die Studierenden und ggf. weitere Hochschulangehörigen beschränkt ist, sondern uneingeschränkt jedem, ähnlich wie bei einer von einem Reisebüro organisierten Reise oder von einem Fitnessstudio angebotene Kurse, offen steht, besteht auch bei von der Hochschule organisierten Kursen etc kein Versicherungsschutz.[164] 89

Die **Beschränkung des Teilnehmerkreises auf Studierende** ist jedoch nicht so zu verstehen, dass sich das Angebot vorrangig an die eigenen Studierenden richten muss.[165] Zwar richtet sich der hochschulrechtliche Sportförderauftrag immer nur an die jeweiligen Mitglieder der Hochschule;[166] allerdings hat das BSG es ausreichen lassen, dass eine Hochschule ein zweitägiges bundesweites Sportturnier durchführte und bei dem nur ca. 1/3 der Teilnehmer der durchführenden Hochschule zuzurechnen waren. Insofern genügt es offenbar, dass eine Veranstaltung vorrangig für jegliche Studierenden organisiert wird, aber **zumindest auch für die an der veranstaltenden Hochschule immatrikulierten Studierenden.** Letztere können auch in der Minderheit sein, ohne dass es feste Quoten gibt. Die bei der durchführenden Hochschule eingeschriebenen Studierenden genießen dann Unfallversicherungsschutz, die übrigen Teilnehmer nur

160 Vgl. BSG 4.12.2014 – B 2 U 10/13 R, SGb 2016, 110 (112).
161 Vgl. Vgl BSG 27.11.2018 – B 2 U 15/17 R, UVR 2019, 252 (259); BSG 4.12.2014 – B 2 U 13/13 R, SozR 4-2700 § 2 Nr. 31; LSG Niedersachsen-Bremen 27.7.2016 – L 3 U 56/15, BeckRS 2016, 71718.
162 Vgl. LSG Bayern 30.6.2015 – L 2 U 108/14, BeckRS 2015, 70544.
163 Vgl. BSG 4.12.2014 – B 2 U 13/13 R, SozR 4-2700 § 2 Nr. 31; LSG Niedersachsen-Bremen 27.7.2016 – L 3 U 56/15, BeckRS 2016, 71718.
164 Vgl. BSG 4.12.2014 – B 2 U 13/13 R, SozR 4-2700 § 2 Nr. 31.
165 So zB Schlaeger SGb 2016, 80 (82 f.).
166 Vgl. zB Epping in: Geis, Hochschulrecht, § 2 HRG Rn. 37 f.; von Coelln in: Leuze/Epping, HG NRW, § 3 Rn. 150.

dann, wenn ihre Teilnahme ihrer eigenen Einschreibungshochschule organisatorisch zugerechnet werden kann (→ Rn. 87, 90).[167]

Die vom BSG geforderte Beschränkung des Teilnehmerkreises sollte sich **bereits aus Ausschreibung des Angebots ergeben.** Eine Möglichkeit wäre, den Studierenden während des Großteils des Buchungszeitraumes einen Vorrang dergestalt einzuräumen, dass beispielsweise in den ersten Wochen oder Monaten (je nach Art der Veranstaltung, ihres Beginns und des Buchungszeitfensters) nur Studierende bzw. sonstige Hochschulangehörige einen Platz buchen können und erst kurz vor Beginn des Kurses Restplätze an Externe vergeben werden. Alternativ könnten Plätze an externe Dritte nur unter dem Vorbehalt der späteren, aber vorrangig zu behandelnden Anmeldung von Hochschulangehörigen (Studierenden) vergeben werden. Auf diese Weise werden Zufälligkeiten wie die die Zusammensetzung der konkreten Kursgruppe am Unfalltag vermieden.

bb) Tätigkeitsausübung im organisatorischen Verantwortungsbereich der Hochschule

90 Die Hochschule muss zumindest die organisatorische Mitverantwortung (→ Rn. 48 ff.) für die Veranstaltung tragen. Der Studierende darf in der Ausgestaltung der Verrichtung nicht völlig frei sein und sich die Tätigkeit der Hochschule nicht auf eine reine Unterstützungsleistung beschränken. Für eine Mitverantwortung spricht Organisation der Veranstaltung, Fahrt, Unterkunft, Verpflegung, die Auswahl der Teilnehmer, das Stellen eines Übungsleiters etc.

Wichtig ist, dass die organisatorische Verantwortung tatsächlich ausgeübt wird. Es reicht nicht, dass eine Hochschule ein Angebot an sich unterbreiten müsste, es aber tatsächlich unterlässt. Ein Unterlassen vermag keinen Versicherungsschutz zu begründen (→ Rn. 51), auch wenn die Studierenden mangels Alternative die (eigenständigen) Angebote der Studierendenschaft (→ Rn. 91) in Anspruch nehmen müssen.[168]

Die Veranstaltungen des Allgemeiner Deutscher Hochschulsportverband (**adh**) können unter Versicherungsschutz stehen, sofern die Hochschule Mitglied im adh ist und ihre Mitverantwortung konkret ausübt (zB hinsichtlich Organisation, Anmeldeverfahren, Teilnehmerauswahl).[169] Hintergrund dessen ist, dass die **Hochschule** wegen der Mitgliedschaft **als mittelbare Mitveranstalterin** des Angebots anzusehen ist. Nicht ausreichend wäre demnach wohl eine Auswahl von Studierenden als Teilnehmer an einem internationalen Wettkampf allein durch den adh und die Landessportverbände oder die Teilnahme an europäischen Meisterschaften, bei denen der adh keine unmittelbare Organisationshoheit hat, sondern seinerseits allenfalls eine mittelbare. Eine Zurechnung zur einzelnen Hochschule erscheint dann als zu fernliegend.

---

167 Vgl. BSG 27.11.2018 – B 2 U 15/17 R, UVR 2019, 252 (260); LSG Bayern 30.6.2015 – L 2 U 108/14, BeckRS 2015, 70544; Schlaeger SGb 2016, 80 (82 f.).

168 Vgl. LSG NRW 30.4.2019 – L 15 U 609/17, BeckRS 2019, 9724.

169 Vgl. BSG 4.12.2014 – B 2 U 10/13 R, SGb 2016, 110 (113); SG Konstanz 4.11.2010 – S 11 U 767/11 (rk., nv).

cc) Grenzen des Versicherungsschutzes

Bei den nachstehend aufgeführten Sachverhalten besteht (voraussichtlich) kein gesetzlicher Unfallversicherungsschutz für die Studierenden: 91

- Angebote, die von der **Studierendenschaft bzw. dem AStA bzw. der Fachschaft** (→ Rn. 20) angeboten werden. Denn der AStA vertritt nicht die Hochschule, sondern ist das mit Außenvertretung betraute Exekutivorgan der Studierendenschaft. Letztere ist eine eigenständige rechtsfähige Gliedkörperschaft der Hochschule und nicht iSv § 2 Abs. 1 Nr. 8 c SGB VII die „Hochschule" selbst. Damit ist der gesamte Bereich der Studierendenschaft mit ihren Untergliederungen aus dem Anwendungsbereich der Nr. 8 c herausgenommen (→ Rn. 97).[170] Etwas anderes kann ggf. bei gemeinsamen Veranstaltungen von Hochschule und zB AStA gelten.
- Teilnahme an speziellen **Sportangeboten externer Sporteinrichtungen/**-veranstalter, bei denen die Hochschule lediglich als Vermittler auftritt. Gleiches gilt für Kooperationen mit Sportvereinen, da eine bloße Duldung oder lose Kooperation mit Sportvereinen nicht ausreicht, um den in § 2 Abs. 4 S. 3 HRG verwendeten Begriff „in ihrem Bereich" zu erfüllen.[171]
- Teilnahme am **Hochschulsportangebot fremder Hochschulen**, soweit das Sportprogramm nicht in offizieller Kooperation[172] mit der Hochschule, deren Mitglied der Studierende ist, organisiert wird. Die Zulassung nur durch die jeweilige Übungsleitung genügt ebenso wenig wie eine nur einseitige Zulassung der Fremdstudierenden. Vielmehr müssen die für den Hochschulsport verantwortlichen Stellen der beteiligten Universitäten die Öffnung ihres Hochschulsportangebotes für Studierende der Kooperationsuniversität(en) untereinander vereinbaren.
- **Freie sportliche Betätigung** auf den Hochschulsportanlagen außerhalb des organisierten Übungsbetriebes (zB freie Spielgruppen, freies Tennisspielen, individuelles Training im Fitness-Studio, stundenweise mögliche Buchung von Sportplätzen).[173] Eine **Ausnahme** gilt für **Sportstudierende**, die die Übungsanlagen der Hochschule zur Vorbereitung auf sportpraktische Prüfungen erlaubterweise nutzen und bei denen das Training für die sportpraktischen Prüfungen notenrelevant sind. Zu beachten ist aber, dass nicht jegliches Training für Prüfungen versichert ist (nicht zB das Joggen im Stadtwald), sondern nur das erlaubte freie Training auf bzw. in den Sportanlagen der Uni, weil hier noch der erforderliche räumliche und zeitliche Zusammenhang zur Hochschule besteht.[174]
- Angebote, die offensichtlich keinen **„Sport"** darstellen (zB der Erwerb eines UKW-Sprechfunkzeugnisses, Baby-Schwimmkurs).[175] Damit der Hochschulsport seine gesundheitliche und körperlich ausgleichende Funktion erfüllen kann

---

170 Vgl. zB BSG 30.8.2016 – B 2 U 40/16 B, BeckRS 2016, 72945.
171 So BSG 27.11.2018 – B 2 U 15/17 R, UVR 2019, 252 (259).
172 Vgl. zB LSG Bayern 30.6.2015 – L 2 U 108/14, BeckRS 2015, 70544.
173 Vgl. zB SG Aachen 14.2.2019 – S 2 U 48/17 (rk., nv); Keller in: Hauck/Noftz, SGB VII, K § 8 Rn. 73 a; Wagner in: jurisPK-SGB VII, § 8 Rn. 107.
174 Ähnlich LSG Berlin-Brandenburg 3.12.2009 – L 31 U 480/08, UVR 2010, 454 (460).
175 Ausführlich dazu Schlaeger SGb 2016, 80 (83 f.).

(→ Rn. 78), muss ein Mindestmaß an körperlicher Betätigung erfolgen.[176] Gleiches gilt zB für Individualmaßnahmen wie zB Massagen.

- Ähnliches gilt zB für die Möglichkeit, sich im Rahmen eines **Gesundheitsmanagements** für Studierende Mountainbikes kostenfrei auszuleihen, um damit in einem Wald, auf einer Halde o.ä. „Stress abzubauen".
- Bei der Teilnahme von noch nicht oder **nicht mehr eingeschriebenen Studierenden**, die zB zum Zeitpunkt der Kursbelegung noch eingeschrieben, aber zum Unfallzeitpunkt wegen des erfolgreichen Studienabschlusses aber bereits exmatrikuliert waren (→ Rn. 62).
- Schließlich darf es sich bei der Veranstaltung nicht um ein „Event", „Spektakel" oder sonstige „**reine Spaßveranstaltung**" handeln, weil der Schutzzweck der Norm diese nicht mehr erfasst.[177] Damit wäre zB die Teilnahme an einem von der Hochschule veranstalteten „public viewing" während einer Fußball-Welt- oder -Europameisterschaft oder an einem Sommerfest genauso unversichert wie die an studentischen Ritualen mit oder ohne Sportcharakter (→ Rn. 65).

92 Die Grundsätze zum **Betriebssport** sind auf Studierende **nicht übertragbar** (→ Rn. 64). Beschäftigte der Hochschulen sind bei der Teilnahme am Hochschulsport nur dann gesetzlich unfallversichert, wenn gleichzeitig die besonderen (engeren) Anforderungen des Betriebssports vorliegen (Ausgleichscharakter des Sports, Regelmäßigkeit, Betriebsbezogenheit der Organisation und des Teilnehmerkreises, kein Wettkampfsport).[178]

6. Praktisches Jahr der Medizinstudenten

93 Das praktische Jahr der Medizinstudenten ist zwar Bestandteil des Studiums, aber nicht nach § 2 Abs. 1 Nr. 8 c SGB IV versichert, da es in aller Regel eine Beschäftigung (§ 2 Abs. 1 Nr. 1 SGB VII) darstellt.[179] Selbst wenn gleichzeitig eine Versicherung über die Nr. 8 c angenommen werden sollte, so wäre diese im Vergleich zur Beschäftigung nachrangig (§ 135 Abs. 1 Nr. 3 SGB VII).[180] Die gegenteilige Ansicht von Korte[181] ist abzulehnen. Er verneint eine Beschäftigung im Lehrkrankenhaus mit dem Hinweis, dass die Medizinstudierenden keine fremdnützige Arbeitsleistung von wirtschaftlichem Wert erbringen würden, sondern bloß ihre eigene Ausbildung und das persönliche Fortkommen verfolgten, so dass eine Beschäftigung ausscheide. Er verwechselt dabei jedoch zum einen die objektivierte Handlungstendenz (Unterstützung eines fremden Unternehmens) mit dem Motiv zum Tätigwerden (Eigeninteresse an der Ausbildung). Zum anderen prüft er die Voraussetzungen des § 2 Abs. 1 Nr. 1

176 Vgl. dazu Schlaeger SGb 2016, 80 (83 ff.).
177 So BSG 27.11.2018 – B 2 U 15/17 R, UVR 2019, 252 (259); ähnlich zB SG Hamburg 24.9.2013 – S 40 U 243/12, BeckRS 2013, 73812; vgl. auch BSG 20.2.2001 – B 2 U 11/00 R, BeckRS 2001, 40649; vgl. dazu aber auch Ziegler SGb 2019, 563 (565 f.).
178 Vgl. Schwerdtfeger in: Lauterbach, SGB VII, § 2 Rn. 318 d.
179 So zu Recht zB DGUV-Rundschreiben 0235/2014 vom 12.6.2014; ferner Schwerdtfeger in: Lauterbach, SGB VII, § 2 Rn. 322.
180 Vgl. Schlaeger in: BeckOK-SozR, § 135 SGB VII Rn. 2.
181 VSSR 2017, 191 (193 ff.); ihm folgend Bereiter-Hahn/Mehrtens, § 2 SGB VII Rn. 19.7.

SGB VII, § 7 Abs. 2 SGB IV nicht richtig: eine Eingliederung in ein fremdes Unternehmen wird nicht erwähnt, das Erfordernis des Tätigkeitwerdens nach fremden Weisungen wird nur motivbezogen dargestellt und fälschlich eine Entgeltlichkeit der Tätigkeit verlangt, auf die es im Unfallversicherungsrecht aber gar nicht ankommt.[182] Zwar haben dadurch die Krankenhäuser das beitragsrechtliche Risiko zu tragen, profitieren allerdings gleichzeitig von einer umfassenden Haftungsfreistellung (§§ 104 ff. SGB VII, dazu → § 9 Rn. 3).

7. Praxisintegriertes duales Studium

Das duale Studium verbindet die betriebliche Aus- und Weiterbildung oder bisherige Berufstätigkeit mit einem theoretischen Hochschulstudium. Zwischen dem Studierenden und dem Kooperationsbetrieb besteht eine vertragliche Bindung, häufig in Form eines Ausbildungs-, Praktikanten- oder Arbeitsvertrages.[183] 94

In den berufspraktischen Phasen eines praxis- bzw. ausbildungsintegrierten dualen Studienganges gliedert sich der Studierende in den Betriebsablauf des Praktikumsunternehmens ein und ist nach § 2 Abs. 1 Nr. 1 SGB VII versichert.[184]

Demgegenüber besteht für die Studienzeiten Versicherungsschutz nach § 2 Abs. 1 Nr. 8 c SGB VII.[185] Vergütungen oder Bezüge, die gegebenenfalls für die Studienzeiten gezahlt werden, stellen ebenso wenig ein Arbeitsentgelt (§ 14 SGB IV) dar wie etwaige von den Unternehmen übernommene Studiengebühren. Das Gleiche gilt für andere Formen wie das triale Studium.[186] Der Umstand, dass ein **Praktikum nach der einschlägigen Prüfungsordnung** im Rahmen des absolvierten Studiengangs vorgeschrieben ist, vermag allein dessen Zuordnung in den rechtlichen und organisatorischen Verantwortungsbereich der Hochschule nicht zu begründen.[187] Wenn die Wahl der Praktikumsstelle sowie die inhaltliche und organisatorische Ausgestaltung des Praktikums der Hochschule entzogen ist und diese ein konkretes Praktikum nur deshalb genehmigt, um dessen Anerkennung im Sinne der Studienordnung sicherzustellen, muss ein Versicherungsschutz nach Nr. 8 c ausscheiden (→ Rn. 66).[188] Daher sind die meisten Praktika von Studierenden nach § 2 Abs. 1 Nr. 1 SGB VII bei dem für den Praktikumsbetrieb zuständigen Unfallversicherungsträger versichert (→ Rn. 67).

8. Repetitorium, Vorbereitungskurse

Der Besuch eines **universitären Repetitoriums** einschließlich der Teilnahme an den angegliederten Klausurenkursen zur Examensvorbereitung ist nach § 2 Abs. 1 Nr. 8 c SGB VII versichert. 95

---

182 Vgl. zur „richtigen“ Prüfung zB: BSG 14.11.2013 – B 2 U 15/12 R, SozR 4-2700 § 2 Nr. 27.
183 Vgl. das Gemeinsame Rundschreiben „Versicherungsrechtliche Beurteilung von Teilnehmern an dualen Studiengängen“ des GKV-Spitzenverbandes, der Deutschen Rentenversicherung Bund und der Bundesagentur für Arbeit vom 5.7.2010, S. 4.
184 Vgl. DGUV-Rundschreiben 0614/2010 vom 21.12.2010 unter Hinweis auf BSG 1.3.1989 – 2 RU 59/87, SozR 2200 § 539 Nr. 131; ferner Bereiter-Hahn/Mehrtens, § 2 SGB VII Rn. 19.6.
185 Vgl. DGUV-Rundschreiben 0149/2011 vom 21.3.2011; ferner Schwerdtfeger in: Lauterbach, SGB VII, § 2 Rn. 321 d.
186 Vgl. DGUV-Rundschreiben 204/2017 vom 10.5.2017; Bereiter-Hahn/Mehrtens, § 2 SGB VII Rn. 19.6.
187 Vgl. BSG 26.9.1996 – 2 RU 12/96, SGb 1997, 270 (272).
188 Vgl. SG Leipzig 9.2.2011 – S 23 U 4/10 (rk., nv).

Anderes gilt jedoch für den Besuch eines **privatgewerblichen Repetitoriums**, welches im Gegensatz zum universitären Repetitorium nicht in den organisatorischen Verantwortungsbereich der Hochschule fällt, so dass die Teilnehmer nicht als Studierende versichert sind. Allerdings besteht nach diesseitiger Auffassung in der Regel **Versicherungsschutz als Lernende** (§ 2 Abs. 1 Nr. 2 SGB VII) während der beruflichen Aus- und Fortbildung in Betriebsstätten (...) und ähnlichen Einrichtungen. Repetitorien können derartige „ähnliche Einrichtungen" (→ Rn. 75) sein. Dafür ist erforderlich, dass die Aus- und Fortbildung in einem fremden Organisationsbereich an einem bestimmten Ort außerhalb des privaten Bereiches des Lernenden unter fremder Anleitung und Aufsicht sowie unter Benutzung fremder sächlicher Mittel erfolgt.[189] Da die privatgewerblichen Repetitorien Gruppen von Studierenden vor allem zur fachspezifischen Vorbereitung auf Prüfungen dienen und vor allem bei Jurastudenten elementarer Bestandteil der beruflichen Ausbildung sind, sind die Teilnehmer nach § 2 Abs. 1 Nr. 2 SGB VII kraft Gesetzes unfallversichert.[190] Dies gilt sowohl für das Lernen in Gruppen wie auch die Inanspruchnahme von Einzelunterricht bei einem Repetitor.[191] Letzteres gilt jedenfalls dann, wenn das Konzept des Repetitoriums darauf ausgerichtet ist, nicht nur einen Studenten zu unterrichten, sondern mehrere, wenn auch nicht zeitgleich. Denn nur dann handelt es sich noch um eine Einrichtung, die den Zweck hat, einer Mehrzahl von Lernenden zur beruflichen Aus- und Fortbildung zu dienen (→ Rn. 75). Nicht versichert ist hingegen die Teilnahme an Online-Repetitorien, da sich bei diesen das Lernen im Wesentlichen im häuslichen Bereich der Teilnehmer abspielt; dieser ist dem Schutzbereich der gesetzlichen Unfallversicherung insoweit entzogen (→ Rn. 55).

96 Ein nur räumlicher Bezug zur Hochschule vermag für sich genommen keinen Versicherungsschutz zu begründen (→ Rn. 49, 69). Daher besteht etwa bei der **Teilnahme** eines Studenten **an einem privaten Kurs** zur Vorbereitung auf eine Physik-Klausur auch dann kein Versicherungsschutz gemäß § 2 Abs. 1 Nr. 8 c SGB VII, wenn der Kurs in Räumen der Hochschule stattfindet. So liegt der Fall, wenn der Vorbereitungskurs von einem Mitarbeiter des physikalischen Instituts jährlich ein- bis zweimal auf Veranlassung der Fachschaften der verschiedenen Fachrichtungen während der Semesterferien durchgeführt wird, die Teilnehmer an diesen Mitarbeiter eine Gebühr zu entrichten haben und dieser mit der Universitätsverwaltung für die Inanspruchnahme des Hörsaales abzurechnen hat. Denn unter dem Begriff des Studiums an einer Hochschule ist nicht die Tätigkeit in deren Räumen, sondern das Studieren im Organisations- und Verantwortungsbereich der Hochschule zu verstehen.[192]

9. Studentische Selbstverwaltung, Demonstrationen und Streiks

97 Wegen der rechtlichen Selbständigkeit der **studentischen Selbstverwaltung** (→ Rn. 20) können ihre Angebote (zB durchgeführt durch den AStA) **nicht** der **„Hochschule"** im

189 Vgl. BSG 9.12.1976 – 2 RU 5/76, BSGE 43, 60 (63).
190 So zB auch von Koppenfels-Spies in: Eichenhofer/von Koppenfels-Spies/Wenner, SGB VII, § 2 Rn. 31; Ricke in: KassKomm, § 8 SGB VII Rn. 156.
191 Anders wohl Leube ZfS 2007, 363 (364).
192 Vgl. LSG Baden-Württemberg 13.12.1985 – L 4 Kr 2788/84, HVBG-INFO 1986, 404 (408).

Sinne von § 2 Abs. 1 Nr. 8 c SGB VII zugerechnet werden.[193] Dies hat nicht nur Folgen für die Sportangebote des AStA (→ Rn. 91), sondern für alle von der Studierendenschaft organisierten Angebote einschließlich der Mitarbeit im Studierendenparlament, der Mithilfe bei den Wahlen zu ihm, des Engagements in einer Fachschaft etc. Für diese Tätigkeiten muss ein Versicherungsschutz nach § 2 Abs. 1 Nr. 8 c SGB VII ausscheiden, weil die Hochschule keinen hinreichenden Einfluss ausübt bzw. ausüben kann.[194] In Betracht kommen hingegen die Tatbestände des § 2 Abs. 1 Nr. 10 a Alt. 2 (zB Studierendenparlament), § 2 Abs. 1 Nr. 1 bzw. Abs. 2 Satz 1 SGB VII (zB Tätigkeiten für den AStA) bzw. § 3 Abs. 1 Nr. 2 SGB VII.[195]

Gleiches gilt für studentische Zusammenschlüsse (zB Studentenmission e.V.), deren eigenständiges Handeln einer Hochschule nicht zurechenbar ist.[196]

Für die Teilnahme an **Demonstrationen** gilt Folgendes: Ist die Universität (Dekan, 98
Rektor etc) innerhalb seiner Befugnisse Veranstalter, was kaum vorkommen dürfte, dann besteht bei entsprechender, auf die Durchführung des Studiums gerichteter Handlungstendenz ebenfalls Versicherungsschutz.[197]

Demonstrationen, die die Studierendenschaft organisiert, sind demgegenüber unversichert.[198] Ein Streik (zB Bildungsstreik, Streik gegen Studiengebühren, ggf. mit Hörsaalbesetzungen) wird in aller Regel außerhalb des organisatorischen Verantwortungsbereiches der Hochschule stattfinden.

10. Urlaubssemester

Während eines Urlaubssemesters bleiben die Studierenden immatrikuliert; das Ur- 99
laubssemester ist ein Hochschulsemester, für das in der Regel auch der Semesterbeitrag (Sozialbeitrag) fällig wird, stellt jedoch kein Regelstudiensemester dar und wirkt sich damit nicht auf die Regelstudienzeit aus. Für die Dauer des Urlaubssemesters besteht keine Pflicht zur Zahlung von ggf. fälligen Studiengebühren; im Gegenzug darf der Studierende zB nicht am Vorlesungs- und Übungsbetrieb teilnehmen und keine Prüfungen ablegen (Ausnahmen können zB für Mutterschutzzeiten bestehen). Auch eine Vielzahl der Einschreibungsordnungen der Hochschulen sehen in Übereinstimmung mit dem jeweiligen Landesrecht vor, dass eine Exmatrikulation nur möglich ist, sofern die Studierenden das Studium nicht wiederaufnehmen oder sich nicht rückmelden, ohne beurlaubt zu sein. **Da der Studierende eingeschrieben bleibt**, ist er auch bei

193 So zB BSG 4.12.2014 – B 2 U 14/13 R, SozR 4-2700 § 2 Nr. 30; BSG 30.8.2016 – B 2 U 40/16 B, BeckRS 2016, 72945; ferner zB LSG NRW 30.4.2019 – L 15 U 609/17, BeckRS 2019, 9724; SG Mainz 18.6.2018 – S 14 U 45/17, BeckRS 2018, 15423; SG Detmold 8.12.2015 – S 14 U 4/14 (rk., nv).

194 Dies wird von der Mehrzahl der Literatur übersehen, vgl. zB Schwerdtfeger in: Lauterbach, SGB VII, § 2 Rn. 316, 319; Hedermann in: LPK-SGB VII, § 2 Rn. 80; Bieresborn in: jurisPK-SGB VII, § 2 Rn. 193; Riebel in: Hauck/Noftz, SGB VII, K § 2 Rn. 110; Bereiter-Hahn/Mehrtens, § 2 SGB VII Rn. 19.3.

195 Im Ergebnis ebenso zB Ricke in: KassKomm, § 8 SGB VII Rn. 154; Mutschler in: Jahn/Jung, SGB VII, § 2 Rn. 92; Wietfeld in: BeckOK-SozR, § 8 SGB VII Rn. 90; Reyels in: Brall/Kerschbaumer/Scheer/Westermann, § 2 SGB VII Rn. 19.

196 Vgl. auch SG Mainz 18.6.2018 – S 14 U 45/17, BeckRS 2018, 15423 (am Beispiel einer studentischen Vorbereitungsgruppe für eine Halloweenparty).

197 Wagner in: jurisPK-SGB VII, § 8 Rn. 66.

198 Auch dies wird zum Teil übersehen, vgl. zB Wagner in: jurisPK-SGB VII, § 8 Rn. 72; Krasney in: SGB VII-Komm, § 8 Rn. 170.

der hochschulbezogenen Aus- und Fortbildung im organisatorischen Verantwortungsbereich einschließlich der unmittelbaren Wege (zB beim Hochschulsport) unfallversichert (→ Rn. 62).[199]

199 Anders: § 5 Abs. 3 Nr. 9 der Mustersatzung der DGUV, die fälschlicherweise eine Versicherung kraft Gesetzes mangels Immatrikulation verneint und daher eine Versicherung kraft Satzung vorschlägt.

§ 7 Versicherungsfall

I. Allgemeines

Die gesetzliche Unfallversicherung soll Schutz vor Gesundheitsschäden bieten, die der Versicherte **infolge** der versicherten Tätigkeit erleidet. Gemeint sind also gesundheitliche Einbußen, die kausal auf dieser versicherten Tätigkeit beruhen und nicht nur zufällig bei der Verrichtung dieser Tätigkeit entstanden sind. Geschütztes Rechtsgut ist die Erwerbsfähigkeit des Versicherten im Hinblick auf die Risiken, mit denen die versicherte Tätigkeit verbunden ist. Der Begriff „Versicherungsfall" beschreibt insofern das versicherungsrechtliche Wagnis, dessen Verwirklichung Ansprüche aus der Versicherung begründen kann.[1] 1

Während die ebenfalls dem Unfallversicherungsträger obliegende Prävention im Idealfall auf die Verhinderung jeglicher Gesundheitsbeeinträchtigung abzielt, ist auf der Entschädigungsebene zunächst maßgeblich, ob die Voraussetzungen eines Versicherungsfalls vorliegen. Denn nicht jede körperliche Beeinträchtigung, die im naturwis-

1 Vgl. Ricke in: KassKomm, SGB VII § 7 Rn. 1.

senschaftlichen Sinne kausal auf die versicherte Tätigkeit zurückführbar ist, stellt automatisch einen Versicherungsfall dar.[2]

Versicherungsfall im Sinne des SGB VII sind gemäß dessen § 7 Abs. 1 Arbeitsunfälle und Berufskrankheiten.

Die beiden Versicherungsfallarten unterscheiden sich darin, dass beim Arbeitsunfall die Schädigung auf ein punktuelles, zeitlich auf maximal eine Arbeitsschicht (bzw. Schultag) begrenztes Ereignis zurückführbar sein muss.[3] Das Wesen der Berufskrankheit besteht hingegen darin, dass eine schädigende Exposition über eine Vielzahl von Arbeitsschichten allmählich zur Erkrankung führt.[4]

2 Unter **Berufskrankheiten** sind gem. § 9 Abs. 1 SGB VII grundsätzlich solche Erkrankungen zu verstehen, die „nach den Erkenntnissen der medizinischen Wissenschaft durch besondere Einwirkungen verursacht sind, denen bestimmte Personengruppen durch ihre versicherte Tätigkeit in erheblich höherem Maße als die übrige Bevölkerung ausgesetzt sind" und die durch Rechtsverordnung[5] als Berufskrankheit bezeichnet werden. In der Anlage 1 zur BKV sind diejenigen Krankheiten und/oder Expositionen aufgeführt, bei denen unter bestimmten Voraussetzungen ein Kausalzusammenhang wissenschaftlich als nachgewiesen gilt (sogenannte Listen-BK). Ausnahmsweise kann eine nicht aufgeführte Erkrankung wie eine Berufskrankheit (Quasi-Berufskrankheit) gem. § 9 Abs. 2 SGB VII anerkannt werden, wenn sie die Voraussetzungen des § 9 Abs. 1 SGB VII erfüllt, jedoch (noch) nicht in die Liste aufgenommen wurde.

Wesentliches Merkmal der Berufskrankheit ist die sogenannte gruppentypische Risikoerhöhung, dh es genügt nicht, dass die Erkrankung im konkreten Fall medizinisch auf die versicherte Tätigkeit mitursächlich (zum Kausalitätsbegriff → Rn. 8 ff.) zurückzuführen ist. Es muss sich bei der Krankheit vielmehr um die Realisierung eines überindividuell signifikant erhöhten Risikos handeln, aufgrund spezifischer Einwirkungen eben diese Krankheit zu entwickeln.[6]

Beispiel: So ist wissenschaftlich belegt, dass kniebelastende Tätigkeiten, insbesondere in Zwangshaltung wie zB im Untertagebergbau, nach einem längerem Tätigkeitszeitraum zu einem vorzeitigen Verschleiß der Meniski führen können (Berufskrankheit nach Ziffer 2102 der Anlage zur BKV).

Hinweis: In der Praxis wird häufig dann, wenn ein Gesundheitsschaden nicht allein auf ein bestimmtes Unfallereignis zurückzuführen ist, versucht, dies auf eine Reihe von Unfällen zurückzuführen, zB Arthrose des Handgelenks aufgrund wiederholter Stürze. Eine solche Addition einzeln nicht fassbarer Gesundheitsbeeinträchtigungen ist im Recht des Arbeitsunfalls nicht zulässig (nur Auswirkungen eines auf jedenfalls eine Arbeitsschicht begrenzten Ereignisses). Eine Berufskrankheit „mehrfache Stürze

2 BSG 27.4.2010 – B 2 U 13/09 R, SGb 2010, 414.
3 Vgl. BSG 30.5.1985 – 2 RU 17/84, SozR 2200 § 548 Nr. 71; Ziegler in: LPK-SGB VII, § 8 Rn. 146.
4 Ausnahme: Infektionskrankheiten nach Ziffer 3101 der Anlage 1 zur BKV, dazu BSG 2.4.2009 – B 2 U 30/07 R, SGb 2010, 289 ff. mit Anm. Linder.
5 Berufskrankheiten-VO, idR auch abgedruckt in den Kommentierungen zu § 9 SGB VII.
6 Vgl. Schmitt, SGB VII, § 9 Rn. 10 ff.; Ricke in: KassKomm, SGB VII § 9 Rn. 9.

auf die Handgelenke“ existiert aber nicht, schon, weil keine Versichertengruppe denkbar ist, die aufgrund ihrer versicherten Tätigkeit signifikant häufiger als die Normalbevölkerung stürzt und deswegen eine Arthrose entwickelt.

Gleiches gilt auch für mehrere „Verhebetraumata“, denen ein Bandscheibenschaden angelastet wird: Entweder liegt die Voraussetzung der Berufskrankheit 2108 vor (mindestens zehnjährige Hebe- und Tragetätigkeit) oder der Bandscheibenvorfall kann einem einzigen Ereignis kausal zugerechnet werden. Andernfalls liegt ein Versicherungsfall nicht vor.

Die Prüfung des gleichen Lebenssachverhaltes unter dem Aspekt Arbeitsunfall und unter dem Aspekt Berufskrankheit stellt jeweils einen **anderen Streitgegenstand** dar.[7] Da das Recht der Berufskrankheiten einige dem Versicherten günstigere Regelungen enthält, wird der Versicherungsträger dieses Verfahren von sich aus regelmäßig bevorzugt einleiten. Wegen der stark divergierenden Ermittlungserfordernisse werden im Zweifelsfall zwei Feststellungsverfahren durchgeführt und getrennte Bescheide erteilt. Der Versicherte, der meint, sein Unfall/seine Erkrankung sei auch unter dem Aspekt einer Berufskrankheit zu prüfen, sollte dies vorsorglich klar zum Ausdruck bringen und einen entsprechenden Bescheid verlangen.

Schon wegen der Notwendigkeit einer längeren Einwirkung sind Berufskrankheiten im Bereich der Schüler- und Studentenversicherung ein höchst seltenes Phänomen.[8] Es wird zum Teil auch bezweifelt, ob das Recht der Berufskrankheit auf diese Versichertengruppe mangels Berufsausübung überhaupt Anwendung findet.[9] Aus diesem Grund wird im Folgenden nicht weiter auf das Recht der Berufskrankheiten eingegangen.[10]

Ist der Versicherungsfall (im Folgenden: Arbeitsunfall) festgestellt, bedeutet dies nicht 3
automatisch, dass eine Entschädigung zu gewähren ist.

Beispiel: So stellt ein Sturz infolge der versicherten Tätigkeit, der ausschließlich eine Schürfwunde hinterlässt, fraglos einen Arbeitsunfall dar. Eine Schürfwunde wird normalerweise aber folgenlos ausheilen und die Arbeitsfähigkeit sowie die Erwerbsfähigkeit des Versicherten in keiner Weise beeinträchtigen.

Erst ein auf den Arbeitsunfall zurückzuführender, längerfristiger und/oder behandlungsbedürftiger Gesundheitsschaden, der materiellrechtliche Ansprüche des Versicherten gegen den Unfallversicherungsträger auslöst, macht aus dem reinen Versicherungsfall einen sog. **Leistungsfall.** Die Unterscheidung zwischen dem bloßen Versicherungsfall und dem Leistungsfall geht darauf zurück, dass die Rechtsprechung klarge-

7 Für das BK-Recht vgl. BSG 27.6.2006 – B 2 U 77/06 B, SozR 4-1500 § 55 SGG Nr. 4.

8 Im Jahr 2017 gab es bundesweit insgesamt 19.865 bestätigte Berufskrankheitenfälle, davon betrafen jedoch lediglich 39 Fälle die in der Schülerunfallversicherung Versicherten, vgl. DGUV-Rundschreiben 0135/2018 vom 12.4.2018.

9 Offen gelassen in BSG 27.4.2010 – B 2 U 13/09 R, richtigerweise können Versichertengruppen nicht per se ausgeschlossen werden, denn der Wortlaut von § 9 Abs. 1 SGB VII stellt nicht auf eine Berufstätigkeit ab, sondern auf die den Versicherungsschutz begründende Tätigkeit.

10 Einen guten Überblick hierzu bietet insbesondere die Kommentierung des § 9 SGB VII von Becker in: SGB VII-Komm. Zur BKV und zu den einzelnen Berufskrankheiten sei das Standardwerk Mehrtens/Brandenburg, BKV-Kommentar, empfohlen.

stellt hat, dass auch auf die Bescheidung des reinen Versicherungsfalls grundsätzlich ein Anspruch besteht.[11]

Hinweis: In der Praxis werden Fälle, in denen nur Bagatellverletzungen vorliegen und Spätfolgen ausgeschlossen werden können, häufig aus Gründen der Verwaltungsvereinfachung nicht beschieden. Soweit eine Behandlung erfolgt, werden die Kosten oftmals, ohne dass der Versicherte dies bemerkt, übernommen.[12]

Sind jedoch Spätfolgen möglich, sollte auf die Bescheidung auch des gegenwärtig bloßen Versicherungsfalls gedrungen werden.[13] Solche Konstellationen sind insbesondere bei Unfällen kleiner Kinder häufiger: Beim Sturz mit Beteiligung des Milchgebisses kann es zu einer Schädigung der bereits angelegten bleibenden Zähne kommen (sog. Intrusion), die sich erst zeigt, wenn die bleibenden Zähne geschädigt durchbrechen. Gleiches gilt zB bei Verletzungen des Nasenknorpels: Auch hier können Schäden erst Jahre später auftreten. In diesen Fällen empfiehlt es sich, zeitnah zum Unfall Rechtsklarheit zu schaffen und einen entsprechenden Bescheid zu verlangen, um eine mühsame Rekonstruktion des Geschehens Jahre später, wenn der Schaden sichtbar wird, zu vermeiden. Es empfiehlt sich in diesen Fällen, neben dem Bescheid auch die diesen tragenden medizinischen Feststellungen (Gutachten oder Stellungnahme des Beratungsarztes) zu verlangen und so lange gut zu bewahren, bis ein Spätschaden sicher ausgeschlossen ist.

Denn auch dann, wenn die Unterlagen beim Versicherungsträger nicht mehr vorliegen, bleibt der Versicherte grundsätzlich beweislastig.

Dass ein bloßer Versicherungsfall und (noch) kein Leistungsfall vorliegt, ändert aber an den rechtlichen Voraussetzungen, insbesondere an den Beweisanforderungen nichts.

4 § 7 Abs. 2 SGB VII stellt klar, dass **verbotswidriges Handeln** die Anerkennung des Versicherungsfalls nicht ausschließt. Auch derjenige, der sich Anweisungen widersetzt oder ordnungswidrig handelt, steht weiterhin unter dem Schutz der Unfallversicherung. Bei vorsätzlich strafbaren Handlungen kann aber unter den Voraussetzungen des § 101 SGB VII die Leistung gekürzt oder ganz versagt werden. Hat der Versicherte den Unfall absichtlich herbeigeführt oder beruht der Unfall wesentlich auf versicherungsfremden Ursachen (Alkohol, selbstgeschaffene Gefahr), fehlt es aber schon an dem erforderlichen Kausalitätszusammenhang (Unfallkausalität → Rn. 22) zwischen der versicherten Tätigkeit und dem Unfall.[14]

Liegt ein Arbeitsunfall vor, muss der Unfallversicherer für die gesamten Folgen dieses Versicherungsfalls im Rahmen der gesetzlichen Bestimmungen aufkommen. Eine

11 BSG 27.7.1989 – 2 RU 54/88, SozR 2200 § 551 Nr. 35; vgl. auch Ricke in: KassKomm, § 7 Rn. 3.

12 Dass der behandelnde Arzt mit dem Unfallversicherer und nicht mit der Krankenkasse abrechnet, beinhaltet keine Anerkennung des Versicherungsfalls, denn dem Arzt fehlt es an der Verwaltungsaktkompetenz, LSG Bayern 19.5.2016 – L 2 U 121/16 B ER, DGUV-Forum 9/2016, 41 (Kurzwiedergabe).

13 Den Anspruch auf Bescheidung stützt das BSG in jüngerer Zeit auf § 102 SGB VII, vgl. zB BSG 5.7.2011 – B 2 U 17/10 R, SGb 2012, 339 (340); BSG 24.7.2012 – B 2 U 9/11 R, SozR 4-2700 § 8 Nr. 44. Zu Recht kritisch zu dieser Herleitung Ricke in: KassKomm, § 7 Rn. 4 f. und Ulrich SGb 2012, 339 (349).

14 Ziegler in: LPK-SGB VII, § 7 Rn. 7.

Schadensquotelung erfolgt nicht, auch dann nicht, wenn dem privaten Bereich zuzuordnende Ursachen mitursächlich waren (**Alles-oder-Nichts-Prinzip**).[15]

II. Arbeitsunfall (§ 8 Abs. 1 SGB VII)

5 In § 8 Abs. 1 SGB VII findet sich eine **Legaldefinition.** Danach ist ein Arbeitsunfall ein Unfall, den der Versicherte infolge seiner den Versicherungsschutz begründenden Tätigkeit erleidet (Satz 1), wobei Unfälle „zeitlich begrenzte, von außen auf den Körper einwirkende Ereignisse (sind), die zu einem Gesundheitsschaden oder zum Tod führen" (Satz 2).

Diese Definition ist vom Gesetzgeber bewusst offen gehalten worden, weil es kaum möglich ist, der Vielzahl der denkbaren Fallkonstellationen bei einer konkreteren Ausgestaltung gerecht zu werden.[16]

1. Prüfungsschema

6 Das BSG hat sich vor allem ab ca. 2003 erfolgreich um eine dogmatischere Strukturierung bemüht und in die Begriffsverwendung Klarheit gebracht. Es füllt die Definition des Arbeitsunfalls seither wie folgt:

„Für einen Arbeitsunfall ist danach in der Regel erforderlich, dass die Verrichtung des Versicherten zur Zeit des Unfalls der versicherten Tätigkeit zuzurechnen ist (innerer bzw. sachlicher Zusammenhang), diese Verrichtung zu dem zeitlich begrenzten von außen auf den Körper einwirkenden (Unfall-)Ereignis geführt (Unfallkausalität) und das Unfallereignis einen Gesundheitserstschaden oder den Tod des Versicherten verursacht hat (haftungsbegründende Kausalität). Das Entstehen von länger andauernden Unfallfolgen aufgrund des Gesundheitserstschadens (haftungsausfüllende Kausalität) ist keine Voraussetzung für die Anerkennung eines Arbeitsunfalls, sondern für die Gewährung von Leistungen (insbes. Verletztenrente)."[17]

---

15 Bereiter-Hahn/Mehrtens, SGB VII § 7 Rn. 8.
16 Ziegler in: LPK-SGB VII, § 8 Rn. 2.
17 Vgl. zB BSG 20.12.2016 – B 2 U 16/15 R, SozR 4-2700 § 8 Nr. 60; BSG 17.2.2009 – B 2 U 18/07 R, NZS 2010, 47.

Aus dieser Definition lässt sich ein übersichtliches Prüfungsschema[18] ableiten:

1. Versicherte Tätigkeit
↓ innerer/sachlicher Zusammenhang ↓
2. Verrichtung z.Zt. des (Unfall-)Ereignisses
↓ Unfallkausalität ↓
3. (Unfall-)Ereignis
↓ haftungsbegründende Kausalität ↓
4. Gesundheits(erst-)schaden

↓ haftungsausfüllende Kausalität ↓

5. Unfallfolge

Zur Anerkennung eines Ereignisses als Arbeitsunfall ist erforderlich, dass die Voraussetzungen 1.–4. nebst der zwischen diesen Tatbestandsmerkmalen bestehenden, kausalen Verknüpfungen vorliegen. Die Unfallfolge (5.) ist nicht Tatbestandsmerkmal des Versicherungsfalls, sondern des (darüber hinausgehenden) Leistungsfalls (→ Rn. 3).[19]

2. Kausalität und Beweisanforderungen

a) Beweismaßstab und Beweislast

7 Im Feststellungsverfahren und in der Sozialgerichtsbarkeit gilt gem. § 20 SGB X bzw. § 103 SGG der Amtsermittlungsgrundsatz, so dass keine Beweispflicht besteht. Die **objektive Beweislast**, also das Risiko der Beweislosigkeit, trägt aber auch im Unfallrecht derjenige, der aus der zu beweisenden Tatsache ein Recht herleiten will.[20]

Die „äußerlich fassbaren Tatsachen“,[21] also diejenigen Tatsachen, die einem solchen Beweis zugänglich sind, müssen mit an Sicherheit grenzender Wahrscheinlichkeit festgestellt werden (**Vollbeweis**). Voll bewiesen werden müssen also zunächst die Punkte 1.–5., aber auch diejenigen äußerlich fassbaren Tatsachen, auf die sich schließlich die Beurteilung der Wahrscheinlichkeit eines Kausalzusammenhangs stützt.[22]

Eine an Gewissheit grenzende Wahrscheinlichkeit iSd Vollbeweises liegt vor, wenn kein vernünftiger, die Lebensverhältnisse klar überschauender Mensch noch zweifelt. Der Zweifel als Möglichkeit des Gegenteils muss allerdings nicht völlig ausgeschlossen sein.[23]

18 Schema nach Becker MedSach 2010, 145 (147); Becker SGb 2007, 721 (722).

19 Einschränkend für das Recht der Berufskrankheiten BSG 27.6.2017 – B 2 U 17/15 R, dazu kritisch Linder SGb 2018, 475 ff.

20 Vgl. BSG 20.12.2016 – B 2 U 16/15 R, SozR 4-2700 § 8 Nr. 60; BSG 20.3.2007 – B 2 U 27/06 R, NZS 2008, 166 (168); Ziegler in: LPK-SGB VII, § 8 Rn. 31.

21 Begriff von Becker SGb 2007, 721 (722).

22 Vgl. Ziegler in: LPK-SGB VII, § 8 Rn. 18; BSG 24.7.2012 – B 2 U 9/11 R, SozR 4-2700 § 8 Nr. 44, LSG Thüringen 4.4.2018 – L 1 U 715/17, BeckRS 2018, 7189.

23 Becker MedSach 2007, 92 (96).

Für die Kausalitätsverbindungen zwischen diesen Tatbestandsmerkmalen genügt der Beweisgrad der **überwiegenden Wahrscheinlichkeit**. Eine solche auch als hinreichend bezeichnete Wahrscheinlichkeit liegt vor, wenn bei vernünftiger Abwägung aller Umstände die für den Ursachenzusammenhang sprechenden Aspekte derart überwiegen, dass darauf die richterliche Überzeugung gegründet werden kann und ernste Zweifel ausscheiden. Die bloße Möglichkeit eines Kausalzusammenhangs genügt nicht.[24]

Häufig ist zu lesen, dass den **zeitnäheren Angaben ein höherer Beweiswert** zukäme. Einen Rechtssatz dieses Inhalts gibt es nicht.[25] Allerdings muss – schon aus allgemein-logischen Erwägungen – derjenige, der seinen früheren Angaben widerspricht, diesen Widerspruch plausibel begründen, will er nicht unglaubwürdig werden. Die Glaubhaftigkeit widersprüchlicher späterer Angaben kann also aus allgemeinen Wertungsgrundsätzen relativiert sein. Wenn sich die Hergangsschilderung just dann ändert, wenn dem Versicherten bekannt wird, warum – nach der vorangegangenen Schilderung – ein Arbeitsunfall nicht vorliegt, wird er sich dem Vorwurf eines verfahrensangepassten Vortrags ausgesetzt sehen, solange er die abweichenden, früheren Angaben nicht nachvollziehbar erklären kann. Ist die Aussage des Versicherten das einzige Beweismittel für die Prüfung, ob ein Versicherungsfall vorliegt, kann eine so erschütterte Glaubwürdigkeit zur Ablehnung des Versicherungsfalls wegen Beweislosigkeit führen, während bei konstanten, widerspruchsfreien Angaben die Anerkennung auch möglich ist, wenn der Sachverhalt einzig durch die Aussage des Versicherten selbst belegt ist. Jedenfalls entspricht es auch der ständigen Rechtsprechung vieler Landessozialgerichte, dass sog. Erstangaben nach einem Unfallereignis, die ohne Kenntnis der entscheidungserheblichen Rechtsfragen abgegeben werden, häufig von einem höheren Wahrheitsgehalt und damit Beweiswert gekennzeichnet sind.[26]

b) Kausalität

Die Kausalität[27] wird auch im Unfallrecht **zweistufig** geprüft. Auf der ersten Ebene 8
wird geprüft, ob die versicherte Ursache den Schadenseintritt im naturwissenschaftlichen Sinne (mit-)bewirkt hat, auf der zweiten Ebene, ob der wirksam gewordenen, versicherten Ursache der Schadenseintritt auch rechtlich zugerechnet werden kann, weil die versicherte Mitursache „rechtlich wesentlich" ist (Theorie der wesentlichen Bedingung → Rn. 10).

aa) Objektive Kausalität im naturwissenschaftlichen Sinne

Ausgangspunkt der naturwissenschaftlichen Kausalitätsbetrachtung auf der ersten 9
Stufe bildet die „conditio-sine-qua-non"-Formel: Mitursächlich ist eine Bedingung

24 BSG 2.4.2009 – B 2 U 30/07 R, BSGE 103, 45, 47; Krasney in: SGB VII-Komm, § 8 Rn. 327; Ziegler in: LPK-SGB VII, § 8 Rn. 21.

25 Vgl. BSG 11.11.2003 – B 2 U 41/02 R, SozR 4-2700 § 4 Nr. 1.

26 So zB LSG Hessen 24.3.2015 – L 3 U 225/10, WzS 2015, 192; vgl. auch Schlaeger in: BeckOK-SozR, SGB VII § 193 Rn. 2 a ff. mwN.

27 Grundlegend BSG 9.5.2006 – B 2 U 1/05 R, BSGE 96, 196 ff.; BSG 24.7.2012 – B 2 U 9/11 R, SozR 4-2700 § 8 Nr. 44.

dann, wenn sie nicht hinweggedacht werden kann, ohne dass der Erfolgseintritt entfällt.[28]

Danach hat jedoch jedes Geschehen eine Unzahl von Ursachen im naturwissenschaftlichen Sinne. Schon die Geburt des Versicherten ist in diesem Sinne mitursächlich für einen später erlittenen Arbeitsunfall. Um die Ursachenzusammenhänge im obigen Prüfungsschema bejahen zu können, kann schon vor diesem Hintergrund nicht alleinige Verursachung gefordert werden, **Mitursächlichkeit** genügt.

Das BSG hat 2012 klargestellt,[29] dass die Feststellung, dass die versicherte Ursache eine notwendige Bedingung sei, nicht genügt, um die naturwissenschaftliche Kausalität zu bejahen. Vielmehr sei die naturwissenschaftliche (auch „objektive“ oder „faktische“) Kausalität nach dem aktuellen wissenschaftlichen Erkenntnisstand zu beurteilen. Es bedürfe daher eines von der Mehrheit der Wissenschaftler akzeptierten Erfahrungssatzes, dass zB die unfallbedingte Gewalteinwirkung den später festgestellten Gesundheitsschaden auch bewirken kann, also der Hergang nach dem wissenschaftlichen Erkenntnisstand geeignet sein muss, den vorliegenden Gesundheitsschaden mitzuverursachen. Dies wurde auch in der Vergangenheit, allerdings erst auf der zweiten Prüfungsstufe, im Rahmen der rechtlichen Zurechnung berücksichtigt.

Hinweis: Aus den neueren Entscheidungen des BSG zur Kausalität wurde teilweise gefolgert, dass die Kausalitätsprüfung sich wesentlich geändert habe, was auch an dem neuen Begriff der „Wirkursache“ festgemacht wurde.[30] Dem ist nicht so. Letztlich hat das BSG lediglich klargestellt, dass das wissenschaftliche Erfahrungswissen bereits auf der ersten Stufe der Kausalitätsprüfung zu berücksichtigen ist und nochmals betont, dass die zweite Stufe (Prüfung der rechtlichen Wesentlichkeit) eine rein rechtliche Wertung, wenngleich auf der Basis medizinischer Erkenntnisse, ist. Den Begriff der Wirkursache hat das BSG in seiner weiteren Rechtsprechung fallen gelassen; spätestens aber der Aufsatz von Spellbrink[31] hat für Klarheit gesorgt, dass weitergehende Änderungen nicht beabsichtigt waren.

Die Frage, ob es medizinischer Erfahrungssätze zum Ursache-Wirkungszusammenhang gibt, ist ohnehin nur bei komplexeren Sachverhalten prüfungsbedürftig (zB ob eine Diabeteserkrankung auf eine Infektion mit Hepatitis C zurückgeführt werden kann), bei „einfachen“ Unfällen (zB Sturz mit Beinbruch) wird insofern die „conditio“-Formel ohne weitere Vertiefung genügen.

Die Wahrscheinlichkeit der naturwissenschaftlichen Mitursächlichkeit der versicherten Ursache muss **positiv** festgestellt werden, schon auf dieser Ebene ist es also nicht ausreichend, dass lediglich keine Alternativursache bekannt ist (→ Rn. 14).[32]

28 BSG 9.5.2006 – B 2 U 1/05 R, BSGE 96, 196 (199); LSG Thüringen 4.4.2018 – L 1 U 715/17, BeckRS 2018, 7189; Krasney in: SGB VII-Komm, § 8 Rn. 310 a.

29 BSG 24.7.2012 – B 2 U 9/11 R, SozR 4-2700 § 8 Nr. 44.

30 Bultmann SGb 2016, 143 ff.

31 Spellbrink (gegenwärtiger Vorsitzender des Unfallsenats des BSG) SGb 2017, 1 ff.; vgl. auch Spellbrink in: Ruland/Becker/Axer, SRH, § 16 Rn. 97 (Fn. 186): „Insbesondere war mit dem unreflektiert verwandten Begriff der Wirkursache (…) keinerlei Änderung dieses Schemas intendiert“.

32 LSG Hessen 30.1.2018 – L 3 U 51/14, BeckRS 2018, 1839; LSG Hessen 30.11.2018 – L 3 U 225/11, BeckRS 2018, 30823.

Beispiel: Erleidet ein Schüler während des Unterrichts einen Blinddarmdurchbruch, fehlt es an der naturwissenschaftlichen Mitursächlichkeit der versicherten Tätigkeit: Die bloße Teilnahme am Unterricht beeinflusst den rein inneren pathologischen Vorgang normalerweise nicht, denn überragende Ursache eines Blinddarmdurchbruchs ist die vorangehende Entzündung, die auch zB durch körperliche Belastungen (Sportunterricht) nicht signifikant beeinflusst wird. Die Wahrscheinlichkeit lässt sich auch nicht dadurch konstruieren, dass unbekannt bleibt, weshalb es zu der Erkrankung kommt. Was beim Blinddarmdurchbruch noch unmittelbar einleuchtet, gilt jedoch genauso zB für Herzinfarktgeschehen. Auch hier kommt es nicht darauf an, ob eine Alternativursache bekannt und „wahrscheinlicher" ist als die Unterrichtsteilnahme, maßgeblich bleibt, ob feststellbar ist, dass die versicherte Ursache mit Wahrscheinlichkeit zum Schadenseintritt beigetragen hat.

Gedanklich kann unterschieden werden zwischen einem echten **multifaktoriellen Geschehen**

Beispiel: Stolpern über ein Kabel bei bestehender Kniegelenksinstabilität, beides führt gemeinsam zu Sturz

und einer **Konkurrenzursache.**

Beispiel: Sturz infolge eines „Zuckerschocks" oder Kreislaufkollapses während der versicherten Tätigkeit

Mitursächlichkeit scheidet bei einer echten Konkurrenzursache logischerweise aus. Allerdings ist zu beachten, dass dann, wenn der Unfall einer solchen inneren Ursache (vertiefend → Rn. 14, 20) angelastet wird, der Unfallversicherer die Beweislast dafür trägt, dass eine solche vorlag und wirksam geworden ist.

Bei der echten Mitursächlichkeit hingegen ist auch der versicherte Ursachenbeitrag wirksam geworden. Nur wenn die versicherte Ursache mit Wahrscheinlichkeit mitursächlich im naturwissenschaftlichen Sinne für den Schadenseintritt geworden ist, ist die weitere Prüfung überhaupt erforderlich.

bb) Theorie der wesentlichen Bedingung

Steht die Mitursächlichkeit der versicherten Ursache im naturwissenschaftlichen Sinne fest, werden die Ursachenzusammenhänge nach der vom BSG entwickelten Theorie der wesentlichen Bedingung beurteilt.[33] Dabei handelt es sich – ähnlich wie bei der zivilrechtlichen Adäquanztheorie – um ein gedankliches Konstrukt, um den Eintritt eines Schadens rechtlich einer bestimmten (Mit-)Ursache zurechnen zu können. Im Unterschied zur Adäquanztheorie, die auf eine generelle Geeignetheit den Schaden zu verursachen abstellt, zeichnet sich die Theorie der wesentlichen Bedingung durch einen manchmal schwierig zu füllenden, einzelfallbezogenen Ansatz aus. Da es sich also um eine Zurechnungstheorie handelt, stellt ihre Anwendung eine **juristische** Wertung dar, denn ihr Kernbegriff – der der wesentlichen Bedingung – ist ein Rechtsbegriff.[34] 10

33 Dazu grundlegend: Becker MedSach 2007, 92 ff.

34 BSG 24.7.2012 – B 2 U 9/11 R, SozR 4-2700 § 8 Nr. 44; BSG 18.6.2013 – B 2 U 10/12 R, SozR 4-2700 § 8 Nr. 47; LSG NRW 18.10. 2017 – L 10 U 453/17, BeckRS 2017, 131129; vgl. auch Krasney in: SGB VII-Komm, § 8 Rn. 311.

11 Zu beachten ist, dass für das unfallrechtliche Verfahren allein streitentscheidend ist, ob die versicherte Ursache „rechtlich wesentlich“ ist. Kann die rechtliche Wesentlichkeit der versicherten Ursache nicht festgestellt werden, ist für die unfallrechtliche Prüfung unerheblich, welche der unversicherten Mitursachen rechtlich wesentlich sind. Es geht im unfallrechtlichen Verfahren nicht darum, eine Krankheitsursache zu identifizieren, sondern allein darum, zu prüfen, ob und welche Folgen der Versicherungsfall verursacht hat.

Wird der versicherten Ursache die Wesentlichkeit zuerkannt, bleiben in der Endbeurteilung die unversicherten Mitursachen als rechtsunerheblich außer Betracht.[35]

Hierauf gründet sich das bereits oben (→ Rn. 4) angesprochene **Alles-oder-Nichts-Prinzip** der Unfallversicherung: Ist der Gesundheitsschaden (auch) rechtlich wesentlich auf die versicherte Ursache zurückgeführt, wird der gesamte Gesundheitsschaden als Folge des Arbeitsunfalls anerkannt, eine Quotelung nach Verursachungsanteilen findet nicht statt.[36]

12 Als rechtserheblich im Sinne der Theorie der wesentlichen Bedingung gilt diejenige Mitursache, die „wegen ihrer besonderen Beziehung zum Erfolg zu dessen Eintritt wesentlich mitgewirkt“ hat, wobei diese besondere Beziehung zum Erfolg aus der „Auffassung des praktischen Lebens“ abzuleiten ist.[37]

Trotz erheblicher Kasuistik bereitet es Schwierigkeiten, den Entscheidungen brauchbare, allgemeingültige Kriterien zur Ausfüllung der Begrifflichkeit zu entnehmen.

Der Aufgabe einer Strukturierung hat sich *Becker* in seinem bereits zitierten Aufsatz angenommen, indem er die in der Rechtsprechung bereits aufgestellten Aspekte zusammenfasst und ihnen abstrakte Kriterien zur Seite stellt:[38]

- Es kann mehrere rechtserhebliche Ursachen geben.[39]
- Wesentlich bedeutet **nicht gleichwertig** oder annähernd gleichwertig. Auch eine nicht annähernd gleichwertige, sondern rechnerisch verhältnismäßig niedriger zu bewertende Ursache kann für den Erfolg rechtlich wesentlich sein, solange die andere Ursache keine überragende Bedeutung hat.[40]
- Zu berücksichtigen ist die **Stärke** (zB Intensität der Gewalteinwirkung) und die **Art** (zB willkürlicher oder unwillkürlicher Ablauf, Häufigkeit des Arbeitsvorgangs) der Ursache.[41]
- Der **zeitliche Ablauf**, die Vorgeschichte und die weitere Entwicklung können Anhaltspunkte für die Bewertung eines Ursachenbeitrags bieten: So kann aus dem

35 LSG Baden-Württemberg 28.9.2018 – L 8 U 1128/17, BeckRS 2018, 25094; LSG Baden-Württemberg 12.11.2009 – L 10 U 3951/08, UVR 2010, 210 (216); LSG Bayern 6.11.2017 – L 3 U 52/15, NZA 2018, 96; Ricke in: KassKomm, SGB VII § 8 Rn. 4 c.

36 Bereiter-Hahn/Mehrtens, SGB VII § 7 Rn. 8.

37 Grundlegend: BSG 9.5.2006 – B 2 U 1/05 R, BSGE 96, 196 ff.; Bereiter-Hahn/Mehrtens, SGB VII § 8 Rn. 8.1.2.

38 Becker MedSach 2007, 92 (93): Die Auflistung ist den dortigen Ausführungen entnommen.

39 Dazu Ricke in: KassKomm, SGB VII § 8 Rn. 14 mwN.

40 BSG 9.5.2006 – B 2 U 1/05 R, BSGE 96, 196 (199 f.); Ziegler in: LPK-SGB VII, § 8 Rn. 13; ausführlich auch Krasney in: SGB VII-Komm, § 8 Rn. 314 mwN.

41 Becker MedSach 2007, 92 (94).

dokumentierten Erstbefund oder auch aus der Tatsache, dass der Versicherte keine ärztliche Hilfe in Anspruch nahm, auf die Bedeutung der Ursache (in begrenztem Ausmaß) rückgeschlossen werden.[42]

- Die „Auffassung des praktischen Lebens“ sei bei der Methode zur Feststellung der wesentlichen Ursache zu beachten: Gefordert wurde an dieser Stelle eine Beurteilung auf der Grundlage **wissenschaftlich fundierter Erfahrungssätze.**[43] Dieser Aspekt ist nach der aktuellen Rechtsprechung des BSG und der Instanzgerichte nun (auch) bereits im Rahmen der naturwissenschaftlichen (objektiven) Kausalität zu berücksichtigen.[44] Das überzeugt insofern, als der wissenschaftliche Erkenntnisstand heranzuziehen ist, wenn es gilt, eine Beeinflussung auf faktischer Ebene (Ursache-Wirkungszusammenhang) zu prüfen.

Nach der jüngeren Rechtsprechung ist im Rahmen der Wesentlichkeitsprüfung auch der Schutzzweck der Norm zu beachten, dh der (letztlich) durch die versicherte Verrichtung mitbewirkte Schaden muss rechtlich auch unter Würdigung unversicherter Mitursachen als Realisierung einer in den Schutzbereich der begründeten Versicherung fallenden Gefahr bzw. eines dort versicherten Risikos zu bewerten sein.[45] Nützen tut dieses „neue“ Kriterium jedoch faktisch wenig: Solche Aspekte, die außerhalb des „Schutzzwecks der Norm“ liegen, werden idR anhand der einzelnen Tatbestandsmerkmale (im Einzelnen → Rn. 16 ff.) dogmatisch wesentlich klarer ausgeschieden; eine klare Grenzziehung ist anhand dieses Kriteriums darüber hinaus kaum möglich.[46]

(1) Abwägung einer Vorerkrankung gegenüber dem Unfall

Verhältnismäßig klar ist die Anwendung dieser Abwägungskriterien dann, wenn es 13
gilt, den Ursachenbeitrag einer **bestehenden Vorschädigung** (Schadensanlage oder bereits manifeste Vorerkrankung) gegenüber demjenigen eines Unfallereignisses zu bewerten. Denn nicht nur, dass sich die meisten einschlägigen Urteile mit dieser unten (→ Rn. 24) zum Stichwort Gelegenheitsursache ausführlicher angesprochenen Thematik befassen, es stehen sich in dieser Konstellation auch zwei zumindest in der Retrospektive bekannte Ursachen gegenüber, die im Vergleichswege bewertet werden können. Der in diesem Zusammenhang häufig zitierte Grundsatz, dass jeder in dem Zustand versichert ist, in dem er sich vor dem Unfall befand, bezieht sich allein auf die Tatsache, dass die Erwerbsfähigkeit des Versicherten vor dem Unfall regelmäßig mit 100 % anzusetzen ist (→ § 8 Rn. 32). Hieraus kann aber nicht gefolgert werden,

---

42 Becker MedSach 2007, 92 (94 f.).

43 Becker MedSach 2007, 92 (94): Auch wenn die Entscheidung einzelfallbezogen zu treffen ist und es also nicht darauf ankommt, wie der (hypothetische) Verlauf beim Durchschnittsversicherten erfolgt wäre, ist es doch Voraussetzung, dass es wissenschaftliche Erkenntnisse über den Ursachenzusammenhang zwischen bestimmten Ereignissen und bestimmten Erkrankungen bzw. Verletzungsmustern gibt.

44 BSG 24.7.2012 – B 2 U 9/11 R, SozR 4-2700 § 8 Nr. 44; BSG 13.11.2012 – B 2 U 19/11 R, SozR 4-2700 § 8 Nr. 46.

45 BSG 24.7.2012 – B 2 U 9/11 R, SozR 4-2700 § 8 Nr. 44; BSG 13.11.2012 – B 2 U 19/11 R, SozR 4-2700 § 8 Nr. 46; vgl. auch LSG Bayern 29.6.2017 – L 17 U 338/15, BeckRS 153244.

46 Vgl. zB Schlaeger jurisPR-SozR 24/2012 Anm. 3; Mutschler NZS 2014, 647 (650). Keller in: Hauck/Noftz, SGB VII, K § 8 Rn. 18.

dass etwa vorhandene Vorschäden im Rahmen der Wesentlichkeitsprüfung unbeachtlich seien.[47]

Bei der Abwägung einer Krankheitsanlage mit dem Ursachenbeitrag eines Unfalls soll darauf abgestellt werden, ob die Krankheitsanlage so leicht ansprechbar war, dass die Auslösung akuter Erscheinungen aus ihr nicht besonderer, in ihrer Art unersetzlicher äußerer Einwirkungen bedurfte, sondern dass auch jedes andere alltäglich vorkommende Ereignis etwa zur selben Zeit die Erscheinung ausgelöst hätte.[48]

Beispiel: Bei einer Patellaluxation (Herausspringen der Kniescheibe) bei massiver Fehlbildung der Kniescheibe genügt in diesem Sinne jede alltäglich vorkommende Belastung, wenn nämlich nach wissenschaftlicher Erkenntnis bereits Tätigkeiten wie schnelles Treppensteigen den Schaden hätten auslösen können.

Bei der Frage, was alltäglich vorkommende Ereignisse sind, ist auf die individuelle Person des Verletzten abzustellen: Während schnelles Laufen oder Ballspiele bei Kindern sicher alltäglich sind, dürfte dies für eine Seniorin nicht unbedingt gelten.

(2) Versicherte Ursache als einzig bekannter Kausalbeitrag

14 Die Beurteilung gestaltet sich aber dann (noch) schwieriger, wenn eine Alternativ- oder Mitursache auch im Nachhinein nicht feststellbar ist. Auch in diesem Falle ist die versicherte Ursache jedoch einem Bewertungsprozess zu unterziehen, denn die Wertung, dass das Unfallereignis wesentlich für den Gesundheitsschaden war, ist als anspruchsbegründende Voraussetzung **positiv festzustellen.**[49]

Da eine unversicherte (Mit-)Ursache nicht bekannt ist, kann die Abwägung nicht auf einen Vergleich der Verursachungsbeiträge gestützt werden. Dessen ungeachtet ist die dann allein bekannte versicherte Ursache nach den oben genannten Kriterien zu bewerten, denn es gibt keine Beweisvermutung, dass dann, wenn andere Ursachen nicht feststellbar sind, automatisch die bekannte, versicherte Ursache auch die wesentliche Ursache ist, denn dies würde letztlich eine (unzulässige) Beweislastumkehr darstellen.[50] Gerade dabei wird ein verstärkter Rückgriff auf die oben genannten wissenschaftlich fundierten Erfahrungssätze unvermeidbar sein, auch wenn das Kriterium der generellen Geeignetheit eines Unfallgeschehens abstrakt teilweise abgelehnt wurde.[51]

In diesem Zusammenhang wird von Versichertenseite immer wieder verlangt, wenn das Unfallereignis nicht als kausal gesehen wird, die wahre Ursache der Beschwerden

---

47 Becker MedSach 2007, 92 (95).

48 LSG Bayern 6.11.2017 – L 3 U 52/15, NZA 2018, 96; LSG Baden-Württemberg 16.4.2010 – L 8 U 5043/98, UVR 2010, 581 (587) mwN; Bereiter-Hahn/Mehrtens, SGB VII § 8 Rn. 9.3.1 mwN, vgl. auch Ricke in: KassKomm, SGB VII § 8 Rn. 27f.

49 Grundlegend: BSG 9.5.2006 – B 2 U 1/05 R, BSGE 96, 196ff; sa LSG Hessen 30.1.2018 – L 3 U 51/14,BeckRS 2018, 1838; LSG Baden-Württemberg 28.9.2018 – L 8 U 1128/17, BeckRS 2018, 25094; LSG Baden-Württemberg 16.4.2010 – L 8 U 5043/98, UVR 2010, 581 (587) mwN; Ricke in: KassKomm, SGB VII Vor § 26 Rn. 5f.; Becker MedSach 2007, 92 (96).

50 Vgl. BSG 17.12.2015 – B 2 U 8/14 R, SozR 4-2700 § 8 Nr. 55; BSG 9.5.2006 – B 2 U 1/05 R, BSGE 96, 196 (202); Becker MedSach 2007, 92 (96).

51 Dazu LSG Baden-Württemberg 12.11.2009 – L 10 U 3951/08, UVR 2010, 210 (219); vgl. auch BSG 27.6.2006 – B 2 U 20/04, SGb 2007, 503; anders und strikt am medizinischen Erfahrungswissen orientiert die neuere Rechtsprechung, insbesondere BSG 24.7.2012 – B 2 U 9/11 R, SozR 4-2700 § 8 Nr. 44; sa LSG Bayern 6.11.2017 – L 3 U 52/15, BeckRS 2017, 134463 mwN.

zu benennen. Genau das ist aber nicht Aufgabe des Feststellungsverfahrens (oder des nachfolgenden Klageverfahrens): Oft genug ist die tatsächliche Ursache gerade bei ungewöhnlichen Krankheitsverläufen nicht zu ermitteln. Ein Gesundheitsschaden „unklarer Genese" geht aber eben nicht mit überwiegender Wahrscheinlichkeit auf den Unfall zurück. Daran ändert auch der Hinweis auf Beschwerdefreiheit vor dem Unfall nichts, denn der bloß zeitliche Zusammenhang indiziert keineswegs auch einen kausalen Zusammenhang.[52] Deshalb genügt es im Rahmen des Feststellungsverfahrens, wenn festgestellt wird, ob das Unfallereignis wesentliche Ursache des Gesundheitsschadens ist oder nicht.

Beispiel:[53] Ein Jugendlicher bricht bei einem „gemächlichen" Trainingslauf der Schule mit Kammerflimmern zusammen. Im Krankenhaus wird ein Gefäßverschluss festgestellt, eine vorbestehende Herzerkrankung konnte nicht festgestellt werden.

Hier wird der Trainingslauf zwar zu einer gewissen niederschwelligen Belastung des Herz-Kreislauf-Systems geführt haben, einen Gefäßverschluss aber kann eine solche Belastung nach dem medizinischen Erkenntnisstand nicht verursachen, wenn nicht weitere (hier unbekannte) Ursachen hinzutreten. Joggen stellt für einen durchtrainierten Jugendlichen jedoch eine alltägliche Belastung dar, dem – trotz Fehlens einer benennbaren Alternativursache – unter Berücksichtigung der Gesamtumstände nicht die rechtliche Wesentlichkeit für den erlittenen Verschluss des Herzgefäßes zuerkannt werden kann.

Klar zu trennen von dieser Problematik ist die Frage einer **inneren Ursache**. Ist für das Unfallgeschehen nicht ein versichertes, von außen einwirkendes Ereignis kausal geworden, sondern ein körperimmanenter, innerer Vorgang, liegt ein Arbeitsunfall nicht vor.[54] Bei der inneren Ursache handelt es sich also um eine Alternativ- bzw. Konkurrenzursache zum Ursachenbeitrag der versicherten Tätigkeit, die der Unfallversicherer zu beweisen hat. Demgegenüber drückt die Gelegenheitsursache nur aus, dass der so bezeichnete versicherte Ursachenbeitrag rechtlich nicht wesentlich ist.[55]

Zusammenfassend hat das BSG inzwischen erfolgreich eine dogmatische Klärung 15
auch der Zusammenhangsfragen angestrebt. Alle Versuche einer Strukturierung können aber nicht darüber hinwegblenden, dass Kausalitätsentscheidungen schon wegen des einzelfallbezogenen Ansatzes der Theorie der wesentlichen Bedingung weiterhin stark kasuistisch geprägt bleiben und eine Einschätzung des Prozessausgangs, wenn es um komplexe Zusammenhangsfragen geht, gelegentlich schwierig bleibt. Eine ausgeprägte Kasuistik bleibt schon deswegen notwendig, da sie allein der Vielfalt des (Arbeits-)Lebens Rechnung trägt.[56]

52 LSG Thüringen 4.4.2018 – L 1 U 715/17, BeckRS 2018, 7189.
53 Nach LSG NRW 18.1.2011 – L 15 U 40/06 (rk., nv).
54 LSG Baden-Württemberg 14.12.2018 – L 8 U 4654/17, DGUV-Forum 3/2019, 41; LSG Baden-Württemberg 16.4.2010 – L 8 U 5043/09, UVR 2010, 581 (588).
55 Zum Verhältnis innere Ursache/Gelegenheitsursache vgl. LSG Baden-Württemberg 12.11.2009 – L 10 U 3951/08, UVR 2010, 210 (221).
56 Bereiter-Hahn/Mehrtens, SGB VII § 8 Rn. 7.

3. Tatbestandsmerkmale im Einzelnen

16 Im Folgenden sollen die Punkte des oben (→ Rn. 6) dargestellten Prüfungsschemas einzeln unter Berücksichtigung der vorangegangenen Darlegung der Kausalitäts- und Beweismaßstäbe erläutert werden.

a) Versicherte Tätigkeit

17 Zunächst ist zu prüfen, ob der Verletzte zu den nach dem SGB VII versicherten Personen gehört. Versicherte Tätigkeit meint dabei diejenige Tätigkeit, die nach § 2 (§§ 3, 6) SGB VII den Versicherungsschutz begründet. Dieser Prüfungspunkt ist bei Schülern etc zumeist unproblematisch zu bejahen (vgl. Kapitel 2–6). Ausgeschieden werden hier generell unversicherte Tätigkeiten (zB bei Versicherungsfreiheit nach § 4 SGB VII).

Aus der Feststellung, welche den Versicherungsschutz grundsätzlich begründende Tätigkeit dem Geschehen zugrunde liegt, lässt sich auch ableiten, welcher Unfallversicherungsträger zuständig ist.[57]

Beispiel: Ein Schüler verunglückt beim Nebenjob auf dem Bau: Zuständig ist nicht der für die Schule zuständige Träger, sondern die Berufsgenossenschaft für Bauwirtschaft.

b) Verrichtung zum Unfallzeitpunkt und innerer Zusammenhang

18 Besteht grundsätzlich Versicherungsschutz, ist im nächsten Prüfungsschritt zu fragen, ob die Verrichtung im Unfallzeitpunkt, also die konkret zu diesem Zeitpunkt ausgeführte Tätigkeit, der versicherten Tätigkeit zuzurechnen ist (sachlicher oder innerer Zusammenhang).

Denn auch wenn zB grundsätzlich Versicherungsschutz als Schüler besteht, sind nicht alle dem Schulbesuch dienlichen Tätigkeiten versichert, unversichert ist beispielsweise die Anfertigung von Hausarbeiten im häuslichen Bereich (nicht innerhalb des organisatorischen Verantwortungsbereichs der Schule, vgl. → § 5 Rn. 61).

Auch in der allgemeinen Unfallversicherung nach § 2 Abs. 1 Nr. 1 SGB VII steht der Erwerbstätige nicht während seines gesamten Arbeitstages unter Versicherungsschutz, sondern nur insofern, als er tatsächlich derjenigen Tätigkeit nachgeht, die der Gesetzgeber unter Versicherungsschutz stellen wollte. Die Unfallversicherung ist eine Tätigkeitsversicherung, keine Statusversicherung, ein Betriebsbann ist ihr fremd (Ausnahme: Schifffahrt).[58] Daher ist es erforderlich, die **genaue Verrichtung** im Unfallzeitpunkt zu erfragen. Verrichtung ist dabei jedes konkrete Handeln des Verletzten, das objektiv von Dritten beobachtet werden kann. Es muss subjektiv zumindest auch auf die Erfüllung des jeweiligen Versicherungstatbestandes ausgerichtet sein.[59] Ob diese Verrichtung noch innerhalb der Grenze liegt, bis zu der nach dem Gesetz der Unfallversicherungsschutz reicht, ob sie also in einem inneren Zusammenhang zu der den

---

57 Hierbei können sich auch Konkurrenzprobleme ergeben, vgl. zB BSG 18.3.2008 – B 2 U 12/07 R, SGb 2009, 422 ff. mit Anm. Mülheims.

58 BSG 18.11.2008 – B 2 U 27/07 R, SGb 2009, 681 (684); Becker SGb 2007, 721 (722); Ziegler in: LPK-SGB VII, § 8 Rn. 39.

59 BSG 24.7.2012 – B 2 U 9/11 R, SozR 4-2700 § 8 Nr. 44.

Versicherungsschutz begründenden Tätigkeit steht, stellt eine wertende Entscheidung dar.[60]

Abgrenzungskriterium ist dabei die sogenannte **Handlungstendenz**, ob also der Versicherte eine dem Beschäftigungsbetrieb dienende Tätigkeit ausüben wollte und ob dies durch die objektiven Umständen des Einzelfalls bestätigt wird.[61] Da wie oben in §§ 2–5 gezeigt, der Besuch von Bildungseinrichtungen im Grunde immer wesentlich eigenwirtschaftlich erfolgt, wird in der Schülerunfallversicherung das Kriterium der Handlungstendenz weitgehend durch die Prüfung ersetzt, ob eine Verrichtung noch im organisatorischen Verantwortungsbereich der Einrichtung (Schule, Hochschule etc) verrichtet wird.

Unversichert ist grundsätzlich alles, was der rein privaten Sphäre zuzurechnen ist, also zB das Aufsuchen einer „Raucherecke", Verrichtung der Notdurft, privates Kopieren etc Unversichert sind auch bloße Vorbereitungshandlungen wie zB Aufstehen, Ankleiden, Kauf einer Monatskarte,[62] denn hier wird regelmäßig (aber nicht stets) kein hinreichender innerer, zeitlicher und örtlicher Zusammenhang mit der versicherten Tätigkeit bestehen.[63]

Bei der Prüfung des sachlichen Zusammenhangs ist bei **Kindern** in der Tagespflege bzw. in Tageseinrichtungen zu beachten, dass es ua ratio legis des dieser Gruppe gewährten Versicherungsschutzes ist, die für die Erwerbstätigkeit der Eltern erforderliche Betreuung zu fördern. Aus diesem Grund und wegen des Alters der Versicherten sind eigenwirtschaftliche und damit unversicherte Handlungen praktisch nicht vorstellbar. Hier ist daher ggf. auch die Nahrungsaufnahme und der Toilettengang versichert (vertiefend → § 2 Rn. 48, 61, → § 3 Rn. 74).[64]

Bei der Frage, ob die Verrichtung im Zeitpunkt des Unfalls der versicherten Tätigkeit 19
zugerechnet werden kann, können Zweifelsfälle auftreten. Insbesondere sei hier das Phänomen der sogenannten gemischten Tätigkeit und der gemischten Motivation genannt.[65] Eine **gemischte Tätigkeit** liegt vor, wenn zwei Verrichtungen untrennbar gleichzeitig ausgeübt werden, eine der Verrichtungen der versicherten Tätigkeit zugerechnet werden kann, die andere aber eigenwirtschaftlich ist.[66] Eine **gemischte Motivation** (gespaltene Handlungstendenz) liegt vor, wenn mit einer Verrichtung zwei verschiedene Handlungstendenzen (eine dem Unternehmen dienende und eine eigenwirtschaftliche) verfolgt werden.[67]

In beiden Fällen ist zu fragen, ob die konkrete unfallbringende Verrichtung auch dann vorgenommen worden wäre, wenn der eigenwirtschaftliche Zweck entfallen

60 BSG 13.12.2005 – B 2 U 29/04 R, SGb 2007, 46; Schmitt, SGB VII, § 8 Rn. 11.
61 BSG 9.11.2010 – B 2 U 14/10 R, UVR 2011, 115 (120); Becker SGb 2007, 721 (724), auch vertiefend zum inneren Zusammenhang und zur Handlungstendenz mit Rechtsprechungsnachweisen: Ricke in: KassKomm, SGB VII § 8 Rn. 10 ff.
62 BSG 26.6.1958 – 2 RU 30/56, BSGE 7, 255 (256 f.).
63 Vgl. dazu BSG 28.4.2004 – B 2 U 26/03 R, NZS 2005, 491 (492 f.) mwN.
64 Ziegler in: LPK-SGB VII, § 8 Rn. 60.
65 Vertiefend dazu Spellbrink WzS 2011, 351 ff.
66 Ricke in: KassKomm, SGB VII § 8 Rn. 44; dazu und zur unwesentlichen Unterbrechung sa zB BSG 12.4.2005 – B 2 U 11/04 R, SGb 2006, 166 ff. mit Anm. Ricke.
67 BSG 9.11.2010 – B 2 U 14/10 R, UVR 2011, 115 (121).

wäre.[68] Wesentlich ist insofern die Klarstellung des BSG, dass die rein hypothetische Annahme, der Versicherte hätte ohne den privaten Zweck zwar nicht dieselbe, aber eine ähnliche Verrichtung ausgeübt, nicht genügt.[69] In diesen Fällen wäre nämlich die tatsächlich ausgeübte Verrichtung gerade entfallen und – ggf. – durch eine andere ersetzt worden. Dann ist aber die tatsächlich ausgeübte, unfallbringende Verrichtung rechtlich wesentlich (zur Wesentlichkeitstheorie → Rn. 10 ff.) allein durch die eigenwirtschaftliche Zwecksetzung geprägt und der Versicherungsschutz entfällt.

Zu beachten ist schließlich, dass § 8 Abs. 2 SGB VII den Begriff der versicherten Tätigkeit auch auf bestimmte Wege (insbesondere Nr. 1: unmittelbarer Weg von und zum Ort der Tätigkeit) ausdehnt (Wegeunfälle, → Rn. 28 ff.).

c) Unfallereignis und Unfallkausalität

20 Das eigentliche Unfallereignis ist **definiert** als zeitlich begrenztes, von außen auf den Körper einwirkendes Ereignis. Nach der Rechtsprechung des BSG ist zur Annahme eines solchen Ereignisses kein besonderes Geschehen zu fordern: Stolpern über die eigenen Füße etc genügt. Zugespitzt ausgedrückt sieht die Rechtsprechung bereits im Aufkommen des Fußes auf den Boden eine äußere Einwirkung.[70]

Denn das Kriterium einer Einwirkung von außen dient vor allem der **Abgrenzung** gegenüber Ereignissen aus innerer Ursache[71] und infolge vorsätzlicher Selbstschädigung.[72]

Beispiel aus → Rn. 9: Ein Schüler erleidet während des Unterrichts einen Blinddarmdurchbruch. Zweifelsfrei liegt ein Gesundheitsschaden vor, jedoch kein Unfall: Der Durchbruch wird allein aus einem inneren pathologischen Vorgang verursacht, eine äußere Einwirkung fehlt.

Stürzt der Schüler in dieser Situation vor Schmerz zu Boden, ist Ursache dieses Sturzes nicht die versicherte Teilnahme am Unterricht, sondern die innere Ursache.

21 Ein Unfallereignis zeichnet sich weiter dadurch aus, dass es zeitlich begrenzt ist. Als **maximale zeitliche Grenze** gilt hier der Zeitumfang einer Arbeitsschicht (bzw. eines Schultages).[73] Im Normalfall ist dieses Kriterium nicht problematisch, denn die meisten als Unfall angeschuldigten Ereignisse treten punktuell auf. Bei bestimmten Erkrankungen ist dieses Kriterium aber notwendig, um eine Berufskrankheit von einem Arbeitsunfall zu unterscheiden. So kann eine Lärmschwerhörigkeit entweder auf einen erhöhten Dauerlärmpegel zurückzuführen sein oder aber auf ein singuläres Ereignis (Knalltrauma).

---

68 Ricke in: KassKomm, SGB VII § 8 Rn. 44; vgl. auch BSG 9.11.2010 – B 2 U 14/10 R, UVR 2011, 115 (121).

69 BSG 9.11.2010 – B 2 U 14/10 R, UVR 2011, 115 (121 f.) für einen Weg, bei dessen Zurücklegung der Versicherte gleichzeitig den nächsten Einsatzort erreichen und sein Krad nach Hause verbringen wollte: Ohne den eigenwirtschaftlichen Zweck wäre der Versicherte diesen Weg so nicht gefahren. Dass er die Unfallstelle vermutlich auch ohne den privaten Zweck – wenngleich anders (Verkehrsmittel, Zeitpunkt, Startpunkt) – passiert hätte, ist hypothetisch und unbeachtlich.

70 Vgl. Becker SGb 2012, 691 (692). Kritisch und zur inneren Ursache: LSG Baden-Württemberg 16.4.2010 – L 8 U 5043/09, UVR 2010, 581 (586) mwN; vgl. auch Ricke in: KassKomm, SGB VII § 8 Rn. 24.

71 Becker MedSach 2010, 145 (148); Ricke in: KassKomm, SGB VII § 8 Rn. 25.

72 Ausführlich dazu Krasney in: SGB VII-Komm, § 8 Rn. 12.

73 Vgl. BSG 30.5.1985 – 2 RU 17/84, SozR 2200 § 548 Nr. 71; Ziegler in: LPK-SGB VII, § 8 Rn. 146.

Des Weiteren ist aus dem Kriterium der zeitlichen Begrenztheit eines Unfallereignisses abzuleiten, dass eine Addition nicht objektivierbarer Kleinstschäden (Mikroverletzungen) aus mehreren Ereignissen nicht zulässig ist.

Vgl. Beispiel aus → Rn. 2: Mehrere Stürze auf das Handgelenk stellen jeweils eigenständige Unfallereignisse dar. Gesundheitserstschaden bzw. Unfallfolge kann nur dasjenige sein, was rechtlich wesentlich auf ein konkretes Einzelereignis aus dieser Reihe zurückzuführen ist. Eine Addition von nicht objektivierbaren Mikroverletzungen verbietet sich, da dieser Gesundheitsschaden nicht auf ein zeitlich begrenztes Ereignis zurückgeht.

Steht ein Unfallgeschehen in diesem Sinne fest, ist in einem nächsten Schritt zu prüfen, ob es auf die der versicherten Tätigkeit zuzurechnende Verrichtung im Unfallzeitpunkt zurückzuführen ist. 22

Diese **Unfallkausalität** wird in aller Regel „vermutet“, sie liegt grundsätzlich vor, wenn „außer dem kausalen Anknüpfungspunkt der versicherten Tätigkeit keine anderen Tatsachen festgestellt sind, die als Konkurrenzursache wirksam geworden sein könnten“.[74] Das BSG nennt als typische Fälle, in denen eine genauere Prüfung der Unfallkausalität erforderlich ist, diejenigen, in denen eine innere Ursache, eine gemischte Tätigkeit, eine (an sich) unerhebliche Unterbrechung oder eine eingebrachte (selbstgeschaffene) Gefahr zur Debatte stehen. Denn bei diesen Fallgestaltungen kann gerade nicht ausgeschlossen werden, dass neben der im sachlichen Zusammenhang mit der versicherten Tätigkeit stehenden Verrichtung zur Zeit des Unfalls eine weitere, nicht versicherten Zwecken zuzurechnende Ursache hinzutritt.[75] Es betont jedoch, dass eine solche Konkurrenzursache nur dann zu prüfen ist, wenn sie (als äußere, fassbare Tatsache) vollbeweislich nachgewiesen und für den Unfalleintritt im naturwissenschaftlichen Sinne (conditio sine qua non, → Rn. 9) mitursächlich geworden ist.[76]

Beispiel: Dem zitierten BSG-Urteil lag folgender Sachverhalt zugrunde:

Bei dem Versicherten besteht ein Anfallsleiden. Auf einem Betriebsweg stürzt er. Durch den Sturz zieht er sich eine Kopfverletzung zu.

Wenn der Kläger hier aufgrund eines Krampfanfalls gestürzt wäre, wäre für das Unfallereignis ausschließlich eine innere Ursache verantwortlich, denn das Unfallgeschehen Sturz würde dann nicht auf der versicherten Tätigkeit, sondern auf dem Anfall aus innerer Ursache beruhen.

Im vom BSG entschiedenen Fall war aber nicht im Vollbeweis gesichert, dass der Kläger im Zeitpunkt, als er stürzte, auch einen Anfall erlitt. Damit stand nicht fest, dass eine Konkurrenzursache wirksam für den Sturz geworden war, denn das (latente) Anfallsleiden als Grundkrankheit genügt nicht, um diesen konkreten Sturz zu verursachen.

---

74 BSG 17.2.2009 – B 2 U 18/07, NZS 2010, 47 (48), relativierend aber BSG 13.12.2012 – B 2 U 19/11 R, SozR 4-2700 § 8 Nr. 46.
75 BSG 17.2.2009 – B 2 U 18/07, NZS 2010, 47 (48); vertiefend zur Unfallkausalität: Becker SGb 2012, 691ff.
76 BSG 17.2.2009 – B 2 U 18/07, NZS 2010, 47 (48).

Die Unfallkausalität kann auch bei **Alkoholisierung** des Versicherten entfallen. In diesen Fällen ist zu fragen, ob der Alkoholeinfluss die rechtlich allein wesentliche Bedingung (→ Rn. 10 ff.) für den Unfall ist.[77]

Zu beachten ist, dass die Umstände, die die Unfallkausalität entfallen lassen, eine dem Versicherungsträger günstige, äußere Tatsache darstellen. Damit ist der **Träger** auch insofern **beweislastig**; kann eine solche Konkurrenzursache nicht mit dem für äußerlich fassbare Tatsachen erforderlichen Vollbeweis (= an Sicherheit grenzende Wahrscheinlichkeit) nachgewiesen werden, trägt der Versicherer die Folgen dieser Beweislosigkeit (so auch im vom BSG entschiedenen Fall).

Ein anderes Beispiel dafür, welche Auswirkung die Vermutung der Unfallkausalität hat, zeigen diejenigen Fälle, in denen der eigentliche **Unfallhergang nicht konkret beobachtet** wurde und der Versicherte keine Auskunft mehr geben kann. Wenn die versicherte Tätigkeit als mitursächlich feststeht und Konkurrenzursachen nicht nachweisbar sind, muss auch dann ein Arbeitsunfall anerkannt werden.[78]

Beispiel: Steht fest, dass der Versicherte zB eine Leiter oder ein Dach zur Verrichtung der versicherten Tätigkeit betreten hat und stürzt er dort unmittelbar darauf aus unklarer Ursache ab, steht fest, dass die versicherte Tätigkeit einen nicht nur unwesentlichen Ursachenbeitrag gesetzt hat. Kann nun der Unfallversicherer nicht beweisen, dass allein eine innere Ursache oder eine eigenwirtschaftliche Betätigung Ursache des Absturzes war, bleibt es bei der Wesentlichkeit der versicherten Ursache.[79]

Das BSG hat klargestellt, dass für die Vermutung der Unfallkausalität nur in sehr engem zeitlichen und räumlichen Zusammenhang mit der nachgewiesenen Verrichtung der den Versicherungsschutz begründenden Tätigkeit Raum sein kann. Erforderlich ist insbesondere, dass weder eine Unterbrechung der Tätigkeit zum Unfallzeitpunkt noch konkrete Hilfstatsachen dafür festgestellt sind.[80] Nur dann kann nämlich letztlich der Vollbeweis der versicherten Tätigkeit als erbracht angesehen werden, auch wenn just im Unfallzeitpunkt gerade kein Zeuge hinschaut.

Wenn die versicherte Verrichtung allerdings keinerlei potenziellen Anknüpfungspunkt für eine zum Unfall führende Kausalkette bietet, kann die Vermutung der Unfallkausalität nicht greifen.[81] Das unterstreicht, was mit der „Vermutung der Unfallkausalität" eigentlich gemeint ist: Der Versicherte soll nicht in Erklärungsnot gebracht werden, wie genau er zu Fall gekommen ist, wenn seine Verrichtung mit einer Sturzgefahr verbunden ist. Unzulässig ist aber, im Wege der Vermutung, den Unfallhergang um rein spekulative Annahmen zu ergänzen.

d) Gesundheitserstschaden und haftungsbegründende Kausalität

23 Konstitutives Tatbestandsmerkmal des Arbeitsunfalls ist gem. § 8 Abs. 1 SGB VII auch der Eintritt eines Gesundheitsschadens. Ein Verkehrsunfall mit reinem Blech-

77 Vertiefend Ziegler in: LPK-SGB VII, § 8 Rn. 168 ff. Vgl. aber auch BSG 13.11.2012 – B 2 U 19/11 R, SozR 4-2700 § 8 Nr. 46.
78 Schmitt, SGB VII, § 8 Rn. 18 mwN.
79 Vgl. BSG 26.10.2004 – B 2 U 24/03 R, SozR 4-2700 § 8 Nr. 9.
80 BSG 31.1.2012 – B 2 U 2/11 R, SozR 4-2700 § 8 Nr. 4.
81 Für Umfallen aus dem (bewegungslosen) Stand: BSG 17.12.2015 – B 2 U 8/14 R, SozR 4-2700 § 8 Nr. 55.

schaden auf dem Weg zur Arbeit stellt zwar umgangssprachlich einen Unfall dar, erfüllt aber nicht den Begriff des Arbeitsunfalls nach § 8 Abs. 1 SGB VII.[82] Erforderlich ist also, dass unmittelbar nach dem Unfall ein Gesundheitsschaden vorliegt, der mit überwiegender Wahrscheinlichkeit auf den Unfall zurückgeführt werden kann (Gesundheitserstschaden oder primärer Gesundheitsschaden).[83] Solche Erstschäden sind die mit dem äußeren Ereignis unmittelbar eintretenden Gesundheitsschäden und der mit dem äußeren Ereignis unmittelbar eintretende Tod.[84]

Gesundheitsschaden ist dabei nach dem sogenannten normativem Krankheitsbegriff jeder regelwidrige Körper- oder Geisteszustand, der vom Leitbild des gesunden Menschen abweicht.[85]

Dieser **primäre Gesundheitsschaden** muss nicht dauerhafter Natur sein (zur Unterscheidung Versicherungsfall – Leistungsfall → Rn. 3). Dementsprechend genügen hier auch Verletzungen, die in aller Regel folgenlos ausheilen (Prellungen, Schürfwunden etc). Gesundheitsschaden in diesem Sinne sind auch rein psychische Folgen eines Ereignisses (zB bei einem Kassierer nach einem Banküberfall).[86]

Der Gesundheitsschaden muss wie alle äußerlich fassbaren Tatsachen im Vollbeweis gesichert sein. In der Praxis wird bei kaum nachweisbaren Bagatellverletzungen (zB Prellung, leichte Distorsion der Halswirbelsäule) der Gesundheitsschaden häufig unterstellt. Geht es dann um Spätfolgen, wird häufig ignoriert, dass ein organisch objektiver Befund gerade nicht gesichert wurde. Dann aber bereitet die Bejahung der Kausalität zwischen Erstschaden und Spätfolge Schwierigkeiten (dazu → Rn. 25).

Der Gesundheitsschaden muss kausal auf das konkrete Unfallereignis zurückzuführen sein. Hinter dieser schlicht wirkenden Anforderung verbirgt sich der in der Praxis am häufigsten und am heftigsten umstrittene Aspekt. Hier liegt (neben den verwandten Fragen der haftungsausfüllenden Kausalität) das Hauptanwendungsfeld der Theorie der wesentlichen Bedingung. 24

Denn die haftungsbegründende Kausalität kann nur dann bejaht werden, wenn der Gesundheitsschaden **infolge** des Unfallereignisses und damit infolge der versicherten Tätigkeit und nicht nur **anlässlich** derselben eingetreten ist. Das hierher gehörige Stichwort ist die sogenannte **Gelegenheitsursache.** Eine Gelegenheitsursache liegt vor, wenn bei Abwägung der kausalen Bedeutung einer äußeren Einwirkung mit derjenigen einer bereits vorhandenen krankhaften Anlage die Krankheitsanlage so stark oder so leicht ansprechbar ist, dass die Auslösung akuter Erscheinungen aus ihr nicht besonderer, in ihrer Art unersetzlicher äußerer Einwirkungen bedarf, sondern jedes

82 Becker MedSach 2010, 145 (148).
83 LSG Baden-Württemberg 16.4.2010 – L 8 U 5043/09, UVR 2010, 581 (588).
84 Vgl. BSG vom 5.7.2016 – B 2 U 5/15 R, SozR 4-2700 § 2 Nr. 35 mwN.
85 Vgl. Nachweise bei BSG 27.6.2017 – B 2 U 17/15 R, SGb 2018, 500 (503), für das Recht der Berufskrankheiten aber einschränkend auf den „funktionellen" Krankheitsbegriff BSG aaO, vgl. dazu Linder SGb 2018, 475 ff.
86 Grundlegend zu psychischen Unfallfolgen vgl. BSG 9.5.2006 – B 2 U 1/05 R, BSGE 96, 196 ff.

andere alltäglich vorkommende Ereignis zu etwa derselben Zeit die Erscheinung ausgelöst hätte.[87]

Vorschädigungen und Krankheitsanlagen sind oft längere Zeit klinisch stumm und die Praxis zeigt, dass derartige Vorerkrankungen sich häufig anlässlich eines herausragenden Ereignisses (des Unfallereignisses) erstmals in Beschwerden manifestieren. Dieser Zeitpunkt, zu dem der Versicherte erstmals Beschwerden bemerkt, sagt selbstverständlich nichts Verbindliches zum Ursachenzusammenhang aus. Es ist einerseits tägliches Geschäft von erfahrenen Gutachtern, die Frage zu beantworten, ob ein Gesundheitsschaden mit Wahrscheinlichkeit auf den angeschuldigten Unfall zurückzuführen ist, andererseits gehört es ebenso zum täglichen Geschäft, dass es einem Versicherten, der bis zum Unfall beschwerdefrei war, kaum plausibel zu machen ist, wenn die Ursache seiner Beschwerden in einer bis dahin klinisch stummen (dh beschwerdefreien) Vorerkrankung gesehen wird.

Wenn aber die Krankheitsanlage die wesentliche Ursache des Gesundheitsschadens ist, ist die Verknüpfung zur versicherten Tätigkeit nur – zeitlich und örtlich – zufällig, also bei Gelegenheit.[88] Dann liegen die Voraussetzungen eines Arbeitsunfalls nicht vor, denn der Gesundheitsschaden geht rechtlich wesentlich nicht auf das Unfallereignis zurück und ist daher auch nicht infolge der versicherten Tätigkeit eingetreten.

Im Unterschied zur oben (→ Rn. 14, 20) angesprochenen inneren Ursache, bei der nicht ein von außen einwirkender Unfall, sondern eine körperimmanente Tatsache das schädigende Ereignis bewirkt, drückt der Begriff der Gelegenheitsursache eine Bewertung (und keine Tatsache) aus, indem eine Mitursache als rechtlich unwesentlich (→ Rn. 12), als bloß gelegentlich bezeichnet wird.

Beispiel: Ein häufiger Fall in der Praxis gerade in der Schülerunfallversicherung sind Patellaluxationen (Herausspringen der Kniescheibe): Selbstverständlich ist eine Patellaluxation aus traumatischer Ursache möglich, so ein Vorgang setzt jedoch eine erhebliche und spezifische Gewalteinwirkung voraus. Bei bestimmten Fehlbildungen der Patella kann uU aber schon eine alltägliche Belastung, zB Treppensteigen, zu einer Patellaluxation führen.

Tritt eine Luxation nun bei einem betroffenen Versicherten aufgrund dieser Fehlbildung während der versicherten Tätigkeit auf, stellt die Tätigkeit nicht die wesentliche Ursache, sondern nur die Gelegenheit der Luxation dar. Stürzt der Versicherte infolge der Luxation, liegt insofern ein Sturz aus innerer Ursache vor, nicht aber infolge der versicherten Tätigkeit.[89]

Zusammenfassend schließt erst der kausale Zusammenhang zwischen Unfallereignis und Gesundheits(erst)schaden die Kette zwischen der den Versicherungsschutz begründenden Tätigkeit und dem Schaden. In Parallele zum deliktsrechtlichen Prüfungsschema des § 823 BGB ist daher der Begriff haftungsbegründende Kausalität zutreffend gewählt.

---

87 Vgl. BSG 30.1.2007 – B 2 U 8/06 R, UVR 2007, 860 (865); Bereiter-Hahn/Mehrtens, SGB VII § 8 Rn. 9.3.1; sa → Rn. 13 f.

88 Bereiter-Hahn/Mehrtens, SGB VII § 8 Rn. 9.3.

89 Vgl. zB LSG Mecklenburg-Vorpommern 21.1.2015 – L 5 U 59/11, BeckRS 2015, 72027; LSG Bayern 13.8.2008 – L 2 U 410/07, UVR 2009, 209 (213 f.).

e) Unfallfolgen und haftungsausfüllende Kausalität

Unter Unfallfolgen sind die länger andauernden oder behandlungsbedürftigen Gesundheitsschäden zu verstehen, die mit überwiegender Wahrscheinlichkeit auf den Unfall zurückzuführen sind[90] und einen – gleichwie gearteten – Leistungsanspruch gegen den Unfallversicherungsträger (Rente, Verletztengeld, Heilbehandlung etc) auslösen; sie sind nicht Voraussetzung des Arbeitsunfalls an sich, sondern Voraussetzung des Leistungsfalls (→ Rn. 3). 25

Die Unfallfolgen sind häufig identisch mit dem Körpererstschaden. Unter den Begriff der Unfallfolgen fällt jedoch auch der sich aus dem Erstschaden uU entwickelnde sekundäre Gesundheitsschaden, wenn dieser mit überwiegender Wahrscheinlichkeit auf den primären Gesundheitsschaden zurückführbar ist.

Beispiel: Sturz mit Fraktur des Handgelenks: Die Fraktur ist Gesundheitserstschaden und Unfallfolge. Entwickelt sich später eine posttraumatische Arthrose, die rechtlich wesentlich (→ Rn. 10 ff.) auf diese Fraktur zurückzuführen ist, ist auch die Arthrose als Unfallfolge anzuerkennen.

Der Gesundheitserstschaden hat damit neben der konstitutiven Funktion auch insofern Bedeutung, als er Ausgangspunkt für die Prüfung ist, ob und welche andauernden Unfallfolgen kausal auf den Unfall zurückzuführen sind. Er ist damit Anknüpfungspunkt für die Prüfung der **haftungsausfüllenden Kausalität**, also des Zusammenhangs zwischen dem Erstschaden und der (weiteren) Unfallfolge.[91]

Beispiel: Ist eine primäre Verletzung der Handgelenke nicht dokumentiert, kann eine später auftretende Handgelenksarthrose kaum im Sinne der haftungsausfüllenden Kausalität auf das Unfallereignis zurückgeführt werden.

Eine Unfallfolge liegt auch dann vor, wenn der Gesundheitsschaden zwar nicht im Sinne der Entstehung auf die Einwirkung zurückzuführen ist, aber eine **vorbestehende Erkrankung verschlimmert**, also die Vorerkrankung rechtlich wesentlich durch den Unfall dauerhaft oder vorübergehend in eine Verschlechterung überführt wird.[92] Eine bloß symptomatische Verschlimmerung des Grundleidens stellt jedoch keine „richtunggebende Verschlimmerung" dar,[93] erforderlich ist also ein objektiv abgrenzbarer Verschlimmerungsanteil gegenüber der Vorerkrankung.

Unfallfolgen können auch wiederum zu Unfällen führen. Geht ein solcher Folgeunfall rechtlich wesentlich (→ Rn. 10) auf die anerkannten Unfallfolgen zurück, stellt der Folgeunfall kein selbstständiges Unfallereignis dar. Die von ihm verursachten Gesundheitsschäden sind vielmehr ebenfalls als Folge des Ausgangsunfalls anzuerkennen.

Beispiel: Ein Student bricht sich beim Nebenjob auf dem Bau das Bein, der Unfall wird durch die Berufsgenossenschaft für Bauwirtschaft (BG Bau) anerkannt. Auf dem Weg zur Vorlesung stürzt er aufgrund einer gebrochenen Unterarmgehstütze und bricht sich das

90 Vgl. LSG Hessen 30.11.2018 – L 3 U 225/11, BeckRS 2018, 30823.
91 LSG Hessen 30.11.2018 – L 3 U 225/11, BeckRS 2018, 30823.
92 Grundlegend: Becker MedSach 2016, 6 ff mwN; für das BK-Recht: vgl. LSG Bayern 5.12.2007 – L 2 U 446/04, UVR 2008, 964 (970).
93 LSG Baden-Württemberg vom 23.10.2015 – L 8 U 1345/14, NZS 2015, 953.

Handgelenk. Zuständig ist auch hierfür die BG Bau, denn der Vorlesungsbesuch ist nicht die rechtlich wesentliche Ursache, sondern nur die „Gelegenheit“ für den erneuten Sturz. Wesentliche Ursache ist der Vorunfall.

26 Außer den primären und sekundären Gesundheitsschäden, die kausal im Sinne der Theorie der wesentlichen Bedingung durch das Unfallereignis verursacht wurden, bestimmt § 11 SGB VII, dass in bestimmten Situationen erlittene, weitere Gesundheitsschäden ebenfalls als Unfallfolge anzuerkennen sind. In diesen Fällen wird also keine kausale Verknüpfung zwischen dem Gesundheitserstschaden und diesen „mittelbaren Unfallfolgen“ gefordert.[94]

Herausgehoben werden muss insbesondere § 11 Abs. 1 Nr. 1 SGB VII: Danach ist Unfallfolge auch derjenige Gesundheitsschaden, den der Versicherte infolge der Durchführung der Heilbehandlung und von Leistungen zur Teilhabe am Arbeitsleben einschließlich der dazu notwendigen Wege erleidet.[95]

Diese mittelbaren Unfallfolgen stellen ebenfalls keinen eigenständigen Versicherungsfall dar; sie sind akzessorisch verknüpft mit dem die genannten Maßnahmen auslösenden, zugrunde liegenden Versicherungsfall.

Da auch § 11 SGB VII betont, dass der Gesundheitsschaden infolge der genannten Maßnahmen eingetreten sein muss, ist auch insofern ein ursächlicher Zusammenhang, der nach der Theorie der wesentlichen Bedingung beurteilt wird, zu fordern.

Ärztliche Behandlungsfehler bei einer unfallbedingten Heilbehandlung, die einen Gesundheitsschaden verursachen, fallen ebenfalls grundsätzlich unter § 11 SGB VII.[96]

27 Ist die Versicherte schwanger und wird das ungeborene Kind durch den Arbeitsunfall geschädigt, liegt gem. § 12 SGB VII insofern ein eigenständiger Versicherungsfall der Leibesfrucht vor. Das ungeborene Kind wird in § 12 S. 1 Hs. 2 SGB VII ausdrücklich einem Versicherten gleich gestellt.[97]

III. Wegeunfall (§ 8 Abs. 2 SGB VII)

28 § 8 Abs. 2 SGB VII definiert auch das Zurücklegen bestimmter Wege als versicherte Tätigkeit. Der Wegeunfall ist ein gesetzlich geregelter Unterfall des Arbeitsunfalls. Dieser wird wegen seiner rechtlichen (Umwege, Abwege, Unterbrechungen etc) und tatsächlichen (Verkehrsunfälle führen häufiger zu schweren oder gar tödlichen Verletzungen) Besonderheiten jedoch zumeist getrennt dargestellt. Rechtliche Folgen hat die Unterscheidung für die Aufenthaltsversicherung, die keinen Schutz für Wegeunfälle umfasst,[98] und für Haftungsprivilegierung, §§ 104 ff. SGB VII, die bei Wegeunfällen nicht einschlägig ist (vgl. → § 9 Rn. 6, 17 f.).

---

94 Vgl. BSG vom 15.5.2012 – B 2 U 31/11 R, NZS 2012, 909 (911) mwN.

95 Grundlegend: BSG 5.7.2011 – B 2 U 17/10 R, SGb 2012, 399ff mit Anm. Sandbiller/Ulrich und BSG 6.9.2018 – B 2 U 16/17 R, SozR 4-2700 § 11 Nr. 2; vgl. auch LSG Hessen vom 17.11.2016 – L 10 U 2980/13, BeckRS 2016, 110585.

96 Zur mittelbaren Unfallfolge bei Behandlung unfallfremder Erkrankung BSG 6.9.2018 – B 2 U 16/17 R, SozR 4-2700 § 11 Nr. 2; vgl. aber Rapp in: LPK-SGB VII, § 11 Rn. 3.

97 Zu den Einzelheiten vgl. zB Ricke in: KassKomm, SGB VII § 12 Rn. 2 ff.; Keller in: Hauck/Noftz, SGB VII, K § 12 Rn. 3 ff.

98 Vgl. Keller in: Hauck/Noftz, SGB VII, K § 8 Rn. 190 b.

Insbesondere für die Schülerunfallversicherung ist es richtig, die mit der Ausübung der versicherten Tätigkeit zwingend verbunden Wege unter Versicherungsschutz zu stellen. Die Gewährung des Versicherungsschutzes wird beim Wegeunfall im Wesentlichen von allgemeinen, sozialpolitischen Überlegungen getragen.[99] Dies gilt auch für den Schutz von Studierenden und Kindern (vgl. → § 1 Rn. 10) und erst recht für die der Schulpflicht unterliegenden Schüler, denn im Weg zur Tagesbetreuung bzw. (Hoch-)Schule liegt wohl das größte Versicherungswagnis.

Das zum Arbeitsunfall dargestellte Prüfungsschema (→ Rn. 6) und die dortigen Ausführungen gelten uneingeschränkt auch für den Wegeunfall mit der Besonderheit, dass die im Unfallzeitpunkt ausgeübte Verrichtung hier nicht der den Versicherungsschutz begründenden Tätigkeit, sondern dem Zurücklegen eines nach § 8 Abs. 2 SGB VII versicherten Weges zugerechnet werden können muss.

Zu beachten ist, dass die Wege, die innerhalb der den Versicherungsschutz begründenden Tätigkeit zurückgelegt werden (Betriebswege) in einem inneren/sachlichen Zusammenhang mit dieser versicherten Tätigkeit im engeren Sinne stehen (zB auch Wege während eines gemeinsamen Schulausflugs etc.). Ereignet sich auf einem solchen Weg ein Unfall, handelt es sich nicht um einen Wegeunfall nach § 8 Abs. 2 SGB VII, sondern um einen Arbeitsunfall im engeren Sinne nach Abs. 1.[100]

Da ein Wegeunfall ebenfalls ein Arbeitsunfall (im weiteren Sinne) ist, beschränken sich die folgenden Ausführungen auf die spezifischen Fragen, welche Wege im Sinne des § 8 Abs. 2 SGB VII versichert sind und in welchem Rahmen der Versicherungsschutz bei Abweichungen bestehen bleibt. Kern des Wegeunfallrechts ist letztlich nämlich der sachliche/innere Zusammenhang (→ Rn. 18). Die Gestaltungsmöglichkeiten, einen Weg zurückzulegen, sind vielfältig und im Alltag werden diese Wege häufig mit privaten Belangen kombiniert (vom Büro zum Einkaufen, von der Schule zum Freund etc.). In all diesen Fällen stellt sich die Frage, ob der Verunfallte sich (noch) auf einem versicherten Weg befand.

Im Rahmen der Schülerunfallversicherung sind hierbei aufgrund der versicherten Personengruppe Besonderheiten zu berücksichtigen. Erst mit zunehmendem Alter, insbesondere bei Studierenden, kann auf die allgemeinen Grundsätze abgestellt werden (→ § 1 Rn. 20).

1. Wege zum und vom Ort der Tätigkeit (§ 8 Abs. 2 Nr. 1 SGB VII)

Das Hauptanwendungsfeld des Wegeunfalls stellt § 8 Abs. 2 Nr. 1 SGB VII dar, wo- 29
nach die mit der versicherten Tätigkeit zusammenhängenden unmittelbaren Wege vom und zum Ort der Tätigkeit unter Versicherungsschutz stehen. Es handelt sich damit um eine kraft Gesetzes ausnahmsweise versicherte Vor- bzw. Nachbereitungshandlung. Geschützt ist hier der notwendige Weg, um aus der unversicherten privaten Sphäre in die versicherte und umgekehrt zu wechseln. Da es insbesondere bei

99 Vgl. Ziegler in: LPK-SGB VII, § 8 Rn. 206.

100 Vgl. BSG 31.8.2017 – B 2 U 9/16 R, WzS 2018, 56 (57); zur Bedeutung der Unterscheidung Schlaeger NZS 2009, 559 (559); zum Begriff Betriebsweg: zB Ricke in: KassKomm, SGB VII § 8 Rn. 179 ff.

Minderjährigen der Wechsel der Obhut zwischen Eltern und Betreuung eine besondere Rolle spielt (→ § 2 Rn. 59), ist geboten diesen Grenzbereich besonders zu schützen.

Wegen der besonderen Stellung des Versicherungsschutzes zwischen dem privaten und dem Verantwortungsbereich des Unternehmers bzw. der Bildungseinrichtung soll vom Versicherungsschutz nur die sog. Wegegefahr erfasst sein – also die typischen Gefahren, die aus dem Verkehrsrisiko herrühren. Dies dient der Abgrenzung des versicherten Risikos (Weg zur versicherten Tätigkeit) zu dem allgemeinen Lebensrisiko. Auch während eines versicherten Wegs ist nicht jede Tätigkeit versichert.[101] Ein Wegeunfall liegt nur vor, wenn die Verrichtung zum Unfallzeitpunkt im inneren Zusammenhang mit der versicherten Tätigkeit (wie etwa dem Weg zur Hochschule) steht (→ Rn. 31 f.) und kausal für den Unfall ist (→ Rn. 18 ff.).

a) Gestaltungsfreiheit des Versicherten

30 Das Gesetz schreibt dem Versicherten nicht vor, auf welche Art der Weg zurückzulegen ist. In der **Wahl des Verkehrsmittels** sind die Versicherten grundsätzlich frei.[102] Dies gilt zB auch für Schüler[103] und Kindergartenkinder, so dass der Versicherungsschutz nicht etwa deswegen entfällt, weil die Bewältigung zu Fuß weniger unfallträchtig wäre als zB mit dem Roller, Rad, etc. Unerheblich ist insoweit, ob die versicherte Person diese Wahl selbst trifft oder die aufsichtsberechtigte Person (beispielsweise für ein zweijähriges Kind).

Gerade im Wegeunfallrecht kommt dem Grundsatz des § 7 Abs. 2 SGB VII, dass verbotswidriges Verhalten den Versicherungsschutz nicht entfallen lässt, besondere Bedeutung zu. Auch der Verstoß gegen Regeln der Schule oder gegen Verkehrsregeln wirkt sich nur ausnahmsweise im Rahmen des § 101 SGB VII (→ Rn. 4) aus (zum Sonderfall Alkohol → Rn. 22). Selbst beim verbotenen Verlassen des Schulgeländes kann daher Unfallversicherungsschutz bestehen, zB bei Wegen zwecks Nahrungsaufnahme (→ § 5 Rn. 110).[104]

Aus dem Erfordernis eines inneren Zusammenhangs mit der versicherten Tätigkeit ergibt sich weiter, dass nur der unmittelbare Weg zwischen Privatsphäre und versichertem Bereich geschützt ist. Dies meint aber **nicht zwingend den kürzesten Weg**, entscheidend ist vielmehr, dass die gewählte Art und Richtung der Fortbewegung wesentlich von der Handlungstendenz geprägt ist, den Weg von oder zum Ort der Tätigkeit zurückzulegen.[105]

---

101 Vgl. BSG 26.6.2014 – B 2 U 4/13 R, NZS 2014, 788 (791) (zum dienstlichen Telefonat während eines privaten Spaziergangs); ferner SG Frankfurt 18.10.2018 – S 8 U 207/16, BeckRS 2018, 28551 (zur gemischten Tätigkeit eines privaten Telefonats auf dem versicherten Weg).

102 BSG 12.1.2010 – B 2 U 36/08, NZS 2010, 569 (570); Ziegler in: LPK-SGB VII, § 8 Rn. 233; Ricke in: KassKomm, SGB VII § 8 Rn. 180 f., einschränkend BSG 31.8.2017 – B 2 U 2/16 R, NJW 2018, 1198 (1200).

103 So ausdrücklich BSG 19.10.1982 – 2 RU 21/81, NJW 1983, 957 (957).

104 Vgl. BSG 19.5.1993 – 2 RU 44/82, BSGE 55, 139 (140).

105 Vertiefend etwa Ziegler in: LPK-SGB VII, § 8 Rn. 235 ff.; vgl. auch BSG 30.10.2007 – B 2 U 29/06, SGb 2007, 730 (731).

Beispiele: So kann zB ein längerer Weg gewählt werden, um einen Radweg benutzen zu können, in einem „Walking-Bus" mitzulaufen oder eine stau- oder unfallträchtige Stelle zu umfahren. Bei der Benutzung öffentlicher Verkehrsmittel können es die angebotenen Verbindungen es erforderlich machen, eine Haltestelle oder eine Linie zu nutzen, die in Gegenrichtung zum Zielort liegt. Dies schmälert jedoch nicht die Handlungstendenz, den versicherten Weg zurückzulegen.

Bei Kindern sind Spielereien und auch das Aufsuchen und Nutzen eines nahegelegenen Spielplatzes in diesem Sinne versichert.[106]

b) Zweck des Weges – Handlungstendenz

Schon der Wortlaut (mit der „Tätigkeit zusammenhängende Wege") verdeutlicht, 31
dass es nicht auf die bloße Strecke ankommt und nicht jede Fahrt zur Schule oder zur Universität versichert ist. Denn der Begriff des Weges kennzeichnet nicht die Strecke, sondern das Sichfortbewegen auf ein bestimmtes Ziel hin.[107] Die Fahrt muss demnach zu dem Zweck unternommen werden, die Tätigkeit auszuüben, die den Versicherungsschutz am Zielort (oder von dort zurückzukehren) begründet, also in einem inneren Zusammenhang mit der versicherten Tätigkeit stehen. Dementsprechend hindert aber weder eine Verspätung noch ein vorzeitiges Verlassen der Tätigkeitsstätte den Versicherungsschutz.[108]

Beispiel: Das ist beispielsweise nicht der Fall, wenn nachmittags in der Freizeit der auch als Spielplatz genutzte Schulhof aufgesucht wird.

In der allgemeinen Unfallversicherung nach § 2 Abs. 1 Nr. 1 SGB VII wird gefordert, dass der Versicherte nach den objektiven Gegebenheiten zumindest davon ausgehen durfte, dass die tatsächliche Aufnahme der Tätigkeit auch möglich ist. Die rein subjektive Vorstellung des Versicherten genügt also nicht, sondern muss in den objektiv gegebenen Verhältnissen im Einzelfall eine hinreichende Stütze finden.[109] Das bedeutet auch, dass wenn objektiv von Dritten wahrnehmbare Umstände eine Unterbrechung signalisieren, etwa das Parken des PKWs für ein privates Telefonat, die Handlungstendenz nicht mehr fortbesteht.[110]

Ob dies in der Schärfe auf den Bereich der Schülerunfallversicherung übertragbar ist, kann bezweifelt werden. Bei jüngeren Kindern stellt sich die Frage, welche Erwartungshaltung nach den objektiven Umständen gerechtfertigt ist. Insbesondere müssen altersgemäße Fehleinschätzungen und der natürliche Spieltrieb des Kindes berücksichtigt werden. Zudem können die organisatorischen Besonderheiten des Schulbetriebs eine objektive Stütze der subjektiven Überzeugung, den Weg zur Aufnahme der versicherten Tätigkeit zurückzulegen, darstellen. Denn Abweichungen vom Normal-

106 BSG 19.10.1982 – 2 RU 21/81, NJW 1983, 957 (958).
107 Vgl. BSG 17.12.2015 – B 2 U 8/14 R, SGb 2016, 705 (706); Schwerdtfeger in: Lauterbach, SGB VII, § 8 Rn. 361.
108 Becker, Gesetzliche Unfallversicherung, S. 82.
109 BSG 27.3.1990 – 2 RU 37/89, USK 90154, für einen Arbeitnehmer, der versehentlich während seines Urlaubs zum Betrieb fährt.
110 Vgl. Spellbrink in: Ruland/Becker/Axer, SRH, § 16 Rn. 119.

betrieb sind im Schulalltag häufiger als im allgemeinen Erwerbsleben (Ausflüge/Exkursionen, Unterrichtsausfall).[111]

Bei kleineren Kindern kann, insbesondere wenn die Bestimmung der Handlungstendenz des Kindes unergiebig ist, die Handlungstendenz der berechtigten Begleitperson zu prüfen sein,[112] etwa wenn der Rückweg von der Tageseinrichtung für einen Einkauf unterbrochen wird (dazu → § 2 Rn. 48). Es ist Teil der elterlichen Sorge sowohl das Ziel als auch die Streckenführung zu bestimmen oder dieses Recht einer anderen Person zu übertragen. Selbst wenn das Kind sich diesen Entscheidungen widersetzt, spielt das solange keine Rolle,[113] bis es eine eigene Entscheidung trifft, von dem vorgegebenen Weg abzuweichen, etwa wenn es von der Schule abgeholt worden ist, dann aber vom Supermarkt aus alleine nach Hause läuft, statt mit der Mutter einzukaufen.

32 Wie im Rahmen des Arbeitsunfalls kann bei einem Wegeunfall eine **gemischte Motivationslage** bestehen, wenn privatwirtschaftliche Motive bei der Zurücklegung des Weges hinzutreten (→ Rn. 19). Dann ist zu fragen, ob der tatsächlich zurückgelegte Weg auch ohne die privaten Interessen im Wesentlichen genauso zurückgelegt worden wäre. Wenn die eigenwirtschaftliche Zielsetzung dem zurückgelegten Weg das wesentliche Gepräge gibt, entfällt der Versicherungsschutz.[114] Auch hier ist die entscheidende Frage diejenige nach dem inneren Zusammenhang: War die Handlungstendenz des Versicherten wesentlich auf die Erreichung des Tätigkeitsortes gerichtet oder ist die Fahrt wesentlich von eigenwirtschaftlichen Aspekten geprägt? Eine bloße Streckenidentität ist nicht Ausschlag gebend.[115]

c) Beginn und Ziel des versicherten Weges

33 Start und Ziel der Fahrt gibt das Gesetz räumlich nicht vor, entscheidend ist nur, dass ein Endpunkt der Fahrt der Ort der Tätigkeit ist, also der Ort, an dem die versicherte Tätigkeit aufgenommen (oder beendet) wird. Damit ist nicht etwa zwingend der Betrieb bzw. die Schule etc gemeint, da dieser variieren kann, etwa bei einem Schulausflug mit Treffpunkt am Museum.[116] Zu dem der privaten Sphäre zuzuordnenden anderen Endpunkt enthält die Vorschrift keine Angaben. Im Regelfall wird dies die Wohnung des Versicherten oder die elterliche Wohnung sein. Um eine klare Abgrenzung von dem unversicherten privaten zu dem versicherten Bereich zu gewährleisten, hat sich in der Rechtsprechung seit langem das **Haustürprinzip** etabliert. Der Versicherungsschutz beginnt in der Regel mit dem Durchschreiten der Außentür. Unfälle

---

111 Für eine irrtümliche Fahrt zur Schule an einem beweglichen Ferientag vgl. LSG NRW 1.2.2005 – L 15 U 303/03, NZA 2005, 1052 (1052).

112 BSG 23.4.1987 – 2 RU 70/77, HVBG-Info 1987, 1170 (1173 f.).

113 Spiegelbildlich ist zB ein Tagespflegekind auch dann auf dem unmittelbaren Weg versichert, wenn es nicht nach Hause, sondern lieber auf einen Spielplatz gehen will.

114 Vgl. BSG 9.11.2010 – B 2 U 14/10 R, UVR 2011, 115 (121 f.); vgl. dazu auch Keller in: Hauck/Noftz, SGB VII, K § 8 Rn. 224 a.

115 So auch BSG 9.11.2010 – B 2 U 14/10 R, UVR 2011, 115 (122) mwN.

116 Vgl. BSG 23.1.2018 – B 2 U 8/16 R, NZS 2018, 734 (734), für den Weg aus dem häuslichen Bereich eines Mitschülers im Anschluss an eine Projektarbeit, zur Bewertung des organisatorischen Verantwortungsbereichs der Schule in diesen Fällen vgl. detailliert dazu → § 5 Rn. 105 ff.

im Treppenhaus des bewohnten Hauses werden daher noch der unversicherten Privatsphäre zugeordnet.[117]

Das Haustürprinzip gilt auch für das Erreichen und Verlassen des Betriebs oder der Schule: Der versicherte Hinweg endet mit Durchschreiten der Außentür oder des Schultors, Versicherungsschutz besteht ab diesem Zeitpunkt nach § 8 Abs. 1 SGB VII. Die versicherte Tätigkeit nach Abs. 1 endet wiederum mit Durchschreiten der Außentür der Einrichtung und der nach § 8 Abs. 2 versicherte Weg beginnt (vgl. insbesondere → § 2 Rn. 58 ff.).

Mangels gesetzlicher Vorgabe muss aber nicht zwingend die Wohnung des Versicherten Endpunkt oder Beginn der Fahrt sein, es kann auch ein sogenannter **dritter Ort** sein. 34

Beispiel: Der Versicherte übernachtet beim Schulfreund und geht mit ihm am nächsten Tag gemeinsam zur Schule.

Versichert ist ein solcher Weg vom oder zum dritten Ort jedoch nur dann, wenn er in einem angemessenen Verhältnis zum gewöhnlichen Weg des Versicherten steht.[118] Im Übrigen ist es nach der Rechtsprechung zur Abgrenzung von Ab-/Umwegen und Unterbrechungen des Weges erforderlich, dass sich der Versicherte am dritten Ort mindestens zwei Stunden aufgehalten hat.[119] Das kann, wenn der Unfall sich auf dem Weg vom Betrieb oder der Schule zu einem solchen dritten Ort ereignet, zu Beweisschwierigkeiten führen: Denn es handelt sich bei der (beabsichtigten) Aufenthaltsdauer um eine anspruchsbegründende Tatsache.[120] Der Unfallversicherungsträger oder das erkennende Gericht muss daher mit an Sicherheit grenzender Wahrscheinlichkeit von dieser Absicht überzeugt sein.[121]

d) Einschübe, Unterbrechung und Abbruch des versicherten Weges

Wird während des grundsätzlich versicherten Weges eine private Tätigkeit eingeschoben und erfordert ein solch eigenwirtschaftlicher Einschub eine Unterbrechung oder ein Abweichen vom gewöhnlichen Weg, ist wie folgt zu unterscheiden:[122] 35

Eine **Unterbrechung** des Weges liegt vor, wenn in der Bewegung auf das Ziel innegehalten wird, aber die Absicht besteht, diesen Weg auf ein versichertes Ziel (später) fortzusetzen. Soweit dabei vom direkten Weg abgewichen wird, muss die Absicht sich auch darauf beziehen, auf diesen zurückzukehren.[123]

Fehlt es an dieser Absicht, den gewöhnlichen Weg fortzusetzen und soll das versicherte Ziel (Ort der Tätigkeit oder Wohnung/dritter Ort) auf einem anderen Weg erreicht werden, liegt ein **Umweg** vor, wenn unter Beibehaltung des Ziels und der Richtung

117 Im Detail Ricke in: KassKomm, SGB VII § 8 Rn. 182 ff. mwN.
118 Vgl. zur Frage der Angemessenheit ausführlich Krasney in: SGB VII-Komm, § 8 Rn. 196 mwN.
119 BSG 10.10.2006 – B 2 U 20/05 R, SozR 4-2700 § 8 Nr. 19 mwN; statt vieler Krasney in: SGB VII-Komm, § 8 Rn. 195.
120 BSG 27.10.2009 – B 2 U 23/08 R, UVR 2010, 114 (118).
121 Becker, Gesetzliche Unfallversicherung, S. 85.
122 Ausführlich zu den Wegabweichungen: Bereiter-Hahn/Mehrtens, SGB VII § 8 Rn. 12.29 ff. mwN.
123 Vgl. Ricke in: KassKomm, SGB VII § 8 Rn. 197 ff.

vom unmittelbaren Weg abgewichen wird.[124] Wenn zudem die Richtung auf das Ziel nicht mehr gegeben ist, liegt ein Anwendungsfall des **Abwegs** vor.[125]

Die Abgrenzung von Umweg, Unterbrechung und Abweg kann im Einzelfall schwierig sein. Wobei Unterbrechung und Umweg rechtlich gleich beurteilt werden: Der Versicherungsschutz erlischt mit der Abweichung vom üblichen Weg oder dem Innehalten und lebt mit seiner Wiedererreichung oder seiner Fortsetzung wieder auf.[126] Dies gilt für den Abweg nur, wenn der unmittelbare Weg später wieder erreicht wird. Die genannte zeitliche Grenze von zwei Stunden gilt auch für die Unterbrechung oder den Umweg, denn das BSG nimmt bei einer Dauer von mehr als **zwei Stunden** eine „Lösung vom versicherten Weg" an.[127] Bei einer längeren Verzögerung gilt also das mit dem Umweg oder während der Unterbrechung aufgesuchte Zwischenziel als Endziel. Mit der Lösung vom versicherten Weg entfällt der innere Zusammenhang zwischen der versicherten Tätigkeit und dem Weg. Die Wahrung der Zweistundengrenze ist insoweit eine rechtbegründende Tatsache, für die der Versicherte die objektive Beweislast trägt.[128]

Beispiel: Der Versicherte will vor Beginn seiner Spätschicht zum Arzt. Will er dort nur einen Zwischenstopp einlegen, um ein Attest abzuholen, liegt eine Unterbrechung vor. Der Versicherungsschutz lebt mit Erreichung des gewöhnlichen Weges wieder auf.

Sind umfangreiche Untersuchungen oder eine Behandlung geplant, die erwartungsgemäß mehr als zwei Stunden dauert, fehlt es an einem inneren Zusammenhang des Weges von der Wohnung zum Arzt mit der versicherten Tätigkeit. Die anschließende Fahrt vom Arzt zum Betrieb kann als Fahrt von einem dritten Ort versichert sein.

Ein Um- oder Abweg beginnt, wenn der Versicherte nach außen wahrnehmbar dokumentiert, dass er sich vom versicherten Weg löst, wie das Blinkersetzen, um für einen privaten Einkauf abzubiegen.[129]

36 Der Versicherungsschutz erlischt jedoch nicht, wenn es sich nur um eine **geringfügige Unterbrechung** handelt. Unwesentliche (= geringfügige), privat motivierte Einschübe im Vorübergehen, die also den Weg iSd die versicherte Tätigkeit nicht wesentlich unterbrechen oder ändern, lassen den Versicherungsschutz nicht entfallen.[130] Das BSG hat trotz Kritik an dieser Rechtsprechung festgehalten,[131] wobei u.a. durch die detaillierte Betrachtung der konkreten Verrichtung im Unfallzeitpunkt noch Einzelfragen des Anwendungsbereichs bestehen.[132]

Bei kindlichen und jugendlichen Schülern ist der Begriff der Geringfügigkeit weiter als bei Erwachsenen zu fassen, denn die oben dargestellten strengen Maßstäbe für

124 Vgl. Ricke in: KassKomm SGB VII § 8 Rn. 205.
125 Vgl. BSG 5.7.2016 – B 2 U 16/14 R, UVR 2016, 760 (766 f.).
126 Vgl. BSG 30.10.2007 – B 2 U 29/06 R, SGb 2008, 730 (730); Becker, Gesetzliche Unfallversicherung, S. 89.
127 BSG 27.10.2009 – B 2 U 23/08 R, UVR 2010, 114 (118) mwN.
128 BSG 27.10.2009 – B 2 U 23/08 R, UVR 2010, 114 (118).
129 Vgl. Bereiter-Hahn/Mertens, SGB VII § 8 Rn. 12.31.
130 BSG 12.1.2010 – B 2 U 35/08 R, NZS 2011, 66 (67).
131 Vgl. zB BSG 20.12.2016 – B 2 U 16/15 R, SozR 4-2700 § 8 Nr. 60; BSG 7.5.2019 – B 2 U 31/17 R (BSG-Terminbericht Nr. 17/19).
132 Vgl. Spellbrink in: Ruland/Becker/Axer, SRH, § 16 Rn. 130; fraglich ist zB, ob Unterschiede in Bezug auf die verschiedenen Verkehrsmittel zu machen sind.

volljährige Versicherte werden dem vielfältigen Spieltrieb und dem Gruppenverhalten von Schulkindern nicht gerecht. Aktivitäten, die dem natürlichen Spiel- und Nachahmungstrieb oder dem Gruppenverhalten von Schulkindern entsprechen, werden daher vom Unfallversicherungsschutz erfasst, wenn sie in der jeweiligen Situation den üblichen Verhaltensweisen von Schülern des betreffenden Alters entsprechen.[133] Es entspricht daher auch der Verkehrsanschauung, hier weitere Unterbrechungen als regelmäßig mit zum Schulweg gehörig anzusehen. Dabei sind die Gesamtumstände des Einzelfalls zu berücksichtigen.[134]

Ein **Abweg** liegt schließlich vor, wenn das Ziel des Weges nicht zu denjenigen des § 8 Abs. 2 Nr. 1 SGB VII gehört, also entweder nicht der Ort der versicherten Tätigkeit aufgesucht wird (Hinweg) oder nicht ein Wechsel in die Privatsphäre (Wohnung oder dritter Ort) beabsichtigt ist (Rückweg) und der versicherte Weg nicht mehr erreicht werden kann oder soll.[135] Dann liegt kein Einschub vor, sondern ein gänzlich anderer Weg, so dass der Versicherungsschutz entfällt. 37

2. Weitere versicherte Wege (§ 8 Abs. 2 Nr. 2–5 SGB VII)

Wie dargestellt ist nach § 8 Abs. 2 Nr. 1 SGB VII nur der unmittelbare Weg von und zum Ort der Tätigkeit versichert. Die in Nr. 2–5 dieses Absatzes enthaltenen Regelungen erstrecken den Versicherungsschutz jedoch ausnahmsweise auf bestimmte Ab- und Umwege und weitere Wege in den Versicherungsschutz einbeziehen. 38

Gemeinsam ist den dort genannten Fallkonstellationen (Fahrten in Zusammenhang mit Kinderbetreuung, zweitem Wohnsitz und Arbeitsmaterial), dass es sich um Wege handelt, die eigentlich unversicherte Vor- oder Nachbereitungshandlungen der versicherten Tätigkeit darstellen, die der Gesetzgeber aber aus sozialpolitischen und wirtschaftlichen Gründen unter den Schutz der gesetzlichen Unfallversicherung gestellt hat.

a) Wege in Zusammenhang mit Fahrgemeinschaften (§ 8 Abs. 2 Nr. 2 b SGB VII)

§ 8 Abs. 2 Nr. 2 b SGB VII stellt Abweichungen vom unmittelbaren Weg unter Versicherungsschutz, die dazu dienen, mit anderen Versicherten eine Fahrgemeinschaft zu bilden. Unter **Fahrgemeinschaft** ist ein Zusammenschluss mehrerer Personen zwecks gemeinsamer Zurücklegung des Weges (oder von Wegteilen) mit nur einem Fahrzeug zu verstehen.[136] 39

Erforderlich ist also, dass der Umweg dazu dient, einen oder mehrere weitere Versicherte bzw. Berufstätige (zB auch an sich versicherungsfreie Beamte) **auf deren unmittelbarem Weg von oder zum Ort der Tätigkeit mitzunehmen.** Entscheidend ist dabei die Handlungstendenz, die darauf gerichtet sein muss, den Weg von oder nach dem Ort der versicherten Tätigkeit zurückzulegen.[137] Von § 8 Abs. 2 Nr. 2 SGB VII sind

133 BSG 30.10.2007 – B 2 U 29/06 R, SGb 2008, 730 (731).
134 BSG 19.10.1982 -2 RU 21/81, NJW 1983, 957 (958).
135 Ricke in: KassKomm, SGB VII § 8 Rn. 202.
136 Ricke in: KassKomm, SGB VII § 8 Rn. 227; BSG 12.1.2010 – B 2 U 36/08 R, NZS 2010, 569 (569).
137 BSG 12.1.2010 – B 2 U 36/08 R, NZS 2010, 569 (570).

nach dem Wortlaut nur Abweichungen vom angetretenen versicherten Weg nach § 8 Abs. 2 Nr. 1 SGB VII erfasst.

Beispiel: Mehrere Arbeitnehmer bilden eine Fahrgemeinschaft. Der Kollege, der am Unfalltag fährt, weil er an der Reihe ist, obwohl er selbst Urlaub hat, ist ebenso wenig versichert wie auf einem Umweg Versicherungsschutz besteht, der unternommen wird, um jemanden zur Erledigung eigenwirtschaftlicher Besorgungen am Beschäftigungsort mitzunehmen.

Nicht erforderlich ist es, dass es sich um Versicherte desselben Betriebes oder überhaupt um Arbeitnehmer handelt. So bildet auch zB der erwerbstätige Versicherte eine Fahrgemeinschaft mit seinen Kindern, wenn er diese auf dem Weg zur Arbeit an der Schule absetzt.[138]

Der Umweg wegen der Fahrgemeinschaft muss auch nicht angemessen im engeren Sinne (also im Verhältnis zum unmittelbaren Weg) sein,[139] jedoch wird der Versicherungsschutz bei grober Unverhältnismäßigkeit bereits deswegen entfallen, weil der innere Zusammenhang zwischen der Fahrt und der Tätigkeitsaufnahme entfällt: Die Handlungstendenz dürfte in solchen Fällen nicht mehr auf die Zurücklegung eines versicherten Weges gerichtet sein.

Es muss sich keineswegs um eine regelmäßige Fahrgemeinschaft handeln, auch die einmalige, nur für den Hin- oder Rückweg eingegangene Gemeinschaft ist bei den deswegen notwendigen Umwegen versichert. Schließlich muss die Fahrgemeinschaft nicht durchgehend dasselbe Fahrzeug benutzen und es können mehrere Fahrgemeinschaften nacheinander gebildet werden.[140]

b) Wege zur Inobhutgabe von Kindern (§ 8 Abs. 2 Nr. 2 a und Nr. 3 SGB VII)

40 Bringt ein Erwerbstätiger sein Kind[141] auf dem Weg zur Arbeit zuvor in eine Einrichtung oder zu einer Betreuungsperson, wird es sich regelmäßig um einen Einschub (Unterbrechung, Umweg oder Abweg) im obigen Sinne handeln und würde grundsätzlich unversichert bleiben. Aus wirtschaftlichen und sozialpolitischen Gründen hat der Gesetzgeber auch diese Fallkonstellationen in den Versicherungsschutz mit einbezogen: Dem Arbeitsmarkt sollen solche Arbeitskräfte leichter zugänglich gemacht werden, die sich ansonsten der Kinderbetreuung widmen würden.[142]

Steht das Kind während der Betreuung selbst (zB gem. § 2 Abs. 1 Nr. 8 a oder 8 b SGB VII) unter dem Schutz der Unfallversicherung, ist der Umweg bereits unter dem Gesichtspunkt Fahrgemeinschaft versichert.[143]

In allen übrigen Fällen ist jedoch zu prüfen, ob sich der Versicherungsschutz für diesen Umweg aus § 8 Abs. 2 Nr. 2 a SGB VII ergibt. Voraussetzung dafür ist, dass ein Umweg vorliegt, das Kind in einem gemeinsamen Haushalt mit dem Versicherten lebt und wegen dessen Berufstätigkeit fremder Obhut bedarf. Ein Umweg während eines

138 Becker, Gesetzliche Unfallversicherung, S. 92.
139 BSG 12.1.2010 – B 2 U 36/08 R, NZS 2010, 569 (570).
140 Zur „sukzessiven" Fahrgemeinschaft: BSG 12.1.2010 – B 2 U 36/08 R, NZS 2010, 569 f.
141 Gem. § 56 SGB I sind Stiefkinder, Adoptivkinder etc. dem leiblichen Kind gleichgestellt.
142 Vgl. BT-Drucks. 6/1333, 5; BSG 20.3.2007 – B 2 U 19/06 R, NZS 2008, 154 (156).
143 Ziegler in: LPK-SGB VII, § 8 Rn. 262.

Betriebsweges ist auch in analoger Anwendung des § 8 Abs. 2 Nr. 2 a SGB VII ebenso wenig versichert,[144] wie die kurzfristige Unterbrechung der versicherten Tätigkeit im Home-Office.[145]

Zudem muss die Unterbringung **wegen Berufstätigkeit** im Sinne des § 2 Abs. 1 Nr. 1 SGB VII erfolgen.[146] Danach genügt es nicht, wenn zB ein Student auf dem Weg zu einer Klausur an der Universität sein Kind zur Betreuung bei seiner Mutter vorbeibringt. Auf dem resultierenden Um- oder Abweg ist er nicht versichert ist.

§ 8 Abs. 2 **Nr. 3** SGB VII erstreckt spiegelbildlich den Versicherungsschutz auch auf das Kind, das von seinem unmittelbaren, nach § 8 Abs. 2 Nr. 1 SGB VII versicherten Weg abweicht, um sich wegen der Erwerbstätigkeit des Elternteils in fremde Obhut zu begeben.[147]

Beispiel: Wegen der Erwerbstätigkeit der Eltern wird ein Grundschüler nachmittags von seinen Großeltern betreut. Ohne die Vorschrift des § 8 Abs. 2 Nr. 3 SGB VII wäre nur der Weg von der Schule zu den Großeltern nach den Grundsätzen des dritten Ortes (→ Rn. 34) versichert. So aber ist sowohl der Weg von der Schule zur betreuenden Person als auch der Rückweg von dort nach Hause versichert und zwar ohne Rücksicht auf einen mindestens zweistündigen Aufenthalt bei der betreuenden Person gem. § 8 Abs. 2 Nr. 3 SGB VII.

c) Familienheimfahrt (§ 8 Abs. 2 Nr. 4 SGB VII)

Einer weiteren Erscheinung des Arbeitslebens trägt § 8 Abs. 2 Nr. 4 SGB VII Rech- 41
nung, indem auch sogenannte Familienheimfahrten unter Versicherungsschutz gestellt werden, wenn der Versicherte im Hinblick auf die Entfernung zwischen dem Ort seiner Tätigkeit und der Familienwohnung eine zusätzliche Unterkunft am Tätigkeitsort hat. Obwohl der Sitz der Familienwohnung in aller Regel durch private Motive geprägt ist, wird hier der Versicherungsschutz ausgedehnt, ohne dass sich allerdings an den inhaltlichen Anforderungen (innerer Zusammenhang, Grundsätze des Wegeunfalls) etwas ändert.[148] Erfasst wird nicht nur der Weg zwischen der Familienwohnung und versicherten Tätigkeit, sondern auch zwischen Unterkunft und Familienwohnung.[149]

Der Versicherungsschutz nach § 8 Abs. 2 Nr. 4 SGB VII ist nicht auf Erwerbstätige, also nach § 2 Abs. 1 Nr. 1 SGB VII Versicherte beschränkt. Praktisch relevant sind Familienheimfahrten vor allem bei Studenten und Umschülern, die schon wegen der Erwartung, am Studienort nicht ihr gesamtes Erwerbsleben zu verbringen, die Familienwohnung (vorerst) nicht aufgeben. Zu beachten ist aber, dass eine **Familienwohnung** im Sinne der Vorschrift voraussetzt, dass dieser Ort für nicht unerhebliche Zeit den

144 BSG 12.1.2010 – B 2 U 35/08 R, NZS 2011, 66 (67 f.); vertiefend vorab auch Schlaeger NZS 2009, 559 (559 ff.); **aA** Keller in Hauck/Noftz, SGB VII, K § 8 Rn. 256 b.

145 Vgl. zB LSG Niedersachsen-Bremen 26.9.2018 – L 16 U 26/16, WzS 2019, 51 (54 f.) (anhängig beim BSG unter: B 2 U 19/18 R); zustimmend: Keller WzS 2019, 57 ff.; Schlaeger jurisPR-SozR 24/2018 Anm. 2.

146 Teilweise strittig, zum Streitstand und vertiefend: Schlaeger NZS 2009, 559 (560 ff.); ferner zB LSG Berlin-Brandenburg 3.5.2018 – L 3 U 156/16, BeckRS 2018, 10715.

147 Vertiefend Ziegler in: LPK-SGB VII, § 8 Rn. 275 ff.

148 Vgl. Schwertfeger in: Lauterbach, SGB VII, § 8 Rn. 543.

149 Spellbrink in: Ruland/Becker/Axer, SRH, § 16 Rn. 137.

Mittelpunkt der Lebensgestaltung des Versicherten darstellt.[150] Das bloße Fortbestehen eines Kinderzimmers oder der Verbleib einiger persönlicher Sachen im Elternhaus genügt also nicht.

Entscheidend für die Frage, ob am Tätigkeitsort nur eine Unterkunft besteht und ein anderer Ort als Familienwohnung zu qualifizieren ist, sind die **tatsächlichen Umstände**, so dass etwa die polizeiliche Meldung unerheblich ist.[151]

d) Verwahren, Beschaffen etc von Arbeitsmaterial (§ 8 Abs. 2 Nr. 5 SGB VII)

42 Der Arbeitsgeräteunfall nach § 8 Abs. 2 Nr. 5 SGB VII stellt wiederum eine bloße Ausdehnung des Versicherungsschutzes auf sonst unversicherte Bereiche dar. Er verdrängt also nicht als Spezialgesetz den § 8 Abs. 1, Abs. 2 Nr. 1–4 SGB VII, sondern ergänzt diese Regelungen dort, wo deren Voraussetzungen nicht erfüllt sind.[152] Versichert sind nach dieser Vorschrift das Verwahren, Befördern, Instandhalten und Erneuern eines Arbeitsgeräts. **Arbeitsgeräte** iSd Vorschrift sind Gegenstände, die zu dem Zweck dienen, hauptsächlich für die versicherte Tätigkeit eingesetzt zu werden.[153] Wie bei den übrigen Fallkonstellationen des § 8 Abs. 2 SGB VII ist zentral der innere Zusammenhang mit der versicherten Tätigkeit, den die Vorschrift nochmals eigens betont.

Für den Tatbestand muss keine Abweichung von einem nach § 8 Abs. 2 Nr. 1 SGB VII versicherten Weg vorliegen. Es kann auch der Weg zur Übergabe einer Ameisenfarm der Schule zwischen den Wohnungen zweier Schüler erfasst sein, wenn dieses für eine Aufgabe im Biologieunterricht benötigt wird und der organisatorischen Verantwortung der Schule zu zuordnen ist.[154]

Im Übrigen erfordert die Anwendung des § 8 Abs. 2 Nr. 5 SGB VII in der Schülerunfallversicherung ein gewisses Augenmaß, denn der häusliche Lernbereich zählt gerade nicht zum organisatorischen Verantwortungsbereich der Schule/Hochschule. Daher sind grundsätzlich weder der Erwerb noch die Pflege von Arbeitsmaterial für diesen Bereich nach § 8 Abs. 2 Nr. 5 versichert.[155] Es ist daher zu fordern, dass die Arbeitsgeräte (Hefte, Stifte, Bastelmaterialien) nicht vorwiegend für Hausaufgaben oder in der sonstigen Freizeit Verwendung zu finden und gleiches gilt bei der Vorratsbeschaffung, bei der die Zweckbestimmung noch nicht erfolgen kann.[156] Kleidung fällt

150 BSG 31.1.1974 – 2 RU 48/3, BSGE 37, 98 (99); vertiefend dazu Ricke in: KassKomm, SGB VII § 8 Rn. 234 ff.

151 Vgl. BSG 25.11.1955 – 2 RU 93/54, BSGE 2, 78 (80).

152 Bereiter-Hahn/Mehrtens, SGB VII § 8 Rn. 17.4.

153 Spellbrink in: Ruland/Becker/Axer, SRH, § 16 Rn. 139.

154 Vgl. BSG 13.12.1984 – 2 RU 33/83, SozR 2200 § 549 Nr. 9, für den Austausch von einer Schulbüchern auf Aufforderung durch die Lehrerin, wobei das Gericht offenlässt, ob bereits ein Betriebsweg vorliegt; vgl. ebenfalls Schlaeger jurisPR-SozR 23/2013 Anm. 3.

155 BSG 26.7.1977 – 8 RU 4/77, USK 77158; für eine (unversicherte) Berufsschülerin, die am arbeitsfreien Tag (Blockunterricht) Lernmaterial für die Berufsschule aus dem Betrieb holt vgl. auch BSG 18.4.2000 – B 2 U 5/99 R, NZS 2000, 619 (620).

156 So bereits Engelmann SGb 1978, 517 (518).

grundsätzlich nicht unter den Schutz des § 8 Abs. 2 Nr. 5 SGB VII[157] und im Regelfall wohl auch nicht eine fertig gestellte schulischen Hausarbeit.[158]

Die **Erstbeschaffung** von Arbeitsmaterial ist, wie sich dem letzten Halbsatz entnehmen lässt, grundsätzlich unversichert, es sei denn, sie erfolgt auf Veranlassung des Unternehmers. Die Anweisung, dass Schüler während einer Pause Bücher aus einer Sammelbestellung bei einer Buchhandlung abholen, ist bereits eine versicherte Tätigkeit. Eine solche Veranlassung setzt voraus, dass der Unternehmer (die Schule etc.) **vorab** einen entsprechenden Willen geäußert hat, eine bloße Vermutung des Versicherten genügt ebenso wenig wie eine nachträgliche Billigung.[159] Dies hat insbesondere Bedeutung für die von der Schule veranlasste Anschaffung oder Erneuerung von Schulbüchern.[160] Zur Erstbeschaffung kann auch das Fertigen von Fotokopien in einem Copyshop für ein Seminar zählen, wenn diese Unterlagen zwingend erforderlich sind, um an der Diskussion/der Veranstaltung teilzunehmen und keine Vervielfältigungsmöglichkeiten auf dem Campus bestehen, etwa weil die Kopierer defekt sind.[161]

Auch die **Erneuerung** (Nachkauf) ist nur dann versichert, wenn ein unmittelbarer zeitlicher Zusammenhang zum Einsatz des Geräts bei der versicherten Tätigkeit besteht.[162] Einfall der Erneuerung liegt ebenfalls vor, wenn aufgrund des Klassenwechsels ein anschließendes Schulbuch beschafft werden muss.[163]

IV. Zusammenfassung zu § 8 Abs. 1 und Abs. 2 SGB VII

Während Absatz 1 des § 8 SGB VII den Arbeitsunfall im engeren Sinne definiert, weitet Absatz 2 den Versicherungsschutz auf bestimmte, mit der versicherten Tätigkeit zusammenhängende, Wege aus. Es handelt sich um eine reine Erweiterung des Versicherungsschutzes auf ansonsten unversicherte Tätigkeiten (Wege), so dass sich an den Tatbestandsvoraussetzungen im Übrigen nichts ändert. Bei Fällen des Absatzes 2 stehen naturgemäß Fragen des inneren (sachlichen) Zusammenhangs zwischen dem Weg und der versicherten Tätigkeit im Fokus. 43

Trotz der nun erfolgten Strukturierung durch die Rechtsprechung bieten insbesondere die Kausalitäts- und Zurechnungszusammenhänge viele im konkreten Einzelfall schwierig zu beantwortende Fragestellungen. Gerade zu diesem Bereich besteht daher

157 Vgl. Spellbrink in: Ruland/Becker/Axer, SRH, § 16 Rn. 141; Engelmann SGb 1978, 517 (518) hinterfragt das kritisch für die Anschaffung bestimmter Turnschuhe (Hallenschuhe).

158 So Schlaeger jurisPR-SozR 23/2013 Anm. 3, wobei bei dem fertig gestellten und unterschriebenen Exemplar etwa einer Examenshausarbeit eines Studierenden wohl etwas Anderes gelten kann, da diese ausschließlich dem Studium und dessen Abschluss dient und die Abgabe im Original vorgeschrieben ist (vgl. auch → § 6 Rn. 63).

159 Vgl. Bereiter-Hahn/Mertens, SGB VII § 8 Rn. 17.9; viel weiter allerdings Krasney in: SGB VII-Komm, § 8 Rn. 297, der es genügen lässt, wenn sich aus dem Schulfach, Studium die Notwendigkeit von Literatur ergibt.

160 Ricke in: KassKomm, SGB VII § 8 Rn. 256; BSG 27.6.1978 – 2 RU 87/77, SozR 2200 § 549 Nr. 6.

161 Vgl. SG Hamburg 8.9.2004 – 24 U 253/97, BUK aktuell 2005/3, wobei nach Überzeugung des Gerichts die Voraussetzung in dem Fall nicht erfüllt waren, weil die Beteiligung an der Vorlesung ohne Unterlagen eingeschränkt möglich gewesen wäre.

162 BSG 26.7.1977 – 8 RU 4/77, USK 77158 für den Nachkauf von Malfarben für den Unterricht am nächsten Morgen.

163 Vgl. Spellbrink in: Ruland/Becker/Axer, SRH, § 16 Rn. 143.

nach wie vor eine umfangreiche Kasuistik, die teilweise an den jeweiligen Prüfungspunkten angesprochen wurde. Die vollständige Wiederholung dieser Einzelfallbeispiele würde jedoch den Rahmen dieses Werks sprengen, so dass insofern auf die einschlägigen Kommentierungen zu § 8 SGB VII verwiesen wird.[164]

V. Ersatz von Sachschäden (§ 8 Abs. 3, § 27 Abs. 2 SGB VII)

44 Von dem Grundsatz, dass nur Körperschäden entschädigt werden, sieht das Gesetz zwei Ausnahmen vor. § 8 Abs. 3 SGB VII (iVm § 27 Abs. 2 SGB VII) und § 13 SGB VII regeln den möglichen Sachschadenersatz. Da die nach § 2 Abs. 1 Nr. 8 a–c SGB VII versicherten Kinder, Schüler und Studierenden in dieser Eigenschaft nicht von § 13 SGB VII erfasst sind, wird hier nur auf den Ersatzanspruch gemäß § 8 Abs. 3, § 27 Abs. 2 SGB VII eingegangen.

1. Voraussetzungen

45 § 27 Abs. 2 SGB VII ordnet an, dass in den Fällen des § 8 Abs. 3 SGB VII ein beschädigtes oder verlorengegangenes Hilfsmittel wiederhergestellt oder erneuert wird. Durch § 8 Abs. 3 SGB VII wird eine **Gleichstellung** der Beschädigung oder des Verlustes eines Hilfsmittels **mit** dem für die Anerkennung eines Arbeitsunfalls **erforderlichen Gesundheitsschaden** vorgenommen. **Zweck** dieser Vorschriften ist, dass Versicherte, die schon vor Eintritt eines Arbeitsunfalls auf Hilfsmittel angewiesen sind, nicht benachteiligt werden sollen, wenn sich durch eine unfallartige Einwirkung auf sie selbst ein Schaden am vorhandenen Hilfsmittel eintritt.[165] Der Anspruch nach § 27 Abs. 2 SGB VII ist als **primärer Sachleistungsanspruch**[166] auf die Wiederherstellung des beschädigten oder die Erneuerung eines solchen verlorengegangenen Hilfsmittels gerichtet, also auf die Zurverfügungstellung eines nach Funktion und Preis im Wesentlichen gleichwertigen Geräts durch den Unfallversicherungsträger.[167]

a) Hilfsmittel

46 Soweit § 27 Abs. 2 SGB VII den Begriff des Hilfsmittels gebraucht, meint dieser nicht – was nahe gelegen hätte – den in § 31 Abs. 1 SGB VII verwendeten, nur auf Unfallfolgen bezogenen Begriff der gesetzlichen Unfallversicherung, sondern den **Begriff des Hilfsmittels im Sinne der gesetzlichen Krankenversicherung** (§ 33 SGB V).[168] Im Rahmen der § 8 Abs. 3, § 27 Abs. 2 SGB VII ist es demnach ohne Bedeutung, warum das beschädigte oder zerstörte Hilfsmittel benötigt wurde; es muss also nicht wegen eines Versicherungsfalls nach § 7 Abs. 1 SGB VII erforderlich sein.[169]

---

164 Sehr übersichtlich, praxisorientiert und umfassend zB Bereiter-Hahn/Mehrtens, SGB VII § 8 Rn. 7 ff. zum inneren Zusammenhang; Rn. 9 ff. zu haftungsbegründender/haftungsausfüllender Kausalität; Rn. 12.10 ff. zum Wegeunfall; vgl. im Übrigen die vorherigen Nachweise in den Fußnoten.

165 Ricke in: KassKomm, SGB VII § 8 Rn. 33.

166 Ein möglicher sekundärer Freistellungs- oder Zahlungsanspruch (Kostenübernahme) für selbstbeschaffte Hilfsmittel (§ 13 Abs. 3 SGB V analog bzw. § 15 SGB IX) bleibt vorliegend außer Betracht; vgl. dazu aber → § 8 Rn. 4).

167 Vgl. BSG 9.11.2010 – B 2 U 24/09 R, UVR 2011, 124 (128).

168 Vgl. BSG 9.11.2010 – B 2 U 24/09 R, UVR 2011, 124 (128).

169 BSG 20.2.2001 – B 2 U 9/00 R, NZS 2001, 547 (548); Schwerdtfeger in: Lauterbach, SGB VII, § 8 Rn. 603.

Damit sind **Hilfsmittel in diesem Sinne** grundsätzlich Seh- und Hörhilfen (Brillen, Kontaktlinsen, Kunstaugen, Hörgeräte), orthopädisches Schuhwerk, Gehstöcke und sonstige Stützapparate, Prothesen, Herzschrittmacher, Krankenfahrstühle, Rollatoren, Blindenhunde etc,[170] wobei in der Praxis der Schülerunfallversicherung die **Brille das häufigste Hilfsmittel** darstellen dürfte. Aber auch ein behinderungsgerechtes Notebook/Tablet kann ein Hilfsmittel im genannten Sinne sein.[171] Gleiches gilt zB für eine technische Kommunikations- und Interaktionshilfen (Sprachausgabegerät, Talker oÄ). 47

b) Beschädigung oder Verlust (sog. Schädigungsvorgang)

Nach § 8 Abs. 3 SGB VII gilt die Beschädigung oder der Verlust eines Hilfsmittels als Gesundheitsschaden. Dies bedeutet zum einen, dass **alle Voraussetzungen für das Vorliegen eines Arbeitsunfalls erfüllt** sein müssen. Dabei wird lediglich der (echte) Gesundheitsschaden im Sinne des Körperschadens durch einen unechten Körperschaden (Sachschaden eines Hilfsmittels) ersetzt und insofern der Unfallbegriff des § 8 Abs. 1 S. 2 SGB VII erweitert.[172] Voraussetzung bleibt damit eine (versicherte) **Einwirkung von außen** auf die Person (also zumindest **auf das Hilfsmittel**). 48

Zum anderen ist Voraussetzung, dass das Hilfsmittel **bei der versicherten Tätigkeit** beschädigt wurde bzw. verloren gegangen ist; **nicht erforderlich** ist nach der Gesetzesbegründung, dass dieser Schaden **während der Benutzung des Hilfsmittels** eingetreten ist.[173] Der Versicherte muss das beschädigte bzw. verloren gegangene Hilfsmittel aber bei der versicherten Tätigkeit im Zeitpunkt des Schadenseintritts (Beschädigung bzw. Verlust) zumindest in **funktionsgemäßer Verwendung am oder im Körper getragen** haben.[174] Hierfür kann es aber ausreichen, dass sich das Hilfsmittel **zur jederzeitigen Benutzung** bei der versicherten Tätigkeit am Körper befindet.[175] Kein taugliches Kriterium ist indes die Frage, ob sich das Hilfsmittel im Besitz (§ 854 BGB) des Versicherten befunden hat. 49

Für Brillenträger bedeutet dies, dass die **Brille** zum Zeitpunkt des Schadenseintritts entweder aufgesetzt bzw. umgehängt sein oder sich zumindest griffbereit am Körper befinden muss. Legt ein Kind seine Brille kurzfristig auf einem Tisch ab und wird diese auf dem Tisch liegend von einem anderen Kind oder einem Gegenstand beschädigt, so fehlt es an einer unmittelbaren Einwirkung auf den Körper des Brillenträgers, so dass dies kein unfallversicherter Sachschaden wäre, sondern insoweit die Leistungspflicht der privaten Haftpflichtversicherung bzw. der jeweiligen Krankenkasse gegeben sein kann. Auch die Beschädigung einer Brille, die während des Sportunterrichts in einem Brillenetui durch die Lehrkraft verwahrt wird, ist kein erstattungsfähiger Schaden, da diese nicht bestimmungsgemäß am Körper getragen wird. Ferner 50

---

170 Vgl. Ricke in: KassKomm, SGB VII § 8 Rn. 34; Schwerdtfeger in: Lauterbach, SGB VII, § 8 Rn. 604.
171 Vgl. zB BSG 22.7.2004 – B 3 KR 13/03 R, SozR 4-2500 § 33 Nr. 6.
172 Vgl. BSG 9.11.2010 – B 2 U 24/09 R, UVR 2011, 124 (128).
173 Vgl. BT-Drs. 13/2204, 77.
174 Vgl. BSG 9.11.2010 – B 2 U 24/09 R, UVR 2011, 124 (130).
175 Statt vieler: Keller in: Hauck/Noftz, SGB VII, K § 8 Rn. 13 a; Ziegler in: LPK-SGB VII § 8 Rn. 189; -Hahn/ Mehrtens, SGB VII § 8 Rn. 18.5; allerdings offen gelassen von BSG 9.11.2010 – B 2 U 24/09 R, UVR 2011, 124 (130).

ist auch zutreffend darauf hingewiesen worden, dass das **bloße Benutzen** eines Hilfsmittels zum Zeitpunkt seiner Schädigung ebenfalls **unzureichend** ist, wenn diese darauf beruht, dass dem Versicherten beim Blick nach unten die lose sitzende Brillen von der Nase rutscht, auf den Boden fällt und dabei beschädigt wird.[176] Aber auch, wenn die Brille infolge eines „Schubsers" eines anderen Kindes auf den Boden fällt und dort (erst) durch ein versehentliches Drauftreten eines Mitschülers zerstört wird, so würde dies einen neuen Vorgang darstellen. In diesem Fall liegt nur eine **isolierte Einwirkung** von außen auf das Hilfsmittel, dh ohne gleichzeitige Einwirkung auf den Körper, vor, was nicht genügt.

51 Der Verlust einer Brille ist nur dann ein erstattungsfähiger Schaden, wenn die Brille zB nach einem Unfall des Kindes nicht mehr aufgefunden werden kann oder wenn die Brille, die zur jederzeitigen Benutzung mit sich getragen wird, aus der Tasche fällt.[177] Legt ein Kind hingegen seine Brille zB beim Spielen ab und ist diese anschließend unauffindbar, so handelt es sich hierbei nicht um einen Arbeitsunfall. Eine bewusste Beschädigung eines Hilfsmittels (etwa im Rahmen einer Mutprobe) ist hingegen kein Anwendungsfall für den Sachschadenersatzanspruch. Fälle des Diebstahls (§§ 242 ff. StGB) oder Raubes (§§ 249 ff. StGB) von Hilfsmitteln lediglich bei Gelegenheit eines Arbeitsunfalls sind gleichfalls nicht versichert, wenn die Einwirkung auf den Körper nicht mit einer solchen auch auf die Hilfsmittel verbunden ist.[178]

2. Umfang des Ersatzes und dessen Grenzen

52 Der Anspruch nach § 27 Abs. 2 SGB VII ist nach der Rechtsprechung des BSG **in zweifacher Weise begrenzt.**

a) Tatsächlich entstandener Schaden

53 Als Schadenersatzanspruch geht er allein auf den **Ersatz des tatsächlich entstandenen Schadens.** In Übereinstimmung mit der Grundnorm des zivilrechtlichen Schadenersatzrechts in § 249 BGB (sog. Naturalrestitution) ist der Anspruch gemäß § 27 Abs. 2 SGB VII auf die Wiederherstellung oder Erneuerung des Hilfsmittels begrenzt, welches beschädigt oder zerstört worden ist.[179] Dies richtet sich nach Art und Güte des beschädigten oder verloren gegangenen Hilfsmittels.

b) Luxusausführungen

54 Darüber hinaus ist der Anspruch aus § 27 Abs. 2 SGB VII dadurch begrenzt, dass Ersatz für **sog. Luxusausführungen** nicht verlangt werden kann.[180] Diese Begrenzung ergibt sich aus dem Umstand, dass es sich im Grundsatz um einen auf vollständige Naturalrestitution gerichteten Schadenersatzanspruch handelt, der sich tatbestandlich aber allein auf Hilfsmittel (→ Rn. 47) bezieht. Das BSG erstreckt die Entschädigungspflicht nach § 27 Abs. 2 SGB VII auch auf diejenigen Sachen, die zwar medizinisch

176 Vgl. Ziegler in: LPK-SGB VII § 8 Rn. 188.
177 Vgl. zB Keller in: Hauck/Noftz, SGB VII, K § 8 Rn. 13 a.
178 Vgl. BSG 9.11.2010 – B 2 U 24/09 R, UVR 2011, 124 (130).
179 So BSG 20.2.2001 – B 2 U 9/00 R, NZS 2001, 547 (549); BSG 11.9.2001 – B 2 U 38/00 R, HVBG-INFO 2001, 2765 (2771).
180 BSG 20.2.2001 – B 2 U 9/00 R, NZS 2001, 547 (549); Feddern in: KassKomm, SGB VII § 27 Rn. 6.

nicht unbedingt notwendig sind, aber doch dem Ausgleich einer Behinderung in sinnvoller Weise dienen.[181]

Eine Brille etwa ist danach nur insoweit als Hilfsmittel anzusehen, als sie zum Ausgleich der im Einzelfall schon bestehenden Sehstörung **medizinisch erforderlich** ist, so dass eine medizinisch nicht notwendige Gestaltung der Gläser den Begriff des Hilfsmittels insoweit nicht erfüllen würde. Nach der Rechtsprechung des BSG ist zB die Ausstattung mit Gleitsichtgläsern (bei einem Kurz- und Weitsichtigen) oder mit entspiegelten oder getönten Gläsern bei entsprechender medizinischer Indikation ebenso als erstattungsfähig anzusehen wie Kontaktlinsen. Demgegenüber scheiden Ausführungen aus, die darüber hinausgehend als luxuriös aufzufassen sind, da diese im Wesentlichen nicht mehr dem Ausgleich der Behinderung, sondern der Zierde und dem Schmuck des Trägers zu dienen bestimmt sind. Teure Designerbrillen wären demnach eine nicht erstattungsfähige Luxusausführung. 55

Grundsätzlich steht dem Versicherten der Wiederbeschaffungswert zu und nicht der Neuwert.[182] Die UV-Hilfsmittelrichtlinien in der seit dem 1.7.2011 geltenden Fassung regeln insoweit den **Umfang des Ersatzes.** In der Praxis werden danach beispielsweise für Brillengläser die tatsächlichen Wiederherstellungskosten erstattet, sofern ein Nachweis darüber erbracht werden kann. Die Kosten für die Brillenfassung werden bei fehlendem Nachweis der Kosten der beschädigten oder verloren gegangenen Brille derzeit bis zur Höhe von 100 EUR erstattet; bei Nachweis bis 300 EUR.[183] 56

Zur Abgrenzung zwischen der Wiederbeschaffung eines bereits vorhandenen, durch einen Arbeitsunfall beschädigten Hilfsmittels und der unfallbedingten Versorgung vgl. im Übrigen → § 8 Rn. 10.

181 BSG 20.2.2001 – B 2 U 9/00 R, NZS 2001, 547 (549); Gitter SGb 2001, 768 (769 f.).
182 Vgl. Köhler in: Hauck/Noftz, SGB VII, K § 27 Rn. 12 c.
183 Vgl. zB Ziffern 3.1, 4.7.2 f. der UV-Hilfsmittelrichtlinien; ferner DGUV-Rundschreiben 0077/2018 vom 5.5.2018; Bereiter-Hahn/Mehrtens, SGB VII § 27 Rn. 11.

§ 8 Übersicht über die Leistungsarten

Voraussetzung, um Leistungen aus der gesetzlichen Unfallversicherung beanspruchen zu können, ist in aller Regel zunächst das Vorliegen eines Versicherungsfalls, also des im vorangegangenen Kapitel beschriebenen Arbeitsunfalls oder einer Berufskrankheit.[1] 1

Liegt ein Arbeitsunfall nach § 8 SGB VII vor, bedeutet das noch nicht zwangsläufig auch einen Anspruch auf Leistung (→ § 7 Rn. 3). Dafür müssen weitere Voraussetzungen des Leistungsrechts erfüllt sein, die im folgenden Kapitel dargestellt werden.

1 Ausnahmsweise können gemäß § 3 BKV auch Leistungen erbracht werden, obwohl die Voraussetzungen einer Berufskrankheit (noch) nicht vorliegen. Das Recht der Berufskrankheiten wird hier jedoch mangels Relevanz für die Schülerunfallversicherung ausgeklammert, → § 7 Rn. 2.

Der Leistungskatalog des SGB VII ist breit gefächert und reicht von Therapie/Behandlung des erlittenen Gesundheitsschadens über Lohnersatzleistungen (Verletztengeld), Kompensationsleistungen (Rente) und Pflegeleistungen bis zu Teilhabeleistungen. Wegen dieser ausgeprägten Differenzierung kann im Folgenden nur ein Überblick zum Leistungsrecht angeboten werden, wobei das Augenmerk ausdrücklich nicht einer vollständigen Beschreibung gilt, sondern den in der Praxis am häufigsten problematisierten Aspekten, zumal gerade in der Schülerunfallversicherung gewisse Fragestellungen (zB Hinterbliebenenrenten) ein eher seltenes Phänomen sind.

Hintergrund des breiten Leistungsspektrums ist das Prinzip „Alles aus einer Hand": Der Unfallversicherer soll den Folgen des Versicherungsfalls auf allen Ebenen begegnen, er erbringt damit Leistungen, die ohne den ursächlichen Zusammenhang mit dem Arbeitsunfall in die Zuständigkeit der Kranken-, der Pflege-, der Renten- und der Arbeitslosenversicherung fallen würden und deckt damit das gesamte Spektrum der Sozialversicherung ab, sofern die Leistung rechtlich wesentlich auf einen Versicherungsfall nach dem SGB VII zurückzuführen ist.

I. Grundsätze

2 Die Grundsätze der Leistungserbringung und die Leistungsarten werden in § 26 SGB VII zusammengefasst. Hier wird das bereits in § 1 Nr. 2 SGB VII konstatierte Gebot, den Folgen eines Versicherungsfalls mit allen geeigneten Mitteln zu begegnen, wiederholt (§ 26 Abs. 2 SGB VII). Dieses Gebot steht in einem Spannungsverhältnis zum Grundsatz der Wirtschaftlichkeit und Sparsamkeit (vgl. § 69 Abs. 2 SGB IV). Anders als in den übrigen Sozialversicherungszweigen erfährt dieses Spannungsverhältnis aber eine deutliche Verschiebung zugunsten einer weiter reichenden Leistungserbringung, dh die Unfallversicherung hat damit von allen Sozialversicherungszweigen den weitreichendsten Rehabilitationsumfang.[2]

Da es um Folgen („infolge") des Versicherungsfalls geht, werden Leistungen nur erbracht, soweit sie durch den Arbeitsunfall (oder die Berufskrankheit) wesentlich bedingt und damit durch sie verursacht worden sind.[3]

3 Der Grundsatz **Rehabilitation vor Rente** ist in § 26 Abs. 3 SGB VII ausdrücklich normiert, dh vor der Gewährung einer Rente sind möglichst alle erfolgversprechenden Maßnahmen zur Wiederherstellung und Wiedereingliederung zu ergreifen.[4] Hinsichtlich der konkreten Maßnahmen finden sich Vorschriften nicht nur im SGB VII, sondern teilweise auch im SGB V und vor allem im SGB IX.[5] Nach § 7 S. 1 SGB IX gelten die Vorschriften des SGB IX für alle Träger der Rehabilitation, soweit in den Leistungsgesetzen (also hier im SGB VII) nichts Abweichendes geregelt ist. Auch hier gilt, dass die Ansprüche, die das SGB VII den Betroffenen einräumt, häufig weiter reichen, so dass die leistungsrechtlichen Restriktionen, die bei anderen Rehabilitationsträgern

2 Bereiter-Hahn/Mehrtens, SGB VII § 26 Rn. 6; Schmitt, SGB VII, § 26 Rn. 8.
3 Krasney in: SGB VII-Komm, § 26 Rn. 3.
4 Ricke in: KassKomm, SGB VII § 26 Rn. 4.
5 Becker, Gesetzliche Unfallversicherung, S. 156.

gelten und zum Teil auch in das SGB IX eingegangen sind, im Bereich der Unfallversicherung nicht gelten.[6]

In § 26 Abs. 4 S. 2 SGB VII ist zudem das **Sachleistungsprinzip** verankert, Dienst- und Sachleistungen sind also dem Versicherten in natura zur Verfügung zu stellen. Daraus folgt, dass grundsätzlich keine Kostenerstattung für selbstbeschaffte Leistungen vorgesehen ist, soweit das Kostenerstattungsprinzip nicht ausnahmsweise zugelassen ist.[7] 4

Beispiel: §§ 40 f. SGB VII (Kfz- und Wohnungshilfe), §§ 9 Abs. 2, 15 SGB IX; für im Ausland wohnhafte Versicherte § 97 SGB VII (vgl. aber auch → § 11 Rn. 1 ff.).

Diesen Durchbrechungen ist gemeinsam, dass sie regelmäßig einen vorherigen Antrag an den Unfallversicherungsträger voraussetzen.

Eine weitere Durchbrechung des Sachleistungsprinzips stellt die antragsabhängige und im Ermessen des Unfallversicherungsträgers stehende Leistungserbringung durch Einräumung eines persönlichen Budgets dar, § 26 Abs. 1 S. 2 SGB VII iVm § 29 SGB IX.[8] Eine Kostenerstattung sieht auch § 18 SGB XI für selbst beschaffte Leistungen vor, allerdings ist dieser Anspruch auf Teilhabeleistungen beschränkt und an weitere Voraussetzungen, insbesondere eine nicht fristgerechte Bearbeitung geknüpft.

Im Übrigen kommt eine Kostenerstattung nur unter den engen Voraussetzungen des § 13 Abs. 3 SGB V analog in Betracht,[9] wenn also der Unfallversicherungsträger die Leistung zu Unrecht abgelehnt hat oder eine rechtzeitige Leistung durch den Unfallversicherungsträger nicht möglich ist.[10] Auch eine Erstattung der Kosten privatärztlicher Behandlung kann grundsätzlich nur unter diesen Voraussetzungen erfolgen, wobei jedenfalls im Inland eine vergleichbare vertragsärztliche Behandlung regelmäßig erreichbar ist (zur Kostenerstattung privatärztlicher Rechnungen → Rn. 13).

Grundsätzlich werden Leistungen der Unfallversicherung **von Amts wegen** erbracht, § 19 S. 2 SGB IV. Eine Verletzung dieser Pflicht kann theoretisch wiederum (Haftungs-)Ansprüche gegen den Unfallversicherer begründen. Allerdings setzt eine Leistung bzw. Pflichtverletzung stets die Kenntnis des Unfallversicherers vom bestehenden Bedarf voraus. 5

Hinweis: Hieraus ergibt sich, dass gerade bei weniger auf der Hand liegenden Bedürfnissen der Versicherte sich vorsorglich mit einem formfreien Antrag an den UVT wenden sollte.

Dies gilt umso mehr wegen des bereits angesprochenen Sachleistungsprinzips und angesichts des oben bereits angedeuteten Umstands, dass der Grundsatz der Leistungsgewährung von Amts wegen teilweise durchbrochen ist.

6 Welti BG 2009, 401.
7 Schmitt, SGB VII, § 26 Rn. 16.
8 Überblick zB Krasney in: SGB VII-Komm, § 26 Rn. 4 ff. mwN.
9 BSG 24.2.2000 – B 2 U 12/99, NZS 2000, 466 (467); BSG 20.3.2007 – B 2 U 38/05 R, NZS 2008, 96 (97).
10 Einen guten Überblick zu den Voraussetzungen des § 13 Abs. 3 mit Rechtsprechungsnachweisen bietet Finkenbusch WzS 2010, 247 f., für letale Erkrankungen und nicht allgemein anerkannte Heilmethoden vgl. auch BVerfG 19.3.2009 – 1 BvR 316/09, NZS 2009, 376 ff. mit Anm. Lindemann.

6 Klassische zivilrechtliche Ansprüche wie **Schmerzensgeld und Sachschadensersatz** werden vom Unfallversicherungsträger in aller Regel nicht erbracht (Ausnahmen: § 13 SGB VII, Sachschäden bei Hilfeleistung; § 8 Abs. 3 SGB VII, Ersatz beschädigter Hilfsmittel, zB Zahnprothesen, Brillen etc; → § 7 Rn. 45 ff.). Diese Ansprüche wegen Personenschäden sind bei Vorliegen eines versicherten Arbeitsunfalls zumeist auch gegenüber dem Schädiger gemäß §§ 104 ff. SGB VII (→ § 9 Rn. 22 ff.) ausgeschlossen (Ausnahme: Wegeunfall, → § 9 Rn. 6).[11]

7 Das **Verhältnis zu Leistungen nach anderen Sozialgesetzbüchern** ist grundsätzlich dahin gehend bestimmt, dass Leistungen der Unfallversicherung vorgehen (zur Anrechnung → Rn. 56).[12]

Vgl. zum Verhältnis zur

- Rentenversicherung § 12 Abs. 1 Nr. 1 SGB VI;
- Bundesagentur für Arbeit § 22 SGB III;
- Pflegeversicherung §§ 13 Abs. 1 Nr. 2, 34 Abs. 1 Nr. 2 SGB XI.

Praktisch relevant ist insbesondere § 11 Abs. 5 SGB V, der das Verhältnis zu Leistungen der Krankenversicherung strikt alternativ regelt: Auf Leistungen der Krankenversicherung besteht kein Anspruch, wenn es um die Beseitigung von Folgen eines Arbeitsunfalls oder einer Berufskrankheit geht. Im Rückschluss ist daraus zu folgern, dass, solange nicht feststeht, ob ein Versicherungsfall nach dem SGB VII vorliegt, die Krankenversicherung leistungsverpflichtet bleibt.[13] Lehnt also der Unfallversicherer beispielsweise die Heilbehandlung oder die Zahlung von Verletztengeld ab, besteht so lange, wie diese Entscheidung Bestand hat, ein Anspruch gegen die Krankenversicherung auf Übernahme der Behandlung bzw. Zahlung von Krankengeld. Sinn dieser Auslegung ist, dass der Versicherte nicht „Opfer“ der Unterteilung des deutschen Sozialversicherungswesens werden darf. So lange unklar ist, ob ein Arbeitsunfall vorliegt, hat der Sozialversicherungsträger zu leisten, der ohne diese Voraussetzung leistungsverpflichtet wäre.[14]

Erweist sich später, dass doch ein Versicherungsfall nach dem SGB VII vorliegt, hat die Krankenversicherung einen Erstattungsanspruch gegen den Unfallversicherungsträger gemäß § 105 SGB X. Der Versicherte ist an diesem Erstattungsverfahren nicht beteiligt; sein Anspruch gegen den Unfallversicherer gilt als erfüllt, § 107 SGB X, soweit die Krankenversicherung geleistet hat.

Hinweis: Es bleibt aber stets zu prüfen, ob Ansprüche über die Leistungen des anderen Sozialversicherungsträgers hinaus bestehen. Zumeist sind dabei Leistungen der Krankenversicherung mit denjenigen der Unfallversicherung zu vergleichen. Dabei kommt insbesondere die Erstattung der Eigenanteile und der Fahrtkosten bei Heilbe-

11 Kritisch dazu Köhler VSSR 2018, 109 ff.
12 Vgl. Ricke in: KassKomm, SGB VII § 26 Rn. 11.
13 So auch Ricke in: KassKomm, SGB VII § 26 Rn. 12; LSG Berlin-Brandenburg 12.8.2010 – L 3 U 135/10 B ER, BeckRS 2010, 73320; implizit: LSG NRW 26.10.2005 – L 17 U 51/04, HVBG-Info 2006, 6 (9).
14 Ein vergleichbarer Rechtsgedanke findet sich zB auch in § 14 Abs. 1 S. 3 SGB IX.

handlung in Betracht und ggf. der sog. Verletztengeldspitzbetrag als Unterschiedsbetrag Krankengeld – Verletztengeld.

In der Praxis wird der Unfallversicherungsträger allerdings zumeist die Heilbehandlung übernehmen, wenn der behandelnde Arzt der Meinung ist, dass es sich um Folgen eines Arbeitsunfalls handelt und dementsprechend unmittelbar mit dem Unfallversicherer abrechnet. In diesem (Regel-)Fall hat umgekehrt der Unfallversicherungsträger einen Erstattungsanspruch gegen die Krankenversicherung gemäß § 105 SGB X, wenn sich später erweist, dass die Behandlung unfallunabhängig erforderlich war. Aus dieser Kostentragung kann aber der Versicherte keinen weiter gehenden Anspruch, zB auf Anerkennung von unfallbedingten Arbeitsunfähigkeitszeiten und folgendem Verletztengeldanspruch oder gar auf Feststellung eines Arbeitsunfalls herleiten.[15]

II. Heilbehandlung, Heilmittel, Hilfsmittel (§§ 27–34 SGB VII)

Diese Leistungsarten sind dem Grunde nach aus der gesetzlichen Krankenversicherung (SGB V) bekannt, so dass im Folgenden nur einige Besonderheiten herausgehoben werden sollen. 8

Das **Recht auf freie Arztwahl** ist in der gesetzlichen Unfallversicherung teilweise eingeschränkt. Der Versicherte ist bei nicht nur geringfügigen Verletzungen[16] einem sog. **Durchgangsarzt** (von den Unfallversicherungsträgern bestellte, niedergelassene oder in – nahezu allen öffentlichen – Krankenhäusern tätige, speziell geschulte und erfahrene Unfallärzte) vorzustellen. Soweit nicht bereits die schulische Einrichtung dies veranlasst, wird es der aufgesuchte Arzt tun,[17] wenn ihm mitgeteilt wird, dass uU ein versicherter Arbeitsunfall vorliegt. Die Vorstellung beim Durchgangsarzt (D-Arzt) liegt im Interesse des Versicherten. Nicht nur, dass dieser den Unfallversicherungsträger informiert, er entscheidet auch, ob angesichts der Art der Verletzung die allgemeine oder die besondere Heilbehandlung erfolgen soll. Bei bestimmten Verletzungen (entweder aufgrund ihrer Schwere oder aufgrund der nach unfallmedizinischer Erfahrung hohen Rate späterer Komplikationen) können die Unfallversicherungsträger auf ihre eigenen, entsprechend spezialisierten Unfallkliniken zurückgreifen. Ordnet der D-Arzt das besondere Heilverfahren an, ist die Arztwahl beschränkt (vgl. § 28 Abs. 4 S. 2 SGB VII); beim allgemeinen Heilverfahren besteht Wahlfreiheit unter den kassenrechtlich zugelassenen Vertragsärzten.[18] 9

Schon aus dem Vorstehenden ergibt sich, dass der Unfallverletzte bei der Behandlung darauf hinweisen sollte, dass es sich um Folgen eines Arbeitsunfalls handelt. 10

15 LSG Niedersachsen-Bremen 26.3.2003 – L 3/9/6 U 272/00, HVBG-Info 2005, 887 (892); LSG Bayern 19.5.2016 – L 2 U 121/16 B ER, BeckRS 2016, 69564: Der Arzt hat keine Verwaltungsaktkompetenz.

16 Behandlungsbedürftigkeit über einer Woche, dazu und zu den Ausnahmen § 26 Vertrag Ärzte/UV-Träger (abgedruckt in: Bereiter-Hahn/Mehrtens, Anhang 1).

17 Verpflichtung hierzu s. § 26 Vertrag Ärzte/UV-Träger.

18 Bereiter-Hahn/Mehrtens, SGB VII § 34 Rn. 4.4 (auch allg. zum Gesamtkomplex besondere/allgemeine Heilbehandlung).

Dies gilt jedoch auch deswegen, weil aus dem Grundsatz, den Folgen des Unfalls mit allen geeigneten Mitteln zu begegnen, auch hier folgt, dass der Leistungsumfang der Unfallversicherung weitergehend ist als in der gesetzlichen Krankenversicherung. Zwar wird auf einige Regelungen des SGB V Bezug genommen (zB Festbeträge nach §§ 35, 35 a SGB V in § 29 Abs. 1, § 31 SGB VII). Die Unfallversicherung ist aber nicht an § 12 Abs. 1 SGB V (Beschränkung auf das Notwendige) gebunden, sondern hat ein weitreichendes Ermessen.[19] Dazu stellt § 29 Abs. 1 S. 2 SGB VII klar, dass die Bindung an die Festbeträge nur insoweit gilt, als mit diesen Mitteln das Ziel der Heilbehandlung erreicht werden kann.[20] Bei entsprechender ärztlicher Begründung können daher weitere oder höherwertige Leistungen bewilligt werden, insbesondere im Bereich der Heilmittel gelten die (quantitativen) Deckelungen der Krankenversicherung nicht, wenn weitere Leistungen einen besseren Therapieerfolg versprechen.[21] So hat sich mit der erweiterten ambulanten Physiotherapie (EAP), die sich durch eine besondere Intensität auszeichnet, eine eigene Therapieform entwickelt, deren Wirksamkeit medizinisch nachweisbar ist, die aber nicht im Leistungskatalog der Krankenversicherung enthalten ist.[22] Entsprechendes gilt auch für Hilfsmittel (Prothesen, Hörgeräte etc), da § 31 SGB VII auf § 29 Abs. 1 S. 2 und 3 SGB VII verweist. Auch hier gelten die Festbeträge nur, wenn in diesem Rahmen eine bedarfsgerechte Versorgung möglich ist.[23]

Bei **Hilfsmitteln** ist jedoch zu differenzieren. War das Hilfsmittel bereits vor dem Unfall vorhanden und wurde es beschädigt, wird dieser Sachschaden ausnahmsweise gemäß § 8 Abs. 3 iVm § 27 Abs. 2 SGB VII ersetzt, als Schadensersatz orientiert sich dieser an dem Wiederbeschaffungswert (dazu → § 7 Rn. 45 ff.). Die hier dargestellten Regeln gelten nur für eine Erstversorgung, die aufgrund der Unfallfolgen erforderlich werden. Diese richten sich nach § 27 Abs. 1 Nr. 4 iVm § 31 SGB VII.[24] Keine Hilfsmittel sind allgemeine Gebrauchsgegenstände des täglichen Lebens,[25] was für das Krankenversicherungsrecht ausdrücklich in § 33 Abs. 1 Satz 1 SGB V und auch in § 47 Abs. 1 SGB IX normiert ist. Im Unfallversicherungsrecht können die Kosten solcher Gegenstände jedoch uU nach § 39 Abs. 1 Nr. 2 oder Abs. 2 SGB VII übernommen werden (→ Rn. 62).[26]

Anders als in der gesetzlichen Krankenversicherung ist der Arzt bei der Anwendung neuer Untersuchungs- und Behandlungsmethoden nicht an eine positive Entscheidung des Bundesausschusses iSd §§ 135, 92 SGB V gebunden, er bleibt aber den Regeln

19 Bereiter-Hahn/Mehrtens, SGB VII § 26 Rn. 6; Schmitt, SGB VII, § 29 Rn. 8.
20 Krasney in: SGB VII-Komm, § 29 Rn. 5.
21 Köhler in: Hauck/Noftz, SGB VII, K § 30 Rn. 4; BSG 17.2.2010 – B 1 KR 23/09 R; BSGE 105, 271 (277 f.).
22 BSG 17.2.2010 – B 1 KR 23/09 R, BSGE 105, 271 (277 f.): Diese Leistung qualifiziert das BSG als medizinische ambulante Reha, die ggf. – also außerhalb des SGB VII – von der Rentenversicherung erbracht werden kann.
23 Welti BG 2009, 401 (403).
24 Zur Hilfsmittelversorgung und den einschlägigen Richtlinien vgl. zB LSG Niedersachsen-Bremen 22.11.2018 – L 16 U 196/16, UVR 2019, 144 (150 ff.).
25 SG Stuttgart 11.10.2013 – S 21 U 1106/12, auch zur Hilfsmittelrichtlinie der UV-Träger. Allerdings übersieht das SG, dass eine Kostenübernahme nach § 39 Abs. 1 Nr. 2 SGB VII zu prüfen gewesen wäre, vgl. → Rn. 62.
26 Vertiefend dazu mwN: Köhler in: Hauck/Noftz, SGB VII, K § 31 Rn. 17 b.

der ärztlichen Kunst verpflichtet.[27] In der kassenvertragsärztlichen Budgetierung sind BG-Patienten nicht erfasst, so dass der Arzt hier auch insoweit freier in seinen Therapiemaßnahmen ist.

Umfangreicher ist die Leistung des Unfallversicherers gegenüber der Leistung der 11 Krankenversicherung auch insofern, als die **Zuzahlungsregelungen** des SGB V nicht gelten; bereits geleistete Zuzahlungen werden bei Anerkennung des Versicherungsfalls erstattet.[28] Darüber hinaus besteht ein Anspruch auf Fahrtkostenerstattung auch hinsichtlich der Heilbehandlung, § 43 Abs. 1 S. 2 SGB VII.[29] Erstattet werden die in der Norm enumerativ aufgezählten Kostenarten, soweit sie erforderlich sind. Bei Benutzung eines regelmäßig wiederkehrenden Verkehrsmittels ist das preisgünstigste Verkehrsmittel und die kürzeste Verbindung zugrunde zu legen. Bei Benutzung eines Privat-Pkw wird gemäß § 43 Abs. 2 Nr. 4 SGB VII eine dem Bundesreisekostengesetz entsprechende Kilometerpauschale gewährt.[30] Nicht zu den Reisekosten gehören die Kosten, die während der Behandlung anfallen mögen, also zB Aufwendungen während eines stationären Aufenthalts. Bei der Gewährung von Fahrtkosten zur Heilbehandlung orientiert sich der Unfallversicherungsträger an der „**Gemeinsamen Richtlinie** der Verbände der UV-Träger über Reisekosten" in der Fassung vom 1.7.2014. Diese Richtlinien binden die Versicherungsträger, es handelt sich aber nicht um allgemeinverbindliche Normen.[31]

Die Reisekosten bei medizinischer Rehabilitation oder Maßnahmen zur Teilhabe am Arbeitsleben richten sich nach § 73 SGB IX.

Erstattungsfähig sind auch die Aufwendungen einer erforderlichen Begleitperson, 12 § 43 Abs. 2 SGB VII. Die Begleitung muss aufgrund des Gesundheitsschadens erforderlich sein. Bei Kindern wird man sich grundsätzlich an die Altersgrenze von zwölf Jahren (§ 42 SGB VII iVm § 54 Abs. 1 Nr. 3 SGB IX) anlehnen, wobei aber der Schwierigkeitsgrad der Reise und die übrigen Besonderheiten des Einzelfalls zu berücksichtigen bleiben.[32]

Zu den erstattungsfähigen Aufwendungen gehört insbesondere auch ein etwaiger Verdienstausfall der Begleitperson. Wird allerdings zur Begleitung ein Urlaubstag genommen, können die zivilrechtlichen Grundsätze zum Schadensausgleich für entgangenen Urlaub nicht herangezogen werden, dies wäre systemwidrig.[33] Praktisch wird dies bei der Begleitung von Kindern häufig mit dem Kinderpflege-Verletztengeld zusammenfallen. Liegen dessen Voraussetzungen vor, haben die Eltern eines verletzten Kindes in gewissem Umfang einen Freistellungsanspruch gegen ihren Arbeitgeber (dazu → Rn. 22).

27 Vertiefend und die Grenzen der Therapiefreiheit aufzeigend: Krasney in: SGB VII-Komm, § 28 Rn. 8.
28 Vgl. HVBG-Rundschreiben VB 088/2004 vom 26.10.2004.
29 Zu den Einzelheiten vgl. zB Kommentierung Bereiter-Hahn/Mehrtens, zu § 43 SGB VII.
30 Streitig ist, ob Parkgebühren umfasst sind; dafür: zB SG Hildesheim 24.7.2012 – S 11 U 129/11, UVR 2012, 1133 (1135 ff.) (rk.); dagegen: LSG Niedersachsen-Bremen 23.5.2018 – L 3 U 84/16, UVR 2018, 722 (727 ff.).
31 Zum Wesen der Richtlinie: LSG Niedersachsen-Bremen 23.5.2018 – L 3 U 84/16, UVR 2018, 722 (727 ff.), vertiefend Bereiter-Hahn/Mehrtens, SGB VII § 31 Rn. 12 mwN.
32 Krasney in: SGB VII-Komm, § 43 Rn. 10.
33 Bereiter-Hahn/Mehrtens, SGB VII § 43 Rn. 5.

13 Der Hinweis auf den Arbeitsunfall ist aber insbesondere bei solchen Patienten geboten, die privat krankenversichert sind. Um den Sachleistungsanspruch Heilbehandlung zu verwirklichen, muss der Arzt nicht privat, sondern vertragsärztlich (also im Auftrag des Unfallversicherungsträgers) tätig werden und entsprechend direkt mit dem Unfallversicherungsträger abrechnen. Die **Erstattung von Privatrechnungen**, die nach älteren Fassungen des Vertrags Ärzte/UV-Träger noch teilweise für möglich gehalten wurde, findet nunmehr weder im Gesetz noch in diesem Vertrag eine Anspruchsgrundlage. Nach erfolgtem Hinweis auf den Arbeitsunfall wird der Arzt regelmäßig als Vertragsarzt abrechnen; wird dennoch privatärztliche Behandlung vereinbart, liegt ein Verzicht auf den entsprechenden Heilbehandlungsanspruch vor, soweit dieser Verzicht schriftlich gegenüber dem Unfallversicherer erfolgt, vgl. § 46 SGB I.

Der Unfallversicherungsträger haftet aber nicht für entsprechende Fehlinformationen des Arztes. Erfolgte keine Belehrung des Versicherten durch den Arzt, ist der Unfallversicherungsträger trotzdem nur in den Grenzen der analogen Anwendung des § 13 SGB V[34] zur Erstattung verpflichtet, da es im Übrigen an einer Anspruchsgrundlage fehlt.[35]

Hinweis: Dies führt in einigen Fällen zu unsachgemäßen Ergebnissen. Es sollte daher (wo zeitlich noch möglich) eine Rückabwicklung versucht werden, indem der Arzt die Privatrechnung zurücknimmt und die Behandlung nach dem Ärzte/UV-Träger-Vertrag dem Unfallversicherer nachträglich direkt in Rechnung stellt. Eine solche pragmatische Lösung setzt aber voraus, dass die Heilbehandlung zeitnah abgerechnet wird. Wo dies nicht möglich ist und auch eine analoge Anwendung des § 13 SGB V ausscheidet, scheidet ein Erstattungsanspruch gegen den Unfallversicherer aus. Privat Krankenversicherte sollten beachten, dass auch einige privaten Krankenversicherer in den Versicherungsbedingungen ihre Leistungspflicht ausschließen, soweit Ansprüche aus der gesetzlichen Unfallversicherung bestehen.[36]

Bei stationärer Behandlung eines verunfallten Kindes kann die Mitaufnahme eines Elternteils medizinisch für notwendig erachtet werden. Liegt ein ärztliches Attest vor, dass sich die Mitaufnahme positiv auf den Heilungsverlauf auswirkt, werden die damit verbundenen Kosten nach § 39 Abs. 1 Nr. 2 SGB VII übernommen.[37] Unter den Voraussetzungen des § 45 Abs. 4 SGB VII iVm § 45 SGB V kann ein Verdienstausfall des mitaufgenommenen Elternteils durch Kinderpflege-Verletztengeld (→ Rn. 22) kompensiert werden. Zugleich kommt ggf. die Gewährung einer Haushaltshilfe in Betracht, → Rn. 62.

---

34 Voraussetzung ist dabei insbesondere, dass die Sachleistung „Heilbehandlung" durch den Unfallversicherer abgelehnt wurde oder unerreichbar ist (zB bei Klassenfahrt ins Ausland → § 11 Rn. 52 ff.), vgl. ferner → Rn. 4 und Fn. 9.

35 Daran ändert auch das Urteil des BSG vom 3.4.2014 nichts, da dort ein öffentlich-rechtlicher Erstattungsanspruch des privaten Krankenversicherers nur unter denselben Voraussetzungen, wie sie in § 13 SGB V normiert sind, zuerkannt wurde, vgl. LSG NRW 13.3.2019 -L 17 U 461/17, UVR 2019, 165 (179).

36 Dazu LG Stade 25.2.2016 – 3 O 85/15, VersR 2017, 874 (875).

37 Vgl. Römer in: Hauck/Noftz, SGB VII, K § 39 Rn. 34: Es handelt sich um einen Teilhabeanspruch des Kindes (→ Rn. 62).

Die Verantwortung des Unfallversicherungsträgers für den Verlauf des Heilverfahrens ist deutlich höher als im Krankenversicherungsrecht, dem tragen die oben umrissenen weiterreichenden Steuerungsmöglichkeiten Rechnung. 14

Hinweis: Sollten sich im Rahmen des Heilverfahrens Schwierigkeiten ergeben, zB bei der Suche nach einem geeigneten Therapeuten oder bei Terminproblemen, sollte sich der Versicherte unbedingt hilfesuchend an den zuständigen Unfallversicherungsträger wenden. Dieser kann nicht nur geeignete Behandlungseinrichtungen vorschlagen, sondern auch bei der Vereinbarung kurzfristiger Termine behilflich sein.

III. Verletztengeld und Rente

Die zentralen Geldleistungen der Unfallversicherung bestehen in dem (Lohn ersetzenden) Verletztengeld, §§ 45 ff. SGB VII, und der Rente, der eine Doppelfunktion zu- 15
kommt. Sie soll zum einen den erlittenen Gesundheitsschaden kompensieren (Haftungsablösung → § 9 Rn. 1 f.), zum anderen nach den Grundsätzen einer abstrakten Schadensberechnung einen (theoretischen) Minderverdienst aufgrund der erlittenen Beeinträchtigungen ausgleichen.[38]

In Bezug gesetzt werden diese beiden Leistungsarten durch § 72 Abs. 1 SGB VII. Lie- 16
gen die Voraussetzungen eines Rentenanspruchs vor, beginnt der Rentenanspruch an dem Folgetag, an dem der Anspruch auf Verletztengeld endet (Nr. 1), bzw. wenn kein Anspruch auf Verletztengeld besteht, am Folgetag des Versicherungsfalls (Nr. 2). Bei mehreren Beschäftigungen kann dann, wenn sich die Höhe des Verletztengeldes ändert, weil (nur) für die eine Tätigkeit bereits Arbeitsfähigkeit eingetreten ist, der (Teil-)Rentenanspruch für diese Tätigkeit bereits entstehen, obwohl wegen der fortbestehenden Arbeitsunfähigkeit für die andere Tätigkeit weiterhin Verletztengeld gezahlt wird, wenngleich nur noch nach dem Lohnverlust aus dieser Tätigkeit.[39]

Hinweis: Diese Vorschrift ist in der SUV von **strategischer Bedeutung**. Der Anspruch auf Verletztengeld setzt ein Arbeitseinkommen in der Zeit vor dem Unfall voraus. Bei arbeitsunfähigen Kindern ist die Sachlage klar. Rentenbeginn ist hier mangels Verletztengeldanspruch der auf den Versicherungsfalltag folgende Tag.

Bei Schülern, aber auch bei Studenten liegen in aller Regel allenfalls geringfügige Beschäftigungsverhältnisse vor. Dieses Einkommen geltend zu machen (und damit den Anspruch auf Verletztengeld) macht nur dann Sinn, wenn es höher liegt als eine zu erwartende Rente, deren Beginn der Verletztengeldanspruch hinausschiebt, also zB bei geringfügigeren Verletzungen, aus denen kein Rentenanspruch resultieren wird.

Daran hat auch die og Entscheidung des BSG zu Mehrfachbeschäftigten nichts geändert, da zwar die Schul- bzw. Studierfähigkeit früher als die Arbeitsfähigkeit eintreten mag, sich dadurch aber die Höhe des Verletztengeldes nicht ändert und somit der Rentenbeginn herausgeschoben bleibt. Ob die Schul- oder Studierunfähigkeit, also die unfallbedingte Unfähigkeit zum Besuch der Einrichtung überhaupt ein Fall der

38 Die 2007 entfachte Reformdebatte scheint mangels Akzeptanz gegenwärtig beendet, vgl. vertiefend Köhler VSSR 2018, 109 ff.

39 BSG 23.7.2015 – B 2 U 6/14 R, SozR 4-2700 § 72 Nr. 1, dazu Kranig SGb 2017, 610 ff.

Arbeitsunfähigkeit darstellt, ist umstritten,[40] da aus dieser Tätigkeit aber kein Arbeitseinkommen resultiert, jedoch auch bedeutungslos.

1. Verletztengeld

17 Bei Ersterkrankung nach dem Unfall richtet sich der Anspruch auf Verletztengeld nach § 45 SGB VII (Wiedererkrankung nach § 48, → Rn. 21).[41]

Nach dem in Absatz 1 normierten Regelfall erhält der Versicherte Verletztengeld, wenn er infolge des Arbeitsunfalls arbeitsunfähig ist oder durch Maßnahmen der Heilbehandlung wegen solcher Unfallfolgen an der Ausübung einer ganztägigen Erwerbstätigkeit gehindert ist und unmittelbar vor Beginn der Arbeitsunfähigkeit (bzw. der Heilbehandlung) Anspruch auf Arbeitseinkommen bzw. Arbeitsentgelt (oder eine der in Nr. 2 genannten Lohnersatzleistungen) hatte.

Der Anspruch auf Verletztengeld besteht gemäß § 46 Abs. 1 SGB VII ab dem ersten Tag der unfallbedingten Arbeitsunfähigkeit oder dem Tag des Beginns einer Heilbehandlung, die den Versicherten an der Ausübung einer ganztägigen Erwerbstätigkeit hindert.

Auf das Verletztengeld wird das im gleichen Zeitraum erzielte Arbeitseinkommen **angerechnet**, so dass für Zeiten der Lohnfortzahlung das Verletztengeld nicht ausgezahlt wird, § 52 Nr. 1 SGB VII. Entscheidend ist der tatsächliche Erhalt von Arbeitseinkommen, nicht der bloße Anspruch; verweigert der Arbeitgeber die Lohnfortfortzahlung, ist Verletztengeld auszuzahlen.[42] In diesen Fällen geht allerdings der Entgeltanspruch in Höhe des gezahlten Verletztengeldes auf die Behörde gem. § 115 SGB X über.[43] Für andere Lohnersatzleistungen sieht § 52 Nr. 2 SGB VII ebenfalls eine Anrechnung vor.

Der Begriff der Arbeitsunfähigkeit ist mit demjenigen im Krankenversicherungsrecht identisch, Bezugspunkt ist auch hier grundsätzlich die zuletzt konkret ausgeübte Tätigkeit.[44]

Die Arbeitsunfähigkeit ist **ärztlich festzustellen**, entscheidend ist aber nicht der Tag der Feststellung, sondern der Tag der tatsächlichen Arbeitsunfähigkeit. Damit ist auch eine rückwirkende Feststellung grundsätzlich möglich, wobei allerdings die Beweislast beim Versicherten liegt.[45] Erforderlich ist der Vollbeweis (→ § 7 Rn. 7).[46] Der Unfallversicherer ist nicht an die ärztliche Bescheinigung gebunden, sondern hat sie lediglich als Beweismittel zu würdigen, zumal im Rahmen der Arbeitsunfähig-

40 Krasney in: SGB VII-Komm, § 45 Rn. 23.
41 Ricke in: KassKomm, § 45 Rn. 2.
42 Bereiter-Hahn/Mehrtens, SGB VII § 52 Rn. 4.
43 Vgl. ausführlich dazu Schlaeger/Bruno in: Hauck/Noftz, SGB X, § 115 Rn. 8 ff.
44 BSG 30.10.2007 – B 2 U 31/06 R, SozR 4-2700 § 46 Nr. 3, auch zu Verweisungsmöglichkeiten bei Arbeitsplatzverlust.
45 BSG 5.7.2005 – B 2 U 10/04 R, HVBG-Info 2005, 675; Krasney in: SGB VII-Komm, § 46 Rn. 9.
46 Vgl. LSG Hessen 27.9.2016 – L 3 U 71/12, BeckRS 2016, 117310.

keitsbescheinigung die manchmal komplizierte Kausalitätsfrage, ob der Unfall wesentliche Ursache der Arbeitsunfähigkeit ist, nicht geprüft werden kann.[47]

Tritt während der unfallbedingten Arbeitsunfähigkeit eine weitere, unfallunabhängige Erkrankung auf, die für sich genommen ebenfalls zur Arbeitsunfähigkeit geführt hätte, ist das Verletztengeld weiterzuzahlen, bis die Folgen des Arbeitsunfalls keine Arbeitsunfähigkeit mehr begründen. Im umgekehrten Fall, dass der Versicherte bereits vor dem Unfall wegen eines schicksalhaften Leidens arbeitsunfähig war, entsteht der Verletztengeldanspruch erst nach Wegfall der unfallunabhängigen Arbeitsunfähigkeit.[48]

Das Verletztengeld wird entsprechend den Vorschriften über das Krankengeld berechnet, allerdings beträgt es nicht wie dieses 70 %, sondern 80 % des Regelentgelts (§ 47 SGB VII iVm § 47 SGB V).[49]

Ausgezahlt und konkret berechnet wird das Verletztengeld in aller Regel durch die gesetzlichen Krankenkassen. Diese sind insofern von den Unfallversicherern beauftragt; zu diesem Zweck wurden zwischen den Spitzenverbänden der Unfall- und der Krankenversicherung entsprechende Verwaltungsvereinbarungen geschlossen.[50] Da die Kassen nur als Beauftragte tätig werden, sind Einwendungen gegen die Verletztengeldgewährung weiterhin an den Unfallversicherungsträger zu richten,[51] Arbeitsunfähigkeitsbescheinigungen können hingegen, wie gewohnt, bei der Krankenkasse eingereicht werden. Ist der Unfall noch nicht gemeldet, wird spätestens bei Vorlage einer Arbeitsunfähigkeitsbescheinigung mit der Angabe „Arbeitsunfall“ sich die Krankenkasse an den Unfallversicherungsträger wenden mit der Frage, ob Verletztengeld ausgezahlt werden soll.

In der Schülerunfallversicherung spielt das Verletztengeld in der unmittelbaren Unfallfolgezeit jedoch bei Ansprüchen des Versicherten eine untergeordnete Rolle, bei gravierenderen Verletzungen schon deshalb nicht, um den Rentenbeginn nicht hinauszuzögern (bereits → Rn. 16, zur Wiedererkrankung bei zwischenzeitlichem Eintritt ins Erwerbsleben → Rn. 21).

a) Beendigung des Verletztengeldbezuges

Die Beendigungstatbestände finden sich in § 46 Abs. 3 SGB VII, wobei zu differenzieren ist zwischen denjenigen des Satzes 1 und denjenigen des Satzes 2: 18

aa) Beendigung qua Gesetz

Die Beendigungstatbestände des § 46 Abs. 3 S. 1 SGB VII stellen auf den **Eintritt einer Tatsache** ab, nämlich auf den Wegfall der unfallbedingten Arbeitsunfähigkeit/ 19

47 Krasney in: SGB VII-Komm, § 46 Rn. 9; LSG Hessen 27.9.2016 – L 3 U 71/12, BeckRS 2016, 117310; LSG Niedersachsen-Bremen 26.3.2003 – L 3/9/6 U 272/00, HVBG-Info 2005, 887 (892).

48 Schmitt, SGB VII, § 45 Rn. 8.

49 Zur Berechnung ausführlich Schmitt, SGB VII, § 47 Rn. 10 ff.; Radtke-Schwenzer in: Plagemann/Radtke-Schwenzer, Kap. 5 Rn. 53 ff.

50 „Generalauftrag Verletztengeld“ und „Einzelauftrag Verletztengeld“, abgedruckt unter Anhang 5 in Bereiter-Hahn/Mehrtens, gesetzliche Grundlage ist § 189 SGB VII.

51 Dazu und zur Beauftragung BSG 30.11.2017 – B 3 KR 38/17 B, BeckRS 2016, 138207.

hindernden Heilbehandlung (Nr. 1) oder auf das Eintreten eines Anspruchs auf Übergangsgeld.

Mit dem Wegfall dieser in § 45 normierten Anspruchsvoraussetzungen endet der Verletztengeldanspruch qua Gesetz. Ob zur Einstellung des Verletztengeldes ein Verwaltungsakt erforderlich ist, hängt davon ab, auf welche Weise das Verletztengeld bewilligt wurde.[52] Im **Regelfall** wird Verletztengeld ausschließlich aufgrund einer Mitteilung des Unfallversicherers an die Krankenkasse von dieser ausgezahlt, und zwar jeweils für die ärztlich bescheinigten Zeiträume. Der Versicherte erhält zunächst **keinen förmlichen Bescheid** darüber. Da die Voraussetzungen des § 31 SGB X erfüllt sind, stellt die Mitteilung des Unfallversicherers an die Krankenkasse einen Verwaltungsakt dar, der dem Versicherten dadurch bekannt gegeben wird, dass er in der Regel eine Durchschrift dieser Mitteilung erhält. Es handelt sich jedoch nicht um einen Verwaltungsakt mit Dauerwirkung, denn eine unbefristete, über die eingereichte Arbeitsunfähigkeitsbescheinigung hinausgehende Rechtsposition wird dem Versicherten nicht eingeräumt.[53] Werden keine weiteren Arbeitsunfähigkeitsbescheinigungen mehr eingereicht, endet die Verletztengeldzahlung daher ohne aufhebenden Verwaltungsakt.

Kommt der Unfallversicherer während der fortlaufend bescheinigten Arbeitsunfähigkeit (zB aufgrund eines zwischenzeitlich eingegangenen Gutachtens) zu der Auffassung, dass unfallbedingte Arbeitsunfähigkeit nicht mehr vorliegt, wird er wiederum der Krankenkasse mitteilen, dass diese die Verletztengeldzahlung nunmehr einstellen soll. Auch diese Mitteilung wird dem Versicherten idR als Durchschrift bekannt gegeben und stellt einen Verwaltungsakt iSd § 31 S. 1 SGB X dar. Da aber die Bewilligung in diesem Regelfall keinen Verwaltungsakt mit Dauerwirkung darstellt, wird keine bereits bestehende Rechtsposition entzogen, sondern lediglich die Einräumung einer (weiteren) Rechtsposition (Zahlung von Verletztengeld auch für weitere, künftige Zeiträume) abgelehnt. Das ist zum einen bedeutsam für die Beweislast (es bedarf keiner Änderung iSd § 48 Abs. 1 SGB X, die der Unfallversicherer zu beweisen hätte), zum anderen für die Frage des Rechtsschutzes. Der Widerspruch gegen eine solche Einstellung ist auf eine Verpflichtung (Gewährung weiteren Verletztengeldes) gerichtet, die bloße Anfechtung genügt nicht, um einen Anspruch auf weiteres Verletztengeld zu begründen. Dementsprechend hat der Widerspruch keine aufschiebende Wirkung dergestalt, dass bis zum Erlass eines Widerspruchsbescheides weiterzuzahlen wäre, im einstweiligen Rechtsschutz muss eine einstweilige Anordnung beantragt werden, § 86 b Abs. 2 SGG (→ § 10 Rn. 11, 22).

---

52 LSG Niedersachsen-Bremen 26.3.2003 – L 3/9/6 U 272/00, HVBG-Info 2005, 887 (892); Ricke in: KassKomm, SGB VII § 46 Rn. 9.

53 Ständige Rechtsprechung des BSG zum Krankengeld, vgl. zB BSG 16.12.2014 – B 1 KR 37/14 R, SozR 4-2500 § 192 Nr. 7 mwN. Im Krankenversicherungsrecht hat diese Rechtsprechung erheblichen Widerspruch geerntet, vgl. zB SG Speyer 30.11.2015 – S 19 KR 160/15, BeckRS 2016, 67254. Kern der Kritik ist jedoch im Wesentlichen nicht die Verneinung eines Verwaltungsaktes mit Dauerwirkung, sondern, dass das BSG es zur Voraussetzung des materiellen Krankengeldanspruchs macht, dass eine lückenlose Reihe von AU-Bescheinigungen vorgelegt wird. Dieses Problem stellt sich in der Unfallversicherung nicht, da (→ Rn. 17) hier auch eine rückwirkende Feststellung möglich ist. Da es bei der Verneinung eines Dauerverwaltungsaktes bleibt, vgl. Sonnhoff in: jurisPK-SGB V, § 46 Rn. 31, ist diese Diskussion für das Unfallrecht ohne Relevanz.

Bei Fortbestehen der Arbeitsunfähigkeit (zB aus unfallfremden Gründen oder bei Irrtum des Unfallversicherers) muss die Krankenkasse nun Krankengeld zahlen, im Zweifelsfall ergibt sich dies bereits aus § 11 Abs. 5 SGB V (→ Rn. 7). Stellt sich später heraus, dass die weitere Arbeitsunfähigkeit doch unfallbedingt war, hat der Versicherte einen Anspruch auf Auszahlung der Differenz zwischen Krankengeld und Verletztengeld (Verletztengeldspitzbetrag) und die Krankenkasse einen Erstattungsanspruch gemäß § 105 SGB X gegen den Unfallversicherungsträger (→ Rn. 7).

Ausnahmsweise kann die Bewilligung des Verletztengeldes einen Verwaltungsakt mit Dauerwirkung darstellen, wenn der Unfallversicherungsträger das Verletztengeld ausdrücklich und ohne zeitliche Begrenzung im Rahmen eines förmlichen Bescheids gewährt haben sollte, was jedoch in der Praxis selten anzutreffen sein wird. Ein solcher Verwaltungsakt mit Dauerwirkung muss bei Änderung der Verhältnisse – Wegfall der unfallbedingten Arbeitsunfähigkeit – gemäß § 48 Abs. 1 SGB X aufgehoben werden.[54]

bb) Beendigung aufgrund einer Prognoseentscheidung

Die Beendigungstatbestände des § 46 Abs. 3 S. 2 SGB VII haben vorab als gemeinsame Voraussetzung, dass mit dem Wiedereintritt der Arbeitsfähigkeit nicht zu rechnen ist und Leistungen zur Teilhabe am Arbeitsleben nicht zu erbringen sind, also eine Rehabilitation letztlich nicht gelingt. Hier ist eine **Prognoseentscheidung** zu treffen, so dass eine Beendigung nach Satz 2 **immer** einen Verwaltungsakt voraussetzt, der ua zwingend die (in aller Regel ärztlich begründete!) Prognose enthalten muss, dass die Arbeitsfähigkeit nicht wieder eintreten wird. Diese Prognose ist nicht rückwirkend nachzuholen und kann nicht durch die Gerichte ersetzt werden. Ist sie fehlerhaft oder fehlt gar ganz, muss der Unfallversicherer das Verletztengeld bis zur Nachholung in einem neuen Bescheid weitergewähren.[55] 20

Hinweis: Kommen Leistungen zur Teilhabe am Arbeitsleben in Betracht, kann ein Anspruch auf sogenanntes Übergangs-Verletztengeld gemäß § 45 Abs. 2 SGB VII bestehen. Auch die Einstellung des Verletztengeldes nach der 78. Woche ist ein Fall des § 46 Abs. 3 S. 2 SGB VII, dh, solange keine ungünstige Prognose hinsichtlich der Arbeitsfähigkeit gestellt wird oder Leistungen zur Teilhabe am Arbeitsleben in Betracht kommen, ist Verletztengeld zu gewähren, ggf. über die 78. Woche hinaus.[56]

b) Wiedererkrankung, § 48 SGB VII

Dass in der Schülerunfallversicherung das Verletztengeld eine eher untergeordnete Rolle spielt, gilt nur für die unmittelbare Unfallfolgezeit. Im Falle einer Wiedererkrankung an den Unfallfolgen, die zur Arbeitsunfähigkeit führt, entsteht auch ein neuer Anspruch auf Verletztengeld. Da das Gesetz im Falle einer laufenden Rente keine Ruhensvorschrift oä enthält, wird bei einer Wiedererkrankung parallel zur Rente Verletztengeld gewährt. 21

54 LSG Niedersachsen-Bremen 26.3.2003 – L 3/9/6 U 272/00, HVBG-Info 2005, 887, Ricke in: KassKomm, SGB VII § 46 Rn. 9.
55 BSG 13.9.2005 – B 2 U 4/04 R, HVBG-Info 2006, 270 (280).
56 Dazu BSG 30.10.2007 – B 2 U 31/06 R, SozR 4-2700 § 46 Nr. 3.

Zur Berechnung des Verletztengeldes bei Wiedererkrankung ist auf die Einkommensverhältnisse im Zeitpunkt der Wiedererkrankung (und nicht auf den Zeitpunkt vor dem Unfall) abzustellen, § 48 SGB VII. Wenn der Versicherte inzwischen Einkommen hat, kann für diesen Zeitraum nun nach Maßgabe der §§ 45, 46 SGB VII Verletztengeld bezogen werden.[57] Als Bemessungszeitraum gilt der letzte abgerechnete Arbeitsentgeltabrechnungszeitraum vor der Wiedererkrankung; die Berechnung selbst weist keine Besonderheiten auf.[58]

c) Insbesondere: Kinderpflege-Verletztengeld, § 45 Abs. 4 SGB VII iVm § 45 SGB V

22 Bei Unfällen kleinerer Kinder erhält das Verletztengeld auf dem Umweg des Kinderpflege-Verletztengeldes erneut Bedeutung. Nach § 45 Abs. 4 SGB VII gilt für die Beaufsichtigung, Betreuung oder Pflege eines verletzten Kindes § 45 SGB V entsprechend. Nach § 45 SGB V haben Versicherte Anspruch auf Krankengeld, wenn

- nach ärztlichem Zeugnis,
- das Fernbleiben von der Arbeit erforderlich ist,
- zur Beaufsichtigung, Betreuung oder Pflege ihres[59] Kindes,
- das Kind unter zwölf Jahren alt oder behindert und auf Hilfe angewiesen ist und
- eine andere im Haushalt lebende Person diese Aufgabe nicht übernehmen kann.

Der Anspruch ist gemäß § 45 Abs. 2 SGB V begrenzt auf 10 Arbeitstage pro Kind pro Kalenderjahr (Alleinerziehende 20 Arbeitstage) mit Ausnahme letaler Erkrankungen (dazu § 45 Abs. 4 SGB V).

Erleidet also ein Kind einen Versicherungsfall nach dem SGB VII, besteht unter diesen Voraussetzungen Anspruch des betreuenden Elternteils auf Kinderpflege-Verletztengeld.[60] Zu beachten ist, dass es sich um einen Anspruch des Elternteils[61] handelt, der aber auf dem Versicherungsfall des Kindes beruht. Hieraus wird abgeleitet, dass der Anspruch für jeden Elternteil gesondert gilt, dh sollte das Kontingent des Vaters ausgeschöpft sein, kann die Mutter ihres ausschöpfen bzw. umgekehrt.[62]

Bei der Voraussetzung des § 45 SGB VII, dass eine andere im Haushalt lebende Person die Betreuung nicht übernehmen kann, ist nicht entscheidend, ob noch andere Erwachsene dort leben. Denn bei der Frage, ob die Betreuung übernommen werden kann, spielen ggf. auch subjektive Faktoren eine Rolle wie die besondere Bindung an ein Elternteil.[63]

57 Vgl. Schmitt, SGB VII, § 48 Rn. 4.
58 Bereiter-Hahn/Mehrtens, SGB VII § 48 Rn. 4.1.
59 Einschließlich Adoptiv-, Pflege- und Stiefkinder, die im selben Haushalt wohnen, Schur in: Hauck/Noftz, SGB VII, K § 45 Rn. 24.
60 Grundlegend zum Gesamtkomplex: Krasney SGb 2017, 669 ff.
61 Krasney in: SGB VII-Komm, § 45 Rn. 42.
62 Krasney in: SGB VII-Komm, § 45 Rn. 61.
63 Bereiter-Hahn/Mehrtens, SGB VII § 45 Rn. 32.10.

Die ärztliche Bescheinigung bestätigt nicht nur die Notwendigkeit der Betreuung an sich, sondern regelmäßig auch, dass dies durch den angegebenen Elternteil erforderlich ist.[64]

Das Verletztengeld wird wie oben geschildert nach dem Einkommen des jeweiligen Elternteils berechnet. Kinderkrankengeldtage aus der Krankenversicherung und der Bezug von Kinderpflege-Verletztengeld sind keine identischen Leistungen, daher findet eine Addition der unterschiedlichen Tage nicht statt, dh etwaige im laufenden Kalenderjahr zuvor gewährten Krankengeldtage werden auf die Leistungshöchstdauer nach § 45 Abs. 4 SGB VII nicht angerechnet und umgekehrt. Es ist auch nicht Voraussetzung für den Bezug des Kinderpflege-Verletztengeldes, dass der betreuende Elternteil selbst mit Krankengeldanspruch gesetzlich krankenversichert ist.[65]

Nach Ausschöpfung der Leistungshöchstdauer kann bei Fortbestehen der Betreuungsnotwendigkeit zwar kein Verletztengeld nach § 45 Abs. 4 SGB VII mehr gewährt werden, es kommen aber insbesondere weitere Leistungen nach § 39 Abs. 2 SGB VII in Betracht (dazu → Rn. 62). Dabei kann relevant werden, dass § 45 SGB V, der über § 45 Abs. 4 SGB VII entsprechend gilt, auch den Anspruch des Elternteils gegenüber dem Arbeitgeber auf (unbezahlte) Freistellung normiert. Dieser Anspruch entfällt mit Ausschöpfung der dort genannten zeitlichen Obergrenzen, so dass der betroffene Elternteil ggf. eine entsprechende Abstimmung mit dem Arbeitgeber erreichen muss, um eine längere Freistellung zu erreichen.

Für das Kinderpflegeverletztengeld beginnt bei einer Wiedererkrankung im nächsten Kalenderjahr die Höchstdauerbegrenzung von neuem.

2. Rentenanspruch

Nicht jede andauernde Gesundheitsstörung, die auf einen Versicherungsfall zurückgeht, löst einen Anspruch auf Rente aus der gesetzlichen Unfallversicherung aus. Schutzgut der Unfallversicherung ist die Erwerbsfähigkeit, erst wenn diese eine qualitativ und zeitlich deutliche Minderung durch den erlittenen Gesundheitsschaden erfährt, soll der Versicherte eine Kompensation (des Gesundheitsschadens einerseits und des – ggf. auch nur theoretischen – Minderverdienstes andererseits) erhalten.[66] 23

Neben dieser Minderung der Erwerbsfähigkeit (MdE), die in Prozentzahlen ausgedrückt wird, bestimmt sich die Höhe der Rente auch nach einer zweiten Variablen, dem sogenannten Jahresarbeitsverdienst (also dem der Rentenberechnung zugrunde zu legenden Einkommen, dazu → Rn. 39 ff.).

Die sogenannte Vollrente bei einer Erwerbsminderung in Höhe von 100 % beträgt 2/3 des Jahresarbeitsverdienstes, die Teilrenten werden hiervon entsprechend berechnet, § 56 Abs. 3 SGB VII.

64 Bereiter-Hahn/Mehrtens, SGB VII § 45 Rn. 32.8.
65 Krasney in SGB VII-Komm, § 45 Rn. 43.
66 Vgl. zur Funktion der Rente zB Ricke in: KassKomm, SGB VII § 56 Rn. 2 und Köhler VSSR 2018, 109 ff.

a) Grundsätze

24 Ein **Anspruch auf Rente** besteht gemäß § 56 Abs. 1 S. 1 SGB VII dann, wenn die Erwerbsfähigkeit um mindestens 20 % über die 26. Woche nach dem Versicherungsfall gemindert ist.

Der Rentenanspruch beginnt (s. Rn. 16) gemäß § 72 Abs. 1 SGB VII an dem Folgetag, an dem der Anspruch auf Verletztengeld endet (Nr. 1), bzw. wenn kein Anspruch auf Verletztengeld besteht, am Folgetag des Versicherungsfalls (Nr. 2).

Das Andauern des die MdE bedingenden Gesundheitsschadens ist also Voraussetzung dafür, dass ein Rentenanspruch überhaupt entsteht, bestimmt aber nicht den Beginn des Rentenanspruchs. Die 26-Wochen-Frist beginnt ab dem Tag des Versicherungsfalls.[67]

25 Liegen mehrere Versicherungsfälle vor, genügt es auch, wenn mindestens zwei Arbeitsunfälle jeweils eine MdE von 10 % bedingen (sog. **Stützrente**), § 56 Abs. 1 S. 2 SGB VII. Eine MdE von weniger als 10 % gilt als wirtschaftlich nicht messbar,[68] in diesem Bereich findet daher eine Berücksichtigung nicht statt.

Eine **MdE von weniger als 20 %** wird normalerweise nicht bescheidmäßig festgestellt. Liegt kein weiterer Arbeitsunfall vor und kommt also eine Stützrente nicht in Betracht, bedarf es einer solchen Feststellung nicht, da sich hieraus keine Rechtsposition ableiten lässt. Im Verfügungssatz eines Bescheides verbietet sich eine solche Feststellung eines unterhalb der Rentengewährung liegenden Wertes gar, denn für die Rechtsposition des Versicherten kann eine solche Feststellung sich gegenteilig ungünstig auswirken. Eine wesentliche Änderung iSd § 48 SGB X, die eine Neufeststellung der MdE rechtfertigte, liegt erst bei einer Änderung von mehr als 5 % vor, § 73 Abs. 3 SGB VII (→ Rn. 28 ff.). Ist eine MdE von 15 % im Verfügungssatz festgestellt, könnte deswegen bei einem verschlimmerungsbedingten Anstieg der MdE auf 20 % keine Rente gewährt werden.[69]

Ein Anspruch auf einen ziffernmäßig bestimmten Grad der MdE unabhängig von einer Rentengewährung besteht daher nicht.[70]

Die Frage einer Stützrente wird implizit geprüft, nur in diesen Fällen muss auch eine MdE unter 20 % festgestellt werden. Praktisch wird in der Regel im zeitlich späteren Feststellungsverfahren der frühere Versicherungsfall erneut dahin gehend geprüft, ob sich hieraus eine MdE von mindestens 10 % ergibt.[71]

Liegen mehrere Versicherungsfälle vor, die in den Zuständigkeitsbereich unterschiedlicher Unfallversicherungsträger fallen, ist der für den später festgestellten Versicherungsfall zuständige Träger an eine etwaige Entscheidung des anderen Trägers gebun-

67 Einzelheiten bei Schmitt, SGB VII, § 56 Rn. 4.
68 BSG 7.12.1976 – 8 RU 14/76, BSGE 43, 53 (54).
69 Burchardt in: SGB VII-Komm, § 73 Rn. 18.
70 BSG 22.3.1983 – 2 RU 37/82, BSGE 55, 32 (36); Ricke in: KassKomm, SGB VII § 56 Rn. 35 mwN.
71 Die zeitliche Reihenfolge der Unfälle ist nicht entscheidend, vgl. BSG 7.3.1969 – 2 RU 121/66, SozR Nr. 5 zu § 581 RVO, die Stützrente aus dem früheren Versicherungsfall beginnt aber am Tag des späteren Versicherungsfalls, BSG 10.5.1968 – 5 RKnU 12/67, BSGE 28, 71. Die Rente wegen des späteren Versicherungsfalls beginnt gemäß § 72 Abs. 1 SGB VII nach Wegfall des Verletztengeldes bzw. am Tag nach dem Versicherungsfall.

den. Dies gilt auch dann, wenn sich diese Entscheidung als rechtswidrig begünstigend erweist, aber nicht mehr gemäß § 45 SGB X zurückgenommen werden darf.[72] Bei Beteiligung mehrerer Versicherungsträger zahlt jeder dieser Träger die sich aus dem in seine Zuständigkeit fallenden Versicherungsfall ergebende Rente.

Beispiel: Liegen also zwei Versicherungsfälle vor, die jeweils eine MdE von 10 % über die 26. Woche hinaus bedingen und in den Zuständigkeitsbereich unterschiedlicher Versicherungsträger fallen, zahlt jeder Träger dem Versicherten eine Rente nach einer MdE von 10 %.

Während der ersten drei Jahre wird die **Rente als vorläufige Entschädigung** gewährt, 26
§ 62 Abs. 1 SGB VII, es sei denn, die Unfallfolgen sind bereits vor Ablauf der drei Jahre auch auf Dauer beurteilbar.[73] Hintergrund ist, dass in der unmittelbaren Unfallfolgezeit die Behandlungsintensität höher ist (stationäre Behandlung bedingt regelmäßig eine MdE von 100 %) und in dieser Zeit die Aspekte der Anpassung und Gewöhnung an die Unfallfolgen eine höhere Bemessung der MdE rechtfertigen können. Die Bezeichnung als „vorläufig“ bezieht sich also ausschließlich auf die Bewertung der MdE,[74] bei der in diesem Zeitraum Änderungen auch dann berücksichtigt werden können, wenn sie nur von kurzer Dauer sind, §§ 62 Abs. 1 S. 2, 73 SGB VII. Das BSG sieht hierin eine (Renten-)Bewilligung unter der spezialgesetzlich erlaubten Nebenbestimmung des Vorbehalts erleichterter Abänderbarkeit.[75]

Auch die „Rente als vorläufige Entschädigung“ ist also eine abschließende Entscheidung, die hinsichtlich der übrigen Feststellungen (Anerkennung des Versicherungsfalls, Feststellung der Unfallfolgen und des Jahresarbeitsverdienstes) bindend ist. Diese Aspekte können nur bei einer tatsächlichen Änderung (§ 48 Abs. 1 SGB X, dazu → Rn. 28) bzw. bei anfänglicher Rechtswidrigkeit nach §§ 44 SGB X ff. (→ § 10 Rn. 10 ff.) geändert werden.[76]

Eine Rente als vorläufige Entschädigung liegt nur dann vor, wenn sie ausdrücklich als solche bezeichnet wird oder ihr Charakter durch Bezugnahme auf § 62 Abs. 1 SGB VII klargestellt ist; andernfalls handelt es sich um eine Rente auf unbestimmte Zeit.[77]

Der Unfallversicherungsträger wird, wenn möglich, den Abschluss der Heilbehandlung abwarten, bevor ein **Gutachten** zu den verbleibenden Unfallfolgen in Auftrag gegeben wird.· Dies ist nicht nur eine Auswirkung des Grundsatzes Rehabilitation vor Entschädigung, sondern erfolgt auch vor dem Hintergrund des § 75 SGB VII, wonach in geeigneten Fällen, wenn voraussichtlich nur eine Rente als vorläufige Entschädigung für eine gewisse Zeit zu gewähren ist, diese mit einer Einmalzahlung (Gesamtvergütung) abgefunden werden kann (→ Rn. 56). Das sog. erste Rentengutachten dient dann der Einschätzung der Rente als vorläufige Entschädigung.

72 Grundsätzlich zum Entzug einer gestützten Rente vgl. LSG Baden-Württemberg 17.11.2011 – L 10 U 5645/09, UVR 2012, 620 ff.
73 Ricke in: KassKomm, SGB VII § 62 Rn. 6.
74 Bereiter-Hahn/Mehrtens, SGB VII § 62 Rn. 5.
75 Söhngen jurisPR-SozR 20/2010 Rn. 4.
76 LSG Baden-Württemberg 26.2.2013 – L 9 U 1265/09, UVR 2013, 916 (924).
77 Burchardt in: SGB VII-Komm, § 62 Rn. 9.

Ohne Rücksicht auf die Dauer des Heilverfahrens bestimmt § 62 Abs. 2 SGB VII, dass spätestens mit Ablauf des dritten Unfallfolgejahres eine Entscheidung über die sog. **Rente auf unbestimmte Zeit** (RuZ) zu treffen ist. Wird diese Entscheidung nicht bescheidmäßig getroffen, wandelt sich die vorläufige Rente kraft Gesetzes in eine Rente auf unbestimmte Zeit um.[78]

Zur erstmaligen Feststellung der Rente auf unbestimmte Zeit holt der Unfallversicherer in aller Regel ein weiteres Gutachten ein (Zweites Rentengutachten).

Der Versicherte hat hinsichtlich des Gutachters jeweils ein Auswahlrecht und ein Widerspruchsrecht, § 200 Abs. 2 SGB VII (Details → § 10 Rn. 5).

b) MdE-Bemessung anlässlich der erstmaligen Rentenfeststellung auf unbestimmte Zeit

27 Praktisch häufiger Streitpunkt bei der Umstellung der Rente als vorläufiger Entschädigung zur Rente auf unbestimmte Zeit ist die MdE-Bemessung. Wie oben erwähnt, dient die Unterscheidung vor allem dazu, die psychisch und haptisch in der unmittelbaren Unfallfolgezeit ausgeprägteren Störungen besser berücksichtigen zu können. Der Gesetzgeber geht davon aus, dass spätestens nach drei Jahren ein Dauerzustand eingetreten ist; dieser Dauerzustand kann daher (eben ohne Gewöhnungs- und Anpassungsaspekte) bei gleicher Funktionsbeeinträchtigung eine niedrigere MdE-Bewertung rechtfertigen. Dementsprechend ist der Unfallversicherungsträger bei der erstmaligen Feststellung der Dauerrente nicht an die MdE-Bewertung gebunden, die der Rente als vorläufige Entschädigung zugrunde lag, § 62 Abs. 2 S. 2 SGB VII. Dem Versicherten ist diese Herabsetzung **ohne entsprechende Besserung** aber häufig schwer vermittelbar.

§ 62 Abs. 2 S. 2 SGB VII stellt somit eine Spezialvorschrift dar, die, soweit ihre Voraussetzungen vorliegen, § 48 SGB X verdrängt. Neben der zeitlichen Vorgabe (innerhalb der ersten drei Unfalljahre) ist vor allem entscheidend, dass für den Versicherten die Vorläufigkeit der Entscheidung erkennbar war.[79]

Eine abweichende Neufeststellung der Unfallfolgen zuungunsten des Versicherten ermöglicht § 62 SGB VII bei der erstmaligen Feststellung der Dauerrente nicht, diese ist nur nach Maßgabe des § 48 Abs. 1 SGB X, wenn also eine tatsächliche Änderung eingetreten ist, möglich.[80] Unproblematisch ist eine bloße „Neufassung" zB im Sinne einer Konkretisierung der Unfallfolgen.

c) Änderungen der Unfallfolgen, MdE-Änderung bei Rente auf unbestimmte Zeit

28 Ist die Rente auf unbestimmte Zeit festgestellt, können **Änderungen** nur noch unter den einschränkenden Bedingungen der §§ 73, 74 SGB VII iVm § 48 SGB X berücksichtigt werden. Bei Neufeststellungen zuungunsten des Versicherten ist praktisch relevant die Jahresschonfrist des § 74 SGB VII (dem Versicherten wird ein Schutzjahr seit der letzten Feststellung eingeräumt). Zentral ist auch die Vorschrift des § 73

78 Bereiter-Hahn/Mehrtens, SGB VII § 62 Rn. 9.1; Schmitt, SGB VII, § 56 Rn. 10.
79 Zu den Einzelheiten: BSG 16.3.2010 – B 2 U 2/09 R, BSGE 106, 43 (45); vgl. dazu die Anmerkung von Söhngen jurisPR-SozR 20/2010 Anm. 4.
80 LSG Baden-Württemberg 26.2.2013 – L 9 U 1265/09, UVR 2013, 916 (925).

Abs. 3 SGB VII. Änderungen des Gesundheitszustands können bei der MdE-Bewertung nur dann berücksichtigt werden, wenn sie mehr als 5 % ausmachen und mindestens drei Monate andauern.

Zur Feststellung einer Änderung sind diejenigen Befunde als sogenanntes **Vergleichsgutachten** heranzuziehen, die dem letzten bindenden Rentenfeststellungsbescheid zugrunde gelegt wurden.[81] Entscheidend ist also nicht das letzte, aktenkundige Gutachten, sondern dasjenige, das sich in einer Verwaltungsentscheidung niedergeschlagen hat.[82]

Eine **Verschlimmerung der Unfallfolgen** kann jederzeit durch formlosen Antrag nach 29 § 48 SGB X geltend gemacht werden (→ § 10 Rn. 11). Auch hier gilt, dass eine wesentliche Änderung im Sinne des § 48 Abs. 1 SGB X gemäß § 73 Abs. 3 SGB VII nur anzunehmen ist, wenn die Verschlimmerung eine Erhöhung der MdE um mehr als 5 % über mindestens drei Monate bedingt. Der Unfallversicherungsträger wird auf einen solchen Antrag hin die behandelnden Ärzte um aktuelle Befundberichte ersuchen und in begründeten Fällen (wenn sich eine Verschlimmerung aus den Berichten des behandelnden Arztes ergibt) durch Einholung eines Überprüfungsgutachtens nachgehen. Ergibt sich die Verschlimmerung aus ohne Aufforderung übersandten Arztberichten, hat die Behörde eine Verschlimmerung ggf. auch gemäß § 19 S. 2 SGB IV von Amts wegen zu prüfen.

Wirksam im Sinne einer Rentenerhöhung wird eine Verschlimmerung regelmäßig gem. § 48 Abs. 2 SGB X vom Zeitpunkt ihres Vorliegens bzw. ihres Nachweises (Einzelheiten in → § 10 Rn. 11), dh die Erhöhung kann, wenn die Verschlimmerung bereits ärztlich dokumentiert oder gutachterlich festgestellt ist (zur Beweislast → § 7 Rn. 7), auch rückwirkend, begrenzt durch die Ausschlussfrist des § 44 Abs. 4 SGB X (dazu → § 10 Rn. 14) gewährt werden.[83] Gezahlt wird die Rente in geänderter Höhe gemäß § 73 Abs. 1 SGB VII ab dem der Änderung folgenden Monat.

Die Behörde kann unter den Voraussetzungen des § 48 SGB X iVm § 73 Abs. 3 30 SGB VII auch Besserungen des Unfallfolgezustands Rechnung tragen durch **Herabsetzung oder Entziehung der Rente.** Häufig wird bereits im Zweiten Rentengutachten eine vorläufige Einschätzung erfolgen, ob mit einer Änderung zu rechnen ist und ggf. ein Termin zur Nachuntersuchung vorgeschlagen, beides ist jedoch unverbindlich.

Entscheidend ist, ob es tatsächlich zu einer erheblichen Besserung, also mindestens um 5 % gekommen ist. Die Beweislast hat der Unfallversicherer als derjenige, der aus dieser Tatsache ein Recht ableitet. Keine Besserung liegt insbesondere vor, wenn der Unfallfolgezustand in dem Gutachten, das zuletzt zu einer Neubewertung der MdE durch Bescheid geführt hat (das maßgebliche Vergleichsgutachten, Rn. 28), **falsch** (nämlich zu hoch) bewertet wurde. Nur eine **tatsächliche Änderung** kann eine Rentenherabsetzung rechtfertigen.[84]

81 BSG 20.4.1993 – 2 RU 52/92, SozR 3-1500 § 54 SGG Nr. 18.
82 Bereiter-Hahn/Mehrtens, SGB X § 48 Rn. 3.2.
83 Dazu Ricke in: KassKomm, SGB VII § 73 Rn. 6.
84 Ricke in: KassKomm, SGB VII § 73 Rn. 13.

Beispiel: Aufgrund eines Arbeitsunfalls verliert ein Versicherter ein Auge. Die Dauerrente wird entsprechend dem eingeholten Zweiten Rentengutachten nach einer MdE von 35 % festgestellt. Bei einer Überprüfung weist der nun eingeschaltete Gutachter darauf hin, dass nach den MdE-Erfahrungswerten der Verlust eines Auges ohne Hinzutreten weiterer Komplikationen mit 25 % zu bewerten ist.

Zwar ist der Hinweis des zweiten Gutachters zutreffend, die MdE-Bewertung des Rentenbescheides also falsch. Es liegt aber keine tatsächliche Besserung vor, sondern lediglich eine falsche Bewertung des Befundes. Damit kann die Rente nicht herabgesetzt werden. Der Unfallversicherungsträger kann, soweit der Bescheid nicht gemäß § 45 SGB X zurückgenommen werden darf, allenfalls die Leistungen „einfrieren" gemäß § 48 Abs. 3 SGB X (→ § 10 Rn. 17).

Zu der Konstellation, dass lediglich ein Einzel-MdE-Wert falsch bewertet wurde, der in der Bildung einer Gesamt-MdE aufgeht, → Rn. 34.

3. MdE-Bemessung

31 Geschütztes Rechtsgut in der Unfallversicherung im Bereich der Rentengewährung ist nicht die körperliche Unversehrtheit, die häufig genug nach einem Unfall nicht mehr herzustellen ist, sondern die Erwerbsfähigkeit. Maßstab für deren Minderung ist die sich aus der Beeinträchtigung ergebenden (abstrakt) verminderten Arbeitsmöglichkeiten auf dem gesamten Gebiet des Erwerbslebens, womit es auf die individuellen Kenntnisse und körperlichen wie geistigen Fähigkeiten des konkreten Versicherten nicht ankommt.[85]

Denn es handelt sich um eine abstrakte Schadensberechnung, bei der die tatsächlich ausgeübte Erwerbstätigkeit, der tatsächlich ausgeübte Beruf oder ein tatsächlicher Einkommensschaden nicht maßgeblich ist.[86]

Die Bemessung des Grades der MdE ist nach der ständigen Rechtsprechung des BSG eine tatsächliche Feststellung, die das Gericht (bzw. der Träger) gemäß § 128 Abs. 1 S. 1 SGG nach seiner freien, aus dem Gesamtergebnis des Verfahrens gewonnenen Überzeugung trifft.[87]

Da die MdE sich zum einen aus dem Ausmaß der körperlichen Funktionsstörung, zum anderen aus den versperrten Arbeitsmöglichkeiten ergibt, muss in aller Regel ein medizinisches Sachverständigengutachten eingeholt werden, um den ersten Faktor zu ermitteln. Da aber der zweite Faktor letztlich eine nichtmedizinische Wertung darstellt, sind Unfallversicherungsträger und Gerichte nicht an die gutachterliche Schätzung gebunden, sondern haben sie ggf. auch zu korrigieren.[88]

---

85 Bereiter-Hahn/Mehrtens, SGB VII § 56 Rn. 10.
86 Bereiter-Hahn/Mehrtens, SGB VII § 56 Rn. 10.1; Ricke in: KassKomm, SGB VII § 56 Rn. 2; vgl. auch BSG 26.11.1987 – 2 RU 22/87, SozR 2200 § 581 Nr. 27.
87 BSG 20.12.2016 – B 2 U 11/15 R, UVR 2017, 202 (206); BSG 2.5.2001 – B 2 U 24/00 R, SozR 3-2200 § 581 Nr. 8.
88 BSG 26.11.1987 – 2 RU 22/87, SozR 2200 § 581 Nr. 27; Ricke in: KassKomm, SGB VII § 56 Rn. 25; Schmitt, SGB VII, § 56 Rn. 22.

Ausgangspunkt ist nicht die Erwerbsfähigkeit eines Gesunden, sondern die individuelle Erwerbsfähigkeit des Versicherten, die mit 100 % anzusetzen ist.[89] 32

Leidet der Versicherte an einem **Vorschaden**, also einer unfallunabhängig bereits vorher bestehenden, auch altersbedingten Einschränkung seiner Erwerbsfähigkeit, wird dieser grundsätzlich nicht bei der MdE-Bemessung mitberücksichtigt. Etwas anderes gilt dann, wenn die Folgen des Versicherungsfalls durch den Vorschaden beeinflusst werden, wenn also eine funktionelle Wechselwirkung zwischen Unfallfolgen und Vorschaden besteht, so dass sich die Folgen des Versicherungsfalls anders – stärker oder schwächer – auswirken als im Normalfall.[90]

Beispiel: Das ist insbesondere bei paarigen Organen und Gliedmaßen der Fall. Der Versicherte, der nur ein funktionsfähiges Auge hat und dieses durch einen Arbeitsunfall verliert, ist stärker betroffen als derjenige, der nach dem unfallbedingten Verlust eines Auges nicht blind, sondern einäugig ist. Hier wird die MdE in der ersten Fallkonstellation mit 100 % wegen Blindheit anzusetzen sein, in der zweiten mit 25 %.

Ein Nachschaden wird hingegen bei der MdE-Bemessung nicht berücksichtigt.

Beispiel: Verliert also im obigen Fall der durch einen Versicherungsfall nur noch Einäugige später durch ein privates Ereignis die Sehkraft auch auf dem verbliebenen Auge, verbleibt es dennoch bei einer MdE von 25 %.

Hintergrund ist, dass der Versicherungsfall den letzten Abschnitt der für die gesetzliche Unfallversicherung relevanten Kausalkette darstellt. Die Rechtsprechung hat an dieser Nachschadenstheorie trotz Kritik festgehalten.[91]

Maßgeblich also ist, welche Erwerbsmöglichkeiten dem Versicherten von diesem 33
Ausgangspunkt wegen der Unfallfolgen – gemessen am allgemeinen Arbeitsmarkt – abstrakt verschlossen sind.

Damit ist entscheidend eine **gegenwärtige** Funktionsbegutachtung. MdE-relevant sind nur solche Beeinträchtigungen, die im Moment der Begutachtung die am (abstrakten) Arbeitsmarkt gefragten Tätigkeiten versperren[92]. Die Bemessung der MdE nach dem SGB VII richtet sich also grundsätzlich nicht nach der Diagnose, sondern nach den erlittenen Funktionseinbußen. Zukünftige Funktionseinbußen können in der Regel auch dann nicht berücksichtigt werden, wenn ihr Eintreten bereits absehbar ist.[93] Wenn der weitere Funktionsverlust eintritt, kann dies in einem Überprüfungsverfahren nach § 48 SGB X, ggf. auf formlosen Antrag (Verschlimmerungsantrag → Rn. 29, → § 10 Rn. 11) berücksichtigt werden.

Beispiel: So kann eine posttraumatische Arthrose sich erst dann erhöhend auswirken, wenn sie sich auch klinisch in (weiteren) Bewegungseinschränkungen manifestiert.

89 Liegt jedoch bereits im Zeitpunkt des Versicherungsfalls eine vollständige Erwerbsunfähigkeit vor, scheidet eine Minderung der Erwerbsfähigkeit schon begrifflich aus, BSG 24.2.1977 – 8 RU 58/76, BSGE 43, 209 (210); BSG 13.6.1989 – 2 RU 1/89, SozR 2200 § 539 Nr. 133.
90 Ausführlich: Bereiter-Hahn/Mehrtens, SGB VII § 56 Rn. 10.7 mwN.
91 BSG 21.9.1967 – 2 RU 65/66, BSGE 27, 142 (145); Bereiter-Hahn/Mehrtens, SGB X § 48 Rn. 5.10 mwN.
92 Schönberger/Mehrtens/Valentin, S. 124.
93 BSG 27.1.1976 – 8 RU 264/74, SozR 2200 § 581 Nr. 6.

34 Sind mehrere Körperteile oder Organe durch die Unfallfolgen betroffen, so ist die MdE durch eine Gesamtwürdigung zu bilden (**Gesamt-MdE**). Eine Addition der Einzelwerte erfolgt auch dann nicht automatisch, wenn sich die Unfallfolgen nicht überschneiden.[94] Maßgeblich ist, inwieweit dem Versicherten Erwerbsmöglichkeiten durch das Zusammenwirken der einzelnen Unfallfolgen („Gesamtschau“) versperrt sind, dabei wird die Gesamt-MdE häufig, aber nicht zwangsläufig niedriger ausfallen als die Addition der Einzelwerte.[95] Bei einer vollständigen Überschneidung kann auch eine voll integrierende Bewertung erfolgen, so dass der höhere Einzelwert zugleich die Gesamt-MdE wiedergibt.

Bei komplexen Schadensbildern mit funktionellen Beeinträchtigungen in verschiedenen Bereichen (und ebenso bei nicht in diesen MdE-Erfahrungswerten erfassten Verletzungen) kann der Gutachter auch Vergleiche anstellen zwischen den vorliegenden Funktionseinbußen und den in den Erfahrungswerten genannten Beeinträchtigungen.[96]

An der Bindungswirkung des Verwaltungsaktes iSd § 39 SGB X nimmt nur die Gesamt-MdE teil, nicht jedoch etwaige Einzel-MdE-Werte, auch dann nicht, wenn sie in der Begründung genannt werden.[97] Das gilt auch dann, wenn einer von mehreren Einzel-MdE-Werten rechtswidrig zugunsten des Versicherten zu hoch angesetzt wurde, maßgeblich ist allein, ob eine Änderung von mehr als 5 % der Gesamt-MdE vorliegt.[98]

35 Bei **Kindern und Jugendlichen** wird die MdE grundsätzlich nach den gleichen Kriterien festgesetzt wie bei Erwachsenen, § 56 Abs. 2 S. 2 SGB VII. Das entspricht dem in → Rn. 31 dargestellten Prinzip der abstrakten Schadensberechnung. Im Einzelfall können sich aber bestimmte Beeinträchtigungen stärker auswirken, zB auf die geistige Entwicklung.[99] Eine solche (ggf. auch nur drohende) Entwicklung ist jedoch bei genauerer Betrachtung keine Frage der MdE-Bewertung, sondern eher ein Problem sekundärer Unfallfolgen (→ § 7 Rn. 25).

a) Verhältnis zu MdE/GdB des sozialen Entschädigungsrechts

36 Schon aus dem Gesagten wird deutlich, dass die Bemessungskriterien des sozialen Entschädigungsrechts nicht gelten können: Der Grad der Behinderung (GdB) bzw. die entsprechende MdE dort ist nicht orientiert am allgemeinen Arbeitsmarkt, sondern sie schließen Beeinträchtigungen der Teilhabefähigkeit und im Alltagsleben ein. Entsprechende Beurteilungsgrundlagen (Anhaltspunkte, Versorgungsmedizin-Verordnung) gelten nicht.[100] Auch hier ergibt sich praktisch immer wieder Erläuterungsbe-

94 Strittig, kritisch zur Bildung der Gesamt-MdE: Benz SGb 2009, 699 (703).
95 Vertiefend und mwN: Benz SGb 2009, 699 (703 ff.), Bereiter-Hahn/Mehrtens, SGB VII § 56 Rn. 10.6.
96 Vgl. LSG Sachsen-Anhalt 22.11.2011 – L 6 U 88/07, UVR 2012, 609 (616) und 16.1.2015 – L 6 U 87/13 B, UVR 2015, 293 (297 f.); s. bereits Benz SGb 2009, 699 (703).
97 BSG 13.2.2013 – B 2 U 25/11 R, UVR 2013, 487 (492 f.) mwN.
98 BSG 13.2.2013 – B 2 U 25/11 R, UVR 2013, 487 (494).
99 ZB Schmitt, SGB VII, § 56 Rn. 29.
100 BSG 22.6.2004 – B 2 U 14/03 R, BSGE 93, 63 ,(66); vgl. auch LSG Bayern 24.2.2010 – L 17 U 329/07, UVR 2010, 816 (823); BSG 26.11.1987 – 2 RU 22/87, SozR 2200 § 581 Nr. 27 mit weitergehender Begründung; ferner Reyels jurisPR-SozR 5/2016 Anm. 3.

darf gegenüber dem Versicherten. Ein anerkannter GdB von 50 bedeutet nicht automatisch eine entsprechende MdE auf unfallversicherungsrechtlichem Gebiet, zumal im Entschädigungsrecht alle gesundheitlichen Beeinträchtigungen berücksichtigt werden und im Unfallrecht naturgemäß eine Beschränkung auf die Folgen des Versicherungsfalls besteht.

b) MdE-Erfahrungswerte

Ähnlich der Anhaltspunkte bzw. der Versorgungsmedizin-Verordnung besteht auch in der gesetzlichen Unfallversicherung ein Bewertungskatalog, die sog. MdE-Erfahrungswerte.[101] Die dort abgebildeten Beurteilungen beruhen auf jahrelanger Erfahrung. Sie haben **keinen normativen Charakter**, sie sind damit nicht zwingend in jedem Einzelfall anzuwenden.[102] Sie sind rechtlich jedoch als **Erfahrungssätze** zu qualifizieren; einigen Bewertungen hat die Rechtsprechung auch den Charakter eines antizipierten Sachverständigengutachtens zugesprochen.[103] 37

Grundsätzlich ist die Berücksichtigung der MdE-Erfahrungssätze in Literatur und Rechtsprechung anerkannt,[104] in jüngerer Zeit wird jedoch sowohl die teils unklare Genese, als auch die nicht zuletzt darauf beruhende, verzögerte Weiterentwicklung und Anpassung kritisiert.[105] Auch das BSG hat explizit ausgeführt, dass es ein Gewinn an Rechtsklarheit und -sicherheit wäre, würde der Gesetz- und Verordnungsgeber hier -strukturell ähnlich wie bei der Versorgungsmedizin-Verordnung- tätig werden.[106] Gleichzeitig hat es jedoch klar gestellt, dass diese Tabellenwerke zwar nicht für die Entscheidung im Einzelfall bindend seien, aber als ein in sich stimmiges Beurteilungsgefüge bis dahin weiter Gültigkeit beanspruchen und revisionsrechtlich nur darauf überprüft werden können, ob sie offensichtlich falsch sind und ob sie dem neuesten Stand der Wissenschaft entsprechen.[107]

Beispiel: Im vom BSG entschiedenen Fall ging es um die Frage, ob die Ausstattung mit hochentwickelten Hilfsmitteln (hier mikroprozessorgesteuerte C-Leg-Prothese) eine Herabsetzung der MdE rechtfertigt. Das BSG hat zunächst darauf hingewiesen, dass dies zwar vereinzelt in der Literatur diskutiert werde und auch möglich erscheine, bislang aber in der Mehrheit der Tabellenwerte keinen Niederschlag gefunden habe, obwohl die Berücksichtigung der prothetischen Versorgungsmöglichkeit bereits in der jetzigen Fassung (zB Beschaffenheit des Stumpfes bei Amputationen) vorgesehen sei. Es sei jedenfalls nicht erkennbar, dass die Nichtberücksichtigung der mikroprozessorgesteuerten Beinprothese offensichtlich falsch oder überholt sei, weshalb das klagestattgebende Urteil aufrechterhalten wurde.

101 Tabellarisch abgedruckt zB in Bereiter-Hahn/Mehrtens, Anhang 12; Ricke in KassKomm, § 56 Rn. 42 ff. Sie werden aber auch in der Standardliteratur (zB Schönberger/Mehrtens/Valentin) wiedergegeben und ausführlich erläutert.

102 BSG 26.11.1987 – 2 RU 22/87, SozR 2200 § 581 Nr. 27; LSG Baden-Württemberg 22.7.2016 – L 8 U 475/15, UVR 2017, 55 (63) mwN.

103 Aufzählung und vertiefend dazu: Bereiter-Hahn/Mehrtens, SGB VII § 56 Rn. 10.3 mwN.

104 LSG Baden-Württemberg 22.7.2016 – L 8 U 475/15, UVR 2017, 55 (63); BSG 2.5.2001 – B 2 U 24/00 R, SozR 3-2200 § 581 Nr. 8 mwN, Ricke in: KassKomm, SGB VII § 56 Rn. 19.

105 Vgl. zB Ricke MedSach 2012, 181 ff.; Spellbrink MedSach 2018, 228 ff.

106 BSG 20.12.2016 – B 2 U 11/15 R, UVR 2017, 202 (210).

107 BSG 20.12.2016 – B 2 U 11/15 R, UVR 2017, 202 (207); nochmals nachdrücklich und zur Genese der Erfahrungswerte: Spellbrink/Nusser SGb 2017, 550 ff.

Hinweis: Die praktische Relevanz der MdE-Erfahrungswerte ist damit sehr hoch. Kaum ein Unfallversicherer und auch kein Sozialgericht werden sich einer fundierten Argumentation, die MdE-Bewertung stehe nicht im Einklang mit diesen Erfahrungswerten, verschließen. Andererseits muss dann, wenn von der dortigen Bewertung abgewichen werden soll, ein erheblicher Begründungsaufwand unter Benennung weiterer/besonderer Erschwernisse im konkreten Einzelfall betrieben werden.

c) Erhöhung der Rente wegen besonderer Umstände

38 Das Gesetz sieht mehrere Fallkonstellationen vor, in denen eine höhere Rente gewährt werden kann, als die Bewertung der MdE nach den Erfahrungssätzen ergibt:

Eine **besondere berufliche Betroffenheit** iSd § 56 Abs. 2 S. 3 SGB VII, die zu einer MdE-Erhöhung führen kann, liegt bei Kindern, Schülern und Studenten in der Regel jedoch nicht vor.[108] Eine berufliche Betroffenheit ist nicht bereits deswegen zu bejahen, weil der anvisierte oder bereits erlernte Beruf nicht mehr ausgeübt werden kann.[109] Voraussetzung ist vielmehr, dass der besonders beruflich Betroffene durch die erlittenen Funktionseinbußen eine bereits erarbeitete, besondere berufliche Position verliert und die Verweisung auf die MdE-Erfahrungssätze eine unbillige Härte darstellt.[110] Als Beispiel sei der Konzertpianist genannt, der nach Verlust eines Langfingers zwar konzertuntauglich ist, jedoch nach den Erfahrungswerten keinen Rentenanspruch hat.

Ein weiterer Grund für eine Rentenerhöhung kann auch bei Schülern und Studenten greifen. Nach § 57 SGB VII kann die Rente bei **Schwerverletzten** (MdE mindestens 50 %) um weitere 10 % erhöht werden, wenn der Versicherte infolge des Unfalls auf Dauer keinerlei Erwerbstätigkeit mehr nachgehen kann und keinen Anspruch auf Rente aus der gesetzlichen Rentenversicherung hat.[111]

Auch dann, wenn der Versicherte infolge des Unfalls arbeitslos ist und die Rente zusammen mit dem Arbeitslosengeld nicht die Höhe des Übergangsgeldes (§ 49 SGB VII) erreicht, kommt eine Rentenerhöhung um 10 % gemäß § 58 SGB VII in Betracht, die allerdings maximal für zwei Jahre gewährt werden kann.[112]

Während bei der beruflichen Betroffenheit nach § 56 Abs. 2 S. 3 SGB VII die MdE erhöht wird, sehen §§ 57, 58 SGB VII nicht eine Erhöhung der MdE, sondern der Rente vor.

4. Jahresarbeitsverdienst

39 Die zweite Variable, an der sich die Berechnung der Rente orientiert, ist das Einkommen des Versicherten vor dem Unfall, der sogenannte Jahresarbeitsverdienst. Dieser ist gemäß § 81 SGB VII (neben dem Grad der MdE) der Rentenberechnung zugrunde zu legen. Die Höhe der Rente ist damit – in bestimmten Grenzen – abhängig vom zu-

108 LSG NRW 7.1.2004 – L 17 U 49/03, BeckRS 9999, 07507.
109 Schmitt, SGB VII, § 56 Rn. 31.
110 BSG 26.11.1987 – 2 RU 22/87, SozR 2200 § 581 Nr. 27.
111 Dazu BSG 27.10.2009 – B 2 U 30/08 R, SozR 4-2700 § 57 Nr. 1; vertiefend auch zB Bereiter-Hahn/Mehrtens, SGB VII § 57 Rn. 1 ff.
112 Vertiefend Ricke in: KassKomm, SGB VII § 58 Rn. 4 ff.

vor erzielten Einkommen. Der Unfallversicherer stellt den Jahresarbeitsverdienst in aller Regel mit der Rentengewährung bescheidmäßig fest.

a) Berechnung

Der Regelfall in der Unfallversicherung ist die Versicherung von Arbeitnehmern, die 40
Einkommen aus Erwerbstätigkeit beziehen. Die dieser Situation entsprechende **Regelberechnung** sieht § 82 SGB VII vor. Danach ist grundsätzlich das Arbeitsentgelt und -einkommen (§§ 14, 15 SGB IV) der zwölf Kalendermonate **vor** dem Unfallzeitpunkt zu berücksichtigen, bestimmte Ausfallzeiten sind aufzufüllen.[113]

Für Kinder unter 15 Jahren schreibt § 86 SGB VII den Jahresarbeitsverdienst unabhängig von einem etwaigen Einkommen verbindlich vor. Entscheidend für diese Jahresarbeitsverdienstfestsetzung ist die im Zeitpunkt des Versicherungsfalls maßgebliche Bezugsgröße iSd § 18 SGB IV (2019 betrug sie in Westdeutschland 3.115 Euro monatlich, im Osten 2.870 Euro).

Wird bei über 15-Jährigen ein Einkommen iSd Regelberechnung des § 82 SGB VII nicht erzielt oder nur ein sehr geringes, wird der Jahresarbeitsverdienst nach dem sogenannten **Mindestjahresarbeitsverdienst** gemäß § 85 Abs. 1 SGB VII festgestellt. § 85 Abs. 1 differenziert in seinen beiden Ziffern nach dem Alter des Versicherten.

Im Unterscheid zu § 86 SGB VII stellt § 85 Abs. 1 eine Auffangvorschrift dar für solche Versicherte, deren tatsächliche Arbeitserlöse niedriger liegen, so dass wegen des Günstigkeitsprinzips ggf. eine Vergleichsberechnung erfolgen muss.

Danach ergibt sich folgende Regelung (%-Sätze beziehen sich auf die Bezugsgröße nach § 18 SGB IV):

<table>
<tr><td>Alter</td><td>Satz</td><td></td></tr>
<tr><td>unter 6 Jahre</td><td>25 %, § 86 Nr. 1 SGB VII</td><td rowspan="2">verbindlich ohne Rücksicht auf das Realeinkommen</td></tr>
<tr><td>6–15 Jahre</td><td>33 1/3 %,
§ 86 Nr. 2 SGB VII</td></tr>
<tr><td>15–18 Jahre</td><td>40 %,
§ 85 Abs. 1 Nr. 1 SGB VII</td><td rowspan="2">soweit Regelberechnung nach § 82 SGB VII nicht günstiger</td></tr>
<tr><td>über 18 Jahre</td><td>60 %,
§ 85 Abs. 1 Nr. 2 SGB VII</td></tr>
</table>

Den Gegenpol des Mindestjahresarbeitsverdienstes stellt der sogenannte **Höchstjahresarbeitsverdienst** dar: Er beträgt gemäß § 85 Abs. 2 S. 1 SGB VII höchstens das Doppelte der Bezugsgröße iSd § 18 SGB IV. Allerdings haben viele Berufsgenossenschaften von der Möglichkeit des § 85 Abs. 2 S. 2 SGB VII Gebrauch gemacht, den Höchst-JAV abweichend durch ihre Satzung höher festzusetzen.[114]

113 Einen umfangreichen Überblick mit weiterführenden Nachweisen, welche Einnahmen beim Arbeitsentgelt zu berücksichtigen sind, bietet Radtke-Schwenzer in: Plagemann/Radtke-Schwenzer, Kap. 5 Rn. 70 ff.; zur Auffüllung vgl. Burchardt in: SGB VII-Komm, § 82 Rn. 31 ff.

114 Auflistung der satzungsmäßig bestimmten Höchst-JAVen der einzelnen Träger bei Burchardt in: SGB VII-Komm, § 85 Rn. 19.

41 Eine Ausnahme von dieser Regelfestsetzung ist die Festsetzung des **JAV nach billigem Ermessen** gemäß § 87 SGB VII.[115] Dabei handelt es sich um eine echte Ausnahmevorschrift, nach der der Unfallversicherer dann, wenn eine Festsetzung nach dem Mindest-JAV oder den Vorschriften über die JAV-Berechnung bei Kindern in erheblichem Maße unbillig ist, den JAV stattdessen innerhalb der Grenzen von Höchst- und Mindest-JAV nach billigem Ermessen festsetzen kann.

Erheblich unbillig im Sinne der Vorschrift ist eine JAV-Festsetzung nicht bereits dann, wenn dem Versicherten ein anderer Bezugszeitraum günstiger wäre als der vom Gesetzgeber vorgegebene Zeitraum des letzten Jahres vor dem Unfall. Denn die in den §§ 82, 84–86 SGB VII vom Gesetzgeber vorgegebenen Grundsätze sollen durch § 87 SGB VII nicht in Frage gestellt werden.[116]

Unbilligkeit im Sinne des § 87 SGB VII liegt vielmehr vor, wenn die Berechnung nach §§ 82, 84, 85, 86 SGB VII im Einzelfall dazu führt, dass die Zielsetzung der Berechnungsvorschrift deutlich verfehlt wird und dies für den Versicherten einen unbilligen Nachteil oder auch Vorteil birgt.[117] Unbillig ist es daher, ein aus besonderen Gründen vorübergehend niedrigeres, der Lebensführung des Versicherten nicht entsprechendes Arbeitseinkommen der Rentenberechnung als JAV zugrunde zu legen und zum Maßstab für die gesamte Laufzeit der Rente zu machen.[118]

„Unbilligkeit" stellt einen unbestimmten Rechtsbegriff dar, bei dessen Prüfung auf die Umstände des Einzelfalls abzustellen ist, wobei die in § 87 S. 2 SGB VII genannten Kriterien (Fähigkeiten, Ausbildung und Lebensstellung des Versicherten im Zeitpunkt des Versicherungsfalls) besondere Berücksichtigung erfahren.

Erst wenn eine solche Unbilligkeit im Ausnahmefall festgestellt wurde, ist dem Unfallversicherer ein Ermessen hinsichtlich der Höhe des JAV eingeräumt. Ob die Voraussetzungen des unbestimmten Rechtsbegriffs erfüllt sind, unterliegt somit vollumfänglich der gerichtlichen Überprüfung.[119]

Ein Fall, in dem eine Anwendung des § 87 SGB VII mE in Betracht kommen sollte, ist derjenige eines **Promotionsstudenten**, der im Austausch für den Erhalt einer Promotionsgelegenheit bei (nahezu) vollschichtigem Einsatz eine Entlohnung nach einer niedrigeren Stundenanzahl oder einem niedrigeren Stundensatz in Kauf nimmt. In diesen Fällen wird ein voll ausgebildeter Akademiker, der am freien Markt ein deutlich höheres Entgelt erzielen könnte, vorübergehend für ein geringfügigeres Entgelt tätig, da ihm außer dem bloßen Entgelt ein weiterer Vorteil (Promotionsgelegenheit, ggf. mit besserer Möglichkeit zur Nutzung der Infrastruktur, zB Labor, Material) geboten wird.[120] An Universitäten und den diesen angeschlossenen Instituten sind dergleichen „Arrangements" üblich; sie stellen dann aber uU eine gegenüber der Regelberechnung des JAV atypische Konstellation dar, da der Vorteil Promotionsgelegenheit, der

115 Grundlegend dazu Keller WzS 2011, 255 ff.
116 Brandenburg SGb 1995, 80 (81) – Anmerkung zu BSG 9.12.1993 -2 RU 48/92.
117 Burchardt in: SGB VII-Komm, § 87 Rn. 6 mwN.
118 BSG 9.12.1993 – 2 RU 48/92, SGb 1995, 78 (79).
119 BSG 9.12.1993 – 2 RU 48/92, SGb 1995, 78 (79); Ricke in: KassKomm, SGB VII § 87 Rn. 4.
120 Vgl. BSG 14.12.1965 – 2 RU 141/63, SozEntsch BSG 4 § 573 Nr. 1.

den Versicherten zur – vorübergehenden – Akzeptanz der gegenüber den marktüblichen Bedingungen schlechteren Konditionen bewegt hat, in der JAV-Berechnung keine Entsprechung findet. Ohne solche Erwägungen anzustellen, hat das BSG dies jedoch verneint.[121]

Kein Fall des § 87 SGB VII ist nach dem BSG auch eine Teilzeittätigkeit wegen Kindererziehung. Hier hat das BSG betont, dass die Jahresfrist der Regelberechnung grundsätzlich auch für § 87 SGB VII gelten würde, so dass eine Unbilligkeit nur gegeben sei, wenn die Ursache, die zu einem atypisch niedrigen Einkommen führt, binnen der Jahresfrist eingetreten sei.[122]

Hinweis: Auch die Festsetzung nach § 87 SGB VII erfolgt grundsätzlich von Amts wegen. Da die besonderen Umstände des Einzelfalls für den Sachbearbeiter nicht immer zwingend auf der Hand liegen, sollte in diesen Fällen die Festsetzung des JAV nach § 87 SGB VII dennoch ausdrücklich und unter Schilderung der Umstände beantragt werden.

b) Änderung und Neufestsetzung des JAV

Im Normalfall des erwachsenen Versicherten wird der JAV nach der Erstfestsetzung 42
für die gesamte Abwicklung des Versicherungsfalls grundsätzlich beibehalten. Die erstmalige Festsetzung ist damit grundsätzlich bindend für die gesamte Laufzeit der Rente.[123] Es erfolgt lediglich eine Anpassung gemäß § 95 SGB VII entsprechend der Anpassung der gesetzlichen Rentenversicherung.

aa) Anpassung des JAV gemäß § 95 SGB VII

Die Anpassung in der gesetzlichen Rentenversicherung orientiert sich an der **allgemei-** 43
nen Lohnentwicklung. Der Anpassungsfaktor wird vom Bundesarbeitsministerium regelmäßig zum 1.7. eines Jahres in der Rechtsverordnung über die Bestimmung des für die Rentenanpassung maßgebenden aktuellen Rentenwerts bestimmt. Da der Gesetzgeber entschieden hat, ein Absinken des allgemeinen Lohnniveaus nicht auf die Rentenhöhe durchschlagen zu lassen, ist eine Rentenkürzung auf diesem Wege auch in der gesetzlichen Unfallversicherung ausgeschlossen, der Anpassungsfaktor wird dann auf 0 gesetzt.[124]

In den alten Bundesländern betrug zB im Jahr 2019 die Rentenerhöhung 3,18 %, was einen Anpassungsfaktor von 1,0318 ergibt. Es wird nicht die ausgezahlte Leistung mit diesem Faktor multipliziert, sondern der der Berechnung zugrunde liegende JAV,

121 BSG 26.4.2016 – B 2 U 14/14 R, SozR 4-2700 § 90 Nr. 4. Für eine Anwendbarkeit des § 87 bei einer promotionsbedingten Teilzeittätigkeit hingegen: LSG Bayern 10.1.2012 – L 3 U 181/09, UVR 2012, 603 (605 ff.).

122 BSG 15.9.2011 – B 2 U 24/10 R, SozR 4-2700 § 87 Nr. 2, aA offenbar LSG Bayern (→ Fn. 121), das beim Promovenden darauf abstellte, dass die Teilzeittätigkeit nur vorübergehend beabsichtigt war.

123 Vgl. Burchardt in: SGB VII-Komm, § 82 Rn. 7.

124 In den Jahren 2004–2006 wurde der aktuelle Rentenwert nicht erhöht: Aufgrund des Gesetzes über die Aussetzung der Anpassung der Renten zum 1.7.2004 wurde der aktuelle Rentenwert zum 1.7.2004 nicht verändert. Nach der Rentenwertbestimmungsverordnung 2005 blieben diese Werte auch zum 1.7.2005 unverändert (vgl. § 68 Abs. 1 S. 2 SGB VI). Nach dem Gesetz über die Weitergeltung der aktuellen Rentenwerte ab 1.7.2006 vom 15.6.2006 wurde der aktuelle Rentenwert auch zum 1.7.2006 nicht verändert.

sodann wird daraus die Geldleistung neu berechnet.[125] Für die neuen Bundesländer, insbesondere für Altfälle, die vor dem 1.1.1992 eingetreten sind, trifft § 215 SGB VII zT abweichende Regelungen.

bb) Neufeststellung des JAV

44 Der Grundsatz, dass der so ermittelte JAV der Rente während der gesamten Laufzeit im Übrigen unverändert zugrunde zu legen ist, wird in § 90 SGB VII durchbrochen, denn die gesetzgeberische Intention, dem Versicherten Leistungen auf dem Niveau zu gewähren, das er im Zeitpunkt des Versicherungsfalls (bzw. im Jahr davor) erreicht hat, erscheint nicht sachgerecht, wenn der Versicherungsfall zu einem Zeitpunkt eingetreten ist, in dem der Versicherte aufgrund seines Alters und seines Ausbildungsstandes noch keine berufliche Lebensstellung hat entwickeln können.[126]

(1) Voraussetzungslose Neufestsetzung nach Altersstufen gemäß §§ 85, 86 SGB VII

45 Eine Neufestsetzung erfolgt zunächst von Amts wegen in all jenen Fällen, in denen die Erstfestsetzung gemäß §§ 85, 86 SGB VII nach Altersstufen erfolgte (Übersicht → Rn. 40). In diesen Fällen hat der Unfallversicherer von Amts wegen bei Erreichung der nächsten Altersstufe den Jahresarbeitsverdienst neu festzustellen, es sei denn, dass eine Neufestsetzung nach § 90 Abs. 1–4 SGB VII günstiger ist. Dies ist in § 90 Abs. 5 SGB VII ausdrücklich normiert.

Beispiel: Bezieht also ein unter sechsjähriges Kind eine Rente, wird der JAV zunächst gemäß § 86 Nr. 1 SGB VII mit 25 % der Bezugsgröße festgestellt. Mit Vollendung des sechsten Lebensjahres ist der JAV gemäß § 86 Nr. 2 SGB VII auf 33 1/3 % zu erhöhen.

Ebenso wird bei Vollendung des 15. und des 18. Lebensjahres verfahren, soweit die JAV-Feststellungen gemäß § 86 oder § 85 SGB VII erfolgt sind und die Regelberechnung nach § 82 nicht günstiger ist. JAV-Feststellungen nach § 82 SGB VII beruhen auf dem tatsächlich erzielten Einkommen und werden durch das Alter des Versicherten nicht beeinflusst, so dass hier eine Neufestsetzung nur aufgrund des fortschreitenden Alters nicht erfolgt.

Erfolgt die Neufestsetzung nicht von Amts wegen, sollte ein entsprechender Antrag gestellt werden, denn die Neuberechnung der Rente beruht auf dem Eintritt einer Änderung iSd § 48 Abs. 1 SGB X mit der Folge, dass die höhere Rente wegen der Ausschlussfrist des § 44 Abs. 4 SGB X maximal vier Jahre rückwirkend gezahlt werden kann (→ § 10 Rn. 14).

(2) Neufestsetzung des JAV gemäß § 90 SGB VII

46 Um dem Umstand Rechnung zu tragen, dass Kinder und junge Menschen idR noch keine Gelegenheit hatten, sich eine ihren Fähigkeiten entsprechende berufliche Stellung aufzubauen, werden diese Versicherten im Rahmen des § 90 SGB VII so gestellt, als sei der Versicherungsfall erst nach der Ausbildung, also bei einem höheren JAV, eingetreten. Die Neufeststellung hat auch hier grundsätzlich von Amts wegen zu er-

125 Bereiter-Hahn/Mehrtens, SGB VII § 95 Rn. 6; Schmitt, SGB VII, § 95 Rn. 7.
126 Vgl. Ricke in: KassKomm, SGB VII § 90 Rn. 2.

folgen,[127] zu diesem Zweck wird sich der Unfallversicherer zu gegebener Zeit nach dem geplanten und tatsächlichen Verlauf der Ausbildung erkundigen. Selbstverständlich kann die Neufestsetzung aber auch formlos beantragt werden. Wegen der bereits oben angesprochenen Ausschlussfrist des § 44 Abs. 4 SGB X, die die Nachzahlung einer höheren Rente auf vier Jahre begrenzt, ist dies auch ratsam, wenn eine entsprechende Nachfrage ausbleibt.

Allen Fallgruppen des § 90 SGB VII ist gemeinsam, dass eine Neufestsetzung nur dann erfolgt, wenn diese dem Versicherten **günstiger** ist als die Erstfestsetzung. Es muss also eine Vergleichsberechnung durchgeführt werden.[128]

Eine weitere Gemeinsamkeit besteht darin, dass nicht ein tatsächliches Einkommen zugrunde gelegt werden kann, sondern ein **hypothetisch erzieltes Einkommen.** Dieses wird ermittelt, indem entweder auf einen einschlägigen Tarifvertrag[129] zurückgegriffen wird, oder, wo dies nicht möglich ist, auf das ortsübliche Vergleichsentgelt. Bei Studierenden und Schülern wird vertreten, dass es an einem anknüpfungsfähigen Unternehmen und damit an einem maßgeblichen Tarifvertrag idR fehle und deshalb der JAV nach den Regeln der Ortsüblichkeit neu festzustellen sei.[130] Etwas anderes wird zumindest dann gelten, wenn für den ergriffenen Beruf lediglich ein Tarifvertrag einschlägig ist. Räumlich ist stets derjenige Tarifvertrag oder dasjenige Vergleichsentgelt maßgeblich am Ort des Unfallbetriebs, also bei Schülern die Gemeinde, in der die Schule ansässig ist. Für einen davon abweichenden, bundesweiten Günstigkeitsvergleich fehlt es an einer gesetzlichen Grundlage.[131]

Das ortsübliche Vergleichsentgelt ermittelt der Unfallversicherungsträger, indem er bei entsprechenden Betrieben am Beschäftigungsort bzw. Ausbildungsort (abzustellen ist auf den Unfallbetrieb und die Gemeindegrenzen[132]) entsprechende Auskünfte einholt und hieraus ein Durchschnittseinkommen für gleichartige Tätigkeiten bildet. Es genügt die Anfrage bei einer verhältnismäßig geringen Anzahl von Betrieben.[133]

Im Einzelnen sieht das Gesetz in folgenden Konstellationen eine Neufestsetzung vor:

(a) Abschluss, Verzögerung oder unfallbedingter Nichtabschluss der Schul-/ Berufsausbildung, § 90 Abs. 1 SGB VII

Tritt der Versicherungsfall vor Beginn oder während der Schul- oder Berufsausbildung ein und verzögert diese oder ist rechtlich wesentlich (zur Kausalität und rechtlichen Wesentlichkeit → § 7 Rn. 9 ff.) für deren Abbruch, ist der JAV gemäß § 90 Abs. 1 SGB VII zu dem Zeitpunkt neu festzusetzen, in dem die Ausbildung (ggf. ohne die unfallbedingte Verzögerung) voraussichtlich beendet worden wäre. Insofern bedarf es der Prognose, ob und zu welchem Zeitpunkt das Berufsziel ohne den Versi- 47

127 Ricke in: KassKomm SGB VII § 90 Rn. 31.
128 Ricke in: KassKomm, SGB VII § 90 Rn. 2.
129 Etwaige Betriebsvereinbarungen des Ausbildungsbetriebs bleiben unberücksichtigt, vgl. LSG Berlin-Brandenburg 8.9.2011- L 3 U 256/08, UVR 2012, 467 (472).
130 Ricke in: KassKomm, SGB VII § 90 Rn. 18.
131 LSG Berlin-Brandenburg 19.1.2012 – L 2 U 212/06, UVR 2013, 61 (71).
132 Also bei Schülerunfällen der Sitz der Schule.
133 BSG 17.12.1975 – 2 RU 265/74, SozR 2200 § 573 Nr. 5; zur Ortsüblichkeit vgl. auch Ricke in: KassKomm, SGB VII § 90 Rn. 23.

cherungsfall erreicht worden wäre. Wirksam wird die Neufestsetzung gemäß § 73 Abs. 1 SGB VII zum Ende des Monats, in dem die Ausbildung beendet worden wäre.

Der Verzögerung ist gemäß § 90 Abs. 1 SGB VII ausdrücklich gleichgestellt der Fall, dass die Berufsausbildung ohne Verzögerung trotz des Versicherungsfalls abgeschlossen wird. Nach der Rechtslage bis 2015 war dies zwar nicht wörtlich klargestellt. Die Rechtsprechung[134] und Verwaltungspraxis hat jedoch seit jeher keinen sachlichen Grund erkennen können, weshalb derjenige, der trotz des Versicherungsfalls seinen Ausbildungsgang planmäßig beendet, auf ein niedriges Ausbildungsgehalt bzw. den Mindest-JAV verwiesen bleiben sollte, während eine ggf. auch nur wenige Tage dauernde Verzögerung es rechtfertigen würde, den Versicherten so zu stellen, als sei der Unfall erst nach Ausbildungsabschluss eingetreten, denn die Unbill, die § 90 Abs. 1 SGB VII beseitigen soll, ist in beiden Konstellationen dieselbe. Nachdem das BSG völlig überraschend diese über mehrere Jahrzehnte gefestigte Rechtsprechung aufgegeben hatte,[135] wurde in Rekordgeschwindigkeit 2015 die auch rückwirkend geltende, nunmehr in § 90 Abs. 1 SGB VII zu findende Klarstellung aufgenommen, dass auch bei nicht verzögertem Ausbildungsabschluss eine Neufeststellung des JAV zu erfolgen hat.

Wird also die Ausbildung ohne Verzögerung abgeschlossen, ist auch dann der JAV – dann zum Zeitpunkt des tatsächlichen Ausbildungsabschlusses – gemäß § 90 Abs. 1 SGB VII neu festzusetzen.

Wird die Ausbildung allerdings aus **unfallunabhängigen Gründen** verzögert, erfolgt eine Neufestsetzung erst mit tatsächlichem Ausbildungsende. Wird die Ausbildung aus unfallunabhängigen Gründen ohne Erreichung des Berufsziels **abgebrochen**, erfolgt (für diese Ausbildung) gar keine Neufestsetzung.[136]

Soweit das angestrebte Berufsziel **vor** Abschluss der Ausbildung erreicht wird und die Ausbildung deshalb nach Erreichen des Berufsziels, aber vor Erreichen des Abschlusses abgebrochen wird, ist der JAV zu diesem Zeitpunkt nach Maßgabe des erreichten Berufsziels festzustellen.[137]

Zum Begriff und dem Zeitpunkt der Beendigung der Berufsausbildung Rn. 51.

(b) Versicherungsfall vor Vollendung des 30. Lebensjahres, § 90 Abs. 2 SGB VII

48 Bei unter 30-jährigen Versicherten erfolgt gemäß § 90 Abs. 2 SGB VII[138] eine Neufestsetzung auch nach Ausbildungsende, wenn nach Tarifvertrag oder üblicherweise eine Entgelterhöhung in Abhängigkeit von Lebensalter oder Berufsjahren vorgesehen ist und der Versicherte hieran infolge des Versicherungsfalls nicht partizipiert. Entscheidend ist, dass diese Entgelterhöhungen bereits zum Zeitpunkt des Versicherungs-

134 Vgl. zB BSG 7.11.2000 – B 2 U 31/99 R, SozR 3-2700 § 90 Nr. 1 mwN.
135 BSG vom 18.9.2012 – B 2 U 11/11 R, UVR 2013, 189 ff.
136 Bereiter-Hahn/Mehrtens, SGB VII § 90 Rn. 8.1; sa zB BSG 28.8.1990 – 2 RU 7/90, HVBG-Info 1990, 2093 ff.
137 BSG 7.11.2000 – B 2 U 31/99 R, SozR 3-2700 § 90 Nr. 1.
138 Zur Anwendung auf Altfälle vor dem 1.1.1997 vgl. BSG 18.9.2012 – B 2 U 14/11 R, UVR 2013, 202.

falls vorgesehen waren, nachträgliche Tariferhöhungen können also nur dann berücksichtigt werden, wenn sie rückwirkend gelten.[139]

Die Neufestsetzung nach Abs. 2 kann neben diejenige nach Abs. 1 treten, sie ist rechtlich unabhängig.[140] Sie kann, soweit tariflich vorgesehen oder ortsüblich, auch mehrfach erfolgen.

(c) Versicherter kann infolge des Versicherungsfalls keiner Erwerbstätigkeit mehr nachgehen, § 90 Abs. 3 SGB VII

Tritt der Versicherungsfall während der Schul- oder Berufsausbildung oder bei unter 49
30-Jährigen ein und kann der Versicherte infolgedessen keine Erwerbstätigkeit mehr ausüben, sollen die im Zeitpunkt des Versicherungsfalls tariflich oder ortsüblich feststehenden Entgelterhöhungen, die sich allein aus der Erreichung eines bestimmten Lebensalters oder der Anzahl der absolvierten Berufsjahre ergeben hätten, dennoch mitvollzogen werden.

Sind diese Voraussetzungen erfüllt und kann der Versicherte wegen des Unfalls keiner Erwerbstätigkeit mehr nachgehen, sind also auch über die Vollendung des 30. Lebensjahres hinaus die tariflich vorgesehenen bzw. ortsüblichen Verdiensterhöhungen zu berücksichtigen, denn anders als Abs. 2 enthält Abs. 3 kein Höchstalter.[141]

(d) Unklares Ausbildungsziel, § 90 Abs. 4 SGB VII

Wenn der Versicherungsfall vor Beginn der Berufsausbildung eingetreten ist und eine 50
Prognose, welches Ausbildungsziel der Versicherte voraussichtlich erreicht hätte, anhand des bisherigen Werdegangs nicht möglich ist, wird der JAV mit Vollendung des 21. Lebensjahres auf 75 % und mit Erreichung des 25. Lebensjahres auf 100 % der Bezugsgröße (§ 18 SGB IV) neu festgesetzt. Die Vorschrift wird jedoch grundsätzlich restriktiv gehandhabt, denn bei geringfügigeren Verletzungen wird in aller Regel der tatsächliche Ausbildungsgang genügend Hinweise dafür bieten, welches Ausbildungsziel maßgeblich ist.

§ 90 Abs. 4 SGB VII stellt damit eine Auffangvorschrift insbesondere für schwerstverletzte Kinder dar, die greift, wenn eine günstigere Festsetzung nach den Abs. 1–3 nicht möglich ist.

(e) Ausbildung iSd § 90 SGB VII

In der Praxis stellt sich häufiger die Frage, ob ein Lebensabschnitt noch der **Ausbil- 51
dung im Sinne des § 90 SGB VII** zuzurechnen ist.[142] Denn der Begriff ist wegen des Ausnahmecharakters des § 90 SGB VII eng auszulegen.[143]

Nach dem Wortsinn dient die Berufsausbildung dem Erwerb von Kenntnissen und Fähigkeiten, die zur späteren Ausübung des Berufes benötigt werden. Daran anknüpfend wird in der Rechtsprechung eine geregelte, zu einem qualifizierten beruflichen

139 Vgl. dazu Ricke in: KassKomm, SGB VII § 90 Rn. 26; Schmitt, SGB VII, § 90 Rn. 11.
140 Vgl. BSG 19.12.2013 – B 2 U 5/13 R, SozR 4-2700 § 90 Nr. 3.
141 Bereiter-Hahn/Mehrtens, SGB VII § 90 Rn. 22.2.
142 Grundsätzlich zu Schul- und Berufsausbildung Bereiter-Hahn/Mehrtens, SGB VII § 90 Rn. 5.
143 BSG 7.2.2006 – B 2 U 3/05 R, NZS 2007, 39 (41) mwN.

Abschluss führende Ausbildung gefordert.[144] Allerdings werden nicht nur Ausbildungen im Sinne des Berufsbildungsgesetzes erfasst, sondern auch die Hochschulausbildung und diejenige in einem öffentlich-rechtlichen Dienstverhältnis. Abzugrenzen sind jedoch bloße berufliche Weiterbildungen.

Eine Schulausbildung liegt vor beim Besuch allgemein bildender Schulen, also solcher Schulen, mit deren Besuch die Schulpflicht erfüllt werden kann oder die darüber hinaus zur mittleren Reife oder zum Abitur führen.[145]

Notwendige Wartezeiten zwischen zwei Ausbildungsabschnitten (zB zwischen Schulabschluss und Studium bzw. Ausbildungsbeginn) werden der Zeit der Ausbildung zugerechnet, hindern also eine Neufeststellung nach § 90 SGB VII nicht.[146]

Zwar endet die Berufsausbildung in aller Regel mit dem ersten berufsqualifizierenden Abschluss. Dies ist jedoch nicht zwingend der Fall. Etwas anderes gilt insbesondere für sogenannte Stufenausbildungen. Wesentlich für den Begriff der Berufsausbildung iSd § 90 SGB VII ist, welches Berufsziel der Versicherte mit der zum Zeitpunkt des Versicherungsfalls begonnenen Ausbildung angestrebt hat. Wenn von vornherein geplant war, die Ausbildung in eine darauf aufbauende, weitere Ausbildung einmünden zu lassen, dies objektiv sinnvoll ist und erst diese weitere Ausbildung das Berufsziel prägt, kann der Ausbildungsabschluss erst bei Beendigung der zweiten Ausbildung eintreten.[147] Ein Promotionsstudium fällt jedoch regelmäßig nicht mehr unter den Begriff der Berufsausbildung, da dieses zwar die Verdienstmöglichkeiten und die Chancen am Arbeitsmarkt erhöhen mag, aber, gegenüber dem Studienabschluss, an dem Berufsziel nichts ändert.[148]

52 Zu den Regelungen des § 90 SGB VII stellt schließlich § 91 SGB VII klar, dass auch bei der Neufestsetzung die Begrenzungen des Mindest-JAV und des Höchst-JAV (§ 85 SGB VII) und die Möglichkeit, den JAV nach billigem Ermessen gemäß § 87 SGB VII festzusetzen, zu beachten sind.

(3) Reform des § 90 SGB VII

53 Die Erfahrung hat gezeigt, dass jedenfalls inzwischen die Neufestsetzung des JAV insbesondere nach § 90 Abs. 1 und 2 SGB VII mit einem erheblichen Verwaltungsaufwand verbunden sind und es zudem immer wieder zu Streitigkeiten kommt. Bei sehr jungen Versicherten ist die Berufswahl im Unfallzeitpunkt noch nicht absehbar. Zudem ist die Berufswelt flexibler geworden, gerade bei akademischen Abschlüssen steht dem Absolventen häufig nicht mehr ein definiertes Berufsbild, sondern eine Vielzahl an Tätigkeiten offen. Auch ist häufig unklar, auf welchen Tarifvertrag abzustellen ist, so lange der Versicherungsfall nicht während der betrieblichen Ausbildung

144 BSG 7.2.2006 – B 2 U 3/05 R, NZS 2007, 39 (40).

145 Burchardt in: SGB VII-Komm, § 90 Rn. 10; Merten/Kunze in: Eichenhofer/von Koppenfels-Spies/Wenner, SGB VII, § 90 Rn. 13.

146 BSG 7.11.2000 – B 2 U 31/99 R, SozR 3-2700 § 90 Nr. 1, zu weiteren erfassten Übergangszeiten einschließlich eines freiwilligen sozialen Jahres oder Wehrdienstes bis zur Dauer von 24 Monaten: Bereiter-Hahn/Mehrtens, SGB VII § 90 Rn. 4.

147 BSG 5.8.1993 – 2 RU 24/92, SozR 3-2200 § 573 Nr. 2 für einen Zimmermannslehrling mit dem Berufsziel Bauingenieur.

148 BSG 14.12.1965 – 2 RU 141/63, SozEntsch BSG 4 § 573 Nr. 1.

eingetreten ist. Hinzu kommen geschlechtsspezifische Differenzen des Lohnniveaus, deren Fortsetzung im Rahmen der Rentengewährung nicht zu rechtfertigen ist.[149]

Der Dachverband der gesetzlichen Unfallversicherung hat daher angeregt, die Vorschriften der §§ 90. 91 SGB VII zu überarbeiten und grundsätzlich die Neufestsetzung des JAV durch pauschalisierte Orientierung auf die Bezugsgröße des § 18 SGB IV neu zu regeln.[150] Da aber gut zwei Drittel der Erwerbstätigen ein Einkommen unterhalb der Bezugsgröße erzielen, müsste insofern ein sachgerechter prozentualer Anteil von der Bezugsgröße als JAV definiert werden. Das zuständige Ministerium für Arbeit und Soziales hat sich dem gegenüber aufgeschlossen gezeigt, allerdings liegt ein abschließender Entwurf bisher wohl noch nicht vor. Dessen ungeachtet kann davon ausgegangen werden, dass es hier **in absehbarer Zeit zu einer Reform kommen wird.**

5. Rentenabfindung

a) Abfindung auf Antrag – Rente auf unbestimmte Zeit

In einigen Fällen kann es im Interesse des Versicherten liegen, die Rente oder einen Teil davon auf einmal ausgezahlt zu bekommen. Dem trägt des Gesetz Rechnung, indem es bei Renten auf unbestimmte Zeit diese Möglichkeit **auf Antrag** des Versicherten offeriert, wobei zwischen sogenannten kleinen Renten (MdE kleiner als 40 %, § 76 SGB VII) und großen Renten (ab einer MdE von 40 %, § 78 SGB VII) differenziert wird. 54

Gemeinsam ist den Rentenabfindungen nach § 76 und § 78, dass sie im **Ermessen** des Unfallversicherers liegen. Bei der Ermessensausübung ist insbesondere auch das Interesse der Allgemeinheit zu berücksichtigen, den Eintritt einer (ggf. höheren) Sozialhilfebedürftigkeit zu vermeiden. Weitere Kriterien sind, dass ein Absinken der MdE nicht zu erwarten sein darf (ausdrücklich in §§ 76 Abs. 2, 78 Abs. 2 Nr. 2 SGB VII geregelt) und eine normale Lebenserwartung des Versicherten angenommen werden kann.[151] Die Beurteilung der Lebenserwartung ist eine Prognoseentscheidung, bei der dem Träger kein Beurteilungsspielraum zusteht. Sie lässt sich in der Regel nur durch ein ärztliches Gutachten ermitteln.[152]

Nach § 76 SGB VII werden **kleine Renten** auf einmal nach dem jeweiligen Kapitalwert abgefunden. Die Berechnung des Kapitalwertes wird von der Bundesregierung per Rechtsverordnung festgelegt, § 76 Abs. 1 S. 3 SGB VII.[153] 55

Im Verschlimmerungsfall wird insoweit, also in Höhe des sich aus dem Verschlimmerungsanteil ergebenden MdE-Anstiegs, erneut Rente gewährt, § 76 Abs. 3 SGB VII.[154]

149 Vgl. zu diesen und weiteren Aspekten: Grundsatzpapier der DGUV zur Neufestsetzung des JAVs, Rundschreiben 0261/2018 vom 25.7.2018.
150 Ebenda.
151 Schmitt, SGB VII, § 76 Rn. 8. Zu den im Rahmen der Ermessensausübung zu beachtenden Kriterien auch BSG 9.11.2010 – B 2 U 10/10 R, BeckRS 2011, 68540.
152 Burchardt in: SGB VII-Komm, § 76 Rn. 10.
153 Abgedruckt in der einschlägigen Kommentierung, zB Burchardt in: SGB VII-Komm, § 76 Rn. 18 a.
154 Zum Wiederaufleben einer abgefundenen Rente wegen Verschlimmerung: LSG NRW 7.2.2017 – L 15 U 215/15, BeckRS 2017, 127919.

Wird der abgefundene Versicherte Schwerverletzter (MdE mindestens 50 %, vgl. § 57 SGB VII), kann der Versicherte gemäß § 77 SGB VII ein **Wiederaufleben der Rente** trotz Abfindung beantragen, wobei die Abfindungssumme in den Grenzen des § 77 Abs. 2 SGB VII angerechnet wird. Unerheblich bei diesem qualifizierten Verschlimmerungstatbestand ist, ob er auf eine bloße Verschlimmerung der Folgen des abgefundenen Versicherungsfalls zurückgeht oder auf den Eintritt weiterer Versicherungsfälle.[155]

Die **Abfindung großer Renten** setzt gemäß § 78 Abs. 2 SGB VII darüber hinaus die Volljährigkeit des Rentenberechtigten voraus. Große Renten werden gemäß § 79 SGB VII nicht insgesamt, sondern nur bis maximal zur Hälfte und für einen Zeitraum von zehn Jahren abgefunden.

b) Abfindung von vorläufigen Renten – Gesamtvergütung

56 Bei Renten als vorläufige Entschädigung steht dem Versicherten ein Antragsrecht auf Abfindung nicht zu. Wenn aber nicht zu erwarten ist, dass eine Dauerrente anfällt und die Heilbehandlung abgeschlossen ist, kann der Unfallversicherungsträger gemäß § 75 SGB VII diesen Rentenanspruch abfinden, indem er eine Vorauszahlung in Höhe des voraussichtlichen Rentenaufwands leistet (Gesamtvergütung).

Auch die Wahl dieser Art der **Leistungsgewährung** liegt im **pflichtgemäßen Ermessen des Leistungsträgers**. Die Vorteile liegen bei geeigneten Fällen auf der Hand. Nicht nur, dass der Berechtigte sich gar nicht erst an einen dauerhaften Rentenbezug gewöhnt,[156] die einmalige Bescheidung, Berechnung und Zahlung der Rente ist auch eine erhebliche Verwaltungsvereinfachung, da eine Entziehung der (hinsichtlich der Beendigung undatiert gewährten) vorläufigen Rente einschließlich Nachuntersuchung, Anhörung und Bescheidung entfällt.[157]

Die Rechte des Versicherten, der nach Ablauf des Gesamtvergütungszeitraums die Überprüfung begehrt, ob ein Rentenanspruch darüber hinaus besteht, wahrt § 75 S. 2 SGB VII. Auf Antrag wird geprüft, ob die Voraussetzungen einer weiteren Rentengewährung vorliegen. Eine zeitliche Befristung, innerhalb derer der Antrag zu stellen wäre, besteht nicht, es ist auch nicht erforderlich, dass der Versicherte eine wesentliche Verschlimmerung der Unfallfolgen geltend macht; vielmehr genügt es, dass eine rentenberechtigende MdE über das Ende des Gesamtvergütungszeitraums hinaus besteht.[158]

Entgegen dem Wortlaut handelt es sich nicht um ein materiellrechtliches Antragserfordernis, der Grundsatz der Leistungsgewährung von Amts wegen wird von § 75 SGB VII nicht vollständig durchbrochen. Der Antrag gewährleistet aber, dass der Versicherungsträger Kenntnis davon erhält, dass ggf. noch eine relevante MdE über den Zeitraum der Gesamtvergütung hinaus besteht. Erhält der Unfallversicherer auf anderem Weg diese Erkenntnis, zB durch einen entsprechenden ärztlichen Befundbe-

155 Bereiter-Hahn/Mehrtens, SGB VII § 77 Rn. 3.
156 Bereiter-Hahn/Mehrtens, SGB VII § 75 Rn. 2.
157 Ricke in: KassKomm, SGB VII § 75 Rn. 2.
158 Ausführlich: LSG Rheinland-Pfalz 5.11.1975 – L 3 U 40/75, Breith. 1976, 200 ff.

richt, muss er diesem Hinweis ebenfalls nachgehen. Hat der Unfallversicherungsträger jedoch keine Kenntnis, kann bei einem späteren Antrag des Versicherten dem Rentenanspruch für zurückliegende Zeiten aber uU die Einrede der Verjährung entgegen gehalten werden.[159]

6. Anrechnung der Leistungen anderer Sozialversicherungsträger

Kongruente Leistungen nach anderen Sozialgesetzbüchern werden **verdrängt**, dies gilt insbesondere für Leistungen der Krankenversicherung (§ 11 Abs. 5 SGB V), die entfallen, aber auch für Leistungen der gesetzlichen Pflegeversicherung (§§ 13 Abs. 2 Nr. 2, 34 Abs. 2 Abs. 1 Nr. 2 SGB XI) und des sozialen Entschädigungsrechts § 65 BVG), die ruhen (→ Rn. 7). 57

Derartige Ruhensbestimmungen sind nach der Rechtsprechung des BVerfG mit Art. 3 Abs. 1 GG vereinbar, wenn es um die Vermeidung eines Doppelbezugs von Leistungen gleicher Zweckbestimmung geht. Denn das Zusammentreffen mehrerer Leistungen kann zu einer Gesamthöhe der Bezüge führen, die sozialpolitisch unerwünscht ist.[160] Es genügt insoweit das Bestehen einer anderweitigen als der zum Ruhen gebrachten Leistung als adäquate soziale Absicherung.[161]

Die Rente aus der gesetzlichen Unfallversicherung wird auf andere „funktionsgleiche" Sozialleistungen (teilweise) angerechnet. Dabei geht die Unfallrente stets vor, dh nicht ausgezahlt wird die andere Sozialleistung.

Relevant ist vor allem die Anrechnungsvorschrift des § 93 SGB VI, der eine Anrechnung der Unfallrente auf die Rente aus der **gesetzlichen Rentenversicherung** vorsieht. Dabei wird der den Grenzbetrag übersteigende Teil der Rente nach dem SGB VI nicht ausgezahlt.[162] Dies gilt auch für Hinterbliebenenleistungen (zB Waisenrenten).[163]

Bei Leistungen der **Agentur für Arbeit** ist zu differenzieren. Der Anspruch auf Arbeitslosengeld I ruht gemäß § 156 Abs. 1 Nr. 2 SGB III während des Bezuges von Verletzten- oder Übergangsgeld aus der gesetzlichen Unfallversicherung. Die Rente wird auf das Arbeitslosengeld I nicht angerechnet. Leistungen der aktiven Arbeitsförderung durch die Bundesagentur für Arbeit sind in aller Regel nachrangig (vgl. § 22 Abs. 1, 2 SGB III).

Auf Leistungen nach dem SGB II (**Hartz IV**) wird die Rente vollständig angerechnet, da es sich um eine berücksichtigungsfähige Geldeinnahme iSd § 11 SGB II handelt.[164]

Soweit der Verletzte bereits andere, **kongruente** Sozialleistungen bezogen hat und später für denselben Zeitraum bzw. für dieselbe Bedürftigkeit ein Leistungsanspruch nach dem SGB VII zugesprochen wird, gilt der Anspruch des Versicherten gemäß § 107 SGB X als erfüllt, soweit der andere Sozialversicherungsträger geleistet hat.

159 LSG Rheinland-Pfalz 5.11.1975 – L 3 U 40/75, Breith. 1976, 200 ff.
160 BVerfG 9.11.1988 – 1 BvL 22/84, BVerfGE 79, 87 (98).
161 Vgl. BVerfG 15.6.1971 – 1 BvR 88/69, BVerfGE 31, 185 (193 f.).
162 Keller SGb 2009, 391 (392).
163 Radtke-Schwenzer in: Plagemann/Radtke-Schwenzer, Kap. 5 Rn. 95 ff. mwN.
164 So BSG 15.3.2007 – B 11 b AS 15/06 R, NZS 2008, 215 ff.; aus verfassungsrechtlicher Sicht bestätigt durch BVerfG 16.3.2011 – 1 BvR 591/08, SGb 2011, 702 (705) mit Anm. O'Sullivan SGb 2011, 691 ff.

Dieser hat dann einen Erstattungsanspruch in entsprechender Höhe gegen den Unfallversicherer gemäß §§ 102 ff. SGB X. An solchen Erstattungsverfahren ist der Versicherte nicht beteiligt. Er erhält hiervon nur dann Kenntnis, wenn eine ihm gewährte Leistung zunächst einbehalten wird, bis geklärt ist, ob ein anderer Sozialversicherungsträger einen Erstattungsanspruch geltend macht.

Beispiel: Erhält der Unfallverletzte Leistungen zur Grundsicherung nach dem SGB II und wird ihm im Nachhinein für denselben Zeitraum eine Unfallrente gewährt, wird der Nachzahlungsbetrag zunächst einbehalten, bis das Jobcenter seinen Erstattungsanspruch beziffert hat. Sodann wird nur der diesen Erstattungsanspruch übersteigende Nachzahlungsbetrag tatsächlich ausgezahlt. In Höhe der Leistungen, die das Jobcenter an den Versicherten erbracht hat, greift die Erfüllungsfiktion des § 107 SGB X. Der Anspruch auf Unfallrente gilt durch die Leistung des Jobcenters als erfüllt. Allerdings sollte überprüft werden, ob die Leistungen tatsächlich auch zeitlich kongruent sind, → § 10 Rn. 18 aE.

Bei der praktisch häufigsten Fallgestaltung – Erstattung von Krankengeld und Behandlungskosten zwischen Unfallversicherer und Krankenversicherer – muss dem Versicherten das Verfahren gar nicht bewusst werden.

Von der gesetzlichen Unfallversicherung ist im Übrigen die private Unfallversicherung im Sinne von §§ 178 ff. VVG zu trennen. Dieser (auf zivilrechtlichen Verträgen beruhende) Schutz gilt nur zusätzlich zu einem möglichen Schutz nach dem SGB VII. Eine Anrechnung auf die im SGB VII genannten Sozialleistungen (vgl. § 11 SGB I) findet nicht statt.[165]

IV. Sonstige Leistungen

58 Die übrigen Leistungen der gesetzlichen Unfallversicherung sind deutlich seltener Streitgegenstand, weshalb sie im Folgenden nur überblicksartig skizziert werden sollen.

1. Teilhabeleistungen

59 Teilhabeleistungen werden zum Arbeitsleben und zum Leben in der Gemeinschaft erbracht. Hierbei wird auf die Regelungen des SGB IX verwiesen, es finden sich aber darüber hinaus spezielle Vorschriften des SGB VII, die auch hier den Leistungsumfang der Unfallversicherung gegenüber anderen Sozialversicherungszweigen erweitern.

Das Spektrum möglicher Teilhabeleistungen ist derart weit gestreckt, dass eine umfassende Beschreibung schlicht nicht möglich ist und auf die jeweilige Kommentierung verwiesen werden muss.

Hinweis: Teilhabeleistungen sind zumeist von einem entsprechenden Antrag des Versicherten abhängig. Bei Versicherungsfällen, in denen die Art und das Ausmaß der Verletzung bereits Anhaltspunkte bieten, dass Teilhabeleistungen in Betracht kommen, wird der Versicherungsträger den Hilfebedarf zumeist durch entsprechende Anfragen oder ein persönliches Gespräch zu eruieren versuchen. Dessen ungeachtet sind

165 Vgl. dazu BSG 18.9.2012 – B 2 U 15/11 R, SozR 4-5671 § 3 Nr. 6.

der Behörde die individuellen Lebensumstände regelmäßig nicht bekannt, so dass schon vorsorglich ein (formloser) Antrag unter Schilderung des Hilfebedarfs gestellt werden sollte.

Beachtlich ist die Vorschrift des § 14 SGB IX.[166] Nach dieser Vorschrift hat der **Unfallversicherer**, der Kenntnis von einem voraussichtlichen Rehabilitationsbedarf erhält, **binnen zwei Wochen festzustellen**, ob er für die Leistung **zuständig** ist, § 14 Abs. 1 S. 1 SGB IX. Ist er der Ansicht, dass kein Versicherungsfall nach dem SGB VII vorliegt, hat er den Antrag innerhalb dieser Frist an den seiner Meinung nach zuständigen Träger weiterzuleiten, § 14 Abs. 1 S. 2 SGB IX. Ist zweifelhaft, ob der Rehabilitationsbedarf auf den Arbeitsunfall zurückzuführen ist, muss der Antrag innerhalb der Frist an den Träger weitergeleitet werden, der die Leistung ohne Rücksicht auf die Ursache erbringt, § 14 Abs. 1 S. 3 SGB IX. 60

Wird **nicht innerhalb der Frist weitergeleitet**, begründet § 14 Abs. 2 SGB IX (unabhängig von der tatsächlichen Rechtslage) eine formale Zuständigkeit, dh der Unfallversicherungsträger muss nach allen in Betracht kommenden Vorschriften (auch des SGB VI oder des SGB V) den Antrag prüfen und bescheiden. Bestünde beispielsweise zwar kein Anspruch nach dem SGB VII, wohl aber nach dem SGB VI auf die Teilhabeleistung, müsste der Unfallversicherer nach diesen Vorschriften und in diesem Umfang die Leistung erbringen.

Zur Feststellung des Rehabilitationsbedarfs und damit zur **Bescheidung** setzt § 14 SGB IX eine **Frist** von drei Wochen, sofern ein Gutachten erforderlich ist, von zwei Wochen nach dessen Vorliegen.

Sinn der Vorschrift ist nicht nur eine Beschleunigung des Antragsverfahrens, sondern auch, dass Zuständigkeitsstreitigkeiten nicht mehr zulasten des Versicherten ausgefochten werden.

Hinweis: Relevanz wird § 14 SGB IX vor allem dann erlangen, wenn Versicherte den säumigen Träger an der formalen Zuständigkeit und an den zur Bescheidung eingeräumten Fristen festhalten. Mit der Untätigkeitsklage nach § 88 SGG steht hierfür ein geeignetes (und risikofreies) Instrument zur Verfügung. Zur Genehmigungsfiktion und einem (von weiteren Voraussetzungen abhängigen und damit riskanteren) Kostenerstattungsanspruch für selbstbeschaffte Leistungen vgl. § 18 SGB IX.

a) Teilhabe am Arbeitsleben

Hierunter sind Maßnahmen zur beruflichen Anpassung und Weiterbildung bzw. der beruflichen Ausbildung (zB sog. **Umschulungen**) einschließlich des dazu ggf. erforderlichen Übergangsgeldes und ggf. der Kosten für Unterkunft und Verpflegung zu verstehen. Rechtsgrundlage ist § 35 SGB VII iVm §§ 33–38, 40, 41 SGB IX.[167] 61

Ziel dieser früher berufliche Rehabilitation genannten Maßnahmen ist die dauerhafte Integration ins Arbeitsleben, die positive Beeinflussung der Entwicklung der Erwerbs-

166 Grundlegend zu § 14 SGB IX: Kunkel ZfF 2019, 25 ff.; Koch Behindertenrecht 2018, 137 ff.; generell zum Bundesteilhabegesetz: Kainz NZS 2107, 649 ff.
167 Vgl. BSG 20.3.2007 – B 2 U 18/05 R, SozR 4- 2700 § 35 Nr. 1; Überblick zB bei Benz BG 2001, 551 ff.

fähigkeit (Erhaltung, Wiedererlangung oder Besserung der Erwerbsfähigkeit) ist nur ein Nebenziel.[168] Hierbei geht das Gesetz davon aus, dass der **Erhaltung des bisherigen Arbeitsplatzes** ein Vorrang vor der Erlangung einer neuen beruflichen Tätigkeit gilt.[169] Deshalb besteht grundsätzlich kein Anspruch auf solche Teilhabeleistungen, wenn die Ausübung der früheren Tätigkeit trotz des Versicherungsfalls noch möglich ist.[170]

Die Entscheidung, ob Teilhabeleistungen nach § 35 SGB VII zu erbringen sind, ist gebunden und damit gerichtlich vollumfänglich überprüfbar. Hinsichtlich der konkret zu bewilligenden Maßnahme steht dem Unfallversicherungsträger aber ein **Auswahlermessen** zu.[171]

Voraussetzung von Leistungen nach § 35 SGB VII ist stets, dass die Maßnahme aufgrund der Folgen des Versicherungsfalls notwendig ist, dh dass ohne sie eine zumutbare Wiedereingliederung ins Berufsleben nicht erreichbar ist. Bei der Gewährung einer Teilhabeleistung sind die Eignung, Fähigkeiten und Neigungen des Versicherten hinreichend zu berücksichtigen.[172]

Nach § 35 Abs. 2 SGB VII fallen hierunter auch **Hilfen zur Erlangung einer angemessenen Schulausbildung** bzw. vorbereitende Maßnahmen hierzu. Ein Anspruch auf solche schulischen Hilfen kommt insbesondere in Betracht, wenn zu befürchten ist, dass infolge des Versicherungsfalls das Klassenziel nicht erreicht wird oder der Übertritt in eine weiterführende Schule bzw. die Berufsausbildung gefährdet erscheint.[173] Als mögliche Leistungen kommen zB neben Übernahme der Kosten für Nachhilfestunden auch die Mehrkosten einer privaten Sonderschule[174] oder die Übernahme von Taxikosten für Fahrten zur Schule in Betracht.[175]

Ausbildungs- und Umschulungsmaßnahmen können nach § 35 Abs. 3 SGB VII auch zur Erlangung einer **höherwertigen Tätigkeit** gewährt werden, dann allerdings erfolgt die Kostenübernahme uU nur in der Höhe der Kosten einer adäquaten Referenzmaßnahme.[176] Dann handelt es sich nicht um eine Maßnahme zur Teilhabe am Arbeitsleben, sondern um eine Teilförderung sui generis auf Zuschussbasis, die das „Alles-oder-Nichts-Prinzip“ durchbricht.[177]

Leistungen können nicht nur direkt an den Versicherten, sondern **auch an den Arbeitgeber** bzw. die Schule erbracht werden. Dies trifft vor allem bei bestimmten, behinderungsgerechten Ausstattungs- oder Umbaumaßnahmen zu. Für eine Arbeitsassistenz

168 Benz BG 2001, 551 (552).
169 Krasney in: SGB VII-Komm, § 35 Rn. 8.
170 LSG Hessen 27.9.2016 – L 3 U 71/12, BeckRS 2016, 117310.
171 BSG 20.3.2007 – B 2 U 18/05 R, SozR 4- 2700 § 35 Nr. 1; Krasney in: SGB VII-Komm, § 35 Rn. 15 mwN.
172 BSG 20.3.2007 – B 2 U 18/05 R, SozR 4- 2700 § 35 Nr. 1; Krasney in: SGB VII-Komm, § 35 Rn. 19 mit Verweis auf § 26 Abs. 1 Nr. 2 SGB VII und § 49 Abs. 4 SGB IX.
173 Römer in: Hauck/Noftz, SGB VII, K § 35 Rn. 20.
174 BSG 2.2.1978 – 8 RU 78/77, BSGE 45, 290 (291 ff.).
175 BSG 28.2.1990 – 2 RU 16/89, BSGE 66, 231 (232 f.).
176 Dazu BSG 20.3.2007 – B 2 U 18/05 R, SozR 4- 2700 § 35 Nr. 1.
177 Bereiter-Hahn/Mehrtens, SGB VII § 35 Rn. 13.

können gemäß § 49 Abs. 8 Nr. 3 SGB IX die Kosten in der Regel für einen Zeitraum von bis zu drei Jahren übernommen werden.[178]

Leistungen zur Teilhabe am Arbeitsleben können auch **wiederholt** in Betracht kommen, wenn das Rehabilitationsziel Wiedereingliederung (noch) nicht erreicht wurde. Das gilt grundsätzlich auch bei Abbruch der vorangegangenen Maßnahme, wenn der Abbruch nicht auf unvernünftigen, sondern auf nachvollziehbaren Gründen beruht.[179] Die Kosten der abgebrochenen Maßnahme dürfen dann nicht auf die neu zu bewilligende Maßnahme angerechnet werden.[180]

Die Unfallversicherungsträger beschäftigen in diesem Bereich besonders geschulte Mitarbeiter (Berufshelfer, Reha-Manager), die auch Hilfen bei der Berufsorientierung bieten können oder adäquate Berufsfindungsmaßnahmen unterbreiten können. Sie können auch mit der Einrichtung oder dem Arbeitgeber Kontakt aufnehmen, um im gemeinsamen Gespräch mit dem Versicherten sachgerechte Lösungsmöglichkeiten zu ermitteln.[181]

Ein Anspruch auf Vermittlung eines leidensgerechten Arbeitsplatzes gegen den Unfallversicherungsträger besteht jedoch nicht. Das allgemeine Arbeitsmarktrisiko verbleibt beim Versicherten.[182]

b) Teilhabe am Leben in der Gemeinschaft und ergänzende Leistungen, § 39 SGB VII

Der früher soziale Rehabilitation genannte, in § 39 Abs. 1 normierte Bereich bildet 62
neben der medizinischen Rehabilitation und den Leistungen zur Teilhabe am Arbeitsleben die dritte, eigenständige Säule, um das Rehabilitationsziel der gesetzlichen Unfallversicherung zu erreichen.[183]

Ausdrücklich nennt das Gesetz als Teilhabeleistung die Kraftfahrzeughilfe, § 39 Abs. 1 Nr. 1 iVm § 40 SGB VII. Eine ergänzende Leistung ist auch die Wohnungshilfe nach § 41 SGB VII, mit der beispielsweise der behindertengerechte Umbau der Wohnung finanziert werden kann.

§ 39 Abs. 1 SGB VII verweist im Übrigen auf die §§ 64, 73 und 74 SGB IX. Von den dort genannten Leistungen ist insbesondere der Anspruch auf **Haushaltshilfe** und **Kinderbetreuungskosten**, § 64 Abs. 1 Nr. 6 iVm § 74 SGB IX zu nennen. Voraussetzung ist ua, dass die Aufgabe von keiner anderen im gemeinsamen Haushalt lebenden Person übernommen werden kann.

Bei Versicherungsfällen von Kindern wird diese Vorschrift jedoch kaum anwendbar sein, da der Anspruch nach dieser Vorschrift sich auf den **eigenen** Haushalt des Versicherten bezieht, Minderjährige aber einen solchen idR nicht führen. Soweit unfallbedingt erforderlich, können die Kosten einer Haushaltshilfe für den Haushalt der El-

178 Vertiefend: Krasney in: SGB VII-Komm, § 35 Rn. 44.
179 Implizit auch BSG 20.3.2007 – B 2 U 18/05 R, SozR 4- 2700 § 35 Nr. 1; vertiefend mwN: Ricke in: KassKomm, SGB VII § 35 Rn. 2.
180 BSG 20.3.2007 – B 2 U 18/05 R, SozR 4- 2700 § 35 Nr. 1.
181 Zu Tätigkeitsfeld und Qualifikation der Reha-Manager vgl. Habekost/Krause DGUV-Forum 9/2010, 35 ff.
182 Allerdings haben die Berufsgenossenschaften eine eigene Arbeitsvermittlung aufgebaut („dguv job“, s. www.dguv.de/job), die bei Bedarf eingeschaltet werden kann.
183 Bereiter-Hahn/Mehrtens, SGB VII § 39 Rn. 2.

tern des versicherten Kindes aber ggf. nach § 39 Abs. 1 Nr. 2 SGB VII übernommen werden.

§ 39 Abs. 1 Nr. 2 SGB VII enthält mit dem Begriff der sonstigen Leistungen eine **Generalklausel**, die weit zu fassen ist. Allerdings ist im Rahmen der Ermessensausübung zu beachten, dass nur solche Leistungen zu erbringen sind, die infolge des Versicherungsfalls erforderlich sind. Der Versicherungsfall muss also die rechtlich wesentliche (Teil-)Ursache der Behinderung sein, die die Leistung erforderlich macht. Begrenzt wird die Leistungsgewährung zudem dadurch, dass die Leistung dem Zweck der medizinischen Rehabilitation oder zur Teilhabe dienen muss. Das ist hinsichtlich der Kosten einer unfallbedingt erforderlichen Berufsbetreuung nicht der Fall.[184]

Sonstige Leistungen im Sinne des § 39 Abs. 1 Nr. 2 SGB VII sind neben der bereits erwähnten Haushaltshilfe beispielsweise Erholungsaufenthalte für Schwerverletzte, technische Arbeitshilfen und ggf. auch Gebrauchsgegenstände des täglichen Lebens[185] oder die Mitaufnahme eines Elternteils bei stationärer Behandlung eines Kindes (vgl. bereits → Rn. 13 aE).

Besondere Erwähnung verdient die Vorschrift des § 39 Abs. 2 SGB VII, wonach die Gewährung einer besonderen Unterstützung in das Ermessen des Versicherungsträgers gestellt ist, sofern eine **besondere Härte**[186] vorliegt. Beachtlich ist, dass die Leistungsgewährung nicht nur an den Versicherten, sondern auch an dessen Angehörige erfolgen kann (also zB an die Eltern eines verunfallten Kindes).[187] Praktisch wird von dieser Vorschrift als Auffanganspruchsgrundlage Gebrauch gemacht.

Beispiel: So kann in Härtefällen ein Ersatz für den Verdienstausfall eines Elternteils auf diese Vorschrift gestützt werden, wenn die Leistungshöchstdauer von Kinderpflege-Verletztengeld ausgeschöpft ist.[188]

Voraussetzung für eine Leistung nach § 39 Abs. 2 SGB VII ist jedoch, dass diese ihrer Art nach vom Leistungsumfang der gesetzlichen Unfallversicherung erfasst wird; sie darf also nicht im Widerspruch zur Konzeption des SGB VII stehen.[189] Auch nach § 39 Abs. 2 können nur solche Leistungen erbracht werden, die entweder selbst Teilhabeleistungen sind oder solche Teilhabeleistungen ergänzen.[190]

Beispiel: Dementsprechend ist beispielsweise der Ersatz von Sachschäden auch nach § 39 Abs. 2 SGB VII nicht möglich.

---

184 BSG 29.11.2011 – B 2 U 21/10 R, SozR 4-2700 § 39 Nr. 1.
185 Beispiele mit vertiefenden Erläuterungen bei Bereiter-Hahn/Mehrtens, SGB VII § 39 Rn. 8.1 ff.
186 Es handelt sich um einen unbestimmten Rechtsbegriff, den der Unfallversicherungsträger durch Einzelfallentscheidungen zu füllen hat, vgl. Krasney in: SGB VII-Komm, § 39 Rn. 12.
187 Krasney in: SGB VII-Komm, § 39 Rn. 11.
188 Vgl. dazu DGUV-Rundschreiben 0007/2016 vom 11.1.2016 mit detaillierten Hinweisen.
189 Schmitt, SGB VII, § 39 Rn. 11.
190 BSG 29.11.2011 – B 2 U 21/10 R, SozR 4-2700 § 39 Nr. 1, auch zum unbestimmten Rechtsbegriff der besonderen Härte.

2. Pflegeleistungen

Bei Pflegebedürftigkeit infolge eines Versicherungsfalls nach dem SGB VII gehen die Leistungen aus der gesetzlichen Unfallversicherung (§ 44 SGB VII) denjenigen aus der gesetzlichen Pflegeversicherung vor, diese ruhen gemäß § 34 Abs. 1 Nr. 2 SGB XI. 63

Die Definition von Pflegebedürftigkeit orientiert sich dabei an § 14 SGB XI. Danach ist pflegebedürftig, wer wegen einer körperlichen oder seelischen Krankheit oder Behinderung für die gewöhnlichen und regelmäßig wiederkehrenden Verrichtungen im Ablauf des täglichen Lebens auf Dauer, voraussichtlich für mindestens sechs Monate, in erheblichem oder höherem Maße der Hilfe bedarf.[191]

Gewährt wird grundsätzlich Pflegegeld, dass in dem in § 44 Abs. 2 SGB VII genannten Rahmen in Abhängigkeit vom Ausmaß der Hilflosigkeit festzusetzen ist.

In der Unfallversicherung sind zur Bestimmung des Pflegeaufwands Kategorien gebildet worden.[192] Wie andere Vereinbarungen und Richtlinien auch, bindet diese Kategorisierung den Unfallversicherer. Es handelt sich aber nicht um allgemein verbindliche Normen, so dass sie die Gerichte nicht binden und stets eine Einzelfallprüfung erforderlich bleibt.[193]

Auf Antrag kann gemäß § 44 Abs. 5 SGB VII statt des Pflegegeldes auch eine Pflegekraft gestellt werden (in der Praxis häufig Erstattung der Kosten) oder Heimpflege (Übernahme der Kosten einer entsprechenden Heimunterbringung) gewährt werden.

Bei Heimpflege kann die Rente gemäß § 60 SGB VII um höchstens die Hälfte gemindert werden. Dabei bleibt aber die individuelle Situation des Versicherten im Rahmen der Ermessensausübung zu berücksichtigen (laufende Fixkosten, Unterhaltspflichten etc).[194]

Auch der vor Eintritt des Arbeitsunfalls bereits Pflegebedürftige kann Anspruch auf Pflegeleistungen aus der gesetzlichen Unfallversicherung haben, wenn nämlich der Versicherungsfall zu einer Verschlimmerung der vorbestehenden Hilflosigkeit geführt hat. Entschädigt wird in diesen Fällen der Verschlimmerungsanteil.[195]

Ein Nachschaden, der gegenüber dem Versicherungsfall die allein wesentliche Ursache der Hilflosigkeit darstellt, bleibt aber auch hier unberücksichtigt.[196]

3. Leistungen im Todesfall

Stirbt der Versicherte infolge eines Versicherungsfalls, besteht Anspruch auf Sterbegeld (§ 64 SGB VII iVm 18 SGB IV: 1/7 der Bezugsgröße). Etwaige Überführungskosten werden nach Maßgabe des § 64 SGB VII übernommen. 64

191 Becker, Gesetzliche Unfallversicherung, S. 162.
192 VB 126/99, abgedruckt auch in HVBG-Info 29/1999, 2756 ff. und in Bereiter-Hahn/Mehrtens, SGB VII § 44 Rn. 10; Dahm in: Lauterbach, SGB VII, § 44 Rn. 29.
193 Vgl. dazu Krasney in: SGB VII-Komm, § 44 Rn. 13.
194 Bereiter-Hahn/Mehrtens, SGB VII § 60 Rn. 4.
195 Vgl. BSG 10.10.2006 – B 2 U 41/05 R, SozR 4-2700 § 44 Nr. 1; LSG Rheinland-Pfalz 4.2.2016 – L 5 P 45/15, UVR 2017, 50 (53 f.).
196 Krasney in: SGB VII-Komm, § 44 Rn. 23.

Eine laufende Rente wird gemäß § 73 Abs. 6 SGB VII bis zum Ende des Kalendermonats gezahlt, in dem der Berechtigte gestorben ist.

Die Hinterbliebenenrenten sind in den §§ 65–70 SGB VII geregelt.[197]

V. Zusammenfassung

65 Zentrale Leistungen unmittelbar an den Verunfallten sind Heilbehandlung, Heil- und Hilfsmittel, ggf. auch Pflegeleistungen, sowie ggf. die Geldleistungen Verletztengeld und Rente.

In der Schülerunfallversicherung, in der häufig Unfälle kleinerer Kinder Verfahrensgegenstand sind, ist relevant auch der Aufwandsersatz der die Kinder während der Behandlung betreuenden Eltern. Hier stehen Fahrtkosten, Verdienstausfall und Kinderpflege-Verletztengeld im Raum.

Zwar muss der Unfallversicherungsträger Leistungen grundsätzlich von Amts wegen gewähren, da aber dieser Grundsatz insbesondere im Bereich Teilhabeleistungen teilweise durchbrochen ist und im Übrigen die Gewährung von Leistungen von Amts wegen auch stets die Kenntnis vom Bedarf voraussetzt, ist der Versicherte gut beraten, wenn er seinem Anliegen durch einen (immer formfreien) Antrag Nachdruck verleiht.

197 Überblick zB Radtke-Schwenzer in: Plagemann/Radtke-Schwenzer, Kap. 5 Rn. 96 ff.

§ 9 Haftungsfragen, Regress (§§ 104 ff SGB VII, § 116 SGB X)

Ein Spezifikum der gesetzlichen Unfallversicherung ist es, dass ihre Versicherungswirkung nicht auf das SGB VII beschränkt bleibt, sondern vor allem in das Zivilrecht, genauer in das zivilrechtliche Haftungsrecht ausstrahlt.[1] Der Grund hierfür ist plausibel: Der bereits über das SGB VII abgesicherte Personenkreis soll nicht auf dem zivilrechtlichen Wege im Falle eines Arbeitsunfalls denselben Anspruch erneut und damit zweifach regulieren können (Haftungsersetzung durch Versicherungsschutz).[2] Das Entsprechende regeln insbesondere die §§ 104–113 SGB VII. Im Folgenden soll ein Überblick über die Grundsätze der Haftungsfreistellung insbesondere im Hinblick auf die Schülerunfallversicherung gegeben sowie die Auswirkungen im Verhältnis des Schädigers zum Unfallversicherungsträger aufgezeigt werden. 1

I. Grundsätze der Haftungsfreistellung

§ 104 SGB VII verdeutlicht die **Grundkonzeption** der unfallversicherungsrechtlichen Haftungsfreistellung. Weil die Unternehmer die gesetzliche Unfallversicherung allein finanzieren (vgl. § 150 SGB VII), sollen sie von der Haftung freigestellt sein (**Finanzierungsargument**). Ohne die Haftungsfreistellung wäre der Unternehmer Schadenersatzansprüchen des Arbeitnehmers und des Versicherungsträgers ausgesetzt (§ 116 Abs. 1 SGB X). Damit ist die Haftungsbeschränkung also das Gegenstück zur alleinigen Beitragszahlung des Unternehmers.[3] § 105 SGB VII erweitert die Haftungsfreistellung auf andere im Betrieb tätige Personen. Darin kommt ein weiterer Grundgedanke zum Ausdruck: Der Betriebsfrieden soll nicht durch Auseinandersetzungen zwischen Arbeitnehmer und Unternehmer und Arbeitnehmern untereinander (§ 105 2

1 Wolf SGb 2008, 516 (517).
2 Wolf SGb 2008, 516 (517).
3 Becker VSSR 2010, 247 (277).

Abs. 1 SGB VII) belastet werden (**Friedensargument**). Dies verdeutlicht die über die ursprüngliche Haftungsfreistellung der Unternehmer hinausreichende (soziale) Haftungsfreistellungskonzeption (→ § 1 Rn. 12). Der Verletzte hat schließlich mit dem Unfallversicherungsträger einen stets zahlungsfähigen und nicht insolvenzfähigen Schuldner (**Liquiditätsargument**).

1. Haftungsfreistellung von Unternehmern und Arbeitnehmern

3 **Unternehmer** (§ 136 Abs. 3 SGB VII) sind den in § 104 Abs. 1 SGB VII beschriebenen Versicherten sowie deren Angehörigen und Hinterbliebenen wegen eines Personenschadens in der Regel nicht schadenersatzpflichtig. Die Haftungsfreistellung setzt zum einen das Vorliegen eines Versicherungsfalles (§ 7 Abs. 1 SGB VII) und zum anderen das Bestehen von Schadenersatzansprüchen des Versicherten aufgrund von gesetzlichen Vorschriften (außerhalb des SGB VII) voraus. Nur wenn der Versicherungsfall vorsätzlich verursacht wird oder sich auf einem versicherten Weg (§ 8 Abs. 2 Nr. 1–4 SGB VII, → § 7 Rn. 28 ff.) ereignet, findet die Privilegierung keine Anwendung.

Das Gleiche gilt für andere im Betrieb tätige Personen (vor allem Arbeitnehmer) untereinander gemäß § 105 SGB VII, wenn diese durch eine betriebliche Tätigkeit den Arbeitsunfall eines Kollegen verursachen. Maßgeblich für die Feststellung eines Arbeitsunfalls ist dabei die Anerkennung durch den zuständigen Unfallversicherungsträger, dessen Bescheid gemäß § 108 SGB VII Bindungswirkung (→ Rn. 29 ff.) hat.[4] Das Haftungsprivileg greift nicht ein, wenn der Schädiger den Versicherungsfall vorsätzlich herbeigeführt hat oder wenn sich der Unfall auf einem von § 8 Abs. 2 Nr. 1–4 SGB VII erfassten Weg des Versicherten ereignet hat.

2. Haftungsfreistellung im Bildungsbereich und auf einer gemeinsamen Betriebsstätte

4 § 106 SGB VII regelt eine entsprechende Anwendung der §§ 104 und 105 SGB VII für bestimmte weitere Fallkonstellationen. Die Vorschrift verfolgt den Zweck, die Haftungsbeschränkung auf Personen auszudehnen, die in ähnlich engen Gefahrengemeinschaften tätig sind wie die unmittelbar von den §§ 104, 105 SGB VII erfassten Versicherten.[5] **Zwei Fälle** sind für die Schülerunfallversicherung von Bedeutung:

Absatz 1 beinhaltet dabei die Haftungsprivilegierung im Bildungsbereich. Hier wird der Unternehmer von einer Haftung freigestellt (§ 106 Abs. 1, § 104 SGB VII). Ebenfalls privilegiert werden die Personen, die alltäglich in einer Bildungseinrichtung miteinander umgehen, wie Schüler, Studierende, Lehrer etc. Für die Aufnahme der Kindergartenkinder in die gesetzliche Unfallversicherung hat der BGH festgestellt, dass dies nicht allein dazu bestimmt ist, dem Unfallschutz zu dienen. Vielmehr soll ebenfalls zum harmonischen Ablauf des Kindergartenbetriebes, zum Frieden im Kinder-

4 Nehls in: Hauck/Noftz, SGB VII, § 108 Rn. 7; vgl. auch Konradi NZS 2009, 478 ff.; Kampen NJW 2010, 2311 ff.

5 Vgl. Ricke in: KassKomm, SGB VII § 106 Rn. 1 a.

garten beigetragen werden.[6] Die folgenden Ausführungen sind daher auf die Fälle des § 2 Abs. 1 Nr. 8 a SGB VII übertragbar.

Nach Absatz 3 Alt. 3 wird die Freistellung zugunsten von Versicherten verschiedener Unternehmen untereinander auf die „gemeinsame Betriebsstätte" erstreckt. Für den Versicherungsschutz ist ein arbeitsteiliges Zusammenwirken erforderlich, wobei die versicherten Tätigkeiten derart ineinandergreifen, dass jeder Schädiger oder Geschädigter sein kann.[7]

3. Ausnahme: Entsperrung der Haftungsfreistellung

Eine vorsätzliche Herbeiführung des Versicherungsfalls liegt bereits bei bedingtem Vorsatz vor. Nach herrschender Auffassung muss für die Entsperrung der Haftungsprivilegierung der §§ 104 ff. SGB VII sowohl die **Verletzungshandlung** als auch der **Verletzungserfolg** vom Vorsatz umfasst sein.[8] Der Grund dafür liegt darin, dass sowohl die Privilegierung neben der sozialrechtlichen Absicherung des Geschädigten ebenfalls dem Betriebsfrieden dient und daher auch den Täter schützen soll. Besondere Bedeutung hat dies ebenfalls in der Schülerunfallversicherung, wo die jungen Schädiger durch eine unbedachte Handlung sonst mit Forderungen konfrontiert sind, die unter Umständen zu langzeitigen finanziellen Belastungen führen und den immateriellen Schaden ebenfalls erfassen.[9] 5

Bedingt vorsätzlich handelt, wer die als möglich erkannte Körperverletzung billigend in Kauf nimmt, also mit ihr für den Fall des Eintritts einverstanden ist.[10] Aus einer Verletzung der Aufsichtspflicht im Rahmen des Sportunterrichts kann kein bedingt vorsätzliches Verhalten im Hinblick auf die Verletzungsfolgen hergeleitet werden.[11]

Ausgenommen vom Haftungsprivileg sind ferner Wegeunfälle iSv § 8 Abs. 2 Nr. 1–4 SGB VII (vgl. §§ 104 Abs. 1, 105 Abs. 1 SGB VII). Bei Wegeunfällen spielen betriebliche Risiken allenfalls eine untergeordnete Rolle. Unter diesen Voraussetzungen sollen den Versicherten nicht möglicherweise bestehende Ansprüche abgeschnitten werden.[12] Anders verhält es sich bei Unfällen auf Betriebswegen, bei denen Versicherungsschutz nach § 8 Abs. 1 SGB VII besteht. **Betriebswege** sind Teil der betrieblichen Tätigkeit (→ § 7 Rn. 28). Das gleiche gilt für Unterrichtswege, die ebenfalls einen Versicherungsfall im engeren Sinn darstellen (→ Rn. 18). Dabei handelt es sich also um Wege, die in Ausübung der versicherten Tätigkeit zurückgelegt und im unmittelbaren Betriebsinteresse unternommen werden (zB der Wandertag einer Schulklas- 6

6 Vgl. BGH 2.4.1992 – III ZR 103/91, NJW 1992, 2031 (2032).
7 Vgl. Kampen, NJW 2012, 2234 (2237) mwN.
8 Vgl. BGH 8.3.2012 – III ZR 191/11, NZS 2012, 546 (548); OLG Koblenz 16.5.2019 – 1 U 1334/18, r+s 2019, 416 (417); vgl. detailliert auch zum Streitstand Kranig in: Hauck/Noftz, SGB VII, K § 104 Rn. 42 f.; Grüner in: LPK-SGB VII, § 104 Rn. 19.
9 Vgl. BGH 12.10.1976 – VI ZR 271/75, NJW 1977, 296 (297); BGH 11.2.2003 – VI ZR 34/02, NJW 2003, 1605 (1607).
10 Vgl. BGH 15.7.2008 – VI ZR 212/07, NJW 2009, 681 (684); Rolfs/Dieckmann VersR 2010, 296 (300).
11 Vgl. OLG Koblenz 16.5.2019 – 1 U 1334/18, r+s 2019, 416 (417); anders sind Verstöße gegen Unfallverhütungsvorschriften zu bewerten, die vor schwerwiegenden Gefahren schützen; selbst deren Unkenntnis lässt den Vorsatz nicht entfallen, vgl. BGH 18.2.2014 – VI ZR 51/13, NZS 2014, 470 (471 f.).
12 Vgl. BGH 12.10.2000 – III ZR 39/00, NJW 2001, 442; Rolfs/Dieckmann VersR 2010, 296 (301).

se).[13] Eine Haftungsentsperrung bei **Arbeitsgeräte-Wegeunfällen** nach § 8 Abs. 2 Nr. 5 SGB VII (dazu → § 7 Rn. 42) kommt mangels gesetzlichen Verweises nicht in Betracht.

II. Haftungsfreistellung in der Schülerunfallversicherung (§ 106 Abs. 1 SGB VII)

7 Ein Haftungsausschluss nach § 106 iVm §§ 104 f. SGB VII liegt vor, wenn folgende Voraussetzungen erfüllt sind:

1. Der Geschädigte hat einen Versicherungsfall (§ 7 Abs. 1 SGB VII) erlitten (→ Rn. 8).
2. Der Schädiger ist ein (Mit)Schüler, Kommilitone, Lehrer etc. des Geschädigten (→ Rn. 9).
3. Die schädigende Tätigkeit des Schädigers war „schulbezogen" (betriebliche Tätigkeit, → Rn. 14).
4. Der Haftungsausschluss ist nicht entsperrt. Der Schädiger hat den Versicherungsfall weder vorsätzlich noch auf einem nach § 8 Abs. 2 Nr. 1–4 SGB VII versicherten Weg des Geschädigten herbeigeführt (→ Rn. 17).
5. **Rechtsfolge:** Es bestehen keine zivilrechtlichen Ansprüche (Schadenersatz, Schmerzensgeld etc.) des Geschädigten gegen den Schädiger in Bezug auf den erlittenen Personenschaden (→ Rn. 22 f.).
6. Sobald die Voraussetzungen für eine Privilegierung dem Grunde nach vorliegen (1.-3.) kann dem Unfallversicherungsträger ein Aufwendungsersatz nach § 110 SGB VII zustehen (→ Rn. 27 f.). Für die Haftung ist bereits grobe Fahrlässigkeit ausreichend.

8 Ob ein Versicherungsfall des Geschädigten eingetreten ist, bestimmt sich allein nach unfallversicherungsrechtlichen Grundsätzen (im Detail → § 7 Rn. 5 ff.). Wenn daher keine Unfallkausalität besteht, zB weil ein Schüler einen Blinddarmdurchbruch während des Unterrichts erleidet, kommt eine Anwendung der §§ 104 ff. SGB VII nicht in Betracht. In diesen Fällen kann ein Lehrer oder Mitschüler wegen unterlassener Hilfeleistung zum Schadenersatz verpflichtet sein.[14] Grundsätzlich obliegt die Feststellung dem zuständigen Unfallversicherungsträger. Die sozialrechtliche Feststellung bindet im Umfang des § 108 SGB VII die Zivilgerichte (→ Rn. 29).

1. Haftungsprivilegierte Schädiger (iSv § 106 Abs. 1 SGB VII)

9 **§ 106 Abs. 1 Nr. 1 SGB VII** privilegiert in der Schülerunfallversicherung den Sachkostenträger, als Unternehmer (§ 104 SGB VII iVm § 136 Abs. 3 Nr. 3) gegenüber den Versicherten (§ 2 Abs. 2 Nr. 8 SGB VII) und iSd § 105 SGB VII die Versicherten untereinander, sowie die Versicherten gegenüber Betriebsangehörigen desselben Unterneh-

13 Vgl. BSG 9.11.2010 – B 2 U 14/10 R, UVR 2011, 115 (120); Schlaeger NZS 2009, 559 (559) mwN.
14 Vgl. BGH 4.4.2019 – III ZR 35/18, VersR 2019, 881 ff., zur Haftung von Sportlehrern wegen pflichtwidrig unterlassener Erste-Hilfe-Maßnahmen, ohne dass ein Versicherungsfall vorlag.

mens und diese gegenüber den Versicherten. Nicht erfasst von § 106 Abs. 1 SGB VII wird die Haftungsprivilegierung der „Betriebsangehörigen" untereinander.[15]

a) Sachkostenträger als Unternehmer (§ 106 Abs. 1 iVm § 104 SGB VII)

Unternehmer ist gemäß § 136 Abs. 3 Nr. 3 SGB VII der **Sachkostenträger** der Ausbildungsstätte (Schule), bei gemeindlichen Schulen also die Gemeinde. Der Sachkostenträger ist als Schädiger gem. §§ 106 Abs. 1 iVm 104 Abs. 1 SGB VII haftungsprivilegiert.[16] Im Gegensatz zu der Privilegierung nach §§ 106 Abs. 1 iVm § 105 SGB VII ist es für die Freistellung des Unternehmers nicht erforderlich, dass dieser den Versicherten bei einer betrieblichen Tätigkeit schädigt. 10

Nach aktueller Rechtsprechung des BGH kommt die versicherungsrechtliche Zuordnung eines Schadensfalls zu mehreren Unternehmen in der Regel nicht in Betracht, so dass ein Arbeitsunfall unter Hinweis auf § 135 SGB VII nur noch einem einzigen Unternehmen zugerechnet werden könne (**Ein-Unternehmer-Theorie**).[17] Auswirkungen hat dies insbesondere für Schulpraktika (→ Rn. 12 f., 19 ff.).

b) Versicherte und Betriebsangehörige (§ 106 Abs. 1 iVm § 105 SGB VII)

Zunächst gilt das Haftungsprivileg für Versicherte (etwa Schüler) untereinander, § 106 Abs. 1 Nr. 1 SGB VII. Es ist nicht erforderlich, dass es sich bei den von Nr. 1 erfassten Versicherten um Versicherte desselben Unternehmens handelt.[18] Dies gilt insbesondere, wenn die Schüler direkten Kontakt miteinander haben, und unabhängig von der Trägerschaft und Schulform, etwa weil die Schulen sich in einem gemeinsamen oder unmittelbar angrenzenden Gebäude/Gelände befinden.[19] Aus der Anordnung, dass die in §§ 106 Abs. 1 Nr. 1, 105 Abs. 1 SGB VII genannten Versicherten nicht untereinander haften, wird zu Recht gefolgert, dass dieser **Haftungsausschluss nur innerhalb der jeweiligen Personengruppen** (zB Schüler gegenüber Schülern nicht aber gegenüber Studierenden) eingreift.[20] Dies gilt zB für Schüler, die sich an einer Universität aufhalten (Schulausflug, Vorlesungsbesuch) sowie für die Studierenden die Konsequenz, dass die Haftungsprivilegierung nicht greift. Insbesondere bei kleinen Kindern kommt dem Haftungsprivileg mangels Deliktsfähigkeit regelmäßig keine eigenständige Bedeutung zu, weil bereits eine Haftung dem Grunde nach ausgeschlossen ist, § 828 BGB. 11

---

15 Hier wirkt sich die Ein-Unternehmer-Theorie des BGH besonders aus, weil die wechselseitige Haftung der kommunalen Beschäftigten (zB Hausmeister, Sekretärin) und die der Beschäftigten des Landes (angestellte Lehrer, nicht Beamte) bestehen bleibt, vgl. Leube VersR 2010, 1561 (1562 ff.); Kampen NJW 2010, 2311 (2313 ff.).

16 Kritisch: Fries, Haftungsbeschränkung, S. 276 f., weil der Personalkostenträger nicht erfasst wird.

17 Vgl. BGH 19.5.2009 – VI ZR 56/08, NJW 2009, 3235 (3236 f.); Leube VersR 2010, 1561 ff.; sofern es sich nicht um eine Arbeitnehmerüberlassung handelt, BGH 18.11.2014 – VI ZR 47/13, VersR 2015, 189 (192); kritisch zur Herleitung der Ausnahme Kampen NJW 2015, 944 (945).

18 Vgl. Krasney in: SGB VII-Komm, § 106 Rn. 7 mwN.

19 Vgl. BGH 14.7.1987 – VI ZR 18/87, NJW 1988, 493 (494); Krasney in: SGB VII-Komm, § 106 Rn. 7, der zu recht anmerkt, dass diese ebenfalls gem. § 106 Abs. 3 SGB VII privilegiert sein können; weitergehend von Koppenfels-Spies in Kreikebohm/Knickrehm/Waltermann, SGB VII § 106 Rn. 5.

20 Vgl. Leube VersR 2000, 948 (951); Bereiter-Hahn/Mehrtens, § 106 Rn. 4.3; Ricke in: KassKomm, SGB VII, § 106 Rn. 3.

12 **§§ 106 Abs. 1 Nr. 2, 3,** 105 Abs. 1 SGB VII beziehen sich auf den Fall, dass zB ein Schüler einen Betriebsangehörigen **desselben Unternehmens** schädigt oder von einem solchen geschädigt wird. Gemeint mit demselben Unternehmen in diesem Sinn ist die einzelne Ausbildungsstätte, also etwa die jeweilige Kindertageseinrichtung, allgemein- oder berufsbildende Schule oder Hochschule; die Zugehörigkeit zu demselben Unternehmen (iSd Schulträger etwa eine Gemeinde) ist allein nicht ausreichend.[21] Zu den **Betriebsangehörigen** iSd § 106 Abs. 1 Nr. 2, 3 SGB VII zählen etwa der Hausmeister, die Lehrer oder Hochschullehrer, eine Sekretärin etc., aber auch zB mithelfende Eltern (§ 2 Abs. 2 S. 1 SGB VII).[22] Obwohl für **beamtete Lehrkräfte** kein Versicherungsschutz besteht (vgl. § 4 Abs. 1 Nr. 1 SGB VII), greift der Haftungsausschluss auch zu ihren Gunsten ein, da diese als Betriebsangehörige desselben Unternehmens iSv § 106 Abs. 1 SGB VII gelten.[23]

Beispiel: Soweit sich zB ein **Unfall anlässlich einer** zum Schulbetrieb gehörenden **Pause** ereignet, ist weder der Träger der Schule noch die aufsichtsführende Lehrerin zum Ersatz des Personenschadens verpflichtet, da zu deren Gunsten, die Haftungsbeschränkung des § 106 Abs. 1 Nr. 3, §§ 104 f. SGB VII gilt, es sei denn, es liegt eine vorsätzliche Handlung der Lehrerin vor.[24] Im einem vom LG Neubrandenburg entschiedenen Fall wurde ein Schüler von einem sechsjährigen Mitschüler mit einem aus Zaundraht in Form eines Sterns mit verdrehtem Schweif gefertigten Gegenstand in das linke Auge gestochen, so dass er erblindete. Die zu diesem Zeitpunkt aufsichtsführende Lehrerin hatte den vorgenannten Gegenstand am gleichen Tag zu einem früheren Zeitpunkt bei diesem Schüler festgestellt und ihn aufgefordert, den Gegenstand in seinen Schulranzen zu packen. Mangels Vorsatz der Lehrerin haftet sie nicht.

13 Die Haftungsfreistellung wird zudem auf Personen erstreckt, die von der Schule für eine Schulveranstaltung (→ § 5 Rn. 67 ff.) eingesetzt werden, sofern der Schule ein Weisungsrecht gegenüber diesen Personen zusteht. An das Weisungsrecht der Schule dürfen dabei keine überhöhten Anforderungen gestellt werden.[25] Insbesondere wenn ein privates Transportunternehmen von einer Schule beauftragt wird, ist das Weisungsrecht im Einzelfall zu prüfen. So ist der Fahrer eines Kleinbusses einer Förderschule auch bei dem Abholen und Bringen der Kinder von §§ 104 ff. SGB VII erfasst.[26] Anderes gilt für einen Unternehmer, der sich vertraglich verpflichtet, im Auftrag der Schule Kinder an bestimmten Haltestellen abzuholen, zur Schule zu bringen und zurück, aber nicht in den Schulbetrieb integriert ist.[27] Die gleichen Grundsätze gelten im organisatorischen Verantwortungsbereich einer Hochschule (etwa bei einem Gastdozenten) und bei der versicherten Kinderbetreuung.

21 Vgl. BGH 26.11.2002 – VI ZR 449/01, NJW 2003, 1121 (1122).
22 Vgl. BGH 3.2.1982 – VI ZR 178/79, VersR 1981, 428 (429); Krasney in: SGB VII-Komm, § 106 Rn. 9; aA für Wie-Beschäftigte: Fries, Haftungsbeschränkung, S. 282 f. mwN.
23 Vgl. Bereiter-Hahn/Mehrtens, § 106 Rn. 5; da Beamte ohne hin nicht persönlich haften, Art. 34 GG iVm § 839 Abs. 1 BGB, erstreckt sich die Privilegierung auf die Anstellungskörperschaft, vgl. OLG Koblenz 16.5.2019 – 1 U 1334/18, r+s 2019, 416 (417).
24 Vgl. LG Neubrandenburg 2.2.2010 – 4 O 209/09 (nv).
25 Vgl. BGH 26.11.2002 – VI ZR 449/01, NJW 2003, 1121 (1123).
26 Vgl. BGH 12.10.2000 – III ZR 39/00, NJW 2001, 442 (443).
27 Vgl. BGH 1.12.1981 – VI ZR 219/80, VersR 1982, 270 (270 f.).

Beispiel: Demnach ist beispielweise auch die **Haftung eines Sportvereins** und seiner Betreuer gegenüber einem Schüler bei einer im Zusammenwirken mit der Schule durchgeführten Betreuungsmaßnahme (Teilnahme an einem Hockeyspiel) beschränkt, wenn der nach § 2 Abs. 1 Nr. 8 b SGB VII versicherte Schüler durch einen anderen, gleichfalls versicherten Schüler mit einem Hockeyschläger am Mund verletzt wird.[28]

Nur auf Grundlage dieser Rechtsprechung käme eine Haftungsfreistellung für Personen in Betracht, die eigentlich für einen anderen Unternehmer tätig werden, etwa für den Beschäftigten, der im Rahmen eines Schulpraktikums den Schüler betreut.[29] Hierbei ist allerdings zu betonen, dass dieses Ergebnis im Widerspruch zu der Ein-Unternehmen-Theorie des BGH steht, wie diese für das Praktikum einer Rehabilitandin in einem anderen Unternehmen angewendet worden ist.[30]

2. Schulbezogenheit der schädigenden Handlung

Sofern die Privilegierung des Unternehmers geprüft wird, muss der Geschädigte 14
durch eine betriebliche Tätigkeit des Schädigers verletzt worden sein. Der Begriff der betrieblichen Tätigkeit ist grundsätzlich gleichzusetzen mit der versicherten Tätigkeit gemäß § 8 Abs. 1 SGB VII.[31] Damit muss die Frage der betrieblichen Tätigkeit für jede Personengruppe auf Basis ihrer Besonderheiten bestimmt werden. Eine betriebliche Tätigkeit eines Lehrers ist nicht identisch mit der eines Schülers. Dies ändert sich auch nicht dadurch, dass die Person keiner versicherten Tätigkeit nachgehen kann – etwa bei Beamten. Im Rahmen einer schädigenden Handlung eines Kindes, Schülers oder Studierenden ist jedenfalls dann eine betriebliche Tätigkeit anzunehmen, wenn die Handlung die **Kehrseite einer versicherten Tätigkeit** im engeren Sinn darstellt, sich also innerhalb des organisatorischen Verantwortungsbereiches der Kinderbetreuung, Schule oder Hochschule ereignet und nicht dem privaten Bereich zugerechnet werden kann.[32] Wie die Frage der versicherten Tätigkeit aus objektiven Umständen aus Sicht des Versicherten bestimmt wird, ist für den **Schulbezug** die objektivierbare **Sicht des Schädigers** maßgeblich.

Im Folgenden wird der **Schwerpunkt** auf die **betriebliche Tätigkeit von Schülern** gelegt, weil zu dieser Personengruppe eine dezidierte und umfangreiche Rechtsprechung vorhanden ist. Erfasst werden **alle schulbezogenen Handlungen** (vgl. ebenfalls → § 5 Rn. 62). Geschützt wird die Verletzungshandlung, die auf der typischen Gefährdung

28 Vgl. AG Königswinter 25.8.2010 – 9 C 220/09, UVR 2010, 1338 (1340 ff.); vgl. aber auch BGH 1.12.1981 – VI ZR 2019/80, VersR 1982, 270 ff.

29 Vgl. BGH 3.4.1984 – VI ZR 288/82, VersR 1984, 652 (653); BGH 26.11.2002 – VI ZR 449/01, NJW 2003, 1121 (1123).

30 Vgl. BGH 19.5.2009 – VI ZR 56/08, NJW 2009, 3235 (3236 f.).

31 Vgl. BAG 14.12.2000 – 8 AZR 92/00, NJW 2001, 2039; Plagemann, SGb 2016, 245 (246), der zur Recht für das Merkmal auf die Ausführungen der Sozialgerichte zum sachlichen Zusammenhang Bezug nimmt; Lemcke r+s 2010, 484 (485); aA Möhlenkamp VersR 2019, 200 (203).

32 AA Möhlenkamp VersR 2019, 200 (203), der aus der Tatsache, dass ein Zivilgericht keinen Arbeitsunfall feststellen darf, herleitet, dass es sich um einen eigenständigen Begriff handelt. Dem Ansatz kann nicht gefolgt werden, da es Wesen der Haftungsprivilegierung ist, dass die Rollen austauschbar sind und theoretisch jeder im Rahmen seiner betrieblichen Tätigkeiten Schädiger oder Geschädigter sein kann. Der Begriff der betrieblichen Tätigkeit steht in einem engen Zusammenhang mit den sozialrechtlichen Grundsätzen der versicherten Tätigkeit und muss sich daran orientieren.

wegen schulischen etc. Kontakts beruht und deshalb einen sachlichen Bezug zum Schulbesuch oder dem Besuch der anderen genannten Einrichtungen aufweist.[33]

15 Der Haftungsausschluss bei Schulunfällen ist dazu bestimmt, den Schulfrieden zu wahren und das ungestörte Zusammenleben von Lehrern und Schülern in der Schule zu gewährleisten. Deshalb erscheint es dem BGH in ständiger Rechtsprechung geboten, das **Haftungsprivileg zwischen Schülern weit auszulegen.**[34]

Schulbezogen iSd Rechtsprechung sind Verletzungshandlungen, die aus Spielereien, Neckereien und Raufereien unter den Schülern hervorgegangen sind; ebenso Verletzungen, die in Neugier, Sensationslust und dem Wunsch, den Schulkameraden zu imponieren, ihre Erklärung finden. Verletzungshandlungen, die auf übermütigen und bedenkenlosen Verhaltensweisen in einer Phase der allgemeinen Lockerung der Disziplin – insbesondere in den Pausen, auf Klassenfahrten, nach Beendigung des Unterrichts oder während der Abwesenheit der Aufsichtspersonen – beruhen, sind ebenfalls erfasst.[35] Spielerisches oder auch aggressives Verhalten ist hier vielfach typisch und tritt insbesondere vor Unterrichtsbeginn, in den Pausen und beim Verlassen der Schule auf, ohne dass es nach Unterrichtsende abrupt am Schultor endet oder seinen Bezug zum schulischen Geschehen verliert. Sofern sich spielerisches oder aggressives Verhalten nach Verlassen des Schulgeländes in diesem Sinn entweder auf eine Lockerung der im Schulbetrieb erforderlichen Disziplin oder auf die innere schulische Verbundenheit von Schädiger und Verletztem zurückführen lässt, liegt eine Prägung durch die Besonderheiten des Schulbetriebs, also eine Schulbezogenheit vor, die den Haftungsausschluss jedenfalls dann rechtfertigt, wenn eine **engere räumliche und zeitliche Nähe zu dem organisierten Betrieb der Schule** besteht.[36]

16 **Beispiele:** Die Haftungsbeschränkung greift daher zB dann ein, wenn es in einem Schulbus zu „Schubsereien" unter Schülern kommt,[37] wenn ein Schüler einem anderen Schüler nach Schulschluss auf dem Schulhof ein Bein stellt,[38] bei einer Manipulation an einem Lehrerfahrrad außerhalb des Schulgeländes[39] oder beim Fahren mit dem Mofa in eine Schülergruppe auf dem Zufahrtsweg zur Schule.[40]

Nicht mehr erfasst werden Verletzungen aufgrund von Aggressionen, die zwar aus dem Unterricht herrühren, aber in der seither verflossenen Zeit nicht abgebaut worden sind.[41]

Wenn ein Studierender eilig und unachtsam die Treppe im Hörsaalgebäude herabstürmt, um noch rechtzeitig zu einer anderen Vorlesung zu gelangen, und er dabei fahrlässig einen anderen Studierenden oder Bediensteten der Hochschule ins Stolpern bringt, so dass dieser stürzt und sich verletzt, steht dem Geschädigten kein zivilrechtlicher Schadenersatzanspruch wegen des Personenschadens zu.

---

33 Vgl. BGH 30.3.2004 – VI ZR 163/03, NJW-RR 2004, 882, Plagemann, SGb 2016, 245 (250).
34 Vgl. BGH 30.3.2004 – VI ZR 163/03, NJW-RR 2004, 882 (883).
35 BGH 30.3.2004 – VI ZR 163/03, NJW-RR 2004, 882 (882 f.) mwN.
36 Vgl. BGH 15.7.2008 – VI ZR 212/07, NJW 2009, 681 (683); BGH 15.7.2008 – VI ZR 212/07, NJW 2009, 681 (682), für die Schneeballschlacht an der öffentlichen Bushaltestelle in der Nähe der Schule.
37 Zu weitgehend OLG Koblenz 29.5.2006 – 12 U 1459/04, NJW-RR 2006, 1174 (1175 f.), wonach dies auch bei Fahrten mit dem allgemeinen Linienverkehr gelten soll.
38 LG Leipzig 23.6.2000 – 14 S 1502/00, VersR 2002, 239 (240).
39 OLG Schleswig 16.3.2000 – 7 U 118/98, VersR 2002, 238 (239).
40 LG Detmold 1.8.1990 – 9 O 253/90, VersR 1991, 204 (204 f.).
41 Vgl. BGH 28.4.1992 – VI ZR 284/91, NJW 1992, 2032 (2033).

3. Entsperrung der Haftungsfreistellung

Hinsichtlich der Haftungsentsperrung für Wegeunfälle iSv § 8 Abs. 2 Nr. 1–4 SGB VII wird zunächst auf die grundsätzlichen Erläuterungen unter → Rn. 6 verwiesen. Der Wegeunfall iSd § 8 Abs. 2 Nr. 1–4 SGB VII ist auch in der Schülerunfallversicherung grundsätzlich nicht erfasst.[42] Unfallversicherungsrechtlich ist der Wegeunfall ein Versicherungsfall im weiteren Sinn (→ § 7 Rn. 28). Daher ist das Vorliegen aufgrund objektiver Umstände aus Sicht des Versicherten zu bestimmen (→ § 7 Rn. 18 f., 31). In der Vergangenheit wurde die Rechtsprechung des BGH zu der Vor- und Nachwirkung des Schulbetriebs genutzt, um die Haftungsprivilegierung auch auf Wegeunfälle zu übertragen.[43] Dieser Ansatz orientiert sich hierbei für die Abgrenzung an dem Tatbestandsmerkmal „Teilnahme am allgemeinen Verkehr" des § 636 RVO.[44] Diese Auffassung wird u.a. mit Hinweis auf den geänderten Wortlaut der Vorschriften im Schrifttum heute überwiegend abgelehnt.[45] 17

Es muss betont werden, dass der BGH die Haftungsprivilegierung bisher nur in den Fällen angenommen hat, in denen entweder Versicherungsschutz im Rahmen eines Betriebswegs bestehen könnte bzw. in einen Grenzbereich der organisatorische Verantwortungsbereich der Schule ausgedehnt hat. Insbesondere im Rahmen der Schülerunfallversicherung scheint dies in dem beschriebenen Maß plausibel, solange die organisatorische Verantwortung wegen der besonderen zeitlichen und räumlichen Nähe fortbesteht (→ Rn. 15 f.).[46]

Da es sich bei dem **Betriebsweg** (→ Rn. 6) um einen Versicherungsfall im engeren Sinn handelt, kommt eine Entsperrung auf den Unterrichtswegen nicht in Betracht (zB Wege im Zusammenhang mit dem gemeinsamen Museumsbesuch als Teil des Unterrichts; Wege zu auswärtigen Schwimmhallen als Teil des Sportunterrichts). Unproblematisch als solche Betriebswege einzuordnen sind Wege, die im Zusammenhang mit Schulausflügen oder dem gemeinsamen Gang zu auswärtigen Örtlichkeiten (zB Museum, Sportplatz, Schwimmbad) zurückgelegt werden. 18

Als Betriebswege können aber auch **von der Schule organisierte Schülertransporte** qualifiziert werden, bei welchen die Schüler in nur für sie bestimmten Bussen der Schule an Sammelstellen abgeholt und zur bzw. von der Schule befördert werden.[47]

---

42 Vgl. Krasney in: SGB VII-Komm, § 106 Rn. 7.

43 Vgl. BGH 15.7.2008 – VI ZR 212/07, NJW 2009, 681 (683); Waltermann in: Eichenhofer/von Koppenfels-Spies/Wenner, SGB VII § 106 Rn. 3 mwN; dieser Rechtsprechung folgend OLG Koblenz 3.12.2012 – 12 U 1472/11, NJW-RR 2013, 599 (599 f.), das aus diesem Grund die Haftung eines Busunternehmens im Wege der gestörten Gesamtschuld reduziert hat, ohne sich mit der Gesetzesänderung oder der aktuellen Literatur auseinander zu setzen.

44 Diese Vorschrift war die Vorläufervorschrift des § 104 SGB VII, vgl. BT-Drs. 13/2204, 100; vgl. zur Fortgeltung auch BGH 12.10.2000 – III ZR 39/00, NJW 2001, 442 (443).

45 Vgl. ausführlich Nehls in: Hauck/Noftz, SGB VII, § 106 Rn. 10 a f.; Grüner in: LPK-SGB VII, § 106 Rn. 7 f.; von Koppenfels-Spies in: Kreikebohm/Knickrehm/Waltermann, SGB VII § 106 Rn. 6 b; aA Hollo in: jurisPK-SGB VII, § 106 Rn. 14; Waltermann in: Eichenhofer/von Koppenfels-Spies/Wenner, SGB VII, § 106 Rn. 3, der sich nur mit der Rechtsprechung zur alten Rechtslage auseinandersetzt.

46 Vgl. eingehend Fries, Haftungsbeschränkung, S. 315 ff., mit einem ähnlichen Ergebnis; für den Versicherungsschutz ist die ausdrückliche Feststellung eines Unterrichtswegs irrelevant, vgl. exemplarisch bereits BSG 13.12.1984 – 2 RU 33/83, SozR 220 § 549 Nr. 9.

47 Vgl. BGH 12.10.2000 – III ZR 39/00, NJW 2001, 442 (443); vgl. aber hierzu ebenfalls BGH 1.12.1981 – VI ZR 219/80, VersR 1982, 270 (207 f.).

Gleiches gilt für eine **Fahrt** von Schülern **mit dem Privatwagen** zu einem Exkursionsort, wenn diese Fahrt in den Schulbetrieb organisatorisch eingegliedert wird. Dies kann dadurch geschehen, dass die schulische Organisation sichergestellt, dass alle Schüler eine Mitfahrmöglichkeit (in privaten Pkws) zum Exkursionsort finden und Anreisebeschreibungen ausgegeben werden.[48] Andererseits ist die Bildung einer **Fahrgemeinschaft**, um zB zur Schule zu fahren, eine bloße Teilnahme am allgemeinen Verkehr und damit Privatsache[49] der Schüler, so dass insoweit eine zivilrechtliche Haftung möglich wäre.

4. gemeinsame Betriebsstätte in der Schülerunfallversicherung

19 Gemäß **§ 106 Abs. 3 Alt. 3 SGB VII** gilt der Haftungsausschluss nach §§ 104, 105 SGB VII auch dann, wenn Versicherte mehrerer Unternehmen vorübergehend betriebliche Tätigkeiten auf einer gemeinsamen Betriebsstätte verrichten. Dies ist insbesondere dann relevant, wenn die beteiligten Personen entweder nicht demselben Versicherungstatbestand (zB nur Schüler untereinander, → Rn. 11) unterfallen bzw. diese nicht dem gleichen Unternehmen angehören (→ Rn. 10, 12). Diese Vorschrift findet ihre Begründung darin, dass das Zusammenwirken die Möglichkeit eröffnet, dass typischerweise jeder sich in der Rolle des Schädigers oder des Geschädigten finden kann.[50]

20 Nach der gefestigten Rechtsprechung des BGH erfasst der **Begriff der gemeinsamen Betriebsstätte** „betriebliche Aktivitäten von Versicherten mehrerer Unternehmen, die bewusst und gewollt bei einzelnen Maßnahmen ineinandergreifen, miteinander verknüpft sind, sich ergänzen oder unterstützen, wobei es ausreicht, dass die gegenseitige Verständigung stillschweigend durch bloßes Tun erfolgt. Erforderlich ist ein **bewusstes Miteinander im Betriebsablauf**, das sich zumindest tatsächlich als ein aufeinander bezogenes betriebliches Zusammenwirken mehrerer Unternehmen darstellt. Parallele Tätigkeiten, die sich beziehungslos nebeneinander vollziehen, genügen ebenso wenig wie eine bloße Arbeitsberührung. Erforderlich ist vielmehr eine gewisse Verbindung zwischen den Tätigkeiten in der konkreten Unfallsituation, die eine Bewertung als gemeinsame Betriebsstätte rechtfertigt“.[51] Erfasst sind damit Tätigkeiten zB etwa eine Veranstaltung, die von einer Hochschule und einer Schule gemeinsam initiiert wird, bei der beide Personengruppen von der anderen profitieren – etwa wenn Lehramtsstudierende Schüler für eine Projektarbeit die Grundzüge eine Bibliotheksrecherche in der Universitätsbibliothek vermitteln. Die bloße Anwesenheit von Schülern bei einer regulären Vorlesung genügt diesen Anforderungen nicht, selbst wenn es sich um eine Schulveranstaltung handelt.

Weitere Voraussetzung der Haftungsprivilegierung ist, dass sowohl der Schädiger als auch der Geschädigte zum Kreis der versicherten Personen gemäß §§ 2, 3, 6 SGB VII

48 Vgl. LG Kassel 17.1.2006 – 5 O 2198/05, NZV 2006, 375 (376); ferner Rolfs/Dieckmann VersR 2010, 296 (301).
49 Vgl. BGH 2.10.2000 – III ZR 39/00, NJW 2001, 442 (442 f.).
50 Vgl. BGH 22.1.2013 – VI ZR 175/11, NZS 2013, 431 (432).
51 Vgl. BGH 1.2.2011 – VI ZR 227/09, BeckRS 2011, 04640 mwN.

gehören.[52] Damit ist aber anders als bei § 106 Abs. 1 Nr. 1 SGB VII (→ Rn. 11) insoweit auch eine Haftungsprivilegierung zB von Schülern gegenüber Studierenden möglich; § 106 Abs. 3 Alt. 3 SGB VII ist insofern weniger einschränkend. Nicht erfasst ist allerdings die Haftungsprivilegierung der Sachkostenträger, weil der Versicherungsschutz eine tatsächliche und aktive Teilnahme an der (Hoch)Schulveranstaltung erfordern würde oder gegenüber Beamten, weil diese versicherungsfrei iSd § 4 SGB VII sind.

Beispiel: Eine derartige gemeinsame Betriebsstätte kann vorliegen, wenn zwei Hochschulen in Kooperation bestimmte Übungen, Praktika, Seminare für die bei ihnen eingeschriebenen Studierenden anbieten und den Austausch zwischen Fachrichtungen fördern oder eine größere Bandbreite an Veranstaltungen anbieten können. Gleiches gilt für ähnliche Kooperationen von Schulen bzw. Kindertageseinrichtungen, etwa im Rahmen der Nachmittagsbetreuung. Nicht ausreichend wäre indes zB nur die zufällige gleichzeitige Anwesenheit in einem Museum oder auf einer Sportanlage, denn die gemeinsame bedeutet mehr als dieselbe Betriebsstätte (→ Rn. 20).[53] 21

III. Umfang und Wirkung der Haftungsfreistellung

Rechtsfolge des Haftungsprivilegs ist, dass jegliche (in aller Regel zivilrechtliche) Ansprüche[54] wegen eines verursachten Personenschadens gegen den Schädiger ausgeschlossen sind.[55] Die Haftungsfreistellung wirkt sich allerdings nicht auf die Verantwortung oder das Verschulden als solches aus. Daher kann ein Anspruch auf Ersatz von Sachschäden ebenso bestehen, wie eine strafrechtliche Verantwortung.[56] 22

1. Personenschaden

Der Begriff des Personenschadens umfasst jeden Schaden, der seine tatsächliche Grundlage in einem Gesundheitsschaden hat (zB Verdienstausfall infolge Arbeitsunfähigkeit).[57] §§ 104 ff. SGB VII schließen ebenfalls **Schmerzensgeldansprüche** nach § 253 Abs. 2 BGB aus.[58] Damit erhält der Arbeitnehmer bei einem Arbeitsunfall weder von der gesetzlichen Unfallversicherung noch von seinem Arbeitgeber seinen immateriellen Schaden (§ 253 Abs. 1 BGB) ersetzt. Diesem Nachteil steht jedoch der **Vorteil des unfallversicherungsrechtlichen Leistungsanspruchs** gegenüber: Zum einen hat die versicherte Person einen verschuldensunabhängigen und insolvenzfesten Anspruch und ein etwaiges Mitverschulden wirkt sich nicht aus (vgl. zum Alles-oder-Nichts-Prinzip → § 7 Rn. 4). Im Hinblick auf die Wahrung des Schulfriedens kommt 23

52 Vgl. BGH 24.6.2003 – VI ZR 434/01, NJW 2003, 2984 (2985); BGH 17.6.2008 – VI ZR 257/06, NJW 2008, 2916 (2916 f.).
53 Vgl. Ricke in: KassKomm, SGB VII § 106 Rn. 11.
54 Vgl. BGH 4.6.2009 – III ZR 229/07, NJW 2009, 2956 (2957).
55 Dies kann sogar dazu führen, dass ein rechtskräftiges Urteil für nicht vollstreckbar erklärt wird, vgl. BGH 16.9.1993 – IX ZB 82/90, NJW 1993, 3269 (3270 ff.), für einen italienischen Titel aufgrund eines Strafverfahrens gegen einen Lehrer nach einem tödlichen Unfall eines Schülers in Tirol.
56 Vgl. OLG Celle 4.8.2011 – 16 U 77/11, VersR 2011, 1170 f., das einen Schadenersatzanspruch wegen der fahrlässigen Beschädigung des Kontrabasses eines Schülers durch den Realschullehrer zusprach.
57 BGH 12.6.2007 – VI ZR 70/06, VersR 2007, 1131 (1131); Ricke in: KassKomm, SGB VII § 104 Rn. 5.
58 Vgl. BVerfG 27.2.2009 – 1 BvR 3505/08, NZA 2009, 509 (510); BGH 4.6.2009 – III ZR 229/07, NJW 2009, 2956 (2957) mwN.

hinzu, dass sie selbst (auch als Beamter) trotz des engen Kontakts nur eingeschränkt in Anspruch genommen werden könnte.[59] Die Regelungen des §§ 104 ff. SGB VII sind insgesamt als verfassungsmäßig[60] und europarechtskonform[61] anzusehen. Hinzu kommt der Vorteil, dass der Geschädigte selbst in der fortbestehenden Gefahrengemeinschaft nur eingeschränkt Ansprüchen ausgesetzt ist.[62] Bedenken begegnet eine Entscheidung des OLG Hamm, dass ein Schmerzensgeld für den Bestandteil der Verletzung zusprach, der (noch) vom Vorsatzerfordernis gedeckt war (ein blaues Auge und leichte Gehirnerschütterung, nicht hingegen die Orbitabodenfraktur).[63]

24 Als Personenschaden iSd §§ 104 ff. SGB VII gilt **auch** die **Beschädigung eines Hilfsmittels** gem. § 8 Abs. 3 SGB VII (→ § 7 Rn. 46 ff.). Aus dem Personenschaden erwachsende **Vermögensschäden** (zB Beerdigungskosten) unterfallen ebenfalls dem Haftungsausschluss.[64] Ausgeschlossen sind auch **Ansprüche Angehöriger** nach §§ 844, 845 BGB, soweit diese nicht in einem höchstpersönlichen Schaden begründet liegen, etwa im Rahmen eines Schockschadens gem. § 823 BGB oder bei § 844 Abs. 3 BGB.[65]

2. Strafbarkeit, arbeits- und disziplinarrechtliche Konsequenzen

25 Von der Frage der schadenersatzrechtlichen Haftung bzw. Haftungsfreistellung ist die Frage strikt zu trennen, ob die vorsätzliche oder fahrlässige Herbeiführung eines Unfalls, das Unterlassen einer gebotenen und zumutbaren Handlung (zB im Rahmen der Aufsichtspflicht) eine **Strafbarkeit** nach sich zieht. So kann zwar die zivilrechtliche Haftung eines Mitschülers, eines Lehrers etc. beispielsweise nach §§ 106 Abs. 1 Nr. 3, 105 Abs. 1 SGB VII ausgeschlossen sein, aber dennoch zu einer strafrechtlichen Ahndung wegen einer fahrlässigen Körperverletzung (§ 229 StGB), Körperverletzung im Amt (§ 340 StGB, ggf iVm § 13 Abs. 2 StGB), unterlassener Hilfeleistung (§ 323 c StGB) u.a. führen. Unabhängig von §§ 104 ff. SGB VII können **arbeits- bzw. disziplinarrechtliche Konsequenzen** getroffen werden, wie zB eine Abmahnung bzw. eine Rüge oder Missbilligung.

IV. Regressverfahren (Drittwirkung des Haftungsprivilegs)

26 Ein Versicherungsfall führt dazu, dass Sozialleistungen zu erbringen sind (§ 11 SGB I iVm § 26 Abs. 4 S. 2 SGB VII). Unter bestimmten Voraussetzungen kann der jeweilige Sozialversicherungsträger sich durch Regressansprüche bei dem Schädiger bzw. dem haftungsrechtlich Verantwortlichen (zB Halter eine Pkw) schadlos halten und seine Aufwendungen (zumindest zum Teil) wieder einnehmen.

59 Vgl. Fries, Haftungsbeschränkung, S. 173, 280 ff.
60 Vgl. BVerfG 27.2.2009 – 1 BvR 3505/08, NZA 2009, 509 (510) mwN.
61 Vgl. LAG Köln 29.9.1994 – 6 Sa 763/94, NZS 2005, 470 ff.
62 Vgl. Fries, Haftungsbeschränkung, S. 172 f.
63 Vgl. OLG Hamm 8.11.2013 – 26 U 31/13, MDR 2014, 379 ff.; dies hätte die Konsequenz, dass ebenfalls einen anteiligen Regressanspruch mittels § 116 SGB X übergehen müsste und zu Wertungswidersprüchen beim Anspruch des Versicherungsträgers gem. § 110 SGB VII. führt.
64 Vgl. BGH 8.3.2012 – III ZR 191/11, NZS 2012, 546 (547 f.); BAG 10.10.2002 – 8 AZR 103/02, NJW 2003, 1890 (1890).
65 Vgl. BGH 6.2.2007 – VI ZR 55/06, NJW-RR 2007, 1395 (1396), der einer Mutter für den erlittenen Schock aufgrund des tödlichen Arbeitsunfalls ihres Sohnes Schadenersatz zugesprochen hat.

1. Haftung gegenüber dem Unfallversicherungsträger (§ 110 SGB VII)

§ 110 Abs. 1 SGB VII knüpft unmittelbar an die Haftungsfreistellung der §§ 104 ff. SGB VII an und geht von dem Grundgedanken aus, dass es bei grobem Verschulden nicht gerechtfertigt erscheint, die Freistellung auch gegenüber dem Kostenträger durchgreifen zu lassen. Dieser Norm kommt auch eine präventive, erzieherische Funktion im Hinblick auf die Unfallverhütung zu (Beachtung von Unfallverhütungsvorschriften).[66] § 110 SGB VII begründet einen **eigenständigen**, nicht von der Rechtsposition des Geschädigten abgeleiteten Anspruch. Dieser ist wegen seiner Nähe zu dem ursprünglichen Schadenersatzanspruch, aber dem Rechtsweg des gesperrten Anspruchs zuzuordnen, so dass der Versicherungsträger die Forderung vor den Zivilgerichten durchsetzen muss.[67] Anders als der übergeleitete Anspruch nach § 116 SGB X erfordert der eigene Anspruch des Unfallversicherungsträgers nach § 110 SGB VII **keine Kongruenz** (sachliche und zeitliche Gleichartigkeit).[68] Es kommt auf den Schaden des Sozialversicherungsträgers an. Daher sind Verwaltungskosten ebenfalls erfasst. 27

Der Anspruch ist insgesamt auf die Höhe der zivilrechtlichen Schadenersatzforderungen begrenzt. Hierbei kommen alle Schadenspositionen in Betracht, die aus dem Personenschaden resultieren (etwa ein Erwerbsschaden, vermehrte Bedürfnisse oder Schmerzensgeld).[69] Im Rahmen dieses Haftungsbetrages wirkt sich ein Mitverschulden des Geschädigten aus.[70] Es kommt also darauf an, was der Schädiger privatrechtlich leisten muss oder an sich leisten müsste, wenn er von der Haftung nicht freigestellt wäre. Schadensminderungspflichten (§ 254 Abs. 2 S. 1 BGB) treffen im Rahmen des § 110 SGB VII sowohl den Geschädigten, soweit diese sich auf die Gesamtschadenshöhe auswirken, wie auch den Sozialversicherungsträger.[71]

Der Anspruchsgegner kann jede Person sein, deren Haftung nach den §§ 104 ff. SGB VII ausgeschlossen oder beschränkt ist oder sein kann. Wenn sich der Anspruch gegen einen Kfz-Fahrer bzw. -Halter richtet, kann der Anspruch unmittelbar gegenüber dem Haftpflichtversicherer geltend gemacht werden, §§ 113, 115 VVG iVm § 1 PflVG.[72] 28

Im Gegensatz zu der Entsperrung der Haftungsprivilegierung ist es für den Aufwendungsersatz ausreichend, dass eine grob fahrlässige Handlung zu der Verletzung führt. **Grob fahrlässig** handelt, wer einfachste ganz naheliegende Überlegungen nicht anstellt und so die erforderliche Sorgfalt besonders schwer verletzt.[73] Hinzu kommt, dass sich Vorsatz und grobe Fahrlässigkeit nach dem ausdrücklichen Wortlaut **nur**

66 Vgl. BGH 20.11.1979 – VI ZR 238/78, NJW 1980, 996 (997).
67 BGH 30.4.1968 – VI ZR 32/67, NJW 1968, 1429 (1429); ferner zB Lemcke/Hensen NJW 2019, 2655 (2656).
68 Vgl. BGH 27.6.2006 – VI ZR 143/05, NJW 2006, 3563 (3564).
69 Vgl. Krasney in: SGB VII-Komm, § 110 Rn. 14.
70 OLG Thüringen 22.6.2010 – 4 U 174/09, SVR 2010, 388 (388); Waltermann NJW 1997, 3401 (3404).
71 Vgl. BGH 26.9.2006 – VI ZR 124/05, NJW 2007, 64 (65); Dahm NZV 2010, 434 ff.; Krasney in: SGB VII-Komm, § 110 Rn. 17 mwN.
72 Vgl. Nehls in: Hauck/Noftz, SGB VII, K § 110 Rn. 9; LG Münster 29.3.2018 – 016 O 213/17 UVR 2019, 343 (346).
73 Vgl. Grüner in: LPK-SGB VII, § 110 Rn. 12.

auf das den Versicherungsfall verursachende **Handeln** oder Unterlassen beziehen müssen, nicht jedoch auf die konkreten Schadensfolgen, § 110 Abs. 1 S. 3 SGB VII.[74] Grobe Fahrlässigkeit liegt regelmäßig vor, wenn Unfallverhütungsvorschriften nicht beachtet werden, die vor schwerwiegenden Gesundheitsschäden schützen sollen.[75] Im Rahmen der Kleinkinderbetreuung gilt zB, dass Kinder gegen Verbrennungs- und Verbrühungsgefahren zu schützen sind, so dass beim Waschen die Wassertemperatur im Blick behalten werden muss. Wenn die Wasserentnahmestelle Temperaturen über 43 °C zulässt, muss bei einer Verbrühung von einer grobfahrlässigen Verursachung ausgegangen werden.[76]

Herbeigeführt worden ist der Versicherungsfall, wenn das schuldhafte Verhalten des Schädigers kausal geworden ist. Dies ist wegen des zivilrechtlichen Charakters des Anspruchs nach § 110 SGB VII, nicht anhand der Theorie der wesentlichen Bedingung zu beurteilen, sondern auf der Grundlage der für die zivilrechtliche Haftung maßgeblichen Adäquanztheorie.

2. Bindung der Zivilgerichte (§§ 108, 112 SGB VII) und Schädigerbeteiligung (§ 12 SGB X)

29 § 108 SGB VII verfolgt das Ziel, durch eine **Bindung** von Zivilgerichten außerhalb der Sozialgerichtsbarkeit **an unanfechtbare Entscheidungen der Unfallversicherungsträger und Sozialgerichte** divergierende Beurteilungen des gleichen Geschehens zu vermeiden und damit eine einheitliche Bewertung der unfallversicherungsrechtlichen Kriterien zu gewährleisten.[77] Gleiches gilt auch für § 112 SGB VII. Von der Bindungswirkung wird insbesondere erfasst, ob ein Versicherungsfall vorliegt, welche Leistungen zu erbringen sind und der zuständige Versicherungsträger. Obwohl § 108 SGB VII für die Durchsetzbarkeit und Abwehr zivilrechtlicher Ansprüche von Geschädigten von erheblicher Bedeutung ist, wird § 108 SGB VII – insbesondere jenseits des klassischen Arbeitsunfalls – nicht immer berücksichtigt.[78] Dabei steht dem in Anspruch genommenen Schädiger ein eigenes Antragsrecht zu, um ein Feststellungsverfahren einzuleiten, § 109 SGB VII.[79] Die Vorschrift räumt allerdings dem Sozialversicherungsträger keine eigenständige Ermächtigung zu Erlass eines Verwaltungsaktes gegenüber dem Schädiger ein, der von § 109 SGB VII keinen Gebrauch gemacht hat.[80]

74 Vgl. BGH 15.7.2008 – VI ZR 212/07, NJW 2009, 681 (684).
75 Vgl. BGH 18.2.2014 – VI ZR 51/13, NZS 2014, 470 (471 f.), der sogar verlangt, dass nach entsprechenden Schutzvorschriften im Vorfeld recherchiert werden müssen.
76 Vgl. DGUV Regel 102–002 Rn. 3.3.12.
77 Vgl. Krasney in: SGB VII-Komm, § 108 Rn. 3; BGH 20.4.2004 – VI ZR 189/03, BGHZ 158, 394 (396); im umgekehrten Fall kommt der Beurteilung durch die Zivilgerichte keine Bedeutung zu, vgl. BSG 27.4.2010 – B 2 U 11/09 R, SGb 2011, 53 (54 f.).
78 Vgl. Möhlenkamp, VersR 2019, 200 (200); zu den Schwierigkeiten einer „nachträglichen" Feststellung nach § 109 SGB VII vgl. BSG 19.6.2018 – B 2 U 2/17 R, UVR 2019, 31 (34 f.).
79 Es gilt ebenfalls für den Regressanspruch eines Sozialleistungsträgers nach § 116 SGB X, vgl. LSG Berlin-Brandenburg 24.9.2008 – L 31 U 467/08, UVR 2008, 1481 (1485) und analog zugunsten eines im Pflichtversicherers der gem. § 115 VVG in Anspruch genommen wird, vgl. BSG 27.3.2012 – B2 U 5/11 R, NZS 2012, 826 (827 f.).
80 Vgl. BSG 31.1.2012 – B 2 U 12711 R, SGb 2013, 347 (349).

Ist eine solche sozialrechtliche Entscheidung nicht ergangen, hat das ordentliche Gericht gemäß § 108 Abs. 2 SGB VII sein **Verfahren auszusetzen**, bis eine solche vorliegt.[81] Eine **unanfechtbare Entscheidung** (Verwaltungsakte, Urteile, Vergleiche etc) liegt dann vor, wenn sie bestandskräftig (§ 77 SGG) oder rechtkräftig geworden ist, also nicht mehr mit Rechtsmitteln angegriffen werden kann.[82] Diese muss im Verhältnis zum Schädiger unanfechtbar sein; dies kann im Wege einer **Verfahrensbeteiligung des Schädigers** iSd § 12 SGB X erreicht werden.[83] Eine Beteiligung ist notwendig, wenn das Verfahren die Rechtsposition des Dritten negativ beeinflussen kann. Insbesondere wenn ein Versicherungsfall angenommen wird oder die Haftungsprivilegierung nur auf das Vorliegen einer gemeinsamen Betriebstätte gestützt wird, ist die Beteiligung wie auch die Verfahrensaussetzung entbehrlich.[84]

3. Gesetzlicher Forderungsübergang (§ 116 SGB X)

Während sich der Regress nach § 110 SGB VII nur auf den durch §§ 104–107 SGB VII haftungsprivilegierten Personenkreis bezieht, kommt der gesetzliche Forderungsübergang gemäß **§ 116 SGB X nur bei nicht haftungsprivilegierten Schädigern** in Betracht. Die Haftungsprivilegierung verhindert das Entstehen eines Schadenersatzanspruchs, der übergehen könnte, weil diese die Haftung des Schädigers entfallen lässt. Neben dem Schädiger, der in keiner Beziehung zum (Hoch-)Schulbetrieb steht, kann die Privilegierung auch daran scheitern, dass die Verletzungshandlung dem privaten Bereich des Schädigers entspringt, zB weil die Exfreundin nunmehr mit dem Kommilitonen ausgeht. Durch den gesetzlichen Forderungsübergang des Anspruchs des Geschädigten wird erreicht, dass der Verletzte unmittelbaren Zugang zu den Sozialleistungen erhält, ohne dass der Umfang des Schadenersatzanspruchs ermittelt werden muss (keine Subsidiarität der Sozialleistung), dass er aber keine doppelte Leistungen erhält (vom Versicherungsträger und vom Schädiger), sowie dass, im Fall der Schülerunfallversicherung, die Allgemeinheit nicht einen Schadenersatzpflichtigen finanziell entlastet (keine Minderung des Schadens durch Sozialleistungen).[85] 30

Gemäß § 116 Abs. 1 S. 1 SGB X gehen Ansprüche auf den Sozialversicherungsträger nur über, soweit auch der Verletzte einen Ersatzanspruch hat. **Gegenstand** der Ersatzpflicht ist **nur der Schaden des Verletzten** und nicht ein eigener Schaden des Sozialversicherungsträgers.[86] Voraussetzung für den Regress des Sozialleistungsträgers ist die strikte Anwendung des **Kongruenzgrundsatzes.** Danach steht dem Sozialleistungsträger nach § 116 SGB X ein Regressanspruch nur insoweit zu, als zwischen dem übergegangenen Schadenersatzanspruch und den Sozialleistungen eine **personelle, sachliche und zeitliche Gleichartigkeit** (Kongruenz) besteht. Die Sozialleistungen müssen al- 31

81 Vgl. BGH 30.4.2013 – VI ZR 155/12, UVR 2013, 599 (602 ff.), wobei die Aussetzung unterbleiben kann, wenn sie bloße Förmelei darstellt, weil die Bindungswirkung keinen Einfluss auf die Privilegierung hat, zB wenn unstreitig die Haftungsprivilegierung aus § 106 Abs. 3 SGB VII folgt.
82 Vgl. BGH 4.4.1995 – VI ZR 327/93, NJW 1995, 2038 (2039).
83 Vgl. BGH 19.5.2009 – VI ZR 56/08, NJW 2009, 3235 (3238) mwN; zu der Beteiligung ausführlich Spellbrink NZS 2013, 441 ff.
84 Vgl. BGH 22.1.2013 – VI ZR 175/11, NZS 2013, 431 (432).
85 Vgl. detailliert Schlaeger/Bruno in: Hauck/Noftz, SGB X, K § 116 Rn. 12 ff.
86 Vgl. BGH 23.2.2010 – VI ZR 331/08, NJW 2010, 1532 (1532).

so der „Behebung eines Schadens der gleichen Art" dienen. Die Verpflichtung des Sozialleistungsträgers kann umfangreicher oder geringer sein als die Schadenersatzansprüche nach Zivilrecht, da beiden unterschiedliche Zielsetzungen zugrunde liegen. Außerdem müssen die Sozialleistungen der gleichen Person zu gute kommen und für den gleichen Zeitraum erbracht worden sein, für den ein entsprechender Ersatz nach anderen gesetzlichen Vorschriften geschuldet wird.[87]

87 Vgl. Plagemann in: Ruland/Becker/Axer, SRH, § 9 Rn. 7; Schlaeger/Bruno in: Hauck/Noftz, SGB X, K § 116 Rn. 128 ff.

§ 10 Verwaltungs- und Klageverfahren

I. Verwaltungsverfahren

1 Das Feststellungs- und das Widerspruchsverfahren im Unfallversicherungsrecht richten sich nach dem SGB X und dem SGG. Im Folgenden sollen einige Besonderheiten des Unfallrechts im Hinblick auf den Ablauf des Verfahrens sowie einige praktisch bedeutsame Vorschriften des SGB X und des SGG herausgehoben werden.

1. Feststellungsverfahren

a) Einleitung des Verfahrens – Unfallanzeige

2 Das Verwaltungsverfahren wird von Amts wegen durchgeführt, sobald der Unfallversicherer Kenntnis von dem (potenziellen) Versicherungsfall erhält, denn Leistungen aus der Unfallversicherung werden grundsätzlich von Amts wegen, also antragsunabhängig, erbracht, § 19 Abs. 2 SGB IV (→ § 8 Rn. 5). Es kommt in den meisten Fällen dadurch in Gang, dass das Unternehmen (die Schule, Betreuungseinrichtung, Universität) eine **Unfallanzeige**[1] an den Unfallversicherungsträger erstattet. Dazu sind die Einrichtungen gesetzlich verpflichtet (§ 193 Abs. 1 und 3 SGB VII). Die Unfallanzeige enthält neben den Daten des Versicherten insbesondere eine Hergangsschilderung und die Benennung etwaiger Zeugen und bietet mit diesen Angaben die Grundlage für die Ermittlungen. Bei älteren und erwachsenen Versicherten werden deren eigenen

1 Muster s. Unfallversicherungs-Anzeigenverordnung, abgedruckt in Bereiter-Hahn/Mehrtens, Anhang 4.

Angaben zum Hergang in aller Regel aufgenommen, wenn der Hergang nicht gar vollständig nach den Angaben des Verunfallten zugrunde gelegt wird.

Hinweis: Auf die Angaben in der Unfallanzeige sollte ein hohes Maß an Sorgfalt angewendet werden. Wie oben (→ § 7 Rn. 7) erwähnt, wird den zeitnahen Angaben häufig ein höherer Beweiswert zugemessen. Eine etwaige spätere Korrektur ist zwar möglich. Kann jedoch der Widerspruch zwischen den Angaben nicht plausibel begründet werden, ist der Beweiswert zumindest relativiert.

In einigen Konstellationen wird die Unfallanzeige nicht automatisch vom Unternehmen erstattet, weil der Unfall entweder für in Bagatellereignis gehalten wird oder dem Unternehmen gar nicht bekannt ist (insbesondere bei Wegeunfällen). In diesen Fällen kann der Unfallversicherungsträger auch dadurch vom fraglichen Versicherungsfall erfahren, dass der Unfallverletzte sich (ggf. nach Aufforderung durch den erstbehandelnden Arzt) einem **D-Arzt** vorstellt (→ § 8 Rn. 9) und dieser dem zuständigen Träger einen Bericht übersendet. Wird bei der **Krankenkasse** eine Arbeitsunfähigkeitsbescheinigung eingereicht, bei der das Feld „Arbeitsunfall" angekreuzt ist, wendet auch die Kasse sich ggf. an den Unfallversicherer. Selbstverständlich kann sich auch der **Verunfallte** selbst (formfrei) an den Unfallversicherungsträger wenden.[2] Der Unfallversicherer wird in diesen Fällen das Unternehmen bzw. die Einrichtung anschreiben und zur Erstattung der Unfallanzeige auffordern. Die Einleitung des Feststellungsverfahrens ist aber nicht zwingend abhängig vom Vorliegen der Unfallanzeige; der Versicherte braucht also nicht der Einrichtung, die ihrer Pflicht zur Anzeige nicht nachkommt, „hinterherzulaufen".

b) Fragebögen, Einwilligungserklärungen, Beiziehung von Unterlagen

3 Zu Beginn des Feststellungsverfahrens erhält der Verunfallte sodann ein Standardschreiben, in dem er über die Einleitung des Verfahrens sowie die datenschutzrechtlichen Bestimmungen informiert wird und behandelnde Ärzte benennen und von der Schweigepflicht entbinden soll. Die behandelnden Ärzte sind dem Unfallversicherer gegenüber auskunftspflichtig (§ 203 SGB VII); Gleiches gilt auch für die Krankenkasse (§ 188 SGB VII). Es können auch Unterlagen anderer Sozialleistungsträger (insbesondere in Schwerbehindertenangelegenheiten und solche der Rentenversicherung) beigezogen werden. Bei bestimmten Verletzungen (zB Knieverletzungen) wird häufig ein gesonderter Fragebogen zum Unfallhergang übersandt, der der Vorbereitung der Zusammenhangsbeurteilung dient.

c) Datenschutz, Widerspruchsrecht des Versicherten

4 Soweit Ärzte oder Sozialversicherungsträger dem Unfallversicherer Sozialdaten übermitteln, hat der Versicherte das Recht, den Inhalt dieser Übermittlung mitgeteilt zu bekommen. Dies ist Ausfluss der informationellen Selbstbestimmung und war bereits vor Inkrafttreten der Datenschutzgrundverordnung idR ausdrücklich in der die Auskunftspflicht begründenden Norm bestimmt (zB §§ 188, 202 SGB VII). Gemeinsam ist den Auskunftsersuchen des Unfallversicherers an andere Sozialversicherungsträger

2 Unzuständige Träger geben die Anzeige an den Träger ab, den sie für zuständig halten.

und Leistungserbringer, dass ihr Gegenstand die höchstpersönlichen Sozialdaten des Versicherten sind. **Sozialdaten** sind nach § 67 Abs. 1 SGB X Einzelangaben über persönliche oder sachliche Verhältnisse einer bestimmten bzw. bestimmbaren natürlichen Person, die von einem Verwaltungsträger iSv § 35 SGB I im Hinblick auf seine Aufgaben nach dem Sozialgesetzbuch erhoben, verarbeitet oder genutzt werden.

Die genannten Stellen sind dem Unfallversicherungsträger gegenüber zwar auskunftspflichtig, der Versicherte kann der Datenübermittlung jedoch generell oder bezogen auf einzelne Auskunftsquellen **widersprechen,** § 76 Abs. 2 Nr. 1 Hs. 2 SGB X. Denn andere Sozialversicherungsträger und Leistungserbringer (behandelnde Ärzte etc) sind datenschutzrechtlich gesehen Dritte iSd § 67 Abs. 6 Nr. 3 SGB X, so dass die Auskunftserteilung eine Datenübermittlung im Sinne dieser Vorschrift darstellt.

Eine **Übermittlung von Sozialdaten** ist nur zulässig, soweit eine entsprechende Übermittlungsbefugnis besteht, § 67 d Abs. 1 SGB X. Eine solche Befugnis räumt § 69 Abs. 1 Nr. 1 iVm § 76 Abs. 2 Nr. 1 SGB X ein, wenn der Unfallversicherer der Angaben zur Erfüllung seiner gesetzlichen Aufgabe bedarf und der Betroffene nicht widerspricht. § 76 Abs. 2 Nr. 1 SGB X knüpft dem Wortlaut nach an den Zusammenhang mit einer Begutachtung an. Dies ist dahingehend auszulegen, dass alle medizinischen Daten erfasst werden, die auf eine Entscheidungsvorbereitung beim Leistungsträger abzielen, auch wenn sie nicht unmittelbar mit der Begutachtung angefallen sind, aber im Zusammenhang mit einer Begutachtung notwendigerweise mit heranzuziehen und dem Leistungsträger zugänglich zu machen sind. Dies erfasst insbesondere sämtliche medizinischen und psychologischen Befundberichte, die dem Unfallversicherer die Bewertung des Sachverhalts ermöglichen sollen.[3]

Auf das **Widerspruchsrecht** des § 76 Abs. 2 Nr. 1 SGB X muss der Leistungsträger den Versicherten zu Beginn des Verwaltungsverfahrens (einmalig)[4] hinweisen und genügt dieser Pflicht zumeist mit dem zu Beginn des Verwaltungsverfahrens (→ Rn. 3) übersandten Standardschreiben. Bei der Erhebung eines Widerspruchs sind aber uU dessen Auswirkungen unter dem Aspekt der mangelnden Mitwirkung zu bedenken (→ Rn. 8).

d) Exkurs: Widerspruchsrecht bei Übermittlung an Gutachter, § 200 Abs. 2 SGB VII

Eine Besonderheit stellt das Widerspruchsrecht des Versicherten bei der Erteilung von 5
Gutachtenaufträgen dar. Hier normiert § 200 Abs. 2 SGB VII, dass der Versicherte vor Erteilung des Gutachtenauftrags **nochmals gesondert** auf sein Widerspruchsrecht (gegen die Datenübermittlung an den Gutachter) hingewiesen werden muss.[5] Das BSG hat in zwei vielbeachteten Grundsatzurteilen entschieden, dass ein Verstoß gegen diese nochmalige Hinweispflicht ein **Beweisverwertungsverbot** hinsichtlich des dann rechtswidrig eingeholten Gutachtens nach sich zieht.[6] Es besteht in diesen Fällen ein Anspruch auf Entfernung des Gutachtens aus den Akten,[7] der sich auf § 84

3 Bereiter-Hahn/Mehrtens, § 76 SGB X Rn. 4.
4 Implizit bestätigt durch BSG 5.2.2008 – B 2 U 8/07, SGb 2009, 40 (42 f.) (mit Anm. Bieresborn).
5 BSG 5.2.2008 – B 2 U 8/07 R, SGb 2009, 40 (43).
6 BSG 5.2.2008 – B 2 U 8/07 R und B 2 U 10/07, zB SGb 2009, 40 mit Anm. Bieresborn.
7 BSG 5.2.2008 – B 2 U 8/07 R, SGb 2009, 40 (47), allerdings ohne Nennung der Anspruchsgrundlage.

SGB X stützt.[8] In Betracht kommt auch eine Fernwirkung des rechtswidrig erlangten Gutachtens, indem auch ein später eingeholtes Gutachten, zB ein Gerichtsgutachten, unverwertbar wird, wenn es sich auf das anstößige Vorgutachten stützt.[9] Allerdings haben diese Entscheidungen eine massive Kritik in der Literatur erfahren und das BSG hat in einer nur drei Jahre später ergangenen Entscheidung ausgeführt, dass diese Kritik und die dort zitierte Rechtsprechung „bei einer erneuten Prüfung der Problematik zu bedenken sein" werden.[10]

Ein Verstoß gegen § 200 Abs. 2 SGB VII setzt zunächst voraus, dass es sich um ein **Gutachten** im Sinne der Vorschrift handelt, wobei der Begriff eng auszulegen ist und insbesondere gegenüber einer bloßen Stellungnahme abzugrenzen ist. Denn es wäre mit einer geordneten und funktionsfähigen Verwaltungspraxis schwerlich zu vereinbaren, wenn die Berufsgenossenschaften bei jeder Einschaltung eines externen Arztes, etwa zur Klärung einer Detailfrage, zur Beratung über das weitere Vorgehen oder zur Bewertung der Schlüssigkeit eines Gerichtsgutachtens, den Versicherten beteiligen und ihm eine Auswahl unter mehreren hierfür geeigneten Ärzten ermöglichen müssten.[11] Soweit das BSG in seiner Abgrenzung zwischen Gutachten und Stellungnahme zunächst auf die Bezeichnung als Gutachten im Auftrag und in der ärztlichen Beurteilung abstellt, handelt es sich meiner Meinung nach nur um ein untergeordnetes, schwaches Indiz. Denn es wäre wohl eine einmalige Konstellation, dass die bloße Bezeichnung eine inhaltliche Abgrenzung dominiert.[12] Maßgeblich für die Abgrenzung ist die vom BSG erst an zweiter Stelle genannte inhaltliche Ausgestaltung der ärztlichen Ausführungen: Setzen sich diese nur mit einem Teilaspekt oder mit der Schlüssigkeit eines anderen (Gerichts-)Gutachtens auseinander, ohne eine vollumfassende, eigenständige Würdigung des Gesamtgeschehens anzustreben, liegt in aller Regel eine Stellungnahme und kein Gutachten iSd § 200 Abs. 2 SGB VII vor.[13] Ein Gutachten in diesem Sinne ändert seinen Charakter durch die Übertitelung als Stellungnahme ebenso wenig wie umgekehrt die falsche Bezeichnung als Gutachten schaden kann.[14]

Weitere Voraussetzung eines Verstoßes gegen § 200 Abs. 2 SGB VII ist, dass eine **Datenübermittlung** vorliegt. Daran fehlt es, wenn die ärztlichen Ausführungen von einem Mitarbeiter des Unfallversicherungsträgers selbst stammen. Insofern hat der berufsgenossenschaftliche Beratungsarzt, der dem Träger mit qualifiziertem Dienstvertrag verbunden ist, eine Sonderstellung. Fertigt dieser ein Gutachten an, liegt zwar

8 BSG 20.7.2010 – B 2 U 17/09 R, SGb 2010, 589; BSG 21.3.2006 – B 2 U 24/04 R, SozR 4-1300 § 84 Nr. 1; LSG NRW 17.3.2010 – L 17 U 191/09, UVR 2010, 561 (564).

9 BSG 5.2.2008 – B 2 U 8/07 R, SGb 2009, 40 (46).

10 BSG 18.1.2011 – B 2 U 5/10, SGb 2011, 158, die Entscheidung relativiert die Ausführungen der Grundsatzentscheidungen vom 5.2.2008 insgesamt, eine weitere Relativierung erfolgte mit BSG 11.4.2013 – B 2 U 34/11 R, SozR 4-2700 § 200 Nr. 4.

11 BSG 5.2.2008 – B 2 U 8/07 R, SGb 2009, 40 (42).

12 So auch Schlaeger in: BeckOK-SozR, § 200 SGB VII Rn. 26.

13 Vgl. auch BSG 11.4.2013 – B 2 U 34/11 R, SozR 4-2700 § 200 Nr. 4 und Schlaeger zu dieser Entscheidung: jurisPR-SozR 17/2013 Anm. 4.

14 Zur Abgrenzung insgesamt: LSG Baden-Württemberg 23.10.2015 – L 8 U 1012/14, UVR 2016, 177 ff.

ein Verstoß gegen das Auswahlrecht vor, mangels Datenübermittlung muss jedoch keine gesonderte Belehrung über das Widerspruchsrecht erfolgen.[15]

Liegt ein Verstoß gegen die Pflicht zum gesonderten Hinweis auf das Widerspruchsrecht vor, so ist er nur dann zu beachten, wenn der Versicherte diesen Verstoß auch rechtzeitig, dh unverzüglich rügt. Das BSG hat zunächst ausdrücklich auf den Charakter dieser **Rüge** hingewiesen,[16] diese Rechtsprechung jedoch offenbar wieder aufgegeben.[17] Auf die begründete Rüge hin ist das Gutachten gem. § 84 Abs. 2 SGB X zu löschen (dh aus der Verwaltungsakte zu entfernen), oder, wo dies aufgrund der besonderen Art der Speicherung (elektronische Akte) nicht oder nur erschwert möglich ist, zu sperren, § 84 Abs. 3 Nr. 3 SGB X.[18] Die Begriffe der Sperrung und der Löschung sind legaldefiniert in § 67 Abs. 6 Nr. 4 und Nr. 5 SGB X.

Bislang bestand kein Zweifel daran, dass ein **Verstoß gegen das Gutachterauswahlrecht** des § 200 Abs. 2 Hs. 1 kein Beweisverwertungsverbot nach sich zieht, da diese Vorschrift nur verfahrensrechtlicher Natur sei.[19] Nun aber scheint das BSG in seiner Entscheidung vom 7.5.2019[20] für den Fall, dass der gewählte Gutachter nicht wenigstens die Befragung teilweise persönlich durchführt, der Versicherte den Gutachter also gar nicht zu Gesicht bekommt, an einen solchen Verstoß doch Konsequenzen knüpfen zu wollen und bemüht dafür erneut den Datenschutz. Nach dortiger Ansicht sei zu prüfen, ob der gewählte Gutachter zur Weitergabe der Daten an den die Begutachtung tatsächlich durchführenden Arzt „befugt" gewesen sei und ob insbesondere die Voraussetzungen einer Auftragsdatenverarbeitung iSd § 80 SGB X vorgelegen hätten. So ärgerlich es ist, wenn ein benannter Gutachter die Aufgabe komplett delegiert und so nachvollziehbar sind in diesen Fällen die angesprochenen Zweifel, ob das Gutachten in seinem Beweiswert gemindert sei und ob die beteiligten Ärzte nicht zur Beseitigung dieses Missstandes persönlich anzuhören sind: Ein datenschutzrechtliches Problem ist darin nicht erkennbar. Denn dass der Gutachter untergeordnete Arbeiten, zu denen nicht nur die Schreibarbeit, sondern bei chirurgischen Gutachten durchaus auch Teile der körperlichen Untersuchung gehören, delegieren darf, ist unstrittig und auch erforderlich, da versierte Ärzte ansonsten Gutachtenaufträge wohl ablehnen werden. Einen datenschutzrechtlichen Unterschied kann es aber nicht ausmachen, ob nun Teile delegiert werden, aber der Gutachter dennoch persönlichen Kontakt zum Probanden hat, oder ob auch dieser unterbleibt. Es bleibt abzuwarten, wie das BSG hier eine datenschutzrechtliche (und nicht „nur" verfahrensrechtliche) Trennung der Fallkonstellationen begründen wird.

15 Ausdrücklich: BSG 11.4.2013 – B 2 U 34/11 R, SozR 4-2700 § 200 Nr. 4; vgl. bereits BSG 5.2.2008 – B 2 U 8/07 R, SGb 2009, 40 (45); vertiefend zur Stellung des Beratungsarztes: Schlaeger in: BeckOK-SozR, § 200 SGB VII Rn. 28 ff.

16 BSG 5.2.2008 – B 2 U 8/07 R, SGb 2009, 40 (47 f.); zur Rechtzeitigkeit der Rüge vgl. auch BSG 20.7.2010 – B 2 U 17/09 R, SGb 2010, 589.

17 BSG 7.5.2019 – B 2 U 25/17 R, die Entscheidungsgründe lagen bei Redaktionsschluss noch nicht vor, so dass nur auf den Terminbericht Nr. 17/19 abgestellt werden konnte.

18 Vgl. Schlaeger in: BeckOK-SozR, § 200 SGB VII Rn. 31 ff.

19 Vgl. bereits BSG 5.2.2008 – B 2 U 8/07 R, SGb 2009, 40 (46); ausdrücklich so Terminbericht Nr. 17/19 zu BSG 7.5.2019 – B 2 U 25/17 R.

20 B 2 U 25/17 R, bislang liegt nur der Terminbericht (Nr. 17/19) vor.

Die Rüge eines Verstoßes gegen § 200 Abs. 2 Hs. 2 SGB VII erweist sich bei genauer Betrachtung als scharfes, aber **zweischneidiges Schwert:** Der auf das fehlerhafte Gutachten gestützte Verwaltungsakt bleibt rechtswirksam.[21] Der Antrag auf Entfernung des Gutachtens aus den Akten (§ 84 SGB X, Art. 17 DSGVO) ist ein eigenständiger Streitgegenstand, dh er ist durch Verwaltungsakt zu bescheiden und kann nicht zB im bereits anhängigen Klageverfahren miterledigt werden.[22] Wegen eines uU bestehenden Beweisverwertungsverbots nebst Fernwirkung[23] macht in diesem Verfahrensstadium eine weitere Sachaufklärung keinen Sinn. Bei einem anhängigen Klageverfahren läuft das Gericht Gefahr, dass ein Gerichtsgutachten, das Bezug nimmt auf das anstößige Verwaltungsgutachten, von der Fernwirkung des Beweisverwertungsverbots erfasst und so unbrauchbar wird. Wenn die Streitsache nicht bereits ohne weitere medizinische Sachaufklärung abweisungsreif ist, müsste das SG daher die Sache wegen **Vorgreiflichkeit gem. § 114 SGG** aussetzen, bis der Unfallversicherungsträger über den Entfernungsantrag entschieden hat (ggf. mit Widerspruchsbescheid). Auch ein Widerspruchsverfahren in der Hauptsache müsste zum Ruhen gebracht werden, bis über die Löschung des Gutachtens entschieden wäre.

Hinweis: Die damit verbundene Eröffnung eines Nebenkriegschauplatzes und Verzögerung der Hauptsache dürfte in den meisten Fällen nicht im Interesse des Klägers liegen. Vor diesem Hintergrund sollten Bevollmächtigte eines Versicherten wohl überlegen, ob sie einen datenschutzrechtlichen Fehler des Unfallversicherungsträger instrumentalisieren, um formal ein weiteres Verwaltungsverfahren jenseits der Hauptsache in Gang zu setzen, oder ob sie ein entsprechendes Versagen des Trägers prozessstrategisch einsetzen, um zB (unter Verzicht auf eine formelle Rüge) eine Neubegutachtung von Amts wegen durch das Gericht (§ 106 SGG, vgl. → Rn. 23) zu begründen. Dies gilt umso mehr, als das BSG sich mit seiner Entscheidung vom 18.1.2011[24] bereits erkennbar von seinen Grundsatzentscheidungen distanziert hat.

e) Grundzüge des Verwaltungsverfahrens, Bescheid

6 Gemäß § 19 S. 2 SGB VII werden Leistungen der Unfallversicherung grundsätzlich von Amts wegen erbracht (→ § 8 Rn. 5); es gilt zudem der **Amtsermittlungsgrundsatz** nach § 20 Abs. 1 SGB X. Dies ändert nichts an der **objektiven Beweislast.**[25] Zum Ablauf Heilbehandlung/Begutachtung/Rentenfeststellung → § 8 Rn. 26.

7 In der Praxis wird bei Bagatellunfällen (also solchen ohne längere Heilbehandlung und ohne bleibenden Gesundheitsschaden) häufig aus verwaltungsökonomischen Gründen **kein Bescheid** erteilt. Hier werden zwar ggf. die Behandlungskosten getragen, indem der Arzt direkt mit dem Unfallversicherer abrechnet, aber keine weiteren Feststellungen in einem Bescheid getroffen.

Beispiel: folgenlos verheilte Platzwunde.

---

21 Vgl. BSG 5.2.2008 – B 2 U 8/07 R, SGb 2009, 40 (48).
22 BSG 20.7.2010 – B 2 U 17/09 R, SGb 2010, 589; BSG 21.3.2006 – B 2 U 24/04 R, SozR 4-1300 § 84 Nr. 1; zum Verfahren vertiefend Schlaeger in: BeckOK-SozR, § 200 SGB VII Rn. 37 ff.
23 Vgl. BSG 5.2.2008 – B 2 U 8/07 R, SGb 2009, 40 (48).
24 BSG 18.1.2011 – B 2 U 5/10, SGb 2011, 158.
25 Bereiter-Hahn/Mehrtens, § 8 SGB VII Rn. 10.7 mwN, s. bereits → § 7 Rn. 7.

Rein formal hat der Versicherte auch hier einen Anspruch auf Bescheidung, denn ein Arbeitsunfall liegt auch dann vor, wenn weitergehende Unfallfolgen nicht eingetreten sind. Besteht der Versicherte in einem solchen Fall auf der Erteilung eines Bescheids (was sinnvoll sein kann bei evtl. drohenden Folgenschäden), werden die Beweisanforderungen nicht etwa deswegen gesenkt, weil ein Leistungsfall (noch) nicht vorliegt. In aller Regel werden jedoch solche Fälle, in denen Spätschäden nicht abschließend auszuschließen sind, auch bescheidmäßig festgestellt (→ § 7 Rn. 3). Wegen des Amtsermittlungsgrundsatzes wird der Unfallversicherer regelmäßig mit der Entscheidung, dass ein versicherter Arbeitsunfall vorliegt, auch eine Entscheidung über die Behandlungsbedürftigkeit (ggf. auch die Dauer der Arbeitsunfähigkeit) und über die Frage, ob ein Rentenanspruch vorliegt, treffen. Dies sorgt gelegentlich für Irritation bei den Versicherten („... habe keine Rente beantragt ...“), entspricht aber dem Amtsermittlungsgrundsatz. Damit beschränken sich viele Bescheide nicht auf einen einzigen Streitgegenstand.

f) Mangelnde Mitwirkung, §§ 60 ff. SGB I

Die Einwilligung in die Beiziehung relevanter Krankenunterlagen sowie die Wahrnehmung einer Begutachtung an sich (anders zu beurteilen sind zB invasive Eingriffe, § 65 Abs. 2 SGB I) wird in aller Regel zumutbar sein, denn schließlich macht der Versicherte Ansprüche gegen den Unfallversicherungsträger geltend. Gerade in der Schülerunfallversicherung handelt es sich um aus Steuermitteln finanzierte Sozialleistungen, nicht etwa um privatrechtliche und eigenfinanzierte Versicherungsleistungen. Das schmälert zwar nicht die Unbedingtheit des Anspruchs desjenigen, der die Voraussetzungen erfüllt, rechtfertigt jedoch, ihm Mitwirkungsleistungen im Rahmen des Zumutbaren abzuverlangen. Die zumutbare Mitwirkung und ihre Grenzen sind in den §§ 60–67 SGB I geregelt. 8

Wird die zumutbare Mitwirkung verweigert, und kann deswegen eine inhaltliche Entscheidung nicht ergehen, kann der Unfallversicherungsträger Leistungen gem. § 66 SGB I verweigern, jedenfalls solange die Mitwirkung versagt wird.[26] Erzwingen kann der Versicherungsträger die Mitwirkung aber nicht.

Er kann jedoch auch eine materiellrechtliche Entscheidung auf der erreichten Erkenntnislage treffen. Gerade in Fällen mangelnder Mitwirkung wird dies auf eine Beweislastentscheidung zulasten des Versicherten hinauslaufen, wenn nämlich die anspruchsbegründenden Tatsachen, für die der Anspruchsteller beweislastig (→ § 7 Rn. 7) ist, nicht mit dem erforderlichen Beweisgrad festgestellt werden können.

g) Beteiligung Dritter am Verwaltungsverfahren

Insbesondere über die Haftungsfreistellung (§§ 104 ff. SGB VII) kann das unfallrechtliche Feststellungsverfahren eine **Drittwirkung** entfalten, indem es zB den zivilrechtlichen Schadensanspruch gegen den Schädiger beeinflusst. Solchen dem Geschädigten gegenüber in ihrer Haftung beschränkten Personen räumt § 109 SGB VII eine eigene Feststellungsberechtigung ein. Wer feststellungsberechtigt ist, ist gem. § 12 Abs. 2 S. 2 9

26 Grundlegend dazu zB BSG 17.2.2004 – B 1 KR 4/02 R, SozR 4-1200 § 66 SGB I Nr. 1.

SGB X zum Verwaltungsverfahren hinzuziehen.[27] Die **Hinzuziehung** nach § 12 Abs. 2 SGB X beschränkt sich jedoch nicht auf Feststellungsberechtigte im obigen Sinne. Es können zB auch Hinterbliebene hinzugezogen werden, wenn geprüft wird, ob ein weiterer Berechtigter hinzutritt und dies zu einer Kürzung der Zahlung gem. § 70 Abs. 2 SGB VII führen kann.[28] Maßgebend ist das rechtliche (eigene) Interesse des Dritten an dem Gegenstand des Verwaltungsverfahrens, das gegeben ist, wenn die Verwaltungsentscheidung die Rechtslage in wichtigen Punkten faktisch präjudiziert; ein rein wirtschaftliches Interesse ist nicht ausreichend.[29]

Nicht hinzugezogen werden in aller Regel andere Sozialversicherungsträger, und zwar auch dann nicht, wenn ein Erstattungsstreit schwelt, denn die Erstattungsansprüche nach §§ 102 ff. SGB X sind zwar inhaltlich eng mit dem Anspruch des Versicherten verbunden, stellen aber formal eigenständige Rechtsverhältnisse zwischen den Trägern dar, an denen wiederum der Versicherte in aller Regel nicht beteiligt ist.[30] Somit berührt ein etwaiger Erstattungsstreit nicht die rechtlichen Interessen im Sinne des § 12 Abs. 2 SGB X (vgl. aber → Rn. 30).

2. Verwaltungsverfahren zur Überprüfung

10 Wenn Zweifel an der Rechtmäßigkeit eines Verwaltungsaktes be- oder entstehen, bietet das SGB X für die verschiedenen Fallkonstellationen Überprüfungsmöglichkeiten.

Ändern sich die tatsächlichen oder rechtlichen Verhältnisse, die einem Verwaltungsakt mit Dauerwirkung bei seiner Bekanntgabe zugrunde gelegt wurden, richtet sich die Überprüfung nach § 48 Abs. 1 SGB X. Davon zu unterscheiden ist der Fall, bei dem sich der Ursprungsbescheid bereits von seiner Bekanntgabe, also von **Anfang an als rechtswidrig** erweist und deswegen einer Überprüfung bedarf. Ist der Ausgangsbescheid rechtswidrig zulasten des Versicherten, richtet sich das Überprüfungsverfahren nach § 44 Abs. 1 SGB X (Zugunstenverfahren, → Rn. 13). Bei von Anfang an rechtswidrig begünstigenden Verwaltungsakten ist zu prüfen, ob der Bescheid gem. § 45 SGB X Abs. 2 S. 1 zurückgenommen werden kann (→ Rn. 15). Scheidet eine Rücknahme (insbesondere wegen schutzwürdigen Vertrauens) aus, können künftige Änderungen, die sich leistungserhöhend auswirken würden, gem. § 48 Abs. 3 unter bestimmten Umständen unberücksichtigt bleiben (Aussparung/Abschmelzung, dazu → Rn. 17).[31]

Maßgeblicher Zeitpunkt für die Unterscheidung zwischen anfänglicher Rechtswidrigkeit und nachträglich eingetretener Änderung ist die **Bekanntgabe** des Verwaltungsaktes. Tritt also eine Änderung zwar erst nach Fertigung des Bescheidentwurfs, jedoch noch vor Zustellung des Bescheides an den Versicherten ein, ist der Verwal-

27 Vertiefend: Spellbrink NZS 2013, 441 ff.
28 Bereiter-Hahn/Mehrtens, § 12 SGB X Rn. 5.1.
29 Bereiter-Hahn/Mehrtens, § 12 SGB X Rn. 4.
30 BSG 20.3.2018 – B 2 U 16/16 R, SGb 2019, 46 (47).
31 Einen Überblick zu diesem Themenkomplex bietet Felix SGb 2018, 729 ff., Jung SGb 2002, 1 ff.; zu § 48 SGB X Gagel SGb 1990, 252 ff.

tungsakt von Anfang an rechtswidrig, so dass sich die Überprüfung nach §§ 44, 45 SGB X richtet.[32]

Generell gilt, dass ein Überprüfungsverfahren von Amts wegen eingeleitet werden kann. Auch der Versicherte kann jederzeit ein solches Verfahren durch **formlosen Antrag** initiieren, sei es, dass er Zweifel an der Rechtmäßigkeit des Ausgangsbescheides hat, sei es, dass er eine Änderung der Verhältnisse vermutet.

Hinweis: Der Antrag auf Überprüfung nach § 44 SGB X wegen anfänglicher Rechtswidrigkeit beinhaltet nicht – sozusagen als Minus – eine Überprüfung nach § 48 Abs. 1 SGB X wegen Änderung der Verhältnisse.[33] Bestehen Zweifel an der Rechtmäßigkeit des Ausgangsbescheides **und** sind Änderungen iSd § 48 Abs. 1 SGB X fraglich, sollte dies als nebeneinander stehendes Begehren zum Ausdruck gebracht werden.

a) Änderung gem. § 48 Abs. 1 SGB X

Nach § 48 Abs. 1 SGB X können Verwaltungsakte mit Dauerwirkung geändert werden, wenn sich die tatsächlichen oder rechtlichen Verhältnisse wesentlich ändern, der Ausgangsbescheid also bei Erlass **rechtmäßig war**, durch die zwischenzeitlich eingetretenen Änderungen aber materiellrechtlich **unzutreffend wird.** 11

Ein **Verwaltungsakt mit Dauerwirkung** liegt vor, wenn sich der Verwaltungsakt nicht in einem einmaligen Ge- oder Verbot oder in der einmaligen Gestaltung der Rechtslage erschöpft, sondern ein auf Dauer berechnetes oder in seinem Bestand vom Verwaltungsakt abhängiges Rechtsverhältnis begründet oder inhaltlich verändert.[34] Diese Kriterien sind bei der Feststellung der **Unfallfolgen** und der daraus resultierenden MdE erfüllt. Diese Feststellungen betreffen den Gesundheitszustand des Versicherten, der sich naturgemäß im Laufe der Zeit ändert. Bei einigen Verletzungen ist eine künftige Verschlechterung bereits absehbar, bei anderen besteht eine Aussicht auf Besserung. Grundlage der dann erforderlichen Überprüfung ist also prinzipiell § 48 Abs. 1 SGB X. Eine Ausnahme stellt die Änderung von Unfallfolgen während des Bezugs einer **Rente als vorläufige Entschädigung** dar, diese Änderungen können unter den erleichterten Bedingungen des § 62 SGB VII berücksichtigt werden.[35] Hierauf sowie auf Änderungen in den Unfallfolgen bei einer Rente auf unbestimmte Zeit mit der Folge einer Herabsetzung, Entziehung oder Hochstufung der MdE und damit der Rente wurde bereits in § 8 Rn. 26 ff. eingegangen.

Geht es um den Eintritt **weiterer Unfallfolgen** (zB Eintritt einer Arthrose, Folgeunfall, mittelbare Unfallfolgen iSd § 11 SGB VII, → § 7 Rn. 25 f.) wird auch dies im Verfahren nach § 48 Abs. 1 geprüft. Diese Möglichkeit ist also Hintergrund und Korrektiv der Gegenwärtigkeit der der MdE-Beurteilung zugrundeliegenden Funktionsbegutachtung (→ § 8 Rn. 33).

32 Gagel SGb 1990, 252.
33 Vgl. dazu insgesamt BSG 15.6.2010 – B 2 U 22/09 R, UVR 2010, 1161 ff. und LSG Hessen 25.3.2014 – L 3 U 42/10, UVR 2014, 614 ff.
34 Felix SGb 2018, 729 (733) mwN.
35 Dazu grundlegend: BSG 16.3.2010 – B 2 U 2/09, BSGE 106, 43 (45); Söhngen jurisPR-SozR 20/2010 Anm. 4.

Eine (unbefristete) Dauerwirkung liegt bei der Gewährung von **Verletztengeld** durch Mitteilung an die Krankenkasse, dass für die Dauer der unfallbedingten Arbeitsunfähigkeit Verletztengeld ausgezahlt werden kann, in aller Regel nicht vor, Wirkung besteht nur für den jeweiligen Abrechnungs- bzw. Bescheinigungszeitraum.[36] Anders ist der (praktisch aber kaum anzutreffende) Fall zu beurteilen, wenn der Versicherungsträger dem Verletzten einen zeitlich unbegrenzten Anspruch auf Verletztengeld durch Bescheid eingeräumt hat. Dann muss auch diese Rechtsposition durch einen auf § 48 Abs. 1 SGB X gestützten Bescheid entzogen werden (→ § 8 Rn. 19).

Die grundsätzliche Bejahung eines **Heilbehandlungsanspruchs** wegen der anerkannten Unfallfolgen stellt hingegen einen Verwaltungsakt mit Dauerwirkung dar. Denn hinsichtlich der konkret bezeichneten Unfallfolgen wird dem Versicherten mit dem Verfügungssatz „Heilbehandlung wegen der Folgen des Arbeitsunfalls wird gewährt" ein zeitlich nicht, wohl aber inhaltlich auf die anerkannten Unfallfolgen begrenztes Recht auf Dauer eingeräumt. Wie oben dargestellt, bietet die berufsgenossenschaftliche Heilbehandlung gegenüber den Ansprüchen nach dem SGB V einige Vorteile (→ § 8 Rn. 10 ff.). Diese Rechtsposition kann der Versicherungsträger, wenn er sie ohne zeitliche Beschränkung eingeräumt hat, dem Versicherten nicht ohne Weiteres entziehen. Allerdings kann der Heilbehandlungsanspruch uU eingefroren werden[37] (→ Rn. 17).

Berücksichtigt werden können nach § 48 Abs. 1 nur **wesentliche Änderungen**, also solche, die zu einer anderen Entscheidung hätten führen müssen, wenn sie bereits bei der Erteilung des ersten Bescheides vorgelegen hätten. Dazu zählen also nicht solche Umstände, die lediglich eine andere Ermessensentscheidung ermöglicht hätten.[38] Bei Änderungen, die die MdE-Bewertung und somit die Rentenhöhe betreffen, bestimmt § 73 Abs. 3 SGB VII, dass wesentlich in diesem Sinne nur Änderungen der MdE von mehr als 5 % sind (→ § 8 Rn. 29).

Bei Änderungen zugunsten des Versicherten soll die Änderung gem. § 48 Abs. 1 S. 2 SGB X **ab dem Zeitpunkt berücksichtigt** werden, zu dem die Änderung eingetreten (bzw. nachgewiesen) ist. Ebenfalls ab diesem Zeitpunkt sollen dem Versicherten nachteilige Änderungen berücksichtigt werden, die der Behörde erst deswegen später bekannt werden, weil der Versicherte eine normierte Mitteilungspflicht verletzt hat (§ 48 Abs. 1 S. 2 Nr. 2 SGB X)[39] oder die erforderliche Sorgfalt in besonders schwerem Maße verletzt hat (§ 48 Abs. 1 S. 2 Nr. 4 SGB X). Liegen derartige Versäumnisse des Versicherten nicht vor, können ihm nachteilige Änderungen erst durch Aufhe-

36 So die Rechtsprechung zum Krankengeld (grundlegend: BSG 9.12.1986 – B 8 RK 27/84, SozR 2200 § 183 Nr. 51), im Ergebnis ähnlich: LSG NRW 8.12.2014 – L 17 U 556/14 B ER, BeckRS 2015, 65575; aA LSG Baden-Württemberg 6.5.2015 – L 8 U 1502/15 ER B, UVR 2015, 493, das allerdings verkennt, dass es bereits an einem eine dauerhafte Rechtsposition einräumenden Verwaltungsakt fehlt und das zitierte BSG-Urteil (13.9.2005 – B 2 U 4/04 R) nur die Einstellung nach § 46 Abs. 3 S. 2 SGB VII erfasst, nicht aber diejenigen nach Satz 1.

37 So wohl auch LSG Baden-Württemberg 8.7.2009 – L 2 U 1556/07, UVR 2009, 1067 (1074); vgl. auch BSG 20.3.2007 – B 2 U 38/05 R, UVR 2007, 671 (676).

38 Gagel SGb 1990, 252; ferner Merten in: Hauck/Noftz, SGB X, K § 48 Rn. 23.

39 Vgl. dazu zB BSG 9.6.1988 – 4 RA 9/88, SozR 1300 § 48 Nr. 47.

bung bzw. **Änderung für die Zukunft** nach § 48 Abs. 1 S. 1 SGB X berücksichtigt werden.

Voraussetzung des § 48 Abs. 1 SGB X ist stets, dass eine **Änderung tatsächlich** eingetreten ist, eine vorangegangene Falschbewertung ersetzt dieses Erfordernis nicht (vgl. ausführlich → § 8 Rn. 30), denn solche Falschbewertungen stellen keine Änderung dar, sondern begründen ggf. die Rechtswidrigkeit des Bescheides bei seinem Erlass.

b) Rechtswidrigkeit des Ausgangsbescheides

Ist der Ursprungsbescheid von Anfang an rechtswidrig, ist zu unterscheiden, ob es 12
sich um einen rechtswidrig begünstigenden Verwaltungsakt handelt oder ob er rechtswidrig zulasten des Berechtigten ist.

aa) Rechtswidrig belastender Ausgangsbescheid – Zugunstenverfahren gem. § 44 SGB X

Eine Besonderheit des Sozialversicherungsrechts stellt die Vorschrift des § 44 Abs. 1 13
SGB X dar. Nach dieser Vorschrift ist ein nicht begünstigender, unanfechtbarer Verwaltungsakt für die Vergangenheit zurückzunehmen, soweit bei seinem Erlass das Recht unrichtig angewandt wurde oder von einem unrichtigen Sachverhalt ausgegangen wurde und deswegen Sozialleistungen nicht erbracht wurden. Hier wird die formelle Rechtskraft des bindend gewordenen Verwaltungsakts zugunsten der materiellen Gerechtigkeit nahezu vollständig aufgegeben. Die Vorschrift ist also getragen vom Gedanken einer **möglichst weitgehenden Verwirklichung sozialer Rechte.**[40] Denn selbst wenn der Versicherte es verschuldet (zB durch mangelnde Mitwirkung, Rn. 8), dass die Behörde einen falschen Sachverhalt zu Grunde legt, kann das Verfahren jederzeit durch einen formlosen Antrag nach § 44 Abs. 1 SGB X erneut zur Überprüfung gestellt werden. § 44 SGB X schränkt also die Bindungswirkung iSd § 77 SGG des Verwaltungsaktes ein und durchbricht ggf. auch die Rechtskraft eines den Anspruch zuvor abweisenden Urteils.[41]

Hinweis: Die Frage, ob der Träger stets eine neue Sachprüfung anstellen muss, oder ob es genügt festzustellen, dass keine Anhaltspunkte für die Rechtswidrigkeit der bindenden Entscheidung vorliegen und der Antragsteller keine neuen Tatsachen oder Erkenntnisse vorgetragen hat, ist umstritten. Bereits entschieden wurde, dass auf einen Antrag nach § 44 SGB X geprüft werden muss, ob das Recht richtig angewendet wurde, auch wenn keine neuen Aspekte benannt werden.[42] Auch die Frage, ob auch eine Überprüfung in tatsächlicher Hinsicht jeweils ohne neue Tatsachen erforderlich ist, wird wohl tendenziell bejaht.[43]

In der Praxis gibt es einige Bevollmächtigte, die stets und ohne eigene Prüfung nahezu nahtlos an das vorangegangene Klageverfahren einen Antrag nach § 44 SGB X stellen und so eine Endlosschleife produzieren. Wer aber tatsächlich eine fundierte Überprü-

---

40 Mutschler WzS 2009, 193, auch grundlegend zu § 44 SGB X.
41 Mutschler WzS 2009, 193 (194); vgl. auch BSG 26.10.2017 – B 2 U 6/16 R, SozR 4-2200 § 547 Nr. 1.
42 BSG 5.9.2006 – B 2 U 24/05 R, SozR 4-2700 § 8 Nr. 18.
43 Die explizit auf diese Frage gerichtete Revision (Az.: B 2 U 1/10 R; Vorinstanz LSG NRW 2.12.2009 – L 17 U 256/08, UVR 2010, 1015 ff.) wurde zurückgenommen; vgl. zur Frage des Prüfungsumfangs auch Mutschler WzS 2009, 193 (195 ff.) und BSG 26.10.2017 – B 2 U 6/16 R, SozR 4-2200 § 547 Nr. 1.

fung anstrebt, sollte unabhängig von der Reichweite des § 44 SGB X dem Unfallversicherungsträger eine ausführliche Begründung unter Nennung derjenigen Aspekte, die bei der Ausgangsentscheidung nicht hinreichend berücksichtigt wurden, zur Verfügung stellen.

In jedem Fall ist ein Antrag nach § 44 SGB X während eines laufenden Sozialgerichtsverfahrens zum gleichen Streitgegenstand jedenfalls zweifelhaft, denn dies würde zu ökonomisch unsinnigen, parallelen Ermittlungen von Behörde und Gericht führen. Deshalb wird der Träger eine Entscheidung während des Klageverfahrens mit guten Gründen zumindest zurückstellen.

Maßgeblich für die Prüfung der **Rechtswidrigkeit** ist, ob der Verwaltungsakt, ggf. in Gestalt des Widerspruchsbescheides, im Zeitpunkt seiner Bekanntgabe in dieser Form hätte ergehen dürfen (vgl. bereits → Rn. 10, ausführlicher → Rn. 15).[44]

14 Ergibt eine Überprüfung nach § 44 Abs. 1 SGB X, dass Sozialleistungen nachträglich zu gewähren sind, werden solche Nachzahlungen gem. § 44 Abs. 4 SGB X auf einen Zeitraum von maximal vier Jahren begrenzt, denn wegen des Unterhaltscharakters laufender Sozialleistungen sollen diese nicht für einen längeren Zeitraum nachgezahlt werden.[45] Dabei handelt es sich um eine echte (materielle) Ausschlussfrist, die anders als die Einrede der Verjährung von Amts wegen zu beachten ist.[46] Diese Vierjahresfrist beginnt am 1.1. des Jahres, in dem der Antrag gestellt wurde, oder, soweit kein Antrag vorliegt, der Rücknahmebescheid erlassen wurde.[47]

bb) Rechtswidrig begünstigender Ausgangsbescheid

(1) Rücknahme, § 45 SGB X

15 Ist der Ausgangsbescheid **rechtswidrig zugunsten** des Versicherten, kann er nur unter den Voraussetzungen des § 45 SGB X zurückgenommen werden, wobei es sich um eine Ermessensentscheidung handelt. Außer in Fällen des zulässigen Widerrufsvorbehalts (§ 45 Abs. 3 Nr. 2 SGB X) und bei Bösgläubigkeit des Antragstellers (§ 45 Abs. 2 S. 3 SGB X) kann eine Rücknahme nur für die Zukunft erfolgen, § 45 Abs. 4 SGB X. **Rechtswidrig** in diesem Sinne ist ein Verwaltungsakt dann, wenn er – ggf. nach den inzwischen hinzugewonnenen, neuen Erkenntnissen[48] – so nicht hätte ergehen dürfen. Dabei gelten die gleichen Beweismaßstäbe, die bei Erlass des Ausgangsbescheides anzuwenden waren.[49]

Beispiel: Der Gutachter hält einen Zusammenhang zwischen einem Sturz beim Schulsport und einem Kreuzbandriss für überwiegend wahrscheinlich. Der Unfallversicherer gewährt Leistungen. Ein später eingeholtes, weiteres Gutachten verneint mit überzeugenden Gründen die Wahrscheinlichkeit des Kausalzusammenhangs.

---

44 Mutschler WzS 2009, 193 (194).
45 BSG 28.9.1999 – B 2 U 32/98 R, SGb 2000, 378 (379).
46 Vgl. Merten in: Hauck/Noftz, SGB X, K § 44 Rn. 91 mwN.
47 Bereiter-Hahn/Mehrtens, § 44 SGB X Rn. 17.
48 Erforderlich ist nach BSG 26.10.2017 – B 2 U 6/16 R, SozR 4-2200 § 547 Nr. 1 eine „rückschauende Betrachtung im Lichte einer eventuell geläuterten Rechtsauffassung".
49 BSG 20.3.2007 – B 2 U 27/06, UVR 2007, 728 (730 ff.).

Hier ist nicht mit an Sicherheit grenzender Wahrscheinlichkeit die Rechtswidrigkeit des Ausgangsbescheides erwiesen, denn die Möglichkeit eines Kausalzusammenhangs zwischen dem Sturz und dem Kreuzbandriss besteht noch immer. Für die Feststellung der Rechtswidrigkeit genügt es aber, dass die nach den Beweisanforderungen des Unfallrechts zu fordernde überwiegende Wahrscheinlichkeit (→ § 7 Rn. 7) nicht vorliegt, also die Anerkennung des Kreuzbandrisses als Unfallfolge nicht hätte ergehen dürfen.[50]

Beim **gutgläubigen** Versicherten, der auf den Bestand des Verwaltungsakts vertraut hat, muss eine Abwägung erfolgen, ob dieses Vertrauen gegenüber dem öffentlichen Interesse derart schutzwürdig ist, dass eine Rücknahme gem. § 45 Abs. 2 S. 1 SGB X ausgeschlossen ist. Schutzwürdig ist das Vertrauen nach § 45 Abs. 2 S. 2 SGB X in der Regel dann, wenn der Versicherte die Leistung verbraucht hat oder eine entsprechende Vermögensdisposition getroffen hat, die nicht ohne Weiteres rückgängig zu machen ist. Hierbei handelt es sich nicht etwa um eine Definition, sondern lediglich um die beispielhafte Aufzählung typischer Fälle, die zugleich Anhaltspunkte für die Beurteilung vergleichbarer Fälle bietet.[51]

Die Behörde muss also eine **Abwägungsentscheidung** unter Einbeziehung der Gesamtumstände treffen. Bei Verwaltungsakten, die eine laufende Leistung gewähren, also Dauerwirkung haben, ist das öffentliche Interesse an der Wiederherstellung des materiellrechtlich zutreffenden Zustandes in aller Regel höher anzusetzen als bei einer einmaligen Leistungsgewährung.[52] Sofern die Behörde dem Versicherten grob fahrlässige Unkenntnis der Rechtswidrigkeit vorwirft und deshalb schutzwidriges Vertrauen verneint, ist zu beachten, dass die **Bekanntgabe** des Verwaltungsakts der für die Kenntnis und für das Kennenmüssen seiner Rechtswidrigkeit iSd § 45 Abs. 2 S. 3 Nr. 3 SGB X maßgebliche Zeitpunkt ist, weil anderenfalls der Vertrauensschutz auf Grundlage der Abwägung nach § 45 Abs. 2 S. 1, 2 SGB X weitgehend ausgeschaltet werden würde.[53] Bei längerem Bezug einer erkennbar erhöhten Leistung kann dies aber im Rahmen der Abwägung des Vertrauens mit dem öffentlichen Interesse berücksichtigt werden.

50 BSG 20.3.2007 – B 2 U 27/06 R, UVR 2007, 728 (732); dazu Reyels jurisPR-SozR 23/2007 Anm. 6; LSG Hessen 21.6.2018 – L 9 U 189/19, ASR 2018, 201 (207), mit ablehnender Anm. Steinwedel, S. 209 ff., der bei seiner Forderung nach einem „Vollbeweis“ allerdings unberücksichtigt lässt, dass es um den Beweis einer negativen Tatsache („Nichtversicherteneigenschaft“) geht.

51 Bereiter-Hahn/Mehrtens, § 45 SGB X Rn. 5.1.

52 Bereiter-Hahn/Mehrtens, § 45 SGB X Rn. 5.1 mwN auch zu den übrigen im Rahmen der Abwägung zu beachtenden Kriterien.

53 BSG 27.1.2009 – B 7/7 a AL 30/07 R, NZA 2009, 662.

16 § 45 SGB X bestimmt mehrere Fristen, nach deren Ablauf die Rücknahme ausgeschlossen ist:[54]

- Nach § 45 Abs. 4 S. 2 SGB X muss die Behörde, die einen Verwaltungsakt **für die Vergangenheit** zurücknehmen will, dies **innerhalb eines Jahres** seit Kenntnis der die Rücknahme rechtfertigenden Umstände tun. Die Frist beginnt zu laufen, sobald dem zuständigen Sachbearbeiter der Behörde die für die Rücknahmeentscheidung erheblichen Tatsachen bekannt sind. Dazu gehören alle Umstände, deren Kenntnis es der Behörde objektiv ermöglicht, ohne weitere Sachaufklärung unter sachgerechter Ausübung ihres Ermessens über die Rücknahme zu entscheiden.[55]
- Bei **Verwaltungsakten mit Dauerwirkung** gilt auch bei Rücknahme für die Zukunft die **Zweijahresfrist** des § 45 Abs. 3 S. 1 SGB X. Dabei handelt es sich um eine Ausschlussfrist, die ab Bekanntgabe des Verwaltungsaktes läuft und nicht verlängerbar ist.[56]
- Ausnahmen von der Zweijahresfrist (Verwaltungsakte mit Dauerwirkung):
  - **Zehnjahresfrist**, wenn der Verwaltungsakt einen zulässigen Widerrufsvorbehalt enthält (§ 45 Abs. 3 S. 3 Nr. 2 SGB X) oder (§ 45 Abs. 3 S. 3 Nr. 1 SGB X) der Versicherte die Rechtswidrigkeit des Verwaltungsaktes vorsätzlich/grob fahrlässig durch falsche Angaben mit verschuldet hat oder die Rechtswidrigkeit kannte oder kennen musste (§ 45 Abs. 2 S. 3 Nr. 2, 3 SGB X).
  - Da in § 45 Abs. 3 S. 3 SGB X für die Arglist nach § 45 Abs. 2 S. 3 Nr. 1 SGB X nicht ebenfalls eine Zehnjahresfrist vorgesehen ist, wird insofern angenommen, dass die Rücknahme **unbefristet** möglich ist. Dies entspricht auch § 45 Abs. 3 S. 2 SGB X, wonach die Rücknahme unbefristet möglich ist, wenn Wiederaufnahmegründe iSd § 580 ZPO vorliegen.

In der Praxis scheitert die Rücknahme rechtswidriger Rentenbescheide häufig schon an der Zweijahresfrist, so dass es auf eine Abwägung nicht mehr ankommt. Denn nach Feststellung der Rente auf unbestimmte Zeit werden Begutachtungs- und Überprüfungstermine, bei denen eine Fehlbeurteilung erkannt werden könnte, schon im Interesse des Versicherten nicht mehr grundsätzlich engmaschig gesetzt, es sei denn, aus den Befunden oder dem Gutachten ergeben sich gegenläufige Hinweise.

(2) Abschmelzung gem. § 48 Abs. 3 SGB X

17 Kann ein rechtswidrig begünstigender Verwaltungsakt mit Dauerwirkung nicht mehr gem. § 45 SGB X zurückgenommen werden (zB wegen Fristablaufs, aber auch wegen schutzwürdigen Vertrauens), wirkt die formal eingeräumte Rechtsposition dauerhaft fort. Treten Änderungen ein, die sich anspruchserhöhend auswirken, müsste diese materiell rechtswidrige Rechtsposition gar weiter ausgebaut werden.

---

54 Zu den Fristen insgesamt: Felix SGb 2018, 729 ff.
55 BSG 2.7.1997 – 9 RV 14/96, BSGE 80, 283 (285 f.).
56 Bereiter-Hahn/Mehrtens, § 45 SGB X Rn. 11.

Dem wirkt § 48 Abs. 3 SGB X entgegen, indem die tatsächlich gezahlte Leistung auf den Zahlbetrag **eingefroren** oder **abgeschmolzen** wird, bis sie der materiellen Rechtslage wieder entspricht. Nach dieser Vorschrift werden bei rechtswidrig begünstigendem Ursprungsbescheid also leistungserhöhende Änderungen unter bestimmten Voraussetzungen nicht berücksichtigt. Die Norm bezweckt, dass das fortbestehende Unrecht zumindest nicht weiter wachsen soll, die Differenz zwischen materieller Rechtslage und – aus Gründen der Rechtssicherheit zugebilligtem – formal-rechtlichem Anspruch also nicht noch größer wird. Damit stellt § 48 Abs. 3 SGB X einen Auffangtatbestand zu § 45 SGB X dar, der den Bestandsschutz in der Weise einschränkt, dass der Empfänger einer zu Unrecht gewährten Dauerleistung zwar den Anspruch auf die Leistung in der (rechtswidrig) festgestellten Höhe behält, die Leistung aber von künftigen Erhöhungen so lange ausgenommen wird, bis derjenige Umfang erreicht ist, wie er sich bei fehlerfreier Erstfeststellung ergeben hätte.[57]

Das bedeutet, dass die Behörde den rechtswidrig zu hoch angesetzten Betrag weiterzahlt, Änderungen zugunsten des Versicherten (§ 48 Abs. 1 SGB X) aber so lange nicht (erhöhend) berücksichtigt werden, bis der tatsächliche Zahlbetrag mit dem materiellrechtlichen Anspruch wieder übereinstimmt. Ab diesem Zeitpunkt werden Änderungen zugunsten des Versicherten wieder berücksichtigt.

Beispiel: Eine Unfallrente wurde wegen Überbewertung der Unfallfolgen nach einer MdE von 40 % statt, wie es sachgerecht gewesen wäre, nach einer MdE von 20 % bewilligt. Monatlich werden dem Versicherten daher 400 EUR überwiesen. Nach drei Jahren bemerkt die Behörde die Fehleinschätzung. Eine Rücknahme des Bescheides gem. § 45 Abs. 2 SGB X scheitert schon an der Zweijahresfrist des § 45 Abs. 3 S. 1 SGB X. Eine Änderung der tatsächlichen Verhältnisse liegt ebenfalls nicht vor, so dass der Bescheid nicht gem. § 48 Abs. 1 SGB X angepasst werden kann. Die Behörde kann die Leistung nun aber gem. § 48 Abs. 3 SGB X auf den Zahlbetrag von 400 EUR einfrieren. Das bedeutet zunächst, dass die Rente nicht mehr an der jährlichen Anpassung gem. § 95 SGB VII teilnimmt (→ § 8 Rn. 43), bis auch eine Rente nach einer MdE von 20 % einen Zahlbetrag von 400 EUR ausmachen würde. Tritt nun zusätzlich eine Änderung iSd § 48 Abs. 1 SGB X zugunsten des Versicherten ein (zB tatsächliche Erhöhung der MdE), wird diese nur insoweit berücksichtigt, als nach der materiellen Rechtslage der Zahlbetrag von 400 EUR überschritten würde.

Faktisch führt der Unfallversicherer also Buch darüber, wie sich die Rente entwickelt hätte, wenn der Ausgangsbescheid rechtmäßig gewesen wäre, also eine Rente nach einer MdE von 20 % bewilligt worden wäre. Erst dann, wenn diese Berechnung den tatsächlichen Zahlbetrag übersteigt, wird dem wieder Rechnung getragen durch eine Zahlbetragserhöhung.

Ein Einfrierungs- oder Abschmelzungsbescheid nach § 48 Abs. 3 SGB X setzt zunächst die ausdrückliche **Feststellung der Rechtswidrigkeit** des Ausgangsbescheides voraus. Diese Feststellung kann zusammen mit dem Abschmelzungsbescheid ergehen, sie kann auch in einem gesonderten Bescheid **vorab** ausgesprochen werden.[58] Eine

57 Steinwedel in: KassKomm, § 48 SGB X Rn. 62.
58 LSG Hessen 21.6.2018 – L 9 U 189/16, ASR 2018, 201 (209).

Abschmelzung ohne vorherige Feststellung der Rechtswidrigkeit kann keinen Bestand haben.[59]

Die Fristen des § 45 SGB X gelten für eine Aussparung von künftigen Steigerungen gem. § 48 Abs. 3 SGB X nicht.[60] Dies ist auch logisch, denn nach § 48 Abs. 3 SGB X soll dem Versicherten keine inne gehaltene Rechtsposition entzogen werden, es soll nur verhindert werden, dass die materiell unrechtmäßig eingeräumte Rechtsposition sich ausdehnt. Ein (schutzwürdiges) Vertrauen in einen solchen Rechtszuwachs ist jedoch ausgeschlossen, so dass hier die Rechtssicherheit hinter der materiellen Rechtslage insoweit zurücktreten kann.

Die Abschmelzung ist nicht auf Geldleistungen beschränkt, sondern kann auch die **Grundlage der Leistungsbewilligung** betreffen.[61] Danach kann zB auch die Anerkennung einer Unfallfolge oder des Versicherungsfalls an sich eingefroren werden.

Damit kann zB die Anerkennung eines Versicherungsfalls bereits vor Gewährung von Leistungen eingefroren werden (zB bei einem fälschlich anerkannten Arbeitsunfall verschlimmern sich die anerkannten Folgen, so dass nun erstmals eine MdE von 20 % erreicht würde). In diesen Fällen wird die Leistung bei Null eingefroren.[62]

Beispiel: In dem vom BSG entschiedenen Fall[63] war eine Lärmschwerhörigkeit mit linksseitigen Tinnitus anerkannt worden. Zum Zeitpunkt der Bekanntgabe des Anerkennungsbescheides war dieser nicht behandlungsbedürftig. Der Kläger bedurfte nach einer Weile jedoch der Therapie des Tinnitus, die abgelehnt wurde. Das LSG sah in der inzwischen eingetretenen Behandlungsbedürftigkeit eine Verschlimmerung des Tinnitus und also eine Änderung iSd § 48 Abs. 1 SGB X. Da der Unfallversicherungsträger in der Zwischenzeit die Rechtswidrigkeit der Anerkennung des Tinnitus festgestellt hatte und eine Aussparung dieser BK-Folge gem. § 48 Abs. 3 SGB X verfügt hatte, mussten die Kosten der Therapie nicht erstattet werden.

Die Besonderheit des Falles bestand allerdings im Eintritt der Behandlungsbedürftigkeit als Verschlimmerung iSd § 48 Abs. 1 SGB X. Der den Tinnitus rechtswidrig anerkennende Bescheid hatte noch keinen entsprechenden Anspruch auf Heilbehandlung eingeräumt, da dort ein kompensierter, nicht behandlungsbedürftiger Tinnitus anerkannt worden war.

Wie oben (→ Rn. 11, → § 8 Rn. 10 ff.) ausgeführt, stellt die Zuerkennung eines **Heilbehandlungsanspruchs** eine Rechtsposition dar, die dem Versicherten nicht ohne Weiteres wieder entzogen werden kann. Jedenfalls aber dann, wenn eine Unfallfolge mit Behandlungsbedürftigkeit anerkannt ist, also mit einer (erneuten) Behandlungseinheit keine wesentliche Änderung eintritt, kann der Heilbehandlungsanspruch nicht wegen einer Aussparung gem. § 48 Abs. 3 SGB X verweigert werden. Eine Abschmelzung des Heilbehandlungsanspruchs auf Null kommt allenfalls dann in Frage, wenn im Zeitpunkt dieser Entscheidung nach § 48 Abs. 3 SGB X eine akute und absehbare Be-

59 LSG Baden-Württemberg 8.7.2009 – L 2 U 1556/07, UVR 2009, 1067 (1074).
60 BSG 20.3.2007 – B 2 U 38/05 R, UVR 2007, 671 (675); LSG Baden-Württemberg 8.7.2009 – L 2 U 1556/07, UVR 2009, 1067 (1074).
61 BSG 20.3.2007 – B 2 U 38/05 R, UVR 2007, 671 (676).
62 Gagel SGb 1990, 252 (253 f.); Steinwedel in: KassKomm, § 48 SGB X Rn. 65.
63 BSG 20.3.2007 – B 2 U 38/05 R, UVR 2007, 671 ff.

handlungsbedürftigkeit nicht besteht, also tatsächlich eine Ausheilung eingetreten ist. Das Einfrieren kann aber darin liegen, dass der Behandlungsanspruch nur wegen der anerkannten Unfallfolge (und nicht wegen einer etwaigen Verschlimmerung) besteht.[64]

Schließlich kann die Behörde den Bescheid nach § 48 Abs. 3 SGB X im Interesse der Rechtsklarheit auch erteilen, bevor eine die Leistung an sich erhöhende Änderung eintritt.[65]

Beispiel: Anerkannt ist eine Hepatitis als Infektionskrankheit iSd BK 3101. Durch den medizinischen Fortschritt stellt sich heraus, dass keine Virushepatitis, sondern eine Autoimmunerkrankung vorliegt. Die Behörde kann sofort die Rechtswidrigkeit feststellen und die Leistungen auf dem Ist-Zustand einfrieren und muss nicht erst eine Verschlechterung abwarten, die eigentlich eine Erhöhung der Leistung bedingen würde. Wird keine Rente gewährt, kann die Rente bei Null eingefroren werden. Liegen gegenwärtig nur geringe BK-Folgen vor, die nur eine regelmäßige Kontrolle erforderlich machen und ist dies so auch im Anerkennungsbescheid zum Ausdruck gebracht, kann auch der Heilbehandlungsanspruch auf diesem Niveau eingefroren werden. Wird also später zB eine Lebertransplantation erforderlich wegen einer entsprechenden Verschlimmerung, kann der Unfallversicherer hierfür die Heilbehandlung verweigern. Anders kann der Fall zu beurteilen sein, wenn der Ausgangsbescheid die anerkannten BK-Folgen nicht bestimmt genug benennt und pauschal einen Anspruch auf Heilbehandlung wegen der Hepatitis einräumt.

(3) Rückforderung von Sozialleistungen

Die Rückforderung von gewährten Sozialleistungen ist grundsätzlich in § 50 SGB X 18
geregelt. Ist die Sozialleistung aufgrund eines Verwaltungsaktes gewährt worden, setzt die sich nach § 50 Abs. 1 SGB X richtende Rückforderung die Aufhebung des Bewilligungsbescheides voraus. Wurde die Leistung durch faktisches Verwaltungshandeln gewährt, kann sie trotzdem nur unter den Bedingungen der §§ 45, 48 SGB X zurückgefordert werden, § 50 Abs. 2 SGB X. Das bedeutet, dass insbesondere der Vertrauensschutz Berücksichtigung finden muss. Die Rückforderung ist eine gebundene Folge der Aufhebung des Bewilligungsbescheides, **Ermessen** ist der Behörde also nur bei der Aufhebung, nicht aber bei der nachfolgenden Rückforderung eingeräumt.[66]

Soll der Rückforderungsbetrag mit laufenden Leistungen auf- bzw. verrechnet werden, sind gem. §§ 51, 52 SGB I die **Pfändungsfreigrenzen** zu beachten.

Beispiel 1: Ein Alleinerziehender erleidet einen Arbeitsunfall. Aufgrund einer Fehlberechnung erhält er versehentlich ein zu hoch bemessenes Verletztengeld. Später wird ihm wegen des Arbeitsunfalls eine Rente zuerkannt. Wird das überzahlte Verletztengeld zu Recht zurückgefordert, kann eine Aufrechnung mit dem Rentenanspruch nur insofern erfolgen, als der monatliche Rentenzahlbetrag zusammen mit dem sonstigen Einkommen im jeweiligen konkreten Monat die Pfändungsfreigrenze übersteigt.

64 So wohl auch LSG Baden-Württemberg 8.7.2009 – L 2 U 1556/07, UVR 2009, 1067 (1078).
65 LSG Baden-Württemberg 8.7.2009 – L 2 U 1556/07, UVR 2009, 1067 (1074).
66 Felix SGb 2018, 729 (731).

Keine Verrechnung stellt die Erfüllungsfiktion des § 107 SGB X dar: Nach dieser Vorschrift gilt der Anspruch des Versicherten als erfüllt, wenn ein Erstattungsanspruch eines anderen Sozialversicherungsträgers besteht.

Beispiel 2: Nach einem Arbeitsunfall bezieht der Versicherte zunächst Krankengeld. Später wird festgestellt, dass die Arbeitsunfähigkeit unfallbedingt war. Der Anspruch auf Verletztengeld gilt dann gem. § 107 SGB X als erfüllt, soweit die Krankenkasse Krankengeld gezahlt hat. Der Versicherte hat dann nur noch Anspruch auf den Spitzbetrag (= Unterschiedsbetrag zwischen Kranken- und Verletztengeld).

An die Stelle des als erfüllt geltenden Anspruchs des Versicherten tritt dann ein Erstattungsanspruch des unzuständig oder vorleistenden Trägers nach §§ 102 ff. SGB X gegen den Unfallversicherer, dh im obigen Beispiel würde dieser der Krankenkasse das gezahlte Krankengeld nach § 105 SGB X erstatten.

Die **Erfüllungsfiktion nach § 107 SGB X** setzt aber stets eine zeitliche und sachliche **Kongruenz** voraus.[67] Wenn also der Versicherte ein ebenfalls irrtümlich zu hoch berechnetes Krankengeld bezogen hat, erfüllt dies noch nicht den Anspruch auf Rente, da beide Leistungen (Krankengeld und Rente) eben nicht sachlich kongruent sind. Im Hinblick auf die erforderliche zeitliche Kongruenz sollten insbesondere Erstattungsansprüche des Jobcenters sorgfältig geprüft werden. Wird ein Erstattungsanspruch (und damit eine Erfüllungsfiktion) auf einen Rentenanspruch wegen erbrachter SGB II Leistungen geltend gemacht, müssen bei gestaffelter MdE die SGB II Leistungen ggf. taggenau beziffert werden.

c) Anhörung gem. § 24 Abs. 1 SGB X

19 Will der Unfallversicherungsträger dem Versicherten eine einmal **eingeräumte Rechtsposition** wieder entziehen (bzw. schmälern), muss er ihn zuvor gem. § 24 Abs. 1 SGB X anhören.

Unter der Anhörung in diesem Sinne ist zu verstehen, dass dem Versicherten der beabsichtigte Eingriff in seine Rechte angekündigt wird und er formal auf die Möglichkeit hingewiesen wird, sich zu den Gründen des anvisierten Verwaltungsakts zu äußern, es muss dem Betroffenen also Gelegenheit zur Stellungnahme eingeräumt werden. Damit soll nicht nur der Bürger vor überraschenden Eingriffen in seine Rechte bewahrt werden, sondern auch eine umfängliche Sachverhaltsaufklärung im Vorfeld einer Entscheidung befördert werden.[68] Dies stellt klar, dass eine Anhörung nicht bei jeder dem Versicherten ungünstigen Entscheidung erfolgen muss. Sie ist nur erforderlich, sofern der beabsichtigte Bescheid in bereits bindend festgestellte Rechte des Versicherten eingreift.[69]

Beispiel: Das ist nicht der Fall bei Ablehnung der Anerkennung eines Arbeitsunfalls oder einer Rente, denn hier besteht die Rechtsposition, in die eingegriffen werden könnte, noch gar nicht.

---

67 Vgl. zB Becker in: Hauck/Noftz, SGB X, K § 107 Rn. 2, 11.

68 Bereiter-Hahn/Mehrtens, § 24 SGB X Rn. 1.1.

69 Vgl. in diesem Zusammenhang kritisch zur jüngsten Rechtsprechung des BSG zu Beitragsbescheiden: Ricke WzS 2018, 311 ff. und WzS 2019, 215 ff.

Der Verwaltungsakt, der ohne vorherige Anhörung in bestehende Rechte eingreift, ist mit einem **Verfahrensfehler** behaftet, § 42 S. 2 SGB X. Dieser Fehler kann jedoch gem. § 41 Abs. 1 Nr. 3 iVm Abs. 2 SGB X geheilt werden durch die rechtswirksame Nachholung der Anhörung, was gem. § 41 Abs. 2 SGB X bis in die letzte Tatsacheninstanz möglich ist.[70] Die Nachholung ist auch dann möglich und zulässig, wenn die Behörde die Anhörung bewusst – etwa wegen des drohenden Fristablaufs iSd § 62 Abs. 2 SGB VII (Umwandlung der Rente als vorläufige Entschädigung in eine solche auf unbestimmte Zeit) – unterlassen hat.[71] Dies gilt jedenfalls bei vorsätzlicher und auf Organisationsmängeln beruhender Unterlassung. Ob es auch bei rechtsmissbräuchlichem Verhalten gilt, hat das BSG offen gelassen.[72] Wegen der weitreichenden Heilungsmöglichkeit wird der (unterlassenen) Anhörung kaum je ein entscheidungserhebliches Gewicht zukommen.

II. Sozialgerichtsverfahren

Gegen Entscheidungen des Unfallversicherungsträgers gegenüber einem Versicherten 20
ist grundsätzlich der **Sozialrechtsweg** eröffnet, § 51 Abs. 1 Nr. 3 SGG. Der Gesetzgeber ist bei Ausgestaltung des sozialgerichtlichen Verfahrens erkennbar darum bemüht, dem Bürger den Zugang zu gerichtlicher Kontrolle von sozialversicherungsrechtlichen Verwaltungsentscheidungen zu erleichtern. So finden sich im SGG Vorschriften, die den Folgen von typischen „Fehlern" rechtlicher Laien entgegenwirken.

Beispiel: Die Einlegung des Widerspruchs bei einer anderen Behörde wahrt die Frist, § 84 Abs. 2 SGG, zur Klageerhebung bei der Behörde vgl. § 91 SGG.

1. Vorverfahren

Die Durchführung eines Vorverfahrens (Widerspruchsverfahren) ist gem. § 78 Abs. 1, 21
3 SGG **Klagevoraussetzung** bei der Anfechtungs- und der Verpflichtungsklage, um u.a. der Verwaltung Gelegenheit zur Selbstkontrolle zu bieten und die Gerichte zu entlasten. Eine vor Durchführung des Vorverfahrens erhobene Klage ist damit unzulässig; läuft die Widerspruchsfrist noch, wird das Gericht das Verfahren zur Nachholung des Vorverfahrens aussetzen. Das Vorverfahren sollte gerade im Bereich der Unfallversicherung nicht als bloße Formalie behandelt werden, denn die Statistik der Unfallversicherer zeigt zweierlei: Zum einen sind die Bescheide der Unfallversicherung innerhalb des Sozialversicherungswesens überproportional „gerichtsfest", dh ihre Rechtmäßigkeit wird auch im Klageverfahren (im Vergleich etwa zur Pflegeversicherung oder zu Bescheiden des Jobcenters) überproportional oft bestätigt. Sollten sich aber Fehler (zB aufgrund nicht haltbarer gutachterlicher Beurteilungen) eingeschlichen haben, wird solchen Fehlern häufig bereits im Widerspruchsverfahren, zumal bei entsprechender Begründung, erfolgreich nachgegangen. **Nachfolgende Bescheide**, die denselben Streitgegenstand betreffen und den angefochtenen Verwaltungsakt abändern (zB Teilabhilfebescheide), werden gem. § 86 SGG Gegenstand des

70 Zur Heilung im Klageverfahren grundlegend Köhler WzS 2010, 296 ff.
71 BSG 5.2.2008 – B 2 U 6/07 R, SGb 2009, 155 (156).
72 BSG 5.2.2008 – B 2 U 6/07 R, SGb 2009, 155 (157).

bereits anhängigen Widerspruchsverfahrens, müssen also nicht nochmals gesondert angefochten werden.

Der Widerspruch ist **schriftlich** einzulegen, § 84 Abs. 1 SGG, wobei zu beachten ist, dass eine einfache E-Mail ohne qualifizierte Signatur als nicht ausreichend angesehen wird.[73] Die **Frist** zur Widerspruchseinlegung beträgt einen Monat ab Bekanntgabe des Verwaltungsakts, § 84 SGG. Fehlt die Rechtsbehelfsbelehrung, beträgt die Frist gem. §§ 84 Abs. 2 S. 3, 66 Abs. 2 SGG ein Jahr. Fehlt es an der Bekanntgabe des Verwaltungsakts, beginnt die Frist grundsätzlich nicht zu laufen, es kommt aber die Verwirkung der Widerspruchsbefugnis in Betracht, wenn der Widerspruchsführer den Verwaltungsakt kannte oder Kenntnis hätte haben müssen.[74] **Verfristete Widersprüche** können zwar als unzulässig verworfen werden, sind im Sozialrecht aber regelmäßig in einen Überprüfungsantrag nach § 44 SGB X umzudeuten.[75] Die Erteilung eines sachlichen Bescheids auf einen verfristeten Widerspruch heilt die Fristverletzung. Der vereinzelt vertretenen Auffassung, der Träger sei bei Verfristung zu einer Zurückweisung des Widerspruchs als unzulässig verpflichtet, kann nicht gefolgt werden.[76]

Hinweis: In der Praxis akzeptieren viele Sozialgerichte die Zurückweisung des Widerspruchs als verfristet und damit unzulässig nicht, sondern drängen darauf, dass dann eine Überprüfung nach § 44 SGB X erfolgt. Daher ist der Träger schon aus verwaltungsökonomischen Gründen gut beraten, auch den verfristeten Widerspruch sachlich zu bescheiden. Dem kann der Versicherte Nachdruck verleihen, wenn er bereits in seinem (verfristeten) Widerspruchsschreiben darauf hinweist, dass er dieses Schreiben hilfsweise als Überprüfungsantrag nach § 44 SGB X ausgelegt sehen will.

22 Der Widerspruch hat gem. § 86 a Abs. 1 SGG grundsätzlich **aufschiebende Wirkung.** Die in § 86 a Abs. 2 normierten Ausnahmen betreffen nicht den leistungsrechtlichen Widerspruch des Versicherten im Unfallversicherungsrecht, beispielsweise gegen eine Rentenherabsetzung.

Geht es aber in dem angefochtenen Bescheid nicht um die Entziehung einer bereits eingeräumten Rechtsposition, sondern um die Ablehnung einer neuen Rechtsposition (zB Ablehnung der Anerkennung eines Versicherungsfalls) besteht keine „Wirkung“, die aufgeschoben werden könnte. Etwas anderes gilt auch für solche Bescheide, die bloß deklaratorischen Charakter haben, also nur eine Rechtsfolge feststellen, die qua Gesetz oder mangels Dauerwirkung des vorgangehenden Gewährungsbescheides eintritt.[77] In der Unfallversicherung sind dies vor allem diejenigen Fälle, in denen das Verletztengeld gem. § 46 Abs. 3 S. 1 SGB VII endet, weil zB der Unfallversicherer der Auffassung ist, dass die unfallbedingte Arbeitsunfähigkeit weggefallen ist (→ § 8 Rn. 19 und oben, → Rn. 11). Auch in diesen Fällen kann nicht beantragt werden, die aufschiebende Wirkung wiederherzustellen bzw. die sofortige Vollziehung auszuset-

73 B. Schmidt in: Meyer-Ladewig, SGG, § 84 Rn. 3 mwN.
74 B. Schmidt in: Meyer-Ladewig, SGG, § 84 Rn. 4 d mwN.
75 So BSG 26.10.2017 – B 2 U 6/16 R, SozR 4-2200 § 547 Nr. 1; teilweise strittig, vgl. dazu B. Schmidt in: Meyer-Ladewig, SGG, § 84 Rn. 7 mwN, vgl. auch BSG 27.3.2007 – B 13 R 164/06 B, BeckRS 2007, 44064.
76 B. Schmidt in: Meyer-Ladewig, SGG, § 84 Rn. 7 mwN aus der Rechtsprechung.
77 BSG 6.2.2008 – B 6 KA 41/06 R, BSGE 100, 43 (50).

zen (§ 86 a Abs. 3, § 86 b Abs. 1 SGG), da es gerade keine Rechtsposition gibt, deren Entzug „aufgeschoben“ werden soll. Rechtschutz gewährt insofern nur § 86 b Abs. 2 SGG, wonach der Kläger beim Gericht den Erlass einer einstweiligen Anordnung beantragen kann. Zum einstweiligen Rechtsschutz → Rn. 31 ff.

Hinweis: Die Unterscheidung beim Verletztengeld hinsichtlich der Beendigungstatbestände des § 46 Abs. 3 Satz 1 und Satz 2 SGB VII und die damit korrespondierenden Regelungen zur aufschiebenden Wirkung des § 86 a SGG sind umstritten und werden daher manchmal missachtet (s. bereits → Rn. 11). Taktisch kann daher ggf. auch in diesen Fällen zunächst unter Hinweis auf die grundsätzlich aufschiebende Wirkung des Widerspruchs eine Weiterzahlung des Verletztengeldes verlangt werden. Bei Weigerung des Trägers sollte sich der weiterhin arbeitsunfähige Versicherte an seine Krankenkasse zwecks Auszahlung von Krankengeld wenden (→ § 8 Rn. 7). Der Antrag auf Erlass einer einstweiligen Anordnung nach § 86 b Abs. 2 SGG wird bei gesetzlich Krankenversicherten in aller Regel mangels Anordnungsgrundes wegen des Anspruchs auf Krankengeld unbegründet sein. Bei Versicherten ohne Anspruch auf Krankengeld hat das Verletztengeld aber uU eine existenzsichernde Funktion, so dass uU ein Anordnungsgrund iSd § 86 b Abs. 2 SGG vorliegt.

2. Klageverfahren

a) Allgemeines

Hinsichtlich der **Formalia** gelten keine Besonderheiten (Klagefrist ein Monat, § 87 23
SGG; schriftlich oder zur Niederschrift der Geschäftsstelle, § 90 SGG; zuständig ist idR das Sozialgericht, in dessen Bezirk der Kläger im Zeitpunkt der Klageerhebung seinen Wohnsitz hat bzw. abweichend Wahlzuständigkeit vgl. § 57 SGG). Auch die Sozialgerichtsbarkeit verfügt über **zwei Tatsacheninstanzen**, wobei der Zugang zur Berufungsinstanz vor den Landessozialgerichten gem. § 144 SGG beschränkt ist. Da die Hürde mit 750 EUR Berufungssumme für Versicherte äußerst niedrig angesetzt ist und überdies nicht für laufende bzw. wiederkehrende Leistungen gilt, spielt die Beschränkung jedoch in der Praxis kaum eine Rolle. Das Verfahren vor dem Bundessozialgericht (Beschwerde gegen die Nichtzulassung der Revision und Revision) wird hier ausgeklammert.[78]

Anwaltszwang besteht in der Sozialgerichtsbarkeit nur vor dem Bundessozialgericht, § 73 Abs. 4 SGG. Da der **Amtsermittlungsgrundsatz** (§ 103 SGG) gilt und in der Sozialgerichtsbarkeit sehr ernst genommen wird, ist auch dem rechtsunkundigen Bürger eine Wahrnehmung seiner Interessen in aller Regel möglich. Das Sozialgericht wird auf die Stellung sachdienlicher Anträge hinwirken und den sich selbst vertretenen Bürger auch im Übrigen beraten, vgl. auch § 106 SGG.

Das Klageverfahren ist für **Klagen eines Versicherten** gerichtskostenfrei, § 183 SGG. Die Behörde hat in diesen Fällen unabhängig vom Verfahrensausgang eine **Pauschgebühr** nach § 184 SGG zu entrichten. Etwas anderes gilt allerdings für den Schädiger, der auf Feststellung des Versicherungsfalls klagt, um implizit sein Haftungsprivileg

78 Stattdessen sei verwiesen auf die instruktiven Ausführungen von Becker SGb 2007, 261 ff. und 328 ff.

iSd §§ 104 ff. SGB VII feststellen zu lassen. Für Verfahren, in denen weder der Kläger noch der Beklagte zu den in § 183 SGG genannten Personen (insbesondere Versicherte) gehört, gilt gemäß **§ 197 a SGG das GKG** mit der Folge, dass nicht nur Gerichtskosten entsprechend dem Streitwert fällig werden, sondern sich auch die Gebühren der eventuell beteiligten Rechtsanwälte gemäß § 3 RVG nicht nach der Betragsrahmengebühr, sondern nach dem festgesetzten Gegenstandswert richten, § 3 Abs. 1 S. 2 RVG.

Das Gericht kann zur Aufklärung des Sachverhaltes insbesondere ein **Sachverständigengutachten** von Amts wegen (§§ 103, 106 SGG) einholen. Da das Klageverfahren für den Versicherten gerichtskostenfrei ist, fallen die Kosten eines solchen Gutachtens der Staatskasse zu. Davon zu unterscheiden ist das Recht des Klägers, einen **Arzt seines Vertrauens** zu benennen und zu beantragen, dass das Gericht bei diesem gem. § 109 SGG ein Gutachten (auf Kosten des Klägers) einholt. In aller Regel ist dann gem. § 109 Abs. 1 S. 2 SGG ein Kostenvorschuss vom Kläger an die Gerichtskasse zu leisten. Der Kläger kann (und sollte) bei Abschluss des Klageverfahrens **beantragen, dass die Kosten des Gutachtens nach § 109 SGG auf die Staatskasse** übernommen werden mit der Begründung, dass das Gutachten der Sachaufklärung dienlich war.[79] Das Gutachten nach § 109 SGG hat keinen geringeren Beweiswert als andere Gutachten.[80]

Hinweis: In der Praxis benennt der Kläger häufig seinen behandelnden Arzt als Gutachter nach § 109 SGG. Dabei wird übersehen, dass die meisten niedergelassenen Ärzte nicht vertraut sind mit den rechtlichen Anforderungen, die zur Begründung eines Sozialleistungsanspruchs erfüllt sein müssen. Schon wegen dieser mangelnden Kenntnis sind viele solcher Gutachten nicht geeignet, einen Rechtsanspruch zu bestätigen. Hinzu tritt die Kollision des Vertrauensverhältnisses zwischen Arzt und behandeltem Patienten einerseits und der Position als der Objektivität verpflichteter Gerichtsgutachter andererseits. Die hohe Anzahl praktisch unbrauchbarer § 109-Gutachten führt dazu, dass diese faktisch häufig entgegen dem obigen Zitat doch deutlich weniger ernst genommen werden, als das nach § 106 SGG eingeholte Gutachten, denn das Gericht wird in aller Regel einen im Unfallrecht versierten Gutachter benennen.

Vor diesem Hintergrund ist der Kläger gut beraten, stattdessen einen in der Sozialgerichtsbarkeit renommierten Sachverständigen zu benennen, der über das notwendige juristische Hintergrundwissen verfügt.[81] Denn es ist ein offenes Geheimnis, dass auch hierunter – bei aller Verpflichtung zu größtmöglicher Objektivität – solche zu finden sind, die im Zweifelsfall eher der Seite der Versicherten zuneigen.

Hinzuweisen ist darauf, dass nicht nur das Gutachten nach § 109 SGG offiziell keinen geringeren Beweiswert hat. Das gilt auch für die „nur" im Urkundsbeweis ver-

79 Vertiefend: Keller in: Meyer-Ladewig, SGG, § 109 Rn. 16 ff mwN.
80 Vgl. BSG 7.12.1998 – B 2 U 269/98 B, HVBG-INFO 1999, 1371.
81 In NRW kann einen ersten Anhaltspunkt insofern die Sachverständigenliste unter www.sozialgerichtsbarkeit.de bieten. Allerdings sind nicht alle dort genannten Gutachter auch mit dem speziellen Rechtsgebiet der gesetzlichen Unfallversicherung vertraut.

wertbaren Stellungnahmen eines Beratungsarztes.[82] Obwohl viele Beratungsärzte über jahrelange Erfahrung im Unfallrecht verfügen, werden ihre Stellungnahmen häufig nicht gewürdigt, in manchen Fällen nicht einmal im Tatbestand der gerichtlichen Entscheidung erwähnt. Das ist – gerade vor dem Hintergrund der BSG-Entscheidungen zum Widerspruchsrecht im Rahmen des § 200 Abs. 2 SGB VII[83] – nicht akzeptabel.

Die Vorschriften über die **Prozesskostenhilfe,** §§ 114 ff. ZPO, gelten gem. § 73 a Abs. 1 SGG im Sozialgerichtsverfahren entsprechend. Prozesskostenhilfe wird idR auf Antrag nahezu unabhängig von der Schwierigkeit der Sache bewilligt, wenn die Sache Aussicht auf Erfolg hat, dh wenn das Gericht zumindest eine weitere Sachaufklärung für erforderlich hält.[84] Zu beachten ist, dass für die Einholung eines Sachverständigengutachtens nach § 109 SGG gem. § 73 a Abs. 3 auch bei Bewilligung von Prozesskostenhilfe vom Kläger ein Kostenvorschuss gem. § 109 Abs. 1 S. 2 verlangt werden kann.[85]

b) Klageantrag, Tenor und Streitgegenstand

Nach der Rechtsprechung bildet jeder Versicherungsfall (auch jede einzelne Berufs- 24
krankheit) einen **eigenen Streitgegenstand.** Damit muss für jeden dieser Streitgegenstände (jedes Unfallereignis, jede BK, jede Leistung) das erforderliche Vorverfahren durchgeführt worden sein.[86]

Der **Klageantrag** variiert naturgemäß je nach Streitgegenstand. Da das Vorverfahren Klagevoraussetzung ist, muss also stets ein Abgleich vorgenommen werden, ob das Begehren, das nun klageweise verfolgt werden soll, auch **Regelungsgegenstand der angefochtenen Bescheide** (also sowohl des Ausgangs- als auch des Widerspruchsbescheides) ist.

Beispiel: Der Versicherte leidet unter einer Arthrose des Kniegelenks. Er führt dies auf die Folgen eines anerkannten Arbeitsunfalls vom 10.1.2010 zurück. Der Unfallversicherer lehnt die Anerkennung der Arthrose als Folge des Unfalls vom 10.1.2010 ab. Im Widerspruchsschreiben trägt der Versicherte vor, außerdem einen weiteren versicherten Unfall am 15.7.1999 erlitten zu haben, über den bislang jedoch nicht beschieden wurde.

Der Unfall vom 15.7.1999 und seine Folgen sind nicht Gegenstand des nachfolgenden Klageverfahrens, selbst dann nicht, wenn der Widerspruchsbescheid hierauf eingeht. Denn in diesem Fall kann der Widerspruchsbescheid zwar uU als Erstbescheid hinsichtlich des Unfalls vom 15.7.1999 ausgelegt werden (und zugleich der Widerspruchsbescheid hinsichtlich des Unfalls vom 10.1.2010 sein), es fehlt dann aber noch immer am erforderlichen Vorverfahren hinsichtlich des Unfalls vom 15.7.1999.

Richtigerweise müsste also gegen den Widerspruchsbescheid geklagt werden, soweit der Widerspruch hinsichtlich des Unfalls vom 10.1.2010 zurückgewiesen wurde und zugleich Widerspruch gegen den („Widerspruchs"-)Bescheid eingelegt werden, soweit er erstmals

82 Zur Stellung des Beratungsarztes: Schlaeger in: BeckOK-SozR, § 200 SGB VII Rn. 28 mwN.
83 BSG 5.2.2008 – B 2 U 8/07, SGb 2009, 40 ff., → Rn. 5 ff.
84 Vertiefend: B. Schmidt in: Meyer-Ladewig, SGG, § 73 a Rn. 7 ff.; zur Beschwerde gegen den ablehnenden Gerichtsbeschluss: Burkiczak NJW 2010, 407 ff. mwN.
85 B. Schmidt in: Meyer-Ladewig, SGG, § 73 a Rn. 3.
86 BSG 27.6.2006 – B 2 U 77/06 B, SozR 4-1500 § 55 SGG Nr. 4.

über die Folgen des Unfalls vom 15.7.1999 entschieden hat. Wenn der dann zu erteilende Widerspruchsbescheid im zweiten Verfahren mit der Klage angefochten wird, können die Verfahren **verbunden** werden, § 113 SGG. Ergehen zeitgleich zwei Widerspruchsbescheide (zB wenn der Versicherte von Anfang an beide Unfälle für die Arthrose verantwortlich macht), können uU beide Bescheide in einer einheitlichen Klage angefochten werden, wenn sie in sachlichem Zusammenhang stehen und Gericht und Beklagte identisch sind, § 56 SGG (Klagehäufung).

Ein **Anfechtungs- und Verpflichtungsantrag** wird in aller Regel erforderlich sein, wenn eine Ermessensentscheidung der Behörde angegriffen wird („… den Bescheid vom … in Gestalt des Widerspruchsbescheides vom … aufzuheben und die Beklagte zu verpflichten, über … unter Beachtung der Rechtsauffassung des Gerichts neu zu bescheiden“).[87]

Soweit eine **Feststellung** begehrt wird (zB Anerkennung des Versicherungsfalls, Anerkennung von Unfallfolgen etc), ist die richtige Klageart die **kombinierte Anfechtungs- und Feststellungsklage,**[88] denn dem Begehren des Klägers entspricht die gerichtliche Feststellung. Eine Verpflichtung der Behörde, diese Feststellung vorzunehmen, ist demgegenüber weniger effektiv.[89] Dementsprechend sollte der Antrag formuliert werden („den Bescheid … aufzuheben und festzustellen, dass das Ereignis … ein Arbeitsunfall ist“). Die kombinierte Anfechtungs- und Feststellungsklage ist auch die sachgerechte Klageart, wenn gegen die Ablehnung einer Abänderung des Ausgangsbescheides im **Zugunstenverfahren nach § 44 SGB X** geklagt wird.[90]

Bei einem den Versicherungsfall ablehnenden Bescheid genügt in der Regel eine solche gerichtliche Feststellung, da der Unfallversicherungsträger auf einen entsprechenden Urteilstenor die verschiedenen Leistungen (Heilbehandlung, Verletztengeld, Rente) von sich aus feststellen wird.

Ist vorher bereits klar, wie lange Arbeitsunfähigkeit/Behandlungsbedürftigkeit bestand, dass ein Rentenanspruch geltend gemacht werden soll und/oder dass der Unfallversicherer entsprechende Ansprüche bestreitet, ist es möglich und sinnvoll, einen entsprechenden **Leistungsantrag** zu stellen. Soweit aber Leistungen eingeklagt werden sollen, muss der **Bestimmtheitsgrundsatz** bei der Formulierung des Klageantrags beachtet werden. Die Forderung muss dabei nicht beziffert werden, jedoch bestimmbar sein (zB „… eine Rente nach einer MdE von (mindestens) 20 % zu gewähren …“ „Verletztengeld von … bis … zu gewähren“). Insbesondere die noch immer weit verbreitete Formulierung „… und Leistungen nach den gesetzlichen Bestimmungen zu erbringen“ genügt diesen Anforderungen nicht. Nach dem BSG stellt ein diesem Antrag entsprechender Urteilstenor ein unzulässiges Grundurteil dar über Versicherungsansprüche, die vom Kläger nicht benannt, im Gerichtsverfahren auch nicht ge-

87 Vgl. BSG 20.3.2007 – B 2 U 18/05 R, SozR 4-2700 § 35 Nr. 1.
88 BSG 15.2.2005 – B 2 U 1/04 R, SozR 4-2700 § 8 Nr. 12; BSG 2.12.2008 – B 2 U 17/07 R, SozR 4-2700 § 8 Nr. 28 mwN.
89 Vgl. auch BSG 27.4.2010 – B 2 U 23/09 R, SGb 2010, 414.
90 BSG 5.9.2006 – B 2 U 24/05, SozR 4-2700 § 8 Nr. 18.

prüft sowie völlig unbestimmt sind.[91] Der Tenor weist zudem keinen bezüglich der Entschädigung vollstreckungsfähigen Inhalt auf.[92]

Nachfolgende Bescheide können gem. § 96 SGG Gegenstand des Klageverfahrens werden, soweit derselbe Streitgegenstand betroffen ist. Hierbei ist zu beachten, dass die Rechtsprechung diese Vorschrift eher restriktiv auslegt.[93] Selbst wenn daher die Rechtsbehelfsbelehrung nach § 96 SGG erfolgt, sollte im Zweifelsfall vorsorglich Widerspruch binnen der Jahresfrist des § 66 Abs. 2 SGG eingelegt werden, es sei denn, das Sozialgericht hat bereits erklärt, dass es den Bescheid als Gegenstand des Verfahrens betrachtet.

c) Unzureichende Ermittlungen und Untätigkeit des Unfallversicherungsträgers

Eine Besonderheit der Sozialgerichtsbarkeit ist die dem Gericht eingeräumte Möglichkeit, bei **unzureichenden Ermittlungen** an die Verwaltung zurückzuverweisen, § 131 Abs. 5 SGG. Dazu wird der angefochtene Verwaltungsakt aufgehoben, ohne dass das Gericht in der Sache selbst entscheidet. Allerdings muss das Gericht dabei die Belange der Beteiligten berücksichtigen. Widerspricht der Kläger aus guten Gründen, zB weil das Verwaltungsverfahren nicht nur inhaltlich mangelhaft, sondern zudem schleppend von Behördenseite geführt wurde, wird das Gericht dem in aller Regel Rechnung tragen und die versäumte Sachaufklärung selbst veranlassen. Im Übrigen ist eine solche Rückverweisung gem. § 131 Abs. 5 S. 4 SGG nur binnen sechs Monaten nach Eingang der Verwaltungsakte bei Gericht möglich. 25

Bei überlanger **Untätigkeit der Behörde** steht dem Kläger die Untätigkeitsklage gem. § 88 SGG offen. Gegenstand der Untätigkeitsklage ist nicht der materiellrechtliche Anspruch, sondern nur der Anspruch auf Bescheidung.[94] Die Untätigkeitsklage ist **zulässig** nach Ablauf der jeweiligen Bearbeitungsfrist (Sperrfrist). In der Unfallversicherung sind die in § 88 SGG genannten **Bearbeitungsfristen** von sechs Monaten für den Feststellungsbescheid (§ 88 Abs. 1 SGG) bzw. drei Monaten für den Widerspruchsbescheid (§ 88 Abs. 2 SGG) häufig tatsächlich nicht zu halten,[95] dies gilt vor allem dann, wenn der Versicherte komplexe Verletzungen erlitten hat und eine umfassende Begutachtung mit mehreren Zusatzgutachten durchzuführen ist. In diesen Fällen hat der Träger jedoch die Möglichkeit, den Versicherten durch entsprechende Zwischennachrichten über den Sachgrund zu informieren, der die fristgerechte Bescheiderteilung hindert. 26

Liegt ein **zureichender Grund** vor, weshalb sachlich nicht beschieden wurde, sieht das Gesetz vor, dass der Behörde vom Gericht eine Frist zur Bescheidung gesetzt wird, die verlängert werden kann, § 88 Abs. 1 SGG. Nur wenn ohne sachlichen Grund nicht fristgerecht beschieden wurde oder bei Vorliegen eines zureichenden Grundes bei fruchtlosem Verstreichen der gerichtlich gesetzten Frist kann der Untätigkeitsklage durch Verurteilung der Behörde zur Bescheidung **stattgegeben** werden. In den Fällen,

91 BSG 27.4.2010 – B 2 U 23/09 R, SGb 2010, 414.
92 BSG 2.12.2008 – B 2 U 17/07 R, SozR 4-2700 § 8 Nr. 28.
93 Vgl. zu § 96 SGG: BSG 20.7.2005 – B 13 RJ 23/04 R, SozR 4-1500 § 96 Nr. 3.
94 B. Schmidt in: Meyer-Ladewig, SGG, § 88 Rn. 9.
95 So auch über das Unfallrecht hinaus Schickedanz WzS 2010, 305 (306 f.).

in denen vor Ablauf der gerichtlich gesetzten Frist ein stattgebender Bescheid erteilt wird, muss der Kläger gem. § 88 Abs. 1 S. 3 SGG die Hauptsache regelmäßig **für erledigt** erklären. Dies gilt auch für den ablehnenden Bescheid, allerdings kommt hier eine Klageänderung (Anfechtungs- und Verpflichtungs- bzw. Feststellungsklage) in Betracht, wobei jedoch ggf. das Vorverfahren nachgeholt werden muss (Aussetzung des Klageverfahrens, → Rn. 21),[96] weshalb in der Praxis einige Unfallrichter einer solchen Klageänderung aus pragmatischen Gründen ablehnend gegenüberstehen.

Da der Streitgegenstand auf den Bescheidungsanspruch beschränkt ist, entfaltet die Untätigkeitsklage keine materielle Wirkung. Sie belastet aber die Gerichtsbarkeit zusätzlich, weshalb *Schickedanz* den Kläger bei echter Untätigkeit auf die Dienstaufsichtsbeschwerde und bei einem tatsächlichen Eilbedürfnis auf die Regelungen des einstweiligen Rechtsschutzes verweisen will.[97] Seiner Kritik ist grundsätzlich zuzustimmen, vor allem in solchen Fällen, in denen der Kläger zumindest implizit weiß, woran es „hakt" (zB dass der von ihm gewählte Gutachter wegen Überlastung eine längere Bearbeitungsfrist erbeten hat) oder ohne jede Nachfrage taggenau mit Ablauf der Sperrfrist Klage erhebt.

Hinweis: In der Praxis genügt zumeist eine Fristsetzung mit klarer **Androhung**, hiernach Untätigkeitsklage zu erheben. Auf ein solches Schreiben wird der Träger zumeist Gründe benennen, weshalb die gesetzte Frist nicht eingehalten werden kann, jedoch auch klare Zusagen machen, wann in absehbarer Zeit die begehrte Entscheidung ergehen wird (zB Tagung der nächsten Widerspruchsausschusssitzung erst am ...). Bedauerlicherweise sind in der Praxis verschleppte Verfahren keine absolute Ausnahme. Zeichnet sich eine solche verzögerte Bearbeitung ab, werden auch Nachfragen nicht adäquat beantwortet, sollte der Versicherte seinem Anliegen durchaus mit einer solchen Androhung Nachdruck verleihen.

Das Klageverfahren wegen Untätigkeit gestaltet sich in der Praxis ohnehin häufig anders als in § 88 SGG vorgesehen: Viele Unfallrichter beschränken sich darauf, Druck auf die Behörde auszuüben, statt eine Bescheidungsfrist zu setzen. Dies genügt – wie die oben vorgeschlagene bloße Androhung – in aller Regel, um das unfallrechtliche Feststellungsverfahren voranzutreiben.

27 Eine Neuerung aus dem Jahr 2008 stellt die gesetzliche Regelung für **Untätigkeit des Klägers** dar. Betreibt der Kläger das Klageverfahren über einen Zeitraum von **drei Monaten** nicht, greift die Rücknahmefiktion des § 102 SGG. Das Gericht muss den Kläger auf diese **Klagerücknahmefiktion** hinweisen. Wird trotz entsprechenden Hinweises das Verfahren weiterhin nicht betrieben, gilt die Klage als zurückgenommen.[98] Dieses Instrument findet regen Gebrauch; entsprechende Hinweise des Gerichts sollten unbedingt ernst genommen werden. Denn gilt die Klage einmal als zurückgenommen, ist die Hauptsache erledigt, § 102 Abs. 1 S. 2 SGG. Einer Zustimmung der Be-

96 B. Schmidt in: Meyer-Ladewig, SGG, § 88 Rn. 12 f.
97 Schickedanz WzS 2010, 305 (307).
98 Zur (unzulässigen) Klagerücknahmefiktion vor Entscheidung über den Prozesskostenhilfeantrag: LSG NRW 14.2.2019 – L 9 SO 354/18 B, BeckRS 2019, 3997; vertiefend zur Klagerücknahmefiktion: Neumair jurisPR-SozR 3/2019 Anm. 5.

klagten bedarf es nicht.[99] Das Verfahren kann dann nur unter den Bedingungen einer Wiederaufnahme fortgeführt werden; liegen diese nicht vor, bleibt dem Kläger nur, einen Antrag nach § 44 SGB X (→ Rn. 13) an die Verwaltung zu stellen.

d) Beiladung gem. § 75 SGG

Unter Beiladung nach § 75 SGG ist die **Hinzuziehung eines Dritten** durch das Gericht 28
in einem anhängigen Prozess zu verstehen. Der Beigeladene ist dann Beteiligter des Rechtsstreites mit der Folge, dass sich die Rechtskraft der Entscheidung auch auf ihn erstreckt.[100]

Bei der **einfachen Beiladung** nach § 75 Abs. 1 SGG genügt es, dass die Entscheidung ein berechtigtes Interesse des Dritten berührt. Das Interesse muss nicht rechtlicher Natur sein, ein ideelles oder rein wirtschaftliches Interesse genügt.[101] Die einfache Beiladung steht im Ermessen des erkennenden Gerichts.

Ist der Dritte derart an dem streitigen Rechtsverhältnis beteiligt, dass die Entscheidung auch ihm gegenüber nur einheitlich ergehen kann, oder ergibt sich im laufenden Klageverfahren, dass ein anderer Versicherungsträger als leistungspflichtig in Betracht kommt, so ist dieser Dritte bzw. dieser Versicherungsträger gem. § 75 Abs. 2 SGG beizuladen (notwendige Beiladung). Ggf. kann, wenn die Voraussetzungen einer notwendigen Beiladung vorliegen, eine nur einfache Beiladung in der ersten Instanz in der Berufungsinstanz per Beschluss geändert werden.[102] Eine unterbliebene **notwenige Beiladung** ist in der Revisionsinstanz von Amts wegen zu beachten und führt, soweit der Mangel nicht behoben werden kann, zur Zurückverweisung an das LSG.[103]

Die **Verfahrensrechte** des Beigeladenen richten sich nach § 75 Abs. 4 SGG und unterscheiden sich danach, ob ein Fall der notwendigen Beiladung vorliegt. Nur der notwendig Beigeladene kann abweichende Sachanträge stellen, während der einfache Beigeladene zwar eigene Angriffs- und Verteidigungsmittel geltend machen kann, aber auf den Rahmen innerhalb der Sachanträge der anderen Beteiligten beschränkt bleibt.

Die Beiladung erfolgt durch **Beschluss**, der allen Beteiligten zuzustellen ist, § 75 Abs. 3 SGG. Er kann noch in der Revisionsinstanz aufgehoben werden, wenn die Beiladung unzulässig war.[104]

Ein klassisches Beispiel für die notwendige Beiladung ist die **Klage des Schädigers** auf Feststellung eines Arbeitsunfalls (Feststellungsberechtigung gemäß § 109 SGB VII). Gegenstand des Verfahrens ist, ob der Verletzte, also ein Dritter, einen Arbeitsunfall erlitten hat und der Schädiger deswegen haftungsprivilegiert nach den §§ 104 ff. SGB VII ist. Würde der Versicherte, der nicht selbst klagt, nicht an diesem Verfahren

99 B. Schmidt in: Meyer-Ladewig, SGG, § 102 Rn. 6 b.
100 Becker SGb 2011, 84 (85).
101 B. Schmidt in: Meyer-Ladewig, SGG, § 75 Rn. 8.
102 LSG Thüringen 22.6.2017 – L 1 U 118/17, UVR 2017, 589 (593).
103 Becker SGb 2011, 84 (85).
104 BSG 23.1.1980 – 12 RK 53/79, SozR 1500 § 1500 Nr. 27.

beteiligt, würde sich die Rechtskraft der Entscheidung, dass er (entgegen den ablehnenden Bescheiden) einen Arbeitsunfall erlitten hat, nicht auf ihn erstreckt. Auch umgekehrt ist ein Schädiger, der vom Verletzten auf Schadenersatz in Anspruch genommen wird, notwendig beizuladen, da der Versicherte ihm sonst eine Ablehnung des Arbeitsunfalls (und damit des Haftungsprivilegs) nicht entgegen halten könnte.[105]

29 Herausragenden Charakter erlangt die Beiladung durch die in § 75 Abs. 5 SGG eröffnete Möglichkeit zur **Verurteilung des beigeladenen Trägers** (statt des Beklagten).

Mit dieser Vorschrift wird der Bürger erneut vor den Untiefen des unterteilten deutschen Sozialversicherungssystems geschützt. Besteht der klageweise geltend gemachte Anspruch zwar dem Grunde nach, jedoch nicht gegenüber dem beklagten Sozialversicherungsträger, muss das Gericht (notwendig iSd § 75 Abs. 2 SGG) den tatsächlich zuständigen Träger beiladen und erspart dem Versicherten ggf. durch die Verurteilung dieses Trägers die Wiederholung des Verwaltungsverfahrens einschließlich des Vorverfahrens. Denn § 75 Abs. 5 SGG stellt eine Ausnahme dar zu dem ansonsten als Klagevoraussetzung notwendigen Vorverfahren iSd § 78 SGG.[106] Gleichzeitig dient § 75 SGG auch der Prozessökonomie, denn Folgestreitigkeiten zum gleichen Lebenssachverhalt zwischen dem Dritten und einem Beteiligten werden vermieden.

Beispiel: Ein Student verunglückt auf dem Weg zur Universitätsbibliothek und erleidet einen Zahnschaden. Er klagt gegen seine Krankenkasse auf einen höheren Festkostenzuschuss, denn er habe sein Bonusheft immer gepflegt. Tatsächlich zuständig ist der Unfallversicherungsträger, nicht die Krankenkasse, § 11 Abs. 5 SGB V, § 8 SGB VII. Das SG muss den Unfallversicherer beiladen und kann ihn – nach Feststellung des Versicherungsfalls – ggf. nach § 75 Abs. 5 SGG verurteilen, die Kosten des Zahnersatzes zu tragen. Auf die Stellung des entsprechenden sachdienlichen Antrags muss das SG schon gemäß § 106 Abs. 1 SGG hinwirken.

Gleichzeitig ist mit Feststellung des Versicherungsfalls im Sinne des § 7 SGB VII entschieden, dass der Unfallversicherer auch die von der Krankenkasse bislang getragenen Behandlungskosten dem Grunde nach zu erstatten hat. Ein Folgeverfahren zwischen Krankenkasse und Unfallversicherer könnte sich danach allenfalls darauf beschränken, ob zB ein solcher Erstattungsanspruch gemäß § 111 SGB X ausgeschlossen wäre.

Nicht möglich ist jedoch die Verurteilung eines beigeladenen Trägers dann, wenn dieser zuvor bereits einen den Anspruch **ablehnenden, bindenden Bescheid** erlassen hat. Dies gilt auch dann, wenn das Gericht der Auffassung ist, dass der ablehnende Bescheid rechtswidrig ist und der Versicherte dementsprechend einen Anspruch auf Änderung des Bescheides gemäß § 44 SGB X hat. Denn § 44 SGB X ist eine Vorschrift zum Verwaltungsverfahren und erweitert nicht die prozessualen Befugnisse des Gerichts.[107]

Beispiel: Hat also der Unfallversicherer im obigen Beispiel das Vorliegen eines Arbeitsunfalls bereits mit bindend gewordenem Bescheid verneint, kommt eine Verurteilung nach § 75 Abs. 5 SGG im Klageverfahren gegen die Krankenkasse nicht in Betracht. Vielmehr

105 Zum Ganzen: Spellbrink NZS 2013, 441 ff mwN.
106 B. Schmidt in: Meyer-Ladewig, SGG, § 75 Rn. 18 b.
107 BSG 31.5.1988 – 2 RU 67/87, HVBG-Info 1988, 1607 (1609 f.).

muss sich der Versicherte mit einem Antrag nach § 44 SGB X an den Unfallversicherungsträger wenden.

Eine praktisch bedeutsame Frage ist, ob Zuständigkeitsstreitigkeiten zwischen Sozialversicherungsträgern, insbesondere Unfallversicherungsträger und Krankenkasse im Wege der Beiladung geregelt werden können oder gar müssen. Diese Frage stellt sich im Unfallrecht vor allem in folgenden Konstellationen: 30

1. Der Versicherte klagt gegen den Unfallversicherer, insbesondere wenn die Krankenkasse Leistungen verweigert unter Hinweis darauf, dass der Unfallversicherungsträger gemäß § 11 Abs. 5 SGB V zuständig sei.
2. Ein anderer Sozialleistungsträger hat zwar geleistet, klagt aber nun gegen den Unfallversicherungsträger auf Erstattung der Kosten gem. §§ 102 ff. SGB X.

Für die Beiladung des Versicherten bei dem unter 2. angesprochenen Erstattungsstreit spricht bereits, dass in dem Fall, dass der Unfallversicherungsträger zur Erstattung verurteilt wird, implizit auch Ansprüche des Versicherten nach dem SGB VII festgestellt werden, die in aller Regel über Leistungen anderer Sozialversicherungsträger hinaus gehen (→ § 8 Rn. 7).[108]

Zu der unter 1. genannten Konstellation, insbesondere wenn die **Krankenkasse Leistungen** unter Hinweis auf die Zuständigkeit des Unfallversicherers **verweigert**, fehlt es bislang an Rechtsprechung[109] und Literatur, was jedoch folgenden Hintergrund haben dürfte:

So lange keine (bindende!) Feststellung eines Arbeitsunfalls vorliegt, bleibt die Krankenkasse leistungsverpflichtet (→ § 8 Rn. 7). Erst die verbindliche Feststellung eines Arbeitsunfalls, einer unfallbedingten Behandlungsbedürftigkeit oder/und Arbeitsunfähigkeit hemmt gemäß § 11 Abs. 5 SGB V den Leistungsanspruch gegen die Krankenkasse. Die Leistungsverweigerung der Krankenkasse während des zwischen Versicherten und Unfallversicherer noch schwebenden Klageverfahrens ist also rechtswidrig; dies ist aber für den (unversorgten) Versicherten allenfalls ein schwacher Trost. In dieser (seltenen) Situation kann eine Beiladung Abhilfe schaffen. Entweder obsiegt der Versicherte gegenüber dem Unfallversicherungsträger und verfügt nun über einen gerichtlich festgestellten Anspruchsgegner, oder er unterliegt, die Ablehnung von Ansprüchen aus dem SGB VII wirkt dann aber auch gegen die beigeladene Krankenkasse.

Neben der Beiladung steht es dem Versicherten selbstverständlich frei, den Anspruch gegen die Krankenkasse im einstweiligen Rechtschutz durchzusetzen (→ Rn. 31 ff.).

Zusammenfassend ist meiner Meinung nach zumindest in solchen (seltenen) Fällen, in denen eine Krankenkasse die Leistung unter Verweis auf die Zuständigkeit des Unfallversicherers verweigert, eine Beiladung zum Verfahren des Versicherten gegen den Unfallversicherungsträger notwendig iSd § 75 Abs. 2 SGG, und zwar mit denselben

108 Für eine in aller Regel notwendige Beiladung des potenziell Leistungsberechtigten: Becker SGb 2011, 84 ff.
109 Für den umgekehrten Fall der notwendigen Beiladung des Unfallversicherungsträgers zum Verfahren gegen die Krankenkasse BSG 30.11.2017 – B 3 KR 38/17 B, BeckRS 2017, 138207.

Argumenten in reziproker Gestalt, die für die Beiladung des Versicherten zum Erstattungsstreit angeführt werden. Dies liegt auch im Interesse des Versicherten, der ein Eilverfahren scheut und ohne die rechtskrafterstreckende Wirkung der Beiladung womöglich in ein weiteres Verfahren gegen die leistungsunwillige Krankenkasse gezwungen wird.

3. Aufschiebende Wirkung und einstweiliger Rechtsschutz

31 Unfallversicherungsrechtliche Ansprüche sind, mit Ausnahmen wie großen Renten oder Verletztengeldzahlungen an nicht Krankengeldberechtigte, zumeist nicht existenzsichernd. Dementsprechend ist die Zahl der Eilverfahren in diesem Rechtsbereich eher gering,[110] so dass die folgenden Ausführungen knapp gehalten bleiben. Zuständig für Verfahren des einstweiligen Rechtsschutzes ist jeweils das Gericht der Hauptsache.

Im einstweiligen Rechtschutz ist zu unterscheiden zwischen Anfechtungssachen, in denen der Versicherte zB die Umsetzung einer behördlichen Entscheidung hinausschieben will bis zur endgültigen gerichtlichen Klärung (zB Kürzung der Rente), und Vornahmesachen, in denen zB der Versicherte eine vorläufige Regelung gerichtlich gegen die Behörde durchsetzen will bis zur endgültigen Klärung (zB sofortige Auszahlung von Verletztengeld, bevor über den Anspruch in der Hauptsache entschieden wurde – dazu bereits → Rn. 22). In Anfechtungssachen geht es also darum, einen Eingriff in bestehende Rechtspositionen aufzuschieben, während der einstweilige Rechtsschutz in Vornahmesachen dazu dient, eine (neue) Rechtsposition durch eine vorläufige Regelung (erstmals) eingeräumt zu bekommen (Regelungsanordnung).[111]

Dabei stehen zwei Methoden der Entscheidungsfindung nebeneinander, die je nach Fragestellung unterschiedlich gewichtet werden. Zum einen die Abwägung der widerstreitenden Interessen und Folgen, zum anderen die Prüfung der Erfolgsaussichten in der Hauptsache.[112] Zu beachten ist, dass in denjenigen Fällen, in denen dem Antragsteller schwere und unzumutbare Nachteile ohne die Gewährung einstweiligen Rechtsschutzes drohen, die durch das Hauptsacheverfahren nicht mehr beseitigt werden können, die Gewährung des einstweiligen Rechtsschutzes verfassungsrechtlich geboten ist.[113] In diesen elementaren Fällen genügt wegen der im Rahmen der Interessensabwägung zu berücksichtigenden grundrechtsrelevanten Folgen der Rechtsschutzversagung eine bloß summarische Prüfung des Hauptsacheanspruchs nicht.[114]

32 In **Anfechtungssachen** geht es daher um die Frage der Vollziehbarkeit einer Verwaltungs- oder Gerichtsentscheidung bzw. der eventuellen aufschiebenden Wirkung des in der Hauptsache eingelegten Rechtsmittels.

---

110 Von 39.581 in 2017 erledigten Eilverfahren betrafen nur 333 Unfallsachen, aber allein 27.224 Angelegenheiten nach dem SGB II, vgl. Fachserie 10 Reihe 2.7-Rechtspflege des stat. Bundesamtes (www.destatis.de). Bereits 2007 betrafen fast 80 % der sozialgerichtlichen Eilverfahren die Grundsicherung für Arbeitslose, Sozialhilfe und Ansprüche nach dem Asylbewerberleistungsgesetz, vgl. Hannes SozSich 2010, 35.

111 Die Sicherungsanordnung kommt im Unfallrecht faktisch nicht vor, vgl. Keller in: Meyer-Ladewig, SGG, § 86 b Rn. 25 a.

112 Vertiefend Krodel NZS 2009, 18 ff.

113 Vgl. BVerfG 25.2.2009 – 1 BvR 120/09, NZS 2009, 674 (675).

114 Vgl. BVerfG 26.6.2018 – 1 BvR 733/18, MDR 2018, 1073 f.; vertiefend Hannes SozSich 2010, 35 (36 ff.).

Bei den Rechtsmitteln des Versicherten hat im Unfallrecht grundsätzlich nur der Widerspruch **aufschiebende Wirkung,** § 86 a Abs. 1 SGG (→ Rn. 22). Die Anfechtungsklage gegen einen die Leistung herabsetzenden oder entziehenden Bescheid hat diese aufschiebende Wirkung gem. § 86 a Abs. 2 Nr. 3 SGG nicht.

Beispiel: Setzt der Unfallversicherungsträger durch Bescheid eine Rente von einer MdE von 40 % auf eine Rente nach einer MdE von 20 % herab, weil seiner Meinung nach eine Besserung der Unfallfolgen eingetreten ist, hat der Widerspruch gegen diesen Bescheid aufschiebende Wirkung. Die aufschiebende Wirkung wird in der Praxis häufig von Seiten der Unfallversicherer ignoriert. Denn die Weiterzahlung allein wegen der aufschiebenden Wirkung steht unter Vorbehalt; auf schutzwürdiges Vertrauen kann sich der Versicherte bei einer späteren Rückforderung schon wegen des bekannt gegebenen Herabsetzungsbescheides nicht berufen. Von der Möglichkeit, die aufschiebende Wirkung auch rechtlich zu beseitigen, indem die sofortige Vollziehung gem. § 86 a Abs. 2 Nr. 5 SGG angeordnet wird, wird überraschend selten Gebrauch gemacht.

Die Klage gegen den Widerspruchsbescheid, der den Herabsetzungsbescheid bestätigt, hat ohnehin keine aufschiebende Wirkung mehr. Spätestens mit Erlass des Widerspruchsbescheides tritt also die Vollziehbarkeit ein, dh der Träger ist nun auch rechtlich befugt, die Zahlung herabzusetzen.

Die Behörde kann also auch dann, wenn der Widerspruch aufschiebende Wirkung hat, diese durch Anordnung der sofortigen Vollziehung gemäß § 86 a Abs. 2 Nr. 5 SGG außer Kraft setzen. Genauso kann die Behörde in den Fällen, in denen der Widerspruch keine aufschiebende Wirkung hat, die sofortige Vollziehung gemäß § 86 a Abs. 3 S. 1 SGG aussetzen.[115]

Folgt die Behörde einem entsprechenden Antrag nicht, ordnet sie die sofortige Vollziehung an oder geht es um die fehlenden aufschiebende Wirkung der (Anfechtungs-)Klage, kann der Versicherte sich gemäß § 86 b SGG an das Sozialgericht wenden und die **Anordnung der aufschiebenden Wirkung** (soweit das Gesetz keine aufschiebende Wirkung vorsieht, § 86 b Abs. 1 SGG) oder die **Aufhebung der sofortigen Vollziehung** (soweit das Gesetz zwar eine aufschiebende Wirkung vorsieht, die Behörde aber die sofortige Vollziehung angeordnet hat, § 86 b Abs. 2 SGG) beantragen.

Bei **Berufungen** ist zu unterscheiden: Die Berufung des Versicherten hat nur dann aufschiebende Wirkung, wenn die Klage aufschiebende Wirkung hatte, § 154 Abs. 1 SGG. Bei Verurteilung des Versicherungsträgers in der ersten Instanz bestimmt § 154 Abs. 2 SGG eine nur teilweise aufschiebende Wirkung. Sie besteht für solche Beträge, die für die Zeit vor Erlass des angefochtenen Urteils nachgezahlt werden sollen, jedoch nicht für die Zahlung derjenigen Beträge, die ab Verkündung des Urteils zu zahlen wären.

Beispiel: Ein Unfallversicherer erkennt einen Auffahrunfall vom 10.1.2009 als Arbeitsunfall mit der Folge einer HWS-Distorsion an. Die Anerkennung eines Bandscheibenvorfalls als weitere Unfallfolge hat er abgelehnt, weil der nach einem Verkehrsunfall festgestellte Bandscheibenvorfall seiner Meinung nach allein auf eine innere Ursache zurückzuführen

115 Da der Widerspruch des Versicherten im Unfallrecht grundsätzlich aufschiebende Wirkung hat, ist die Aussetzung der sofortigen Vollziehung durch die Behörde hier nicht relevant.

sei. Das SG stellt fest, dass der Bandscheibenvorfall Folge des Unfalls vom 10.1.2009 ist und verurteilt den Träger am 7.7.2010 zur Gewährung einer Rente nach einer MdE von 20 % ab dem 5.2.2010 auf Dauer. Der Träger ficht dieses Urteil an. Aufschiebende Wirkung hat seine Berufung nur für die Rentenzahlung vor dem erstinstanzlichen Urteil, also für Rentenleistungen vor dem 7.7.2010. Ab diesem Tag müsste er wegen der Vollstreckbarkeit des erstinstanzlichen Urteils die Rente auszahlen (sogenannte **Urteilsrente**).[116]

Gleiches gilt zB für die Anwaltskosten der ersten Instanz, die der Unfallversicherer nach einem stattgebenden Urteil in aller Regel wird tragen müssen. Dem Begehren des Klägers, Leistungen aus dem angefochtenen Urteil des SG bereits vor Abschluss der Berufungsinstanz zu erbringen, wird der Unfallversicherungsträger in aller Regel aber einen Antrag nach § 199 Abs. 2 SGG entgegensetzen. Nach dieser Vorschrift kann der Vorsitzende des Gerichts, das über das Rechtsmittel zu entscheiden hat (bei Berufungen also der Senatsvorsitzende des LSG) die **Vollstreckung durch einstweilige Anordnung aussetzen.** Der entsprechende Beschluss ist unanfechtbar (§ 199 Abs. 2 S. 3 SGG). Bei dieser Entscheidung handelt es sich um eine Ermessensentscheidung, wobei wiederum die Individualinteressen denen der Öffentlichkeit unter Beachtung der Erfolgsaussichten in der Hauptsache gegenüber zu stellen sind.[117]

Einem Antrag des Versicherungsträgers nach § 199 Abs. 2 SGG, mit dem die Zahlung der Urteilsrente oder auch nur erstinstanzlichen außergerichtlichen Aufwendungen (Rechtsanwaltskosten) abgewendet werden soll, wird das LSG in Unfallsachen in aller Regel bereits dann stattgeben, wenn der Versicherungsträger auf begründete Zweifel hinweisen kann, dass eine entsprechende Rückforderung wegen der wirtschaftlichen Lage des Versicherten[118] uU nicht eingetrieben werden kann und die Berufung eine gewisse Aussicht auf Erfolg hat. Denn die begehrten Forderungen haben regelmäßig nur Kompensations- nicht aber existenzsichernden Charakter und sind damit aufschiebbar (Interessenabwägung). Grundsätzlich anders ist die Lage zu beurteilen, wenn es um tatsächlich existenzsichernde Leistungen (zB Grundsicherung für Arbeitslose, große Renten) geht. Hier wird regelmäßig das Interesse des Versicherten überwiegen.

Hinweis: Es sollte gründlich abgewogen werden, ob die aufschiebende Wirkung des Widerspruchs bei einer Rentenherabsetzung oder Entziehung geltend gemacht wird. Ebenso gründlich sollte erwogen werden, ob eine Urteilsrente nach vom Träger angefochtenem erstinstanzlichem Urteil geltend gemacht wird. Zum einen wird dadurch nur provoziert, dass der Träger die dies verhindernden Schritte (Anordnung der sofortigen Vollziehung des Herabsetzungsbescheids, Antrag auf Aussetzung der Vollstreckung gem. § 199 Abs. 2 SGG) ergreift und so seine Rechtsposition verfestigt. Zum anderen überschauen viele Versicherte bei einer Weiterzahlung nicht, dass dies allein aus der formalen Rechtsposition heraus erfolgt und sie später relativ leicht zur **Rückerstattung** verpflichtet werden können. Die Erstattungspflicht stützt sich auf

116 Grundlegend zur Urteilsrente: Köhler SGb 2012, 522 ff.
117 B. Schmidt in: Meyer-Ladewig, SGG, § 199 Rn. 8.
118 Der Versicherte ist auch Adressat der Rückforderung der Rechtsanwaltsgebühren nach § 50 Abs. 2 SGB X, für eine restriktive Auslegung bei Urteilsrenten: LSG Bayern 8.9.2011 – L 2 U 327/11 ER, UVR 2011, 1249 (1250 f.).

eine entsprechende Anwendung des § 50 Abs. 2 SGB X[119] bzw. bei gerichtlichen Eilentscheidungen auf allgemeine Prozessgrundsätze.[120] Dabei ist eine Berufung auf Entreicherung iSd § 818 Abs. 4 BGB entsprechend § 820 Abs. 1 S. 2 BGB nicht möglich; bei Rückforderungen entsprechend § 50 Abs. 2 SGB X scheidet eine Berufung auf schutzwürdiges Vertrauen zumindest dann aus, wenn der die Leistung weiterbewilligende Bescheid (zB Ausführungsbescheid bei Urteilsrente) einen entsprechenden Hinweis enthält.[121]

Bei Vornahmesachen kann eine einstweilige Anordnung gemäß § 86 b Abs. 2 SGG 33
beim Gericht der Hauptsache beantragt werden.

Im Unfallrecht bedeutsam ist eigentlich nur die sogenannte **Regelungsanordnung** des § 86 b Abs. 2 S. 2 SGG, mit der ein streitiges Rechtsverhältnis vorläufig geregelt werden kann, wenn dies zur Abwendung wesentlicher (nicht: unzumutbarer) Nachteile notwendig erscheint. Zulässig wird die Regelungsanordnung regelmäßig im Sozialversicherungsrecht nur sein, wenn sich der Versicherte zuvor an die Verwaltung gewendet hat; etwa gewährte Vorschüsse oder vorläufige Leistungen anderer Versicherungsträger können das Rechtsschutzbedürfnis und damit die Zulässigkeit entfallen lassen.[122]

Wie in anderen Prozessordnungen auch, sind für die Begründetheit des Antrags auf Erlass einer einstweiligen Anordnung ein **Anordnungsgrund** (Eilbedürftigkeit) und ein **Anordnungsanspruch** (materiellrechtlicher Anspruch) erforderlich. Dies entspricht spiegelbildlich den beiden nebeneinander stehen Aspekten der Entscheidungsfindung (Interessen-/Folgenabwägung und Erfolgsaussicht in der Hauptsache). Mit der Beschränkung auf wesentliche Nachteile, die bei Abwarten der Hauptsacheentscheidung drohen müssen (§ 86 b Abs. 2 S. 2 SGG), besteht ein Übergewicht des Interesses des Versicherten insoweit bereits vor einer drohenden Grundrechtsgefährdung (→ Rn. 31).

Da Anordnungsgrund und Anordnungsanspruch dynamisch miteinander verknüpft sind, genügt beispielsweise bei einem offensichtlich begründeten materiellrechtlichen Anspruch ein relativ geringes Eilbedürfnis.[123]

Zur Rückzahlungspflicht bei Unterliegen im Hauptsacheverfahren → Rn. 32.

119 Keller in: Meyer-Ladewig, SGG, § 154 Rn. 4 mwN.
120 Keller in: Meyer-Ladewig, SGG, § 86 b Rn. 22.
121 Keller in: Meyer-Ladewig, SGG, § 86 b Rn. 22 und § 154 Rn. 4 jeweils mwN.
122 Keller in: Meyer-Ladewig, SGG, § 86 b Rn. 26 b und Rn. 29 a.
123 Vertiefend Keller in: Meyer-Ladewig, SGG, § 86 b Rn. 27.

§ 11 Die Schülerunfallversicherung im europäischen Sozialrecht

I. Grundzüge des europäischen Sozialrechts

1 Ein anerkannter Grundpfeiler der europäischen Staatengemeinschaften ist die **Freizügigkeit**, Art. 45, 48 Vertrag über die Arbeitsweise der Europäischen Union (AEUV). Insbesondere bei Erwerbstätigen ist diese eine Voraussetzung für einen europäischen Binnenmarkt.[1] Allerdings können durch die konkrete Ausgestaltung der nationalen sozialen Sicherungssysteme Schutzlücken zB dadurch entstehen, dass ein Arbeitnehmer in einem Mitgliedstaat wohnt, in dem die Krankenversicherung an das Beschäftigungsverhältnis gekoppelt ist und in einem anderen Mitgliedstaat arbeitet, in welchem Leistungen nur bei Wohnsitz im Inland vorgesehen sind. Die Lösung hierfür war die Schaffung eines Systems, dass die nationalen Sozialsysteme aufeinander abstimmt (koordiniert). **Koordinierung** bedeutet, dass es die Aufgabe der Mitgliedstaaten bleibt, Sozialleistungen zu schaffen und auszugestalten (Voraussetzungen, Leistungsumfang und -höhe),[2] während das Verordnungsrecht diese Vorschriften für Fälle öffnet, die den Gemeinschaftsraum betreffen (→ Rn. 12).[3] Die Koordinierung dient dazu die Freizügigkeit sicherzustellen.[4] Bereits in der Europäischen Wirtschaftsgemeinschaft (EWG) wurde dieses Ziel mit der Verordnung (EWG) Nr. 1408/1971 verfolgt. Seit Februar 1999 wurden ausdrücklich auch die Leistungen für Studierende innerhalb der europäischen Union über die Verordnung (EWG) Nr. 1408/1971 koordiniert (vgl. Art. 1 Verordnung (EG) Nr. 307/1999) und diese wie Arbeitnehmer und Selbstständige behandelt.

1 Vgl. im Detail Eichenhofer in: Hauck/Noftz, EU-SozR, K Einführung, Einleitung.
2 Vgl. Utz in: BeckOK-SozR, Art. 4 VO (EG) 883/2004 Rn. 4.
3 Ähnlich Fuchs in: Fuchs, Europäisches Sozialrecht, Einführung Rn. 32.
4 Vgl. Fuchs in: Kreikebohm/Knickrehm/Waltermann, VO (EG) 883/2004 Rn. 4; Leopold in: BeckOK-SozR, Art. 1 VO (EG) Nr. 883/2004 Rn. 1 ff.

2 Die ersten Verordnungen erfassten zunächst die Wanderarbeitnehmer (Sicherstellung ua der Dienstleistungsfreiheit, Warenverkehrsfreiheit und Arbeitnehmerfreizügigkeit). Im Zeitablauf wurde zunehmend deutlich, dass die soziale Integration umfassender erfolgen muss (Familienleistungen, Schutz von nicht aktiv Erwerbstätigen).[5] Mit in Kraft treten der Verordnungen (EG) Nr. 883/2004[6] (der sog. Grundverordnung, im Folgenden: **GVO**) und (EG) Nr. 987/2009[7] (bezeichnet als Durchführungsverordnung, im Folgenden: **DVO**) zum 1.5.2010 ist das Verordnungsrecht insgesamt überarbeitet worden.[8] Seither gilt das koordinierende Sozialrecht **unmittelbar** auch für **nicht aktiv Erwerbstätige** und damit bereits für Kinder und Schüler (→ Rn. 10).

1. Rechtsgrundlagen

3 Das europäische Sozialrecht folgt zum einen unmittelbar aus europäischen Primärrecht, welches zugleich den Regelungsumfang bestimmt (**Prinzip der begrenzten Einzelermächtigung**), wonach die EU darf nur regeln, wozu sie durch die Verträge einen Auftrag hat.[9] In der Normenhierarchie gilt ein **Vorrang des Gemeinschaftsrechts** als überstaatliches Recht **gegenüber dem nationalen Recht.**[10]

4 Das koordinierende Sozialrecht wird durch **Verordnungen** geregelt, die unmittelbares, verbindliches Recht in den Mitgliedstaaten setzen (Art. 288 AEUV). Hierdurch unterscheidet es sich von dem weiteren Regelungsinstrument des europäischen Gesetzgebers: der Richtlinie, die ein Regelungsziel und dessen Rahmen festlegt. Sie muss vom nationalen Gesetzgeber noch in nationales Recht überführt werden (Art. 288 AEUV).

Die GVO und die DVO sind derzeit die zentralen Rechtsgrundlagen des europäischen Sozialrechts. Die GVO regelt das Verhältnis des Leistungsberechtigten zum nationalen Leistungssystem und den Zugang einer Person zu bestimmten Sozialleistungen (→ Rn. 5, 47 ff.). Die DVO konkretisiert die GVO und dient ihrer verwaltungsseitigen Umsetzung.[11]

5 Die **Hauptaufgabe der GVO** ist ein **allseitiges Kollisionsrecht** zu schaffen (internationales Sozialrecht), die Vervielfältigung von Leistungen zu vermeiden (Kumulierungsverbot), die Diskriminierung von EU-Bürgern zu verhindern und die Freizügigkeit zu fördern, etwa durch die Sachverhaltsgleichstellung (dazu näher → Rn. 30 ff.), die Zusammenrechnung von Versicherungszeiten (Art. 6 GVO) und dem Verbot, Leistungsausschlüsse o.ä. mit dem Wohnsitz zu begründen (Art. 7 GVO).

Die **GVO untergliedert sich in sechs Teile**, von denen für die Fallbearbeitung insbesondere der Teil I (Allgemeine Grundsätze), der Teil II (Zuständigkeitsbestimmung), Teil III mit besonderen Vorschriften für die einzelnen **Leistungssysteme** (zB Leistun-

---

5 Zur sozialen Dimension der Arbeitnehmerfreizügigkeit am Beispiel von Studienbeihilfen: Ziebritzki ZESAR 2015, 19 ff.
6 Hier zitiert wird die deutsche Fassung, Stand: 11.4.2017.
7 Hier zitiert wird die deutsche Fassung, Stand: 1.1.2018.
8 Ausführlich zur Entstehungsgesichte der GVO und DVO vgl. Fuchs in: Europäisches Sozialrecht, Einführung Rn. 34 ff.
9 Weiterführend dazu Fuchs in: Fuchs, Europäisches Sozialrecht, Einführung Rn. 67, 71 ff.
10 Vgl. Devetzi, in Hauck/Noftz EU-SozR, K Vorbem. Titel II Rn. 4.
11 Vgl. Eichenhofer, Sozialrecht der EU, Rn. 81.

gen bei Krankheit, Arbeitslosigkeit, Alter, Arbeitsunfällen etc.) und Teil V (verschiedene Bestimmungen) von Bedeutung sind.

Die DVO ist in ihren Teilen I-III parallel zur GVO aufgebaut und enthält neben weiteren Hinweisen überwiegend Vorschriften zur Umsetzung der Verordnungen durch die Verwaltung. Ihr Teil IV bezieht sich auf die Finanzierung (Beiträge, Erstattungsvorschriften, Regressansprüche) und Teil V auf „Verschiedenes".

Für die Anwendung der Verordnungen ist zu berücksichtigen, dass bei der Auslegung 6
und Bewertung nicht allein auf die deutsche Sprachfassung mit den enthaltenden (Rechts-)Begriffe ankommt, da die GVO in **23 Sprachfassungen** veröffentlicht ist. Die **Auslegung europäischer Rechtsbegriffe** erfolgt daher **nach spezifischen europarechtlichen Regeln.**[12] Deshalb sind für die Anwendung der Verordnungen, insbesondere die Erwägungsgründe[13] und die spezifischen Definitionen (Art. 1 GVO), von besonderer Bedeutung.

Die GVO trägt dem Prinzip der Koordinierung (→ Rn. 1) und der Souveränität des 7
nationalen Gesetzgebers, dadurch Rechnung, dass für einzelne Definitionen **ausdrücklich auf das nationale Recht verwiesen wird** (vgl. Art. 1 lit. a „Beschäftigung"), so dass es zB keine europaweit einheitliche Regelung gibt, wann eine Beschäftigung im Sinne der Verordnungen vorliegt.

Beispiel: Ein Student der Freien Universität Berlin macht in den Semesterferien zwei Praktika in unterschiedlichen Mitgliedstaaten. In einem Land bewertet man das Praktikum als eine der Beschäftigung gleichgestellte Tätigkeit, im Sinne der Art. 1 lit. a GVO, in dem anderen sind Praktika während des Studiums grundsätzlich sozialversicherungsfrei und keine Beschäftigung.

Irrelevant ist, wie das Praktikum nach dem SGB IV oder SGB VII zu beurteilen wäre (vgl. aber zu den weiteren Folgen → Rn. 18, 45 f.).

Hinweis: Bei der Beurteilung eines Falls sind somit **drei Situationen** strikt **voneinander zu trennen:**

a) Die Anwendung der Verordnung und ihrer (europäischen) Rechtsbegriffe.

b) Die Bewertung einer Situation nach dem Recht des Mitgliedstaats, in dem diese Situation eintritt, weil die Verordnung selbst auf dieses Rechtssystem abstellt, zB Art. 1 lit. b GVO.

c) Die Bewertung eines Sachverhalts nach den eigenen Rechtsvorschriften, wobei die Verordnung dieses für Sachverhalte in einem anderen Mitgliedstaat öffnen kann, etwa durch Art. 5 lit. b GVO.

Eine weitere wichtige und verbindliche Rechtsquelle sind die **Entscheidungen des** 8
Europäischen Gerichtshofs (EuGH), die sämtlich online[14] veröffentlicht sind.[15] Häufig entscheidet der EuGH im Rahmen von Vertragsverletzungsverfahren oder Vorla-

12 Näheres Leopold in: BeckOK-SozR, Art. 1 VO (EG) 883/2004 Rn. 10 ff.
13 Den Verordnungstexten immer vorangestellt.
14 Vgl. https://curia.europa.eu/.
15 Die hier gewählte Zitierweise entspricht den European Case Law Identifier (EU:C:Jahr:Nummer).

gen nationaler Gerichte über die Anwendbarkeit der Verordnung, über die Konkretisierung von Rechtsbegriffen und darüber, ob nationales Recht oder dessen Anwendung gegen die Grundfreiheiten verstößt.[16] Der EuGH misst regelmäßig die Streitfälle nicht allein an den Verordnungen, sondern auch unmittelbar am Primärrecht – insbesondere an dem der **Freizügigkeit.**[17] Allerdings gibt es bisher kein Urteil, das sich mit einer auch nur annähernd mit der deutschen Schülerunfallversicherung vergleichbaren Rechtsmaterie befasst hat.

Für die Auslegung und Anwendung der Verordnungen können die Beschlüsse und Empfehlungen der Verwaltungskommission herangezogen werden. Die Beschlüsse sollen durch die Träger berücksichtigt werden (vgl. Art. 89 Abs. 3 DVO).[18] Stellungnahmen oder Empfehlungen kommt jedoch keine formale Bindungswirkung zu.[19]

2. Prüfschema/Übersicht

9 Zur Bearbeitung eines Falls, in dem das europäische Sozialrecht zur Anwendung kommt, bietet sich folgende Prüfungsabfolge an:

1. **Grenzüberschreitender Sachverhalt** (→ Rn. 11)

   Ausgangslage für die Anwendung der GVO und DVO
2. **Bestimmung des zuständigen Mitgliedstaats** (→ Rn. 17 ff.)

   Anknüpfungspunkt Beschäftigung

   Anknüpfungspunkt Wohnort
3. **Aufgaben des zuständigen Mitgliedstaats/Trägers** (→ Rn. 28 ff.)

   Prüfung der nationalen Leistungsvoraussetzungen

   ggf. (Sach-)Leistungserbringung in eigener Zuständigkeit

   Erbringung von Geldleistungen in eigener Zuständigkeit
4. **Aufgaben des unzuständigen Mitgliedstaats/Trägers** (→ Rn. 56)

   ggfs. Abfragen der Voraussetzungen für eine Sachleistungsaushilfe

   Erbringung der Sachleistungsaushilfe in eigener Zuständigkeit

   Ansprüche nach der „Petroni-Rechtsprechung" des EuGHs
5. **Kostenerstattung für die Sachleistungsaushilfe** (→ Rn. 62)

II. Geltungsbereich der Verordnungen und grenzüberschreitende Sachverhalte

10 Die folgenden Ausführungen sollen helfen, mit den auftretenden Fällen in der Praxis umzugehen. Die Darstellung beruht maßgeblich **auf den aktuellen Beschlüssen von DGUV-Gremien** (zB Ausschuss Rechtsfragen der Geschäftsführerkonferenz der DGUV) sowie der bisherigen Rundschreiben der DGUV zu dem Thema. Relevante

16 Weiterführend Fuchs in: Fuchs, Europäisches Sozialrecht, Einführung Rn. 67, 71 ff.

17 Vgl. EuGH 30.6.2011 – C-388/09 (da Silva), EU:C:2011:439 Rn. 70 ff. und EuGH 25.7.2018 – C-679/16, EU:C:2018:601, Rn. 61 ff.

18 Vgl. Otting in: Ruland/Becker/Axer, SRH, § 36 Rn. 128.

19 Vgl. EuGH 6.9.2018 – C-527/16, EU:C:2018:669, Rn. 58, 63.

Rechtsprechung und Literatur ist ebenfalls eingearbeitet. Eine umfassende wissenschaftliche Aufbereitung aller sich stellenden Fragen würde jedoch den Rahmen dieses Werkes sprengen. Demnach wird im Folgenden zugrunde gelegt, dass die **gesamte Schülerunfallversicherung (Kinder, Schüler, Studierende) vom Anwendungsbereich der Verordnungen erfasst** ist.[20]

Das europäische Sozialrecht gewinnt erst Bedeutung, wenn der **Anwendungsbereich** 11
der Verordnungen eröffnet ist (räumlicher, persönlicher und sachlicher Geltungsbereich) und ein **grenzüberschreitender Sachverhalt** hinzukommt. Dann wird auch § 2 Abs. 3 S. 4 SGB VII „verdrängt" (vgl. ausführlich → Rn 17).

1. Räumlicher Geltungsbereich der Verordnungen

Der **räumliche Geltungsbereich** umfasst alle derzeit **28 Mitgliedstaaten der Europä-** 12
ischen Union.[21] Hier gelten die Verordnungen seit dem 1.5.2010 unmittelbar. Zusätzlich besteht eine Einigung mit den Staaten des Europäischen Wirtschaftsraums (Island, Norwegen, Liechtenstein), dass die Verordnungen Anwendung finden sollen. Dies gilt seit dem 1.6.2012.[22] Im Verhältnis zur Schweiz ist eine solche Vereinbarung mit Wirkung zum 1.4.2012 zustande gekommen.[23] Da einzelne Hoheitsgebiete von der Anwendung ausgenommen sind, hat die Verwaltungskommission Aufzeichnung zum Geltungsbereich der Verordnungen veröffentlicht.[24]

Wenn im Folgenden von einem „anderen Mitgliedstaat" oder „EU-Ausland" gesprochen wird, umfasst dies ebenfalls die Schweiz, Island, Norwegen und Liechtenstein.

2. Persönlicher Geltungsbereich der Verordnungen

Vom **persönlichen Geltungsbereich** der Verordnung sind (fast) alle Personen erfasst, 13
die einen grenzüberschreitenden Sachverhalt (→ Rn. 16) erzeugen können. Dies sind unmittelbar zunächst alle EU-Bürger und zwar auch solche, die nicht (mehr) aktiv erwerbsmäßig sind. Zudem wurde der Schutzbereich mit Wirkung zum 1.1.2011 auf Drittstaatsangehörige ausgedehnt.[25]

Hinweis: Sobald ein grenzüberschreitender sozialrechtlicher Sachverhalt im räumlichen Geltungsbereich der Verordnungen entsteht, ist der persönliche Geltungsbereich der Verordnung dem Grund nach eröffnet.

---

20 Vgl. DGUV-Rundschreiben 0294/2016 vom 28.7.2016 und 0118/2017 vom 14.3.2017; ebenso zB Fuchs in: Fuchs, Europäisches Sozialrecht, Art. 36 Rn. 4; **aA** zB Eichenhofer, Sozialrecht der EU, Rn. 225.

21 Wie sich in diesem Zusammenhang das Austrittsverfahren des Vereinigten Königreichs entwickelt, bleibt insoweit abzuwarten. Mit Austritt wird die unmittelbare Wirkung der Verordnungen allerdings entfallen, soweit keine anderen Vereinbarungen getroffen werden.

22 Beschluss Nr. 76/2011 des Gemeinsamen EWR-Ausschusses, ABl. L 262 vom 6.10.2011, S. 33.

23 Beschluss Nr. 01/2012 des Gemischten Ausschusses über die Freizügigkeit, ABl. L 103 vom 13.4.2012, S. 51.

24 Siehe DGUV-Rundschreiben 0056/2019 vom 8.2.2019 zu AC 337/18 „Territorialität der Verordnungen zur Koordinierung der Systeme der sozialen Sicherheit", Europäische Kommission vom 28.11.2018.

25 Verordnung (EG) Nr. 1231/2010.

3. Sachlicher Geltungsbereich

14 Der **sachliche Anwendungsbereich** bezieht sich auf die Frage, welche Sozialleistungen der einzelnen Mitgliedsstaaten in die Koordinierung (→ Rn. 1) einbezogen werden.[26] Die GVO sieht insgesamt 10 Zweige der sozialen Sicherung vor. Vom Anwendungsbereich sind Leistungen ausgenommen, die keinem der Leistungssysteme zugeordnet werden können[27] oder von der Ausnahme des Art. 3 Abs. 5 GVO erfasst werden. Hierzu gehören Ermessensleistungen im Einzelfall (zB Sozialhilfeleistungen) und soziale Entschädigungssysteme, in denen der Mitgliedstaat, die Haftung für ein Schadensereignis übernimmt, wie in der Opferentschädigung.[28]

15 Eine abschließende Einordnung der Leistungen der Schülerunfallversicherung in eines der Leistungssysteme der Verordnung ist kein triviales Unterfangen. Bereits Laien ist es in Deutschland nicht immer zu vermitteln, dass ein Schüler, ein Kindergartenkind oder ein Studierender einen Arbeitsunfall erleidet. Grundsätzlich wäre das einschlägige Leistungssystem nach Art. 3 GVO nach einem europäischen Verständnis zu bestimmen.[29] Da aber nur die Vorschriften zu Arbeitsunfällen und Berufskrankheiten in den Verordnungen wirklich dem Leistungsrecht des SGB VII gerecht werden und die abschließende Entscheidung, wann ein Arbeitsunfall vorliegt, in den Händen des zuständigen Trägers liegt (Art. 35 DVO), werden sie im Folgenden für die Abwicklung (→ Rn. 10) als **Leistungen bei Arbeitsunfällen und Berufskrankheiten** behandelt.[30]

4. Grenzüberschreitender Sachverhalt

16 Bereits begrifflich ist es für eine Koordinierung erforderlich, dass der Zugang zu nationalen Systemen unterschiedlicher Länder (zumindest potenziell) eröffnet ist. Eine Person muss in Bezug auf einen Sozialleistungstatbestand Berührungspunkte mindestens zu zwei Mitgliedstaaten haben. Auf rein nationale Sachverhalte hat das Verordnungsrecht keine unmittelbare Auswirkung. Diese Voraussetzung wird zusammengefasst unter dem Begriff **„grenzüberschreitender Sachverhalt“**:

- der anspruchsbegründende Sachverhalt ereignet sich zum Teil in einem anderen Mitgliedstaat,
- für die Leistungsbestimmung sind Umstände in einem anderen Mitgliedstaat zu berücksichtigen oder zu ermitteln,
- Leistungen müssen im oder in den unzuständigen Mitgliedstaat erbracht werden.

Diese Umstände können natürlich auch in beliebiger Form zusammentreffen.

Beispiele: a) Ein Student wohnt in Aachen und studiert in Lüttich. Bei einer der täglichen Fahrten von Aachen zu einer Vorlesung an der Uni wird er kurz hinter der belgischen Grenze in einen Verkehrsunfall verwickelt und verletzt.

26 Vgl. Fuchs in: Kreikebohm/Knickrehm/Waltermann, VO (EG) 883/2004 Rn. 10.
27 So EuGH 25.7.2018 – C-679/16, EU:C:2018:601, Rn. 51 f.
28 Eichenhofer, Sozialrecht der EU, Rn. 97 f.
29 Vgl. EuGH 21.7.2011 – C-503/09, EU:C:2011:500, Rn. 35.
30 So zB auch Fuchs in: Fuchs, Europäisches Sozialrecht, Art. 3 Rn. 19; Art. 36 Rn. 4; wohl auch Schlegel in: Hauck/Noftz, EU-SozR, K Art. 36 Rn. 6–9.

b) Eine Schülerin aus Leipzig fährt mit ihrer Schulklasse nach Italien. Während der vom Lehrer moderierten Stadtbesichtigung von Florenz übersieht sie eine Stufe, stolpert und bricht sich den Knöchel.

c) Eine Studentin der Universität Stuttgart hatte einen entschädigungspflichtigen Unfall. Ihr lange geplantes Erasmusjahr in Prag steht unmittelbar bevor. Um planmäßig mit dem Auslandsjahr zu beginnen, reist sie nach Prag mit dem Ziel, die Behandlung dort abzuschließen.

Natürlich könnte zB der Student aus Aachen ebenso gut den Unfall bei Maastricht (Durchfahrt durch die Niederlande) haben.

Hinweis: Die Prüfung, ob ein Fall vorliegt, in dem die Verordnungen zu berücksichtigen sind, kann sich aus vielen Umständen ergeben, wie dem Unfallort, dem Ort der versicherten Tätigkeit, dem Wohnort, einer Erwerbstätigkeit oder dem Leistungsort.

III. Bestimmung des zuständigen Mitgliedstaats

In jedem grenzüberschreitenden Sachverhalt ist zunächst der **zuständige Mitgliedstaat** 17
zu bestimmen, weil grundsätzlich dieser für die Prüfung der Voraussetzungen und Erbringung von Leistungen zuständig ist. Der EuGH hat ausdrücklich hervorgehoben, dass es den nationalen Gesetzgebern verwehrt ist, über die europarechtliche Zuständigkeit zu entscheiden.[31] Das deutsche Sozialrecht regelt an mehreren Stellen den **räumlichen Geltungsbereich**, etwa in § 30 SGB I, §§ 3–6 SGB IV. Allerdings kennt das SGB VII mit § 2 Abs. 3 S. 4 eine eigene davon abweichende Kollisionsnorm für Fälle, in denen keine Beschäftigung vorliegt. Es handelt sich bei diesen Vorschriften um eine sog. **„einseitige Kollisionsnormen"**, weil es dem deutschen Gesetzgeber verwehrt ist, in das Recht anderer Staaten einzugreifen. Anders ist dies bei der GVO, die unmittelbar für alle Mitgliedstaaten gilt und deren **Kollisionsvorschriften nationale Vorschriften zum Geltungsbereich verdrängen.**[32] Im Geltungsbereich der Verordnungen erfolgt die Zuständigkeitsbestimmung für das anwendbare nationale Recht ausschließlich über die Art. 11 ff. GVO. Dabei soll nach der GVO **nur ein Mitgliedstaat zuständig** sein.[33]

Dafür gibt es im Wesentlichen **zwei Anknüpfungspunkte:** die Zuständigkeit nach dem sog. Beschäftigungsland-Prinzip (→ Rn. 18) oder – wenn keine Erwerbstätigkeit vorliegt – die des Wohnsitzstaats (→ Rn. 21). Es besteht mit anderen Worten ein Vorrang-Nachrang-Verhältnis. Dem Auffangtatbestand (Wohnsitz, → Rn. 21) kommt in der Schülerunfallversicherung aufgrund des Lebensalters eine höhere Bedeutung zu.

Hinweis: Das Koordinierungsrecht soll vorhersehbar und effektiv die Leistungsgewährung und die Zuständigkeit sicherstellen,[34] weshalb die Feststellung, welcher Mitgliedstaat zuständig ist, von besonderer Bedeutung ist.

31 Vgl. EuGH 12.6.1986 – C-302/84 (Ter Holden), EU:C:1986:242, Rn. 21; detailliert dazu Leopold in: BeckOK-SozR, Art. 11 VO (EG) 883/2004 Rn. 5–9.
32 Devetzi in: Hauck/Noftz, EU-SozR, K Vorbem. Art. 11–16 VO (EG) 883/2004 Rn. 2–4.
33 Fuchs in: Knickrehm/Kreikebohm/Waltermann, VO (EG) 883/2004 Rn. 63.
34 Vgl. EuGH 11.9.2014 – C-394/13, EU:C:2014:2199, Rn. 28.

1. Vorrang: Erwerbstätigkeit

18 Die Zuständigkeitsbestimmung richtet sich primär danach, ob eine Erwerbstätigkeit besteht. Dies hat historische Gründe (→ Rn. 2). Der **Grundfall** ist somit die **Zuständigkeit aufgrund einer Beschäftigung** oder selbstständigen Erwerbstätigkeit in einem Mitgliedstaat (Art. 11 Abs. 3 lit. a GVO). Für die Feststellung, ob eine solche vorliegt, verweist Art. 1 lit. a GVO auf die **Vorschriften des jeweiligen Mitgliedstaates,** in dem die Tätigkeit ausgeübt wird. Es obliegt daher allein dem betroffenen Mitgliedstaat festzustellen, ob es sich bei einer Tätigkeit in seinem Hoheitsgebiet rechtlich um eine Beschäftigung im Sinne der Verordnung handelt. Dies gilt insbesondere für „untypische Beschäftigungsverhältnisse", wie etwa ein **Praktikum.**[35] Welchen zeitlichen Umfang die Beschäftigung hat, ist grundsätzlich verordnungsrechtlich unerheblich.[36] Die Bestimmung einer Beschäftigung im EU-Ausland kann hier aus Platzgründen nur kurz angesprochen werden.

19 **Beispiel:** Der Student, der in Aachen wohnt und in Lüttich studiert, macht in den Semesterferien zwei einmonatige Praktika (auf eigene Veranlassung) im Ausland zu gleichen Bedingungen (ua 150,00 EUR Aufwandsentschädigung etc). Im August ist er in einem Mitgliedstaat, dessen Rechtsvorschriften vorsehen, dass jede Tätigkeit gegen Entgelt (egal in welcher Höhe) eine Beschäftigung darstellt. In dem Mitgliedstaat, in dem er sich im September aufhält, gelten Praktika von Studierenden oder Schülern in den (Semester-)Ferien nicht als Beschäftigung. Selbst eine Aufwandsentschädigung ist unbeachtlich, solange sie nicht einen monatlichen Betrag von 400,00 EUR erreicht.

Ein Praktikum kann eine Beschäftigung im Sinne von Art. 11 Abs. 3 lit. a GVO sein. Hier gilt dies aber nur für das Praktikum August. Im September übt der Student keine Beschäftigung im Sinne der Verordnung aus. Eine andere Wertung, die sich aus § 7 Abs. 2 SGB IV oder aus § 2 Abs. 1 Nr. 1 SGB VII ergeben könnte, ist irrelevant, **weil das deutsche Recht nicht Grundlage für die Prüfung nach Art. 11 Abs. 3 lit. a GVO ist.** Die Prüfung, ob ein Praktikum im Ausland als Beschäftigung angesehen wird, ist eine Einzelfallprüfung, generelle Auskünfte können nicht erteilt werden.[37]

Hinweis: Wichtig ist, sich davon zu lösen, dass man „nur" die versicherte Tätigkeit und den Unfallzusammenhang betrachtet; dies ermöglicht lediglich die Abgrenzung der innerstaatlichen Zuständigkeit der Sozialversicherungsträger. Insbesondere eine sozialversicherungspflichtige Beschäftigung, die eigentlich nichts mit dem Unfall oder der unfallbringenden Tätigkeit zu tun hat, kann die originäre Zuständigkeit des deutschen Sozialrechts entfallen lassen. Zu denken wäre hier insbesondere an ein duales Studium (→ § 6 Rn. 94), bei dem eine Beschäftigung in einem Mitgliedstaat fortgesetzt wird und Studienphasen in einem anderen erfolgen.

20 Die GVO nimmt als Anknüpfungspunkt für die Zuständigkeit den Ort der Beschäftigung, Art. 11 Abs. 3 lit. a GVO. Zudem gibt es die Möglichkeit der vorübergehenden Erwerbstätigkeit in einem anderen Mitgliedstaat im Wege der **Entsendung,** die zeit-

---

35 Für einen Überblick in den Mitgliedstaaten aus 2015 vgl. ComparativeReport 2015 „The concept of worker under Article 45 TFEU and certain non-standard forms of employment" abgerufen unter https://ec.europa.eu/social/BlobServlet?docId=15476&langId=en am 14.9.2019.

36 Vgl. Steinmeyer in: Fuchs, Europäisches Sozialrecht, Art. 11 Rn. 13 (für die Teilzeitbeschäftigung).

37 Vgl. im Detail und mit einigen Beispielen das DGUV-Rundschreiben 0369/2019 vom 8.10.2019

lich auf bis zu 24 Monate begrenzt ist (Art. 12 GVO). Wichtig ist hierbei, dass die Grundsätze der Entsendung – im Sinne der Verordnung – nur bei Beschäftigungsverhältnissen gelten.[38] Die Zuständigkeit im Falle von **Mehrfachbeschäftigung** in unterschiedlichen Mitgliedstaaten bestimmt sich anhand von Art. 13 GVO nach dem Schwerpunkt der Erwerbstätigkeit. In Deutschland sind ist die Deutsche Verbindungsstelle Krankenkasse Ausland meist für die Feststellung und Bewertung der Mehrfachbeschäftigung zuständig. Weitergehende Ausführung können an dieser Stelle nicht erfolgen.[39]

2. Nachrang: Wohnsitz

21 Gemäß Art. 11 Abs. 3 lit. e GVO richtet sich die Zuständigkeit bei wirtschaftlich inaktiven Menschen nach dem Wohnsitzstaat (→ Rn. 23). Diese **Auffangzuständigkeit** hat **besondere Relevanz für** die von der **Schülerunfallversicherung** erfassten Personen (→ Rn. 10). § 2 Abs. 3 S. 4 SGB VII (Versicherungsschutz am Ort der Tätigkeit findet aufgrund der Verordnung keine Anwendung (→ Rn. 17).

22 **Jede Beschäftigung** oder selbstständige Erwerbstätigkeit **ist vorrangig** (→ Rn. 18 f.) gegenüber der Zuständigkeitsbestimmung nach dem Wohnsitz (Art. 11 Abs. 3 lit. e GVO). Dies gilt für eine Teilzeitbeschäftigung, geringfügige, kurzfristige Beschäftigungen, aber auch sonstige untypische Erwerbstätigkeiten, die nach den Rechtsvorschriften des Mitgliedstaats, in dem diese ausgeübt werden, wie eine Beschäftigung behandelt werden.

Hinweis: Wenn ein Praktikum im Ausland nicht als Beschäftigung anerkannt wird, hat dies keine Auswirkung auf die nationale Einordnung der Tätigkeit. Die Zuordnung betrifft nämlich ausschließlich die Frage das Recht welchen Staates anzuwenden ist. Das nationale Recht eines anderen Mitgliedstaats hat keine Auswirkung auf die Auslegung oder Anwendung des nationalen Rechts des dann zuständigen Mitgliedstaats. Die nationale Beurteilung kann ihrerseits Auswirkungen auf die innerstaatliche Zuständigkeit haben (näheres dazu → Rn. 46).

23 **Wohnsitz** ist „der gewöhnliche Aufenthalt", Art. 1 lit. j GVO. Der EuGH hat festgestellt, dass die Meldung in einem Land allein nicht ausreicht.[40] Obwohl die Formulierung an § 30 SGB I erinnert, bestimmt sich der Wohnsitz nicht nach deutschem oder sonstigem nationalen Recht. Art. 11 DVO enthält die maßgeblichen Beurteilungskriterien und dient eigentlich der Lösung von Wertungskonflikten der Träger unterschiedlicher Mitgliedstaaten. Er sollte daher bereits im Vorfeld zur Prüfung herangezogen werden, um den **Mittelpunkt des Interesses der betroffenen Person** im Sinne des Verordnungsrechts zu ermitteln. Abschließend gilt der objektivierbare Wille der Person. Ein durch äußere Umstände erzwungener Ortswechsel, etwa in Folge einer schweren Erkrankung, ist insoweit irrelevant.[41]

---

38 Nicht erfasst werden beispielsweise Praktika im Sinne von „Erasmus+", vgl. dazu DGUV-Rundschreiben 0151/2018 vom 30.4.2018.
39 Vgl. detailiert u.a. Fuchs in: Knickrehm/Kreikebohm/Waltermann, VO 883/2004 Rn. 65–84.
40 EuGH 11.9.2014 – C-394/13, EU:C:2014:2199, Rn. 26, 29.
41 Vgl. EuGH 5.6.2014 – C-255/13, EU:C:2014:1291.

24 Ausschlaggebend sind einmal die **Dauer und Kontinuität des Aufenthalts** und die **Situation der Person**, die sich aus (1) den familiären Verhältnissen und Verbindungen, (2) der Ausübung einer Tätigkeit jenseits der Beschäftigung (etwa ein Ehrenamt), (3) der Dauerhaftigkeit der Wohnsituation, (4) des steuerlichen Wohnsitzes, (5) im Falle von Mehrfachbeschäftigungen aus den spezifischen Umständen der Tätigkeiten und deren Dauer sowie (6) – nur bei Studierenden – aus der Einkommensquelle ergeben.

25 Für die Beurteilung ist eine wertende Betrachtung notwendig und es kommt auf eine Prognose an. Selbstverständlich ändert sich die Wertung durch Änderung der Umstände (etwa die Familiengründung). Insbesondere ein ausdrücklich erklärter **Rückkehrwille** spricht gegen einen dauerhaften Aufenthalt. Umgekehrt ist nicht allein aus dem Umstand, dass ein Studium oder ein Schulbesuch nur auf einen begrenzten Zeitraum angelegt ist, auf einen Rückkehrwillen zu schließen. Hierbei sollte insbesondere bedacht werden, dass nur wenige Vollstudiengänge innerhalb der zulässigen **Gesamtdauer einer Entsendung** (24 Monate) abgeschlossen werden können. In diesen Fällen bietet sich eine Prüfung an, ob ein Wechsel des Wohnsitzes erfolgt ist. Insgesamt ist die berufliche und soziale **Integration** zu berücksichtigen. Hinsichtlich der Bedeutung der familiären Verbindungen werden diese mit zunehmendem Alter, insbesondere nach Erreichen der Volljährigkeit, tendenziell abnehmen (allerdings nicht notwendigerweise in jedem Einzelfall).

26 Gerne wird bei der Einkommensquelle auf das **Kindergeld** abgestellt. Dies ist abzulehnen. Das Kindergeld unterliegt einer eigenständigen Koordinierung (Art. 67–69 GVO), die der Vorstellung Rechnung trägt, dass bei Familienleistungen besondere Beziehungen zu mehreren Mitgliedstaaten bestehen können. Zudem stellt die GVO an mehreren Stellen klar, dass sich allein der Bezug einer Geldleistung nach der Verordnung nur in ausdrücklich geregelt Fällen auf die Zuständigkeit auswirken kann, Art. 11 Abs. 2 GVO.[42] Gleiches gilt nach der Rechtsprechung des EuGH in Fällen von staatlicher Beihilfe zum Studium, wonach sehr strenge Kriterien für eine Beschränkung auf „Landeskinder" angelegt wird.[43] Solchen Leistungen deuten somit nicht notwendigerweise auf eine enge oder eigene Beziehung zu dem leistenden Mitgliedstaat hin.

27 Im Rahmen der Leistungen wegen Krankheit gelten für die **Familienversicherung** spezielle Regelungen, die das Kollisionsrecht – für Sachleistungen – spezifizieren, Art. 32 GVO. Diese kann die Zuständigkeit des Staates begründen, in dem der relevante Familienangehörige einer Beschäftigung nachgeht (etwa wenn die alleinerziehende Mutter im grenznahen Ausland arbeitet, die Familie aber in einem anderen Mitgliedstaat lebt). Daher kann insbesondere für die Schülerunfallversicherung aus einer bestehenden Familienversicherung kein Rückschluss auf die Zuständigkeit eines Mitgliedstaats geschlossen werden.[44]

42 Vgl. Erwägungsgrund 18 a GVO.
43 EuGH 20.6.2013 – C-20/12 (Giersch und andere), EU:C:2013:411.
44 In Deutschland ist etwa eine Absicherung aufgrund einer Familienversicherung gegenüber der eigenen Versicherung als Studierender (§ 5 Abs. 1 Nr. 9 SGB V) vorrangig, Art. 32 GVO und § 5 Abs. 7 S. 1 SGB V.

IV. Aufgaben des zuständigen Mitgliedstaats

Da die Leistungserbringung Aufgabe des zuständigen nationalen Trägers ist, obliegt es diesem die Anspruchsvoraussetzungen zu prüfen. Die Erbringung von **Geldleistungen** erfolgt immer durch den zuständigen Träger des Mitgliedstaats (Export von Geldleistungen ins Ausland, Art. 6 GVO), während die Erbringung von **Sachleistungen** auf Kosten des zuständigen Trägers ebenfalls im einem anderen Mitgliedstaat erbracht werden kann (Sachleistungsaushilfe). 28

1. Prüfung der Anspruchsvoraussetzungen

Wie mehrfach betont, obliegt die Prüfung der Anspruchsvoraussetzungen dem zuständigen Träger im zuständigen Mitgliedstaat. Allerdings hat dieser dabei die unmittelbar geltenden Grundsätze der Verordnung (→ Rn. 3) zu beachten, wozu auch die allgemeinen Bestimmungen zur **Sachverhaltsgleichstellung** nach Art. 5 GVO gehören. Diese sind für die Schülerunfallversicherung von besonderer Bedeutung. 29

a) Grundsätze der Sachverhaltsgleichstellung

Die Sachverhaltsgleichstellung ist in zwei Ausprägungen geregelt: Zum einen die Gleichstellung von in einem anderen Mitgliedstaat erzieltem Einkommen oder einem (Geld)Leistungsbezug nach den Vorschriften des anderen Mitgliedstaats mit entsprechenden Einkünften/Leistungen im Inland (Art. 5 lit. a GVO). Dies bewirkt beispielsweise im Rahmen von Anrechnungsvorschriften, dass vergleichbare Leistungen ebenfalls auf die zu erbringende angerechnet werden können, ähnlich wie bei § 98 SGB VII. 30

Die zweite Variante (Art. 5 lit. b GVO) stellt tatsächliche Begebenheiten in verschiedenen Mitgliedstaaten gleich. Im Wesentlichen bedeutet dies, dass keine Tatbestandsvoraussetzung allein deshalb abgelehnt werden darf, weil sich diese nicht im zuständigen Mitgliedstaat ereignet hat (zB weil eine ausländische Tageseinrichtung nicht über eine Erlaubnis nach § 45 SGB VIII verfügt).

Beispiel: Eine Schülerin besucht ein Jahr lang eine staatliche Schule in Frankreich, bei einem Chemie-Experiment verletzt sie sich mit Säure. Die **Sachverhaltsgleichstellung erfordert**, dass dieser **Fall so behandelt wird, als habe er sich in Deutschland ereignet**, so dass der Unfall nicht abgelehnt werden kann, weil er sich nicht an einer deutschen Schule und nicht im organisatorischen Verantwortungsbereich einer deutschen Schule ereignet hat.

Aus den Ausführungen in den Kapiteln → § 2–6 sollte deutlich geworden sein, dass die Voraussetzungen für eine Zuordnung zum Kreis der versicherten Personen und die Einordnung einer Tätigkeit als versicherte Tätigkeit stark durch das deutsche Bildungssystem geprägt sind. **Bildungseinrichtungen** im Ausland werden in aller Regel nicht unmittelbar die Voraussetzungen des SGB VIII, des Schul- bzw. Hochschulrechts erfüllen, weil diese in einem anderen rechtlichen Rahmen geschaffen worden sind und arbeiten. In diesem Fall könnte eine mittelbare Diskriminierung vorliegen, die gegen Art. 4 GVO verstößt.[45] Wenn die Erfüllung nationalen Rechts eine Voraus- 31

45 Zu den Grundsätzen der Gleichbehandlung vgl. etwa Otting in: Ruland/Becker/Axer, § 36 Rn. 25 ff.

setzung für den Versicherungsschutz wäre, liefe die Anwendung der Verordnungen auf die Schülerunfallversicherung ins Leere. Unabhängig von der Anwendung der Verordnungen wäre allerdings eine Prüfung der Grundsätze nach Art. 7 Abs. 2 Verordnung (EU) Nr. 494/2011 und ein Verstoß gegen die Freizügigkeit in dieser Situation durchaus angezeigt.[46]

32 Die Anwendung der Verordnungen hat eine **Gleichbehandlung** zum Ziel, nicht aber eine Besserstellung.[47] Die Freizügigkeit muss leistungsrechtlich nicht neutral sein.[48] Daher ist immer zu prüfen, ob der Sachverhalt vergleichbar ist und im Hinblick auf die Diskriminierung, ob es rechtliche Gründe für eine mögliche Ungleichbehandlung gibt. Die Bildungssysteme innerhalb der EU, des EWR und der Schweiz unterscheiden sich zum Teil deutlich.[49] Ein umfassender Rechtsvergleich so komplexer und unterschiedlicher Systeme wie im Bereich der Bildung ist in Einzelfällen schlicht nicht zu leisten. Zu betonen ist, dass der Bereich „Bildung" im weiteren Sinn nicht nur im Rahmen von § 2 Abs. 1 Nr. 8 SGB VII geschützt ist, sondern zB auch von § 2 Abs. 1 Nrn. 1, 2, 3 SGB VII.[50] Diese Differenzierung muss aus Gründen der Gleichberechtigung im Inland (Inländerdiskriminierung) und im EU-Ausland gleichermaßen berücksichtigt werden.

33 Zu der Frage, wie ähnlich sich die Sachverhalte sein müssen, hat der EuGH entschieden, dass ein striktes Festhalten an den nationalen Voraussetzungen eine ungerechtfertigte Diskriminierung darstellt. Es ist vielmehr ausreichend, wenn die Grundlagen nur geringfügig voneinander abweichen und der nationale Zweck der Vorschrift noch erreicht werden kann.[51]

34 Aus diesen Voraussetzungen lassen sich **Grundsätze für den Vergleich** der Anknüpfungstatsachen für den Versicherungsschutz in der Schülerunfallversicherung heranziehen:

- Zunächst sollte das spezifische Ziel für den Versicherungsschutz[52] herausgearbeitet und
- dann die Anknüpfungstatsachen für den Tatbestand im Inland festgestellt werden.
- Weiterhin muss der Sachverhalt im Ausland aufgeklärt werden, wobei die maßgeblichen tatsächlichen Umstände für die Anknüpfungstatsachen besonders wichtig sind.
- Anschließend muss der konkrete Vergleich dahingehend gezogen werden, ob es sich nur um geringfügige Abweichungen handelt oder ob die Unterschiede rele-

46 So auch Eichenhofer, Sozialrecht der EU, Rn. 227.
47 Vgl. Otting in: Ruland/Becker/Axer, SRH, § 36 Rn. 28.
48 EuGH 30.6.2011 – C-388/09 (da Silva), EU:C:2011:439, Rn. 72.
49 Einen Einblick in die Bildungssysteme und die Schwierigkeiten (zB Aktualität) gibt Eurydice, Plattform der Europäischen Kommission https://eacea.ec.europa.eu/national-policies/eurydice/home_de (abgerufen am 14.9.2019).
50 Für § 2 Nrn. 2 und 3 SGB VII vgl. Beschlüsse Nrn. 1, 2 des Ausschuss Rechtsfragen der Geschäftsführerkonferenz vom 2.5.2018 zu TOP 4, die für diese Fälle eine innerstaatliche Zuständigkeit der Fachberufsgenossenschaft anwenden.
51 EuGH 18.12.2014 – C-523/13, EU:C:2014:2458, Rn. 57.
52 Vgl. dazu im Detail die Ausführungen unter → §§ 2–6.

vant bzw. größer sind, so dass der nationale Schutzzweck des Tatbestands kann nicht mehr erreicht werden kann.

Hinweis: Im Wege der Gleichbehandlung soll sichergestellt werden, dass alle Personengruppen, die dem nationalen Recht der Schülerunfallversicherung unterliegen, im (nahezu) gleichen Umfang im EU-Ausland geschützt werden, wie dies im Inland der Fall wäre. Dieser Vergleich kann für jeden Mitgliedstaat und sogar für jeden Bildungsgang oder jede Bildungseinrichtung unterschiedlich ausfallen und ist daher sehr anspruchsvoll.

Zwingend ist für eine Zuordnung zum Kreis der versicherten Personen nach § 2 Abs. 1 Nr. 8 SGB VII, dass eine tatsächliche und rechtliche Einbindung der versicherten Person in das „geschützte" Bildungssystem vorliegt – beispielsweise durch eine Immatrikulation und eine organisatorische Verantwortung für den versicherten Personenkreis übernommen wird, weil dies im Wesen der Schülerunfallversicherung liegt (→ § 1 Rn. 19). 35

Bezüglich der Beurteilung von Bildungseinrichtungen im Berufsbildenden und Hochschulbereich gibt es ein **Referenzsystem:** den **„Europäischen Qualifikationsrahmen"** (EQR). In den Mitgliedstaaten werden auf Basis dieses Rahmens **„Nationale Qualifikationsrahmen"** (NQR) erstellt.[53] Dieses System gibt es seit 2008 und es ist mittlerweile in den meisten Ländern eingeführt. Sofern ein Bildungsgang unter Verwendung des EQR bzw. NQR beschrieben ist, enthält diese Darstellung eine Vielzahl von Informationen – etwa zu der Einrichtung, die ihn anbietet, der erforderlichen Vorbildung, zum Abschluss (etwa einer staatlichen Prüfung), ob der Bildungsträger die staatliche Prüfung selbst abnehmen kann, sowie zu den erlernten Kompetenzen, die dann beispielsweise auch in einen Abschlusszusatz „diploma supplement" niedergelegt werden können.[54] 36

Der Grundsatz der **Haftungsersetzung** für die Inanspruchnahme staatlicher Bildungseinrichtungen (Stichwort Schulpflicht) kommt hierbei keine richtungsweisende Bedeutung zu. Sonst liefe die Grundentscheidung, die Verordnungen anzuwenden (→ Rn. 10), im Rahmen der Sachverhaltsgleichstellung leer. In diesem Zusammenhang sei auch darauf hingewiesen, dass **durch die Anwendung der Verordnungen in keiner Konstellation eine Haftungsersetzung erreicht werden kann.** Die Haftungsprivilegierung gemäß § 106 SGB VII ist im Geltungsbereich der GVO nicht anwendbar. Art. 85 Abs. 2 GVO begrenzt die Anwendung einer innerstaatlichen Haftungsprivilegierung auf das Verhältnis zwischen Arbeitgebern und Arbeitnehmern. 37

b) Personenkreis der Kinder

In Bezug auf fremdbetreute Kinder im EU-Ausland bedeutet die Sachverhaltsgleichstellung folgendes (→ Rn. 12): 38

Beispiele aa) Eine in Deutschland lebende Mutter arbeitet bei einer Firma im grenznahen Ausland. In der unmittelbaren Nähe befindet sich ein „Kinder-Haus", das bereits seit Jah-

53 Weitere Informationen www.dqr.de.
54 Vgl. https://europass.cedefop.europa.eu/de (abgerufen am 14.9.2019).

ren besteht und in dem ihre Tochter gemeinsam mit anderen Kindern im Alter von 3–7 Jahren in festen Gruppen werktags für mindestens 3 Stunden betreut wird. Die Erzieher und Erzieherinnen sind angestellt. Hier liegt eine institutionalisierte Fremdbetreuung vor, bei der der Förderauftrag einer Bildungseinrichtung im Sinne der § 22 SGB VII erfüllt werden könnte, wenn diese Einrichtung sich in Deutschland befände. Unter Berücksichtigung der Art. 5 lit. b und Art. 4 GVO spricht viel dafür, das Kind dem Kreis der versicherten Personen zu zurechnen (→ § 2 Rn. 22 ff.).

bb) Ein für 20 Monate nach Frankreich entsandter Familienvater nimmt für den Entsendungszeitraum seine Frau und die gemeinsamen Kinder 2 und 13 Jahre mit. Um die erwerbstätige Mutter zu entlasten, sucht die Familie sich vor Ort eine Betreuungsperson, die mittags für die Familie kocht und im Anschluss vier Stunden, die Mutter im Haushalt und bei der Betreuung der Kinder unterstützt. Es wird ein privater Arbeitsvertrag geschlossen, weitergehende Schritte werden nicht unternommen. Unabhängig von der hier nicht zu behandelnden Frage, ob der Familie ein Vermittlungsanspruch gemäß § 24 Abs. 2 SGB VIII zustehen könnte, sind hier die vom BSG aufgestellten Kriterien nicht erfüllt, weil es sich um eine rein privat organisierte Betreuung vorliegt. Weder wurde die Jugendhilfe beteiligt (BSG) noch liegt eine Vermittlung oder Förderung durch eine vergleichbare staatliche Stelle in Frankreich vor (→ § 3 Rn. 17 ff., 56 ff.).

c) Personenkreis der Schüler

39 Die Sachverhaltsgleichstellung lässt sich für den Schulbesuch im EU-Ausland (→ Rn. 12) in das folgende Beispiel übersetzen:

Beispiel Eine aus Polen stammende Familie, die bereits vor der Geburt des Sohnes in Deutschland nahe der Grenze lebt, beschließt, diesen für die Einschulung nach Polen zu schicken. Der Vater arbeitet in Teilzeit in Polen und die Mutter Vollzeit in Deutschland. Sie beantragen bei der zuständigen deutschen Schulbehörde eine Befreiung von der Schulpflicht, die ihnen gewährt wird. Tragende Gründe waren, dass Polen ebenfalls eine Schulpflicht ab dem 6. Lebensjahr kennt, die öffentliche Schule bereits bestätigt hat den Jungen aufzunehmen und die Familie dargelegt hat, dass sie insgesamt im Laufe der nächsten 3–5 Jahre nach Polen zurückkehren wird. Der Wohnsitz des Jungen und seiner Familie verbleibt aber (zunächst) in Deutschland.

Zumindest solange von einem Wohnsitz des Jungen in Deutschland auszugehen ist, kann dieser als Schüler angesehen werden. Neben der Befreiung von der deutschen Schulpflicht im Wege der Ausnahmegenehmigung ist hier zu berücksichtigen, dass der Junge durch die Anmeldung in die Schule in vergleichbarem Maße integriert ist, wie dies beim Besuch einer Grundschule in Deutschland der Fall wäre.

40 Wichtig ist, dass die Bildungseinrichtung tatsächlich mit dem deutschen Schulsystem vergleichbar ist, insbesondere bei einem Fall des Homeschoolings wird dies nicht mehr der Fall sein (→ § 5 Rn. 28, 91). Sofern die „Erfüllung" der Schulpflicht als Anknüpfungspunkt dient, ist ein vergleichbarer Umfang erforderlich – nämlich eine Vollzeit-Schulpflicht (full-time compulsory education).

41 Weiterhin ist eine Abgrenzung von theoretischen zu praktischen Ausbildungszeiten notwendig, selbst wenn diese im nationalen Recht des anderen Mitgliedstaates nicht ausdrücklich erfolgt, weil in diesen Fällen ein anderer Versicherungstatbestand erfüllt sein kann (zB § 2 Abs. 1 Nr. 1 SGB VII). Insbesondere im berufsbildenden Bereich erfordert die Gleichbehandlung zudem, dass nach dem Ausbildungsziel differenziert

wird (→ § 5 Rn. 14, 48). Wird der angestrebte Abschluss in Deutschland schulrechtlich anerkannt, spricht dies für eine Vergleichbarkeit. Maßstab ist hier aus Gründen der Gleichbehandlung das Recht, das für den im Inland zuständigen Unfallversicherungsträger anzuwenden ist, da Deutschland über kein vollständig vergleichbares Bildungssystem verfügen wird.

d) Personenkreis der Studierenden

Für die (eingeschriebenen) Studierenden (→ Rn. 12) im EU-Ausland bedeutet die Sachverhaltsgleichstellung konkret: 42

Beispiel Eine Studentin der Universität Stuttgart, die dort in einer Eigentumswohnung lebt, nutzt die Förderung eines Erasmusprogramms, um für zwei Semester das Studium an einer Universität in einem anderen Mitgliedstaat fortzusetzen. Für die Dauer des Studiums ist sie regulär an der Hochschule im EU-Ausland eingeschrieben. Zudem hat die Studentin bestimmte Lernziele von der deutschen Hochschule mitgeteilt bekommen und die Kurse belegt, mit denen sie diese erreichen kann. Um den Vorlesungen im Ausland folgen und die notwendigen Prüfungen absolvieren zu können, hat sie das erforderliche Sprachniveau nachgewiesen. Die nach der Studienordnung der ausländischen Hochschule erworbenen ECTS-Credits werden unmittelbar für ihren inländischen Studiengang berücksichtigt. Sie zieht in ein WG-Zimmer, das während des Auslandsaufenthalts des eigentlichen Bewohners für ein Jahr untervermietet wird.

Sowohl die zeitliche Begrenzung der Förderung des Auslandsaufenthalts als auch die Wohnsituation (Eigentum in Deutschland, befristetes Untermietverhältnis in einer WG im EU-Ausland) sprechen deutlich für einen vorübergehenden Aufenthalt. Es liegt mangels Beschäftigung eine Zuständigkeit von Deutschland im Sinne des Art. 11 Abs. 3 lit. e GVO vor. Der Unfall ereignet sich allerdings nicht an einer deutschen Hochschule. Von § 2 Abs. 1 Nr. 8 c SGB VII sind Einrichtungen erfasst, die dem tertiären Bildungsbereich zu geordnet werden können und eine hochwertige wissenschaftliche Bildung anbieten (→ § 6 Rn. 8 ff.). Für eine Vergleichbarkeit der Einrichtung spricht insbesondere die Anerkennung von Einzelleistungen ohne Prüfung durch die deutsche Hochschule. Die Studentin ist zudem immatrikuliert.

Während im Beispielsfall (→ Rn. 42) auf die Bewertung der deutschen Hochschule (Anerkennung von Lehrinhalten) abgestellt werden konnte, gestaltet sich der Vergleich in Fällen, in denen ein vollständiges Studium oder ein bestimmter Abschluss im EU-Ausland erworben werden soll, etwas komplexer. Nur wenn die Einrichtung insgesamt einer **deutschen Hochschule vergleichbar** ist, kann die Reichweite des Versicherungsschutzes vollständig gleichgestellt werden (Hochschulsport, Besuch fachfremder Vorlesungen etc.). Für die Anknüpfungskriterien sei zB auf → § 6 Rn. 17 verwiesen, wobei allerdings der körperschaftliche und selbstverwaltende Aufbau spezifische Besonderheiten des deutschen Rechts sind, die nur eingeschränkt erwartet werden dürfen. Entspricht die Einrichtung insgesamt nicht den Anforderungen, die an eine Hochschule zu stellen wären, sollte noch geprüft werden, ob ein berufsbildender Abschluss im Sinne des § 2 Abs. 1 Nr. 8 b SGB VII angestrebt wird oder Versicherungsschutz für Lernende nach § 2 Abs. 1 Nr. 2 SGB VII in Betracht kommt (vgl. dazu auch → § 5 Rn. 36 ff., → aber ebenfalls § 6 Rn. 75 f.). 43

44 Sofern an einer annähernd vergleichbaren Einrichtung im Ausland allerdings Bildungsgänge angeboten werden, mit denen nicht das an einer deutschen Hochschule notwendige Bildungsniveau erreicht werden kann, wird ein Versicherungsschutz nach § 2 Abs. 1 Nr. 8 c SGB VII ausscheiden müssen. Dies kann der Fall sein, wenn eine Hochschulreife keine Voraussetzung ist und kein Hochschulabschluss erworben werden kann. Wie im Inland, ist es möglich, dass es Personen an einer Hochschule gibt, die nicht vom Versicherungsschutz erfasst werden (vgl. auch → § 6 Rn. 73 ff.). Allerdings ist zu berücksichtigen, dass in diesen Fällen – ähnlich einer Ergänzungsschule – eine „gemischte" Bildungseinrichtung vorliegen kann, die eben nicht nur „Studierenden" zur Verfügung stehen, so dass die Vergleichbarkeit des Bildungsgangs mit anderen Versicherungstatbeständen zu prüfen ist, etwa § 2 Abs. 1 Nrn. 2 oder 8 b SGB VII.

e) Praktikanten

45 Bei Praktikanten ist folgendes zu berücksichtigen:

Beispiele: aa) Ein deutscher Student wohnt in Aachen und studiert im EU-Ausland. An der Universität können nur Studienabschlüsse erworben werden, die in Deutschland als Hochschulabschluss anerkannt sind. Er hat sich für ein 1-monatiges Praktikum eine Stelle in einem dritten Mitgliedstaat gesucht, die Hochschule schreibt vor, dass eine Zulassung zur Abschlussprüfung nur erfolgen kann, wenn drei Praktika nachgewiesen werden, die je mindestens 4 Wochen bei 40 Wochenstunden in Anspruch genommen haben. Das öffentliche Krankenhaus, bei dem er sein Praktikum absolviert, zahlt ihm eine Aufwandsentschädigung von insgesamt 150,00 EUR und stellt ihm ein Zimmer in einem Wohnheim für das Pflegepersonal zur Verfügung. Nach dem Recht dieses Mitgliedstaats werden vorübergehende Tätigkeiten in sozialen Einrichtungen, wie Krankenhäusern, nicht als Beschäftigung angesehen, wenn diese maximal 6 Wochen dauern und die Aufwandsentschädigung unter 100,00 EUR pro Woche liegt. Zwei Tage vor Abschluss des Praktikums verletzt sich er sich an einer benutzten Injektionsnadel (Nadelstichverletzung).

Wie bereits unter → Rn. 7, 18 dargestellt, führt das Praktikum nicht dazu, dass der dritte Mitgliedstaat zuständig im Sinne der Verordnung ist, weil es keine Beschäftigung nach dessen Recht ist. Für eine anderweitige Zuständigkeit bestehen keine Anhaltspunkte. Gemäß Art. 5 lit. b GVO ist bei der Prüfung der Anspruchsvoraussetzungen der Fall so zu behandeln, als habe er sich in Deutschland ereignet (→ Rn. 30 ff.). Damit scheidet ein Unfallversicherungsschutz im Rahmen der Schülerunfallversicherung aus. Die deutsche Hochschule hatte keine organisatorische Verantwortung für das Praktikum im Ausland. Damit kann kein Versicherungsfall nach § 2 Abs. 1 Nr. 8 c SGB VII bestehen.

bb) Eine 15jährige Schülerin aus Hamburg verbringt ein Auslandsschuljahr in einem anderen Mitgliedstaat. Sie besucht den regulären Unterricht und kann an der Schule einen Abschluss erreichen, der einem deutschen Realschulabschluss entspricht. In der Jahrgangsstufe, der sie zugeordnet ist, ist eine einmonatige Unterrichtsreihe im Fach Soziales vorgesehen, bei der die Schüler nach einer Vorbereitung im Unterricht für zwei Wochen ein Praktikum an dem staatlichen Krankenhaus, einem der Kindergärten oder einer öffentlichen Bibliothek machen müssen, wenn sie nicht einen anderen Praktikumsplatz in einem vergleichbaren Bereich selbst finden. Nach den geltenden Rechtsvorschriften des Mitgliedstaats handelt es sich hierbei nicht um eine Beschäftigung, weil dieses unentgeltlich erbracht wird. Während der zwei Wochen melden die Stellen der Schule, wenn ein Praktikant fehlt. Die Praktikanten müssen sich bei der Schule krankmelden, die die Praktikumsstelle informiert. Es stehen für die Betriebe und die Schüler täglich drei Lehrer als Ansprechpartner für alle Fragen telefonisch zur Verfügung und die Schüler werden mindestens einmal von einem Lehrer besucht. Im Anschluss müssen die Schüler einen Praktikumsbericht schreiben und dabei insbesondere auch den Wert der Einrichtung und ihrer Tätigkeit für die Einwohner der Stadt darstellen.

Da das Praktikum keine Beschäftigung in einem anderen Mitgliedstaat nach dessen Recht darstellt, bleibt Deutschland der zuständige Mitgliedstaat. Bei einer Minderjährigen, die ein sog. „Auslandsjahr" wahrnimmt, ist ohne hinzutretende weitere Umstände regelmäßig davon auszugehen, dass ein Rückkehrwille zu den Eltern besteht und hier nicht dauerhaft ein Wohnsitz ins Ausland verlegt wird. Im Wege der Sachverhaltsgleichstellung ist weiter zu prüfen, ob das Ziel der deutschen Unfallversicherung auch an der Schule im Ausland erreicht werden kann. Die Schülerin ist in den regulären Schulunterricht eingebunden und es ist ein staatlicher Abschluss erreichbar. Damit wäre zunächst der Schulbesuch vom Schutz der gesetzlichen Unfallversicherung erfasst. Die tatsächlichen Umstände veranschaulichen überdies, dass die Schule des anderen Mitgliedstaats tatsächlich auf das Betriebspraktikum und die Schüler einwirkt und weiterhin die Verantwortung für die Schüler übernimmt. Damit sind die Voraussetzungen für den organisatorischen Verantwortungsbereich der Schule erfüllt.

f) Innerstaatliche Zuständigkeit

In den Fällen der Schülerunfallversicherung wird derzeit durch die DGUV (→ Rn. 10) eine vorläufige Zuständigkeit der Landesunfallversicherungsträger (zB Unfallkassen) angenommen, die örtlich an dem Wohnort für den Versicherungsschutz nach § 2 Abs. 1 Nr. 8 SGB VII zuständig wären.[55] Es gibt Fälle – etwa bei einem Praktikum im Ausland –, in denen der Versicherungsschutz nicht nach § 2 Abs. 1 Nr. 8 SGB VII besteht, sondern die Person im Inland als Beschäftigter (§ 2 Abs. 1 Nr. 1 SGB VII) oder Lernender (§ 2 Abs. 1 Nr. 2 SGB VII) anzusehen ist. Die GVO regelt grundsätzlich den Zugang einer Person zu bestimmten Leistungen (→ Rn. 4). Sie erweitert den Tatbestand für Sachverhalte im räumlichen Geltungsbereich der Verordnungen, ändert aber nicht die Anspruchsvoraussetzung als solche und greift nicht in das nationale Zuständigkeitsgefüge ein.[56] Im Bereich der gesetzlichen Unfallversicherung führt das dazu, dass für **jede versicherte Tätigkeit der zuständige Unfallversicherungsträger entsprechend der allgemeinen Regelungen (§§ 121 ff. SGB VII) zu ermitteln** ist.[57] Im 46

55 DGUV-Rundschreiben 0294/2016 vom 28.7.2016 und 0118/2017 vom 14.3.2017. Vorläufigkeit wurde im Hinblick auf Studierende und Schüler aufgehoben, weil sich eine Zuständigkeit aus § 128 Abs. 1 Nrn. 3, 4 SGB VII ergibt. Denn es ist ausnahmsweise eine teleologische Erweiterung geboten, da eine staatliche Einrichtung im Ausland nie einer deutschen Gebietskörperschaft zugeordnet werden kann (Wortlaut § 125 Abs. 1 Nr. 1, § 128 Abs. 1 Nrn. 1, 1 a, § 129 Abs. 1 Nrn. 1, 1 a SGB VII). Die örtliche Zuständigkeit erfolgt vorläufig in Erwartung eines anstehenden Gesetzgebungsverfahrens, das den Anwendungsbereich des § 130 Abs. 2 a SGB VII für weitere Versicherte öffnet. Noch nicht abschließend und endgültig geklärt werden konnte, wie eine sachliche Zuständigkeit im Rahmen des Versicherungsschutzes nach § 2 Abs. 1 Nr. 8 a SGB VII ermittelt wird und wie die örtlich Zuständigkeit im Rahmen von Leistungen der SUV bestimmt werden kann, wenn kein Aufenthalt in Deutschland besteht, weil die Zuständigkeit Deutschlands aus der Beschäftigung folgt vgl. insoweit die Beschlüsse des Ausschuss Rechtsfragen der Geschäftsführerkonferenz der DGUV vom 22.10.2018 zu TOP 2.

56 Kahil-Wolff in: Fuchs, Europäisches Sozialrecht, Art. 1 Rn. 31.

57 Aus diesem Grund kann bei einer Zuständigkeit Deutschlands ein Praktikum im Ausland, das nicht unter den Versicherungsschutz der Schülerunfallversicherung fällt, bei der fachlich zuständigen Berufsgenossenschaft liegen, vgl. ebenso DGUV-Rundschreiben 0369/2019 vom 8.10.2019.

Hinblick auf die sachliche Zuständigkeit hat sich die DGUV auf eine restriktive Auslegung der § 125 Abs. 1 Nr. 1, § 128 Abs. 1 Nrn. 1 und 1 a sowie § 129 Abs. 1 Nrn. 1 und 1 a SGB VII festgelegt.[58] Unter diese Ausnahmevorschriften fallen danach nur Unternehmen einer deutschen Gebietskörperschaft, aber keine staatlichen Unternehmen im EU-Ausland. Die Bestimmung der innerstaatlichen Zuständigkeit ist die alleinige Pflicht des nationalen Gesetzgebers, der dieser für die ungeregelten Fälle beispielsweise in der gesetzlichen Rentenversicherung (vgl. § 126 S. 2, § 128 Abs. 3 SGB VI) nachgekommen ist.

2. Aufgabe des zuständigen Mitgliedstaats

47 Die Verordnung hat nicht nur Auswirkungen auf den Zugang zu Leistungen, sondern gibt bestimmte Grundsätze für die Art und Weise der Leistungserbringung vor. Die Verordnungen differenzieren zwischen Sach- und Geldleistungen, wobei eine Sachleistung auch in Form der (generellen) Kostenerstattung erbracht werden kann, Art. 1 Abs. 1 lit. va GVO. **Sachleistungen** entsprechen immer einem spezifischen Bedarf in einer konkreten Situation oder Notlage, etwa ein Medikament, während **Geldleistungen** zwar an einen Schaden oder eine Bedarfslage anknüpft – wie Blindengeld – und das Geld trotzdem in beliebige Konsumgüter fließen kann – etwa eine Flasche Champagner.[59] Die innerstaatliche Einordnung als Sach- oder Geldleistung muss sich hierbei nicht notwendigerweise mit der im Sinne des Verordnungsrechts decken. Für eine Leistung zur Teilhabe am Leben in der Gemeinschaft (persönliche Assistenz) hat der EuGH entschieden, dass diese nicht von der GVO erfasst werde, weil es sich nicht um Sachleistungen bei Krankheit gehandelt hat.[60]

a) Geldleistungen

48 Die Unterscheidung hat insbesondere für die Leistungserbringung Folgen, denn **Geldleistungen unterliegen einer umfassenden Exportpflicht.** Art. 7 GVO untersagt die Anwendung von Vorschriften, die bei einem Wohnsitz im EU-Ausland eine Anspruchsbeschränkung vorsehen (Ausschluss, Ruhen, Kürzung). Unabhängig von der Verordnung kann ein solches Wohnsitzerfordernis ebenfalls gegen Primärrecht verstoßen, weil es Freizügigkeit einschränkt.[61] Geldleistungen sind mithin immer durch den zuständigen Staat zu erbringen, unabhängig davon, wo sich der Versicherte innerhalb des Geltungsbereichs der Verordnungen aufhält.

b) Sachleistungen

49 Anders als Geldleistungen werden nach der GVO die Sachleistungen koordiniert. Sofern diese im zuständigen Mitgliedstaat erbracht werden, wird der Leistungsberechtigte vollumfänglich in das nationale Leistungssystem integriert. Sofern ein Bedarf nach Sachleistungen im Ausland gedeckt werden soll, greift das **Institut der Sachleistungsaushilfe** (Art. 36, Art. 17–20 GVO). Dem liegt der diskriminierungsfreie Gedan-

58 DGUV-Rundschreiben 0230/2013 vom 4.7.2013.
59 Eichenhofer, Sozialrecht der EU, Rn. 114 f.
60 EuGH 25.7.2018 – C-679/16, EU:C:2018:601, Rn. 51 f., wobei diese aus Gründen der Freizügigkeit im Rahmen des Studiums im Ausland zu erbringen war.
61 Vgl. EuGH 25.7.2018 – C-679/16, EU:C:2018:601.

ke zugrunde, dass der Leistungsberechtigte einen unmittelbaren Zugang zu dem System des aushelfenden Mitgliedstaats erhält, der aushelfende Mitgliedstaat die Leistungserbringung nach seinem System erbringen kann und der letztlich zuständige Mitgliedstaat die tatsächlichen Kosten dafür trägt.

Grundsätzlich trifft den zuständigen Mitgliedstaat insoweit zum einen die Pflicht die 50
Anspruchsvoraussetzungen nach seinem nationalem Recht – insbesondere den Versicherungsfall – zu prüfen (Art. 35 DVO). Gleiches gilt für die Prüfung, ob die Voraussetzungen für eine Sachleistungsaushilfe (→ Rn. 49) vorliegen und umfasst erforderlichenfalls die Ausstellung notwendiger Bescheinigungen (Art. 33, 24 Abs. 1 DVO), wie zB der **DA1-Bescheinigung** (→ Rn. 53).[62] Grundsätzlich hat der zuständige Unfallversicherungsträger zudem einen Anspruch, dass die Meldung eines Schulunfalls an ihn wie im Inland erfolgt (Art. 34 Abs. 1 DVO iVm § 193 SGB VII und § 201 SGB VII). Ergänzend hat der zuständige Träger (der Unfallversicherungsträger in Deutschland) zu prüfen, ob Fahrtkosten für die Rückreise in den Wohnsitzstaat übernommen werden können (Art. 37 GVO, § 43 SGB VII). Nach Abschluss der Behandlung kann er nach Art. 34 Abs. 4 DVO einen ausführlichen ärztlichen Bericht beantragen, für den er jedoch die Kosten trägt.

Zu Recht wird allerdings auf eine Schwachstelle des Systems hingewiesen. So kann es 51
für die Leistungserbringer durchaus finanziell vorteilhaft sein, den Zugang zur Sachleistungsaushilfe zu behindern oder zu verweigern, um dann das höhere Entgelt einer privatärztlichen Behandlung abzurechnen.[63] Ein Beispiel ist die Behauptung, die Europäische Krankenkassenkarte (EHIC, vgl. auch → § 5 Rn. 102) könne wegen eines technischen Fehlers nicht ausgelesen werden, obwohl alle notwendigen Daten auf die Karte sichtbar gedruckt sind und diese die aushelfenden Träger bindet.[64] Misslich ist dabei, dass lediglich die Träger des aushelfenden Mitgliedstaats das Recht (und die Pflicht) haben, die Berechtigungsdokumente anzuerkennen und den Zugang zum Leistungssystem sicherzustellen. Die zuständigen Träger hingegen haben nur die Möglichkeit, die Leistungsverweigerung dem aushelfenden Träger zu berichten.

c) Klassenfahrt

Für eine Klassenfahrt ins EU-Ausland bedeutet dies (zur Klassenfahrt allgemein 52
→ § 5 Rn. 96 ff.):

Beispiel: Eine privat krankenversicherte Schülerin aus Leipzig stolpert während einer Stadtbesichtigung auf einer Treppe im Rahmen einer Klassenfahrt in einem anderen Mitgliedstaat. Sie bricht sich den linken Knöchel und verstaucht sich ihr Handgelenk und die Gläser ihre Brille zerkratzen, so dass diese unbrauchbar werden. Ihr Klassenlehrer meldet den Unfall dem zuständigen Unfallversicherungsträger und bringt die Schülerin entsprechend der Hinweise der DVKA[65] zu einem Krankenhaus, das zur Leistungserbringung nach nationalem Recht berechtigt ist. Die Behandlung dort kostet 1.000,00 EUR.

---

62 In mehreren Sprachfassungen abrufbar für Unfallversicherungsträger unter https://uv-net.dguv.de (Webcode: u638951 Stand 09/2019).
63 Ausführlich beispielsweise Bieback in: Fuchs, Europäisches Sozialrecht, Vorbem. Art. 17 ff. Rn. 62 f., Rn. 77.
64 Anders wertet den Sachverhalt das LSG Berlin-Brandenburg (29.11.2018 – L 1 KR 341/16, BeckRS 2018, 32550) und bejaht wegen des vermeintlichen Defekts einen Erstattungsanspruch nach § 13 Abs. 3 SGB V.
65 www.dvka.de/de/versicherte/touristen/touristen.html (Stand: 09/2019).

53 Ereignet sich der Arbeitsunfall während eines zeitweiligen Aufenthalts außerhalb des zuständigen Mitgliedstaats oder des Wohnmitgliedstaats, handelt es sich um den Standardfall von Art. 36 iVm Art. 19 Abs. 1 GVO.[66] Wichtig ist, dass der Leistungsanspruch im Rahmen der Sachleistungsaushilfe nach Art. 36 GVO über den Anspruch bei Krankheit hinausgehen kann. Daher ist der zuständige Träger verpflichtet, eine DA1-Bescheinigung auszustellen, insbesondere wenn keine Hinweise bestehen, die gegen einen Versicherungsfall sprechen, um den Zugang zu diesen Leistungen zu ermöglichen, was sich immer bei stationärer Behandlung anbietet. Die Pflicht besteht spätestens auf Antrag des Leistungsberechtigten oder des Trägers im EU-Ausland, Art. 33, Art. 24 Abs. 1 DVO. Durch die EHIC kann die Behandlung zunächst sichergestellt werden. Im Übrigen erleichtert dies die Umstände dokumentieren, die für die Prüfung eines Versicherungsfalls und der Unfallfolgen erforderlich sind. Vor dem Hintergrund der der Heilverfahrenssteuerung, nach § 26 Abs. 5 SGB VII und der von Art. 4 GVO geforderten Gleichbehandlung, muss die bestmögliche Versorgung sichergestellt werden.[67]

54 Grundsätzlich haben **Privatkrankenversicherte** ebenfalls einen Anspruch auf Sachleistungsaushilfe, wenn dieses System der freiwilligen Versicherung, wie in Deutschland, ein Teil des nationalen Krankenversicherungssystems ist.[68] Trägt der Versicherte im Anwendungsbereich der Art. 36, 19 GVO die Kosten selbst, gäbe es nach nationalem Recht keinen Erstattungsanspruch. Allerdings sind in Art. 25 Abs. 4 bis 7 DVO weitere Erstattungsansprüche vorgesehen, die aber nicht notwendigerweise die vollen Kosten decken.[69]

Beispiel Sieht das nationale Recht in dem ausländischen Mitgliedstaat aus dem Beispielsfall in → Rn. 52 vor, dass bei einer Behandlung immer ein Betrag bis zu 500,00 EUR zunächst beim Behandler gezahlt wird und dieser im Anschluss vom Träger erstattet wird, verordnete Medikamente kostenfrei in den Apotheken abgegeben werden und bei Arbeitsunfällen eine provisorische Versorgung mit einer Brille erfolgt, dann erhält die Schülerin eine provisorische Brille, alle verordnete Medikamente und es ist eine Zuzahlung von 500,00 EUR zu leisten. Die Gewährung der Sachleistungsaushilfe erfolgt ausschließlich nach den ausländischen nationalen Regelungen.[70] Sofern keine Kostenerstattung für den Eigenanteil in Höhe von 500,00 EUR im Mitgliedstaat der ärztlichen Behandlung beantragt worden ist, kann diese noch beim zuständigen Träger im Inland erfolgen, Art. 25 Abs. 5 DVO.

---

66 So Fuchs in: Fuchs, Europäisches Sozialrecht, Art. 36 Rn. 14 zur Entsendung.

67 Wird der Zugang zum Leistungssystem durch den Träger verhindert oder erschwert, wird dies wohl einen Fall des Systemversagens darstellen und einen Kostenerstattungsanspruch gemäß § 13 Abs. 3 SGB V analog begründen. Umstritten ist, ob Erstattungsansprüche nach nationalem Recht aufleben, wenn die Sachleistungsaushilfe aus anderen Gründen versagt – allerdings wäre im Fall der Klassenfahrt § 97 Nr. 2 SGB VII wohl nicht einschlägig. In Betracht käme dann nur der Anspruch, der sich aus der Patientenmobilitätsrichtlinie RL 2001/24/EU iVm Art. 56 AEUV ergibt, wobei hier grundsätzlich die Anforderungen einer vergleichbaren Qualifikation eines D-Arztes verlangt werden könnten und die Erstattung auf die Kosten einer Behandlung im Inland zu beschränken ist (→ Rn. 55).

68 Vgl. EuGH 8.7.2004 – C-502/01 und C-31/02 (Barth und andere), EU:C:2004:413, Rn. 22; ferner LSG Bayern 23.4.2018 – L 4 KR 58/15, BeckRS 2018, 13991 (Rn. 56).

69 Vgl. im Detail Bieback in: Fuchs, Europäisches Sozialrecht, Art. 19 Rn. 26–30, wobei zu berücksichtigen ist, dass sich der Versicherte grundsätzlich im Leistungssystem der Sachleistungsaushilfe bewegt haben muss (keine Erstattung von Kosten in einer Privatklinik).

70 Vgl. Fuchs in: Fuchs, Europäisches Sozialrecht, Art. 36 Rn. 6.

d) geplante Behandlung im EU-Ausland

55 Insbesondere wenn bewusst eine geplante Behandlung im EU-Ausland (zB erforderliche Kontrolle eines gebrochenen Arms nach einem Schulunfall während eines langen Urlaubs) angestrebt wird, gibt es eine Mehrzahl von Abwicklungskonstellationen.[71] Im Bereich der gesetzlichen Unfallversicherung ist dabei zu berücksichtigen, dass das nationale System spezielle Anforderungen an die Behandler stellt, etwa im Rahmen des D-Arztverfahrens, und diese Grundsätze auch bei einer geplanten Behandlung im Ausland verlangen kann.[72]

V. Aufgaben des unzuständigen Mitgliedstaats

1. Sachleistungsaushilfe

56 Für die Erbringung der Sachleistungsaushilfe im Rahmen der gesetzlichen Unfallversicherung ist die **Deutsche Verbindungsstelle Unfallversicherung – Ausland (DVUA)** zuständig (§ 139 a Abs. 1 Nr. 2 SGB VII). Hierbei ist zu berücksichtigen, dass der Zugang zu diesen Leistungen durch die zuständigen Träger im Ausland bestimmt wird; sofern der zuständige Mitgliedstaat keine besonderen Leistungen wegen Arbeitsunfällen kennt, kommt nur eine Sachleistungsaushilfe durch die Krankenversicherung in Betracht. Das Gleiche gilt, wenn das Recht des zuständigen Mitgliedstaats keinen Versicherungsschutz bei Wegeunfällen vorsieht.

57 Für den Ablauf der Sachleistungsaushilfe sei auf das Informationsblatt Sachleistungsaushilfe der DVUA hingewiesen, dass die Voraussetzungen, den Ablauf und die zuständigen Ansprechpartner benennt.[73] Wichtig ist hierbei jedoch, dass Kostenübernahmeerklärungen durch die Verbindungsstelle gegenüber den Leistungserbringern erst erfolgen, wenn der zuständige Träger im Ausland den Versicherungsschutz bestätigt hat.

2. Petroni-Rechtsprechung

58 Es gibt in der Rechtsprechung des EuGHs eine Rechtsfigur, die es – wie der EuGH es ausdrückt – dem nationalen Gesetzgeber des Wohnsitzmitgliedstaats (→ Rn. 23 ff.) die Befugnis einräumt, Leistungen an Personen zu erbringen, die eigentlich nach der Verordnung der Zuständigkeit eines anderen Mitgliedstaats unterliegen.[74] Diese Befugnis kann auch bei einer Beschäftigung aus einer Einbindung in das Finanzierungssystem der Leistung (Steuerpflicht) folgen.[75] Diesen Grundsatz leitet der EuGH aus der Freizügigkeit ab, wonach Ansprüche, für die er eine Leistungen (Beträge) erbracht hat, nicht verloren gehen sollen oder gekürzt werden dürfen, nur weil der Berechtigte von seiner Freizügigkeit (→ Rn. 1) Gebrauch gemacht hat.[76] Im Wesen der

71 Eine übersichtliche Darstellung findet sich bei Bieback in: Fuchs, Europäisches Sozialrecht, Vorbem. Art. 17 ff. Rn. 61.
72 Vgl. Fuchs in: Fuchs, Europäisches Sozialrecht, Art. 36 Rn. 34.
73 www.dguv.de (Webcode: d1304).
74 Vgl. EuGH 20.5.2008 – C-352/06 (Bosmann), EU:C:2008:290, Rn. 31; zum „Petroni-Prinzip" vgl. u.a. Bokeloh, ZESAR 2012, 121 ff. und zu den Grundsätzen des „Leistungsexports" u.a. Felten SozSich [Österreich] 2017, 130 ff.
75 Vgl. EuGH 16.6.2012 – C-611/10 und C- 612/10 (Hudzinski und Wawrzyniak); EU:C:2012:339, Rn. 66.
76 Vgl. EuGH 30.6.2011 – C-388/09 (da Silva), EU:C:2011:439, Rn. 70 ff.

Koordinierung liegt allerdings auch, dass ein Umzug in einen anderen Mitgliedstaat den Zugang zu weniger günstigen Leistungen beinhalten kann (→ Rn. 32).[77]

59 Diese sog. **Petroni-Rechtsprechung** ist allerdings **nicht geeignet, dem Grunde nach Versicherungsschutz in der Schülerunfallversicherung** zu begründen. Petroni stellt also keine Grundlage für anzuerkennende Versicherungsfälle dar. Die Zuständigkeit für eine versicherte Tätigkeit – jenseits der Beschäftigung – im Inland folgt aus der einseitigen Kollisionsnorm des § 2 Abs. 3 S. 4 SGB VII. Diese Norm ist keine Anspruchsvoraussetzung, sondern eine Regelung zum räumlichen Geltungsbereich des SGB VII[78] – eine nationale (einseitige) Kollisionsnorm (→ Rn. 17) und gilt für alle versicherten Personengruppen, deren Schutz nicht aus der Beschäftigung folgt.[79] Hierbei handelt es sich nicht um einen Leistungsausschluss oder ein Wohnsitzerfordernis im Inland, sondern um eine Öffnung des SGB VII über die Vorschriften des SGB I oder des SGB IV hieraus. Die Kollisionsnormen der GVO (Art. 11 ff.) haben einen absoluten Anwendungsvorrang (→ Rn. 3, 17) und regeln die Zuständigkeit grundsätzlich exklusiv.[80]

60 Weiterhin sieht die Konzeption des SGB VII vor, dass in der gesetzlichen Unfallversicherung der **Grundsatz Rehabilitation vor Rente** (→ § 8 Rn. 3) gilt,[81] womit zugleich klargestellt ist, dass es sich bei der Wiederherstellung der Gesundheit und der sozialen Integration um ein Herzstück der gesetzlichen Unfallversicherung handelt. Der Schwerpunkt liegt mithin auf dem Erbringen von Sachleistungen, um die Gesundheit, Arbeitsfähigkeit und Teilhabe wiederherzustellen.

61 Wenn über Petroni Versicherungsfälle dem Grunde nach begründet werden könnten, hätte dies ferner zur Folge, dass ein für die Verordnung gänzlich unbekannter Zuständigkeitskonflikt geschaffen würde. Die Effektivität und Vorhersehbarkeit der Koordinierungsregeln[82] würde dadurch schlicht aufgehoben, weil im Rahmen der gesetzlichen Unfallversicherung ein nationaler Träger zur vollständigen Leistungserbringung in eigener Zuständigkeit verpflichtet ist. Eine Beschränkung auf bestimmte Leistungen oder für einen begrenzten Zeitraum ist nach nationalem Recht unmöglich. Einen Versicherungsfall unter Anwendung der Petroni-Rechtsprechung anzunehmen, würde also zu einer Doppelzuständigkeit (→ Rn. 17) für Sachleistungen für denselben Zeitraum führen. Dies würde nicht nur gegen das Wesen der Koordinierung (→ Rn. 1) verstoßen, sondern auch gegen die Rechtsprechung des EuGHs, wonach der unzuständige Staat keine Leistungen desselben Typs für denselben Zeitraum ge-

77 Vgl. EuGH 30.6.2011 – C-388/09 (da Silva), EU:C:2011:439, Rn. 72.

78 Riebel in Hauck/Noftz, SGB VII, K § 2 Rn. 313 d.

79 Es gibt kaum eine Norm, die diskriminierungsfreier sein könnte, weil sie weder an die Nationalität, an einen Wohnsitz, eine Beschäftigung oder einen Aufenthaltsort anknüpft und Zugang zu einem besonders umfangreichen Sozialleistungsschutz ermöglicht, der zudem exportoffen ist, § 97 SGB VII. Diese einmalige Regelung ist sehr speziell. Die Kollisionsvorschriften der Verordnungen können dies nicht berücksichtigen und bleiben dahinter zurück.

80 Vgl. Devetzi in: Hauck/Noftz, EU-SozR, K Vorbem. Art. 11–16 VO (EG) 883/2004 3 f.; EuGH 12.6.1986 – C-302,84 (Ten Holder), EU:C:1986:242, Rn. 21.

81 Kranig in: Hauck/Noftz, SGB VII, K § 1 Rn. 13.

82 Vgl. EuGH 11.9.2014 – C- 394/13, EU:C:2014:2199, der verlangt, dass die Effektivität und Vorhersehbarkeit der Koordinierungsregel durch Leistungen des unzuständigen Mitgliedstaats nicht beinträchtig werden dürfen.

währen darf.[83] Damit begründet „Petroni" keinen „ergänzenden" Versicherungsschutz (→ Rn. 58).[84]

Beispiel: Eine minderjährige Schülerin mit Wohnsitz im EU-Ausland besucht im Rahmen eines Schüleraustauschs ein Jahr eine Schule in Niedersachsen und lebt in dieser Zeit bei Gasteltern. Sie wird auf dem Weg zur Schule angefahren und erleidet einen komplizierten Beinbruch. 62

Hier liegt ein klarer Fall der Sachleistungsaushilfe vor. Sofern dieser Unfall im zuständigen Mitgliedstaat Leistungen bei Arbeitsunfällen für Schüler kennt und den Wegeunfall als Unfallrisiko berücksichtigt, erfolgt die Behandlung im Inland über die DVUA (→ Rn. 56) und die Schülerin erhält alle Sachleistungen, die das SGB VII vorsieht. Wenn das Risiko des Wegeunfalls nicht vom Versicherungsschutz erfasst ist, das nationale Recht des zuständigen Mitgliedstaats keine besonderen Leistungen für Arbeitsunfälle und Berufskrankheiten zugunsten von Schülern (Schulunfälle) vorsieht oder eine beliebige andere nationale Anspruchsvoraussetzung nicht erfüllt ist, erhält die Schülerin Sachleistungsaushilfe aus dem Katalog des SGB V. Ihr steht nicht parallel ein Anspruch auf Leistungen nach dem SGB VII durch die örtlich zuständige (Landes-)Unfallkasse zu. Nach der Rückkehr in den zuständigen Mitgliedstaat kommt eine Sachleistungsaushilfe auf Kosten des deutschen Trägers nicht in Betracht.

VI. Kostenerstattung für die Sachleistungsaushilfe

Im Fall der Sachleistungsaushilfe (→ Rn. 49 f.) erstattet der zuständige Träger im 63
Ausland die Kosten in der Höhe, in der diese tatsächlich angefallen sind, Art. 41 Abs. 1 GVO. Dies gilt grundsätzlich auch, wenn das nationale Recht die Leistungen nicht oder nicht in der angefallenen Höhe vorsehen würde.[85] Art. 35 DVO hat zur Folge, dass diese Abwicklung im Verhältnis zu den Trägern erfolgen kann, die Leistungen bei Krankheit gewähren. Die Abwicklung erfolgt in beiden Fällen über die Verbindungsstellen. Innerstaatlich hat sich insoweit die Frage gestellt, welche Verbindungsstelle für die Abwicklung der Erstattungsansprüche zuständig ist.

Es gibt insoweit eine Absprache zwischen der DVUA und der DVKA, dass die Ab- 64
wicklung immer über den Sozialversicherungszweig des Trägers erfolgt, der irrtümlich seine Zuständigkeit angenommen hat.[86] Ist die aushelfende Krankenkasse davon ausgegangen, dass kein Arbeitsunfall vorliegt und hat Sachleistungsaushilfe gewährt, so rechnet die DVKA den Fall ab. Wenn die DUVA zunächst Sachleistungsaushilfe erbracht hat, bevor der Träger im Ausland mitgeteilt hat, dass kein Arbeitsunfall vorliegt, meldet die DUVA den Erstattungsanspruch an. Nimmt ein Unfallversicherungsträger fälschlicherweise seine Zuständigkeit an und stellt sich später heraus, dass ein anderer Mitgliedstaat zuständig wäre, versucht die DVUA, den Anspruch unmittelbar

83 Vgl. EuGH 23.4.2015 – C-382/13 (Franzen und andere), EU:C:2015:261, Rn. 65.
84 Im Rahmen der Freizügigkeit kann aber beispielsweise bei dem Umzug eines Versicherten ins EU-Ausland im Einzelfall zu prüfen sein, ob der Verweis auf das nunmehr einschlägige System, den Versicherten ungerechtfertigt eingeschränkt oder ob ausnahmsweise noch einzelne Leistungen zu erbringen sind, auf die in Deutschland ein Anspruch bestanden hätte.
85 Vgl. Fuchs in: Fuchs, Europäisches Sozialrecht, Art. 41 Rn. 2.
86 DGUV-Rundschreiben 0291/2014 vom 18.7.2014.

im Ausland geltend zu machen, zunächst bei der Verbindungsstelle für Leistungen bei Arbeitsunfällen, nach einer Ablehnung bei der Verbindungsstelle für Leistungen bei Krankheit.

65 **Beispiel** Ein Schüler lebt mit seiner Familie in Deutschland, er selbst hat keine Beziehung in das EU-Ausland. Allerdings arbeitet sein Vater in einem anderen Mitgliedstaat und über den Vater besteht Krankenversicherungsschutz für die Familie im Beschäftigungsland. Im Sportunterricht stürzt der Junge und wird zunächst wegen des Verdachts auf traumatische Verletzungen des Knies behandelt. Nach einer MRT-Untersuchung stellt sich heraus, dass keine traumatischen Verletzungen feststellbar sind. Die Kniescheiben springen regelmäßig raus (habituelle Luxation). Dieser Gesundheitsschaden ist nur anlässlich des Sportunterrichts aufgetreten. Der Schulsport ist eine Gelegenheitsursache.

Für den möglichen Leistungsanspruch nach § 2 Abs. 1 Nr. 8 b SGB VII wurde zunächst die Zuständigkeit nach Verordnungsrecht korrekt ermittelt. Es besteht keine Beschäftigung des Schülers im Ausland und nach Art. 11 Abs. 3 lit. e GVO ist Deutschland der zuständige Mitgliedstaat. Die Spezialvorschrift des Art. 32 GVO gilt nicht für Leistungen bei Arbeitsunfällen. Der Unfallversicherungsträger durfte und musste in eigener Zuständigkeit die Leistungsvoraussetzungen prüfen. Nachdem festgestellt worden ist, dass kein Arbeitsunfall im Sinne des SGB VII vorliegt, führt Art. 35 Abs. 2 S. 2 DVO dazu, dass die Sachleistungen als Leistungen der Krankenversicherung gewährt werden.[87] Zuständig für die Leistungserbringung wäre in Deutschland die aushelfende Krankenkasse, weil gem. Art. 32 Abs. 1 S. 2 GVO der Anspruch aufgrund der Erwerbstätigkeit des Vaters Vorrang genießt. Berücksichtigt man das Rundschreiben wird die DVUA die Anmeldung eines Anspruchs bei den Verbindungsstellen im zuständigen Mitgliedstaat prüfen. Das Risiko des Forderungsausfalls trägt allein der Unfallversicherungsträger, obwohl er sich im Sinne des Verordnungsrechts und des nationalen Rechts korrekt verhalten hat. Allerdings ist anzumerken, dass voraussichtlich ebenfalls ein Erstattungsanspruch gem. § 105 SGB X gegenüber der aushelfenden Krankenkasse bestehen dürfte, weil diese eine (subsidiäre) Leistungspflicht trifft,[88] dieser bleibt aber hinter dem verordnungsrechtlich möglichen Anspruch (volle Kostenerstattung) zurück. Diese Abwicklung ist manchmal mit der Schwierigkeit belastet, dass die DVUA in „zwei Rollen" agieren muss, weshalb eine Abwicklung unter Beteiligung der DVKA wünschenswert wäre.[89]

87 Es handelt sich insoweit um eine Spezialvorschrift zu Art. 11 Abs. 3 lit. e GVO, vgl. dazu Leopld in BeckOK-SozR, Art. 11 VO (EG) 883/2004 Rn. 12.

88 Es besteht ein Anspruch des Versicherten gegenüber dem Träger am Leistungsort, vgl. Bieback in: Fuchs, Europäisches Sozialrecht, Vorbem. Art. 17 ff. Rn. 16 ff.; vgl. ebenfalls LSG Bayern 23.4.2018 – L 4 KR 58/15, BeckRS 2018, 13991.

89 Aus den geschilderten Gründen finden Gespräche zwischen den Verbindungsstellen in Deutschland statt, um die Absprache ggf anzupassen. Ein DGUV-RS zu diesem Thema wird noch in 2019 erwartet.

Literaturverzeichnis

Arenz/Baldus/Burdach, Schulgesetz für das Land Nordrhein-Westfalen, Kommentar, Loseblatt, Stand: 11/2018 (zitiert: Bearbeiter in: Arenz/Baldus/Budach, SchulG NRW)

Avenarius/Heckel, Schulrechtskunde, 7. Aufl. 2000

BAGUV, Unfallversicherung für Schüler, Studenten sowie für Kinder in Kindergärten, 1971, Sonderdruck des Mitteilungsblattes „Die Gemeindeunfallversicherung"

Becker, Gesetzliche Unfallversicherung, 2004

Becker/Franke/Molkentin, Sozialgesetzbuch VII, Lehr- und Praxiskommentar, 5. Aufl. 2018 (zitiert: Bearbeiter in: LPK-SGB VII)

Bender/Eicher (Hrsg.), Sozialrecht – eine Terra incognita, 50 Jahre saarländische Sozialgerichtsbarkeit, Festschrift, 2009
(zitiert: Bearbeiter in: FS 50 Jahre saarländische Sozialgerichtsbarkeit)

Bereiter-Hahn/Mehrtens, Gesetzliche Unfallversicherung, Handkommentar, Loseblatt, Stand 03/2019 (zitiert: Bereiter-Hahn/Mehrtens)

Brall/Kerschbaumer/Scheer/Westermann, Sozialrecht Kompaktkommentar, 2. Aufl. 2017 (zitiert: Bearbeiter in: Brall/Kerschbaumer/Scheer/Westermann)

Coelln, von/Lindner, Beck'scher-Online-Kommentar Hochschulrecht Bayern, Stand: 1.5.2019, (zitiert: Bearbeiter in: BeckOK HochschulR Bayern)

Deutsche Gesetzliche Unfallversicherung (Hrsg.), 20 Jahre Hochschule der Gesetzlichen Unfallversicheurng, 2014 (zitiert: Bearbeiter in: DGUV, 20 Jahre Hochschule)

Eckhardt, Das Bildungswesen in der Bundesrepublik Deutschland 2015/2016, hrsg. vom Sekretatiat der Ständigen Konferenz der Kultusminister der Länder in der Bundesrepublik Deutschland, 2017 (zitiert: Eckhardt, Bildungswesen)

Eichenhofer, Sozialrecht der Europäischen Union, 7. Auflage 2018 (zitiert: Eichenhofer, Sozialrecht der EU)

Eichenhofer/von Koppenfels-Spies/Wenner, Kommentar zum SGB VII, 2. Aufl. 2019 (zitiert: Bearbeiter in: Eichenhofer/von Koppenfels-Spies/Wenner, SGB VII)

Erichsen/Schäferbarthold/Staschen/Zöllner, Lebensraum Hochschule – Grundlagen einer sozial definierten Bildungswelt, Festschrift für von Mutius, 2012
(zititert: Bearbeiter in: Erichsen/Schäferbarthold/Staschen/Zöllner)

Fries, Die Haftungsbeschränkung der §§ 104 ff. SGB VII in den Fällen der unechten Unfallversicherung, 2013

Fuchs, Europäisches Sozialrecht, 7. Aufl. 2018 (zitiert: Bearbeiter in: Fuchs, Europäisches Sozialrecht)

Fuchs/Preis, Sozialversicherungsrecht, 2. Aufl. 2009 (zitiert: Bearbeiter in: Fuchs/Preis, Sozialversicherungsrecht)

Geis, Hochschulrecht in Bund und Ländern, Stand: 03/2018 (zitiert: Bearbeiter in: Geis, Hochschulrecht)

Goerdeler/Wapler, SGB VIII Onlinekommentar, Stand: 10/2012 (zitiert: Bearbeiter in: Goerdeler/Wapler)

Gsell/Krüger/Lorenz/Reymann, beck-online.Grosskommentar, Stand: 1.6.2019 (zitiert: Bearbeiter in: BeckOGK)

Hartmer/Detmer, Hochschulrecht, 3. Aufl. 2017 (zitiert: Bearbeiter in: Hartmer/Detmer)

Hassel/Gurgel/Otto, Handbuch des Fachanwalts Sozialrecht, 5. Aufl. 2015 (zitiert: Bearbeiter in: Hassel/Gurgel/Otto, Sozialrecht)

Hauck/Noftz, Kommentar zum SGB VII, Loseblatt, Stand: 05/2019 (zitiert: Bearbeiter in: Hauck/Noftz, SGB VII)

Hauck/Noftz, Kommentar zum SGB VIII, Loseblatt, Stand: 01/2019 (zitiert: Bearbeiter in: Hauck/Noftz, SGB VIII)

Hauck/Noftz, Kommentar zum SGB X, Loseblatt, Stand: 08/2019 (zitiert: Bearbeiter in: Hauck/Noftz, SGB X)

Hauck/Noftz, Kommentar zum EU-Sozialrecht, Loseblatt, Stand: 07/2015 (zitiert: Bearbeiter in: Hauck/Noftz, EU-SozR)

HVBG, BAGUV, BLB (Hrsg.), Erstkommentierung des Unfallversicherungs-Einordnungsgesetzes (UVEG), 1996

Jahn/Jung, Kommentar zum SGB VII, Loseblatt, Stand: 01/2018 (zitiert: Bearbeiter in: Jahn/Jung, SGB VII)

Jans/Happe/Saurbier/Maas, Kinder- und Jugendhilferecht, SGB VIII, Stand: 06/2018 (zitiert: Bearbeiter in: JHSM)

Jung, Kommentar zum SGB VIII, Loseblatt, Stand: 03/2018 (zitiert: Bearbeiter in: Jung, SGB VIII)

Jarass/Pieroth, Kommentar zum Grundgesetz, 15. Aufl. 2018 (zitiert: Bearbeiter in: Jarass/Pieroth)

Jülich/van den Hövel, Schulrechtshandbuch Nordrhein-Westfalen, Loseblatt, Stand: 02/2019 (zitiert: Bearbeiter in: Jülich/van den Hövel, Schulrechtshandbuch NRW)

Kater/Leube, Kommentar zum SGB VII, 1997 (zitiert: Bearbeiter in: Kater/Leube, SGB VII)

Knickrehm/Kreikebohm/Waltermann, Kommentar zum Sozialrecht, 5. Aufl. 2017 (zitiert: Bearbeiter in: Knickrehm/Kreikebohm/Waltermann)

Koppenfels-Spies, von, Sozialrecht, 2018

Krasney/Becker/Heinz/Bieresborn, Kommentar zum SGB VII, Loseblatt, Stand: 07/2019 (zitiert: Bearbeiter in: SGB VII-Komm)

Krug/Riehle, Kommentar zum SGB VIII, Loseblatt, Stand: 10/2018 (zitiert: Bearbeiter in: Krug/Riehle, SGB VIII)

KunkelKepert/Pattar, LPK-SGB VIII, 7. Auflage 2018 (zitiert: Bearbeiter in: LPK-SGB VIII)

Lauterbach/Watermann/Breuer, Kommentar zum SGB VII, Loseblatt, Stand 04/2019 (zitiert: Bearbeiter in: Lauterbach, SGB VII)

Leitherer (Hrsg.), Kasseler Kommentar zum Sozialversicherungsrecht, Loseblatt, Stand 03/2019 (zitiert: Bearbeiter in: KassKomm)

Leuze/Epping, Gesetz über die Hochschulen des Landes Nordrhein-Westfalen (Hochschulgesetz – HG), Kommentar, Stand 04/2018 (zitiert: Bearbeiter in: Leuze/Epping, HG NRW)

Meyer-Ladewig/Keller/Leitherer/Schmidt, Sozialgerichtsgesetz, Kommentar, 12. Aufl. 2017 (zitiert: Bearbeiter in: Meyer-Ladewig, SGG)

Möller, Praxiskommentar SGB VIII, 2. Aufl. 2017 (zitier: Bearbeiter in: Möller, SGB VIII)

Morgenroth, Hochschulstudienrecht und Hochschulprüfungsrecht, 2017

Moskal/Foerster/Strätz, Kinderbildungsgesetz NRW, Kommentar, 1. Aufl. 2011 (zitiert: Moskal/Foerster/Strätz, KiBiz NRW)

Münder/Meysen/Trenczek, Frankfurter Kommentar zum SGB VIII, 8. Aufl. 2019 (zitiert: Bearbeiter in: FK-SGB VIII)

Pahl, Berufsbildende Schule – Bestandsaufnahme und Perspektiven, 2. Aufl. 2014

Palandt, Otto, Kommentar zum BGB, 77. Aufl. 2018 (zitiert: Bearbeiter in: Palandt)

Plagemann, Münchener Anwaltshandbuch Sozialrecht, 5. Aufl. 2018 (zitiert: Bearbeiter in: Plagemann, MAH SozR)

Plagemann/Radtke-Schwenzer, Gesetzliche Unfallversicherung, 2. Aufl. 2007 (zitiert: Bearbeiter in: Plagemann/Radtke-Schwenzer)

Potthoff/Wetzel, Fragen und Antworten zur Schüler-Unfallversicherung, 9. Aufl. 2018

Reich, Hochschulrahmengesetz, 11. Aufl. 2012 (zitiert: Reich, HRG)

Rux, Schulrecht. 6. Aufl. 2018

Rolfs/Giesen/Kreikebohm/Udsching, Beck'scher Online-Kommentar Sozialrecht, Stand: 1.6.2019 (zitiert: Bearbeiter in: BeckOK-SozR)

Ruland/Becker/Axer, Sozialrechtshandbuch, 6. Aufl. 2018 (zitiert: Bearbeiter in: Ruland/Becker/Axer, SRH)

Rüthers/Fischer/Birk, Rechtstheorie, 10. Aufl. 2018

Säcker/Rixecker/Oetker/Limperg, (Hrsg.), Münchener Kommentar zum BGB, Band 9, §§ 1589–1921, SGB VIII, 7. Aufl. 2017 (zitiert: Bearbeiter in: MüKo-BGB)

Schellhorn/Fischer/Mann/Kern, Kommentar zum SGB VIII, 5. Aufl. 2017 (zitiert: Bearbeiter in: Schellhorn/Fischer/Mann/Kern)

Schlegel/Voelzke (Hrsg.), jurisPK-SGB V, 3. Aufl. 2016 – Stand Online-Version: 1.8.2019 (zitiert: Bearbeiter in: jurisPK-SGB V)

Schlegel/Voelzke (Hrsg.), jurisPK-SGB VII, 2. Aufl. 2014 – Stand Online-Version: 22.7.2019 (zitiert: Bearbeiter in: jurisPK-SGB VII)

Schlegel/Voelzke (Hrsg.), jurisPK-SGB VIII, 2. Aufl. 2018 – Stand Online-Version: 29.7.2019 (zitiert: Bearbeiter in: jurisPK-SGB VII)

Schönberger/Mehrtens/Valentin, Arbeitsunfall und Berufskrankheit, 9. Aufl. 2017

Schriftenreihe des Deutschen Sozialrechtsverbandes (SDSRV), Das Sozialrecht und seine Nachbardisziplinen, Band 65, 2015 (zitiert: Bearbeiter in: SDSRV 65 (2015)

Schulin, Handbuch des Sozialversicherungsrechts, Band 2 – Unfallversicherungsrecht, 1996 (zitiert: Bearbeiter in: Schulin, Unfallversicherungsrecht)

Staudinger, Kommentar zum BGB, §§ 1626–1633, 14. Aufl. 2015 (zitiert: Bearbeiter in: Staudinger, BGB)

Stecher, Die Unfallversicherung für Schüler, Studierende und Kinder in Kindergärten im Recht der „sozialen Sicherheit“, 1990 (zitiert: Stecher, Unfallversicherung für Schüler)

Weiß, Kindertagespflege nach §§ 22, 23, 24 SGB VIII, 2. Aufl. 2007

Wester, Die Geschichte der Unfallversicherung der Stadt Hamburg, 1999

Wiesner, Kommentar zum SGB VIII, 5. Aufl. 2015 (zitert: Bearbeiter in: Wiesner, SGB VIII)

Zipfel/Rathke, Lebensmittelrecht, Kommentar, Loseblatt Stand 11/2018 (zitiert: Bearbeiter in: Zipfel/Rathke, Lebensmittelrecht).

Stichwortverzeichnis

Fette Zahlen bezeichnen die Paragrafen, magere die Randnummern.

FSC
www.fsc.org
MIX
Papier | Fördert gute Waldnutzung
FSC® C083411

Kolibri 360 GmbH
Ferdinand-Jühlke-Straße 7
99095 Erfurt, Deutschland
produktsicherheit@kolibri360.de